음악치료 슈퍼비전

music therapy supervision

Michele Forinash 편저
정현주 · 김동민 · 김수지 · 김영신 공역

학지사

Music Therapy Supervision

by Michele Forinash

역자 서문

약 10여 년 전쯤 처음 이 책을 접했을 때, 우리나라 음악치료의 전문성을 위해서 꼭 필요한 교재라는 생각을 했다. 그 당시 우리나라의 음악치료학에 대한 학문적 이해와 확산 정도를 고려하였을 때 아직 충분한 시간이 있다고 판단하였다. 이후 음악치료에 대한 관심과 인식이 점차 높아지면서 질 높은 음악치료 전문가와 임상가 양성을 위해서는 슈퍼비전에 관한 전문 서적과 자료가 시급해졌다. 이는 역으로 음악치료의 발전이 학문적으로 그리고 전문적으로 이루어지고 있음을 보여 준다.

이제 슈퍼비전은 음악치료학의 학문적 수준을 높이고, 현장에 필요한 자격과 소양을 갖춘 음악치료사를 양성하는 데 필수적이다. 또한 음악치료 실습을 제공하는 여러 대학의 교육과정에 필수 교과로 포함될 정도로 슈퍼비전의 중요성과 그에 대한 인식은 확산되고 있다.

본 역서는 우리나라 최고의 음악치료 학자인 전주대학교의 김동민 교수, 숙명여자대학교의 김영신 교수, 그리고 이화여자대학교의 김수지 교수와 본인이 함께 번역하여 드디어 완성하게 되었다. 번역 작업에 있어 각자 자신의 전공과 전문 영역을 살려 김동민 교수는 3, 10, 12, 17, 22장을 작업하였고, 김영신 교수는 7, 8, 9, 19, 20장을, 김수지 교수는 4, 11, 13, 14, 15, 16장을, 그리고 본인은 1, 2, 5, 6, 18, 21장을 작업하였다. 작업을 진행하면서 용어 및 개념을 정의하고 통일하고자 노력을 기울였으나, 원서의 각 저자가 나름의 철학을 토대로 용어를 선택한 것에 대해서는 그 점을 존중하여 역서 작업에 반영하였다. 독자들은 이를 숙지하고 본 역서를 읽어 주길 바란다.

본 역서는 현재 우리나라 음악치료학을 이끌고 있는 최고 전문가들의 결과물인 만큼 음악치료 슈퍼비전의 정의와 개념을 정립하고 소개하는 역할을 하는 필독서가 되기를 바란다. 또한 본 역서가 음악치료를 공부하는 재학생은 물론 임상분석가, 관련 기관의 프로그램 책임자, 그리고 여러 교수자에게 널리 활용될 수 있기를 기대한다. 이러한 활용을 통해 슈퍼비전을 받는 학생, 슈퍼바이저, 그리고 궁극적으로는 세션을 제공받는 소중한 내담자에게 그 혜택이 돌아갈 수 있기를 바란다.

끝으로 연구, 강의, 학생 지도로 바쁜 일정에도 불구하고 기꺼이 본 역서 작업에 동참해 주신 김동민, 김영신, 김수지 교수께 진심으로 감사드린다.

2012년 4월

이화동산에서 역자 대표 정현주

감사의 글

이 책이 출간되기까지 많은 분의 노고가 있었다. 그들에게 감사의 말씀을 전하고 싶다.

Kenneth Bruscia는 이제까지 내게 많은 관심과 격려를 보내 주었다. 그는 이 책을 지속적으로 점검해 주었고, 전문성을 담아낼 수 있도록 이끌어 주었다. 이 책에 함께해 준 그의 비전, 격려, 재치에 감사의 마음을 전한다.

여기에서 함께한 저자들은 모두 자신의 역량과 에너지를 이 작업에 쏟아부었다. 그들의 노고로 인해 마침내 우리의 음악치료 분야에서 사용할 '슈퍼비전'이 정의되었다. 나는 함께한 이 저자들에게서 많은 것을 배웠고, 아마 이들이 아니었다면 이 책도 세상 밖으로 나오지 못했을 것이다.

나의 남편 Mike Aziz는 마음으로 함께해 주었음은 물론 이 책의 편집에도 조언을 아끼지 않았다. 특히 작업에서 어려움에 봉착했을 때 그의 인내와 도전이 있었기에 다시 작업에 몰두할 수 있었다.

이 끝나지 않을 것 같은 작업 동안 가족도 많은 격려를 해 주었다. 어머니 Ruth Forinash 그리고 우리 아이들 Adele, Kylene와 Mariele에게도 감사의 마음을 전한다.

Lisa Summer는 내게 슈퍼비전에 관한 영감을 처음으로 불어넣어 준 사람이다. 그녀는 슈퍼비전에 관해 나와 머리를 맞대고 상의를 해 주는 꾸준한 동지였다.

Lisa Kynvi, Jenny Zatzkin과 Lightstone은 마지막 출간 단계에서 실질적인 도움을 준 사람이다.

나의 가족과 친구들 역시 지난 몇 년 동안 격려를 아끼지 않았다. 그들은 사려 깊은 조언과 번득이는 아이디어로 부드러우면서도 핵심적인 도움을 주었다. 이들에게 감사를 전한다. Joan과 George Aziz; Jenny, John, Neall, Alex, 그리고 Abigail Caughman; Kyle Forinash; Miriam, Matt, Jillian Griffith; Caryl-Beth Thomas; Ann Marie Testarmata; John, Lin, Nick, 그리고 Marina Zoeller Richie; Kenneth Aigen; Rick, Leslie, Derrick, 그리고 Amelia Amodei; Karen Wacks; Colin Lee; Kimberly Khare; Dorit Amir; Laurie Farnan; Barbara Hesser; Christine Routhier; Alan, Ann, Max Turry; John, Rose Richie; Lisa, Andey, Joa Kynvi; Barbara, Patrick, Ethan Calhoun, 마지막으로 매사추세츠 음악치료 연합과 미국음악치료협회, 그리고 레슬리 대학교 표현예술치료학과의 동료들, 특히 학장님께 감사를 드린다.

또한 나의 아이들은 물론 지금까지 내가 만난 많은 아이들에게 다시 한 번 감사의 마음을 전한다. 그들은 나에게 놀고, 춤추고, 노래하고 또 꿈꾸는 것이 무엇인지를 알려 준 존재다.

차례

■ 역자 서문 3
■ 감사의 글 5

제1장 서론 9

제1부 문헌, 윤리, 그리고 다문화적 접근

제2장 음악치료 슈퍼비전: 문헌 배경 21
제3장 슈퍼비전 윤리 쟁점 35
제4장 음악치료 슈퍼비전의 다문화적 접근 63

제2부 예비전문가 슈퍼비전

제5장 초기 음악치료 실습의 집단 슈퍼비전 105
제6장 음악치료 실습과정에 대한 체제분석 접근 135
제7장 인턴십 슈퍼비전 여행: 역할, 역동 및 슈퍼비전 관계 151

제8장 역량중심 인턴 슈퍼비전 179
제9장 학생중심 인턴십 슈퍼비전 205
제10장 집단 슈퍼비전에서의 예술매체 227
제11장 보조 슈퍼바이저 양성하기 245

제3부 전문가 슈퍼비전

제12장 초보 음악치료사와 표현예술치료사의 발달과 동료 슈퍼비전 273
제13장 둘을 위한 여행: 교육 현장의 초보 음악치료사 슈퍼비전 295
제14장 전문가 슈퍼비전을 위한 경험적 집단 음악치료 방법 321
제15장 음악치료 동료 슈퍼비전 333
제16장 음악치료 전문가 집단 슈퍼비전의 통합적 기법 351
제17장 심미적 음악치료 임상즉흥연주 슈퍼비전: 음악중심 접근 375
제18장 전문가 슈퍼비전의 정신역동적 시각 407
제19장 도제훈련에서 유래된 슈퍼비전 모델 421

제4부 훈련 기관 슈퍼비전

제20장 음악심리치료사 정체성 형성을 위한 분석적 음악치료 슈퍼비전 445
제21장 BMGIM 슈퍼비전 497
제22장 노도프-로빈스 음악치료 슈퍼비전 521

■ 찾아보기 563

제1장

서론

들어가는 말

1985년 내가 일하던 기관에서 처음 인턴을 받으면서 슈퍼바이저로서의 여정은 시작되었다. 이후 슈퍼비전의 의미와 그 기술의 적용에 대해 고민하였고, 당황스러운 상황을 몇 차례 접하게 되면서 가능한 한 '좋은' 슈퍼비전을 주기 위해 최선의 노력을 다하였다. 그러나 이는 새로운 영역이었고, 결코 쉽지 않았다. 1996년에 들어와서 슈퍼비전에 대한 나의 고민은 더욱 커졌고 나의 동료인 Lisa Summer와 함께 수업 진행과 슈퍼비전에 대한 이야기를 나누면서 이와 관련된 기본적인 생각과 질문을 하나씩 탐색하기에 이르렀다. 그즈음 또 다른 나의 동료 Ken Bruscia가 음악치료에서 다루어야 할 새로운 과제에 대해 나의 의견을 구하였고, 나는 주저 없이 '슈퍼비전'이라고 답했다.

그렇다면 슈퍼비전은 무엇인가? 어떤 이는 슈퍼비전이 일정을 조율하고, 스태프와 인턴을 관리하고, 치료사 윤리를 고양하는 등 운영에 관련된 문제를 해

Michele Forinash, DA, MT-BC, LMHC
Assistant Professor, Coordinator of Music Therapy, Lesley University, Cambridge, MA

결하는 것이라고 한다. 하지만 이러한 해석은 슈퍼바이저가 하는 업무에 대한 부분적인 설명일 뿐 그 외에도 다른 역할이 많다는 사실을 간과한 것이다.

슈퍼비전이란 수련생이 보다 정열적이고 자신감 있는 전문가가 되기 위해 성장하고 발전하면서, 계속 대면하게 되는 복잡한 문제를 하나씩 해결해 나가도록 도와주는 과정이라 할 수 있다. 슈퍼비전을 통해 형성된 슈퍼바이저와 수련생의 관계는 서로 적극적으로 소통하고 교류하면서 발전한다. 이러한 관계는 특정한 레시피나 매뉴얼에 의해서라기보다는 서로 역동적으로 만들어 가는 창조적 과정 속에서 발전할 수 있다.

슈퍼비전은 슈퍼바이저와 수련생이 서로 성장하면서 거듭나기를 반복하는 여행, 즉 하나의 '오디세이' 라고도 할 수 있다. 슈퍼비전의 목표는 개인의 성장보다는 두 사람이 서로 조력하면서 이끌어 내는 결과에 의해 달성된다. 슈퍼바이저는 모든 것을 갖춘 전문가가 아니며 모든 것을 알고 해결할 수 있는 전지전능한 존재도 아니다. 이와 마찬가지로 수련생도 음악치료의 모든 해답을 그려 넣을 수 있는 백지 같은 존재가 아니다. 두 사람 모두 매우 복잡한 인격구조를 지니고 있으며 음악치료의 다차원적인 경험과 시각을 갖고 있는 존재다. 슈퍼바이저에 따라 그 답변이 항상 같을 수 없는 것처럼, 인턴도 각기 다른 방법과 스타일로 발전한다. 슈퍼바이저를 위한 구체적인 지침서를 제공하는 것보다, 지금까지의 경험과 지식에 근거하여 어떤 문제가 어디에 있으며 그것을 해결하거나 피할 수 있는 방법은 무엇인지를 제시하는 것이 더 바람직하다고 생각한다.

그러므로 슈퍼비전은 도전이다. 한 명의 수련생을 키우고 교육하는 데에 필요한 자원과 자료를 어떻게, 언제 사용하는지를 배우는 과정인 것이다. 그들이 새로운 학생인지, 임상을 하고 있는 전문가인지, 특정 기법에 관한 훈련을 받고 있는 전문 치료사인지에 관계없이 이 같은 방향은 동일하다.

우리 스스로가 슈퍼바이저로 성장하는 과정을 경험하면서 Lisa와 나는 음악치료학회 학술대회를 통해 슈퍼비전에 대한 발표를 하기 시작하였다. 이는 우리가 음악치료 슈퍼비전 전문가라서가 아니라 우리가 슈퍼비전에 대한 철학적 질문을 공유해 왔기 때문이다. 우리는 이렇게 공유한 질문을 딜레마라고 불렀다.

우리 스스로가 답이 없는 많은 질문을 대면하게 되면서 그것을 이해하고 연구해야 할 필요성이 있다고 느꼈기 때문이다. 음악치료를 가르치는 교육자로서 슈퍼비전에 대한 이러한 관심은 당연한 것이었다. 학생으로서든 혹은 전문가로서든 슈퍼비전의 중요성은 음악치료사의 성공과 그 수명에 직결되는 부분이기 때문이다.

초기에 Lisa와 슈퍼비전에 대해서 가졌던 이러한 생각은 내가 지속적으로 이 주제에 대해서 연구하는 데에 원동력이 되었다. 전문가 슈퍼비전에 관여하는 학자로서 전문자격을 얻고자 하는 학생의 성장과 발전을 돕기 위해 내가 무엇을 어떻게 해야 하는지에 대해 고민했다. 그러면서 20년간의 음악치료 경력을 토대로 슈퍼비전 전략과 접근을 규명하고 전문가의 성장과 발전을 도모하는 것, 그리고 본인 스스로 더 좋은 슈퍼바이저가 될 수 있는 방법을 생각해 보았다.

Lisa와 내가 처음 대면한 딜레마는 학생이든 전문가든 간에 많은 사람이 자신의 첫 슈퍼비전 경험을 매우 반응적인 또는 방어적인 입장에서 겪는다는 것이다. 극소수의 슈퍼바이저만이 슈퍼비전에 대한 훈련을 하기 때문에, 슈퍼바이저의 위치가 되었을 때 자신이 처음 슈퍼비전을 받았던 경험에 따라 반응할 수밖에 없다는 것이다. 예비전문가 시절에 받았던 슈퍼비전이 도움이 되었다면 그와 유사한 접근을 시도하고자 할 것이다. 그러나 도움이 된 기억이 없다면 슈퍼비전은 그와 확연히 다른 방향으로 갈 확률이 높다.

우리 경험에 따르면 슈퍼비전에서 많은 학생이 당면한 딜레마는 Lisa가 표현한 '음악치료아(music therapy child)'의 개념이라고도 할 수 있다. 이 용어는 Nordoff–Robbins의 창조적 음악치료 모델의 '음악아(music child)'에서 기원한 개념으로서(1977, p. iv), 스스로 자신감 있는 음악치료사로 성장할 수 있는 신념을 의미한다. 아직 실현되지 않은 이 존재를 양육하기 위해 우리는 치료사로서 그들이 임상가로 성장할 수 있는 기회를 제공한다. 그러나 현실적으로 학제와 대학의 교육기간이라는 조건적 한계에 부딪히기 때문에 언제 발현될지 모르는 '음악치료아'를 그저 기다리고 있을 수만은 없으며, 그들의 성장 속도에 모든 것을 맞추는 것도 불가능하다. 그러므로 현장에서의 슈퍼바이저와 학교 슈퍼바이저는 이러한 딜레마를 공감하면서 이 두 가지 조건, 즉 그들의 성장 속도와 교육기간의 현실적인 시간 제한을 절충하여 어떻게 모든 목표를 성취할 수 있는지를 같이 고민하게 된다.

또 다른 딜레마는 슈퍼바이저로서 우리가 학생으로 하여금 우리를 그대로 모방하게 만드는 것은 아닌지 하는 고민이었다. 슈퍼비전이 학생들에게 우리를 흉내내고 모방하라고 교육하는 것은 아닌가? 우리의 태도와 선입견을 답습하게 하는 것은 아닌가? 과연 정원의 꽃이 피어나도록 도와주는 덩굴나무 벽처럼 온전한 치료사로서 그들의 진정한 '목소리' 와 독창성을 찾아 주고 안내해 주고 있는가?

Lisa와 나는 이러한 부분에 대해 어떻게 슈퍼비전 내에서 접근해야 하는지를 의논하였다. 만약 학생이 어떤 기술을 발전시켜야 한다면, 행동 중심의 기술훈련을 하는 것이 좋은가? 만약 슈퍼비전 주제가 학생의 무의적인 사고에서 기인한다면 통찰 중심의 접근을 시도하는 것이 옳은가? 어떠한 개입을 어떻게 할 것이냐를 정하는 데에 고려해야 하는 요인은 무엇인가?

이러한 딜레마에 이어 수련생의 개인적인 쟁점을 어떻게 슈퍼비전 내에서 다룰 것이냐에 대한 문제도 고민해야 한다. 언젠가는 개인적인 문제가 이러한 슈퍼비전에 영향을 미칠 것이므로, 그에 대비하여 언제, 어떻게 이러한 문제를 다룰 것인지 고민해야 한다.

만약 다루게 된다면 어떻게 접근하는 것이 좋을까? 슈퍼비전 차원과 치료의 경계선은 어떻게 설정해야 하는 것일까? 또한 슈퍼비전 상대가 학생일 경우, 본격적인 임상을 시작하는 전문 치료사일 경우, 또는 심화된 기술을 습득하기 원하는 경력이 많은 치료사일 경우 각각 어떻게 접근해야 하는가 등 많은 과제가 있다.

음악치료가 예술에 근거한 치료라는 사실을 기억할 때, 어떻게 음악 또는 다른 예술매체를 슈퍼비전에 활용할 수 있는가에 대한 부분도 탐색해 볼 수 있다. 실제 치료 현장에서 우리는 비중을 언어와 음악 중 어디에 얼마만큼 두는가? 예술매체를 어떻게 활용할 수 있는가? 예술매체를 슈퍼비전에서 사용할 때 우리는 수련생에게 어떻게 구체적 과정과 모델을 제시할 수 있는가? 예술에 근거한 학문에서 행해지는 슈퍼비전과 그렇지 않은 슈퍼비전은 그 접근에서 어떠한 차별성을 띠는가?

독자는 이러한 질문에 대한 답을 이 책에서 모두 찾을 수 있을 것이라 생각할지 모른다. 그러나 이 책은 슈퍼비전에 대한 정확한 레시피를 주지 않는다. 또한 그 질문에 대해 절대적인 해답도 제공하지 않는다. 하지만 슈퍼비전 내에서 활용할 수 있는 아이디어, 틀, 구조, 기술 등에 대한 내용과 아이디어를 제공한다. 그러므로 독자는 이 책을 슈퍼비전에 필요한 여러 아이디어를 얻을 수 있는 기초 자료로 사용할 수 있을 것이다.

이 책을 통해 독자는 각 장에 걸쳐 나오는 여러 슈퍼비전 접근법과 전략이 서로 연관되거나 때로는 상반되는 경우도 있다는 것을 알게 될 것이다. 음악치료 영역이 여러 이론과 철학에 근거하고 있으므로 다양한 슈퍼비전 방법이 가능하다는 것도 발견할 것이다.

독자는 자신에게 어떠한 전략이 수용과 적용 면에서 가장 효과적인지를 규명할 수 있을 것이며, 이미 알고 있던 접근법에 더하여 새로운 방법을 접하게 될 것이다. 나는 독자가 이 책을 효율적으로 활용함으로써 슈퍼비전에 대한 새로운 내용을 접하고, 자문하며, 성숙한 음악치료 슈퍼바이저가 되기 위한 당면 과제를 자신의 경험과 발전에 어떻게 적용할 수 있는지 탐색할 수 있기를 바란다.

전체 개요

제1부: 문헌, 윤리, 그리고 다문화적 접근

제1부는 음악치료 슈퍼비전의 모든 영역에 관련된 문제를 다룬다. McClain은 예비전문가와 전문가의 슈퍼비전에 대한 선행연구를 소개한다(2장). 미국 음악치료 훈련과정에서 예비전문가 슈퍼비전에 대한 문헌연구는 매우 적으며 그 연구 범위도 매우 좁다.

슈퍼비전 관계는 치료관계처럼 매우 복잡하고 밀착되어 있는데, 이에 대해 Dileo(3장)는 슈퍼비전 관계에서의 윤리 쟁점과 이러한 윤리 지표에 따라 적절한 관계를 유지하는 데에 필요한 명료한 지침을 제공한다. Estrella(4장)는 음악치료 영역에서 다문화주의가 가지고 있는 영향을 살펴보고, 관련된 쟁점이 무엇인지, 그리고 음악치료에서 이러한 다문화적 상담기술 역량이 얼마나 필요한 부분인지를 설명한다.

제2부: 예비전문가 슈퍼비전

여러 나라에서 실시되고 있는 음악치료 훈련과정은 매우 다양하다. 미국만 보더라도 초기 훈련 단계가 학부과정에서 시작되는 곳이 있는가 하면 대학원 과정에서 시작되는 곳도 있다. 그러므로 음악치료에서 어떻게 전문성을 습득하는 것이 좋은지를 설명하는 것은 쉽지 않은 작업일 수밖에 없다. 사실 여러 슈퍼비전의 구체적인 방법과 접근을 이야기하는 대신 세계적으로 어떻게 훈련하는가를 소개하는 것만으로도 이 책 한 권을 다 채울 수 있다.

'예비전문가'란 용어는 아직 음악치료 자격증을 획득하지 못한 대상을 일컫는 용어로 학생, 인턴, 실습생 모두를 가리킨다. 예비전문가를 위한 슈퍼바이저는 음악치료 전문성의 중추 역할을 한다. 그들은 임상 경험의 실질적인 역할을 담당하는 사람들이며, 전문성을 발전시키는 데에 핵심적인 역할을 한다. 그러므로 이 책의 제2부에서는 이러한 슈퍼비전 관계와 그 관계의 발전과정을 이해하는 데에 필요한 다양한 슈퍼비전 전략을 소개한다.

Summer(5장)와 Hanser(6장)는 실습과정에서의 슈퍼비전에 필요한 다양한 접근을 소개한다. Summer가 언급하였듯이, 실습은 음악치료 전공생에게 가장 중요한 훈련이다. 이 과정을 통해 현장에서 필요한 학생의 잠재역량이 실현되기 때문이다. 이 두 장은 실습학생에게 필요한 초기 실습과 관련된 과제 및 다양한 문제 해결을 위한 슈퍼비전 전략을 소개한다.

Feiner(7장), Farnan(8장), 그리고 Thomas(9장)는 개별 인턴 슈퍼비전을 주제로 한 내용을 소개한다. 저자들은 현재 현장에서 활용되고 있는 인턴십의 발달 단계와 각 단계에 필요한 역량 및 범주에 대해서 설명한다. Shulman-Fagen(10장)은 오프사이트, 집단 인턴 슈퍼비전, 그리고 예술매체의 활용 방법에 대해 설명한다. Stige(11장)는 노르웨이에서 경험한 예비전문가를 위한 슈퍼비전을 소개하고, 예비전문가의 인성을 어떻게 발전시킬 수 있는지에 대하여 조명한다. 더 나아가 이 장은 음악치료 훈련 프로그램을 개발하는 과정에서 음악치료 슈퍼바이저 인력이 부족한 경우 어떠한 대안이 가능한지에 대해서도 설명한다.

제3부: 전문가 슈퍼비전

과거에는 많은 음악치료사가 인턴십을 마친 다음 슈퍼비전을 전혀 받지 않았다. 초급 자격증을 이수하면 음악치료에 관해 필요한 모든 지식을 습득했다고 생각하였다. 하지만 음악치료의 학문적 영역과 깊이가 발전하면서 최근에는 전문가가 더욱 발전하고 성장해야 할 필요성을 인식하기 시작했다. 그리하여 다른 전문영역의 슈퍼비전과는 차별된 음악치료 학문의 독창성과 음악과 예술 매체의 창의적 과정, 그리고 자기 성장 체험을 바탕으로 한 음악치료 고유의 슈퍼비전이 정립되기 시작했다. 이는 동시에 전문적인 슈퍼비전을 수행할 수 있는 음악치료 슈퍼바이저를 훈련하는 것이 매우 중요하다는 의미다.

따라서 이 책의 제3부는 음악치료 전문가에게 필요한 다양한 슈퍼비전 스타일과 유형을 소개한다. Baratta, Bertolami, Hubbard, MacDonald와 Spragg(12장)는 동료 슈퍼비전의 중요성을 소개하면서 동료 슈퍼비전을 통해 학생 수준부터 전문가 수준까지의 발달과정과 변화가 어떻게 일어날 수 있는가를 설명한다.

Amir(13장)는 이스라엘의 교육환경에서 일하고 있는 초보 음악치료 전문가를 위한 슈퍼비전에 대해서 소개한다. Stephens Langdon(14장)은 음악에 근거한 경험적 집단 슈퍼비전 형태에 대해서 소개한다. Austin과 Dvorkin(15장)은 경력이 많은 전문가의 동료 슈퍼비전에 대해서 설명한다. 이어서 Frohne-Hagemann의 통합적 접근(16장), Lee와 Khare의 음악중심 접근(17장), Jahn-

Langenberg의 정신역동적 접근(18장)을 소개한다. 또한 음악치료의 박사학위 과정이 점등하면서 동시에 이루어져야 하는(예비전문가를 감독하는 박사과정 학생을 위해) 슈퍼비전에 대한 쟁점을 살펴본다(Bruscia, 19장).

제4부: 훈련 기관 슈퍼비전

음악치료에서 심화된 접근의 훈련과정이 계속 개발 · 연구되고 있다. 이러한 특성화된 기법을 기관 훈련과정(institutional training)[1)]이라고 하는데, 이는 전문적인 학위 취득(석사) 이후 선택에 따라 거치는 심화된 전문과정을 일컫는다. 제4부에서는 이 영역에서 수행되는 세 가지 슈퍼비전 모델을 소개한다. Scheiby(20장)는 Mary Priestley에 의해 창안된 분석적 음악치료(AMT) 훈련과정에서의 슈퍼비전을 소개하며, Ventre(21장)는 FAMI 전문가 과정에 필요한 BMGIM 모델에서의 슈퍼비전을 설명한다. 그리고 Turry(22장)는 노도프-로빈스의 음악치료 슈퍼비전에 대해 설명한다.

결론

슈퍼비전에 관한 다양한 연구와 슈퍼바이저를 위한 효과적인 훈련과정, 예비전문가 훈련에 필요한 슈퍼비전의 역할 및 그것을 통한 전문성 계발, 기관훈련에서의 슈퍼비전 등은 음악치료가 지속적으로 성장하는 데에 매우 필수적인 부분이다. 슈퍼비전에 대해 논의하고 이에 대한 여러 의견과 철학을 나눔으로써 음악치료의 깊이와 범위가 확장될 것이며, 이는 학문적 발전에 지대한 영향을 미칠 것이다.

1) 역주: 여기서 일컫는 기관 훈련과정은 노도프-로빈슨 음악치료(Nordoff-Robbins Music Therapy) 또는 분석적 음악치료(Analytical Music Therapy)와 같이 사설 기관에서 별도로 제공되는 특성화된 전문 훈련과정을 의미한다.

참고문헌

Nordoff, P., & Robbins, C. (1977). *Creative Music Therapy.* New York: John Day Company.

제1부

문헌, 윤리, 그리고 다문화적 접근

Music Therapy Supervision

제2장_ 음악치료 슈퍼비전: 문헌 배경

제3장_ 슈퍼비전 윤리 쟁점

제4장_ 음악치료 슈퍼비전의 다문화적 접근

제2장
음악치료 슈퍼비전: 문헌 배경

이 장에서는 선행연구를 크게 두 부분으로 나누어 소개한다. 하나는 예비전문가를 위한 초급 실습과정에서의 슈퍼비전에 대한 연구이며, 다른 하나는 전문가를 위한 임상에서의 슈퍼비전에 대한 연구다.

예비전문가를 위한 슈퍼비전

미국에서는 음악치료 교육과정에서 기초 이론 수업과 실습(인턴십 전 임상훈련)을 동시에 이수한 후 인턴십을 거친다. 많은 문헌연구가 인턴십 전 실습을 '실습', '현장연구', '임상경험' 등의 용어로 표현한다. 이 장에서는 교육과정 마지막에 이수하는 인턴십 전 단계의 실습훈련을 '실습과정'[1)]이라고 명명하고자 한다.

실습과정과 인턴과정은 이론과 실제를 통합하고자 하는 공통의 목표를 지니

Frances J. McClain, PhD, MT-BC
Director of Music Therapy, Queens College, Charlotte, NC

나, 훈련 내용의 구성과 범위에서 강조하는 부분이 다르다(Bruscia, 1987; Hanser, 1987). 그러므로 가장 처음 갖는 실습 경험에서부터 인턴십을 성공적으로 이수하기까지 슈퍼비전은 매우 중요하다.

모든 문헌에서 언급하고 있듯이, 슈퍼비전은 학생들의 기술과 행동을 교육하는 데 필요한 교수학적 접근과 모델링, 관찰, 코칭, 평가를 아우르는 종합적인 용어다. 슈퍼비전은 실습과정과 인턴과정의 핵심적인 부분이다. 두 과정의 범위와 깊이가 다른 것처럼, 과정의 짜임새에서도 인턴십의 경우는 비교적 명료하게 그 과정이 구조화되어 있지만 실습과정은 그렇지 않다. 일찍부터 교육자와 임상가의 고민은 학생들의 실습훈련과 이에 대한 슈퍼비전이 충분하지 않다는 데에 있다(Alley, 1978; Braswell, Decuir, and Brooks, 1985; Braswell, Maranto, and Decuir, 1979, 1980; Galloway, 1966; Gault, 1978; Graham, 1971; Madsen, 1965; Maranto, 1987, 1989; Steele, 1989; Tims, 1989). 실습을 통해 학생은 자신의 세션을 분석받고, 또한 다른 학생의 세션을 관찰한다(McClain, 1993). 하지만 과거의 훈련과정을 보면 모든 학생이 음악치료 슈퍼바이저를 만날 수 있는 상황이 아니었으므로 두 가지 대안이 주어졌다. 하나는 세미나 또는 실습 중심의 수업을 통해 슈퍼비전을 받는 것이고(Bruscia, 1987; Hanser, 1980; Krout, 1982; Tims, 1989), 다른 하나는 다른 상급 학년 선배가 슈퍼바이저 또는 코치가 되는 것이었다(Hanser, 1978; Prickett, 1987).

이처럼 인턴과정에서도 인턴십을 하는 동안 스스로 슈퍼비전 능력을 키워야 할 필요가 있다. 이러한 필요성은 『미국 음악치료학술지(Music Therapy Perspectives)』에 실린 「임상훈련에 관한 쟁점」에서도 언급되었으며 슈퍼바이저, 학생들, 그리고 임상가가 공통으로 토로한 쟁점이라고 할 수 있다. 이 칼럼을 쓴 Farnan은 여러 운영 형태(management styles)의 필요성을 언급하였으며(1994),

---

1) 역주: 원래 저자는 'preinternship'과 'internship'이라고 명명하였으나, 번역하는 과정에서 인턴 전 과정, 인턴과정이라는 명칭이 혼돈을 가져올 수 있을 것 같아 이 역서에서는 실습과정과 인턴과정으로 한다.

인턴과 슈퍼바이저의 친밀한 소통과 협력관계의 중요성을 제기하였다(1996).

미국음악치료학회(American Music Therapy Association: AMTA)가 통합된 이후 그 전신이었던 NAMT와 AAMT는 그 실행방법 측면에서는 다소 상이한 점이 있었지만 슈퍼비전에 대한 구체적인 지침을 가지고 있었다. AAMT 모델의 경우는 임상기관의 전문가와 음악치료 교수진에게서 지속적으로 매일 슈퍼비전을 받는 형식을 채택하였으며 각 학위과정에 따라 임상 슈퍼비전을 위한 필수 요건의 최소 기준을 수립하였다(AAMT Educational Guidelines). NAMT 모델은 매주 한 시간 임상 슈퍼바이저와 개별 상담시간을 갖게 하였고, 평균 주 4시간은 관찰과 체계적인 피드백을 받게 하였다. 집단 슈퍼비전이 독려되긴 하였으나 개별상담을 대체할 수는 없었다(NAMT Clinical Training Guidelines).

두 모델 모두 지정된 시간의 슈퍼비전만을 받는 것이 아니라 가능한 범위 안에서 더 많은 시간을 슈퍼비전에 배정할 수 있도록 권장하였으며 인턴십 과정 전반에 걸쳐 형식적 또는 비형식적 슈퍼비전을 받도록 독려하였다.

슈퍼바이저의 가장 우선적인 역할은 전문 역량에 맞는 기술과 능력을 모델링하고 기획하고 평가하는 것이다. 전문가적 역량에 관한 연구는 계속되어 왔고, 이는 '교육과정 기반'의 교육에서 '역량 기반'의 교육으로 옮아가는 데에 크게 기여하였다.

문헌을 보면 역량은 (1) 학습/이론, (2) 임상/음악치료, (3) 음악, (4) 개인의 네 부분으로 나뉜다. 마지막 세 부분은 실습과정과 인턴과정의 두 과정에서 모두 다루어진다. 임상훈련에 관련된 수업은 실습과 인턴 과정에서 배우는데, 이는 성공적으로 훈련과정을 마치는 데에 필수적인 요소이며 전문가로서 입문하기 위해 갖추어야 할 가장 핵심 역량이다(Alley, 1978; Boyle and Krout, 1988; Braswell, Decuir, and Brooks, 1985; Braswell, Decuir, and Maranto, 1980; Brookins, 1984; Bruscia and Maranto, 1988; Bruscia, Hesser, and Boxill, 1981; Cassity, 1987; Darrow and Gibbons, 1987; Decuir and Jacobs, 1990; Hanser and Furman, 1980; Jensen and McKinney, 1990; Kim, 1990; Maranto, 1988; Petrie, 1989; Standley, 1985; Taylor, 1987; Ten Eyck, 1985; Wright, 1992).

특정 역량을 훈련하는 데에 있어 그에 부합하는 환경이 중요하지만, 이러한 역량은 지속적으로 다듬고 훈련해야 하기 때문에 연계성 또한 중요하다. 현실적으로 학문적 역량은 수업시간에, 실제는 실습훈련을 통해, 그리고 기술을 다듬고 확인하는 작업은 인턴과정을 통해 이루어질 수 있다.

슈퍼비전은 실습과정과 인턴과정에서 여러 방법론과 기술을 통해 진행된다. Bruscia와 Maranto(1988)는 슈퍼바이저가 관찰을 통해 피드백을 주는 형태를 권장하였고, 학술회, 토론, 모델링, 서면평가 등을 그다음 단계로 제시하였다. 더 나아가 비디오 녹화를 통한 피드백 교류도 하나의 방법으로 제안하였다. 문헌에서는 자기분석 대 교수분석(Greenfield, 1978), 주관적 분석 대 객관적 분석(Alley, 1980; Madsen and Alley, 1979), 즉각적 피드백을 주는 것 대 비디오 녹화 세션을 보고 피드백을 주는 것(Andersen, 1982; Hanser and Furman, 1980), 시각적 피드백(Greenfield, 1980) 대 청각적 촉구(Adamek, 1994; Furman, Adamek, and Furman, 1992) 등을 비교 연구하였다. 이러한 연구는 효과적인 측면에서 특정한 피드백 유형을 소개하고 있지만, Kilian(1981)이 지적한 바와 같이 피드백 자체보다는 수련생과 함께 시각과 생각을 공유하는 슈퍼바이저의 '경청'이 가장 중요하며 큰 의미를 갖는다.

이처럼 피드백의 방법이 다양하듯이 슈퍼비전의 수준도 다양하다. 다른 전문영역에서 사용하는 슈퍼비전의 이론 모델을 살펴보면 그중 몇 가지는 음악치료 영역에 적용할 수 있다(Memory, Unkefer, and Smeltekop, 1987; Stephens, 1987). 발달 모델에 따르면 학생들도 발전하고 성장하지만 학생의 요구, 선호도, 능력 등이 변화함에 따라 슈퍼바이저의 역할도 같이 변화한다. 몇몇의 연구는 학생들의 기분, 고뇌, 소진 등을 조사하였다(Glider, 1987). Madsen과 Kaiser(1999)는 실습생의 실습공포를, 그리고 Grant와 McCarty(1990)는 인턴 단계에 따른 정서적 변화를 살펴보았다. 흥미롭게도 실습생의 이러한 공포는 인턴십을 시작한 초기 인턴에게도 나타나는 공통점이었다. 슈퍼바이저가 이러한 기분과 정서를 이해하는 것은 인턴이 새로운 임상 현장에 적응하도록 자연스러운 전이(transition)를 유도하는 데에 많은 도움이 될 수 있다.

임상훈련은 전문가 권리 및 학생과 슈퍼바이저 간의 책무에 관한 상호적인 과정이라고도 할 수 있다. 학생들이 슈퍼바이저와 내담자, 그리고 스태프에게 윤리적인 행동을 수행하려면 수업에서와 임상 현장에서도 윤리적인 측면이 강조되어야 한다(Maranto and Wheeler, 1986). 이 책의 3장은 여러 가지 윤리적인 쟁점에 대한 논의를 제공한다. 이와 동일하게 교육자와 슈퍼바이저 역시도 협력적인 노력을 통해 자신감 있는 슈퍼비전과 정당한 평가, 논리적인 지적사항, 녹화자료의 보호관리 등의 윤리적인 행동을 수행해야 한다(Hadsell and Jones, 1988; Maranto, 1987c). 더 나아가 학생들은 자신이 기대하는 좋은 롤모델, 규칙적인 피드백, 수정되어야 할 사항에 대한 내용 규명, 기관 스태프와 협력 등을 요청할 권리가 있다. 이와 같이 학생들은 전문가로서의 자세와 적절한 행동 및 태도를 갖추며, 서로 소통하고, 피드백을 수용하고 시간을 엄수하며, 과제를 지정된 시간 내에 제출하고, 보고서를 제출하는 등 그들에게 주어진 임무를 성실하게 수행해야 한다(Beck, MacLean, and Pinson, 1986).

인턴십의 변화와 과정운영의 융통성에 대한 쟁점은 계속적으로 논의되어 왔다(Boone, 1989; Briggs, 1987; Bruscia, 1987; Gaston, 1964; Graham, 1971; Maranto, 1989; Standley, 1989). 음악치료의 성장과 함께 이에 대한 강조점은 더욱 부각되었다. NAMT와 AAMT의 인턴십 모델은 여러 관련 치료 유형 중 두 가지를 언급하고 있다. Farnan(1998)은 미술치료, 무용동작치료, 작업치료, 물리치료에서와 같이 음악치료 인턴십 과정의 구성과 심의 및 유지 과정에서도 융통성이 있어야 한다고 주장한다. 경험적 인턴십 모델에서는 한 명의 인턴만이 한 임상기관에 배정되는 제도를 채택하고 있는데, 이것은 이러한 융통성을 보여 주는 좋은 예다(Niles, 1996). 이는 한 인턴이 임상 현장 경험을 통해 여러 슈퍼바이저에게서 다양한 피드백을 들을 수 있는 기회를 제공한다. 다른 접근도 전형적인 서구 모델을 초월해야 할 필요성을 보인다. 보다 세계적인 시각을 개발하기 위해서 Marks(1992)는 국제적 인턴과정을 지지한다. 또한 Moreno(1988)와 Troppozada(1995)는 다른 민족적, 문화적 배경을 가진 내담자와 일하기 위해서는 다문화적 훈련이 필요하다고 강조한다. 많은 음악치료 과정이 이러한 훈련을 제공하지 않고 있기에, 학생들의 경우는 인턴십에서 처음으로 윤리적, 문화적 다양성을 가진 내담자와 만나게 된다(4장 참조). 그러므로 임상 슈퍼바이저는 인턴 훈련에서 여러 차원의 기회를 활용할 수 있어야 한다.

한 명의 인턴이 이러한 임상과정을 마치고 전문 영역에 입문하게 될 때, 그 치료사는 보다 심화된 슈퍼비전에 대한 필요성을 인식하고 이에 더 큰 관심을 갖게 될 것이다.

전문가를 위한 슈퍼비전

음악치료학의 발전을 위해서는 심화된 임상훈련이 필요하다. 음악치료사는 지속적으로 전문적 슈퍼비전을 원한다. 이는 (1) 석사학위를 이수하는 과정, 평생교육 혹은 석사 후 훈련과정을 위해서, (2) 보다 특성화된 새로운 분야의 전문성 또는 모델을 탐구하기 위해서, (3) 행정적인 역할 또는 전문가적인 책무를 담당하는 기회를 경험하기 위해서, (4) 보다 다양한 임상 현장에서 실제 기술을 활용하기 위해서, (5) 더 전문화된 치료기술과 관리 수준을 갖추기 위해서, (6) 개인적 탐색과 재충전을 위해서다. 이렇게 심화된 슈퍼비전의 욕구를 갖게 되는 이유가 다양하듯이 슈퍼비전 과정에 영향을 미치는 요인도 다양하다. 슈퍼바이저와 수련생은 모두 그들이 기존에 배운 경험, 선호하는 치료, 그리고 슈퍼비전 모델에서 출발하게 된다(Brown, 1997). 이러한 요인은 전문적인 슈퍼비전이 수행되기까지 그 깊이와 범위를 확장하는 데에 기여한다.

그렇다면 전문가적인 슈퍼비전에서 기대하는 심화 지식 또는 기술은 무엇인가? Bruscia(1986)는 주요 이론과 문헌, 책임, 성장 및 발달 단계, 집단 및 상호 역동성, 개입방법, 목표 설정하기, 피드백 주기, 평가하기 등에 대한 기본 지식과 이해가 음악치료사의 주요 임상적 역량이라고 말하였다. Hesser(1985)는 심화된 역량은 세 단계를 통해서 얻어지는데, 첫 단계에서는 수련생이 초급 단계의 역량에 집중하고 이를 더욱 강화하며, 두 번째 단계에서는 수련생이 자신의 전문 영역을 규명하는 것이라고 했다. 이 과정에서 개인적인 탐구와 질문, 그리고 자기 성찰의 기회를 갖는다. 세 번째 단계에는 수련생이 치료사로서 자신의 고유 스타일을 개발하는 것이다. 슈퍼바이저는 수련생이 자신의 고유 접근과 방법을 개발하여 치료적 과정에 적용하는 것을 도와준다.

전문적인 슈퍼비전에서는 치료사가 다양한 경험과 이론적 시각을 갖고 그에 익숙해지고 체험할 수 있도록 기회를 제공한다. 그중 하나가 정신분석이다. 정신분석적 틀 내에서 Dvorkin(1999)은 슈퍼바이저가 수련생을 위한 두 가지 역할을 수행한다고 하였는데, 치료사로서와 교육자로서의 역할이 그것이다.

수련생이 삶에서 얻은 개인적 또는 전문가적 경험을 언어화하기 힘들어할 때는 그것을 음악적으로 표현하도록 독려해 볼 수 있다. 이때 슈퍼바이저는 수련생에게 귀 기울이고 상호작용하는 치료사가 된다. 이러한 상황에서 슈퍼바이저는 교육자로서의 역할도 할 수 있는데, 수련생에게 몇 가지 효율적이며 상호작용적인 방법을 선택하도록 권유할 수 있다.

Dvorkin과 같이 Frohne-Hagemann(1999)도 슈퍼바이저를 상담자로 간주한다. 그녀의 슈퍼비전 통찰력 모델(model of supervision)에서 슈퍼바이저는 수련생이 4단계를 거쳐서 자신의 치료 작업을 이해하고 설명하며 더욱 발전시킬 수 있는 능력을 기르게 된다고 하였다. 그것은 (1) 인식하고 연결하는 작업, (2) 해결하고 이해하는 작업, (3) 여러 가지 시각과 인식을 얻는 작업, (4) 통합하고 훈련하는 작업이라고 하였다.

그러므로 심화된 슈퍼비전은 매우 다양하고 복합적이면서 수련생, 슈퍼바이저 모두에게 보상을 가져다준다고 할 수 있다. 이러한 보상감은 한 치료사가 다른 치료사와 함께 슈퍼비전을 통해 객관성, 섬세함, 지식, 그리고 전문가적 자세를 모델링할 때 더욱 효율적으로 얻어질 수 있다.

참고문헌

Adamek, M. S. (1994). Audio-cueing and immediate feedback to improve group leadership skills: A live supervision model. *Journal of Music Therapy, 31,* 135-160.

Alley, J. M. (1978). Competency based evaluation of a music therapy curriculum. *Journal of Music Therapy, 15,* 9-14.

Alley, J. M. (1980). The effect of self-analysis of videotapes on selected competencies of music therapy majors. *Journal of Music Therapy, 17,* 113-132.

Alley, J. M. (1982). The effect of videotape analysis on music therapy competencies: An observation of simulated and clinical activities. *Journal of Music Therapy, 19,* 141-160.

American Association for Music Therapy [AAMT]. (1989). *Education and Training Manual on AAMT Approval of Educational Programs in Music Therapy.* Philadelphia, PA: Author.

Andersen, J. F. (1982). The effect of feedback versus no feedback on music therapy competencies. *Journal of Music Therapy, 19,* 130-140.

Beck, J. B., MacLean, B., and Pinson, J. (1986). The clinical training committee speaks out. *Music Therapy Perspectives, 3,* 47-49.

Boone, P. M. (1989). Future trends and new models for clinical training. *Music Therapy Perspectives, 7,* 96-99.

Boyle, M. E., and Krout, R. (1988). *Music Therapy Clinical Training Manual.* St. Louis, MO: MMB Music Inc.

Braswell, C., Decuir, A., and Brooks, D. (1985). A survey of clinical training in music therapy: Degree of compliance with NAMT guidelines. *Journal of Music Therapy, 22,* 73-86.

Braswell, C., Decuir, A., and Maranto, C. D. (1980). Ratings of entry level skills by music therapy clinicians, educators and interns. *Journal of Music Therapy, 17,* 133-147.

Braswell, C., Maranto, C. D., and Decuir, A. (1979). A survey of clinical practice, education and clinical training. *Journal of Music Therapy, 16,* 65-69.

Briggs, C. (1987). A creative arts therapy model for education and clinical training in music therapy. In C. D. Maranto and K. Bruscia (Eds.), *Perspectives on Music Therapy Education and Training.* Philadelphia, PA: Temple University, Esther Boyer College of Music.

Brookins, L. M. (1984). The music therapy clinical intern: Performance skills, academic knowledge, personal qualities and interpersonal skills necessary for a student seeking clinical training. *Journal of Music Therapy, 21,* 193-201.

Brown, S. (1997). Supervision in context: A balancing act. *British Journal of Music Therapy, 11,* 4-12.

Bruscia, K. (1986). Advanced competencies in music therapy. *Music Therapy, 6,* 57-67.

Bruscia, K. (1987). Variations in clinical training: AAMT and NAMT. In C. D. Maranto and K. Bruscia (Eds.), *Perspectives on Music Therapy Education and Training.* Philadelphia, PA: Temple University, Esther Boyer College of Music.

Bruscia, K. (1989). The content of music therapy education at undergraduate and graduate levels. *Music Therapy Perspectives, 7,* 83-87.

Bruscia, K., and Maranto, C. D. (1988). Academic and clinical training programs. In C. D. Maranto and K. Bruscia (Eds.), *Methods of Teaching and Training the Music Therapist.* Philadelphia, PA: Temple University, Esther Boyer College of Music.

Bruscia, K., Hesser, B., and Boxill, E. (1981). Essential competencies for the practice of music therapy. *Music Therapy, 1,* 4-49.

Cassity, M. (1987). Functional piano skills for music therapy interns. In C. D. Maranto and K. Bruscia (Eds.), *Methods of Teaching and Training the Music Therapist.* Philadelphia, PA: Temple University, Esther Boyer College of Music.

Darrow, A., and Gibbons, A. (1987) Organization and administration of music therapy practica: A procedural guide. In C. D. Maranto and K. Bruscia (Eds.), *Perspectives of Music Therapy Education and Training.* Philadelphia, PA: Temple University, Esther Boyer College of Music.

Decuir, A., and Jacobs, K. (1990). A comparison of clinical evaluations and student self-evaluations of undergraduate practicum experiences in music therapy. *Music Therapy Perspectives, 8,* 20-22.

Dvorkin, J. (1999). Psychoanalytically oriented music therapy supervision. In T. Wigram and J. De Backer (Eds.), *Clinical Applications of Music Therapy in Developmental Disability, Paediatrics and Neurology.* London: Jessica Kingsley Publishers.

Farnan, L. (1994). Issues in clinical training. *Music Therapy Perspectives, 12,* 70-71.

Farnan, L. (1996). Issues in clinical training. *Music Therapy Perspectives, 14,* 70-71.

Farnan, L. (1998). Issues in clinical training. Comparison of internship models. *Music Therapy*

Perspectives, 16(1), 7-8.

Frohne-Hagemann, I. (1999). Integrative approaches to supervision for music therapists. In T. Wigram and J. De Backer (Eds.), *Clinical Applications of Music Therapy in Developmental Disabilities*. London: Jessica Kingsley Publishers.

Furman, C., Adamek, M., and Furman, A. (1992). The use of an auditory device to transmit feedback to student therapists. *Journal of music therapy, 19,* 40-53.

Galloway, H. P. (1966). Articulation problems in the academic and clinical training of music therapists. Unpublished master's thesis, Florida State University. In C. D. Maranto and K. Bruscia (Eds.), *Master's Theses Index and Abstracts* (1988). Philadelphia, PA: Temple Universitiy, Esther Boyer College of Music.

Gaston, E. T. (1964). Developments in the training of music therapists. *Journal of Music Therapy, 1,* 148-150.

Gault, A. W. (1978). An assessment of the effectiveness of clinical training in collegiate music therapy curricula. *Journal of Music Therapy, 15,* 36-39.

Gibbons, A., and Darrow, A. (1987). College/university music therapy clinics: Financial considerations. In C. D. Marento and K. Bruscia (Eds.), *Perspectives on Music Therapy Education and Training*. Philadelphia, PA: Temple University, Esther Boyer College of Music.

Glider, A. S. (1987). Trainee distress and burn-out: Threats for music therapy. In C. D. Marento and K. Bruscia (Eds.), *Perspectives of Music Therapy Education and Training*. Philadelphia, PA: Temple University, Esther Boyer College of Music.

Graham, M. (1971). A new approach to student affiliation in music therapy. *Journal of Music Therapy, 8,* 43-52.

Grant R., and McCarty, B. (1980). Emotional stages in music therapy internship. *Journal of Music Therapy, 17,* 102-118.

Greenfield, D. G. (1978). Evaluation of music therapy practicum competencies: Comparison of self-and instructor ratings of videotapes. *Journal of Music Therapy, 15,* 13-20.

Greenfield, D. G. (1980). the use of visual feedback in training music therapy competencies. *Journal of Music Therapy, 17,* 94-110.

Hadsell, A., and Jones, J. L. (1988). Music Therapy practicum: A cooperative effort. *Music Therapy Perspectives, 5,* 57-59

Hanser, S. B. (1978). A systems analysis model for teaching practicum skills. *Journal of Music Therapy, 15,* 21-35.

Hanser, S. B. (1980). *Music therapy practicum: A Manual for Behavior Change Through Music.* Stockton, CA: University of the Pacific.

Hanser, S. B. (1987). Observation and feedback techniques for student practica. In C. D. Maranto and K. Bruscia (Eds.), *Perspectives on Music Therapy Education and Training.* Philadelphia, PA: Temple University, Esther Boyer College of Music.

Hanser, S. B., and Furman, C. E. (1980). The effect of videotape-based feedback vs. field-based feedback on the development on applied clinical skills. *Journal of Music Therapy, 17,* 103-111.

Hesser, B. (1985). Advanced clinical training in music therapy. *Music Therapy, 5,* 66-73.

Jensen, K., and McKinney, C. (1990). Undergraduate music therapy education and training: Current status and proposals for the future. *Journal of Music Therapy, 18,* 166-173.

Killian, N. (1981). Effect of instructions and feedback on music teaching skills. *Journal of Music Therapy, 18,* 166-173.

Kim, S. K. (1990). Competency ratings in application to the American Association for Music Therapy for Certification. 1981-1987. *Music Therapy, 9,* 82-102.

Krout, R. E, (1982). Supervision of music therapy practicum within a classroom setting. *Music Therapy Perspectives, 1,* 21-24.

Madsen, C. (1965). A new music Therapy curriculum. *Journal of Music Therapy, 2,* 83-85.

Madsen, C. M., and Alley, J. M. (1979). The effect of reinforcement on attentiveness comparison of behaviorally trained music therapist and other professionals with implications for competency-based academic preparation. *Journal of Music Therapy, 16,* 70-82.

Maranto, C. D., and Kaiser, D. A. (1999). Pre-internship fears of music therapists. *Journal of Music Therapy, 26,* 17-25.

Maranto, C. D. (1987a). The California Symposium: Summary and recommendations. *Music Therapy Perspectives, 6,* 82-84.

Maranto, C. D. (1987b). Continuing themes in the literature on music therapy education and training. In C. D. Maranto and K. Bruscia (Eds.), *Perspectives on Music Therapy Education Training.* Philadelphia, PA: Temple University, Esther Boyer College of Music.

Maranto, C. D. (1987c). Ethical issues in music therapy education. In C. D. Maranto and K.

Bruscia (Eds.), *Perspectives on Music Therapy Education Training*. Philadelphia, PA: Temple University, Esther Boyer College of Music.

Maranto, C. D. (1988). Practica and internship. In C. D. Maranto and K. Bruscia (Eds.), *Methods of Teaching and Training the Music Therapist*. Philadelphia, PA: Temple University, Esther Boyer College of Music.

Maranto, C. D. (1989). California Symposium on music thearapy education and training: Summary and recommendations. *Music Therapy Perspectives, 7,* 108-109.

Maranto, C. D., and Wheeler, B. (1986). Teaching ethics in music therapy. *Music Therapy Perspectives, 3,* 17-19.

Marks, D. (1992). Music therapy clinical internship training in Canada: Profiles and perspectives. *Music Therapy Perspectives, 10,* 99-104.

McClain, F. (1993). *Student evaluations of practicum training in music therapy.* Unpublished doctoral dissertation, Temple University, Esther Boyer College of Music.

Moreno, J. (1988) Multicultural music therapy: The world music connection. *Journal of Music Therapy, 25,* 17-27.

National Association for Music Therapy [NAMT]. (1997). *Clinical Training Guidelines.* Silver Spring MD: Author.

Niles, S. (1996). Experimental internships. *Music Therapy Perspectives, 14,* 12-13.

Petrie, C. F. (1989). The identification of a contemporary hierarchy of intended learning outcomes for music therapy students entering internship. *Journal of Music Therapy, 26,* 125-129.

Prickett, C. A. (1987). The effects of self-monitoring on positive comments given by music therapy student's coaching peers. *Journal of Music Therapy, 24,* 54-75.

Standley, J. M. (1985). An investigation of the relationship between selected characteristics, education values and teaching competencies of freshmen music education/therapy majors. *Journal of Music Therapy, 22,* 2-11.

Standley, J. M. (1989). A prospectus for the future of music therapy education standards, requirements and professional designations. *Music Therapy Perspectives, 7,* 103-107.

Steele, A. L. (1989). Clinical practice: One operational format. *Music therapy perspectives, 6,* 16-17.

Stephens, G. (1987). The experiential music therapy group as a method of training and supervision. In. C. D. Maranto and K. Bruscia (Eds.), *Perspectives of Music Therapy Education and Training.* Philadelphia, PA: Temple University, Esther Boyer College of Music.

Taylor, D. B. (1987). A survey of professional music therapists concerning entry level competencies. *Journal of Music Therapy, 24,* 114-145.

Ten Eyck, S. G. (1985). The effect of simulation and observation training on the music therapy behaviors of undergraduate music therapy/music education majors in a field teaching experienece. *Journal of Music Therapy, 22,* 160-182.

Tims, F. (1989). Experiential learning in the music therapy curriculum. *Music Therapy Perspectives, 7,* 91-92.

Troppozado, M. (1995). Multicultural training for music therapists: An examination of current issues based on a national survey of professional music therapists. *Journal of Music Therapy, 32,* 65-90.

Wright, L. (1992). A levels systems approach to structuring and sequencing pre-practica musical and clinical competencies in a university music therapy clinic. *Music Therapy Perspectives, 10,* 36-44.

감사의 말

저자는 박사논문 지도교수로 이 연구의 초기 단계에서부터 멘토로서 자문을 해 주신 Kenneth Bruscia 교수님께 특별한 감사를 드린다.

제3장 슈퍼비전 윤리 쟁점

들어가는 말

음악치료에서 슈퍼비전은 다음과 같이 전문가로서 성장을 촉진하는 토대가 된다. (1) 슈퍼비전은 학생이 유능하게 그리고 윤리적으로 음악치료를 시행하는 데 필요한 기술을 습득하는 기본 방법 중 하나다. (2) 슈퍼비전은 기존 음악치료사의 기술을 증진하고 개선하는 주요한 수단 중 하나다. (3) 슈퍼비전은 특화된 음악치료 방법에 대하여 고급 훈련을 받고자 하는 음악치료사에게 필수적이다. 음악치료에서 슈퍼비전 윤리 쟁점은 문헌적으로 충분히 논의되어 오지 않았으나(Maranto, 1987), 다음과 같은 이유에서 윤리 쟁점을 다루는 것은 매우 중요하다. (1) 슈퍼비전 과정 자체가 중요한 윤리 쟁점을 수반하기 때문이며(이 장에서 설명될 것이다), (2) 슈퍼비전의 주목적이 전문가에게 윤리적 행동을 가르치고 전문가적 수준을 가진 수련생의 윤리 행동을 모니터링하는 것이기 때문이다. 따라서 윤리는 슈퍼비전 과정 자체의 기본이며 슈퍼비전에서 반드시 다루

Cheryl Dileo, PhD, MT-BC
Professor of Music Therapy, Temple University Philadelphia, PA

어져야 할 주 내용이다. 그러므로 슈퍼바이저의 책임은 교사 역할과 윤리 행동 모델을 모두 수행하는 것이다. "슈퍼바이저가 전달하는 내용, 기술, 모델링은 윤리적 실천을 촉진하는 핵심이다." (Vasquez, 1992, p. 196)

슈퍼비전의 역할

슈퍼비전은 슈퍼바이저-수련생의 양자관계보다는 슈퍼바이저, 수련생, 내담자를 포함하는 암묵적 삼자관계를 수반한다. 삼자관계를 형성하는 슈퍼바이저, 수련생, 내담자는 모두 슈퍼비전 관계에서 위험을 감수한다. 내담자와 수련생은 모두 슈퍼바이저가 제공하는 임상 지식과 기술, 그리고 윤리규범의 소비자이자 수혜자이며(Kurpius, Gilbson, Lewis, and Corbet, 1991; Upchurch, 1985), 이러한 요소가 부적절할 경우 영향을 받는다.

음악치료에서 슈퍼바이저 역할의 본질은 때로는 대립적이며 증가된 여러 책임을 수반하므로 명확히 정의하기가 어렵다. 역할 간의 대립은 적절한 윤리적 결정을 요구한다. 슈퍼바이저는 교사, 행정가, 평가자로서의 역할을 수행하게 된다. 동시에 수련생의 자기 인식을 조장하는 '치료와 유사한(therapy-like)' 역할도 수행하게 된다(Kurpius et al., 1991; Newman, 1981). 게다가 역할에서의 권력적인 본질로 인해 슈퍼바이저의 직무는 자주 '부모와 유사한(parent-like)' 것처럼 여겨진다.

음악치료 슈퍼바이저는 (1) 슈퍼바이저와 수련생 역할에서의 권력 차이, (2) 슈퍼비전 관계의 '치료적인' 성격, (3) 두 참여자의 역할 간 대립 등과 같은 이유로 인하여 윤리적으로 취약한 상황에 처하기도 한다. 슈퍼바이저의 다양한 역할은 (1) 내담자(언제나 가장 우선적이다), (2) 수련생(두 번째로 중요하다), (3) 공공, (4) 전문 분야의 복지를 보호하는 것도 포함한다. 더욱이 '치료와 유사한' 슈퍼비전의 본질로 인하여 슈퍼바이저가 객관적이지 않거나 부적절한 판단을 내리거나 권력을 남용할 경우, 내담자와 수련생은 모두 유해를 입을 수 있다(Sherry, 1991).

슈퍼바이저의 책임: 수련생의 권리

음악치료 슈퍼비전의 내용이나 역할에 무관하게 슈퍼바이저의 윤리적 의무는 훈련을 제공하고 윤리적 기능, 전문적 유능성, 그리고 개인적 기능의 세 가지 영역에서의 성장을 촉진하는 것이다(Vasquez, 1992). Corey, Corey와 Callanan(1998, pp. 292-203)은 담당 수련생에 대한 슈퍼바이저의 몇 가지 구체적인 책임을 열거하였는데, 이러한 책임은 다음의 범주로 나뉜다. (1) 슈퍼비전에서의 유능성, (2) 슈퍼비전에 관한 충분한 정보 제공하기, (3) 슈퍼비전이 필요한 부분에 대한 결정권 공유하기, (4) 슈퍼바이저의 적절한 역할 선정(자문가, 교사 등)과 이에 대한 수련생의 명료한 이해 돕기, (5) 임상적, 윤리적 유능성 배양하기, (6) 일관적인 슈퍼비전 스타일 사용하기, (7) 정기적 만남 유지하기와 피드백을 적시에 제공하기, (8) 개인적 인식, 임상적 결단력, 그리고 자신감을 증진하는 슈퍼비전 개입 제공하기, (9) 다문화 집단과 일할 수 있는 능력 발전시키기, (10) 수련생이 스스로의 능력 한계점을 확인하도록 돕기, (11) 연관된 내담자가 위기에 처해 있지 않은지 확인하고 기록의 비밀이 유지되는지 모니터링하기, (12) 적절한 전문적, 윤리적 규범을 가르치고 시범으로 보여 주기, (13) 치료에서 사용되는 기술과 방법 모니터링하기.

Tyler와 Tyler(1997)는 임상에서의 윤리규범이 슈퍼비전 관계에서도 그대로 적용된다고 하였다. 예를 들어, 수련생의 권리가 슈퍼비전에 대한 기대를 정립하고, 결정을 이행하고, 능동적 역할을 수행하는 힘으로 작용할 수 있도록 슈퍼비전 과정에서 거론되어야 한다는 것이다. 더 나아가 그들은 (1) 주의가 산만하거나 방해받지 않는 슈퍼비전 세션, (2) 사용되는 슈퍼비전 접근법에 대한 인지, (3) 관련 내담자 및 수련생과 연관된 자료에 대한 비밀유지(단, 법으로 요구되는 경우는 제외), (4) 슈퍼비전 기간의 기록물에 대한 열람, (5) 슈퍼비전의 질에 대한 의견 제시, (6) 필요할 경우 다른 전문가와의 협의 등을 포함한 수련생의 권리장전을 공고히 하였다.

구체적인 슈퍼비전 윤리 쟁점

구체적인 슈퍼비전 윤리 쟁점의 목록은 〈표 3-1〉에 제시되어 있다. 여기에 제시된 쟁점의 대부분은 이 장에서 논의될 것이다.

〈표 3-1〉 구체적인 슈퍼비전 윤리 쟁점

I. 슈퍼바이저 유능성
- 개인적 기능
- 자격/훈련
- 구체적인 임상 분야에서의 유능성
- 다양한 수련생의 필요에 대해 작업할 수 있는 유능성

II. 슈퍼비전 충분성
- 의무/책임 완수
  - 슈퍼비전 준비
  - 적절하고 상호적인 슈퍼비전 목표 설정: 슈퍼비전의 기대와 세부 사항에 대한 충분한 논의
  - 수련생의 필요와 관심에 대한 고려
  - 적절한 슈퍼비전 방법(실험적 방법에 대한 안전장치)
- 제한점에 대한 인지
- 역할 모델링
- 다문화와 성차 문제에 대한 민감성
- 수련생과 내담자에 대한 비밀유지
- 평가된 슈퍼비전 충분성

III. 슈퍼바이저 행동
- 성역할에 대한 고정관념
- 성차별
- 부정적 역전이(지나친 의존 형성)
- 이중관계 형성
- 윤리적 모범

IV. 슈퍼바이저 권력/권위 오용
- 수련생 학대/착취
- 성적 희롱
- 가치관 강요

V. 제공된 동의
- 내담자로부터
- 수련생으로부터

VI. 평가
- 명료한 평가기준
- 적시적, 관련적, 객관적 피드백
- 수련생이 문제를 조정할 기회
- 슈퍼비전 정보가 누구와 어떻게 공유될 것인가에 대한 정보

VII. 수련생 행동(부정적 전이, negative transference)

정보 비밀유지

슈퍼비전이 양자관계가 아닌 삼자관계이므로 슈퍼비전 안에서 다루어질 내담자에게도 이에 대한 정보 제공과 동의가 이루어져야 한다. 어떠한 방식으로 임상적 정보가 공유될 것이며, 내담자의 신원이 어떻게 보호될 것인가에 대한 구체적인 정보와 세부 사항이 동의 절차에서 제시되어야 한다. 마찬가지로 수련생의 기술, 능력, 개인적 기능, 윤리 행동 등과 같이 슈퍼비전 과정에서 얻어진 정보가 누구와 어떻게 공유될 것인가에 대한 것도 수련생에게 사전에 알려야 한다. 비밀이 보호되고 유지되는 수단이 충분해야 하지만, 이러한 수단의 제한성도 인식할 수 있도록 한다.

슈퍼바이저 유능성

음악치료 슈퍼비전에서 유능성은 임상적 또는 교육적 유능성을 초월한 의미이며, "심리치료적이고 교육적이며 평가적인 기술의 독특한 조합을 포함한다. 더욱이 이는 음악치료사라는 직업에 대한 긍정적 태도를 포함한 구체적인 개인 특성을 수반한다"(Newman, 1981, p. 691).

유능한 슈퍼바이저가 되기 위해서는 슈퍼비전 방법론에 대한 교육이 요구되며, 동시에 다양한 슈퍼비전 방법론에 대한 훈련이 요구된다. 또한 다루기 쉽지 않거나 다양한 문화적 배경을 가진 사람과 함께 일하는 훈련도 필요하다(Corey, Corey, and Callanan, 1998). 슈퍼바이저는 또한 특정 임상 분야에 대한 심층 지식과 유능성을 가져야 한다.

슈퍼바이저는 전문성 성장의 여러 발달 단계에 대하여 인식하고 있어야 하며, 이러한 발달 단계에 따른 수련생의 필요에 기초한 슈퍼비전 방법론을 사용해야 한다. 이에는 감독과 허용, 답안 제시와 문제 해결 촉진, 도전과 수용, 통제와 자율 간의 세심한 균형이 필요할 것이다.

슈퍼바이저는 슈퍼비전 과정, 슈퍼비전 역동, 그리고 자신의 슈퍼비전 양식을 포괄적으로 이해해야 한다. 슈퍼비전 양식은 "지금 당신에게 어떠한 일이 일어나고 있습니까? 당신은 내담자에게 어떻게 반응하고 있습니까? 당신의 행동은 내담자에게 어떻게 영향을 미치고 있습니까? 어떠한 내담자가 당신의 저항을 야기합니까? 내담자와의 상호작용 방식은 당신의 가치관을 어떻게 형성합니까? 우리의 슈퍼비전 관계는 당신과 내담자의 관계를 어떻게 반영합니까? 당신은 내담자와의 어려움에 대하여 자발적으로 이야기할 수 있을 만큼 슈퍼비전을 충분히 편안하게 느낍니까?" 등의 질문 유형에서 드러난다(Corey, Corey, and Callanan, 1998, p. 294). 슈퍼바이저는 수련생의 필요에 따라 자신의 슈퍼비전 양식이 가질 수 있는 제한점에 대하여 인식하여야 한다.

슈퍼비전이 치료는 아니지만, 슈퍼비전은 개인적 성장과 전문적 성장을 모두 촉진하려는 의도를 가진다. 즉, 슈퍼바이저는 내담자와의 치료관계와 슈퍼바이저와의 슈퍼비전 관계 모두에서 수련생의 자기 인식을 촉진한다. 그러나 가장 기본 수준에서 "슈퍼비전 과정의 가장 중요한 요소는 슈퍼바이저가 어떠한 사람인가다. 슈퍼바이저가 사용하는 방법론과 기술은 수련생과 효과적이고도 협동적인 작업관계를 형성하는 슈퍼바이저의 능력보다 중요하지 않다"(Corey, Corey, and Callanan, 1998, p. 293).

음악치료에서 슈퍼바이저가 정서적으로 불안정하면 수련생은 내담자보다 더 큰 위험에 처한다. 내담자는 상대적으로 음악치료를 종결하기가 쉬우나, 수련생은 장기적인 경력에 대한 고려와 성적에 대한 두려움 때문에 슈퍼비전을 쉽게 종료하지 못할 수 있다(Keith-Spiegel and Koocher, 1985).

연구자들은 '좋은' 그리고 '나쁜' 슈퍼비전이 수련생에게 무엇을 암시하는가에 대하여 연구해 왔다. Allen, Szollos와 Williams(1989)는 심리학 박사과정생이 경험한 최상과 최악의 심리치료 슈퍼비전에 대하여 슈퍼비전 내용, 슈퍼바이저의 인격, 상호작용적 요소를 바탕으로 조사하였다. 그 결과, 질적으로 훌륭한 슈퍼비전의 특징이 슈퍼바이저의 전문성과 신뢰성, 슈퍼비전 경험의 길이, 기술적 문제보다는 개인적 쟁점에 대한 조명 등과 연관된다는 것을 발견하였다. 행동주의보다는 정신역동주의 바탕을 가지고 슈퍼바이저와 지지적인 슈퍼비전 관계를 형성할 수 있었으며, 명료한 기대와 피드백을 제공했던 슈퍼바이저가 높이 평가되었다. 최악의 슈퍼비전 경험은 슈퍼바이저의 권위적이고 성차별적인 행동으로 특징지어졌다.

Rosenblatt과 Mayer(1975)는 전문가가 되기 전의 자서전적 기록을 통해 수련생이 긴장되고 불만족스럽고 못마땅하다고 판단하는 다양한 슈퍼비전 양식을 찾아내었다. 이러한 양식의 예는 (1) 제약적인 슈퍼비전(임상적 결정에 대한 불충분한 독립성 그리고/또는 과하게 진지한 슈퍼비전), (2) 특성 없는 슈퍼비전(제한적으로 제공된 슈퍼비전), (3) 지지적이지 않은 슈퍼비전(차갑고 무관심하고 호의적이지 않은 상호작용으로 수련생의 불안을 악화하는 슈퍼비전), (4) 치료적인 슈퍼비전(대부분의 임상 부족을 지속적으로 탐색해야 할 성격 결함으로 귀인하는 슈퍼비전)이다. 이러한 양식 중 치료적 슈퍼비전이 수련생의 긴장을 가장 크게 유발하는 것으로 나타났는데, 이는 이 슈퍼비전 양식이 쉽거나 빠르게 교정될 수 없는 수련생의 임상 능력 부족에 대한 두려움을 자극했기 때문이다. 더욱이 이와 관련된 문제 제기는 슈퍼바이저에게 수련생의 저항으로 해석됨과 동시에 슈퍼바이저의 생각을 재확인하는 일이 되기도 하였다. 따라서 '치료적' 슈퍼비전을 받는 수련생은 공격에 무방비 상태인 것처럼 느꼈다.

슈퍼비전 관계에서의 권력

음악치료 슈퍼바이저의 역할은 어떤 면에서 '전문가 부모'의 역할과 연결될 수 있다(Alonso, 1985; Jacobs, 1991). 슈퍼바이저는 자신의 전문적 형식 안에서 수련생을 육성하고 안내하고 지지한다. 이 역할은 본질적으로 위계적이며, 슈퍼바이저는 취약한 전문가과정/학위과정생(preprofessional)에 대해 권력과 책임을 수반한 지위를 가지는 것이 당연하다고 여긴다. 치료사/임상가로서 슈퍼바이저도 전문가과정/학위과정생의 능력을 평가하고 판단하는 것(이는 치료사의 역할과 질적으로 다르다)에 필요한 권력에 대하여 큰 불안을 경험할 수 있다(Alonso, 1985). 슈퍼바이저는 만사에 비평적인 것이 권력이라는 인식에 기초해 그들 자신의 필요를 충족하기 위하여 이러한 권력을 오용하기 쉽다(Jacobs, 1991). 슈퍼비전에서 이러한 권력 오용은 많은 윤리 문제의 근원이다. 게다가 슈퍼바이저가 "지지나 존중을 받지 못하거나 또는 적절한 보수를 받지 못한다고 느낄 때에는 이러한 불편함을 슈퍼비전 시간에 쏟아 놓을 위험성이 있다" (Alonso, 1985, p. 103).

Pinderhughes(1989)는 슈퍼바이저가 자신의 자기 가치감과 유능감 상승을 위해 '순차 하향 지위에 따른 부하를 가지는' 종적 슈퍼비전 관계를 사용할 잠재적 경향에 대해 논의하였다. 게다가 수련생은 자신과 경쟁적 위치에 있다고 느끼는 슈퍼바이저에게 위협을 보낼 수도 있다. 전문가과정/학위과정생은 슈퍼바이저가 권력을 오용하는 전속 대상이 되고 더 나아가 이러한 행위를 내담자와의 관계에서 재현할 수도 있다(Jacobs, 1991).

슈퍼바이저 역할이 가진 권력은 수련생의 의존 문제를 창출할 수 있다. 무엇보다도 이러한 권력은 지위, 전문성, 나이 차이에서 확대되며, 수련생은 거의 예외 없이 종적 관계를 당연한 것으로 생각하게 된다. 이러한 의존은 슈퍼바이저의 능력에 대한 존경, 존중, 경의와 같은 긍정적 감정과 능력 불균형에 대한 두려움, 질투, 분노와 같은 부정적 감정을 모두 자극할 수 있다. 슈퍼바이저에 대한 의존은 수련생에게 부모/권위자 쟁점을 야기하기도 한다.

어떠한 방식으로든 슈퍼비전에서 권력 남용 경험을 가진 전문가와 전문가과정/학위과정 수련생은 반소(recrimination), 지지 상실, 슈퍼바이저의 섣부른 심리진단(슈퍼바이저의 진단), 또는 슈퍼바이저의 의견에 반하는 불만이 무시당하거나 기각되는 것에 대한 두려움과 모든 부정적 권력 파급 효과에 잘 응대하지 않는 경향이 있다(Jacobs, 1991).

슈퍼바이저의 가치관 강요

음악치료 슈퍼바이저는 내담자에 대한 수련생의 치료적 결정을 돕는 데 있어 가장 중요한 역할을 할 수 있으며, 결과적으로 내담자의 복지에 대한 궁극적 책임을 가진다. 그러나 과지시적인 슈퍼비전의 경우 "내담자에게 무엇이 최선인가에 대한 슈퍼바이저의 믿음을 수련생에게 강요하는 것은 완고한 지시 형태를 취할 수 있으며, 결과적으로 수련생은 슈퍼비전에서의 실패에 대한 두려움이나 슈퍼바이저에 대한 사적 무례함을 전달해야 한다고 느끼게 된다. 슈퍼바이저가 수련생이나 그 내담자에 대한 불분명한 사적 감정에서 비롯된 믿음에 따라 행동한 것이더라도 수련생과 내담자는 희생될 수 있다" (Kurpius et al., 1991, p. 51).

전문가와 전문가과정/학위과정생을 위한 슈퍼비전에는 항상 다양한 이론적 바탕에 따른 가치 충돌 가능성이 존재한다. Allen, Szollos와 Williams(1986)는 심리학도의 최상과 최악의 슈퍼비전 경험에 대한 연구에서 "좋은 슈퍼바이저는 수련생과의 가치관 차이와 사적 자유를 존중하는 모델링을 보인다는 것을 발견하였다. 이렇듯 강압적이지 않고 다원적인 바탕에서 슈퍼바이저는 심리치료 과정을 이해하는 데 유용하고 이론에 충실한 개념 틀을 제공하고, 실용적인 기술을 교수하며, 수련생이 참신한 전략을 실험해 보도록 장려하였다" (p. 97).

음악치료 슈퍼바이저는 과지시적인 슈퍼비전에 대해 인식하여야 한다. 다른 접근에 개방적인 동시에 다양한 이론적 바탕에서의 자신의 제한적 유능성에 대해 인지해야 한다. 또한 수련생의 요구를 다루기에 최선인 음악치료 접근에 대하여 수련생과의 명료한 소통을 유지해야 한다.

전이와 역전이

음악치료 슈퍼비전에서 슈퍼바이저가 종종 '부모와 유사' 한 역할을 하고 슈퍼비전 과정이 '치료와 유사' 하며, 또한 슈퍼비전 과정 자체가 감정적 강력함으로 채워져 있으므로 수련생은 강력한 전이 반응을 경험할 수 있다. 이는 전문가와 전문가과정/학위과정생을 대상으로 하는 슈퍼비전에서 모두 일어날 수 있다.

전이는 "학생이 슈퍼바이저와 관련하여 경험하지만 사실상 그 이전의 주요 관계(주로 주양육자와의)에서 파생되어 슈퍼바이저에게 전치된 감정" 으로 정의될 수 있다. 역전이는 "슈퍼바이저가 이전부터 내재된 자신의 감정을 학생에게 전치하는 것을 의미한다(Jacobs, 1991, p. 131).

슈퍼비전 관계 안에는 수련생으로 하여금 탐색하도록 장려되어야 할 많은 쟁점이 존재한다. 슈퍼바이저의 역전이도 영향을 미친다. 예를 들어, 이제 막 실습이나 인턴을 시작하는 전문가과정/학위과정생은 종종 걱정, 두려움, 불안, 압도감 등을 가지게 된다. 이때 슈퍼바이저는 공감적인 태도로 학습하는 과정에서 그러한 감정을 가지는 것이 정상적이고 전형적인 것임을 확인시키고자 노력할 수 있으며, 이는 그러한 감정에 대한 논의를 종식할 수 있다. 따라서 전문가과정/학위과정생은 불편한 감정을 인식하거나 탐색하는 것이 적절하지 않고 이러한 종류의 개인 탐색이 슈퍼비전 안에서 다루어질 내용이 아니라는 메시지를 받게 된다(Jacobs, 1991; Schmidt, 1976). 수련생의 불편한 감정에 대한 슈퍼바이저 자신의 불편한 감정은 슈퍼비전 관계에서 실제로 일어나고 있는 것을 명백하게 축소하거나 무시할 수 있다. Jacobs(1991)는 수련생에게 잠재하는 많은 전이 요소 중 몇 가지에 대하여 〈표 3-2〉와 같이 설명하였다.

수련생에 대한 슈퍼바이저의 역전이 반응은 슈퍼바이저가 자신의 감정적 욕구를 충족하기 위해 슈퍼비전 관계 안에서 권력을 사용할 때 자주 발생한다. 이러한 일은 (1) 불분명한 경계 성립(성적 관계, 치료, 다른 이중관계), (2) 권력 오용(과잉 의존 형성, 가치의 강요, 학대, 반소), (3) 불충분하고 무능한 슈퍼비전 등과 같은 다양한 방식으로 발생할 수 있다.

슈퍼비전 관계에서의 권력 차이로 인하여 특정한 전문가과정/학위과정 수련

〈표 3-2〉 수련생의 잠재적인 전이 요소

수련생의 일반적인 부모 전이 반응	
아동으로서의 수련생	슈퍼바이저를 향한 전이
• 비판받는/지지받지 못하는	• 피드백 수용의 어려움
• 감정적으로 박탈된	• 욕구 충족에 대한 기대
• 가족 보호자	• 자신의 욕구 인식에 대한 무의지
• 부모를 '즐겁게 하는 자'	• 인정 추구
• 반항아	• 슈퍼바이저의 전문성과 권위에 대한 불신

수련생의 일반적인 내담자 전이 반응	
내담자로서의 수련생	슈퍼바이저를 향한 전이
• 권력 결핍	• 경계 유지에 대한 책임
• 과신	• 권력이 수련생의 이익을 위해 사용된다는 믿음
• 치료에 대한 지식 부족	• 치료과정 정의에 대한 책임
• 감정적 취약	• 무력감을 덮는 권력
• 개인적 탐색에 대한 기대	• 역할 혼동

생은 슈퍼바이저의 특정 행동(역전이)에 대해 이의를 제기하는 것을 두려워한다. 슈퍼바이저는 수련생의 전이 반응을 슈퍼비전 역동의 결과로 간주하기보다는 부적절하고 비전문적인 것이며 수련생의 개인적 결함에 의한 것으로 낙인찍을 수 있는 권력을 가지고 있다. 더욱이 슈퍼바이저는 개인적 쟁점에 대한 전문가과정/학위과정 수련생의 지식을 비난할 수 있는 사례로 구성하여 활용할 수 있다(Rosenblatt & Mayer, 1975).

슈퍼비전에서의 비밀엄수(secrecy)는 다음과 같은 결과를 가져온다. 전이와 역전이 반응에 대해 논의하는 것은 수련생이나 슈퍼바이저 모두에게 어렵고 불편하다. 수련생은 이러한 논의를 통해 슈퍼바이저를 불편하게 하지 않으려는 마음이 들기도 하는데, 그로 인해 수련생은 자신의 요구를 경시하고 슈퍼바이저를 돌보는 부적절한 역할을 당연히 받아들이게 된다(Jacobs, 1991). Jacobs(1991, p. 134)는 전문가과정/학위과정생이 '역기능적' 슈퍼비전 경험과 관계를 감정하도록 돕는 질문 목록(모두 직접 인용)을 다음과 같이 제공하였다. 이러한 질문은 슈퍼비전을 받는 전문가에게도 적용될 수 있다.

- 학생이 슈퍼바이저에 대해 불편하게 느끼거나 편안하게 작업할 수 있는 능력을 방해하는 감정을 가지고 있는가?
- 학생이 슈퍼바이저의 상호작용 방법에 대하여 편안하게 생각하는가?
- 학생이 다른 이들에게 일반적으로 반응하는 것과 다른 방식으로 또는 혼란한 방식으로 슈퍼바이저에게 반응하고 있는 자신을 발견하는가?
- 학생이 중요한 일에 대해 소통하고자 할 때 슈퍼바이저는 시간을 내주는가?
- 학생이 어느 상황에서든 슈퍼바이저에게서 판단받거나 낙인찍히는 것처럼 느끼는가? 슈퍼바이저가 학생 스스로 무언가 문제가 있다고 느끼도록 만드는가?
- 대립이 있을 경우 슈퍼바이저는 문제에서의 자신의 역할을 인지하는가, 아니면 학생이 문제의 원인으로 비난받거나 판정받는 것처럼 느끼게 하는 경향이 있는가?

- 학생이 슈퍼바이저에게서 착취당하거나 학대당하는 느낌을 혹시라도 가진 적이 있는가?
- 학생이 임상 현장의 자문가와 정보를 공유하는 것을 슈퍼바이저가 혹시라도 만류하는가?

이러한 일반적 전이, 역전이 반응을 인지하고 이에 대하여 작업하는 것은 슈퍼비전 효과와 수련생의 전문적, 개인적 발전을 증대할 수 있다.

이중관계

이중관계와 경계 위반은 심각한 수련생 착취의 주범이다(Kitchener, 1988; Stout, 1987). 이중관계는 슈퍼바이저가 수련생과 추가적이고 종종 대립적인 역할을 가지는 것이 당연하다고 생각할 때 발생한다. 슈퍼바이저와 수련생 간의 권력 차이로 인해 이러한 추가적 역할에 대한 수련생의 온전한 선택권은 제한될 수밖에 없다(Jacobs, 1991). 이중관계는 결과적으로 전문가과정/학위과정 수련생에게 한층 더 심각한 문제가 되는데, 이는 전문가 수준의 수련생과 슈퍼바이저 간의 권력 차이가 상대적으로 협상의 여지가 있기 때문이다.

이중관계는 종종 다음과 같은 심각한 결과를 초래한다. (1) 비밀유지가 무너진다. (2) 수련생의 독립성이 제한된다. (3) 슈퍼비전 과정 그리고/또는 치료가 손상된다. (4) 내담자의 필요가 가장 중요한 사항으로 고려되지 않을 수 있다. (5) 객관성이 감소된다(Kitchener, 1988).

슈퍼바이저와 수련생 간의 이중관계에 대한 예는 다음과 같다. (1) 슈퍼비전과 별개로 경제적 관계를 성립하는 것, (2) 수련생에게서 고가의 선물을 받는 것, (3) 친구나 가족을 슈퍼비전하는 것, (4) 수련생과 친목관계를 가지는 것, (5) 수련생과 정서적 관계를 가지는 것, (6) 수련생을 연구 대상으로 이용하는 것, (7) 이전의 내담자를 슈퍼비전 하는 것, (8) 전문가과정/학위과정 수련생과 추가 교육관계를 가지는 것, (9) 수련생과 성적 관계를 가지는 것, (10) 수련생에게 치료를 제공하는 것.

슈퍼비전이 '치료와 유사' 한 면을 가지기 때문에 전문가과정/학위과정 수련생을 대상으로 치료를 제공하는 것은 아마도 가장 흔히 일어나는 경계 위반일 것이다. Roberts, Murrell, Thomas와 Claxton(1982)은 상담교육 교수자의 35%가 자신의 학생에게 상담 제공을 고려한 경험이 있다고 보고하였다. 이에 더하여 Pope, Tabachnick와 Keith-Spiegel(1987)은 연구에 참여한 심리학자 중 소수만이 자신의 학생에게 치료를 제공하는 것이 경우에 따라 또는 많은 경우 문제가 되지 않는다고 생각하는 것과 실제로 그들 중 30%가 자신의 학생에게 치료를 제공한 적이 있음을 밝혀내었다.

자기 인식(awareness) 촉진은 슈퍼비전의 필수 요소 중 하나다. 그렇다면 어디서부터 치료가 되는 것일까? 슈퍼비전에서 자기 탐색은 수련생과 내담자와의 관계나 내담자와의 작업에 대한 수련생의 무력감에 집중되는 것이 좋다.

이중관계 쟁점을 잘 다루기 위하여 음악치료 슈퍼비전에서 수련생의 자기 탐색 촉진은 무엇보다도 내담자와의 관계와 내담자와의 작업에서 느끼는 무력감에 초점을 두어야 한다. 슈퍼비전은 치료를 방해하는 자기 쟁점을 확인하는 것에 초점을 둘 수 있다. 이후 수련생은 확인된 자기 쟁점을 다른 전문가와 함께 작업해야 한다. 전문가과정/학위과정 수련생과의 슈퍼비전은 이중관계를 피하기 위하여 이러한 자기 탐색을 깊게 작업하지 않는다. 전문가와의 슈퍼비전에서는 수련생의 의도와 목표에 따라 이러한 이중관계가 회피되기도 하고 환영받기도 한다.

전문가과정/학위과정 수련생을 대상으로 하는 슈퍼비전에서 음악치료의 경험적(experiential) 방법론이 사용될 때 이중관계 쟁점은 더욱 두드러진다. 수련생의 진정한 참여와 사적 정보 공개가 요구되는 경험적 방법론은 반드시 사려 깊게 다루어져야 한다. 이러한 방법론이 사용될 때에는 적절한 경계와 안전장치가 적용되고 이에 대한 정보가 제공되며 사전 동의가 이루어져야 한다. 전문가과정/학위과정 수련생에게 어떠한 방식으로 참여할 것인가(자신으로 참여하거나 역할극을 하거나)에 대한 선택의 여지가 주어져야만 한다. 수련생에게 방법론의 목적, 다루어질 내용의 유형(예, 심층적 본질에 대한 자기 탐색)과 그 제한점에 대한 정보가 제공되어야 한다. 또한 전문가과정/학위과정 수련생이 개인 정보가 공유되더라도 평가나 성적에는 반영되지 않는다는 것에 안심할 수 있어야 한다(Dileo, 2000).

몇 가지 이중관계는 특히 더 위험하다. 이중관계가 잘 다루어진다면 허용될 만한 경우와 자명히 비윤리적이게 되는 경우의 경계는 어디에 있는가, 이중관계를 피할 수 없는 경우 슈퍼바이저의 책임은 무엇인가(Kitchener, 1988)?

Kitchener(1988)는 이중관계가 (1) 역할 간의 기대가 점점 모순될 경우, (2) 역할 간의 의무가 점점 비규범적이게 될 경우, (3) 역할 간의 권력과 세력 차이가 증가할 경우 문제시된다고 주장하였다. 이 세 가지 문제를 모두 가지는 이중관계는 슈퍼바이저와 수련생 간의 이성관계 그리고/또는 성관계다. 이 세 경우의 정도가 클수록 위험성도 증가한다. 문제시되는 이중관계는 착취 증가, 왜곡된 대상, 위험 노출과 연관된다.

반면 모든 이중관계가 비윤리적인 것은 아니다. 슈퍼바이저와 수련생이 슈퍼비전 관계가 종료된 이후 친구관계를 가지는 경우와 같이 이익의 대립이 최소이거나 작은 경우 비윤리적인 이중관계라 볼 수 없다. 그러나 이러한 경우에도 슈퍼바이저는 잠재적 역할 대립에 대해 인식하고 모니터링해야 하며, 만일 역할 대립이 일어날 경우 잘 조정해야 할 책임을 가진다(Kitchener, 1988).

성적 관계

이중관계와 경계 위반의 내용 중 슈퍼바이저와 수련생 간의 성관계는 특별한 고려를 요한다. 이러한 관계는 연루된 개인 간의 권력 불균형으로 인해 그 어떠한 위반보다 잠재적으로 위험하다. 슈퍼비전 관계 손상은 종종 (1) 슈퍼바이저가 이러한 유형의 권력 남용을 본보기로 보여 주어 결과적으로 이러한 행동이 내담자와의 치료관계에서 모방될 가능성을 증대하는 경우, (2) 병행과정(parallel process)의 조명에 대한 두려움으로 인해 수련생이 성 및 성적 매력과 연관된 쟁점에 대하여 논의하지 않는 경우, (3) 평가의 객관성이 손실되고 수련생이 경력에 대한 걱정 때문에 묵묵히 받아들이도록 압박받는 경우 발생한다(Bartell and Rubin, 1990; Conroe, Schank, Brown, DeMarinis, Loeffler, and Sanderson, 1989).

현재 이러한 관계 발생률에 대한 음악치료 분야의 자료는 없으나 심리학 분야에 존재하는 자료가 경종이 될 수 있을 것이다.

Pope, Schover와 Levenson(1980) 그리고 Pope, Levenson과 Schover(1979)에 따르면, 임상기술을 가르치는 심리학자는 교사, 평가자, 치료사로서의 동시적 역할을 당연히 생각한다. 전문가는 교육자로서 학생의 필요를 우선시해야 하는 역할을 갖는다. 위의 저자들은 "학생을 통해 성적 바람과 욕구의 만족을 얻는 교사는 학생의 요구를 우선시하는 데 상당한 어려움을 가질 수 있다."라고 주장하였다(Pope, Levenson, and Schover, 1979, p. 158). 성적 관계는 객관성과 공평성을 희생시키고 슈퍼비전 효과를 위협하는 등 평가자, 치료사로서의 심리학자 역할에 심각한 영향을 미친다. 성적으로 연루된 슈퍼바이저와 수련생의 관계에서 권력 차이가 남용되고 조정되는 것은 의심의 여지가 없기 때문이다.

Pope, Levenson과 Schover(1979)의 연구 설문에 응답한 전문가 481명의 10%는 학생일 당시 자신의 교육가와 성적 접촉이 있었으며, 13%는 자신의 학생과 성적 관계에 연루된 적이 있다고 보고하였다. 더 나아가 최근 박사과정을 마친 여성의 25%가 자신이 훈련받을 당시 적어도 한 명의 심리학 교육자와 성적 접촉을 한 바 있다고 보고하였다.

다른 연구에서는 임상심리학 분과 여성 회원 464명 중 17%가 훈련과정에서 자신의 심리학 교수나 슈퍼바이저와 성적 관계를 가졌으며, 31%는 교육가의 성적 이익을 위한 대상이었다는 결과가 보고되었다(Glaser and Thorpe, 1986).

또 다른 연구에서는 심리학 슈퍼바이저의 3%가 수련생과 성적 관계를 가졌으며, 8%는 현재 또는 이전 슈퍼바이저와 성적 관계를 가졌음을 보고하였다(Ronan-Woodburn, 1994, Lamb과 Catanzaro의 대화, 1998). Lamb과 Catanzaro(1998)는 설문에 응답한 전문가의 12%가 내담자, 수련생, 또는 학생으로서 성적 경계를 위반한 경험이 있다고 보고하였다. 비록 Lamb과 Catanzaro(1998)의 연구에서는 나타나지 않았으나 내담자, 수련생, 또는 학생으로서 성적 경계를 위반한 경험을 가진 전문가는 같은 역할을 수행할 때 그들 자신이 피의자의 역할을 할 가능성이 훨씬 높을 수 있다(Bartell and Rubin, 1990).

"성적 친밀감은 평가의 신중성, 공정성 및 타당성에 심각한 불이익(무익이 아님)을 초래할 수 있다. 이러한 성적 행위는 최소 두 가지 맥락에서 발생한다. 첫째, 로맨틱 또는 열정적 사랑과 같이 깊은 사적 친밀감의 표현일 수 있다. 둘째, 성적 행위에의 참여는 성매매나 극장의 '캐스팅 카우치(casting couch)'[1] 전통과 다를 바 없이 학업 성취를 위한 거래일 수 있다. 로맨틱 관계와 학점 거래의 경우 모두 무엇을 기준으로 무엇이 평가되는지 심각한 의문이 제기된다." (Pope, Schover, and Levenson, 1980, p. 159)

슈퍼바이저와 전문가 수준의 수련생 간의 성적 관계도 문제다. 수련생-슈퍼바이저 관계는 전문가적 관계이며, 이 관계의 계약은 슈퍼바이저가 수련생의 최대 이익을 위해 일하는 것에 대한 신뢰를 내포한다. 이러한 신뢰를 훼손하는 모든 행위는 계약 위반이다. 성적 행위는 사적 관계를 돈독히 할 수는 있으나 전문가적 관계를 명백히 손상하며 신뢰를 모독하게 된다(Bartell and Rubin, 1990).

성희롱

또 다른 경계 위반 유형인 성희롱은 명백할 수도 있고 포착하기 힘들 정도로 미묘할 수도 있다. 그리고 장난 같은 놀림이나 제안 등을 수반하기도 한다. 어떠한 형태든 수련생에게는 언제나 자존심 상하는 일이다.

수련생에 대한 존중적 태도를 유지하고 슈퍼비전 관계에서 본질적으로 존재하는 권력의 영향을 인지한다면 성희롱은 예방될 수 있다. 슈퍼바이저는 "스스

1) 역주: 배우가 배역을 따내기 위하여 배역 담당 책임자와 성관계를 갖는 관행을 말함.

로의 개인적, 전문적 욕구를 감시함으로써 슈퍼비전 관계에서 심각한 오류가 발생하지 않도록 하는 중요한 책임을 가진다" (Vasquez, 1992, p. 201).

성별 쟁점

여성 전문가가 주를 이루는 음악치료와 같은 분야에서는 교육과 슈퍼비전 역할을 수행하는 남성의 비율이 높지 않다. 음악치료 분야에서 남성이 일반 회원에서는 13%인 것에 비해 교육과정 책임자에서는 38%를 차지한다(AMTA, 1999). 이러한 상황에서 슈퍼바이저는 수련생이 남성이 더 유능하고 더 많은 권력을 가지며 더 뛰어나다는 해석을 하지 않도록 성역할 쟁점에 대한 민감성을 가져야 한다. "슈퍼바이저는 남성과 여성 간의 권력 차이에 기여하는 사회화 쟁점에 대해 인지하여야 한다. 그러한 지식이 치료의 표면을 이루는 쟁점에서 중요한 함축성을 가지기 때문이다." (Vasquez, 1992, p. 200)

슈퍼바이저는 수련생 발달에 성별이 작용하는 잠재적 차이를 인식해야 한다. 예를 들어, 어떤 여성 수련생은 내담자와 과동일시하는 반면, 어떤 남성 수련생은 내담자에게 보다 인지적 방식으로 다가가는 경향을 가질 수 있다. 이러한 차이는 여성과는 인지적 개입이, 남성과는 정서적 개입이 더욱 필요함을 암시할 수 있다(Stoltenberg and Delworth, 1987).

슈퍼바이저 지지에 관한 쟁점은 양육적인 슈퍼비전 양식에 보다 효과적으로 반응하는 여성에게 더욱 필수적일 수 있다. 또한 수련생은 동성의 슈퍼바이저와 좀 더 가까운 관계를 맺기도 한다(Worthington and Stern, 1985). Stoltenberg와 Delworth(1987)는 이성인 슈퍼바이저-수련생 관계가 내담자와 그의 쟁점에 대한 다양한 관점을 제공할 수 있는 반면, 동성인 슈퍼비전 관계는 윤리와 개인차 탐색에 특별히 효과적일 수 있다고 제안하였다.

슈퍼비전의 종결 역시 남성과 여성 수련생에 대한 쟁점을 제공할 수 있다. Stoltenberg와 Delworth(1987)는 남성 수련생이 '첫인사(hello)' 에 대한 쟁점을 가질 수 있는 반면, 여성 수련생은 '작별(good-bye)' 에 대한 쟁점을 가질 수 있음을 슈퍼비전과 임상 모두에서 관찰하였다. 이러한 어려움은 동성의 슈퍼바이저와의 관계에서 더욱 부각될 수 있다. 여성 슈퍼바이저와는 예를 들어 '작별' 이 교묘히 회피되고 방치될 수 있다. 남성 슈퍼바이저와는 '작별' 이 너무 갑작스럽게 이루어지거나 감정이 무시될 수 있다.

Ellsworth(1989)는 '목소리' 라는 단어를 정체성의 은유적 표현으로 사용하였는데, 남성과 여성은 문화적 차이로 인해 다른 '목소리'를 사용하여 소통하는 경향이 있다. Gilligan(1982)은 도덕적 결정에서의 성차에 관한 연구에서 여성은 보살핌(care)의 목소리를 사용하는 반면 남성은 정의(justice)의 목소리를 사용한다고 간주하였다. 보살핌의 목소리는 사랑, 공감, 친밀함, 자기와 타인 보호 등의 쟁점에 관해 말한다. 정의의 목소리는 공평함, 동등함, 옳고 그름, 그리고 상호주의에 대해 말한다(Gilligan, Ward, and Taylor, 1988). 두 가지의 목소리 모두 슈퍼비전 역동의 개념적 이해를 성취하는 방식을 나타내므로, 슈퍼비전에서 이러한 '목소리' 를 경청하고 그에 주의를 기울이는 것은 슈퍼바이저의 책임이다 (Twohey and Volker, 1993). "슈퍼바이저가 그들 안에 그리고 수련생 안에 존재하는 정의의 목소리와 보살핌의 목소리를 모두 인식하는 것은 중요하다." 이는 "슈퍼바이저가 중요한 성차를 무시하거나 부인하지 않고 보다 양성적인 폭을 가지는 것에 도움이 될 수 있다" (Twohey and Volker, 1993, p. 195).

다문화 쟁점

"윤리적 슈퍼비전은 반드시 개인차가 슈퍼비전 과정에 반영되는 방식을 포함해야 한다." (Corey, Corey, and Callanan, 1998, p. 296) 다문화적 인식은 인종, 성별, 민족적 뿌리, 문화, 성적 지향, 사회경제적 지위, 종교, 장애와 나이와 관련된 개인차에 대한 지식을 포함한다.

Ivey(1986)는 "공감은 개인과 문화에 대한 인식을 요구한다." (p. 320)라고 주장하였다. 치료사에게 이러한 인식이 중요하므로 수련생과 수련생의 내담자를 윤리적으로 책임지는 슈퍼바이저에게는 더욱 그러하다(Stoltenberg and Delworth, 1987). Corey, Corey와 Callanan(1998)에 따르면, 슈퍼바이저의 유능성은 슈퍼비전 관계에서의 다문화적 인식과 이를 다루는 능력에 대한 고려 없이는 사정(assess)될 수 없다. 이러한 주제를 수련생과 능동적으로 다루는 슈퍼바이저는 유사한 쟁점을 수련생이 내담자와 탐색하도록 하는 모델로 제공할 것이다. Cook(1994)에 따르면, 문화적 차이에 대한 수련생의 인식과 반응, 그리고 응답에 초점을 둔 다양한 직접적 질문이 슈퍼비전에서 제기될 것이다.

덧붙여 Bernard와 Goodyear(1992, pp. 205-208)는 다문화적 인식 고양을 위해 (1) 개방적 자세와 다원론적 철학, (2) 문화적 인식과 정보, (3) 의식화, (4) 실험적 훈련, (5) 소수자와의 접촉, (6) 사회적 약자와의 임상 등이 강조됨을 주장하였다. (이 주제에 관한 심층적 논의를 원한다면 4장을 보라.)

수련생 유능성 촉진

슈퍼바이저는 종종 '전문 분야의 문지기'로 비유되기에 임상을 위한 윤리규범에 참여하는 것이 필수적이다(Corey, Corey, and Callanan, 1998, p. 293). Bernard와 Goodyear(1992)는 슈퍼바이저는 자신이 가르치고자 하는 바를 먼저 실천으로 보여 주어야 한다고 주장하였다.

Rest(1984)는 도덕 또는 윤리 행동의 네 가지 요소를 "(1) 개인의 행동이 다른 사람의 복지에 어떠한 영향을 미치는가에 있어 상황을 해석하는 것, (2) 도덕 행동의 방향이 무엇인가를 형식화하는 것, (3) 개인이 기준을 삼아 행동할 이상적 가치를 지닌 결과를 선택하는 것, (4) 개인이 의도하는 바를 실행하고 이행하는 것"(p. 2)이라 하였다.

Rest의 모델에 따른 윤리행동을 촉진하기 위하여 음악치료 슈퍼바이저는 공감, 유능한 결정력(규칙 따르기와 상반되는), 개인 동기와 가치 인식, 그리고 자존감과 단호함 발달에 집중해야 한다. 어떻게 윤리 쟁점을 평가할 것인가에 있어 Kitchener(1988)는 수련생에게 유용할 다섯 가지 윤리 원칙을 제안하였다. 이는 (1) 독립성(선택할 자유와 자신의 결정에 대한 책임), (2) 무해성(내담자에게 해를 끼치지 않는 것), (3) 덕행(내담자에게 득이 되는 일을 하는 것), (4) 정의(공평함), (5) 충실성(정직과 책임 완수)이다. Dileo(2000)는 음악치료사를 위한 윤리적 결정 모델을 제안하였다.

수련생의 개인 기능성 촉진

슈퍼비전에서 세 번째 윤리적 책임은 수련생의 개인적 제한점과 부족함을 사정하는 것인데, 이때 이러한 점이 내담자와의 관계에서 어떻게 드러나는가를 고려하는 것이 특히 중요하다. "이러한 점에 대한 무지가 내담자에게 피해를 주거나 공익, 수련생 자신 또는 슈퍼바이저에게 위협이 될 수 있음을 인지해야 한다."(Vasquez, 1992, p. 199) 궁극적으로 슈퍼비전은 수련생의 자기 인식을 촉진함으로써 그들이 (1) 자신의 쟁점이 임상과정을 손상할 수 있다는 것, (2) 무능함, 경계 위반, 그리고/또는 비윤리적, 비전문가적 행동으로 인한 피해가 잠재한다는 것을 명확히 알게 되는 것을 목표로 한다.

이미 논의된 바와 같이, 내담자와 치료사의 이중관계 성립에 대한 잠재성 때문에 전문가과정/학위과정생과의 슈퍼비전에서 개인 쟁점에 대하여 작업하는 것은 쉽지 않다. 슈퍼바이저가 개인적 성장과 인식을 장려한다는 점에서 슈퍼비전은 '치료와 유사' 하지만, 이러한 자기 탐색과 치료와의 경계는 충분히 분명하지 않다. 슈퍼바이저는 이러한 쟁점이 슈퍼비전 안에서 다루어져야 할 경우와 슈퍼비전 밖에서 다른 치료사와 다루어져야 할 경우를 인식해야 한다. 이를 구별하는 분명하고 빠른 방법은 없다. 그러나 슈퍼비전에서의 자기 탐색을 내담자와의 관계라는 맥락 안에서 유지하는 것이 시작점이 될 수 있다. 이 외에도 슈퍼바이저는 슈퍼비전 과정의 역동과 내용, 그리고 이중관계 형성으로 이어질 수 있는 모든 역전이 경향을 신중히 모니터링해야 한다.

슈퍼바이저의 또 다른 어려움은 수련생이 종종 임상을 방해하기에 충분히 심각한 결함을 드러낸다는 것과 이러한 결함은 전문가 사이에서도 폭넓게 존재한다는 사실을 깨닫는 것이다. Vasquez(1992)는 전문가 수준의 심리학자를 대상으로 한 설문을 인용하였는데, 그들 중 59.6%가 슈퍼비전의 효과가 나타나기에는 심각한 결함을 가진 수련생을 훈련한 적이 있음을 인정하였다(Pope, Tabachnick, and Keith-Spiegel, 1987). 그리고 이러한 결함을 가진 수련생의 비율은 2~19%였다(Boice and Myers, 1987; Farber, 1985; Helman, Morrison, and Abramowitz, 1987; Thoreson, Miller, and Krauskopf, 1989).

수련생 결함의 표식은 정신장애와 우울, 약물 남용, 과도한 애도, 고질적인 의학적 문제, 외로움과 결혼관계 문제 등을 포함한다(Deutsch, 1985; Pope, Tabachnick, and Keith-Spiegel, 1987; Thoreson, Miller, and Krauskopf, 1989; Vasquez, 1992).

치료사가 자신의 문제를 치료하기 위해 침묵할 수 있으므로(Deutsch, 1985), 슈퍼비전은 수련생이 이러한 쟁점을 확인하고 치료적 선택을 찾는 것을 도와주는 훌륭한 기회, 자원, 지지를 제공한다(Vasquez, 1992).

전문적 유능성을 위한 발달적 과업은 종종 훈련생이 가지는 고민의 원인이 된다. 이런 고민은 다음에서 논의될 것이다.

전문가의 결함 확인

Lamb, Cochran과 Jackson(1991) 그리고 Lamb, Presser, Pfost, Baum, Jackson과 Jarvis(1987)는 심리학 인턴의 결함을 확인하고 대응하는 절차를 개발하였다. 전문가적 규범에 대한 지식과 적용, 유능성, 개인 기능 등과 같은 전문가적 기능의 세 가지 넓은 의미는 그 결함을 그중 하나 이상에서 나타나는 전문가적 기능 장애로 정의할 수 있다. (1) 개인의 전문가적 행동 목록에 전문가적 규범을 획득하거나 그것을 통합하는 것에 대한 무능 또는 무의지, (2) 인정받는 수준의 유능성에 부합하는 전문가적 기술을 획득하는 것에 대한 무능, (3) 전문가적 기능에 영향을 미치는 사적 스트레스, 심리장애 또는 정서 반응 조절에 대한 무능(Lamb et al., 1991, pp. 292-293). Lamb과 동료들은 결함행동과 문제행동을 구별하는 데 유용한 기준도 제공하였다. 문제행동은 주의와 교정을 요하지만 훈련생에게 있어 드물거나 정도가 심하지 않다. 임상에 대한 불안, 내담자의 다양성에 대한 고민, 기관의 요구에 대한 이해 부족 또는 불이행 등이 그 예다. 반면 결함은 다음과 연관된다. (1) 인턴이 확인된 문제행동을 인식하거나, 이해하거나 다루지 않는다. (2) 문제행동이 교육이나 훈련을 통해 개선될 수 있는 기술 부족 때문으로 보이지 않는다. (3) 인턴이 제공하는 서비스의 질이 지속적으로 부정적인 영향을 미친다. (4) 문제행동이 전문가적 기능의 어느 한 분야에 국한된 것이 아니다. (5) 문제행동이 다루어지지 않을 경우 윤리적, 법적 문제로 파생될 소지가 있다. (6) 훈련을 담당하는 사람의 불균형적인 주의가 요구된다. (7) 인턴의 행동이 피드백, 교정 노력, 또는 시간의 흐름에 따라 변하지 않는다. (8) 인턴의 행동이 기관의 평가에 부정적 영향을 미친다(Lamb et al., 1987, p. 599). 더 나아가 Lamb과 동료들(1991)은 문제행동과 결함을 구별하는 데 도움이 되는 몇 가지 추가 기준을 추천하였다. (1) 명백히 드러나며 평가기준에 포함되는 구체적 행동, (2) 내담자와 기관에게 있어 부정적인 행동 결과, (3) 문제시되는 행동의 목격자와 그 빈도, (4) 전문가과정/학위과정생의 인식과 피드백에 대한 반응, (5) 피드백 기록, (6) 행동의 전문가적/윤리적 심각성.

Vasquez(1992)는 이러한 영역에 대한 충분한 피드백을 제공하고 문제를 교정할 전략을 추천하고, 필요에 따라 수련생의 임상을 종결하는 것에 대한 슈퍼바이저의 권한을 강조하였다. 마지막 사항은 슈퍼바이저에게 매우 힘든 결정으로 "사회적 단호함, 통합, 도덕적 실행, 그리고 자아의 힘(ego strength)을 요구한다". 그리고 "훈련생, 내담자, 그리고 전문 분야를 보호하기 위해 존재하는 중요한 윤리적 책임을 공모적으로 회피하는 경향이 있을 수 있다"(Vasquez, 1992, p. 200). 입장에 따라 책임에 대한 대립이 있을 수 있지만 내담자의 복지는 가장 중요한 고려 사항이다.

결론과 함의

이 장의 목적은 음악치료 슈퍼비전에서의 윤리 문제를 논하는 것이었다. 슈퍼비전의 목표는 (1) 수련생의 유능성 촉진, (2) 윤리 행동 촉진, (3) 개인기능 촉진으로 정의되었다. 이러한 목표의 성취를 위한 제안과 성취를 방해하는 쟁점도 제공되었다.

이 논의에서 도출될 수 있는 몇 가지 결론과 음악치료 분야에 대한 함축된 의미가 존재한다. 슈퍼바이저는 훈련을 받아야 한다. 슈퍼비전 양식, 슈퍼비전 과정과 이 과정을 이행하는 데 필요한 기술에 대한 심층적 지식을 위해 모든 슈퍼바이저는 대학원 과정 및 전문가 수준의 훈련을 받을 수 있어야 한다. 슈퍼비전에서 지식과 기술은 단지 음악치료 임상 경험에서 얻어지는 것이 아니라 노력을 통해 얻어지는 것이다.

슈퍼바이저를 위한 훈련은 대학원 과정, 학회, 워크숍 등을 통해 가능할 것이다. 오랫동안 슈퍼바이저 훈련의 필요성에 대한 논의가 있어 왔지만 이제는 이를 공식적으로 설립해야 할 때다. 적절하고 충분한 훈련은 자격증을 통해 인정될 것이다.

대학원생이 학부 음악치료 과정에서 슈퍼바이저 역할을 하는 것이 일반적이므로, 그들은 반드시 세밀한 슈퍼비전을 받아야 하며 음악치료 교수에게서 훈련받아야 한다.

슈퍼바이저는 수련생과 다른 사람의 피드백을 바탕으로 스스로의 슈퍼비전 능력을 평가하도록 장려되어야 한다. 그들은 이를 통해 수련생에게 자기 직면과 자기 인식의 본보기를 보이게 될 것이다.

슈퍼비전에서 유능성은 수련생과 내담자의 성별 및 다문화 쟁점에 대한 민감성을 내포한다. 이는 구체적인 성별과 다문화적 · 발달적 슈퍼비전 모델에 대한 지식과 다문화적 인식을 촉진하는 기술, 그리고 민족과 전문가적 정체성 통합을 돕는 기술을 수반한다(Corey, Corey, and Callanan, 1998).

슈퍼바이저에게는 자문과 지지가 필요하다. 슈퍼바이저는 그들이 하는 일에서 최상의 기준을 유지하기 위해 슈퍼비전, 자문, 지지, 그리고 치료를 받도록 장려되어야 한다. 슈퍼비전에 대한 지지 서비스는 앞서 언급한 것과 동일한 현장을 통해 제공되어야 한다.

수련생의 권리와 기대는 소통되어야 한다. 수련생은 사생활, 존중, 존엄, 법적 절차 등과 같은 자신의 권리에 대한 정보를 제공받아야 한다. 같은 맥락으로 수련생은 슈퍼비전의 기대, 유능성, 사용될 슈퍼비전 방법론, 적용될 경험적 훈련, 비밀유지 안전장치, 성적과 평가 절차, 낮은 성취도의 결과, 그리고 법적 절차에 대한 정보를 제공받아야 한다.

결론적으로 "슈퍼비전 과정은 강렬하고 친밀한 관계를 수반한다. 그러므로 슈퍼비전을 제공하는 우리의 유능성을 확인하거나 우리에게 부족한 영역에 대한 훈련과 자문을 받아야 한다. 수련생에 대한 우리의 영향력과 그 내담자에 대한 간접적 영향력은 슈퍼바이저로서의 윤리적 책임 완수에 달려 있다" (Vasquez, 1992, p. 201).

참고문헌

Allen, G., Szollos, S., and Williams, B. (1986). Doctoral students' comparative evaluations of the best and worst psychotherapy supervision. *Professional Psychology: Research and Practice, 17*, 91-99.

Alonso, A. (1985). *The Quiet Profession: Supervisors of Psychotherapy*. New York: Macmillan.

American Music Therapy Association. (1999). *AMTA Member Sourcebook*. Silver Spring, MD: Author.

Bartell, P. A., and Rubin, L. J. (1990). Dangerous liaisons: Sexual intimacies in supervision. *Professional Psychology: Research and Practice, 21*, 442-450.

Bernard, J. M., and Goodyear, R. K. (1992). Fundamentals of Clinical Supervision. Boston, MA: Allyn & Bacon.

Boice, R., and Myers, P. E. (1987). Which setting is happier? Academe or private practice?

Professional Psychology: Research and Practice, 18, 526-529.

Conroe, R., Schank, J., Brown, M., DeMarinis, V., Loeffler, D., and Sanderson, B. E. (1989). Prohibition of sexual contact between clinical supervisor and psychotherapy students: An overview and suggested guidelines. In B. E. Sanderson (Ed.), *It's Never OK: A Handbook for Professionals on Sexual Exploitation by Counselors and Therapists.* St. Paul, MN: Department of Corrections, Task Force on Sexual Exploitation by Counselors and Therapists.

Cook, D. A. (1994). Racial identity in supervision. *Counselor Education and Supervision, 34*(2), 132-141.

Corey, G., Corey, M. S., and Callanan, P. (1998). *Issues and Ethics in the Helping Professions.* Pacific Grove, CA: Brooks/Cole Publishing Company.

Deutsch, C. (1985). A survey of therapists' personal problems and treatment. *Professional Psychology: Research and Practice, 16*, 305-315.

Dileo, C. (2000). *Ethical Thinking in Music Therapy.* Cherry Hill, NJ: Jeffrey Books.

Ellsworth, E. (1989). Why doesn't this feel empowering? Working through the repressive myths of critical pedagogy. *Harvard Educational Review, 59*(3), 297-324.

Farber, B. A. (1985). Clinical psychologists' perceptions of psychotherapeutic work. *Clinical Psychologist, 38*, 10-13.

Gilligan, C. (1982). *In a Different Voice.* Cambridge, MA: Harvard University Press.

Gilligan, C., Ward, J. V., and Taylor, J. (Eds.). *Mapping the Moral Domain.* Cambridge, MA: Harvard University Press.

Glaser, R. D., and Thorpe, J. S. (1986). Unethical intimacy: A survey of sexual contact and advances between psychology educators and female graduate students. *American Psychologist, 41*, 43-51.

Helman, I. D., Morrison, T. L., and Abramowitz, S. I. (1987). Therapist flexibility/rigidity and work stress. *Professional Psychology: Research and Practice, 18*, 21-27.

Ivey, A. E. (1986). *Developmental Therapy: Theory Into Practice.* San Francisco: Jossey-Bass.

Jacobs, C. (1991). Violations of the supervisory relationship: An ethical and educational blind spot. *Social Work, 36*(2), 130-135.

Keith-Spiegel, P., and Koocher, G. P. (1985). *Ethical in Psychology: Professional Standards and Cases.* New York: Random House.

Kitchener, K. S. (1988). Dual role relationships: What makes them so problematic? *Journal of Counseling and Development, 67*, 217-221.

Kurpius, D., Gibson, G., Lewis, J., and Corbet, M. (1991). Ethical issues in supervising counseling practitioners. *Counselor Education and Supervision, 31*, 48-57.

Lamb, D. H., and Catanzaro, S. J. (1998). Sexual and nonsexual boundary violations involving psychologists, clients, supervisees and students: Implications for professional practice. *Professional Psychology: Research and Practice, 29*(5), 498-503.

Lamb, D. H., Cochran, D. J., and Jackson, V. R. (1991). Training and organizational issues associated with identifying and responding to intern impairment. *Professional Psychology: Research and Practice, 22*, 291-296.

Lamb, D., Presser, N., Pfost, K., Baum, M., Jackson, R., and Jarvis, P. (1987). Confronting professional impairment during the internship: Identification, due process and remediation. *Professional Psychology: Research and Practice, 18*, 597-603.

Maranto, C. D. (1987). Ethical issues in music therapy education and supervision. In: C. D. Maranto and K. Bruscia (Eds.), *Perspectives on Music Therapy Education and Training.* Philadelphia, PA: Temple University, Esther Boyer College of Music.

Newman, A. (1981). Ethical issues in the supervision of psychology. *Professional Psychology: Research and Practice, 12*, 690-695.

Pinderhughes, E. B. (1989). *Understanding Race, Ethnicity & Power.* New York: Free Press.

Pope, K. S., Levenson, H., and Schover, L. R. (1979). Sexual intimacy in psychology training: Results and implications of a national survey. *American Psychologist, 34*(8), 682-689.

Pope, K. S., Schover, L. R., and Levenson, H. (1980). Sexual behavior between clinical supervisors and trainees: Implications for professional standards. *Professional Psychology, 11*(1), 157-162.

Pope, K. S., Tabachnick, B. G., and Keith-Spiegel, P. (1987). Ethics and practice: The beliefs and behaviors of psychologists as therapists. *American Psychologist, 42*, 993-1006.

Rest, J. R. (1984). Research on moral development: Implications for training counseling psychologists. *The Counseling Psychologist, 12*, 19-29.

Roberts, G. T., Murrell, P. H., Thomas, R. E., and Claxton, C. S. (1982). Ethical concerns for counselor educators. *Counselor Education and Supervision, 22*, 8-14.

Rosenblatt, A., and Mayer, J. E. (1975). Objectionable supervisory styles: Students views. *Social*

Work, 20, 184-189.

Schmidt, T. M. (1976). The development of self-awareness in first-year social work students. *Smith College Studies in Social Work, 46*, 218-235.

Sherry, R. (1991). Ethical issues in the conduct of supervision. *The Counseling Psychologist, 19*(4), 566-584.

Stoltenberg, C. D., and Delworth, U. (1987). *Supervising Counselors and Therapists: A Developmental Approach.* San Francisco: Jossey-Bass Publishers.

Stout, C. E. (1987). The role of ethical standards in the supervision of psychotherapy. *The Clinical Supervisor, 5*(1), 89-97.

Thoreson, R. W., Miller, M., and Krauskopf, C. J. (1989). The distressed psychologist: Prevalence and treatment considerations. *Professional Psychology: Research and Practice, 20*, 153-158.

Tyler, J. M., and Tyler, C. L. (1997). Ethics in supervision: Managing supervisee rights and supervisor responsibilities. In: *The Hatherleigh Guide to Ethics in Therapy.* New York: Hatherleigh Press.

Twohey, D., and Volker, J. (1993). Listening for the voices of care and justice in counselor supervision. *Counselor Education and Supervision, 32*, 189-197.

Upchurch, D. (1985). Ethical standards and the supervisory process. *Counselor Education and Supervision, 25*, 90-98.

Vasquez, M. J. T. (1988). Counselor-client sexual contact: Implications for ethics training. *Journal of Counseling and Development, 67*, 238-241.

Vasquez, M. J. T. (1992). Psychologist as clinical supervisor: Promoting ethical practice. *Professional Psychology: Research and Practice, 22*(3), 196-202.

Worthington, E. L., Jr., and Stern, A. (1985). Effects of supervisor and supervisee degree level and gender on the supervisory relationship. *Journal of Counseling Psychology, 32*(2), 252-262.

제4장
음악치료 슈퍼비전의 다문화적 접근

들어가는 말

제10회 음악치료 세계대회의 개최를 앞둔 2002년경, 음악치료계 전반에 세계화의 움직임이 나타나기 시작했다. 1999년 미국에서 처음 열린 제9회 워싱턴 음악치료 세계대회에는 무려 40여 개국이 참여했고, 음악치료가 국제적인 분야로 자리 잡고 있음을 알 수 있었다(Maranto, 1993). 음악치료사가 국제적인 시각을 갖기 시작한 것은 1974년 파리에서 열린 제1회 음악치료 세계대회로 거슬러 올라간다(Moreno, Brotons, Hairston, Hawley, Kiel, Michel, and Rohrbacher, 1990). 1978년 독일에서 열린 첫 번째 음악치료 훈련 국제 심포지엄은 음악치료의 문화 간 교류에 눈을 뜬 시점이라 하겠다. 물론 상담, 심리, 사회사업이나 교육 분야에도 문화적인 영향에 대한 인식이 거의 이루어지지 않은 시기였다. 민속음악은 아직 국제 무대에 모습을 드러내지 않을 때였다. 소수민족은 여전히 주류문화에서 소외되어 있었고 지구촌 사회가 인터넷을 통해 그 무한한 가능성을 펼치는

Karen Estrella, MA, MT-BC, ATR-BC, LMHC
Assitant Professor, Lesley University, Cambridge, MA

시기가 도래하기 전이었다. 그 당시 많은 사람이 가지고 있던 세계주의의 이미지는 모든 사람이 서로 손을 잡고 '나는 전 세계가 완벽한 하모니로 노래하도록 만들고 싶어요' 라는 노래를 부르는 유명 광고에서 엿볼 수 있을 것 같다. 아무도 그 문구에 나오는 '완벽한 하모니' 라는 것이 사실은 영어와 온음계적인 서양 음악의 화성구조에 기초한다는 데는 관심을 두지 않고 있었다.

10년 후 Moreno(1988)가 「다문화 음악치료: 음악으로 연결된 세계(Multicultural Music Therapy: The World Music Connection)」라는 혁신적인 논문을 출판하면서, 비로소 미국 내 음악치료사는 세계가 음악뿐 아니라 음악치료 분야에 미치는 영향에 대해 주목하기 시작하게 된다. Moreno는 "미국 음악치료사는 민족중심주의적인 경향을 보이며 서양 중심의 클래식 음악, 대중가요, 민속음악 등을 주로 치료에 사용한다."(p. 18)라고 언급했다. 그 당시 대부분의 음악치료사는 비서구 음악이 어떤 내담자에게는 더 적절할 수 있다는 것에 거의 관심을 갖지 않았고, 대부분의 서양 클래식 음악 외에는 다른 형태의 음악과 관련된 교육을 거의 받지 못했다. Moreno는 미국 음악치료사가 세계 여러 나라의 음악에 좀 더 친숙해질 것과 음악치료사 양성과정 중에 세계 음악 관련 과정이나 민족음악학 등의 교과과정을 포함하여 예비 음악치료사가 비서구 음악을 직접 접할 기회를 갖도록 할 필요가 있다고 충고했다. 미국 내 음악치료사는 세계 음악에 대한 인식이 음악치료 임상에 점점 많은 영향을 미친다는 것을 인지하기 시작했다.

1990년대 들어 Moreno와 동료들은 미국 음악치료 분야가 국제적으로 이루어지는 음악치료 임상에 대해 관심을 유도하는 데 좀 더 적극적인 역할을 하도록 요청했다. "비서구 음악의 비약적인 성장에 비추어 볼 때 민족중심적인 태도는 지지하기 매우 어렵다."(p. 41) 또한 그들은 서로 다른 문화 배경을 가진 음악이 인간 행동에 미치는 영향에 대한 국제적인 음악치료 연구 사업을 시작할 것을 촉구했다. 하지만 이러한 요청이 과연 주류문화 내 소외된 사람을 포함하는 것인가? 음악치료가 드디어 '정신건강 상담' 이나 예술치료사에게 근간이 되는 '서구 유럽과 북미 중심의 세계관' 을 인지하기 시작한 것일까?(Lewis, 1997, p. 123) 이 모든 것은 불분명하다. 대부분의 미국 음악치료사는 미국 내에 존재하는 인종 간 그리고 문화 간 차이뿐 아니라 음악치료에 관련해서 존재하는 국가 간 차이점에 대해 잘 인식하지 못하고 있는 것으로 보인다. 또한 대부분의 미국 음악치료사는 다른 문화를 배경으로 하는 음악치료가 미국식 임상 접근을 일관적으로 반영하고 있다고 생각한다.

이 장의 목적은 음악치료 임상 슈퍼비전과 관련된 다문화 음악치료 관련 문헌을 고찰하는 것이다. 음악치료에 대한 다문화적 접근은 거의 다루어지지 않은 영역이다. 따라서 나는 관련 분야의 유사한 연구를 통합하여 고찰함으로써 전문적, 문화적 자질을 발달시키고 문화적인 감각이 있는 슈퍼비전을 하고자 하는 음악치료 슈퍼바이저가 직면하고 있는 중요한 쟁점을 종합적으로 살펴보고자 한다.

미국의 음악치료 훈련

1990년대 이전에는 음악치료 내에 미국식 훈련방법이 지배적이라는 데 거의 관심을 갖지 않았다. Brotons(1995)는 1960년대에 미국이 '최고'이자 유일한 음악치료를 교육하는 시기일 때 유럽 선구자들이 받았던 미국식 훈련에 대해 평하였다. 1989년 전미음악치료협회(National Association of Music Therapy: NAMT)의 국제교류 분과에서 실행한 설문조사에서 35개국에서 온 학생들이 NAMT 소속의 교육 프로그램에서 공부하고 있는 것으로 나타났다(Brotons, Graham-Hurley, Hairston, Hawley, Michel, Moreno, Picard, and Taylor, 1997). 1990년까지 NAMT 산하에 70개가 넘는 음악치료 프로그램이 있었으며, 미국음악치료협회(American Association of Music Therapy: AAMT) 승인 학교까지 합친다면 미국적인 접근이 음악치료 교육과 훈련에 절대적인 영향을 미치기 시작한 것을 알 수 있다.[1] 이런 수치적인 보고에도 불구하고, 1980년에도 미국 내에서 음악치료에 대한 국제적인 관점(international perspectives)은 거의 주목받지 못했다. 제노바에서 열린 제5회 음악치료 세계대회에는 겨우 3명의 음악치료사가 참석했다

(Moreno et al., 1990).

또한 유럽과 남미에서 활동하고 있는 많은 음악치료사가 미국에서 훈련을 받았다. 그러나 전 세계적으로 미국식 음악치료 교육방법이 지배적이라는 사실이 문화 교류적 차원에서 갖는 영향력에 대한 인식은 거의 없었다. 음악치료를 공부하는 미국 외 국가 출신의 학생, 치료사에 의해 소개되는 특별한 관점에 대해 전혀 관심을 갖지 않았다. 아마도 이것은 미국 음악치료 훈련 내에 존재한 이론적 관점의 영향을 받았거나 상담 또는 교육 분야가 다문화적 관점에 거의 관심이 없기 때문에 일반적으로 음악치료는 문화에 국한되지 않는 접근법이며 따라서 그저 다른 음악적 전통을 포함함으로써 어떤 문화에도 적용될 수 있다고 보는 시각이 있었던 것 같다. 미국 음악치료 접근에 유럽의 영향이 있었음을 부인할 수는 없으나(Juliette Alvin이나 Mary Priestley의 경우를 떠올릴 수 있을 것이다), 이런 영향권에 있는 접근법 역시 두 문화가 융합된 형태이기보다는 유럽 중심적인 접근을 압축해 놓은 형태라고 볼 수 있다(Moreno et al., 1990).

미국 내 많은 음악치료 교육은 미국과 유럽의 심리학적인 이론과 관념에 그 근본을 두고 있는 전통적인 정신의학과 특수교육의 임상에 기초하고 있다. NAMT의 홈페이지(http://www.musictherapy.org)에 소개된 최근의 음악치료 정의를 보면, "음악치료는 건강이나 교육에 어려움을 겪고 있는 개인의 심리적, 신체적, 인지적, 사회적 기능의 긍정적인 변화를 위해 자질을 갖춘 전문인이 체계적으로 음악을 사용하는 것"이라고 되어 있다. 이 정의는 전반적인 음악치료의 임무를 소개하고 있으며, '심리적, 신체적, 인지적, 사회적 기능의 긍정적인 변화'를 이해하고 있다는 것을 전제로 한다. 하지만 지난 30년간 심리학 분야를 통해 점점 분명해지는 것은 개인의 '문제'나 '긍정적인 변화'라는 단어를 문화적 이해 없이는 정의할 수 없다는 것이다. 건강과 병리에 관련된 정의, 치료 기법, 그리고 '심리적, 신체적, 인지적, 사회적 기능'의 개념화에서 문화의 영향이

1) 역주: 2012년 현재 NAMT와 AAMT는 하나의 단체, 즉 American Music Therapy Association(AMTA)로 통합되었음. http://www.musictherapy.org.

음악치료 분야에서도 중요하게 여겨지고 있다.

심리적, 신체적, 인지적, 사회적 기능은 문화에 의해 정의된다. 또한 "문화는 무엇이 문제인지 정의하고 문제가 일어난 원인과 그 본질을 설명할 수 있다" (Cheung, 2000, p. 124). Toppozada(1995)가 인용한 연구를 보면, 푸에르토리코 출신의 저소득층 부모는 학습장애나 경도 지적장애로 진단받은 자신의 자녀에게 장애의 개념을 적용하기를 거부하는 것으로 나타났다. "그 부모들은 정상에 대한 다른 기준을 가지고 있었다." (p. 67) 사실상 감정을 경험하는 방식이나 자기 자신을 규정하는 기준은 대부분 문화에 의해 결정된다(Christopher, 1999; Dosamantes-Beaudry, 1997; Kitayama, Markus, and Kurokawa, 2000). 최근의 심리학 연구들은 자아(self)를 감정과 사고, 욕구를 가진 살가죽에 둘러싸인(skin-encapsulated), 자기 충족적인(self-sufficient), 자율적인 존재로 개념화하고 있다. (자아에 대한 이러한 개념은 남녀평등주의자의 비판을 받지만 여전히 이러한 자체적인 자기 정의화된 인간은 미국 사회의 권력층이 가장 가치를 두는 자아의 개념이기도 하다. 이러한 개념을 좀 더 깊이 이해하기 위해서는 Miller[1986]와 Miller[1991]를 참조하라.) 반대로 비서구사회에서 자아는 "사회 네트워크 안에서 개인의 위치가 정해진 심리학적으로 조직화된" 존재다(Christopher, 1999, p. 147). 개인주의적인 문화에서는 '독립적인' 자아를 내적 특성이 발견되고 실현되고 강화된 것으로 보는 반면, 집단주의적 문화에서는 '상호 의존적인' 자아를 관계 완성의 한 부분으로서만 의미를 가지는 것으로 이해한다. (다시 말하면, 자기 결정을 향한 자유가 점점 더 높은 가치를 갖게 되면서 이 개념은 이러한 문화권 안에서 남녀평등주의자에 의해 도전받고 있다. Kitayama, Markus, and Kurokawa, 2000, p. 94 참조). 만약 문화가 우리가 우리 자신을 자각하고, 감정을 경험하고, 건강과 문제점에 대해 정의 내리고, 우리의 세계관을 정립하는 데 영향을 미친다면, 분명 우리가 내담자를 평가하고 진단하고 치료를 계획하는 데도 문화의 영향이 있을 것이다.

상담과 음악교육에서의 다문화적 관점의 훈련

1995년에 이루어진 Ponterotto, Casas, Suzuki와 Alexander(1995)의 보고에 따르면 심리학과 내 42~99%의 상담 프로그램이 다문화적 상담 관련 과정을 필수 과정에 포함하고 있다. 이러한 요구에 부응해서 다문화적 훈련, 상담 커리큘럼, 그리고 다문화적 능력에 대한 교재와 논문이 나오기 시작했다(Ponterotto et al., 1995; Pope-Davis and Coleman, 1997 참조). 음악치료에서는 음악치료사를 위한 다문화적 훈련에 관해 두 편의 논문이 발표되었다. 「음악치료사를 위한 다문화적 훈련: 현존하는 문제점에 대한 전문 음악치료사 대상 조사연구(Multicultural training for music therapists: An examination of current issues based on a national survey of professional music therapist)」(Toppozada, 1995)와 「음악치료의 다문화적 관점: 미국의 다문화 중심 도시 내 교육 커리큘럼, 음악치료 임상, 음악치료 문헌에 관한 연구(Multicultural perspectives in music therapy: An examination of the literature education curricula, and clinical practices in culturally diverse cities in the United States)」가 있다(Darrow and Molloy, 1998).

Toppozada(1995)가 실시한 300여 명의 음악치료사 대상 조사연구 결과를 보면, 내담자의 문화적 배경이 음악치료 세션 시 음악 선택에 있어 매우 중요한 요인이라는 것에 대부분 동의했으며, 내담자의 문화적 배경이 상관없다는 것에는 거의 동의하지 않았다. 응답자 중 몇몇 음악치료사는 자신의 세션이 '피부색과 관계없이' 진행되며, 문화적인 보편성에 더 무게를 두고 내담자를 다루기를 원했다(pp. 79-80). 이러한 결과는 219명의 음악치료사를 대상으로 한 Darrow와 Molloy(1998)의 조사연구에서도 나타났다. 75%의 응답자가 다문화적 음악과 친숙하거나 최소한 자신의 대상군과 관련된 다문화적 음악과 친숙하다고 대답하였으며, 겨우 50%의 응답자가 자신의 음악치료 임상에 다문화적 음악의 사용과 문화적 차이에 대한 지식이 중요하다고 답하였다. 그리고 42%는 이에 대해 의견이 없거나 중요하다고 여기지 않는다는 의미에서 '중립'이라는 답을 하였다.

훈련과 관련해서 Toppozada(1995)는 대부분의 응답자가 교육과정에서보다는 자신의 일터에서 다문화주의에 대한 훈련을 받았다는 것을 보여 주었다. 이러한 결과는 Darrow와 Molloy(1998)의 연구에서도 나타났는데, 78%의 응답자가 학교보다는 직장에서 다문화주의에 대한 훈련을 받았고, 27%만이 교육과정 중에 다문화적 접근에 대한 교육을 받은 것으로 나타났다. 인류음악학이나 세계음악 과목이 음악치료사 교육과정에 포함되어야 한다는 Moreno의 1988년 주장은 10년이 지나서도 NAMT의 교육과정에 반영되지 않았다. Darrow와 Molloy가 연구에 포함한 25개 학교 중 4개의 음악치료 과정만이 다문화적 음악치료 과정을 그들의 교육 커리큘럼에 포함하고 있었다. 대부분이 선택과목으로 다문화 관련 수업을 대체하고 있었으며(25개교 중 16개교), 다문화가 주된 주제는 아니지만 부수적인 주제로 다루어지는 과정도 있었다(25개교 중 19개교). 이러한 결과와 마찬가지로, 겨우 13%의 응답자가 다문화 음악이나 다른 문화에서 온 내담자와 일하는 것에 대한 충분한 교육을 받았다고 대답하였다. 불행히도 다문화 관련 문제점에 대한 음악치료사의 지식을 충족하기에는 음악치료 전문 문헌이 부족하다. Darrow와 Molloy(1998)의 연구 결과를 보면 1970년부터 1994년까지 겨우 10편의 논문만이 다문화 관련 문제점을 다루고 있는 것을 알 수 있다.

현장 중심의 훈련(슈퍼비전, 워크숍, 보수교육 등)에서 치료에서의 다문화적 접근에 대한 훈련이 이루어진다고 해도, 우리는 다문화 교육에 대한 공식적인 음악치료 문헌이 부족하고 대부분의 음악치료사가 다문화 관련 교육을 직장에서 받고 있다는 사실에 커다란 책임감을 느껴야 한다. 다문화 훈련은 무엇을 의미하는가? 왜 현재 많은 정신건강 관련 전문인이 다문화적 상담기술의 중요성에 공감하는가? 이러한 질문에 충실히 답하기 위해서는 '다문화주의'에 대한 정의가 이루어져야 한다.

다문화주의 그리고 철학적 배경

지난 30년 동안 미국 내 상담학 분야에서는 다문화주의에 대한 관심이 매우 높아졌다. 상담학, 심리학, 사회복지학에서의 다문화주의 관련 움직임은 '제4의 원동력' 이라고 불렸으며(Pedersen, 1991), 심리분석적 이론, 행동주의, 그리고 인본주의와 같은 영향력을 행사하였다. 다문화적 상담학은 정신의학 관련 전문가에게 미국 안에서 보이는 '문화의 다양성'과 '급변하는 인구통계'에 대해 더 많은 관심을 갖게 하였다(D'Andrea and Daniels, 1997, p. 291). 실용적인 차원에서 보면, 정신의학 관련 전문가는 내담자의 문화와 인종 배경의 다양성에 맞춘 서비스를 제공해야 한다는 인식을 갖기 시작했다. 또한 임상가는 자신이 하는 치료의 모델을 사회적 · 정치적 맥락 안에서 비판적으로 분석하기 시작했다. 결국 증가하는 치료 대상의 다양성에 맞춘 효과적인 치료 모델의 수정이 필요함이 지적되었다.

Sue(1996)는 초기의 다문화적 상담과 치료의 영향을 다섯 가지로 요약하였다.

- 기존의 전통적인 상담학 그리고 심리치료의 모델은 인종, 문화, 민족 배경의 중요성을 충분히 반영하지 못했다.
- 문화적으로 다른 배경을 가진 대상군이 갖고 있는 역사, 경험, 삶의 방식, 그리고 세계관에 대해 이해하지 못했다.
- 서구 유럽-미국인의 기준으로 정상-비정상 그리고 '좋은 상담'에 대한 기준이 세워졌다.
- 상담 전문가는 내담자의 삶에 영향을 미치는 사회정치적인 압력을 충분히 다루거나 이해하지 못했으며 자신의 역할을 매우 좁게 한정 지었다.
- 만약 훈련 프로그램이 문화적으로 각성하려고 노력했다면 숙련된 정신건강 관련 전문가, 교육, 훈련과정이 전부 바뀌어야 한다(p. 279).

학계에서 이루어지는 논쟁의 차원에서 보면, 다문화적 운동은 임상가, 학자, 그리고 전통주의자 간에 상담과 심리 분야에서의 정치적인 토론이 갖는 역할에 대한 과열된 언쟁을 불러일으켰다(Barongan, Bernal, Comas-Diaz, Iijima Hall, Nagayama Hall, LaDue, Parham, Pedersen, Porche-Burke, Rollack, and Androot, 1997; Fowers and Richardson, 1997; Teo and Febbraro, 1997 참조). 다문화적 접근에 대한 토론은 인종주의, 정치적인 압력, 특권과 특혜에 대한 토론과 분리될 수 없다. 문화의 중요성을 인정하는 것이 진정 필요한가? 개인의 임상에서 제기될 수 있는 문화적 다양성에 대한 문제점을 전부 파악하는 것이 가능한가? 모든 음악적 전통과 문화 집단에 대해 다 배워야 한다는 것이 불합리하지는 않은가? 비윤리적인 것은 아닌가? 그냥 한 사람을 개인 자체로 존중하는 것이 더 자연스럽지 않은가? 이러한 질문은 각기 나름대로 중요성에 대한 우선순위를 가지고 있는 다문화적 상담 접근법이 취하고 있는 다양한 관점을 보여 준다.

다문화주의 그리고 철학적 배경

다문화적 상담의 여러 관점을 요약하는 것은 움직이는 대상을 정지된 사진으로 설명하는 것과 다르지 않다. 상담과 심리 분야에서 다문화적 운동이 일어남에 따라 문화, 인종, 민족의 중요성을 이해하기 위해 각기 다른 가정과 우선순위를 보이는 복합적인 접근법을 보여 주는 엄청난 양의 문헌이 쏟아져 나왔다. Carter와 Qureshi(1995)는 지난 30년간 다문화주의자에 의해 규정되어 온 철학적 접근법을 (1) 보편적인, (2) 편재적인, (3) 전통적인, (4) 인종 중심적인, (5) 범국가적인 접근법의 다섯 가지 유형으로 나누었다. 이 두 학자는 다른 이들(Leach and Carlton, 1997 참조)과 마찬가지로 훈련 프로그램, 더 나아가서는 슈퍼바이저가 다문화적 훈련 철학을 발전시키고 정의하는 데 대한 책임을 가져야 한다고 주장하였다. 하지만 이러한 철학을 정의하기는 다소 어려움이 따르는데, 때로는 다문화주의자에 의해 제시된 우선순위와 가정이 매우 다양하고, 때로는 서로 간에 모순적이기 때문이다. Carter와 Qureshi의 유형학은 다문화적 상담에 대한 접근의 범위를 설명한다고 할 수 있다.

보편주의로 불리는 Carter와 Qureshi(1995)의 유형학의 첫 번째 접근은 "모든 경험을 대신하는 인간 유대"(p. 245)를 가정한 접근이다. 우리의 경험과 정체성은 인종, 성별, 민족성, 혹은 우리가 속해 있는 집단으로부터 기인한다는 사실을 인정하기는 하지만 무엇보다 개인의 독특한 성질인 '개성'을 중요시 여긴다. 이 접근은 때로는 '범문화적인' 접근으로 불리기도 하는데(Fukuyama, 1990), 이는 '보편적인 과정은 문화의 다양성을 초월한다'는 점을 강조한다. 가장 논란이 많이 되는 부분은 이 접근법을 지지하는 몇몇 사람이 제안한 내용이다. 즉, 그들은 문화의 차이를 강조할 때 개인이 오히려 고정관념을 강화하게 되고(Lloyd, 1987), 개인을 하나의 전체적인 개인으로 이해할 수 없게 한다고 주장했다. 이 접근법은 인종, 성별, 민족 등의 요소가 미치는 사회적, 정치적 영향력을 인정하지 않으면 문화적으로 다양한 대상군을 불공평하게 치료할 수도 있다는 점 때문에 비판을 받는다.

편재주의의 주요 가정은 "어떤 인간의 차이점도 문화적인 것으로 여겨질 수 있다."는 것으로(Carter and Qureshi, 1995, p. 246), 이러한 차이는 반드시 격려되고 '받아들여져야' 한다는 것이다. 이 입장에서는 다수의 사회 소속 집단(예, 저소득층, 청각장애인, 가톨릭 신자, 레즈비언, 라틴계 여성)을 인정하고, '문화 정체성'은 선택의 문제라고 여긴다. 이와 같이 당사자가 소속 집단과 '문화 정체성'에 관련해 어떤 선택을 내리는지가 치료환경 안에서는 우선적인 관심의 대상이 된다(Carter and Qureshi, 1995, p. 247). 문화적인 소속을 공유함으로써 한 집단의 구성원은 '다름'에 대한 경험을 공유하는 것처럼 보인다. 게이, 여성, 혹은 장애인에게는 그들의 '문화'가 있는 것이다. 교육을 받는 이들은 '문화적 민감성'을 발달시킬 필요가 있는데, 훈련과정을 통해 편견과 선입관이 드러나고 또 제거된다. 이 접근에 대한 비판은 역사적으로 자리 잡은 권력과 억압의 역동에 대한 인식을 하지 못한다는 것이다. 더군다나 차이점을 모두 동일화함으로써 사회문화적 집단의 근본적인 경험을 부정하게 된다. 예를 들면, 흑인과 여성은 모두 미국 사회에서 '억압된' 문화에 속하지만, 그들의 억압된 경험은 질적으로 서로 다르다. 편재주의적 접근은 사회 집단의 소속을 동등화함으로써 미국 사회의 인종 간 정체성이 성별에 대한 인식을 대신하는가에 대한 근본적인 접근을 놓치고 있다(Carter and Qureshi, 1995, p. 248).

전통주의의 주요 가정은 출생으로 개인의 출신국이 결정되듯이 문화도 "출생, 양육, 그리고 환경에 의해 결정되며 환경과 사회화의 공통된 경험을 통해 정의된다."라는 것이다(Carter and Qureshi, 1995, p. 244). 이 인류학적 정의는 공통의 언어, 혈연관계, 역사, 사회관습, 가치, 신념, 종교 행사 등을 염두에 둔다. 사회계급, 성 정체성, 성별 등과 같은 '차이점의 영역'은 국가적 문화의 맥락 속에서 그 고유한 특징이 이해된다(p. 248). 따라서 모든 미국인은 인종, 성별, 민족, 혹은 사회문화적 차이와 관계없이 미국인으로서의 근본적인 '문화 정체성'을 경험하는 것처럼 보인다. 하지만 인종주의와 집단 간의 권력역동에 대한 여러 요인이 언급되거나 인정되지 않았다는 점에서 전통주의는 비판받게 된다.

인종 중심적 접근의 가정은 미국 내에서는 "어떤 경험도 인종적 집단 안에서 이루어진 경험을 능가하지 못한다."라는 것이다(Carter and Qureshi, 1995, p. 244). 특히 '확연하게 드러나는 인종/민족 집단' 간에 존재하는 역사와 힘의 차별은 미국의 사회정치적 역사 속에서 분명하게 드러난다(Carter and Qureshi, 1995, p. 251). 이러한 집단에는 백인, 흑인, 아시아계 미국인, 원주민, 그리고 히스패닉과 라틴계 미국인이 포함된다고 이해할 수 있다. 인종은 "문화적 전통과 특징을 구별 지을 때 필요한 중요한 표시이자 기준"이 되고 있고 "피부색, 외모, 그리고 언어, 기질과 속성에 의해 결정된다. 또한 집단의 종류나 서열에 따라 생기는 고유한 특징이나 속성은 예전에도 그랬던 것처럼 계속해서 바뀌지 않고 지속될 것이다"(Carter and Qureshi, 1995, p. 251). 민족성을 인정하기는 하지만, 인종 중심의 이론에서 '인종의 분할'을 다루지 않고는 개인의 문화에 대해 민감해지는 것은 불가능하다(Carter and Qureshi, 1995, p. 253). 인종 정체성은 자기 인식과 더불어 백인 미국인이 기득권을 형성하고 있는 백인 주류사회의 사회정치적 환경에 대한 인식 과정에서 발달된다. 인종 중심적 접근은 수련생이 자신의 인종 정체성을 깨닫도록 도우며, 치료적 관계뿐 아니라 정신건강 서비스와 관련된 관계 속에서 개인적, 사회적, 문화적, 제도적 인종주의에 대해 인식하도록 돕는다. 민족적 그리고 문화적 차이는 인종적 인식에 따라오는 부차적인 것으로, "인종이 문화에 미치는 상호 교류적이고 독립적인 효과"를 이해하는 데 더 중점을 두어야 한다(Carter and Qureshi, 1995, p. 254).

마지막으로 범국가적 접근의 주요 가정을 살펴보면, "인종 집단 간의 멤버십은 지역사회적 유대와 상관없이 이루어진다"(Carter and Qureshi, 1995, p. 255). 인종은 세계적인 맥락에서 문화를 결정하는 요인으로 여겨지며, 제국주의와 식민지주의 역사의 억압에 대한 심리학을 이해하게 한다. 범국가적 접근에는 아프리카 중심주의(Afrocentrism)가 포함되는데, 여기에서는 서구 중심의 세계관이 아프리카의 전통유산과 유전적 가치를 이해하는 '아프리카적 자기 인식'을 가지고 있는 사람들의 세계관을 왜곡하고 거부했다고 주장한다(Carter and Qureshi, 1995, p. 255). '억압과 자유에 대한 심리학'의 지지자로부터 두 번째 범국가적 접근을 볼 수 있다. 그들은 문화가 상호 교류적이라고 강조한다. 억압자의 문화와 억눌린 자의 문화가 서로 연관되어 사회구조를 이루는 것을 알 수 있으며, 이러한 구조는 모든 문화 집단에 속한 이들에게 전달된다. 이러한 관점은 인종이 어떻게 억압과 연관되는지 광범위하게, 또한 세계적인 관점으로 이해하는 데 유리하며, 어떻게 사회 집단이 피부색이나 공통 경험으로 연결될 수 있는지 이해하도록 돕는다. 하지만 이 관점에서는 종교나 사회계급과 같은 다른 중요한 요인이 간과되기도 한다.

다문화적 훈련 문헌에 나타난 우선순위와 구분

다문화적 상담 분야와 훈련 관련 문헌의 대부분은 인종적, 민족적, 그리고 문화적 집단(예, 이탈리아계 미국인, 아프리카계 미국인, 멕시코계 미국인 등)에 초점을 맞추고 있으며 이러한 문화에 공헌하는 요인과 독특성을 인식하고 그에 대한 지식 정보를 발전시키고 있다(Sue and Sue, 1990). 이는 소수의 초기 음악치료 관련 다문화 문헌에서도 마찬가지였다(Darrow and Molloy, 1998 참조). '문화 중심적인' 모델은 앞서 언급한 세계적인, 전통적인, 혹은 인종 중심적인 접근의 세 철학적 접근법 중 하나에 속하게 된다. 이러한 접근은 어떤 기본 아이디어를 강조하느냐에 따라 달라진다. 예를 들면, 문화는 자기 획득적인가, 사회정치적 역사와 권력의 역동에 대한 중요성을 강조하는가, 집단 내 혹은 집단 간 차이에 우선순위를 두는가, 그리고 문화적 자기 인식이나 문화에 대한 지식을 발전시키는 것에 대한 중요성을 강조하는가에 따라 달라진다. 더불어 문화 중심적 접근에 대한 비판은 집단 내 차이의 중요성을 간과한다는 점이다. 음악치료 슈퍼바이저는 상담과 심리학 분야에서 다루어지는 다문화주의의 여러 철학적 접근에 대해 이해하고, 자신의 관점과 자신이 일하고 있는 기관이 취하고 있는 입장을 인식하는 것이 중요하다.

다문화적 상담훈련과 슈퍼비전 관련 문헌을 보면 다양한 정의와 가정이 재발견되고 거기에 우선순위가 매겨진다. Stone(1997)은 문화에 대한 '내포적인' 접근과 '배타적인' 접근을 구분하였다.

> 내포적인 접근은 해석이 모호한 인종, 민족, 국적, 사회계급, 종교, 성별, 성 정체성, 나이, 장애 등의 용어를 포함하는 다문화를 정의하려는 광범위하고 국제적인 접근에서 기인한 것이다. 반면에 배타적인 접근은 아프리카계 미국인, 인디언, 아시아계 미국인, 그리고 히스패닉과 라틴계 민족을 포함하여 미국 내 "눈에 띄는 인종적 · 민족적 소수 집단"에 국한하여 다문화를 정의한다(pp. 264-265).

그는 '문화'를 정의하는 이 두 방식에 각각 장점과 문제점이 있다고 하였으며 서로 다른 두 접근법이 사실은 두 개의 다른 집단을 정의하고 있다고 언급했다. 그리고 두 접근법 모두 Carter와 Qureshi(1995)가 제안한 보다 자세한 유형학적 구분을 설명하지 못한다고 언급하였다.

또 다른 문헌은 '다문화적' 접근과 '문화교류적' 접근을 구분하는 다른 구분법을 제시하였다. 때때로 이 두 용어는 혼용되기도 하였지만, 여러 문화에 존재하는 차이점을 구분하고 다른 문화에 주어지는 우선순위를 분명하게 구분하였다. "다문화적 슈퍼비전이란 여러 문화적 요인에 영향을 받는 슈퍼비전 혹은 상담 상황을 의미한다." (D'Andrea and Daniels, 1997, p. 293) 이러한 상황의 예로, 백인 남성 슈퍼바이저가 아프리카계 미국 10대 소년 집단과 일하는 아시아계 여학생을 슈퍼비전 하거나 라틴계 슈퍼바이저가 다양한 문화적 · 민족적 배경을 가진 학생을 대상으로 집단 슈퍼비전을 하는 경우가 있다. "간문화 상담 슈퍼비전은 슈퍼바이저와 수련생이 서로 다른 문화에서 왔을 때 발생하는 슈퍼비전 시의 관계로 볼 수 있다(예, 백인 슈퍼바이저와 흑인 수련생, 아시아계 미국인 슈퍼바이저와 백인 수련생, 흑인 슈퍼바이저와 히스패닉계 수련생 등)." (Leong and Wagner, 1994, p. 118) 이러한 간문화 접근은 보편적으로 '눈에 띄는 인종과 민족 집단'에 초점을 맞추는데, 즉 아프리카인, 아시아인, 원주민, 라틴계 미국인 등이 포함된다(Helms and Richardson, 1997 참조). 다문화적 접근이나 타 문화 간 접근은 편재적인(ubiquitous) 원칙에 가까우며 어떠한 문화적 차이(예, 성별, 종교, 민족, 사회경제적 지위)에도 관심을 갖는다. 이와 관련된 문헌은 주로 백인과 그 이외의 인종 간에 생기는 차이를 예로 들고 있다.

또한 다문화적 상담 관련 문헌 내 문화 중심적 접근과 전체주의적 접근을 구분하는 것이 가능하다. 이러한 접근법은 에믹(emic)과 에틱(etic)이라는 용어로 구분되기도 한다. 에틱은 '문화적으로 보편화된 혹은 전체적인' 접근을 가정한다(Fischer, Jome, and Atkinson, 1998, p. 525). 대부분의 전통적인 상담은 에틱적 관점을 취한다. 예를 들면, 모든 내담자는 인종과 민족에 상관없이 인간 중심의 접근을 해야 한다는 이론적 동향을 따르거나 문화적 배경을 고려하지 않고 발달학적 모델에 맞추어 상담을 하도록 한다. 이런 에틱적 접근은 문화의 다양성이나 내담자의 세계관에 민감하게 대응하지 못한다는 단점을 가지고 있다. 슈퍼바이저와 임상가는 상담이론이 성립된 시기와 그 당시의 북미 · 유럽 중심적 가치가 이론에 반영된 점을 이해해야 한다. 예를 들어, 아이가 징징거리며 우는 것을 문화적 기준으로 판단할 때 언제가 '정상적'이라고 말할 수 있는가? 이는 Freud나 기타 심리분석 이론가에 의해 제시된 것과는 크게 다르다고 볼 수 있다. 개인 중심적 치료는 자아실현을 증진하고 자기 이해 안에서 개인을 성장시키는 원동력이 되며, Freud가 제안한 개인의 내면의 자원을 방해받지 않고 사용할 수 있게 한다. 이러한 관점은 내담자가 개인주의적인 문화 안에서 문제를 제기했을 때 유용하며, 자아에 대한 개념에 있어 개인의 감정을 무시하고 집단적인 개념을 중시하는 내담자에게는 상당히 낯설게 느껴질 것이다(Sodowsky, Kuo-Jackson, and Loya, 1997). 더불어 집단주의적인 문화는 때때로 개인의 독특한 특징을 최소화하고 자신을 내세우지 않고 집단에 묻히게 함으로써 문화적 이상을 구현한다. 이는 소속감을 최대화하며 유지하는 것을 가능케 한다(Christopher, 1999).

몇몇 다문화주의자는 '수정된 에틱'적 접근을 지지한다(Sodowsky, Kuo-Jackson, and Loya, 1997). 그들은 "인종적 정체성, 민족 정체성, 세계관, 문화 적응, 문화 적응 스트레스, 그리고 이민에 따르는 요인" (p. 21)과 같은 다문화적 구조를 이용할 것을 제안한다. 이러한 구조는 문화가 심리학적 처리과정에 미치는 영향을 이해하고자 하는 시도를 보여 주기도 하지만, 근본적으로는 문화 내에 존재하는 개인을 외부 구조를 통해 이해하려는 시스템이라고 할 수 있다. 이 점이 비교문화적인 특성에도 불구하고 에틱적 접근일 수 있음을 보여 주는 부분이다. 에틱적 접근은 집단 간의 비교를 허용하며 다른 문화 집단 간의 유사성과 차이점에 대한 유용한 정보를 제공하지만, 특정 문화 집단 안의 개인을 이해하는 것은 어렵다(p. 28).

특정 문화의 맥락 안에 존재하는 개인을 설명하고자 하는 여러 접근은 에믹적 접근으로 설명된다. 에믹적 접근은 문화 밖의 개념을 사용하지 않고, 동일 문화 집단의 세계관을 가진 개인의 신념이나 행동과 관련된 구조와 의미를 발견하고자 한다. 예를 들면, 8세인 아프리카계 미국인 남아와 일할 때 당신은 그 아이의 가족, 그가 속한 공동체, 그리고 그의 성장환경을 통해서 그 아이를 이해하려고 할 것이다. 아프리카계 미국인 남아에 대한 고정관념이 성립될 것이며, 임상가는 이 아이의 경험을 특정 짓는 문화적 렌즈(이에는 성별, 인종, 민족, 사회경제적 지위, 가족 구성, 문화 적응, 환경 등이 해당한다)를 통해 이해하려고 할 것이다. 에믹적인 관점에서 보면, 이러한 이해는 내담자의 문화세계와 경험 안에서 반드시 이루어져야 한다. 그와 그의 문화가 그를 정의하는 방식과 상관없는 용어를 사용한다면 에틱적 접근이라고 볼 수 있다.

에틱적 접근과 에믹적 접근에 대해 이해하려면 임상가나 슈퍼바이저가 문화 특정적인 요소와 문화 보편적인 요소에 대해 인식하는 것이 필요하다. Fischer, Jome과 Atkinson(1998)은 문화적으로 특정한 맥락 안에서 '보편적인 치유적 조건'을 택함으로써 임상가는 이 두 가지 모델의 장점을 통합할 수 있는 기회를 가질 수 있다고 제안했다. 그들은 심리치료의 많은 모델과 여러 문화에서 나타나는 대부분의 치료적인 전통에서 발견되는 네 가지 공통 요인이 "문화 특정적 혹은 문화 보편적 접근 간의 간극을 메울 수 있는 유용한 방법"(p. 525)이라고 기술했다. 이 네 가지 공통 요인은 치료적 관계, 세계관의 공유, 변화에 대한 내담자의 기대, 그리고 내담자의 심리적 어려움을 완화하기 위한 종교의식 혹은 치료 중재다. Fischer, Jome과 Atkinson은 자신들의 접근이 서양의 심리치료 통합 이론가의 작업 결과와 유사하다고 볼 수 있지만 실질적으로는 다르다고 주장하였다. 그들의 접근은 문화인류학적 접근을 사용하여 "여러 문화 내 존재하는 심리학적이고 영적인 치유를 가능하게 한 보편적인 요인"을 찾으려고 시도했던 통문화적인 이론가에 의해 이루어진 작업과 좀 더 유사하다는 것이다(Fischer, Jome, and Atkinson, 1998, p. 532). 나는 개인적으로 통합주의적 접근을 하고자 하는 음악치료사에게 이 모델이 적합하다고 믿는다. 하지만 통합은 우선적으로 음악치료 분야 안에 존재하는 다문화적 쟁점에 대한 충분한 훈련과 슈퍼비전을 받지 않고서는 기대하기 힘들다.

다문화적 역량

지난 10년 동안, 여러 전문 기관이 다문화적 임상의 발생 요인에 대해 주의를 기울이기 시작했다. 1993년에 미국심리학협회(American Psycological Association: APA)는 「민족, 언어, 문화적으로 다양한 대상군에게 심리적인 서비스를 제공하는 사람을 위한 지침서(Guidelines for providers of psychological services to ethnic, linguistic and culturally diverse populations)」를 출판하였다(APA, 1993). 이 지침서에서는 심리적인 과정을 이해하는 데 중요한 변수가 되는 요인으로 민족과 문화를 인정하는 것, 개인의 문화적 배경과 경험, 태도, 편견, 가치가 어떻게 개인의 심리과정에 영향을 미치는가를 인지하는 것, 가족과 그 이상의 공동체에서 얻는 정보를 규명하는 것, 내담자의 종교적 혹은 영적 신념을 존중하는 것, 토속적인 관습에 친숙해지는 것, 치료 중재를 제공하거나 평가를 실시할 때 사회정치적 맥락을 인식하는 것 등을 들고 있다. 1992년에 Sue와 동료들은 다문화적 상담과 발달 협회(Association of Multicultural Counseling and Development)와 함께 31개의 다문화적 역량 목록을 만들었다(Sue, Arredondo, and McDavis, 1992). 그들이 만든 목록은 신념과 태도, 지식, 기술 영역으로 나뉘어 있으며, 자신의 가정, 가치, 편견에 대한 상담자의 인식, 문화적으로 다른 배경을 가진 내담자의 세계관에 대한 이해, 그리고 적절한 치료 기법과 중재의 개발이 포함된다. 이 역량 목록은 APA가 제시한 지침서와 유사하며, 상담 분야에서 다문화 관련 과정을 포함한 커리큘럼을 개발하는 데 근간이 되었다. 1996년에 상담교육과 슈퍼비전 협회(Association for Counselor Education and Supervision)에서는 이러한 역량 목록을 공식으로 인정하였다(Daniels, D'Andrea, and Kyung Kim, 1999). 이 목록은 문화적으로 유능한 정신건강 전문가가 되기 위해 필요한 자질에 대해 매우 분명한 개요를 제공하고 있다.

Sue, Arredondo와 McDavis(1992, pp. 123–125)[2)]가 제시한 다문화적 역량에 대한 대략적 요약은 다음과 같다.

2) *Journal of Counseling and Development*, Vol. 70, 1992, pp. 123–125에서 허락하에 재인쇄함.

I. 상담자의 자기 가정, 가치, 편견에 대한 인식

문화적으로 숙련된 상담자는 다음과 같은 태도와 신념을 가진다.

- 자신의 문화적 유산에 대한 인식과 민감성
- 문화적 배경의 차이에 대한 존중과 가치 부여
- 자신의 문화적 배경, 경험, 태도, 가치, 그리고 편견이 어떻게 심리적 처리 과정에 영향을 미치는지에 대한 인식
- 유능성 자질과 전문성에서의 한계를 인식하는 능력
- 자신과 내담자 사이에 존재하는 인종, 민족, 문화, 신념의 차이에 대한 자연스러운 수용

문화적으로 숙련된 상담자는 다음과 같은 지식을 가진다.

- 개인의 인종적, 문화적 유산에 대한 특정 지식과 이것이 정상-비정상에 대한 정의와 상담과정에 개인적으로 그리고 전문적으로 미치는 영향에 대한 지식
- 억압, 인종주의, 차별, 편견이 개인적으로 그리고 개인의 일에 어떠한 영향을 미치는지에 대한 이해와 지식
- 개인의 인종주의적 태도, 신념, 감정에 대한 인정(이것은 백인 상담자에게 특별한 의미가 있을 수 있다. 백인 상담자는 그들이 직접적 혹은 간접적으로 개인적, 제도적, 문화적 인종주의로부터 어떻게 혜택을 받을 수 있는지에 대해 인식하고 있어야 한다.)
- 개인이 다른 개인에게 사회적으로 미치는 영향에 대한 지식

문화적으로 숙련된 상담자는 다음과 같은 기술을 가진다.

- 타 문화 배경을 가진 내담자를 위한 임상의 효과와 이해를 높이기 위해 교육, 상담, 훈련 경험을 끊임없이 쌓음
- 자신의 한계를 인정하는 것, 한계 상황에서 전문인을 찾아 상담을 하며 연

륜이 많은 전문가의 도움을 받거나 훈련 혹은 교육을 받는 것, 혹은 이 두 가지를 함께 할 수 있는 능력
- 자신을 인종적, 문화적 존재로서 이해할 수 있는 능력
- 비인종차별적 정체성을 갖추기 위한 적극적인 노력

II. 상담자의 내담자 세계관에 대한 인식

문화적으로 숙련된 상담자는 다음과 같은 태도와 신념을 가진다.
- 상담에서 내담자에게 결정적인 영향을 미칠 수 있는 다른 인종이나 민족 집단에 대한 개인의 부정적 감정 반응에 대한 인식
- 문화적 배경이 다른 내담자의 신념이나 태도가 자신의 것과 상반될 때 수용적인 태도로 받아들이는 자세
- 다른 인종과 소수민족 집단에 대해 가지고 있을 수 있는 편견에 대한 인식

문화적으로 숙련된 상담자는 다음과 같은 지식을 가진다.
- 자신이 일하고 있는 특정 집단에 대한 구체적인 지식
- 문화적 배경이 다른 내담자의 삶의 경험, 문화적 유산, 역사적 배경의 차이에 대한 인식
- 소수 정체성 발달 모델의 인식
- 어떻게 인종, 문화, 민족, 그리고 다른 요인이 상담 접근과 치료 중재에서 개성의 발달, 직업의 선택, 심리학적 질병에 대한 입증, 도움을 구하는 행동, 적절성, 부적절성에 영향을 미치는가에 대한 이해
- 소수 인종과 민족의 삶에 작용되는 사회정치적 영향에 대한 지식과 이해
- 상담과정에서 이민, 가난, 인종차별, 편견, 무력감과 같은 사회적 쟁점이 개인의 삶과 상담과정에 미치는 영향에 대한 인식

문화적으로 숙련된 상담자는 다음과 같은 기술을 가진다.

- 다양한 민족과 인종 집단의 정신 관련 질병과 관련된 연구에 대한 친숙함
- 타문화 관련 이해, 기술, 지식을 접할 수 있는 교육 경험에 대한 필요성의 인식
- 상담 환경 외에 소수민족과 적극적으로 접촉하기. 그 예로 사회적인 이벤트나 사회적 · 정치적 행사, 기념 행사, 우정, 이웃과의 사교 등을 들 수 있으며, 이는 학문적인 것 이상으로 이해의 폭을 넓힐 수 있는 기회를 제공함

III. 문화적으로 적절한 중재 전략

문화적으로 숙련된 상담자는 다음과 같은 태도와 신념을 가진다.

- 개인적인 속성이나 금기사항을 포함한 내담자의 종교적, 영적 신념이나 가치를 존중한다.
- 이러한 신념이 내담자가 처한 어려움에 대한 표현, 심리사회적 기능, 세계관에 영향을 미칠 수 있음을 인정한다.
- 도움을 주는 토속적인 관습과 지역 네트워크 및 근본적인 도움을 주는 전문직을 존중한다.
- 임상가보다 언어능력에 대한 판단이 부족한 내담자나 이중언어자를 존중한다.

문화적으로 숙련된 상담자는 다음과 같은 지식을 갖는다.

- 상담과 치료 시 문화 연계적 연결관계, 계급 연계적 연결관계, 그리고 단일 언어의 특성이 다양한 소수 집단의 문화적 가치와 충돌할 수 있음을 분명하게 이해한다.
- 정신건강 서비스를 이용하는 소수민족이 가질 수 있는 제도적 장벽으로부터 그들을 보호한다.
- 평가도구의 잠재적 오류에 대한 지식과 평가를 실시할 수 있는 능력, 내담

자의 언어적 특성과 문화적 특성을 고려해 평가 결과를 해석할 수 있는 능력을 갖는다.

- 소수민족의 가족구조, 계급, 가치, 신념에 대한 지식을 갖는다.
- 가정과 커뮤니티 안의 공동체적 특성과 자원에 대한 지식을 갖는다.
- 상담을 하고 있는 내담자군의 심리적 안녕에 영향을 미칠 수 있는, 사회적 · 공동체적 수준에서 나타나는 차별적인 관습에 대한 인식을 갖는다.

문화적으로 숙련된 상담자는 다음과 같은 기술을 갖는다.

- 언어적 · 비언어적으로 도움을 주는 다양한 반응을 보일 수 있는 능력
- 문화와 연관되거나 내담자에게 민감할 수 있는 언어적 · 비언어적 메시지를 정확하고 적절하게 보내거나 받으며, 도움을 주는 방법이나 시도가 문화적으로 이해될 수 있다는 사실을 인식하고 특정 방법이나 시도가 가질 수 있는 한계에 민감할 수 있는 능력. 부정적인 영향을 줄 수 있는 잠재적 요인을 예상하거나 적절히 대처할 수 있는 능력
- 상담 시 발생한 문제점이 인종주의나 타인에 대한 편견에서 비롯된 것일 때 이를 알고 내담자를 도울 수 있는 중재기술
- 필요한 경우 문화적으로 다른 내담자의 치료를 위해 종교적 또는 영적 리더, 임상가, 전통 치유사의 도움을 구할 수 있는 능력
- 내담자가 요구하는 언어로 상호작용을 한다는 책임감을 갖는 것. 문화적 지식을 위해 번역 전문가의 도움을 받거나 능력 있는 이중언어 상담자의 지식과 조언을 구하는 것
- 기술적인 측면과 문화적 한계를 바르게 이해하고 전통적인 평가도구나 시험도구의 사용을 위한 훈련을 받고 전문적인 기술을 갖는 것
- 다양한 내담자의 안녕(복지)측정을 위한 검사도구를 사용할 수 있는 능력
- 진단평가와 치료과정을 수립하기 위해 억압, 성차별, 엘리트 우월주의, 인종차별 등의 사회정치적 맥락을 이해하고 민감하게 받아들이며 이에 대한 편견과 선입견, 차별적인 임상을 제거하려고 노력하는 것

- 치료목표, 기대치, 법적 권리, 치료사의 치료 방향과 같은 정보와 함께 심리학적 중재과정에 대해 내담자에게 적절히 알려 주어야 할 책임을 갖는 것

음악치료사의 다문화적 역량

「다문화적 상담에서의 윤리적 쟁점: 음악치료에의 적용(Ethical issues in multicultural counseling: Implications for the field of music therapy)」에서 Bradt(1997)는 음악치료사를 위한 윤리강령 내 다문화 관련 부분이 부족함을 지적하였다. 그녀는 음악치료의 임상에서 다문화주의에 대한 관심이 부족한 것은 윤리적인 실천과 관련이 깊다고 주장하였다. 음악치료사의 교육과정이 다문화적 쟁점에 대한 관심이 적을 뿐 아니라, 음악치료사의 교육에서 윤리에 대한 관심 자체도 부족하다고 지적하였다. 그녀는 "음악치료사는 문화적 지식, 자신의 신념, 가치, 편견에 대한 통찰력뿐 아니라 내담자의 신념, 가치 등에 대한 지식을 가져야 한다. 치료목표를 세우고 치료 중재안을 만들 때, 내담자를 평가하고 진단할 때 매우 세심한 주의를 기울여야 하며, 소수민족의 내담자와 일할 때 언어 장벽을 극복하기 위해 노력해야 한다."(p. 139)라고 주장하였다. 그녀는 또한 음악치료에서 발생할 수 있는 특정 쟁점에 대해서도 논하였다. Moreno(1988)처럼, 그녀는 음악치료사가 여러 문화권의 음악에 대해 친숙해야 한다고 주장하였다. "다른 문화권 음악의 진정한 의미"를 이해하고 가치를 두는 것이 음악치료사에게 매우 중요하다고 하였다(p. 139).

『음악교육가학회지(Music Educators Journal)』에서 1994년부터 '문화적 맥락 안에서의 음악'이라는 제목으로 시작한 시리즈 간행물을 보면 인류음악학자와 음악교육가가 비서구 음악의 문화적 해석을 시도하고 있고, 또한 다문화 배경을 가진 학생이 있는 강의실에서 어떻게 이러한 음악이 사용될 수 있는지 다루고 있다. 이러한 논문을 보면 음악교육가가 음악치료사보다 앞서 다문화에 관한 주제에 대해 논의하기 시작한 것을 알 수 있다. 이러한 논문은 음악치료사에

게 많은 정보를 제공한다. Sarrazin(1995)은 음악교육가(음악치료사 포함)에게 범문화적으로 이루어지는 미적 경험과 그 중요성에 대한 인식의 필요성에 대해 역설하였다. Sarrazin의 주장에 따르면, 서로 다른 문화 안에서 음악은 우리가 생각하는대로 각기 다른 방식으로 표현되고 인지되고 사용되고 개념화되며, 그 대부분은 민족 중심적인 경우가 많아서 음악이 우리 자신으로부터 다른 여러 미적 기능을 발휘한다는 것을 잊는다. "우리는 예술은 미적이며 미적인 경험을 불러일으킨다는 가장 기본적인 전제를 받아들여야 한다." (p. 34) 그녀는 우리가 기본적으로 음악을 '듣기 위한' 목적으로 사용한다고 가정하며, 음악이 다른 문화에서는 비슷한 미적인 기능을 하지 못할 수도 있다는 사실을 잘 받아들이지 못한다고 하였다. 그녀는 Alan Merriam에 의해 규정된 대로 서구의 미적 개념을 구성하는 여섯 가지의 공통 요인을 예로 들었다. 그것은 "심리적 거리, 자신을 위한 형식의 조작, 소리 자체로서의 음악이 감정을 불러일으키는 데 미치는 공헌, 예술의 결과물 혹은 과정에 대한 미의 기능, 미적인 창조를 하려는 의도적인 시도, 그리고 철학으로서의 미학의 존재" (p. 34)다.

Sarrazin(1995)은 서구적인 미적 개념과 일치하지 않는 음악으로 미국 원주민의 음악을 예로 들었다. 그녀의 주장에 따르면, 미국 원주민의 음악 혹은 부족의식 음악은 서양에서 말하는 '예술 지상주의' 개념에 맞지 않는다. 오히려 원주민의 음악은 기능적이다. "춤을 보면 알 수 있듯이 음악이 동작 혹은 행동과 강력하게 연결되어 있다." (p. 34) 그녀는 몇몇 원주민 문화에서는 개별적인 개념으로서의 음악에 해당하는 단어가 없다고 기술한다(Campbell과 Seeger [1995, p. 20]에 따르면 수야 아마존 사람은 음악과 춤을 하나의 단어 'ngere' 로 지칭한다). 미국 원주민의 음악은 일상생활의 일부분이며, 치유의식을 위해 약초를 고르거나 곡물을 갈 때도 각각을 위한 음악이 존재한다. "즐거움을 위한 감상용의 전통적인 음악은 존재하지 않는다." (Sarrazin, 1994, p. 35) 미국 원주민에게 악기 연주 자체를 위한 음악은 존재하지 않는다. 음악은 기능과 행동에 긴밀히 연결되어 있고 각 악기는 상징적 의미를 가지고 있으며, 음악은 주로 성악곡 위주다. 행동과 연결되지 않은 개별적인 음악의 소리에는 의미가 부여되지 않는다. (미국 원주민의 기악 음악, 원주민의 전통 피리로 연주한 뉴에이지 음악, 원주민의 노래 음반이 존재하지만, 원주민 공동체 안에서는 이 음악에 대해 논란이 많다. 전통음악의 현대적인 사용을 수용하는 사람이 있는가 하면 이런 현상에 반대 입장을 취하는 사람도 많다.) 마지막으로 음악 안에는 작곡가의 사상이 존재하지 않는다. "음악은 개인의 영혼, 꿈, 황홀경 등에 의해 규정된다."(p. 35) 음악의 미적 가치와 관련된 이러한 다른 접근은 몇몇 원주민이 의식 음악이나 부족음악을 교육 환경 안에서 사용하자는 주장에 따르는 논란과 반대의 목소리를 설명하는 데 도움이 된다.

다른 문화권 내 음악의 의미를 이해하기 위해 우리는 문화적 캡슐화에 대해 민감해져야 한다. 우리는 음악 만들기와 음악 감상이 보편적이고 정상적인 것이라고 당연하게 여기는 방식에 대해 인지해야 한다. 노동계급의 흑인계 미국 여성에게 교회 음악이 갖는 의미 및 기능과 백인 10대 소년에게 팝 음악이 갖는 의미 및 기능은 다르다. 어떻게 문화가 음악을 정의하고 개념화하고 서열화하는가를 이해하는 것은 음악치료사에게 매우 중요한 일이다. Ansdell(1995)은 이 현상에 대해 설명하고자 했는데, 수동적인 음악 감상과 음악을 함께 연주하면서 동시에 듣는 것은 다르다고 하였다. 그는 이것을 '연주 안에서 듣기' 혹은 '사회적 듣기'로 명명하였다(p. 158). 음악치료사는 음악, 감상, 미적 경험에 대한 이해가 여러 방식으로 일어날 수 있음에 대해 좀 더 많은 논의를 해야 한다. 음악치료사는 상담, 정신보건, 교육, 그리고 음악 분야에서 어떻게 주류문화가 영향을 끼쳤는지에 대해 알아야만 한다. 음악치료사는 문화적 영향을 규명하고, 그들의 내담자의 문화적 영향, 그리고 음악치료 분야에서의 문화적 영향에 대해서도 규명해야 한다.

Bernard와 Goodyear(1998)는 상담과 심리치료 분야가 주류문화를 반영하고 있다는 사실을 인정하는 것이 매우 중요하고, 상담과 심리치료 자체 내에서도 하나의 문화가 형성된다고 하였다. 상담과 심리치료의 문화에는 기준, 신념, 관습, 그리고 자체의 지배구조와 함께 그들만의 언어가 있다. 음악치료도 하나의 문화를 나타낸다. 음악치료 문화 안에서 어떻게 음악이 사용되는가에 대한 그 자체의 의미가 있다. 음악치료 내에서는 치료적 관계가 음악적 관계를 통해 형성되거나 중재된다. Ansdell(1995)은 자신의 논문에서 자신이 일하는 '대상자에게 사용 가능한' 음악의 질을 높이고 적절한 음악을 만드는 것이 음악치료사의 기술이라고 하였다. 음악, 창의력, 창조를 위한 과정은 음악치료 안에서 특별한 위치를 차지한다. 음악치료사로서 우리는 우리 자신의 문화적 기대치와 관습을 내담자의 문화적 기대치와 관습과 적절히 조화해야 할 책임이 있다.

슈퍼비전에서의 다문화적 접근

다문화적으로 민감한 임상에 대한 요구가 증가함에 따라 문화 간 교류적인 임상훈련과 슈퍼비전에 대한 문헌이 증가하고 있다(Leong and Wagner, 1994; Pope-Davis and Coleman, 1997). 다문화적 상담교육에 관한 문헌과 비교해 보면, 다문화적 슈퍼비전 관련 문헌은 매우 제한적이다(Bernard and Goodyear, 1998). 이는 일반적으로 슈퍼비전 관련 문헌 자체가 제한적이기 때문이기도 하다. Bernard와 Goodyear(1998)는 슈퍼비전 훈련에 관한 문헌이 매우 드물다는 것을 발견했다. 전통적으로 슈퍼비전은 경력이 많은 치료사의 몫으로 여겨졌으며, 이는 좋은 치료사가 좋은 슈퍼바이저가 될 수 있다는 믿음이 근저에 있음을 보여 준다(Bernard and Goodyear, 1988, p. 5). 하지만 불행히도 언제나 그런 것은 아니며, 점점 더 많은 정신보건 분야가 슈퍼바이저가 슈퍼비전을 위한 정식 훈련을 받아야 한다고 요구한다. 이처럼 음악치료에서도 슈퍼비전과 관련된 정책이 변화하고 있다. 1994년부터 전미음악치료협회(National Association for Music Therapy: NAMT)에서는 음악치료 인턴을 위해 공인된 훈련기관을 제공하기 시작했으며, "기관의 책임자는 반드시 3년 이상의 음악치료 임상 경험과 음악치료 인턴 슈퍼비전을 위한 5시간의 CMTE(continued music therpay education) 보수교육 워크숍 참가나 다른 슈퍼비전 훈련 이수를 증명하는 서류를 제출하도록 하고 있다"(전미음악치료협회 홈페이지의 임상훈련 정책 페이지에서 발췌).

임상 슈퍼비전은 다음과 같이 정의된다.

> 임상 경력이 많은 전문인이 경력이 적은 전문인 혹은 같은 경력의 전문인에게 제공하는 중재다. 이 관계는 평가되고 필요에 따라 연장되며, 경력이 적은 사람의 전문적인 기능을 향상함과 동시에, 그들이 대상자에게 제공하는 전문 서비스의 질을 모니터하고, 특정 분야에 입문한 사람에게 적절한 정보를 제공하는 역할을 한다(Bernard and Goodyear, 1998, p. 6).

슈퍼비전은 졸업 전 임상실습과 인턴 훈련과정 동안 현장이나 슈퍼비전 교육과정을 통해 이루어진다. 또한 슈퍼비전은 졸업 후 임상을 하는 동안 이루어지기도 한다. 초기에는 전문적인 자격증이나 공인 인증서를 준비하기 위해 이루어지기도 했으나, 지금은 자신의 끊임없는 개발과 내담자와의 치료 전반을 조정하는 치료사로서의 성장을 위해 이루어진다.

슈퍼비전은 이론과 임상을 연결하는 다리다. 슈퍼비전이 이루어지는 동안 임상가는 자신에게 요구되는 임상의 기대치에 부응하면서 자신의 분야의 이론을 적용하고 이해하고자 하는 노력을 시도한다. 슈퍼비전 과정 동안 내담자, 치료사, 슈퍼바이저, 기관 행정가는 각자의 입장이 있게 마련이다. 슈퍼바이저와 수련생은 반드시 내담자의 요구에 귀 기울여야 하며 좀 더 넓은 치료적 환경에서 요구되는 기대치에 대해 이해해야 한다.

음악치료 슈퍼비전과 관련해, 나는 우리 분야도 우리만의 목소리를 가져야 한다고 생각한다. 음악치료사는 대부분의 정신보건 기관에서 '소수'의 입장이기 때문에, 자신의 일을 설명하거나 정당화하거나 다른 영역으로 확장하고자 하는 데 많은 압력을 느끼게 된다. 음악치료사가 다른 음악치료사에게 슈퍼비전을 받게 될 때, 슈퍼바이저는 독특한 역할과 기능을 갖는다. 종종 슈퍼바이저의 역할은 수련생에게 정보를 제공하고, 전문 분야의 특정 기술에 관련된 훈련을 제공하고, 치료방법을 강화하는 역할 모델이 된다. 종종 수련생은 이전의 교육자를 제외하고는 이 분야와 관련된 다른 역할 모델, 훈련감독, 혹은 멘토를 갖고 있지 않은 경우가 있다. 이는 슈퍼비전 관계에서 또 하나의 부담이 되며, 슈퍼바이저가 수련생이 일하는 기관과 맺는 관계로 인해 심화된다. 음악치료사가 정신의료 관련 분야 이외의 전문가에게서 슈퍼비전을 받게 될 때, 수련생은 끊임없이 자신의 음악치료 경험과 치료 중재를 슈퍼바이저가 이해할 수 있고 판단할 수 있는 언어로 옮겨야 한다. 만약 음악치료 슈퍼비전을 제대로 평가한다면, 슈퍼비전 내 음악치료 '문화'의 역할에 영향을 주게 되는 이러한 부가적인 고려사항을 반드시 다문화적 쟁점과 연결해 다루어야 한다.

슈퍼비전에서 발생하는 다문화적 쟁점은 상담에서 다루어지는 다문화적 쟁점처럼 매우 다양하고 복잡하며 중요하다. 이러한 쟁점은 앞에서 열거된 것처럼 Sue, Arredondo와 McDavis(1992)가 고안한 다문화적 역량과 관련해 제기된 쟁점과 동일 선상에 있는데, 상담자나 슈퍼바이저의 인식에서 발생하는 여러 가지 쟁점, 즉 자신의 문화적 가정, 가치, 편견에 대한 인식의 부족, 상담자나 슈퍼바이저가 타 문화권 수련생의 세계관에 대해 갖고 있는 이해, 그리고 적절하고 문화적으로 민감한 치료 중재 전략과 치료와 슈퍼비전에 모두 필요한 기술의 개발에서 발생하는 쟁점을 포함한다. 또한 슈퍼바이저는 교육가처럼 임상가의 문화적 역량에 부분적으로 책임을 져야 한다. 이러한 책임은 수련생의 문화적 지식, 민감성, 기술로 확대되어야 한다. 더불어 슈퍼바이저는 수련생의 역량을 평가하는 역할을 한다. 말하자면 수련생과의 관계에서 힘을 가진 쪽이다. 이 힘은 슈퍼바이저가 책임을 져야 하기 때문만 아니라 그들의 전문자격과 이전의 훈련 경험에서 기인하는 것이다(Cook, 1994). 슈퍼바이저는 반드시 슈퍼비전 상황 안에서 슈퍼바이저가 갖는 평가의 힘이 어떻게 문화를 논의하는 데 영향을 미치는지 알아야 한다. 이 쟁점의 복잡성을 고려해 볼 때, Bernard(1994)가 관찰한 바와 같이 "슈퍼비전은 수련생에게, 특히 슈퍼바이저에게는 다문화적 역동의 인식이 시작되는 적절한 장소가 아니다"(p. 160).

하지만 음악치료사를 위한 다문화적 교육의 현 위치를 고려해 볼 때, 우리는 슈퍼바이저와 수련생이 다문화적으로 유능한 훈련 상황에 매우 제한적으로 노출되고 있음을 추측해 볼 수 있다. Stone(1997)의 보고에 따르면, 임상훈련 기관은 다문화적 훈련의 부담을 가져서는 안 된다. 슈퍼바이저와 수련생 모두 문화적으로 다른 배경을 가진 내담자/치료사 양자관계, 슈퍼바이저/수련생 양자관계에 처하기 전에 다문화적 상담에 대한 일정 교육을 이미 받았어야 했다. 이 교육은 슈퍼바이저와 수련생에게 "훈련생과 감독자가 치료적 임상 현장에서 문화적 요인에 대해 좀 더 배울 수 있는 효과적인 슈퍼비전 환경을 준비시켜 준다" (p. 272). 음악치료사는 교육과정 안에 음악과 치료에 대한 다문화적 접근을 포함해야 한다. 또한 슈퍼바이저는 음악치료 임상과 관련된 다문화적 쟁점 관련 교육을 받아야 한다.

다문화적 슈퍼비전 관련 문헌 고찰을 통해, Leong과 Wagner(1994)는 문헌 내에서 제기된 많은 쟁점을 일부 슈퍼바이저가 외면하고 있다고 지적하였다. 이는 실제로 많은 슈퍼바이저가 슈퍼비전이나 다문화 쟁점에 대해 충분한 훈련을 받지 못했다는 사실을 고려해 볼 때 놀랄 만한 일도 아니다. 다행히도 음악치료 슈퍼바이저에 유용한 자료가 증가하고 있으며 다문화 쟁점을 더 이상 무시하고 넘어갈 수 없게 되었다. Steward, Wright, Jackson과 Jo(1998)는 슈퍼바이저가 다문화적인 인식, 지식, 기술과 동시에 수련생의 인식, 지식, 기술을 평가할 수 있는 훈련을 받는 것의 중요성에 대해 연구하였다. 그들은 D'Andrea, Daniels와 Heck(1991)이 개발한 MAKSS(Multicultural Awareness, Knowlege, and Skills Survey), LaFromboise, Coleman과 Hernandez(1991)가 개발한 CCCI-R(Cross-Cultural Counseling Inventory-Revised)을 사용하였다. 음악치료 슈퍼바이저는 이러한 도구에 익숙해져야 하며, 충분한 교육을 받고 나면 반드시 교육도구로, 후에는 평가도구로도 사용해야 한다. 또한 문화적 역량의 평가에는 내담자(특히 슈퍼바이저와 임상가가 백인이고 내담자가 유색인인 경우)와 좀 더 많은 다문화적 상담훈련을 받은 동료에게서 받는 피드백이 포함되어야 한다(Steward et al., 1998; 또한 다문화 유능감 평가 설명은 Coleman, 1997 참조). 음악치료 슈퍼바이저는 대부분의 대학교육이나 다문화와 관련된 지속적인 교육 기회를 통해 고급화되고 전문화된 다문화 훈련을 받아야 한다.

음악치료 슈퍼비전에서의 인종 관련 쟁점

음악치료 슈퍼바이저로서 자신의 가정, 가치, 편견에 대해 점점 의식하기 시작하면, 다문화적 슈퍼비전 관련 문헌에서 제기된 잠재적인 다문화적 쟁점을 규명하고 다룰 수 있게 된다. 대부분의 다문화 슈퍼비전 관련 문헌과 실험연구는 슈퍼바이저와 수련생 간의 문화적 차이가 있을 때 발생하는 문제에 대해 다루고 있다. 대부분의 문헌이 '간문화(cross-cultural)'로 분류되지만, 사실상 구체적으로 슈퍼바이저와 수련생 간의 인종 차이에 대해 언급하고 있는 것이다. Bernard(1994)에 따르면 미국인의 인종 문제에 대한 과민한 태도가 이에 반영된 것이다. Cook(1994)은 슈퍼바이저가 인종 정체성의 모델에 익숙해져야 한다고 제안하면서, 유색인 인종 정체성 모델과 백인 인종 정체성 모델 모두에 대해 설명하고 있다. 그녀에 따르면 "인종 정체성에 대한 슈퍼비전 파트너의 태도, 임상 에이전시의 상황, 혹은 다른 요인"이 "인종을 구별하는 서열구조"를 촉발한다(p. 135). 다시 말해서 슈퍼바이저와 수련생이 자신의 인종 정체성을 개발하는 데 있어 얼마나 비슷하고 다른지에 따라 인종이 여러 가지 다른 방식으로 규정될 수 있다는 것이다.

미국 내에서 백인 음악치료사가 절대적으로 우세하다는 사실을 고려해 볼 때(Toppozada, 1995에 따르면 NAMT 회원 중 91%가 백인이다), 백인 인종 정체성을 인정하는 것은 매우 중요한 쟁점이다. 역사적으로는 백인의 특권과 문화적 캡슐화가 백인 미국인이 자신에게는 '인종이 없다'고 느끼는 데 도움을 주었다. 백인의 특권은 주류문화에 속한 덕분에 노력 없이 얻어지는 특혜다. 이러한 특혜에는 다음과 같은 것이 속한다.

> 자신의 인종 때문에 일상생활에서 의심받지 않는 것, 방송이나 유행하는 문화에 의해 자신의 가치나 역사가 정당화되고 강조되는 것, 집단 안에서 인종 문제에 대해 토론하는 상황에서나 집단 자체에서 전체 백인 인종을 대표할 필요가 없는 것,

> 그리고 경찰, 고용주, 혹은 어떤 사람에게도 인종 때문에 목표 대상이 될 걱정을 할 필요가 없는 것이다. 백인 특권의 수혜자가 된다는 것은 반격을 두려워하지 않고 백인 주류문화 밖의 어떤 것도 무시할 수 있거나 그 어느 것에도 의무감을 가질 필요가 없다는 것이다(Fong and Lease, 1997, pp. 391-392).

문화 캡슐화는 개인이 자신의 문화적 가정에 따라 현실을 정의하고, 문화적 차이를 축소하고, 남의 행동을 판단할 때 자신이 갖고 있는 기준을 강요하거나 자신의 문화적 편견을 무시해 버리는 것으로 볼 수 있다(Pedersen, 1995). 이런 과정이 유럽 혈통의 대부분의 백인 음악치료사에게서 공통으로 발견되지만, 백인 음악치료사가 모두 그렇다고 보기는 힘들다. 다양한 사회인구학적 요인(민족, 사회경제적 지위, 성별, 성적 정체성)은 백인 상담자가 인종 관련 사항에 대해 갖는 인식에 여러 가지 영향을 미친다(Smith 1991; Richardson and Molinaro, 1996; Rowe, Bennett, and Atkinson, 1994 참조).

슈퍼비전 내의 인종 쟁점에 관한 최근 논문에서 Daniels, D'Andrea와 Kyung Kim(1999)은 슈퍼바이저가 백인이고 수련생이 소수민족일 때 슈퍼바이저와 수련생 간의 문화적 차이 때문에 발생하는 세 가지 쟁점을 규명하였다. 바로 상호교류 스타일의 차이, 상담목표의 차이, 그리고 슈퍼비전 과정에서 슈퍼바이저와 수련생의 역할에 대한 인식의 차이다. Fong과 Lease(1997) 또한 '의사소통 쟁점'로 구분되는 스타일의 차이에 대해 언급했다(p. 395). 문화적 차이를 인식하지 못하는 백인 슈퍼바이저는 언어적, 비언어적 단서를 잘못 해석할 수 있다. 눈 맞춤, 고개 끄덕이기, 크고 빠르게 말하기, 혹은 작업 중심적인 시각의 직접적인 상호교류 스타일과 같은 행동은 슈퍼바이저에게 기준에 적합한 것으로 인지될 수 있지만, 최소한의 눈 맞춤, 조용하고 복종적인 언어 사용, 혹은 공포, 저항, 의기소침, 낮은 자존감 등의 간접적인 접근은 다르게 해석할 여지가 있다. 이러한 행동은 권위에의 순종, 상호작용을 유지하기 위해 충돌을 회피하는 태도, 소속감 안에서 자기효능감을 찾는 것 등을 존중하는 다른 문화적 가치의 표현일 수 있다(Priest, 1994 참조). 이러한 상호교류 스타일과 의사소통 방식의 차이는 문화와 상관없이 여자와 남자 사이에서도 차이가 발견된다. Bernard와 Goodyear(1998)는 "권력, 피드백에 대한 민감성, 의사소통 방식, 문제 해결, 자기 영역에 대한 쟁점은 슈퍼비전 관계에서 성별의 차이가 있을 때 수련생과 슈퍼바이저 모두에게서 발견되는 경향이 있다." (p. 46)라고 주장하였다.

다문화적 슈퍼비전의 단계적 모델

슈퍼바이저와 수련생이 문화적으로 차이를 보일 때, 슈퍼바이저/수련생의 역할에 대한 이해도와 치료의 목표 설정 시 상담자가 취하는 기본적인 접근에 있어 둘 사이에는 차이가 발생할 수 있다. 세계관과 가치는 치료계획과 슈퍼비전 방법의 성격을 결정짓는다. 슈퍼바이저는 이러한 차이를 이용하거나 인내하거나 인식할 책임이 있다. Priest(1994)는 6단계의 다문화 슈퍼비전 모델을 통해 가장 효과적인 다문화적 슈퍼바이저로 성장할 수 있다고 제안하였다. 1단계는 문화의 차이를 부인하는 과정을 겪고 그것이 슈퍼비전에 미칠 영향에 대해 인식하지 못하는 단계다. 2단계는 문화적 차이를 인정하지만 어떻게 대처해야 할지 모른 채 새로운 문화에 대해 배워야 한다는 사실에 부담을 느끼는 단계다. 3단계는 슈퍼바이저가 여러 문화 사이에 발견되는 유사점과 차이점을 규명하려는 시도를 하며, 문화가 슈퍼비전 관계에 미치는 영향을 규명하는 단계다. 4단계는 슈퍼바이저가 자신의 문화 정체성을 이해하려는 시도를 하고, 자신의 정체성과 자기 가치를 문화적 맥락 안에서 인식하는 단계다. 5단계는 슈퍼바이저가 문화적 차이를 이해하고 문화가 수련생의 임상역량에 어떻게 영향을 미치는지 규명하는 단계다. 6단계는 슈퍼바이저가 문화 행태에 전문적이고 존중하는 태도를 유지하는 것이 가능한 단계다. 슈퍼바이저는 문화적 다양성을 확장하기 위해 다양한 슈퍼비전 방법론과 임상기술을 사용할 수 있게 된다. Bernard(1994)에 따르면, 슈퍼바이저는 사전 슈퍼비전(presupervision) 훈련을 통해 처음 네 단계에 이를 수 있다. 이러한 단계는 슈퍼바이저의 인종적 정체성의 발달과 함께 이루어진다. 이 외에도 이러한 단계는 슈퍼바이저가 자신의 문화 정체성을 인식하는 데 다소 관련이 있을 수 있다.

Bernard와 Goodyear(1998), Priest(1994), Remington과 DaCosta(1989)는 모두 슈퍼바이저가 문화적 소수 집단의 일원일 때 겪게 되는 독특한 어려움에 대해 논하였다. 하나의 쟁점은 수련생의 입장에서 부정적인 결과를 예상하거나 슈퍼바이저의 능력을 의심하는 것이다(Priest, 1994). 슈퍼바이저는 슈퍼비전 관계를 형성하는 초반에 문화적 쟁점을 다루어야 한다. 슈퍼비전 양자관계에서는 힘과 평가의 쟁점 때문에 수련생이 문화적 쟁점을 끄집어내는 것이 어려워지곤 한다. 또한 다른 슈퍼바이저와 상의하며 일할 필요도 있다. 더 많은 소수민족 슈퍼바이저는 전통적인 모델을 적용하기 위해 훈련하고, 멘토링이나 격려를 받아야 하며, 더 많은 다양한 대상군의 요구에 부응하는 새로운 슈퍼비전과 치료 모델을 개발해야 한다. 수련생이 문화적으로 다른 슈퍼바이저의 슈퍼비전을 받는 경험을 하게 됨에 따라 전통적인 모델과 방법은 그 방향을 전환하게 된다(stone, 1997).

Porter(1994)는 수련생의 다문화적 역량을 증진하기 위한 다문화 슈퍼비전의 단계적 모델을 설명하였다. 1단계에서는 슈퍼바이저가 수련생에게 문화적으로 민감한 간문화 시각을 소개한다. "문화는 매 치료가 시작될 때마다 분명하게 드러나며, 문화적으로 상대적이고 특정한 접근은 정신보건과 관련해 보편주의적인 가정과 비교된다."(p. 46) 이 단계는 과제 지향적, 구조적, 교훈적 단계로 수련생의 방어적 태도를 줄이고 역량을 쌓아 가는 단계다. 또한 이 단계에서는 슈퍼바이저와 수련생 모두 그들 나름대로의 관계를 형성할 기회를 갖는다. 2단계에서는 사회문화적 틀과 억압에 대한 분석이 시도된다. 슈퍼바이저는 수련생이 내담자의 증상에 대해 편협하고 병리학적인 관점을 갖는 것에서 '좀 더 중립적이고 임상적인 견해' 로 나아가, 내담자의 행동이 형성되고 만들어진 문화적, 역사적, 사회적 요인과 관련해 내담자를 이해하도록 돕는다. 내담자의 정신건강 쟁점과 관심사를 이해하는 것만큼이나 내담자의 삶에 영향을 미칠 수 있는 문화 변용, 인종주의, 계급주의, 그리고 다른 억압에 관한 쟁점을 이해하는 것은 매우 중요하다. 내담자의 강점을 존중하고 내담자의 문화적 자원을 인정하는 것은 이 단계에서 매우 필수적이다. 3단계에서는 수련생이 자신의 편견, 고정관념, 인종주의를 탐색한다. Porter가 제안한 것처럼, 이 단계는 "슈퍼비전 과정에서 가장 개인적이고 어려운 단계다…. 이 단계는 가장 위협적이고 치료사와 슈퍼바이저 사이의 신뢰가 가장 많이 필요하다"(p. 50). 물론 이러한 수준에 이르면 슈퍼바이저도 자신의 편견을 이 과정이 이루어지기 전에 점검해야 하고, 어느 정도의 신뢰를 쌓고 열린 의사소통을 만들어 나가게 된다. 다시 말해서, 개인이 힘의 쟁점을 다루어야 하는 것이다. 어떻게 평가의 쟁점이 이 과정을 방해하는지가 분명히 드러난다. 4단계에서는 내담자와의 치료 중재와 수련생의 전문성 발달이 확장되어, 개인의 차원을 넘어선 "공동의 해결책과 사회적 행동"(p. 52)에까지 이르게 된다.

Sinacore-Guinn(1995)은 다문화적 민감화의 또 다른 단계를 소개했다. 그것은 수련생의 문화적 및 성별에 민감한 진단능력을 발달시키는 것과 관련이 있으나, 슈퍼바이저에게도 적용될 수 있는 것으로 보인다. 1단계에서는 학생(혹은 슈퍼바이저)이 일반적인 방식의 진단과정에 내재되어 있는 문화적, 성적 차별에 대해 비판의식을 갖는다. 2단계에서는 학생이 그들 자신의 삶에 존재하는 문화적 시스템을 검토한다. 3단계에서는 학생이 개인적인 이중 문화의 갈등을 규명한다. 4단계에서는 일련의 사례연구에서 나타나는 문화적, 성별적 쟁점을 분석한다. 5단계에서는 학생이 이론적 관심과 문화적 역량을 잘 통합하는 것이 요구된다.

이러한 다문화적 슈퍼비전 모델은 모두 다문화적으로 민감한 치료를 할 수 있는 출발점을 제공한다. 만약 임상 현장에 적용된다면, 이러한 모델은 Leong과 Wagner(1994)가 자신들의 다문화적 슈퍼비전 관련 문헌의 종합적 고찰에서 규명한 기본적인 문제를 해결할 수 있을 것이다. 이러한 문제에는 "(1) 슈퍼비전 관계를 왜곡하거나 혹은 환자관리에 영향을 주는 인종-민족적 쟁점을 다루지 않는 것, (2) 이전에 부정되었던 인종-민족 관련 쟁점을 지나치게 강조해서 무분별하게 다루는 것, (3) 슈퍼바이저와 자신의 지식과 위치에 지나치게 의존하는 것, (4) 소수민족 문화권의 수련생에게 소수민족 관련 사례만 맡기는 것"(p. 120)이 포함된다.

결론

다문화적 상담 역량은 음악치료사가 가진 레퍼토리의 일부가 되어야 한다. 이러한 개념과 구조가 전이, 역전이의 개념만큼 자연스럽고 친숙한 것이 되어야 한다. 음악치료사가 다양한 종류의 세계음악을 인식해야 함은 물론, 정체성의 형성과정(자기 자신과 내담자 모두의)에 문화가 미치는 영향에 대한 인식이 이루어져야 한다.

음악치료의 슈퍼바이저는 슈퍼비전 경험, 음악치료 상황, 그리고 자신의 삶에 문화가 미치는 역할과 영향에 민감해지고 교육을 받음으로써 음악치료 분야의 전진을 이끄는 적극적인 역할을 해야 한다. 미국 음악치료사가 계속해서 많은 외국 학생에게 슈퍼비전을 제공하는 한, 슈퍼비전에서의 다문화 쟁점에 대한 인식은 매우 중요하다(1997년 조사연구에서는 14개국에서 온 49명의 외국 학생 중 38명이 미국에서 인턴십을 할 예정이라고 답했다[Brotons et al., 1997]). 우리의 다문화적 사전 인턴십(preintership) 상황을 볼 때, 슈퍼바이저는 수련생의 문화적 역량에 대한 평가와 발전에 책임을 느껴야 한다. 슈퍼바이저는 또한 다문화적 훈련을 포함한 교육 프로그램을 요구할 수 있다. 상담에서 다문화 운동 관련 문헌이 차지하는 압도적인 양과 영향력을 고려해 볼 때, 음악치료도 이제는 모든 임상 수준의 학생에게 다문화적 훈련을 시작해야 한다. 마지막으로 슈퍼바이저는 자신이 일하는 곳에서 사회 정의와 다문화주의 쟁점에 책임감을 가져야 한다.

음악치료사는 문화가 음악에 미치는 영향을 연구하고 점검해야 할 독특한 책임을 가진다. 음악치료 세션에서 문화는 상호 간의 음악 만들기 경험에 어떤 영향을 미치는가? 문화는 음악의 경험과 미에 대한 정의에 어떻게 영향을 미치는가? 문화는 음악치료 슈퍼비전 관계에 특별히 어떤 영향을 미치는가? 음악치료 슈퍼바이저가 반드시 가져야 할 특별한 문화적 고려사항이 있는가? 음악치료사로서 우리는 인간 영역을 초월하는 음악의 힘을 예민하게 인식하게 된다. 음악은 "보편적인 인간성에 호소하는 문화를 초월"할 수 있는가?(Jorgensen, 1998, p.

84) 상담과 정신의료 분야에서 제기하는 다문화주의자의 도전을 받아들이면서, 음악치료사는 반드시 이러한 질문에 답해야 한다. 다른 사람의 역량을 강화할 수 있도록 수련생의 역량을 강화할 수 있는 사람은 다름 아닌 슈퍼바이저다. 음악치료사는 음악의 경험을 통한 타 문화적 잠재성을 탐험한다. 내담자는 음악치료 상황에 자신을 전부 맡기는 사람이다. 음악치료 슈퍼바이저는 자신의 총체(wholeness)를 볼 수 있는 것처럼 자신이 맡은 수련생이 이 총체를 볼 수 있도록 해야 한다.

참고문헌

American Psychological Association. (1993). Guidelines for providers of psychological services to ethnic, linguistic and culturally diverse populations. *American Psychologist, 48*, 45-48.

Ansdell, G. (1995). *Music for Life: Aspects of Creative Music Therapy with Adult Clients.* London and Bristol, PA: Jessica Kingsley Publishers.

Barongan, C., Bernal, G., Comas-Diaz, L., Iijima Hall, C., Nagayama Hall, F., LaDue, R., Parham, T., Pedersen, P., Porche-Burke, L., Rollack, D., and Root, M. (1997). Misunderstandings of multiculturalism: Shouting fire in crowded theaters. *American Psychologist, 52*(6), 654- 655.

Bernard, J. (1994). Multicultural supervision: A reaction to Leong and Wagner, Cook, Priest, and Fukuyama. *Counselor Education and Supervision, 34*(2), 159-171.

Bernard, J., and Goodyear, R. (1998). *Fundamentals of Clinical Supervision* (2nd ed.). Boston: Allyn and Bacon.

Bradt, J. (1997). Ethical issues in multicultural counseling: Implications for the field of music therapy. *The Arts in Psychotherapy, 24*(2), 137-143.

Brotons, M. (1995). International connections: A long tradition. *Music Therapy Perspectives, 13*(1), 7-9.

Brotons, M., Graham-Hurley, K., Hairston, M., Hawley, T., Michel, D., Moreno, J., Picard, D., and Taylor, D. (1997). A survey of international music therapy students in NAMT-approved academic programs. *Music Therapy Perspectives, 15*(1), 45-49.

Campbell, P., and McAllester, D. P. (1994). David P. McAllester on Navajo music. *Music Educators Journal, 81*, 17-23.

Campbell, P., And Seeger, A. (1995). Anthony Seeger on music of Amazonian Indians. *Music Educators Journal, 81*, 17-21.

Carter, R., and Qureshi, A. (1995). A typology of philosophical assumptions in multicutural counseling and training. In J. Pontorotto, J. Casas, L. Suzuki, and C. Alexander (Eds.), *Handbook of Multicultural Counseling.* Thousand Oaks, CA: Sage Publications.

Cheung, F. (2000). Deconstructing counseling in a cultural context. *The Counseling Psychologist, 28*(1), 123-132.

Christopher, J. (1999). Situating psychological well-being: Exploring the cultural roots of its theory and research. *Journal of Counseling and Development, 77*(2), 141-152.

Coleman, H. (1997). Portfolio assessment of multicultural counseling competence. In D. Pope-Davis and H. Coleman (Eds.), *Multicultural Counseling Competencies: Assessment, Education and Training, and Supervision.* Thousand Oaks, CA: Sage Publications.

Cook, D. (1994). Racial identity in supervision. *Counselor Education and Supervision, 34*(2), 132-142.

D'Andrea, M., Daniels, J., and Heck, R. (1991). Evaluating the impact of multicultural counseling training. *Journal of Counseling and Development, 70*, 143-150.

D'Andrea, M., and Daniels, J. (1997). Multicutural counseling supervision: Central ideas, theoretical considerations, and practical strategies. In D. Pope-Davis and H. Coleman (Eds.), *Multicultural Counseling Competencies: Assessment, Education and Training and Supervision.* Thousand Oaks, CA: Sage Publications.

Daniels, J., D'Andrea, M., and Kyung Kim, B. (1999). Assessing the barriers and changes of cross-cultural supervision: A case study. *Counselor Education and Supervision, 38*(3), 191-205.

Darrow, A., and Molloy, D. (1998). Multicultural perspectives in music therapy: An examination of the literature, Educational curricula, and clinical practices in culturally diverse cities in the United States. *Music Therapy Perspectives, 16*(1), 27-32.

Dosamantes-Beaudry, I. (1997). Embodying a cultural identity. *The Arts in Psychotherapy, 24*(2), 129-135.

Fischer, A., Jome, L., and Atkinson, D. (1998). Reconceptualizing multicultural counseling:

Universal healing conditions in a culturally specific context. *Counseling Psychologist, 26*(4), 525-589.

Fong, M., and Lease, S. (1997). Cross-cultural supervision: Issues for the white supervisor. In D. Pope-Davis and H. Coleman (Eds.), *Multicultural Counseling Competencies: Assessment, Education and Training, and Supervision*. Thousand Oaks, CA: Sage Publications.

Fowers, B., and Richardson, F. (1997). A second invitation to dialogue: Multiculturalism and psychology. *American Psychologist,* 52(6), 659-661.

Fukuyama, M. (1990). Taking a universal approach to multicultural counseling. *Counselor Education and Supervision, 30*(1), 6-17.

Heine, S., and Lehman, D. (1995). Cultural variation in unrealistic optimism: Does the West feel more vulnerable than the East? *Journal of Personality and Social Psychology, 68*, 595-607.

Helms, J., and Richardson, T. (1997). How "multiculturalism" obscures race and culture as differential aspects of counseling competency. In D. Pope-Davis and H. Coleman (Eds.), *Multicultural Counseling Competencies: Assessment, Education and Training, and Supervision*. Thousand Oaks, CA: Sage Publications.

Holiman, M., and Lauver, P. (1987). The counselor culture and client-centered practice. *Counselor Education and Supervision, 26*, 184-191.

Jorgensen, E. (1998). Musical multiculturalism revisited. *Journal of Aesthetic Education, 32*(2), 77-88.

Kitayama, S., Markus, H., and Kurokawa, M. (2000). Culture, emotion, and well-being: Good feelings in Japan and the United States. *Cognition and Emotion, 14*(1), 93-124.

LaFromboise, T., Coleman, H., and Hernandez, A. (1991). Development and factor structure of the Cross-Cultural Counseling Inventory-Revised. *Professional Psychology: Research and Practice, 22*, 380.

Leach, M., and Carlton, M. (1997). Towards a multicultural training philosophy. In D. Pope-Davis and H. Coleman (Eds.), *Multicultural Counseling Competencies: Assessment, Education and Training, and Supervision*. Thousand Oaks, CA: Sage Publications.

Leong, F., and Wagner, N. (1994). Cross-cultural counseling supervision: What do we know? What do we need to know? *Counselor Education and Supervision, 34*(2), 117-132.

Lewis, P. (1997). Multiculturalism and globalism. *The Arts in Psychotherapy, 24*(2), 123-127.

Lloyd, A. (1987). Multicultural counseling: Does it belong in counselor Education? *Counselor Education and Supervision, 26*, 164-167.

Maranto, C. (1993). *Music Therapy: International Perspectives.* Pipersville, PA: Jeffrey Books.

Miller, J. (1986). *Toward a New Psychology of Women* (2nd Ed.). Boston: Beacon Press.

Miller, J. (1991). The development of women's sense of self. In J. Jordon, A. Kaplan, J. Miller, I. Stiver, and J. Surrey (Eds.), *Women's Growth in Connection.* New York: Guilford.

Moreno, J. (1988). Multicultural music therapy: The world music connection. *Journal of Music Therapy, 25*(1), 17-27.

Moreno, J. (1995). Ethnomusic therapy: An interdisciplinary approach to music and healing. *The Arts in Psychotherapy, 22*(4), 329-338.

Moreno, J., Brotons, M., Hairston, M., Hawley, T., Kiel, H., Michel, D., and Rohrbacher, M. (1990). International music therapy: A global perspective. *Music Therapy Perspectives, 8*, 41-46.

Pedersen, P. (1991). Multiculturalism as a generic approach to counseling. *Journal of Counseling and Development, 70*, 6-12.

Pedersen, P. (1995). Culture-centered ethical guidelines for counselors. In J. Pontorotto, J. Casas, L. Suzuki, and C. Alexander (Eds.), *Handbook of Multicultural Counseling.* Thousand Oaks, CA: Sage Publications.

Ponterotto, J., Casas, J., Suzuki, L., and Alexander, C. (Eds.). (1995). *Handbook of Multicultural Counseling.* Thousand Oaks, CA: Sage.

Pope-Davis, D., and Coleman, H. (Eds.). (1997). *Multicultural Counseling Competencies: Assessment, Education and Training, and Supervision.* Thousand Oaks, CA: Sage Publications.

Porter, N. (1994). Empowering supervisees to empower others: A culturally responsive supervision model. *Hispanic Journal of Behavioural Sciences, 16*(1), 43-57.

Priest, R. (1994). Minority supervisor and majority supervisee: Another perspective of clinical reality. *Counselor Education and Supervision, 34*(2), 152-158.

Remington, G., and DaCosta, G. (1989). Ethnocultural factors in resident supervision: Black supervisor and white supervisees. *American Journal of Psychotherapy, 43*(3), 398-404.

Richardson, T., and Molinaro, K. (1996). White counselor self-awareness: A prerequisite for developing multicultural competence. *Journal of Counseling and Development, 74*, 238-

242.

Rowe, W., Bennett, S., and Atkinson, D. (1994). White racial identity models: A critique and alternative proposal. *The Counseling Psychologist, 22*(1), 129-146.

Sarrazin, N. (1995). Exploring aesthetics: Focus on Native Americans. *Music Educators Journal, 81*, 33-36.

Sinacore-Guinn, A. (1995). The diagnostic window: Culture- and gender-sensitive diagnosis and training. *Counselor Education and Supervision, 35*(1), 18-32.

Smith, E. (1991). Ethnic identity development: Toward the development of a theory within the context of majority/minority status. *Journal of Counseling and Development, 70*, 181-188.

Sodowsky, G., Kuo-Jackson, P., and Loya, G. (1997). Outcome of training in the philosophy of assessment: Multicultural counseling competencies. In D. Pope-Davis and H. Coleman (Eds.), *Multicultural Counseling Competencies: Assessment, Education and Training, and Supervision*. Thousand Oaks, CA: Sage Publications.

Steward, R., Wright, D., Jackson, J., and Jo, H. (1998). The relationship between multicultural counseling training and the evaluation of culturally sensitive and culturally insensitive counselors. *Journal of Multicultrual Counseling and Development, 26*(3), 205-218.

Stone, G. (1997). Multiculturalism as a context for supervision: Perspectives, limitations, and implications. In D. Pope-Davis and H. Coleman (Eds.), *Multicultural Counseling Competencies: Assessment, Education and Training, and Supervision*. Thousand Oaks, CA: Sage Publications.

Sue, D., Arredondo, P., and McDavis, R. (1992). Multicultural counseling competencies and standards: A call to the profession. *Journal of Counseling and Development, 70*, 477-486.

Sue, D., and Sue, D. (1990). *Counseling the Culturally Different: Theory and Practice* (2nd Ed.). New York: John Wiley.

Sue, D. (1996). Multicultural counseling: Models, methods, and actions. *Counseling Psychologist, 24*(2), 279-285.

Teo, T., and Febbraro, A. (1997). Norms, factuality, and power in multi-culturalism. *American Psychologist, 52*(6), 656-657.

Toppozada, M. (1995). Multicultural training for music therapists: An examination of current issues based on a national survey of professional music therapists. *Journal of Music Therapy, 32*(2), 65-90.

제2부

예비전문가 슈퍼비전

Music Therapy Supervision

제5장_ 초기 음악치료 실습의 집단 슈퍼비전
제6장_ 음악치료 실습과정에 대한 체제분석 접근
제7장_ 인턴십 슈퍼비전 여행: 역할, 역동 및 슈퍼비전 관계
제8장_ 역량중심 인턴 슈퍼비전
제9장_ 학생중심 인턴십 슈퍼비전
제10장_ 집단 슈퍼비전에서의 예술매체
제11장_ 보조 슈퍼바이저 양성하기

제5장
초기 음악치료 실습의 집단 슈퍼비전

음악치료사로 훈련받기 위해서 임상실습은 필수적으로 거쳐야 하는 과정이다. 어떠한 수업도 실제 대상(실제적인 필요, 장애, 감정을 가진 실제 내담자)과 만나서 이루어지는 학습에 준할 수 없을 것이다. 다른 '첫' 경험과 마찬가지로 초기 임상실습 역시 정서적으로 성장하는 데에 강렬한 영향을 준다. 음악치료 교육자로서 14년의 시간을 보내는 동안, 나는 처음 임상실습을 경험하는 수많은 학생을 지도해 왔다. 나의 교수 전략은 교육 배경, 임상가로서의 경험, 그리고 음악치료 철학에 의해 형성되었다. 다른 음악치료 교육자 역시 학생들을 지도하는 데에 스스로 영향받은 부분을 각기 달리 활용하지만, 그럼에도 공통으로 나누어야 하는 부분은 바로 학생으로 하여금 현장에서 필요한 역량을 갖출 수 있도록 하는 것이다.

여러 해를 보내면서 나는 학생들이 공통으로 경험하는 것이 곧 내가 학생 때 경험했던 기본적인 음악치료 쟁점이었다는 것을 알게 되었다. 문화적 배경, 나이, 성별, 지역, 언어가 다름에도, 모든 음악치료 학생은 자신의 전문성을 훈련

Lisa Summer, MCAT, MT-BC
Professor, Director of Music Therapy, Chair, Anna Maria College, Paxton, MA

받는 과정에서 임상적 기술과 이론적 지식, 음악적 능력, 개인적 성장과 이에 필요한 기본 과제에 직면하고 도전한다.

이 장에서는 초기 임상실습에서 학생들이 대면하게 되는 주된 요소를 소개하고, 학생들이 이를 극복할 수 있도록 안내하는 슈퍼비전 전략에 대해 설명하고자 한다. 내가 사용하는 특정 방법은 다른 사람과 다를 수 있다. 예를 들어, 나는 개별 슈퍼비전보다 집단 슈퍼비전을 더 효과적으로 진행할 수 있으며, 대학원생보다는 주로 학부생을 대상으로 진행한다. 그렇지만 나는 당신이 이 장을 통해 대부분의 초기 임상실습에서 경험하는 쟁점과 그것을 다루는 다양한 슈퍼비전 전략에 대해 유용한 정보를 찾을 수 있기를 기대한다.

슈퍼바이저는 음악치료를 시작하는 학생들이 자신의 기법과 이론, 기술, 방식을 고스란히 받아들일 수 있는 백지 상태이기를 기대해서는 안 된다. 음악치료 학생들은 자신의 교사와 슈퍼바이저를 그대로 모방해서도 안 되며, 일률적인 틀로 찍어 낸 것처럼 동일하게 훈련받아서도 안 된다. 오히려 임상실습 과정은 학생 내면의 독특함과 개성을 이끌어 내고 잠재된 능력을 실현하여 음악치료 내담자에게 유익하게 활용될 수 있도록 해야 한다.

훈련과정에 참여한 학생 각각의 차이를 인식하고 그 진가를 알아보는 슈퍼비전은 슈퍼바이저를 흉내 내는 똑같은 복제품을 만들어 내는 것이 아니라, 각 학생의 강점을 바탕으로 자연스러운 치료방식을 발전시켜 주는 것이다. 능력 있는 슈퍼바이저라면 치료사가 이 임상 상황에서 어떻게 접근할 것인가를 심사숙고하고 무리하지 않으면서도 내담자를 위해 '그 자리에 있어 줄 수(present)' 있어야 하며, 어려운 상황에서도 자연스럽고도 절제된 반응을 해 줄 수 있어야 한다. 슈퍼바이저는 자기만의 기준으로 지나치게 규칙을 강요하여 학생을 속박해서는 안 되며, 그들의 생각과 행동의 독립성을 지지해야 할 책임이 있다. 첫 학기 임상실습 슈퍼비전은 외부 주도적이기보다는 내면에서 우러나오는 대로 실습을 수행할 수 있는 가장 중요한 시기다. 다시 말해, 초기 임상실습에서 슈퍼바이저는 학생이 이미 가지고 있는 자질에 집중하여 다음의 세 가지 주요 목표를 이끌어 낸다.

첫 번째 목표는 학생의 기질 안에 이미 타고난 치료사적 자질을 강화하는 것이다. 학생은 자연적으로 사람들과 관계 맺고자 하는 욕구(양육자 스타일에 따라)가 다르기 때문에 그 부분을 지지할수록 더 자연스럽게 치료사적 기질을 갖추게 된다. 슈퍼비전은 남을 돕고자 하는 학생 내면의 욕구를 인식하는 것으로부터 시작하여 그들이 내담자에게 제공하는 치료가 성실하게 이루어질 수 있도록 해야 한다. 하나의 정확한 치료방식이 정해져 있는 것은 아니다. 학생 자신의 자연스러운 치료방식을 찾아냄으로써 자신의 첫 번째 내담자를 수용하는 것부터 시작하는 것이 바람직하다(Forinash and Summer, 1998; Forinash and Summer, 1999).

두 번째 목표는 학생들의 음악적 자질을 이끌어 내는 것이다. 학생들은 이미 음악과의 관계를 발전시켜 왔다. 이 관계를 통해 음악을 연습하고 연주하면서 스스로 음악치료의 원리 중 일부를 체험하였다. 그들은 음악이 어떻게 치료적일 수 있는지에 대한 나름의 신뢰와 의견을 가진다. 이러한 신뢰와 의견이 강해질수록 학생들의 학습 동기는 더욱 내면에서 우러나오게 된다.

음악치료에서 음악이 작용하는 기능에 관한 학생들의 판단은 그들이 젊은 음악가로서 가졌던 신념 위에 성립되어야 한다. 예를 들어, 나는 10대를 지나오면서 나 스스로를 표현하는 데에 있어 음악을 최고의 수단으로 활용했다(호른을 연주하거나, 가족이나 친구와 떨어져 혼자 있을 수 있는 내 방에서 음악을 듣거나 노래를 부르면서). 음악치료를 하고자 결정하였을 때, 나는 음악이 어떻게 자기표현과 성찰을 위한 도구로 작용하는지에 대해 명확한 이해를 갖고 있었다. 한편 많은 학생은 사회적 경험 내에서 음악을 공유하고 경험하며 음악치료에 발을 내딛는다. 예를 들어, 주말마다 노래하고 악기를 연주하는 가정에서 자란 학생은 음악의 개인 내적 또는 치료적인 기능보다는 사회적이고 관계적인 측면에서 음악을 이해하고 음악치료를 접하게 된다. 즉, 이전에 음악을 개인 내적으로 사용했던 학생은 음악을 주로 사회적 관계로 사용했던 학생과 음악치료 기술을 개발하고 발전시키는 방법이 동일할 수 없다.

학생 각자는 자신이 개인적으로 경험했던 음악의 치료기능을 토대로 내담자

치료를 수행하는 것이 친숙하지 않은 음악의 기능을 활용하는 것보다 훨씬 용이할 것이다. 하지만 음악치료 임상실습이라는 큰 그림에서 학생 개인이 알고 있는 것이 일부분에 불과하다는 것을 인식하고 수용하지 않으면, 학생들의 전체적인 성장을 방해하는 결과가 도출될 수 있다(Summer, 1997).

세 번째 목표는 음악치료 절차를 미리 예상해서 다루는 것이다. 학생들은 어떻게 음악이 치료적일 수 있는지에 대한 편견과 치료 자체가 의미하는 것에 대한 독단적인 생각, 다양한 치료 대상에 대한 흔한 오해를 가지고 음악치료에 입문한다. 이렇게 이미 형성된 의견은 치료과정에서 요구되는 역할을 수행하는 것뿐 아니라 열린 마음으로 내담자를 관찰해야 하는 능력에 장애물로 작용할 수 있다. 하지만 슈퍼바이저는 학생들에게 그들이 갖고 있는 선입견을 무조건 버리라고 강요해서는 안 되고, 학생이 편견에서 벗어날 수 있도록 주도적으로 대처해 나가는 과정을 도와야 한다.

첫 실습에 임하는 학생들을 대상으로 하는 효과적인 모델은 연령이나 삶의 경험에서 차이가 있으므로 학부생일 때나 대학원생일 때가 다르다. 진로를 바꾸어 입학한 대학원생과 고등학교를 졸업하자마자 입학한 학부생의 교육적인 필요는 다를 수밖에 없다. 음악치료를 직업으로 가졌다 하더라도 기본적인 기술만으로는 부족하다고 느낄 때, 자신을 계발하기 위해 대학원에 입학하는 예는 많다(Feiner, 1999). 이런 학생에게는 음악치료 임상가를 모방해 보고, 모델로 삼아 임상실습을 경험하게 하는 방법이 유용하다. 왜냐하면 그들은 이미 전문성을 지니고 있고, 독립적인 의사결정이 가능하기 때문에 임상가를 모방하는 것에만 의존하지 않고 그것을 학습을 위한 기본 바탕으로 활용할 수 있기 때문이다.

학부생은 획일화된 교수방법에 익숙해 있다. 고등학교를 갓 졸업한 학생은 교사가 강의하고, 학생은 필기하며, 시험을 통해 배웠던 것을 기억해 내는 방식을 기대한다. 그들은 제한된 학습과 외부에서 강요되는 방향에 따르는 것에 익숙하다. 임상 슈퍼바이저로서 우리의 목적은 학생 각자만의 고유한 음악치료 정체성을 길러 주는 것이므로 초기 임상실습에서 다른 임상가의 음악치료를 모델로 삼는 것은 역효과를 가져올 수 있다. 바로 직전까지 권위적인 고등학교 교사의 교수방식에 익숙하던 학부생은 새로운 교육환경(임상환경)과 전문 음악치료사의 영향에 의해 매우 혼란함을 경험할 수 있다. 그렇게 되면 학부생은 전문성과 연결된 자신만의 정체성을 발달시키기보다는 이전의 교육방식을 다시 받아들여 단순히 전문적인 음악치료사를 흉내 내는 것에 그칠 수 있다.

첫 학기 수업과 실습 과정은 음악치료에 필요한 기본 임상적 실제를 다지는 시기다. 첫 학기 임상실습의 설계와 시행은 처음으로 내담자를 만나 직접 실행해 보는 시기이므로 음악치료 학생들의 훈련과정을 통틀어 가장 중요한 발달단계에 해당한다. 초기 임상실습의 교육적 목표는 슈퍼바이저에게 의존하는 학생이 아니라 스스로 생각할 수 있는 독립적인 학생으로 발전할 수 있도록 돕는 것이다. 이것이 자신만의 치료방식이 있는 독립적인 음악치료사가 탄생할 수 있는 첫 단계다.

임상 수업 첫 학기에는 음악치료에서 중요한 것이 무엇인지에 따라 프로그램의 가치와 우선순위를 세울 수 있도록 기본적인 지식과 기술을 다룬다. 첫 학기에서 음악기술에 대해 충분히 강조하지 않으면, 학생들은 음악치료에서 음악기술은 중요하지 않다고 오해한다. 초기 실습의 임상적 목표는 시간이 지남에 따라 장애를 지닌 내담자와 치료적인 음악적 관계를 효율적으로 발전시킬 수 있도록 하기 위해서 (1) 치료적으로 함께 있기(therapeutic presence), (2) 음악기술, (3) 치료과정 수행에 대한 기본 지식과 기술을 얻는 것이다.[1)]

음악치료 과정의 첫 번째 절차는 관찰과 사정으로 구성된다. 우선 초기 임상실습에서 중요한 것은 관찰과 사정의 질보다는 관찰을 시작한다는 그 자체에 있다.

---

1) 내가 맡았던 초기 임상실습은 학생들이 각자 내담자를 맡고, 매주 개별 슈퍼비전과 집단 슈퍼비전을 받도록 하였다. 그러나 개별 내담자를 맡은 학생들이 집단 슈퍼비전에 참여하는 것은 제한하였다(집단 세션을 하는 학생들과는 달리).

임상 사례

실습학생이 처음 임상환경을 접하는 경우, 특정 장애를 가진 내담자와 어떻게 치료적으로 만나야 할지 알지 못한다. 임상실습 첫 학기생이었던 첼시[2)]는 요양원의 노인 내담자를 관찰하고 정보를 수집하고자 여러 번 임상지를 방문했다. 내담자와의 음악치료 첫 회기에서 첼시는 처음으로 상호작용을 하게 되었다. 그녀는 크게 물었다. "안녕하세요, 이름이 어떻게 되세요?" 내담자는 고개를 들고 그녀의 눈을 바라보았지만 질문에 대답하지는 못했다. 첼시는 쉴 틈 없이 더 큰 소리로 계속했다. "멋진 옷을 입으셨네요. 어르신 머리 색깔과 잘 어울려서 너무 예뻐요." 내담자는 호기심이 가득한 눈으로 첼시를 바라보고는 자신의 옷을 내려다보고 정돈했다. 그러나 언어적인 반응은 없었다. 첼시는 계속 말했다. "저는 오늘 기타를 가져왔어요. 노래를 들려드릴게요. 한 곡을 들려드릴 테니 아시는 곡이면 말씀해 주세요. 이 곡을 좋아하실 거예요."

논의

첼시는 내담자와 치료적으로 함께하는 방법을 아직 이해하지 못했기 때문에 자기도 모르게 내담자가 그녀와 연결되려고 시도하는 것을 거부했다. 첼시가 내담자와 상호작용을 하려는 시도는 진실한 것이었지만, 내담자 린다에게 시도한 것은 특정한 반응을 이미 마음에 둔 접근이었다. 첼시는 내담자가 언어적으로 반응해 주기를 원했다. "내 이름은 린다예요." 그러나 그녀가 원했던 반응이 나오지 않자, 린다가 그녀를 향해 보여 준 실제적인 반응은 알아차리지 못하고 무시하였다. 린다의 눈 맞춤이 바로 그것이다. 첼시는 린다의 눈 맞춤에 즉각적

2) 이 장에서의 모든 수련생과 내담자의 이름은 신상정보 보호를 위하여 가명을 사용한다.

으로 대응하기보다는 린다의 옷이나 자신의 기타에 관한 언급을 하여 적절한 중재 대신 린다의 이후 반응을 오히려 차단하는 결과를 가져왔다. 린다의 눈 맞춤은 첼시와 개인적으로 연결되는 것이었으나, 첼시는 그것을 보지 못했고 반응의 하나로 규명하지 못하였다. 그리고 린다의 눈 맞춤을 거부한 채 언어적 반응을 기대하였다. 린다가 언어적으로 반응하지 않는다는 것을 알아차리고 나서야 첼시는 비언어적인 상호작용의 형태로 기대치를 바꾸고 옮겨 갈 수 있었다.

첼시는 내담자가 할 수 있고 또 하고 싶어 하는 형태의 상호작용을 수용하는 방법을 배울 필요가 있었다. 이것은 곧 첼시가 자신이 기대한 그리고 선호하는 내담자 반응을 포기해야 함을 의미한다. 세션 안에서 무슨 일이 일어날 것인가를 예측하는 단순하고 좁은 관점에서 출발하는 것이 아니라 넓게 열린 마음으로 임해야 한다. 치료적 관계가 어떻게 전개될 것인지는 치료사의 기대가 아닌 내담자의 반응에 따라 인도되기 때문이다.

내담자와 치료적 관계에 들어갈 때에는 모든 것에 열린 마음으로 임하고 깨어 있어야 한다. 치료사는 편견 없이 내담자에게 반응해야 하며(Freud, 1912), 내담자를 동등하게 관찰해야 한다. 이 단계에서는 치료사가 내담자의 언어적, 비언어적 측면을 모두 인식해야 한다. 그럼으로써 학생이 '적절하다'고 판단한 반응 때문에 의사소통이 방해받을 수도 있는 확률을 낮출 수 있다.

첼시는 그녀와 마찬가지로 첫 관찰 세션을 진행한 9명의 동료와 함께 집단 슈퍼비전에 참석했다. 수업은 첼시가 린다와의 상호작용에 대해 발표하는 것으로 시작되었다. "저는 먼저 내담자의 이름을 물어봤어요. 그녀는 대답하지 않았어요. 저는 친밀감을 표현하려고 옷에 대해 이야기를 했어요. 왜 그녀가 저에게 대답하지 않았는지 몰랐지만, 그다음으로 내담자가 저한테 좀 더 편안함을 느끼게 하기 위해 음악을 연주했어요." (내가 그 집단 슈퍼비전 시간에 첼시의 말을 받아 적거나 녹음하지 않았기 때문에 정확하게 옮겨지지 않았을 수 있다. 집단 슈퍼비전이 끝난 후에 기억을 되살려 적으면서 최대한 대화를 회상하여 옮겨 보았다. 많은 양의 대화가 기재되지는 않았지만 주된 내용은 기재되었다.) 첼시에게 왜 린다가 그녀에게 대답하지 않았는지 추측해 보라고 하였다. 첼시는 요양원에서 낯선 사람을 만나게 되자 린다가 두렵고 긴장된 마음을 갖지 않았을까 하고 조심스럽게 자신의 의견을 표현했다.

한 번 더 생각하도록 유도하자, 첼시는 린다와의 상호작용에 대해 깊이 생각하게 되었다. 그녀는 그 만남에서 중요한 두 가지 사실을 기억해 냈다. 그리고 린다가 두려워하지도, 긴장되어 있지도 않았다는 것을 기억했다. 첼시는 린다가 어떻게 그녀와 직접적으로 눈 맞춤을 시도했는지 정확하게 기억해 내었다. 첼시는 당시에 린다가 반응하고 싶어 하는 것을 느꼈다고 말했다. 그리고 자신이 두렵고 긴장되어 있었으며, 린다가 즉각적으로 그녀에게 '반응' 하지 않자 이를 촉구했음을 깨달았다(첼시가 기대한 '반응' 은 언어적 반응이었다). 이를 통해 첼시가 치료적 상호작용을 대할 때의 마음 상태가 어떠한지를 인식하게 되고, 이는 장애를 가진 내담자의 섬세한 반응을 관찰하는 것을 배우는 첫걸음이 되었다. 이렇게 깊이 있게 세션을 되돌아보는 과정은 슈퍼바이저인 나로 하여금 첼시와 슈퍼비전 집단을 통해 두 가지를 통찰하게 해 주었다. 첫째는 자신의 기대가 내담자 관찰에 부정적인 영향을 미친 것이며, 둘째는 자신의 정서를 내담자에게 투사하고자 했다는 것이다. 결국 이것이 내담자를 읽어 내는 데에 방해 요소로 작용하였다.

첼시에게 다른 학생의 도움을 받아 역할극(role play)을 해 봄으로써 다시 한 번 상호작용을 시도하도록 제안하였다. 첼시가 린다 역을 맡았고, 다른 학생인 제니퍼가 치료사인 첼시 역을 맡았다. 그들은 첼시가 묘사했던 대로 만남 장면을 연출해 냈다. 역할극을 마친 후 두 학생 모두에게 각자의 역할에 대한 경험을 물어보았다.

린다 역을 맡은 첼시는 제니퍼의 좋은 의도를 느꼈지만 그녀에게서 거부감을 느꼈다고 말했다. 그녀는 제니퍼(첼시 역을 맡은)가 그저 그녀로 하여금 노래를 부르는 것을 원했던 것 같다고 했다. 첼시는 "제니퍼가 꼭 하고자 하는 숙제같은 무언가가 있는 것처럼 보였어요…. 아, 이제 알았어요! 린다와 있을 때 저는 앞으로 무엇을 할지를 계획하고 시작했어요. 기타를 연주하면서 세션을 진행할 생각이었죠. 그런데 제일 중요한 시점을 놓쳤어요. 린다와의 인간적인 상호작용을 하는 것을 놓치고 말았네요."

많은 학생이 첼시의 경험을 자신의 경험과 비슷하다고 생각했다. 그래서 첼시에게 다시 역할을 바꾸어 해 보면서 린다에게 조금 새롭게, 즉 마음을 더 열고 접근하도록 요청했다. 그리고 첼시를 비롯하여 학생들에게 치료적인 열린 마음(therapeutic openness)으로 내담자에게 음악적으로 접근하는 여러 전략을 활용하는 역할극을 하게 함으로써 그들 스스로를 발견할 수 있게 하였다. 이 역할극은 다음 세션에 대한 모의 세션의 장이 되었다.

더 나아가 남은 학기 동안 임상지를 방문할 때를 위해 과제를 주었다. 학생들에게 임상지 방문을 통하여 내담자의 반응을 관찰하고, 의식 수준을 유지하기 위한 지침서를 주었다. 이처럼 관찰방법을 향상시키기 위한 전략과 강의실 토론, 역할극은 내 교육방법의 하나다. 다른 교수와 슈퍼바이저는 또 그들 나름대로의 교육 스타일과 방법을 활용하지만, 아마 모든 초기 실습 슈퍼바이저는 첼시의 상황과 같은 전형적인 문제를 다루게 될 것이다.

임상 슈퍼비전을 통하여 학생들은 치료 세션을 떠올리고, 역할극을 하며, 집중적으로 치료의 첫 단계인 내담자와 '치료적으로 함께 있기'를 경험하고, 편견 없이 열린 마음으로 내담자의 언어적 · 비언어적 표현을 관찰하는 것을 배웠다.

음악치료 학생은 여러 해 동안 음악적 훈련을 받으면서 의식적으로 음악 연주를 위한 연습에 치중하는 과정에서 매우 비판적인 자기 판단 태도를 갖게 된다. 이 연주목적을 위해 음악가는 매우 좁은 시각을 갖게 된다. 음악을 연주하고 연습하는 동안 연주자의 관심은 특정한 음악 결과물을 내기 위하여 연주에서 필요한 기술적인 음악 작업에 집중된다. 예를 들어, 호른 연주자였던 나는 대학을 다니는 내내 어두우면서 부드러운 특정 소리를 내도록 배웠으며, 그 소리를 만들어 내기 위해 정해진 취구법(embouchure)과 운지법을 배웠다. 그렇기에 내가 호른을 연습할 때에는 배웠던 대로 부드러운 소리를 내기 위하여 기술적인 부분, 연주 자세에 대해 자기비판적이고 판단적이 될 수밖에 없다. 열려 있거나 실험적인 자세를 갖기보다는 한쪽으로 치우쳐 연주 음색에 대한 편협하고 선택적인 생각만 하게 되는 것이다.

임상실습에 임하는 학생들은 음악 연주에는 매우 이롭게 작용했던 편협한 사고(교사에게서 긍정적인 강화를 받아 왔던)가 음악치료 실습에서는 가장 부정적 영향을 끼치는 것을 알게 될 때 혼란스러워할 수도 있다. 치료사가 편협한 기대를 갖게 되면 내담자가 치료사의 연주를 따라 하는 것만을 기본으로 하는 융통성 없는 관계를 만들게 된다. 그리고 학생은 내담자로 하여금 스스로 판단하는 '적절한' 방법으로 반응하기를 기대하게 된다. 이런 종류의 기대는 치료과정 중에 치료사가 특정한 치료적 목표를 기반으로 진행하는 어느 시점에서는 필요할 수 있지만, 내담자의 행동을 전체적으로 이해하고 기본적인 치료적 관계를 형성하는 데에는 역효과를 보인다. 음악을 전공한 학생은 공연 중심의 음악 연주에 익숙해져 있기 때문에 음악에 대한 열린 태도와 비판적이지 않은 태도를 갖추도록 배우지 않으면 내담자를 관찰하는 기술과 일반적으로 반응해 주는 능력에 문제가 생길 수밖에 없다. 부족한 관찰기술과 반응능력으로는 치료적으로 '함께 있는 과정' 이 이루어질 수 없다.

때로 학생 치료사는 내담자에 대해서 어떠한 감정도 느껴서는 안 된다는 생각과 애착이나 관계성을 삼가야 한다는 잘못된 신념으로 인해 관계 형성에 어려움을 느끼기도 한다. 음악 연주자의 경우는 내담자와 심리적인 거리를 둘 수도 있다. 그래서 학생들은 내담자를 향한 진정한 보살핌과 관심, 동정심이 치료과정에 필요한 에너지라는 것을 배우게 되면 종종 깜짝 놀라곤 한다. 내담자를 향한 긍정적인 감정은 수업 초기에 슈퍼바이저를 통해 독려되고 긍정적으로 받아들여져야 한다. 학생들이 가지는 갈등적이고 문제가 되는 감정(치료에 방해가 될 수 있는) 또한 슈퍼비전 과정에서 다루어야 할 부분이다.

내 제자 첼시는 의사소통 기술과 사회적 기술, 그리고 자긍심을 갖고 있는 학생이다. 그녀의 내담자인 린다는 이 모든 부분에서 어려움을 갖고 있다. 린다의 나이 탓이기도 하고 요양원의 제도적인 분위기에 따른 것일 수도 있는 이 어려움은 첼시와의 관계 형성을 어렵게 하는 요인이었다. 처음에는 첼시의 접근방법이 그 어려움을 더 악화하였다. 먼저 첼시는 언어적으로 접근했으며, 그다음에는 기타로 접근했다. 나는 첼시가 린다의 능력과 한계를 전체적으로 바라보고 그 이후에 린다가 할 수 있는 것을 토대로 관계를 쌓아 가기를 원했다.

첼시는 린다가 언어적으로 반응할 수 없다는 것을 발견한 이후로 진지하게 음악을 통해 접근을 시도해야 했다. 그러나 기타를 연주하는 것은 관계 형성의 어려움을 가중시켰다. 기타 연주는 첼시가 음악가이고 린다는 그렇지 않다는 것을 증명해 보이는 것이었다. 첼시는 린다와 간단한 음악적 상호작용을 만드는 것으로 시작했어야 했다. 그리고 직접적인 눈 맞춤과 서로 음악적인 상호작용을 할 수 있는 악기를 선택했어야 했다. 비언어적 반응에도 성공적으로 활용할 수 있는 간단한 악기를 제공하는 것이 필요했다. 이러한 악기 선택이 린다의 장애를 넘어 상호작용할 수 있는 여러 가능성을 볼 수 있게 했을 것이다.

집단 슈퍼비전 시간이 되자, 학생들은 첼시/린다 상호작용의 역할극을 계속했다. 첼시는 이번에도 린다 역을 맡으면서 린다의 제한된 기능을 상상했고, 다른 학생은 번갈아 가면서 다른 악기를 가지고 다른 접근을 시도했다. 첼시는 린다가 어떤 반응을 보일지 추측해 가면서 각기 다른 반응을 시도했다. 그리고 학생의 접근법 중 어떠한 것이 깊이 있는 이해를 갖게 하고 치료적 관계를 발달시키는 데 도움이 되었는지 첼시에게 물어보았다. 그녀를 비롯하여 학생들은 치료적 음악관계를 발달시키는 데에 대한 충분한 논의와 생각을 나누었고, 이를 자신의 치료 현장에 적용하였다.

음악치료 관계의 본질은 치료사가 내담자에게 음악적으로 무언가를 해 주는 권위주의적인 것이 아니다. 초기 실습에서 학생들은 종종 자신들이 음악을 만들어 내고, 내담자를 관계 속으로 이끌어야 하는 책임을 지고 있다고 생각하곤 한다. 학생이 이런 생각을 가지고 있으면 내담자의 즉각적인 필요와 반응에 근거한 내담자 중심의 치료관계를 형성할 수 없다.

학생들이 가지고 있는 가장 위험한 생각 중 하나는 치료적인 보살핌이 내담자를 '고치는 것(fixing)'을 의미한다고 생각하는 경우다. 나의 수업에 들어오는 우울증 내담자를 가진 학생 중 상당수가 우울을 겪는 내담자를 대상으로 치료할 때는 그들의 우울을 '고치는 것'이 목적이라고 믿고, 내성적인 사람을 대상으로 할 때는 참여를 이끌어 내는 것이 목적이라고 믿는다. 세션에 임할 때는 내담자가 세션에 올 때의 상태를 먼저 받아들이는 것이 우선이라는 사실을 배워야 한다. 장애를 '고쳐야' 한다고 믿는 초기의 편견과 싸우는 법을 배워야만 한다(그래야 치료사 자신의 긴장을 줄일 수 있다). 대개의 경우 자기 자신이 유아기 때 어떻게 보살핌을 받았는지에 대한 충분한 이해와 고민을 하지 않고는 이를 배울 수 없다. 실습생은 각자 자신이 어린 시절 양육받던 방식대로 보살핌의 방식을 정립한다. 때로 그 경향은 자신이 양육받았던 방식과 동일하게 나타나기도 하고, 때로는 반대 경향으로 나타나기도 한다(부모가 과잉보호를 한 사람은 오히려 모든 것을 허용하는 양육방식을 갖기도 한다). 실습 첫 학기에 학생 음악치료사는 자신의 다양한 내담자가 다양한 형태의 보살핌을 원한다는 것을 알게 될 것이다. 한 내담자가 치료 단계에 따라 다른 보살핌의 방식을 요구하기도 하고, 동일한 치료과정에 있더라도 하루건너 다른 것을 요구하기도 한다. 그래서 학생들은 다양한 방식의 보살핌을 제공할 수 있도록 유연성을 발달시켜야 한다. 그러기 위한 첫 단계가 바로 보살핌을 통해 '고치는 것'에는 한계가 있음을 인식하는 것이다. 단기간의 관찰과 음악치료 사정을 거치게 되면, 학생들은 내담자에 대해 관찰한 내용을 전체적으로 통합하는 법을 배우게 된다. 그리고 학생들은 내담자의 부분적 장애가 전인적으로 어떻게 영향을 끼치는지를 볼 수 있게 된다.

나의 학생이었던 첼시에게는 이 과정이 린다의 언어기능의 제한과 그것이 뇌졸중에 미치는 영향, 자연적인 노화 과정, 린다의 요양원 생활에 대해 스스로 이해하는 시간이 되었다. 나는 첼시에게 독립적으로 판단하고 자신만의 관점으로 치료방식을 발달시키라고 격려했다.

학생들의 다음 과제는 내담자를 대상으로 하는 치료 계획을 세우는 것이다. 각각의 학생은 치료의 진행 단계를 위한 개별 치료계획을 세운다. 학생들이 치료계획을 세울 때, 첫 번째 목적은 치료적 관계 형성이다. 이 목적을 달성한 이후에 비로소 한 학기 동안 다루게 될 다른 목적 또는 다수의 목적을 세울 수 있다. 이 두 번째 목적은 내담자의 특정 장애를 다루기 위한 것일 수 있고 특정 장점을 강화하기 위한 것일 수도 있다. 실습 첫 학기 학생들에게는 두 번째 목적의 개수를 한두 개로 제한하는 것이 좋다.

학생들은 세 파트로 나누어진 세션 계획을 세우게 된다. 세션 초기에는 내담자와의 관계 형성에 목적을 두고, 작업 단계(working session)에서는 관계 지속과 설정된 목적을 성취하며, 세션 후기에는 종결을 목적으로 한다. 학생들은 각각의 목적을 다루기 위해 자신만의 치료적 기술을 발달시키게 된다. 음악치료 신입생에게는 치료기법별 하나의 목적을 갖도록 하면서 매우 간단한 치료계획을 가지고 진행하도록 하는 것이 효율적이다. 린다와의 세션을 진행하면서, 첼시는 즉흥으로 인사 노래를 만들었다. 그 목적은 내담자와의 관계를 발전시키기 위한 것이었다. 첼시가 세운 두 번째 목적은 내담자의 자발적인 언어˚의사소통의 증가였지만 관계 형성을 방해하지 않도록 다음 단계로 재조정하였다. 이처럼 신입생을 가르칠 때 치료의 자연적인 흐름을 이해할 수 있도록 목적 지향적인 차원에서 간단명료한 치료 계획을 세우게 하는 것이 효과적이다.

임상 사례

폴라의 첫 번째 임상실습은 케니를 대상으로 진행되었다. 9세인 케니는 발달지체로, 공립학교 특수학급에 다니고 있다. 폴라는 초기 세 번의 세션에서 케니의 강점과 제한점을 사정하였다. 네 번째 세션부터는 케니와의 상호작용을 향상시키기 위해 즉흥 노래와 기존의 노래를 부르는 것으로 시작하는 계획을 세웠다.

케니와 진행하기 이전에 폴라는 케니의 특수교사에게서 그가 좋아하는 노래가 무엇인지 알아냈다. 네 번째 세션에서 폴라는 기타로 반주하면서 '작은 세상(It's a Small World After All)' 을 불렀다. 그녀는 노래 부르는 내내 케니와 눈 맞춤을 지속했고 빠르기와 다이내믹, 음색, 프레이징(phrasing)에 변화를 주지 않았다. 케니는 신나서 의자에서 뛰어오르기 시작했고, 노래 내내 돌발적인 행동을 계속했다. 때로는 노래의 빠르기에 맞추기도 하고, 때로는 맞추지 못하기도 했다. 노래의 어느 시점에서는 불규칙한 리듬으로 크게 손뼉을 치기도 했다. 또 어느 부분에서는 얼굴에 미소를 띤 채 눈을 감고 있었다. 첫 번째 코러스 '작은 세상' 부분에서 케니는 정확한 지점에서 '세상'이라고 소리를 냈다.

논의

노래를 부르는 동안의 케니의 반응을 보면 이 방법이 치료사와 내담자의 관계 형성에 도움이 되지 않음을 알 수 있다. 케니의 흥분된 상태는 폴라가 음악을 통해 케니와 훌륭한 치료적 관계를 형성할 수 있는 가능성을 보여 준다. 그러나 케니가 폴라의 연주를 즐겼음에도 그들 사이에 관계 형성은 일어나지 않았다. 케니의 신체적 반응—점프와 손뼉 치기—은 대부분 노래의 빠르기나 리듬에 맞추어 일어난 것이 아니었다. 더군다나 눈을 감고 있었던 것은 폴라와의 관계 형성에 의한 자극이 아니라 노래로 인해 내면이 자극받았음을 의미한다. 게다가 케니가 단 한 번 보여 준 언어 반응은 노래의 초반에 일어났으며, 그 이후에는 시도하지 않았다. 노래가 진행될수록 케니의 반응은 음악적이지 않았으며 이에 대한 적극적인 반응도 감소하였다. 그의 반응은 음악으로 인한 자극과 흥분에 따른 것이었다. 이것은 폴라의 음악이 관계 형성을 위한 도구로서의 음악이 아니라 오히려 자기 자극을 위한 수단으로서 사용된 것임을 보여 준다. 폴라가 이 노래를 연주함으로써 케니를 세션에 참여하게 만드는 것이 치료 목적이었다면 그녀가 이 노래를 사용한 방법은 효과가 있었다. 그렇지만 케니의 참여 수준에는 의미가 없었고, 폴라도 이 세션에서는 치료 계획을 더 이상 확장하지 않았다.

단순히 케니가 좋아하는 노래를 한 번 혹은 반복하여 부르는 것만으로 신뢰와 관계를 형성할 수는 없다. '작은 세상'이라는 노래는 그들의 관계 형성에 적절한 내용을 담고 있지만, 케니에게는 이보다 더 많은 것이 필요하다. 폴라는 단지 음악에 대한 케니의 반응만을 관찰하는 것이 아니라 그 반응에 즉각적으로 반응해 주어야만 한다. 또한 그녀는 음악이 지속되는 동안 그와 상호적인 관계를 형성하기 위한 수단으로 케니의 비언어적인 반응을 활용할 수 있어야 한다. 폴라의 역할은 케니의 반응에 자연스럽게 노래를 적용하여 그와의 관계 형성을 시도하는 것이다.

음악가는 노래의 가사를 중요시한다. 노래의 의미를 이해한 다음 감상자에게 그 의미를 전달하기 위해 음악의 요소(즉, 다이내믹, 음색, 빠르기, 어택[attack], 프레이징)를 표현적으로 연주한다. 음악가가 노래 가사에 의미를 두는 것처럼 음악치료 세션 내에서 내담자는 주로 노래 자체에 반응하는데, 그 반응적 행동에는 어떠한 의미가 내포되어 있다. '작은 세상'은 가사가 아닌 내담자가 보이는 순간적인 반응에 따라 음악치료사가 해석해 내야 하는 음악 수용기(container)[3] 라고 할 수 있다. 치료사는 내담자의 반응을 수용하고 치료적 관계의 역동을 음악적 수용기 안에 담아내면서 치료적 관계를 전개해야 한다.

폴라가 리타르단도, 악셀레란도, 잠시 멈춤 등의 빠르기 요소를 활용했다면 케니의 신체적 반응의 강도와 리듬에 대해 음악적으로 반응해 줄 수 있었을 것이다. 빠르기와 프레이징, 어택을 사용할 때는 케니의 점프와 손뼉과 맞아야 하며, 음악의 다이내믹과 강도는 케니의 표정과 동작의 크기와 맞아야 한다. 케니가 폴라에게 집중하기 위해서는 그의 동작이 노래를 만들어 내고 있다는 것을 의식적으로든 무의식적으로든 알아차릴 수 있어야 한다. 폴라는 원더랜드 뮤직(Wonderland Music)에서 만든 '작은 세상'을 연주하는 것이 아니라 케니와 폴라가 공유하는 '작은 세상'을 연주해야 하는 것이다.

음악치료 학생은 일반적으로 음악을 만드는 상황(합창, 합주, 혹은 일상에서의 노래와 기타 연주까지도)에서 경험했던 관계 형성이 아니라 내담자와 시시각각으로 보다 친밀해질 수 있는 관계 형성 방법을 배워야 한다.

실제로 폴라의 연주는 내담자의 반응을 유도하지 못한 것처럼 가사에 대한 반응도 유도하지 못했다. 그녀가 빠르기와 다이내믹, 음색, 리듬, 프레이징에 변화를 주지 않았던 것은 이제 막 기타를 연주하는 법을 익힌 신입생에게서 공통으

3) 역주: container는 용기, 담아내는 그릇을 의미하며, 여기서는 내담자의 모든 반응, 감정, 행동이 음악에 고스란히 담겨지고 표현됨을 의미한다.

로 나타나는 현상이다. 케니에게 반응할 수 있을 만큼의 음악적 연주기술을 충분히 갖추기 이전에 먼저 기타와 목소리를 도구로 음악 활용의 유연성을 갖추는 것이 중요하다. 대부분의 동요는 단순한 악절과 예측 가능한 화음 변화를 가지기 때문에 문자 그대로 '연주할 수 있는' 기회를 충분히 제공한다. 노래의 절(verse)이 바뀔 때마다 관계 형성을 위한 가사를 다양하게 넣어 활용할 수도 있다. 반복되는 코러스는 내담자로 하여금 간단한 언어적 반응을 노래로 할 수 있도록 음악적으로 유도할 수 있으며, 안정감과 신뢰감을 형성해 준다. 즉, 친숙한 노래는 내담자와 관계를 만들어 가도록 유도하기에 적합한 음악적 수용기가 될 수 있다. 기존에 만들어져 있는 곡이라 할지라도 치료적으로 유의미한 상호관계를 만들 수 있도록 의미 있게 재구성할 수 있다.

어떤 학생은 노래 가사를 예민하게 분석하는 데에 타고난 능력이 있는 반면, 어떤 학생은 내담자의 반응을 음악적으로 해석하는 데에 타고난 능력이 있다. 효과적인 치료를 위해서는 모든 학생이 내담자와 음악적 반응 모두에 집중할 수 있는 능력을 발달시켜야 한다. 치료사는 내담자와 음악 사이에서 매개자 역할을 하기 때문에 음악을 배제한 채 내담자에게만 초점을 두어도 안 되고, 음악에 영향을 주는 내담자를 배제한 채 음악적인 이해만을 과장해서도 안 된다.

집단 슈퍼비전에서 폴라는 케니와의 세션에 대해 설명하였다. "케니의 선생님한테 케니가 제일 좋아하는 노래가 무엇인지 먼저 물어본 것은 잘한 것 같아요. 그 아이가 정말 좋아했거든요. 제가 노래를 시작했을 때, 처음에는 케니가 거리를 두고 있었어요. 그러나 노래를 부르는 동안 우리는 정말 좋은 시간을 가졌고 그 후에도 기분이 좋았지요." 그녀는 케니를 매우 반응이 좋고 참여적이며 음악을 즐기는 아이로 묘사했으며, 그 경험을 매우 치료적이라고 해석했다. 폴라는 그 경험에 대해 매우 기뻐하고 있었다.

나는 음악이 진행되는 동안 그녀 자신의 경험에 대해 더 물어보았다. "치료사의 주의는 어디에 두고 있었나요? 무얼 생각하고 있었죠? 노래를 부르는 동안 특별히 치료사에게 다가왔던 부분은 없었나요?" 폴라는 케니의 반응을 정확하게 세부적인 내용까지 기억하고 묘사할 수 있었다. 이 경험에 대한 폴라의 느낌을 먼저 들어 보는 것이 중요했다. 첫 임상실습을 나간 학생으로서 폴라도 내가 발견한 문제점을 인식하고 있는지 알 필요가 있었다. 폴라와 또 다른 학생인 힐러리가 케니와의 세션을 역할극으로 진행해 보았다. 힐러리에게는 케니 역할을 맡게 했고, 폴라가 묘사했듯이 노래 시작 전에 케니가 감정적으로 거리를 두었던 것처럼 행동하게 했다. 쉽게 전달될 수 있도록 힐러리는 과장되게 묘사하였다. 폴라는 케니에게 불러 줬던 것처럼 똑같은 방식으로 힐러리에게 '작은 세상'을 불러 주었다.

힐러리는 폴라와의 상호작용에서 철회하는 듯한 장면을 연출했다. 그녀는 케니의 입장에서 폴라를 믿지 못하고, 동기가 없고, 어떠한 상호작용도 원하지 않는 정서를 묘사했다. 폴라는 노래의 2절까지, 그리고 코러스를 두 번 반복하여 부르는 동안 강하고 기계적인 리듬으로 기타를 연주했고, 융통성 없는 빠르기에 동일한 다이내믹으로 연주했다. 그녀는 기타 연주기술도 좋았고 노래도 명확하게 불렀지만 목소리의 음색(quality)은 변함이 없었다. 노래를 부르는 동안 힐러리와 눈 맞춤을 지속했다. 노래가 시작되자, 힐러리는 케니처럼 음악에 흥분한 모습을 연기했다. 그러고 나서 힐러리에게 내담자의 입장에서 무엇을 경험했는지 이야기하게 했다. 힐러리는 자신이 제일 좋아하는 노래를 폴라가 연주해 주었기 때문에 진심으로 보살핌을 받는 느낌을 가졌다고 하였다. 노래는 그녀가 가지고 있는 거리감을 없애고 음악으로 초대함으로써 에너지를 높이는 역할을 하였다고 했다. 그러나 노래가 지속될수록 그녀는 폴라와 연결(connect)되기보다는 노래와 연결되는 느낌을 받았으며, 노래가 더 지속될수록 즐기기 위하여 눈을 감고 싶은 충동을 느꼈다고 하였다. 그녀는 음악과의 만남이 그녀로 하여금 음악에 빠져들게 만들면서 폴라와 멀어지게 하였다고 말했다.

나는 폴라에게 최초에 생각했던 치료적인 의도가 무엇이었는지 돌이켜 보라고 하였다. "그 아이가 제일 좋아하는 노래를 부르고자 했을 때, 치료사의 목적은 무엇이었습니까?" 그녀가 즉시 대답했다. "어쩌죠, 제가 다 망쳐 버린 것 같아요. 그렇지만 그 방법이 매우 치료적이라고 생각했어요!"

슈퍼비전에서 학생들이 보이는 후회의 순간에 느끼는 불안감은 바로 해결하기보다는 섬세하게 슈퍼바이저에 의해서 다루어져야 한다. 불편한 감정을 스스로 수용하고 이를 이해하는 것은 학생들의 성장에 있어 비옥한 토대가 될 수 있다. 첫 학기의 학생들은 자신이 아직 모르는 것이 많다는 사실을 인식하고 열심히 노력해야 한다. 진정한 배움은 이러한 긴장감에서 시작된다. 학생들은 자신이 무언가 잘못했다고 느꼈을 때, 특히 내담자에게 잘못을 했다고 느꼈을 때 실패감을 느낄 것이다. 그러나 초기 임상실습에서 학생들이 아직은 상황에 대한 결과가 어떤 것인지에 대한 경험과 지식이 없기에, 슈퍼바이저는 학생들이 그 불편한 상황과 감정을 충분히 대면하고 수용하도록 해 주어야 한다.

학생들은 이러한 과정을 통해 가장 적합한 치료적 접근에 대한 자신의 본능적인 판단을 시도하고, 이를 기꺼이 슈퍼비전에서 다룰 수 있어야 한다. 학생들은 실수할 수 있다. 특히 초기 임상실습을 경험할 때는 더욱 그러하다. 이러한 실수를 민감하게 해결해 나가는 과정을 통해 배움을 얻고 학생 간의 화합과 존중감을 형성한다.

물론 슈퍼바이저는 학습에 도움이 되는 임상지에 학생을 배정하고, 즉각적인 성공감을 경험할 수 있는 내담자를 학생들에게 연결해 주는 방식으로 예방 조치를 취할 수도 있다. 하지만 그렇게 세션이 이루어지고 나면 그 피해는 매우 빠르게 치료사의 자존감 문제와 회피로 나타날 것이다. 폴라와 첼시의 사례가 바로 이를 극복한 경우다. 그들의 실수를 같이 나눔으로써 그들 자신은 물론 집단 슈퍼비전에 참여하는 다른 동료에게도 많은 도움을 줄 수 있었던 것이다.

먼저 임상실습 자체에서 나타나는 실수를 살펴봄으로써 새로운 학습이 이루어지고 이에 대한 치료적 기술이 발전될 수 있었다. 두 번째로는 (역시 중요한) 학생들이 전문가로서 성장을 촉진해 주는 비판과 충고를 받아들이는 법을 배우게 되었다. 개인적으로는 치료기법을 수정해 주기 위해 슈퍼바이저가 직접 비평해 주는 것보다 자기평가(self-evaluation)와 동료평가를 활용하는 것이 자긍심에 부정적인 영향을 적게 미칠 것이라고 생각한다. 슈퍼바이저에게서 너무 많은 비평을 받게 되면, 학생들은 자신의 본능적 사고를 따르는 것을 두려워하거나 도전을 망설이게 된다. 학생들이 임상 경험 동안에 자신이 가진 것을 시도하고 펼쳐 보이기를 두려워하고, 독립적으로 사고하기를 겁내고, 슈퍼바이저를 만족시키는 것만 계속 인식하게 된다면 음악치료사로서 성공할 수 없다.

집단 슈퍼비전을 통해 스스로 자신의 방법을 수정할 수 있는 기회를 가짐으로써, 폴라는 '실패한' 학생에 그치지 않고 그 집단에서 교육적인 리더가 될 수 있었다. 나는 폴라에게 물었다. "케니와의 상호작용을 더 만들어 내는 것이 치료의 목적임을 상기해 볼 때, '작은 세상'이라는 노래를 다음 세션에서는 어떻게 사용할 수 있을까요?" 나는 그녀에게 즉각적으로 떠오르는 생각을 의식적으로 판단하지 말고 바로 모두 이야기하게 했다. 그녀가 몇 가지 방안을 떠올렸고, 나는 슈퍼비전 학생들에게도 방법을 생각해 내기를 제안했다. 폴라와 학생들이 많은 방법을 생각해 내었고, 폴라는 동료에게서 나온 방안을 채택하여 역할극을 제안했다. 이 두 번째 역할극에서는 폴라가 '케니'[4]의 동작 반응—점프하기와 손뼉치기—을 따라 하기로 했다. '케니'는 자신의 행동에 따라 음악의 빠르기와 다이내믹이 변화하는 것을 감지하면서 마치 게임을 하는 것처럼 즐거움을 느꼈다. 지속적으로 변화하는 템포는 '케니'로 하여금 폴라에게 더 집중하게 하는 동기로 작용하였다. 그녀는 폴라와 '놀이를 통한 만남(playful contact)'을 경험하였고 노래 자체를 즐길 수 있게 되었다.

폴라는 이 역할극을 통해 내담자가 좋아하는 노래를 선곡하는 것은 오직 치료적 관계를 발달시키기 위한 시작점이라는 사실과 연주만이 치료적 상호작용의 모든 것이 아님을 깨달았다. 슈퍼비전 집단의 학생들은 이를 통해 음악 안에서 내담자에게 유연하게 반응하는 것을 배울 수 있었다. 그리고 과제가 주어졌다. 학생들은 둘씩 짝지어서 (1) 노래를 선택해서 그 노래 형식에 중점을 두고 파트너에게 노래하고 연주해 주는 것, (2) 그 노래를 이번에는 파트너(내담자)에게 집중하면서 불러 주고 연주해 주는 것, (3) 파트너의 반응을 주시하면서 균형감 있게 노래를 불러 주고 연주해 주는 것, (4) 파트너와의 관계가 형성될 수 있도록 음악을 도구로 사용하여 자유 즉흥연주를 시도해 보는 것 등이 그것이다.

---

4) 역주: 여기서 '케니'는 역할극 중의 케니이므로 따옴표로 표시되었다.

첫 임상실습에 오는 학생들은 음악치료에도 요리와 같은 레시피가 있을 것이라고 생각한다. 내담자의 반응을 반영하지 못한 노래 부르기는 치료 단계의 핵심인 관계 형성을 간과한 채 오로지 음악에만 치료적 개념을 담은 것이 된다. 음악치료 세션(특히 학부생에게서 진행될 경우)은 어느 정도는 미리 계획되고 과제 중심일 수 있지만, 계획된 음악적 과제에 지나치게 집중하게 되면 음악 만들기(music-making)가 치료적 관계를 강화해 주는 치료적 기법이 아닌 하나의 외적 과제로만 인식될 수 있는 오류가 발생한다.

학생들이 과제 지향적인 것과 관계 지향적인 것의 차이를 어느 정도 이해한다 해도 치료과정의 즐거움이 주는 역할이 무엇인지에 대한 오해는 여전히 가질 수 있다. 첫 학기 학생들은 음악치료가 내담자에게 반드시 재미있고 즐거운 것이어야 한다는 생각에 갇혀 있을 수 있다. 그들은 내담자가 좋아해 주기를 바라고, 그들에게 재미를 제공해 주고 싶어 한다. 또한 치료가 행복함을 바탕으로 이루어지는 것만은 아니라는 것을 이해하는 데에 어려워한다. 음악적인 관계는 가볍고 활기찰 수 있지만 때로는 심각하고 무거울 수 있다. 그러나 학생들은 상처를 경험하기 전까지는 음악치료를 항상 즐거운 개념으로 생각하고 싶어 한다.

학생들이 흔히 음악치료가 즐거움을 선사해야 하는 것이라고 혼돈하는 이유는 그들 스스로가 음악대학 커리큘럼의 방대한 연습량으로 인해 음악에 대한 즐거움을 잃었기 때문이다. 내담자가 음악을 통해 억압되지 않은 즐거움을 느낄 때 학생들 자신도 음악에 대한 기쁨을 회복하는 기회가 되기 때문이다. 그래서 학생들은 단순히 음악을 즐기는 것이 음악치료가 지향하는 최고의 목표라고 잘못 인식하는 경우가 있다. 때로는 즐거움이 치료적인 목적이 될 수도 있지만, 전체 치료과정이 이에 국한되는 것은 아니다.

학생들이 간단한 초기 치료계획을 세우고 몇 주간 세션을 진행했다면, 이제 음악을 통해 치료적 관계를 발달시키는 기본적인 기술과 방법은 배운 것이다. 이 전제 조건이 이루어진 후에야 학생들은 내담자의 저항을 분석하고 이에 대한 작업을 수행하는 단계로 넘어갈 준비가 된 것이다.

임상 사례

모니카의 노인 내담자인 빈스는 약 4년간 요양원에 있었다. 그는 우울해 했으며 끊임없이 자신의 고향으로 보내 달라고 요청했다. 자녀가 방문했을 때를 제외하고는 전혀 우울증이 나아지는 기색을 보이지 않았다. 모니카가 음악치료를 시행하기 위해 오는 날이면 빈스는 음악치료 세션에 가는 것을 즐거워했다. 쉽게 참여했고 모니카와 음악을 통해 좋은 관계를 발전시켰다.

몇 주의 세션이 있은 후 빈스는 다른 모습을 보였다. 그는 음악치료 세션에 가는 것을 주저했고, 한 번은 모니카가 세션을 시작하자 바로 저항을 나타냈다. 그는 요양원, 병실, 그리고 모니카에 대한 불평을 늘어놓고는 자신의 방으로 돌아가겠다고 했다. 또한 그는 "진짜 노래가 아니야."라고 말하면서 대부분의 음악을 거부했으며, "진짜 악기가 아니야."라고 말하며 리듬악기를 거부했다. 노래를 부르면 "지루해, 음악치료는 지루해."라고 말했다. 그러고는 "왜 내가 음악치료를 받아야 하지?" "당신은 왜 나를 선택했지, 다른 사람 말고?"라고 물었다. 결국에는 그가 세션을 종결하겠다고 통보하였다.

모니카는 빈스의 말을 듣고 그의 질문에 대해 정직하게 대답하려고 노력했다. 최선을 다해서 음악치료가 무엇이고, 왜 그가 음악치료에 오게 되는 것인지에 대해 이해시키려고 노력했다. 모니카는 진심으로 빈스를 향한 관심과 보살핌을 표현하고자 했다. 그러고 나서 모니카는 그들이 늘 부르는 인사 노래를 부르면서 빈스를 음악치료 세션에 참여시키고자 하였다. 그러자 빈스가 거부했다. 모니카는 '지루' 하지 않거나 '진정으로' 와 닿은 무언가가 있기를 바라면서 친숙한 노래 부르기나 간단한 리듬악기 즉흥연주, 오토하프 합주, 기타 연주, 스카프 동작 활동 등 여러 활동을 연달아 제안했다.

여러 활동을 제시한 결과, 모니카는 빈스에게 '진정으로' 와 닿은 활동이 하나 있었음을 발견했다. 그가 제일 좋아하는 노래 '아일랜드인의 눈(Irish Eyes)'을 피아노 반주에 맞춰 부르는 것이었다. 모니카는 빈스의 흥미를 세션 안에 붙

잡아 두고 함께 세션 안에 있을 수 있었기 때문에 이러한 요구가 기뻤다. 그러나 빈스는 모니카의 피아노 연주에 맞추어 함께 노래를 부르고 나자 다시 방으로 돌아가겠다고 했다. 모니카는 '아일랜드인의 눈(Irish Eyes)'을 다시 부르자고 제안하면서 또 다른 활동을 제시하였다. 그러나 빈스는 어떠한 노래나 활동도 받아들이지 않았으며 팔짱을 낀 채로 머리를 숙이고 모니카와 아무런 상호작용도 하지 않겠다는 태도를 취했다. 모니카는 포기하고 세션을 종결한 후 빈스를 방으로 돌려보냈다.

논의

모니카는 아직 내담자의 저항을 다루는 방법을 알지 못했기에 빈스의 저항은 세션 종결이라는 결과를 가져왔다. 여기에는 여러 가지 측면이 있다. 모니카와의 세션이 지루하다는 빈스의 말에 대한 그녀의 반응은 매우 자연스럽고 당연한 반응이었다. 세션 후 그녀는 상처를 받았고, 패배감을 느꼈으며, 심지어 빈스의 선호도에 맞추려고 힘들게 노력한 것을 떠올리자 분노까지 일었다. 그녀는 감정적으로 반응하였기 때문에(물론 아직 숙련되지 않았다는 이유도 있지만), 음악치료 세션에서 뚜렷하게 보이는 빈스의 상태를 수용하고 받아들이는 대신 빈스와 세션을 '정상화'하기 위해 맹렬하게 시도했던 것이다. 모니카의 전략은 빈스가 하고자 하는 말(특정 불만사항에 대해)에 집중하는 것이었다. 그녀는 빈스가 지루하다고 표현한 것에 대해 같이 탐색하기를 제안하지 못했고, 왜 그렇게 저항을 보이는지 이해하려고 하지 않았다. 단지 빈스의 저항을 돌릴 수 있는 활동적인 것(형식화된 어떤 것)을 시도하면서 방법을 찾으려 하였다.

저항에서는 반드시 내담자의 거부로 인해 야기된 감정과 내담자의 저항을 감당하는 치료사의 관리방법을 동시에 다루어야 한다. 저항에 대한 해결책은 그 순간 치료적 관계를 바라보는 시각을 재조정하는 데에 있는 것이지 어떤 활동이나 과제가 아니다. 학생들은 슈퍼비전을 통해서 스스로 이러한 깨달음을 얻을 수 있어야 한다.

모니카는 집단 슈퍼비전에서 자신의 세션에 대해 다루기를 원했다. 처음 그녀는 모든 상황을 매우 간략하게 망설이고 쑥스러워하면서 설명하였다. 하지만 충분히 지지를 받게 되자 감정을 넣어 가며 세션의 상황을 더욱 자세히 설명하면서 얼마나 힘겨웠는지도 표현하였다. 모니카는 세션이 끝난 후 울면서 요양원을 나왔다고 고백했다. 빈스의 저항을 다루기 위해 자신이 시도했던 것 때문에 화가 났고, 또 그것이 빈스의 마음을 돌리는 데에 실패했다는 사실과 빈스에게서 거친 모욕을 들었다는 생각에 의기소침해졌다. 그녀는 자신이 과연 음악치료사가 될 수 있을지 의문이 들었다고 했다.

첫 학기의 학생들은 이제 막 자신의 발을 담그고 자신감을 형성하는 과정 중에 있다. 따라서 이러한 상황은 슈퍼비전에서 가장 어려운 도전 과제 중 하나다. 저항을 대면하는 것은 곧 내담자에게서 거부당하는 것을 인정하는 것이기 때문에 자신이 역부족이라는 생각과 함께 이로 인한 힘든 감정에 사로잡히게 된다.

이와 같이 불안한 상황에 처하게 되면, 우선 슈퍼바이저는 학생의 딜레마를 해결해 주고자 하는 마음에 학생의 힘든 마음과 긴장을 완화해 주려고 노력한다. 예를 들어, 나는 이렇게 말할 수 있을 것이다. "모니카, 빈스는 실제로 당신의 세션에 지루했던 게 아니에요. 그는 단순히 내담자가 흔히 가진 저항을 나타내고 있었던 것이죠. 이제 빈스와 치료를 진행한 지 4주차가 되었고, 치료 단계에서 보면 이 시점쯤에서 일어나는 당연한 과정이기도 하죠." 하지만 모니카의 딜레마를 이런 식으로 지지한다면 그녀가 자신의 부족한 기술을 대면하고 이에 대한 솔직한 감정을 다룰 수 있는 소중한 기회를 잃을 수 있다. 이러한 대면과 탐색은 빈스를 이해하는 데에 필수적이기 때문이다.

아무리 슈퍼비전이 지지적인 환경이라도 동료 학생은 모니카의 상황에 대해서는 공감하지만 한편으로는 내담자에게서 거부를 경험하는 이러한 세션 상황에는 감정적으로 거리를 두려고 한다. 왜냐하면 그들이 감정적으로 도전받을 수 있는 쟁점이기 때문이다. 다음과 같은 반응이 나올 수 있다. "아, 참 힘들었겠다. 나에게는 그렇게 어려운 내담자가 없어." "나의 내담자가 그런 식으로 행동한다면 정말 어떻게 해야 할지 몰랐을 거야!" 이와 같은 반응은 첫 학기 학생들이 내담자의 저항을 회피하고자 하는 것을 보여 준다. 신입생은 자신의 치료에서 보이는 내담자의 즐거움만이 관심의 대상이며 내담자가 저항을 보이는 순간은 가급적으로 지나치고 싶어 한다.

이러한 동료의 반응은 지지적인 교육환경을 지속해야 하는 데에 부정적인 영향을 미칠 수 있다. 그러므로 슈퍼바이저는 이러한 쟁점을 대면하고 도움이 필요한 학생을 충분히 보호하면서 다른 학생에게는 이러한 경험이 얼마나 배움과 성장의 계기가 될 수 있는지 이해시켜야 한다. 초기 실습 학생이 겪은 내담자의 거부와 저항, 그리고 역부족에 대한 경험으로 인한 정서적 반응도 다독일 필요가 있지만, 먼저 저항이 무엇인지에 대해서 충분히 알고 정의할 수 있어야 한다. 슈퍼비전 기술의 하나로 언어적 과정보다는 저항의 의식적 또는 무의식적 정서와 감정을 깊이 만날 수 있는 경험적이거나 표현적인 방법도 효과적이다. 음악치료 슈퍼비전에서는 즉흥연주를 통한 역할극이 가장 일반적으로 사용하는 경험적 기법이지만, 집단 음악과 심상 역시 효과적인 기법이다(Summer, 1996).

모니카와 함께 한 슈퍼비전에서는 깊이 있는 음악적 상호작용과 반대로 이에 대한 저항의 두 가지 대립을 탐색해 보기 위해 예술매체를 첨가한 음악과 심상 세션을 진행하였다. 학생들에게 마룻바닥에 편안하게 앉아서 눈을 감도록 하고, 간단한 이완유도 기법을 실시한 후 다음과 같은 지시를 주었다.

> "이 시간은 여러분이 지금까지 내담자와 진행해 왔던 치료 세션을 돌이켜 보는 시간입니다…. 여러분이 음악 안에서 내담자와 가장 잘 연결되었다고 느꼈던 때를 기억해 보세요…. 여러 세션이 기억날 수도 있지만, 내담자와 여러분이 연주하는 음악이 가장 강하게 연결되었다고 느꼈던 때를 떠올려 보기 바랍니다…. 이제 눈을 뜨고 연주되는 음악을 들으면서 이러한 연결을 기록해 보세요…. 가능한 한 많은 표현을 사용하여 여러분이 느낀 관계의 질을 표현할 수 있도록 해 보세요."

드보르작 현악 세레나데 작품번호 22를 들으면서 첫 번째 작업이 이루어졌다.

학생들은 크레파스와 파스텔을 가지고 그림을 그렸다. 이어서 이러한 과정은 똑같이 되풀이되었다. 단지 이번에는 학생들이 음악을 연주하는 동안 내담자와 단절되어 있다고 느낀 순간과 내담자와 거리감이 있다고 느낀 순간을 표현하도록 하였다. 이번 활동에서는 브람스 교향곡 3번 3악장으로 음악을 대체했다. 각각의 음악은 집단의 전체적인 정서 상태를 반영하고 예술을 통해 그들의 심상 표현을 지지하기 위해 선택되었다.

모니카의 첫 번째 그림은 대체로 추상적이었으며 파스텔로 표현되었다. 그녀는 자신이 설명했던 치료실을 그렸는데 절반은 빈스를 표현하는 보라색으로, 나머지 절반은 자신을 표현하는 파란색으로 그렸다. 동등하게 반씩 나눠 가진 공간의 중간 부분에는 빈스와 모니카가 '만나는' 장소가 노란색으로 표현되어 있었다. 각각의 색깔은 선명했지만, 그들이 만나는 지점에서는 여러 색깔과 노란색이 섞여 있었다. 게다가 모니카는 치료실을 중심으로 방사선 모양의 선을 그려 넣으면서, 음악에서 경험한 그 무엇이 확장되고 깊어지면서 방 안을 채우는 듯하다고 하였다. 모니카는 자신의 세션이 대개의 경우 이 그림과 유사하다고 말했다. 드보르작의 세레나데와 같이 부드럽고 유연하며 자연스럽다고 했다.

저항적인 상호작용을 그린 그림—2/3 정도를 검은색과 빨간색을 사용하여 거칠고 끊어진 선들로 그려 냈고, 각각을 동그라미로 둘러싼 그림—에서 모니카는 빈스를 표현했다고 말했다. 그리고 자신은 남는 공간에 파란색, 보라색, 노란색 파스텔로 표현했다. 동등하지 않은 두 개의 영역이 상호작용하는 부분에서 합쳐졌다. 모니카에게 두 그림이 모두 완성된 것인지 물었다. 그녀는 두 번째 그림을 보며 설명했다. "이것은 어제 세션에서의 빈스예요. 그는 방향감을 잃었죠. 저에게 전혀 집중하지 않았어요. 여기의 모든 선은 어디도 향하고 있지 않고 그저 퍼져 있을 뿐이에요. 그는 정말로 혼돈스러웠어요. 그가 방향을 잃고 매우 화가 났다는 것이 이 그림에 나타나 있네요. 브람스의 음악을 듣자 나는 불협화음을 느꼈고, 마치 빈스의 분노가 그 자신에게 어떻게 느껴질지 들려주는 것 같았어요. 그리고 음악의 강한 악센트를 들으며 이 단절된 선들을 그렸어요. 어제 세션 상황에서는 그가 혼돈스럽다는 사실을 알지 못했어요. 그가 요양원에 있는 것을 싫어한다는 것은 알고 있었으나 분노를 본 적은 없었어요."

나는 그 그림에서 모니카가 스스로를 어떻게 그렸는지 설명해 달라고 했다. 그녀는 "나는 그에게 다가가려고 노력하고 있지만, 그는 평소보다 훨씬 큰 존재가 되어 있고 나는 매우 작은 색에 지나지 않아요. 그래서 그의 날카로운 선 옆에 갈 수가 없지요."라고 말했다. 나는 "이 그림에서 빈스에게 가까이 가기 위한 시도는 무엇이었나요?"라고 물었다.

그녀는 대답했다. "그가 다른 세션에서보다 이 세션에서 얼마나 다른지 볼 수 있어요. 그러나 나는 평소에 하던 대로 그에게 접근하고 있지요. 그리고 그를 원래의 모습으로 돌아오게 하려고 노력하고 있어요. 왜 그가 나를 거부했는지 알겠어요. 나는 진정으로 그에게 주의를 기울이고 있는 게 아니었어요." 빈스와 함께 했던 세션을 예술의 형태 안으로 갖고 들어오자, 모니카는 빈스와의 상호작용을 새로운 관점으로 돌아볼 수 있었다. 그리고 이 새로운 관점은 빈스가 그 세션에서 정말로 지루했던 것이 아님을 이해할 수 있게 했다. 모니카의 인식 변화를 강화하기 위해 나는 그녀의 음악치료 세션에서 즐거워했던 빈스의 예전 모습을 상기시켜 주었다. "만약 빈스가 정말로 지루한 것이 아니었다면 그를 지루하게 만들지 않기 위한 무언가를 찾는 데에 시간을 보낼 필요는 없네요."라는 모니카의 말을 듣고, 이제 그녀가 빈스의 저항을 다루는 새로운 전략을 알게 되었음을 확인하였다. 나는 모니카에게 두 번째 그림을 보게 하고 나서 물었다. "이 그림을 다시 한 번 보세요. 이 시각적인 표현을 보니 빈스에게는 어떤 종류의 상호작용이 필요할 것 같나요?"

모니카는 즉시 대답했다. "그에게 필요한 것은 저의 부드러운 파스텔 톤이 아니라 강인한 색깔과 모양이라는 것을 이제 볼 수 있네요. 제가 만약 또 다른 그림을 그린다면, 저 자신을 좀 더 그에 맞추어서 그릴 거예요. 그의 색깔과 비슷한 색으로 나를 그리고 형태도 유사하게 그릴 거예요."

나는 모니카에게 과제를 주었다. 개인적으로 매우 지지적인 음악 한 곡을 고르고, 음악을 지지 수단으로 사용하여 빈스에게 새로운 시도(음악을 사용하여 만나고, 조화를 이루고, 빈스의 혼돈감과 분노를 담을 수 있는)를 표현하는 그림을 하나 이상 그리도록 하였다.

모니카의 역동적인 작업과 그로 인한 새로운 통찰력은 논의과정을 함께 했던 집단에 감흥을 주었음이 분명했다. 지난 슈퍼비전 시간에는 드러내지 않았지만, 그림을 사용함으로써 모니카의 동료들 역시도 자신들의 내담자가 지난 세션에서 보였던 저항을 인식할 수 있었다.

수업을 마무리하면서 모니카에게 그녀가 배운 것을 정리해 보라고 요구했다. "저는 빈스의 혼동을 변화시켜 주기 위하여 단지 툴툴 털어 버리고, 빈스가 가장 좋아하는 노래를 부르면서 행복해하기를 원했어요. 그러나 현실은 빈스가 요양원에 있기 때문에 매우 우울하고 화가 나 있는 것이므로 이것이 확실한 답일 수는 없지요. 저는 그를 그 상황에서 구해 낼 수 없음을 인정해야 해요."

음악치료를 배우는 학생들은 스스로를 자기 성찰적(self-reflective)이라고 믿고, 또 자신뿐 아니라 타인에게도 솔직하다. 그들은 치료사가 되기 위해서는 상당한 정서적 노력과 지식이 필요하다는 것을 모른다. 위에서 언급했던 저항을 다루면서 학생들은 더욱 자기 성찰적이 되었다. 자기 성찰의 과정은 학생으로 하여금 자신이 역부족이라고 느끼는 대신, 그것을 통해 배우고 성숙하게 만들어 줄 수 있다.

마지막으로 어떤 학생은, 심지어 학문적으로 매우 뛰어난 학생조차도 음악치료사가 되기 위해 꼭 필요한 치료적 · 음악적인 기술을 발전시키기를 원하지 않거나 또는 노력하지 않으려고 한다. 이런 현상은 첫 학기에 더욱 명백하게 나타난다. 그들은 슈퍼바이저를 완벽하게 흉내 낼 수 있을지 모르나 자신의 내담자에게 즉각적으로 적용하는 것에서는 분명 실패한다. 이런 학생, 특히 학문적으로 성과를 내는 학생에게 임상실습에서 합격 점수를 주는 것은 그들에게나 그들의 임상 현장에 전혀 도움이 되지 않을뿐더러 치료사로서의 부족함을 위장하는 것을 허용하게 된다. 임상실습 과정은 학기당 수강해야 하는 전체 학점에서 대개 1학점씩을 차지하여 그 점수가 전체 평점에 거의 영향을 미치지 못할지도 모른다(AMTA에서 인정하는 음악치료 핵심 과목에 대해서는 'C-' 학점이 최저점이다). 그러나 이것은 옳은 일이 아니다. 음악치료사는 음악치료를 실행할 수 있도록 학문적인 부분을 연구해야만 한다. 개인적으로는 교육자는 임상실습에서의 부족함을 신중하게 다루어야 한다고 생각한다. 실습 슈퍼바이저는 임상가로서 훈련시킬 때 지나치게 긍정적으로 '치료적' 인 자세를 취함으로써 학생들이 작은 변화에 대해 스스로 큰 발전이라고 여기지 않도록 한다. 음악치료 프로그램 책임자는 학생들이 졸업하기 전에 꼭 갖추어야 할 수행능력에 대한 기준을 가지고 있어야 한다. 음악치료 교육은 내담자 각자의 속도에 따라 진행 속도가 조절되는 치료와는 달리 시간적 제한을 받으므로 이를 고려해야 한다.

임상실습은 음악치료사가 성장하기 위해서 반드시 거쳐야 하는 필수과정이다. 교육자로서 우리는 학생들을 전문가로 키우는 데에 필요한 에너지를 희생하지 않으면 안된다. 마지막으로 학생들에 대한 우리의 이 열정은 다른 무엇과도 타협할 수 없다.

참고문헌

American Music Therapy Association. (1997 Revised). *Standards and Procedures for Academic Program Approval.* Silver Spring, MD: Author.

Feiner, S. (1999, November). *Supervision: A profound creative process.* Paper presented at the 9th World Congress of Music Therapy, Washington, D.C.

Forinash, M., and Summer, L. (1999, March). *Continued explorations into music therapy supervision.* Paper presented at the Conference of the New England Region of the American Music Therapy Association, Meredith, NH.

Forinash, M., and Summer, L. (1998, April). *Supervision in music therapy.* Paper presented at the Conference of the New England Region of the American Music Therapy Association, Hartford, CT.

Freud, S. (1912). Recommendations to physicians practicing psychoanalysis. *Standard Edition of the Complete Psychological Works of Sigmund Freud, Vol. 12.* London: Hogarth Press.

Sherman, R. M., and Sherman, R. B. (1963). *It's a Small World.* New York: Wonderland Music

Co.

Summer, L. (1996, March). *Music as mother.* Paper presented at the Conference of the New England Region of the American Music Therapy Association, Springfield, MA.

Summer, L. (1997, December). *The music therapist's relationship with music.* Paper presented at the Lesley College Expressive Therapies Brown Bag Lecture Series, Cambridge, MA.

제6장
음악치료 실습과정에 대한 체제분석 접근*

나는 캘리포니아 스톡턴에 위치한 오랜 역사를 지닌 한 대학의 음악치료학 학과장으로 부임하게 되었다. 브루클린 대학에서도 '특수교육에서의 음악치료'를 강의하였지만, 실제 음악치료사가 될 학생들을 가르치게 된 것은 처음이었기 때문에 교수직만을 맡을 예정이었다. 예상대로 학과장을 맡으면서 새롭게 배우고 준비할 것이 많았다. 그러나 그중에서도 내가 예상했던 것보다 가장 시급한 것은 많은 학생들의 임상실습 과정을 운영하고 계획하며, 시행하고 지도하는 것이었다. 학생들은 학기가 시작되자마자 실제 내담자와 환자를 대상으로 음악치료 기법을 적용할 수 있는 현장에 나가기를 기대하고 있었다.

이러한 일에 대한 부담감과 함께 나는 가장 중요한 교육적 가치가 무엇인지를 판단해야 했고, 현실적이면서도 효과적인 슈퍼비전 체계를 설계하게 되었다.

Suzanne B. Hanser, EdD, MT-BC
Chair, Music Therapy Department, Berklee College of Music, Boston, MA

* 이 장의 일부는 Hanser, S. B. (2000). *The New Music Therapist's Handbook*. Boston: Berkelee Press (available from Berkleepress.com)에서 발췌하였다.

학생들이 시간이 지날수록 훈련을 통해 자신의 음악적 능력과 재능을 연마하게 되리라는 것을 알고 있었다. 그들은 교육과정에서 더 많은 음악치료 기법을 배우게 될 것이고 그것을 수업과 임상에서 사용하게 될 것이다. 학생들이 음악치료 임상 사례를 통해 치료기법에 대한 명확한 계획 구성과 실행, 그리고 평가를 배운다면 어느 임상 현장에 있든 의사결정과 임상적 판단을 할 때 필요한 기본 틀을 갖출 수 있을 것이라 생각했다. 효과적인 개입이라면 다른 임상 환경과 대상군, 그리고 치료매체 활용에도 적용될 수 있기 때문이다.

예비 치료사를 가르칠 때 가장 중요한 가치는 여러 의문점에 대한 답을 찾을 수 있도록 학생들 스스로 다음과 같이 자문해 보게 하는 것이다(questioning approach).

"내가 어떻게 하면 음악치료를 통해 내담자의 안녕(well-being)에 기여하고, 그것을 촉진할 수 있을까?" "학기 말이 될 때까지 변화되고 성장하려면 내가 무엇을 해야 하는가?" "내가 목표치에 도달할 수 있을지, 또 언제쯤 달성할지를 어떻게 알 수 있을까?"

내가 가졌던 문제 해결책은 실습체제를 분석하여 학생들의 기대치와 임상 현장 실습을 단순화하고 체계화하는 것이었다. 먼저 학생들에게 자신들의 치료 프로그램을 분명히 규명할 수 있도록 장단기 목적, 대상군(target populations), 목표 행동(target behaviors)과 같은 용어를 익히도록 했다. 그리고 나는 이 용어들을 다양한 대상군과 임상 현장에서 일반적으로 사용하는 것이 가능할지에 대해 확인하려고 노력했다.

체제적 분석 접근법

이 장에서는 내가 1975년에 『음악치료임상집: 행동수정을 위한 매뉴얼(Music Therapy Practicum: A Manual for Behavior Change)』에서 기본 틀을 설계하고 『음악치료사를 위한 안내서(The New Music Therapist's Handbook)』에서 그 개념을

확장한 체제적 분석 접근법(systems analysis approach)에 대해 설명하고자 한다. 학생들의 실습과정에 적용하기 위해 개발한 이 접근법은 퍼시픽 대학교에서 여러 해 동안 시행되었으며, 지금은 버클리 음악대학교의 임상실습 과정에 적용되면서 더욱 확장되었다. 이 접근의 주요 요소는 다음과 같다.

- 학생들을 소규모 슈퍼비전 집단으로 나눈다.
- 집단 내 슈퍼바이저(proctor)를 정하고 한 주의 과제를 검토하게 한다. 퍼시픽 대학교에서는 우수한 학생을 슈퍼바이저로 정하였으나, 버클리 음악대학교에서는 음악치료사 자격증을 소지한 사람을 슈퍼바이저로 정하였다.
- 강의실 수업은 치료 활동과 계획에 대한 논거(rationale)를 중심으로 이루어지는 반면, 집단 슈퍼비전에서는 학생 치료사와 내담자 사이의 상호작용을 중점적으로 다룬다.
- 슈퍼비전에서는 오디오 녹음자료와 비디오 녹화자료를 활용한다.

이 접근법의 세부 내용은 『미국음악치료학술지(Journal of Music Therapy)』(Hanser, 1978)에 게재된 논문에 언급되어 있다. Hanser와 Furman(1980)의 논문에서는 특정 비디오 자료를 활용하여 피드백 절차를 설명하였다. 슈퍼바이저는 이 접근법을 적용하여 학생들이 서로 배우고 관찰할 수 있도록 치료 팀을 구성한다. 그리고 학생들은 매주 일련의 치료계획을 구성하는 과제를 통해 다양한 치료 철학과 접근법을 활용한 음악치료 전문가의 임상실습을 모방해 본다. 문제 상황으로부터 개발된 체제 접근은 학생들에게 모든 중요한 치료계획 과정에 참여할 수 있는 기회를 제공한다. 이 과정을 통해서 배운 기술은 궁극적으로 다음과 같이 음악치료사의 책임 역할을 기를 수 있도록 돕는다.

- 특별한 필요(Need)를 가진 아동을 위한 개별화 교육계획(Indivisual Education Plan) 개발하기
- 입원 환자의 서비스 환급을 위한 건강보험 적용안 준비하기

- 질적 담보를 위한 선행연구(quality assurance reviews) 자료 제공하기
- 임상 프로그램과 종결(discharge) 계획을 위해 타 전문 분야 팀과 협력하기

다행히 인가된 음악치료 교육과정에서 제공하는 슈퍼비전에서는 학생 대 교수의 비율이 90 대 1로 이루어지는 것과 같은 수업환경이 아닌 자격을 갖추 전문가에 의한 개별 슈퍼비전의 형태를 독려한다. 버클리 음악대학교에서 음악치료 프로그램을 만들었을 때에는 학생들이 전문 음악치료사에게서 슈퍼비전을 제대로 받을 수 있게 하기 위하여 어렵게 자금을 조달하며 운영을 하였다. 과목 등록이 제한되어 있는 실습생에게는 매주 현장실습 준비과정을 돕게 하였다. 그리고 과제는 치료계획 과정의 개요에 맞추어 구성되었다.

자료기반 모델

실습 교육과정에 적용된 모델은 음악치료의 '자료기반 접근(data-based approach)' 이다. 흔히 '자료' 라는 단어는 컴퓨터 인쇄물과 방대한 양의 숫자 이미지를 떠오르게 한다. 여기서는 실험이나 직접 관찰을 통하여 얻어진 모든 정보를 칭하는 개념이다. 실습 교육과정 모델에서 과제는 가장 성공적인 치료 프로그램을 구성할 수 있도록 지침서 역할을 한다. 음악치료학과 학생은 체계적 접근(systemic approach)을 통해 반복적으로 평가할 수 있으며, 치료가 행해지는 동안 임상가로서 활용되고 있는 기법의 효과성을 얼마든지 확인할 수 있다. 동시에 내담자도 객관적인 자료를 토대로 치료 효과를 확인받을 수 있다. 내담자와 학생 치료사 간의 협력관계를 통해 설정된 목표와 목적에 도달할 수 있게 되는 것이다.

『음악치료사를 위한 안내서』에는 '자료' 의 가치를 크게 깨달은 일화가 소개되고 있다. 내 딸 Leora가 태어났을 때였다. 나는 동생을 가져 본 적이 없는 외동딸이었기 때문에 새로 태어난 아기에 대한 경험이 없었고, 나에게 의지하는 아주 작은 아기를 집으로 데려온다는 사실에 어쩔 줄을 몰랐다. 나는 부모가 되기

위해 문헌을 통해 아기의 울음이나 요구를 이해하는 데 도움이 될 만한 몇 가지 힌트를 얻었다. 무엇보다 운이 좋았던 것은 나에게 자료 수집 방법을 알려 주는 친구 Sandra가 있었다는 것이다.

"자료?" 가족과 친구들이 내게 물었는데, 이 단어가 사랑스러운 딸에 관한 단어라는 사실에 충격을 받은 듯했다. 나는 "맞아."라고 말했다. "자료 수집은 아이의 초기 언어를 이해하는 데 도움을 주고 더 나은 엄마가 될 수 있도록 도와줄 거야."

그래서 나는 다음과 같이 하였다.

Sandra는 나에게 먹이기, 기저귀 갈기, 낮잠 재우기의 세 가지 부분으로 나누어진 노트를 선물해 주었다. 내가 Leora에게 우유를 먹일 때마다 날짜와 시간을 기록하고, 기저귀를 갈아 줄 때마다 그 시간에 관찰한 것을 기록했다. 낮잠을 재울 때에도 아이가 잠드는 시간과 깨는 시간, 잠을 자는 총 시간을 기록하였다.

자료를 모은 지 얼마 되지 않아 패턴이 보였다. 예를 들어, 우유를 먹는 시간이 짧았을 때 아기는 울기 시작했고, 이것은 우유가 더 필요하다는 신호라는 것을 알 수 있었다. 또한 우유를 먹은 후 어느 정도가 지나야 기저귀를 갈아야 하는지도 알 수 있었다. 나는 아이의 잠자는 시간을 참고하여 깨는 시간을 예측하고 일정을 계획할 수 있었다. 아이의 일정이 나의 예측과 어긋났을 때는 의학적인 문제가 있음을 추측하였고, 실제로 소아과 의사는 감염의 초기 단계라고 진단했다.

나는 딸을 돌보는 동안 스톱워치를 사용했고, 이 행동으로 인해 가족은 나를 비난하기도 했다.

"어떻게 네 자식한테 냉정하고 계산적인 태도를 취할 수 있니?"라고 그들이 말했다.

나는 딸을 무척 사랑하기 때문에 그 아이를 돌봄에 있어서 이런 중요한 세부사항을 지나칠 수 없다고 대답했다. 나는 아이의 일상을 통해 배웠고, 우리의 상호작용을 더 잘 통제했으며, 엄마로서 보다 자신감을 가졌고, 안심할 수 있게 되었다. 나는 아이와의 놀이에 더 많은 에너지를 쏟았고, 노래 부르기와 말하기,

만지기, 움직이기, 그리고 아이와의 모든 순간을 사랑하면서 아이에 대해 더 많은 것을 알게 되었다.

나는 지금 세 아이의 엄마가 되었고, 수년 동안 음악치료사로 활동하고 있다. 그리고 연구, 임상, 연주를 통하여 나의 음악적 재능을 발전시켜 왔다. 새로운 기법을 배우고 적용하는 동시에 내가 집중해야 할 내담자에게 충분히 관심을 주는 것에 익숙해졌다. 내가 개인적 · 직업적으로 성공할 수 있었던 것은 이러한 나의 접근이 내담자 중심적이면서 동시에 데이터를 중심으로 치료적 접근을 모색하고자 하는 성향 때문이라고 믿는다.

체계적 분석 접근법은 특정한 문제에 대하여 음악치료 기법이나 음악 목록을 제시하는 것이 아니라 학생에게 창조성, 경험, 적절한 목적과 기법의 선택에서 필요한 개인적 판단력을 사용하도록 하는 것이다. 학생들은 치료목적을 이루기 위한 자료를 수집하고 또 전문가로서 생각하기 시작한다. 그들은 내담자가 거치는 과정에 대한 자료를 치료 효과의 증거로 어떻게 제시할 것인지에 대해 배운다. 또한 어떻게 직접적이고 객관적으로 음악치료 세션에서 일어난 일을 입증할 수 있을지 고민한다. 자료기반 모델은 학생들에게 주관적인 치료적 관계에 객관적인 평가를 도입할 수 있도록 해 준다.

학생 과제

학생들은 매주 세션 노트 기록과 함께 다음 일곱 가지 과제를 수행한다.

- 시설 순회
- 집단 활동 관찰지
- 초기 사정 지침
- 목적과 목표 설정
- 반응의 조작적 정의

• 제안된 치료 계획 개요
• 음악치료 요약

이 과제는 아래의 제안된 서식에 따라 작성하면 된다.

과제 1: 시설 순회

학생들의 첫 번째 과제는 실습기관의 배경 정보를 모으는 것이다. 기존에 제공된 프로그램과 음악치료를 통합하기 위해서는 시설과 내담자, 제공되는 다른 치료(예, 작업치료, 운동치료, 레크리에이션 치료) 종류와 그들의 철학적 지향점, 다른 서비스 및 부서와 관련된 음악치료의 역할에 대해 최대한 유용한 정보를 많이 알아 두어야 한다.

기관 오리엔테이션 후, 각 학생은 한 명의 내담자를 지정하여 관찰한다. 학생들은 인간 행동을 예리하게 관찰할 수 있도록 수업을 받고, 관찰한 것에 대한 일화적 기록을 작성한다. 이를 통해 학생들은 음악치료를 효과적인 치료 수단으로서 내담자의 문제행동을 감소시키는 기능에 초점을 맞출 수 있게 된다.

학생들은 아래의 지침에 따라 어떤 내담자가 음악치료에 적합한지에 대해 판단할 수 있다.

• 청각적 학습방식에 강점을 지닌 경우
• 소리나 음악에 민감한 경우
• 신체적 움직임을 보이지 않거나 제한된 움직임을 보이는 경우
• 제한된 인지능력을 가진 경우
• 문제를 직접적으로 다루는 치료가 어려운 경우
• 지시 따르기에 문제가 있는 경우
• 생각이나 감정, 의사를 표현하고 의사소통하는 데에 어려움을 보이는 경우
• 다른 사람과 어울리는 것에 문제가 있는 경우

- 편향된 자기 인식을 가진 경우
- 보편적인 치료에 실패했거나 참여에 어려움이 있는 경우

〈표 6-1〉 시설 순회 과제

처음 시설을 방문할 경우 아래의 영역과 관련 있는 사항을 기록한다.
시설의 형태(type):
내담자에 대한 전체적인 기술: 증상, 연령, 기능적 수준 등
다른 프로그램: 다른 치료사, 활동, 예정된 프로그램
치료 방향:
음악치료의 역할:
관찰된 일화 기록:

과제 2: 집단 활동 관찰지

다음 세션에서는 각 학생이 집단 활동에 참여하는 내담자 중 한 명을 지정하여 관찰한다. 이 과정은 다양한 잠재적 목표 행동의 관찰을 위해 진행된다. 학생들은 행동을 관찰한 후 평가를 실시한다. 적절한 반응에는 +, 반응이 없을 때에는 0, 그리고 부적절한 반응에는 −로 점수를 기록한다. 이 작업은 학생들에게 내담자가 가진 기능 수준에 대한 전반적인 사정을 수행하도록 준비해 주는 계기가 된다.

〈표 6-2〉 집단 활동 관찰을 위한 과제

일시:		
내담자 이름 약자:		
관찰자:		
행동 내담자의 행동에 대해 +(적절한), 0(반응 없음), −(부적절한)에 동그라미 표시를 하고 일화를 기록하시오.		
+ 참여	0	−
+ 민감성	0	−
+ 기분/감정	0	−
+ 사회적 행동(준수)	0	−
+ 지시 따르기	0	−
+ 치료사에 대한 주의집중	0	−
+ 치료사와의 유대 형성	0	−
+ 과제 집중력	0	−
+ 내담자 상호작용	0	−
+ 협응력(소근육 및 대근육)	0	−
+ 의사소통(언어)	0	−

과제 3: 초기 사정 지침

사정은 문제 자체의 본질을 보여 준다. 사정은 내담자가 할 수 있는 것과 할 수 없는 것이 무엇인지, 아는 것과 모르는 것이 무엇인지 알아내는 과정이다. 사정은 표준화된 평가 혹은 기존의 평가(original tests), 또는 행동을 관찰하는 것을 포함한다. 사정을 통해 강점과 약점을 확인할 수 있다. 음악치료 사정에서의 특징은 비음악적 행동뿐만 아니라 음악적 행동까지도 사정하는 것에 있다.

학생들은 과제 3의 개요를 사용하여 내담자를 서술한다(예, 나이, 성별, 직업,

〈표 6-3〉 초기 사정을 위한 과제

일시:
학생 치료사:
내담자 이름(약자):
배경 정보:
음악 선호도:
가족력:
기술과 흥미:
문화:
직업:
비음악적 기능 사회: 지각-운동: 언어: 인지: 정서:
음악적 기능 즐거움(흥미): 창조성: 능력:

증상 등). 그리고 배경 정보를 조사한다(예, 음악 선호도, 가족력, 특별한 기술과 취미, 문화, 직업). 비음악적 · 음악적 행동 등의 모든 정보를 모으기 위해 기관 스태프와 면담을 가지거나 환자 기록을 참고할 수도 있다.

과제 4: 목적과 목표 설정

관찰과 사정을 바탕으로 학생 음악치료사는 치료목적을 설정한다. 음악치료가 성공적이라면, 이 목적을 이루게 될 것이다. 치료사는 목적 달성 여부를 관찰할 수 있도록 구체적인 목표를 설정한다. 어떻게 목표가 측정될 것인지도 정확히 규명되어야 목적 달성 여부를 확인할 수 있다.

목적을 설정하기 위해서는 다음 질문을 명심해야 한다.

- 설정한 목적이 일상생활에 의미 있는 영향을 미칠 수 있는가?
- 목적이 현재의 행동에서 너무 동떨어져 있지 않은가?
- 목적을 성취하는 데 방해가 되는 부적절한 행동(가장 우선시될 필요가 있는 행동)이 있는가?
- 목적에서 구체화된 행동은 시간에 걸쳐서 관찰되고 측정될 수 있는가?
- 내담자는 합당한 이유로 의뢰되었는가?
- 다른 스태프는 이 목적이 가장 적절하다고 동의하는가?
- 이 목적은 학기 말까지 달성될 수 있는 높은 확률을 가지고 있는가?
- 변화가 필요한 행동이라는 논거가 분명한가?
- 이 목적을 달성하는 데 있어서 음악치료가 가장 적합하다고 믿는 이유는 무엇인가?

목표를 설정할 때, 학생들은 관찰 가능하고 측정 가능한 행동을 서술해야 한다. 어느 방향으로 변화가 나타나야 하는지, 어떤 기준이 성공적인 목표 성취인지에 대한 기준을 설정해야 한다.

〈표 6-4〉 목적과 목표 설정 과제

<table>
<tr><td colspan="2">이 과제는 내담자가 학기 말까지 성취할 수 있는 하나의 목적과 목표를 수립하도록 요구하는 것이다. 성장이나 변화가 필요한 하나의 영역을 정하여 구체적인 목표를 설정한다.</td></tr>
<tr><td colspan="2">목적과 목표의 예는 다음과 같다.</td></tr>
<tr><th>목적</th><th>학기목표</th></tr>
<tr><td>사회화 증진
(집단 내 참여)</td><td>선택된 노래 1절의 모든 단어를 노래하기</td></tr>
<tr><td>자존감 향상</td><td>질문이 주어졌을 때, 자신에 대하여 긍정적인 답변을 2번 하기</td></tr>
<tr><td>주의집중</td><td>치료사와 눈 맞춤을 유지하는 시간을 70%로 증가시키기
(눈 맞춤은 치료사를 보는 행동을 말함)</td></tr>
<tr><td>상동 행동 감소</td><td>음악치료 활동 중에 상동 행동으로 소비하는 시간을 줄이기(상동 행동은 뚜렷한 목적 없이 손가락이나 손을 움직이는 것과 같은 행동을 말함)</td></tr>
<tr><td colspan="2">선택된 목적과 학기목표를 아래에 서술하시오.</td></tr>
<tr><th>목적</th><th>학기목표</th></tr>
<tr><td></td><td></td></tr>
</table>

과제 5: 반응의 조작적 정의

목표 행동을 정의하는 것은 변화를 객관적으로 측정하는 데 필수적이다. 신뢰할 수 있는 자료의 기록을 위해서는 행동에 대한 정의를 매우 정확하게 해야 한다. 또한 반응의 조작적 정의(response definition)를 통해 행동의 완전한 서술이 가능하다. 이것은 목표 행동을 위한 간결한 개념 서술과 행동의 경계, 관찰 정보, 경계 선상의 반응을 포함한다.

〈표 6-5〉 반응의 조작적 정의 과제

목표 행동을 규명할 수 있는 반응에 대해 조작적 정의를 간결하게 작성하라. 정의는 반응이 일어났을 때 모든 관찰자가 동의할 수 있을 정도로 명료하게 규명한다. 작성한 후 동료들과 확인한다.
어떻게 목표 행동을 관찰할 것인가?
반응 행동의 발생시간이나 횟수가 기록될 수 있는가?
반응이 질문 후 혹은 특정 활동 동안 발생하는가? 만약 그렇다면 어떤 활동인가?
당신은 언제 이 행동을 관찰하는가? 예: 세션의 마지막 질문 후, 노래 활동을 하는 동안, 북을 연주하는 동안, 문답 형식에 반응하는 경우

과제 6: 제안된 치료 계획 개요

음악치료 계획안은 지속적으로 이어지는 치료과정을 토대로 전략이 구상된다. 그러므로 학생들은 이전의 자료를 참고하여 치료 계획의 개요를 완성한다.

- 내담자와 환경(과제 1). 학생은 개별 음악치료 혹은 집단 음악치료 중 내담자에게 가장 적절한 형태를 결정한다.
- 사정 절차(과제 2, 3)
- 목적과 목표(과제 4)
- 치료 절차

학생들은 내담자의 필요(needs)에 부합하는 음악치료 기법을 정하고, 그들의 지식과 재능을 활용하여 최선의 전략을 수립하기 위해 음악치료 문헌을 조사한다.

〈표 6-6〉 제안된 치료계획 과제

학생 치료사:
내담자와 환경(이름의 약자 사용): 나이와 성별, 시설, 음악치료에 의뢰된 이유(과제 1 참고)를 보여 주는 배경 정보를 간단히 서술한다. 임상환경에서 집단이나 개별 음악치료 횟수와 기간을 기록한다.
사정 절차: 과제 2와 3으로부터의 관찰 내용을 요약한다. 반응의 조작적 정의(과제 5)를 서술하고 목표 행동(예, 사전검사 혹은 기초선)에 대한 관찰 내용을 기술한다.
목적과 목표: 목적과 학기목표를 서술한다(과제 4).
치료 절차: 목적을 달성하기 위하여 음악적으로 그리고 비음악적으로 무엇을 할 것인지 기술한다. 음악치료 기법과 음악자료를 명시한다.

과제 7: 음악치료 과정 요약

음악치료가 진행될수록 치료사의 전문성은 강화된다. 상황에 따라서 목표나 기법을 수정하여 적용하고, 심지어 문제를 재정의하고 사정하는 것이 얼마든지 가능하다. 학생 치료사는 진행되는 기본적인 과정을 기록한다. 그리고 문서 작업을 통해 시간에 따라 관찰된 행동의 변화 혹은 사전·사후 검사 결과를 보고한다. 개요에는 제목, 작성자, 내담자와의 환경, 반응 정의, 사정, 목적과 목표, 음악치료 절차, 결과와 토의가 포함된다.

최종 보고서에는 이미 진행된 음악치료 세션에서부터 수집된 정보를 제시한다. 성공적인 음악치료 프로그램 평가는 종합적으로 분석되어야 한다. 수집된 결과는 학생이 이후의 다른 치료 프로그램 또는 추천사항을 제안할 수 있는 근거로 사용된다. 또한 세션 진행과 종료에서도 전문가적 자세를 배우는 기회로

〈표 6-7〉 음악치료 세션 요약

연구의 제목(예, ~의 노래 부르기 사용, ~을 위한 드럼 즉흥연주, 즉흥을 위한 합주, 음악 감상을 통한 공격 행동 조절하기)
작성자
내담자와 환경
반응 행동정의와 사정 절차
목적과 목표
음악치료 절차
결과(관찰/사진, 표, 내담자 과정의 분석을 포함)
토의

활용한다. 예를 들어, 학생과 내담자의 치료적 관계 종결에 필요한 적절한 마무리와 추후 치료계획 등 전문적인 태도를 유지하고 종료할 수 있어야 한다.

결론

나는 종종 음악치료 분야가 아직은 잘 알려지지 않은 미지의 분야라고 생각한다. 음악치료가 아직 젊고, 이미 자리 잡은 타 전문 분야보다 그 인지도가 낮아 음악치료의 잠재적 영향력에 대한 건강 관련 전문가의 인식도 낮기 때문이다. 그들은 지역사회 중심으로 음악치료사가 활동하고 있으므로 음악치료가 특별한 증상을 가진 개인을 위한 개별 치료방법이 될 수 있다는 것도 모를 수 있다. 그렇기에 치료과정에 대한 자료를 수합하는 것은 음악치료의 당위성과 효과성에 대한 논거로 활용될 수 있다. 또한 자료를 통해 직접적이며 객관적으로 음악치료 세션에서 어떤 일이 일어나는지를 문서화할 수 있다. 음악치료의 자료기반 체제에서 치료사를 훈련시키는 것은 사회 구성원이자 전문가로서의 우리 자신에 대한 책임이라고도 할 수 있다.

이 모델은 내담자의 필요와 계획, 적용, 치료의 평가에 관한 의사결정 과정(decision-making process)에 초점을 둔다. 이 모델은 음악치료 훈련에서 치료목표를 성취할 수 있는 효과적인 틀을 제공한다. 이 모델은 또한 학생 치료사와 내담자 간의 관계를 다루는 융통적인 형태의 현장 슈퍼비전의 틀이 될 수 있다. 이 장의 내용이 음악치료 학생을 위한 실습과정 구조화에서 유용하게 활용되기를 바라며, 이 직업 분야에서 성공적인 미래를 경험할 수 있기를 희망한다.

참고문헌

Hanser, S. B. (1978). A systems analysis model for teaching practicum skills. *Journal of Music Therapy, 16*(1), 21-35.

Hanser, S. B., and Furman, C. E. (1980). The effect of videotape-based feedback vs. field-based feedback on the development of applied clinical skills. *Journal of Music Therapy, 18*(3), 103-112.

제7장
인턴십 슈퍼비전 여행
역할, 역동 및 슈퍼비전 관계

들어가는 말

인턴십의 시작은 슈퍼바이저와 인턴 모두에게 마치 두 명의 잘 알지 못하는 여행객의 완전한 참여 없이는 항해할 수 없는 작고 친밀한 배에 함께 탑승하는 것과 같다. 파도는 모든 방향에서 밀려온다. 모든 방향 전환은 탐구하고 배워야 할 새로운 영역을 선사한다. 여행객 각자는 상대방을 의지하게 되는데, 이는 만약 한 사람이 앞으로 기대고 항해하거나 방향을 바꾸면, 다른 한 사람은 이것을 느끼고 어떻게 반응할지를 결정해야 하기 때문이다. 모든 여정은 독특하고 그 환경은 안팎에서 많은 도전을 받는다.

이 여정의 여행객은 풍성한 탐색, 성취, 그리고 자기에 관한 지식으로 가득 채울 잠재력을 가진다. 이 여정의 끝에서 전문가인 인턴은 이제 닥쳐올 도전을 해결하는 데 필수적인 지식과 경험의 기초를 가지고 그의 이력을 시작할 준비가 되었음을 느낀다. 슈퍼바이저는 학생의 삶에서 일어나는 이 흥분되는 여정에

Susan Feiner, MA, MT-BC, CSW
Associate Director of Music Therapy, New York University, New York, NY

도움을 주고, 타인에게 지식을 전수하고 이러한 전개(unfolding) 과정에 참여한 데 대해 만족감을 느낀다. 아마 두 사람 모두 이 여정을 함께 나눈 것에 관해 자랑스러워할 것이다. 그들은 어렵고 심지어 여행에 두려움을 느꼈음에도 그 물살을 헤쳐 나갔음에 기뻐한다.

많은 학생은 자신의 인턴십과 슈퍼바이저와의 관계가 오직 전문가로서의 성장뿐 아니라 개인의 성숙과 심지어 변형(transformation)의 시기였음을 고백한다. 슈퍼바이저와의 관계는 인턴이 자신에 대해 느끼는 방식, 심지어 자기가 누구인지, 그리고 자신의 정체성은 어떠한지에 대한 생각에 중요한 변화를 가지고 온다. 인턴은 슈퍼바이저와의 작업이 얼마만큼 자신의 삶을 변화시켰는지에 대해 계속해서 언급했다. 실제로 나는 그들의 관계 속에서 일어난 많은 부분이 가시적인 작업 이상의 것이라는 사실에 계속하여 경외하게 된다.

이 장은 인턴 시기 동안의 어려움과 잠재력을 조명하기 위한 방법으로서 슈퍼바이저-인턴 관계의 변천을 탐구한다. 나는 슈퍼바이저와 인턴이 가지는 슈퍼비전 쟁점뿐 아니라 그들이 이런 훈련 경험의 과정을 여행하면서 수립하게 되는 그들간의 관계에도 초점을 맞출 것이다. 이 관계의 놀라운 잠재력, 그것을 독특하게 만드는 것, 인턴십의 발달 단계 및 역할이 변하는 방식, 슈퍼바이저와 인턴 모두에게 발생하는 쟁점과 도전, 그리고 발생 가능한 슈퍼비전 중재가 논의될 것이다.

슈퍼비전 관계에서의 역동

가정과 기대

슈퍼바이저-인턴 관계의 강도에 기여하는 역동으로는 어떤 것이 있는가? 이러한 관계의 강도에 기여하는 역동을 이해하기 위해 슈퍼바이저와 수련생 모두가 가질 수 있는 비현실적인 가정에서 출발해 보자. 사전적 정의를 검색하는 것은 슈퍼비전에 대한 일반적인 선입견을 설명하는 데 아주 정확한 방법이 된다.

만약 우리가 슈퍼비전을 '슈퍼(super)'와 '비전(vision)'으로 나눈다면, 사전은 '슈퍼'를 뛰어난, 훌륭한, 우수한, 뛰어넘는, 넘치는 혹은 초과하는, 중요한 혹은 더 큰으로 정의한다(American Heritage, 1981; Random House, 1978). 그리고 '비전'은 보는 행위 혹은 능력, 평범하지 않은 선견지명, 지적 선견지명, 평범하지 않은 분별 혹은 지각 능력, 신성한 것의 영향으로 얻게 된 영성의 형상이나 생각으로 정의한다. 학생의 기대는 일반적으로 이런 것에서 멀리 떨어져 있지 않다. 그들은 슈퍼바이저를 이상화하고, 적어도 처음에는 그들이 모든 것을 볼 수 있고 알 수 있다고 믿는 경향이 있다. 슈퍼바이저 역시도 자신에 대한 기대, 특히 초보 슈퍼바이저는 이런 것에서 멀리 떨어져 있지 않다. 슈퍼바이저는 임상적으로 모든 것을 알아야 하고 완벽한 본보기가 되어야 할 뿐 아니라 수련생에게 필요한 것을 신과 같이 모두 이해해야 한다고 믿는다. 이는 슈퍼바이저가 부담해야 하는 꽤 힘든 등불이다!

이제 우리가 '슈퍼'와 '비전'을 한 단어로 묶어서 '슈퍼비전'의 사전적 정의를 검색한다면, 우리는 이것이 실행 또는 수행을 하는 동안 (일하는 사람을) 감독한다는 의미임을 발견할 수 있다. 슈퍼비전을 '슈퍼' + '비전'으로 쪼개었을 때 이는 거의 전능한 존재를 암시한다. 이런 존재는 단지 더 우수하고 위대할 뿐 아니라 모든 것을 알고 보며 신성한 능력을 가진다. '슈퍼'와 '비전'이 결합될 때, 이것은 판단과 '실행'이라는 매우 다른 의미를 가진다. 초임 인턴은 요구가 많은 이 새로운 역할로 들어가기 때문에 그들의 능력, 심지어 자기감과 정체성에 대해 확신을 가지지 못한다. 슈퍼바이저는 인턴이 성공할지 혹은 실패할지 결정한다. 슈퍼바이저가 잠재적 사형 집행자처럼 보이는 것은 그리 놀랄 일이 아니다. 슈퍼바이저는 이러한 기대와 자신의 힘에 대해 극도로 민감해야 한다. 슈퍼바이저는 또한 완벽해야 하고 모든 해답을 가지고 있어야 한다는 비현실적 기대를 갖는 것에 주의해야 한다.

이러한 초인적 기대를 고려해 볼 때, 실제로 슈퍼비전 관계의 잠재력은 시시할 수도 있고 위대할 수도 있다. 슈퍼바이저가 자신의 지식을 다듬어 인턴에게 전수하고 자신이 몰랐던 것을 인턴과 함께 배우는 것은 전문가로서 도전이 된다. 그러한 도전은 당신이 누구이고 학생이 누구인지에 따라 가장 도움이 될 수 있는 방식으로 슈퍼비전을 제공하는 데 있다. 모든 인턴이 다르기 때문에 모든 슈퍼비전 경험도 다르다. 그것은 또한 슈퍼바이저가 시간이 흐르면서 계속 성장하고 변화하기 때문에 그들 자신의 삶의 여정의 어느 위치에 있는지에 따라서도 달라진다. 슈퍼바이저는 모든 해답을 주는 역할을 하려고 하지 않을 만큼 작아져야 하고, 최선의 슈퍼비전 방법을 인턴에게 배우려 해야 하며, 지속적으로 자신의 접근방식을 수정해야 한다. 이와 같은 주고받음의 과정에서 창조적 상호작용이 나타난다.

두려움과 불확실성

많은 학생에게 인턴십은 학업의 연장이다. 그에 비해 다른 학생은 아직 수업을 받고 있는 상태로 궁극적으로 담당 사례를 충분히 책임질 수 있는 위치에 서게 된다. 새로운 직업을 시작할 때, 사람들은 새롭게 자신을 돌아본다. 타인에게 면밀하게 관찰됨으로써 슈퍼바이저 또한 자신을 새롭게 돌아볼 기회를 가지게 되는데, 이는 인턴을 조금 더 알아 가면서 인턴이 자기 자신의 또 다른 측면을 반영하기 때문이다. 인턴 또한 흥분과 두려움뿐 아니라 그들이 처음 시작할 때의 무한한 기대에 의해 압도당한다. 보통 그들은 많은 질문을 가지게 된다. 그 질문은 다음과 같다. 내가 이 일을 정말 할 수 있을까요? 내가 상상한 것만큼 이 일을 좋아하거나 사랑하게 될까요? 그들은 걱정하면서 슈퍼바이저를 면밀히 관찰하게 될 것이다. 당신은 서투르고 상처받기 쉬운 나를 보게 될 거예요. 나는 이렇게 나를 노출하겠죠. 당신은 어떤가요? 당신은 나의 실수에 대해 어떻게 반응할 것인가요? 나는 자신을 인도하고 가르치기 위해 당신에게 의지하고 있어요. 당신은 이것을 할 수 있을까요? 나에 대한 당신의 기대를 내가 채울 수 있을까요? 당신을 신뢰할 수 있을까요? 당신과 함께하는 것이 안전할까요? 당신은 나를 인정하고 존중해 줄까요? 당신은 나를 좋아할까요? 학생들은 이러한 압도적이고 혼란한 감정을 자주 느끼게 된다. 이것은 특별한 것이 아니다. 실제로 이런 감정이 들지 않는다면 나는 오히려 그 문제에 대해 주의를 기울인다.

슈퍼바이저도 이와 비슷한 염려를 가진다. 당신은 나의 일을 존중해 주고 나에게서 배우길 원할까요? 당신은 나의 실수에 어떤 식으로 반응할까요? 당신과 함께 작업을 잘할 수 있을까요? 당신을 신뢰할 수 있을까요? 이 직장에서 음악치료 프로그램을 대표하고 나를 대표할 만큼 당신을 신뢰할 수 있을까요? 당신은 나를 인정하고 존중해 줄까요? 당신은 나를 좋아해 줄까요? 인턴과 슈퍼바이저가 서로 알아 감에 따라 이런 질문은 점차적으로 응답받게 된다. 이는 많은 경우에 상호 신뢰와 존중의 기초가 되거나 혹은 풀어 가야 할 잠재적 문제를 유발하기도 한다.

자기 노출과 취약성

자기 노출(self-disclosure)과 취약성(vulnerability)에 관한 쟁점도 슈퍼비전 관계에 강도를 더한다. 함께 보낸 시간의 양, 자기 노출의 속도와 시기를 인턴 스스로 조절할 수 없는 점, 슈퍼바이저의 지속적인 인턴 관찰, 그리고 음악과정 안에 존재하는 취약성 자체도 모두 중요한 요인이 된다.

때때로 인턴십을 본인의 치료보다 더욱 위협적으로 느낄 수 있다. 치료에서 내담자는 일반적으로 (위기 상황을 제외하고는) 자신의 속도를 정하고, 탐구할 준비가 된 것을 공개하고 말한다. 반대로 인턴은 그가 준비되었건 아니건 간에 치료 환경, 슈퍼바이저, 그리고 내담자에게서 발생한 어려움과 쟁점의 공격에 지속적으로 노출된다. 인턴은 발생하는 인턴십의 요구사항과 내담자의 요구에 대해 반응해야만 한다. 따라서 그들에게는 기다리거나 숨거나 혹은 준비될 때까지 쉴 공간이 없다. 예를 들어, 인턴은 분노와 상실감으로 어려움을 가질 수 있다(누가 그렇지 않겠는가?). 개인치료에서 이러한 종류의 감정은 내적 스트레스 요인, 삶의 사건, 혹은 치료에서의 경험을 통해 유발될 수 있다. 사람들은 이것을 매주 받는 치료에서 그리고/혹은 세션 사이사이에 다룰 수 있다. 하지만 인턴십에서는 죽음에 대한 내담자의 분노나 두려움이 세션 중에 나타날 수 있고 인턴은 이를 즉각적으로(혹은 치료에서 적절한 시기에) 다루어야 하는데, 이것이 인턴 자신의 개인적 준비 상태와 반드시 일치하는 것은 아니다. 이는 학생들을 어렵게 하며 상당한 중압감을 줄 수 있다. 그것은 모든 치료사에게 일어나는 일로, 우리는 언제나 치료과정에서 우리 자신에 대해 배울 책임이 있다. 하지만 이것은 초임 인턴에게는 특히 힘든 일로, 그들의 불완전함이나 취약성의 감정을 고양할 수 있다. 이것은 또한 슈퍼바이저에게도 인턴의 치료사로서 선을 넘지 않고 이런 쟁점을 다루는 방법에 대해 어려움을 제기한다(이것은 뒤에서 다룰 것이다).

관계에서의 또 다른 어려움은 슈퍼비전 형식에 관한 것이다. 많은 음악치료 환경에서 인턴은 슈퍼비전 대담에 참여해야 할 뿐 아니라 정기적으로 음악치료를 관찰해야 한다. 역시 여기에서도 인턴은 무엇을 논의할지를 결정하거나 슈퍼비전 시간에 어떤 녹화 장면을 보여 줄지에 대한 결정권이 없다. 인턴은 그 순간에 온전히 노출되고, 슈퍼바이저가 녹화 장면에서 알게 되는 것에 대해 의식적으로든 혹은 무의식적으로든 수정할 수 있는 선택권을 가지지 못한다. 치료의 도구는 음악이기 때문에, 인턴은 종종 그 자신을 음악적으로 노출할 때 상처를 받을 수 있다. 슈퍼바이저는 나의 기술과 나의 민감성을 어떻게 생각할까? 음악이 나를 어떻게 느끼게 하고, 나는 이것을 슈퍼바이저에게 어떻게 보일 수 있을까? 만약 슈퍼바이저가 음악 안에서 나와 같이 작업하길 원한다면 그것은 어떨까? 슈퍼바이저의 임무는 인턴의 학습과정에 맞추어 슈퍼비전과 피드백을 적절하게 조절하고 이러한 취약성의 쟁점을 인식하는 것이다.

이러한 많은 노출, 위험과 함께 더 큰 지원과 학습이 가능해진다. 노출과 취약성의 첫 두려움을 이겨 내고 신뢰 환경이 구축되면, 학생은 자유를 경험하고 잠재적으로 슈퍼바이저가 그곳에서 그와 함께하는 여정 중이라는 깨달음속으로 빠져들어 탐구하게 된다. 여기에 학생과 슈퍼바이저 간에, 또한 학생과 내담자 간에 풍성한 병행과정이 나타나게 된다. 인턴은 내담자와의 역동이나 쟁점이 슈퍼바이저와의 관계 안에서 어떻게 반영되는지를 알게 되면서 자기 지각이 성장한다.

다음은 이런 점을 잘 부각한 한 인턴의 인턴십 마지막에 작성된 종결 요약문의 인용이다.

> 클리닉의 많은 치료사와의 상호작용 안에서 나는 존중과 존경, 승인과 이해를 받음을 느껴 왔다. 집단적으로 이야기하자면, 그들은 모두 나와 함께 그리고 나를 위해 멈추고 나를 보며 내 이야기를 들어 주었다. 그것은 마치 내가 음악치료라는 정원에 심어진 씨앗인 것 같았다. 그들의 존재가 없었다면 나는 햇빛, 따뜻함이나 배려를 받지 못했을 것이다. 이것은 인턴으로서 나의 과정에 진심으로 영향을 주고 그것을 조심스럽게 인도하였다. 그런 인도와 지원 덕분에 나는 마주치기 불편했던 쟁점에 직면할 수 있게 되었고 실제로 그것을 통찰하였다. 그리고 나 자신이 성장하는 것을 지켜보았으며, 내가 편안해지도록 나 자신에게 많은 시간을 내었다. 이것은 결국 매주 내가 치료했던 아동에게 부여되었다. 그것은 마치 횃불이 옮겨지는 것과 같았다. 나는 이런 선물의 수혜자로서 개인적 경험을 통하지 않고는 이런 기술을 학습할 수 있는 다른 방법은 없다고 감히 말할 수 있다.

슈퍼바이저의 역할

슈퍼바이저로서 우리의 역할은 무엇일까? 우리는 교육가인가? 멘토인가? 치료사인가? 행정가인가? 우리의 역할을 결정하는 것은 어려울 뿐 아니라 많은 혼란을 초래한다. 우리는 이런 모든 역할을 어떻게 다루는가? 그것 사이에 갈등이 생기면 어떤 일이 발생하는가? 슈퍼바이저는 드러나는 인턴의 개인적 요소나 성격적 쟁점을 어떻게 다루는가? 슈퍼바이저는 인턴과 작업 시 자신의 치료기술을 사용하는 데 있어 윤리적으로 어떤 선을 그어야 하는가?

Kadushin(1992)은 사회복지 영역에서 이런 질문을 명확히 하도록 돕는 범주로 슈퍼비전의 역할을 분류하였다. 그는 우리가 슈퍼바이저로서 교육가, 행정가, 조력자라는 세 개의 모자를 쓰고 있으며, 따라서 이 세 개의 역할을 절묘하게 감당해야 한다고 제안한다.

교육가

교육가로서 슈퍼바이저는 가르침에 대한 책임이 있다. 인턴은 졸업을 위한 임상 자격을 갖추기 위해 자신의 인턴십이 끝날 때까지 방대한 지식을 학습해야만 한다. 슈퍼바이저는 많은 시간을 학업과 치료사로서 임상에 보냈으나 슈퍼비전에 대해서는 거의 훈련을 받지 않았기 때문에, 이것은 슈퍼바이저가 교육가로서의 새로운 역할을 완수하기 위한 자신의 전문성을 확장하는 데 도전이 된다.

Mordock(1990)은 이것이 슈퍼바이저의 새롭고 도전적인 역할이라고 묘사했다. 치료사로서 우리는 내담자가 치료에 가지고 온 것에 대해 반응하도록 훈련받지만, 교육가로서 우리는 학생이 학습해야 하는 것에 초점을 맞추며 이런 반응적인 자세에서 주도적인 자세로 전환하도록 도전을 받는다. 슈퍼바이저는 학생이 내놓을 때까지 기다리기보다 먼저 자료를 제시하고 더욱 적극적으로 자료를 제공하며 모델링하는 데 편안해져야 한다. 좋은 소식은 인턴이 배우길 원하고 피드백을 원한다는 점이다. 만약 인턴이 충분한 자료와 피드백을 제공받지 못하고 슈퍼바이저의 작업을 정기적으로 관찰할 기회를 가지지 못한다면, 그들은 비생산적인 방황을 할 것이다. 그들은 극도로 불안하고 모호한 기대를 충족하기 위해 '잘하는 것'에 초점을 맞추게 될 것이다. 그들이 잘하고 있다는 슈퍼바이저의 보증은 결국 인턴으로 하여금 내담자와의 작업에 초점을 맞추기 위해 이용할 수 있는 자원을 거의 가지지 못하게 한다. 학생은 슈퍼바이저가 하는 일, 그것을 하는 방식, 그리고 그것을 하는 이유를 알길 원한다. 그들은 자신에게 어떤 기대가 있는지를 명확하게 이해하고자 한다. 이런 교육가의 역할은 치료사의 역할과는 확연히 다르다.

이는 슈퍼바이저에게 흥미로운 도전을 제시한다. 우리는 어떻게 본보기로서 우리의 작업을 제공하고, 인턴에 대한 우리의 기대가 무엇인지를 설명하며, 동시에 그들의 독특한 특질, 강점 및 기술에 따라 그들만의 '방식'을 만들어 나가도록 인턴을 도울 수 있을까? 일단 인턴이 슈퍼바이저의 작업에 대한 이해와 임상에 대한 좋은 토대를 가지게 되면 인턴십에서 그들이 성장하면서 탐구하기 위해 그것을 안전한 본거지(home base)로 사용할 수 있게 된다는 데 그 해답이 있다. 슈퍼바이저는 그들의 '방식'을 가르칠 수 있고 여전히 인턴 자신의 독특한 특질을 고양하도록 인턴을 도울 수 있다.

슈퍼바이저로서 훌륭한 치료사는 종종 더 명확하도록 지원과 '가르침'을 필요로 한다. 그들은 종종 만약 그들이 가르친다면 인턴의 창의성과 개별성을 방해할지도 모른다는 두려움을 느낀다. 하지만 그 대신에 오해와 혼란, 그리고 무력화하는 불안이 발생할 수 있다. 나는 보통 이에 대해 인턴에게 다음과 같이 직접적으로 말한다. "나는 내 방식, 내 방법, 내가 이해한 것을 당신에게 보여 줄 것입니다. 당신은 당신이 좋아하는 만큼 모방하고 준비가 되었을 때 당신 자신의 것을 조금씩 발전해 나갈 수 있을 것입니다. 당신이 작업하기 위한 기반을 가지기 전에 '독창성' 자체를 위한 목적으로 지금 당신 자신에게 '독창성'의 부담을 지우지 말아요. 그 후에 그것을 취하고 비상하세요."

인턴에게 슈퍼비전을 활용하는 방법을 가르치는 것은 매우 도움이 되고 중요하다. 인턴의 책임에 포함되는 다음의 것에 대해 명확히 하라. 의무적인 서류 작업, 관찰과 슈퍼비전 시간 동안 슈퍼바이저가 인턴에게 기대하는 것, 인턴이 경험하고 있는 것을 당신이 아는 것에 대한 중요성(그리고 이는 인턴의 개인적인 반응에 대해 당신이 지속적으로 잘 알고 있음을 뜻한다). 이런 감정, 두려움, 흥분을 듣기 위해 당신의 안건을 정하라. 일상의 의무를 조직하고 우선순위를 두는 것, 의사소통과 의사결정의 통로, 그리고 위기 상황이 발생했을 때 연락할 사람과 같은 세부사항 또한 중요하다.

행정가

행정가로서 우리는 대학이 요구하는 의무사항(사례 수, 집단 크기, 일지 등), 직장에서 요구하는 의무사항(내담자 수, 내담자 유형, 슈퍼바이저의 시간 분배), 학생의 요구(작업의 다양성, 학생의 학습 유형, 학생의 특별한 관심 분야), 그리고 내담자의 요구(서비스가 필요한 내담자의 유형과 이런 요구가 당신의 인턴과 조화되는 방식)를 절묘하게 다루어야만 한다.

이러한 다양한 책임은 슈퍼바이저와 인턴 모두에게 갈등과 혼란을 야기할 수 있다. 슈퍼바이저는 보통 임상지에서 보이는 집단의 크기와 대학에서 요구하는 작은 집단 사이에서 고민에 빠질 수 있다. 슈퍼바이저로서 당신은 인턴이 다양한 사례를 배정받길 원하지만, 임상지에서는 서비스를 받고 있는 특정 유형의 내담자를 위한 요구가 더 많은 경우도 있다.

학생은 다음과 같은 슈퍼바이저의 다양한 역할에 대해 혼란과 갈등을 느끼게 된다. "이 사람은 나를 판단하는 교육가이자 나의 상사인 행정가다. 슈퍼비전 동안 나를 어떻게 개방할 수 있을까? 나의 약점과 취약성 때문에 내 점수가 깎일까? 이 사람은 나를 낙제시킬 수도 있어." 이러한 잠재적 역할 갈등과 혼란을 성공적으로 조율하기 위해서 슈퍼바이저에 대한 명확성과 자기 지각이, 또한 슈퍼바이저와 인턴 간의 선한 의지와 신뢰의 토대가 필요하다. Kadushin(1992)이 언급한 세 번째 역할인 '조력자'의 가장 중요한 역할 중 하나가 이런 토대를 세우는 것이다.

조력자

인턴의 취약성을 염두에 두면서 조력적인 역할을 감당한다는 것은 인턴의 특별한 능력에 대한 당신의 믿음과 그 과정의 일부분이 되는 것에 대한 당신의 열의에 대해 인턴과 소통하고 그의 가치를 행동으로 격려하게 하는 것이다. 이것은 당신이 관찰한 진보를 확실히 인정하면서 학생이 여전히 배워야 하는 것에 대해서만 유독 초점을 맞추려는 유혹에 저항하는 것이다. 인턴에게는 확신과 인정이 필요하다. 그들은 너무 성급하고 긍정적인 것을 잘 듣지 못하며 오직 비판적인 피드백만을 듣는다. 가끔 나는 학생들에게 그들이 받은 긍정적인 피드백을 나에게 다시 말해 보도록 한다. 인턴은 '잘하지' 못한 것에만 초점을 맞추기 때문에 놀랍게도 그들은 '기억하는' 것에 어려움을 겪는다.

추상화가인 나의 숙부는 예전에 나의 슈퍼바이저와의 작업이 내게 매우 도움이 되었다고 말했다. 그는 가르침에서 가장 어려운 부분이 학생들이 잘하고 있을 때 무엇을 잘하고 있는지 그들이 이해하도록 돕는 것이라고 했다. 나는 종종 슈퍼바이저와 나 스스로에게 인턴이 앞으로 성취할 것에 대한 균형 없이 지금 배우는 것에만 열중하지 않도록 당부한다. 그렇지 않다면 인턴은 쉽게 압도될 수 있다.

인턴십과 슈퍼비전의 경험은 인턴의 진보를 조력하는 것 이상이다. 이것은 인턴이 확장되고 성장하는데, 즉 인턴 자신과 타인(내담자, 동료, 교사, 혹은 슈퍼바이저)에 대한 기본 가정을 재평가하는 데 도전이 된다. 이것은 인턴을 성숙하도록 하는 임상 작업, 즉 개인적이고 전문적인 자기 자신에 대한 작업에서 자신의 잠재력을 만족시키는 추진력이다. 슈퍼바이저-인턴 관계는 또한 인턴의 성격구조에 도전하면서 이런 발전의 '기초' 혹은 경험을 제공한다. 따라서 인턴십은 인턴 자신에 대한 그의 감정과 타인과의 관계를 변화시킬 새로운 경험을 창조할 수 있다. 이것은 전문가로서 그리고 개인으로서 학생의 삶에 중요한 영향을 미칠 수 있다.

가르치기 혹은 치료하기?

슈퍼바이저로서 우리는 다양한 측면에서 수련생의 성격에 대해 많이 알게 된다. 이것은 우리를 교육/치료의 논쟁으로 이끈다. 다음과 같은 질문이 제기된다. 인턴의 성격적 쟁점이 드러날 때 이를 다루는 데 있어 우리는 어떤 책임을 가지는가? 우리가 책임을 져야 하는가? 우리는 언제 슈퍼바이저로서의 경계선을 넘어서는가? 우리의 경계선은 무엇인가? 우리가 학생의 치료사는 아니지만, 만약 학생의 개인적 혹은 성격적 쟁점이 치료사로서 학생의 작업을 방해한다면 특정 시기에는 우리가 이런 문제를 다루어야 할 의무가 있다는 것이 나의 해답이다.

정신분석 심리치료사인 Sarnat(1992)은 자신의 저서에서 이러한 쟁점을 다루었다. 그는 다음과 같이 질문한다. "슈퍼바이저는 수련생의 성격을 슈퍼비전의 초점으로 얼마나 허용해야 하는가?" 나는 이 질문에 다음과 같이 덧붙이고자 한다. "슈퍼바이저는 자신의 치료기술을 수련생에게 얼마만큼 사용해야 하는가?" Sarnat은 임상 작업에서 방해가 되는 수련생의 성격 문제를 다루는 것이 중요하다고 제안한다. 슈퍼바이저의 치료기술은 이 시기에 슈퍼바이저-수련생 관계에서 사용된다. 다른 방식으로는 너무 고통스럽거나 또는 기억하지 못하는 부분에서, 인턴은 자신의 학습과 내담자와의 작업을 방해하는 요소를 탐구하도록 동기부여가 된다.

학생들의 작업을 방해하는 개인적 쟁점이 발생하는 때는 다음과 같다.

1. 이런 쟁점이 내담자에 대한 이해나 치료를 방해할 때
2. 쟁점이 슈퍼바이저에 대한 인턴의 관계를 간섭함으로써 학습과정을 방해할 때
3. 쟁점이 임상지 스태프에 대한 인턴의 관계를 방해할 때

일단 인턴이 피드백에 반응하지 않거나 여러 차례 지적받았음에도 특정 영역에서 발전이 없다면, 이것은 학생이 최선을 다했다고 생각하는 것과는 상관없이 일반적으로 '무언가' 가 진행되는 중이라는 것을 의미한다. 학생들은 그 '무언가' 가 작업되길 바란다. 이때가 세심한 중재가 요구되는 시기로, 인턴의 학습이 향상되도록 하면서 동시에 이러한 쟁점이 명료하게 다루어져야 한다. 또한 이때는 슈퍼바이저가 슈퍼바이저의 경계선을 넘어 과감히 치료사의 역할을 감당하고자 하는 유혹에 저항하는 시기이기도 하다.

다음은 인턴의 역전이 쟁점이 내담자의 이해와 치료를 방해하는 경우에 관한 예다. 슈퍼바이저와 인턴이 함께 인턴의 치료 집단 내 특정 내담자의 역동과 그의 행동이 의사소통하고자 하는 것에 대해 토의한 후임에도, 인턴은 그 내담자를 반복적으로 회피하거나 무시한다. 그것은 침 흘림과 같은 단순한 것에 대한 인턴의 불쾌감이나, 인턴이 회피하려는 감정을 유발하게 하는 내담자에 관한 무언가 때문일 수도 있다. 내가 만약—우리가 나쁜 치료사이기 때문에 역전이 쟁점을

가지는 것이 아니라 우리 모두는 우리의 일에서 역전이 반응을 가지고 있고 그것을 통해 배울 수 있는 것이 있기 때문에 그것이 포용되고 탐구되어야 한다고—명확하게 설명했다면, 아마도 인턴은 그 자신에게 일어나고 있는 것을 나와 함께 탐구하는 새로운 단계로 삼아서 앞으로 나아가는 데 편안함을 느낄 것이다.

이제 우리는 이런 역전이 반응의 기원을 탐구할 수 있다. 그것은 그 내담자에게서 기인한 역동이나 전이에 대한 반응인가? 예를 들면, 이 내담자는 자신의 중요한 관계 안에 속한 모든 사람을 향한 미묘한 분노를 도발하는 사람이기 때문에 인턴의 분노도 유발하고 있는가? 아니면 인턴 자신의 개인적 과거나 현재의 경험이 유발한 것 때문에 그가 이런 식으로 느끼거나 반응하고 있는가?

인턴은 자신의 감정이 '만개' 할 시간을 가짐으로써 당신과 함께 계속 회고하고 당신이 말하고 있는 것을 진실로 볼 수 있게 된다. 예를 들어, 나는 인턴이 여러 차례 회피해 왔던 아동을 그가 그 이유를 고찰하기도 전에 지적할 수 있다. 이어서 나는 이것이 얼마나 자주 나타났는지 인턴과 함께 관찰하고 이런 감정의 근원을 탐구할 수 있다. 이것은 무섭거나 고통스러울 수 있으며 누구에게나 일어날 수 있는 것임을 학생에게 명확히 하는 것이 매우 중요하다. 슈퍼바이저 자신의 역전이 감정의 사례와 치료과정에서 그것이 방해하는 것에 대해 슈퍼바이저가 말해 주는 것은 이 시기에 도움이 될 수 있다.

이에 대해 초점을 맞추는 또 다른 방법은 인턴십 초기에서부터 이 과정의 일부에 대해 자기 회고(self-reflection)를 하는 것이다. 이는 미래의 자기 탐구(self-inquiry)를 위한 단계를 설정하는 것으로, 문제가 있을 때에만 사용하는 것이 아닌 치료과정의 자연스러운 측면이 되도록 만들어야 한다. 예를 들어, 인턴십의 매우 초기에 나는 인턴이 가장 다루고 싶어 하는 내담자와 회피하는 내담자를 선택하도록 할 수 있다. 이어 우리는 이런 감정을 유발하는 것에 대해 탐구한다. 당신은 왜 이런 소심한 아동에게 끌리는가? 그 아동에게 끌리는 당신은 어떤 사람인가?(예, "나는 사람들을 그리는 것을 좋아해요. 나는 이런 종류의 도전을 좋아해요. 왜냐하면 그것은 나에게 ~을 느끼게 해 주니까요.") 당신이 끌리지 않는 활동적인 아동에 대해서는 어떤가?(예, "나는 내가 통제하지 못한다고 느낄 때 두려워요….") 당신이 아동을 볼 때 당신의 내면이 그 아동에게 느끼는 것은 무엇인가? 당신이 느끼고 있는 이러한 슬픔은 그 아동의 것인가, 아니면 당신 자신의 것인가? 당신을 당혹하게 하는 슬픔은 어떤 것인가? 우리는 내담자에게 우리가 느끼는 감정으로 인한 반응과 우리 자신의 개인적 경험과 쟁점으로 인한 반응을 풀어서 빼내기 시작한다. 이것이 선례가 되어서, 어떤 문제가 발생했을 때 자기 고찰의 과정은 이미 이 작업의 핵심 부분이자 우리가 함께 하는 공동 작업에서 당연한 것이 된다.

다음의 예는 치료과정에서 방해가 되는 다른 일반적 쟁점에 관한 것이다. 즉, 특정 음악 분위기가 인턴의 표현 수단에서 제외되고, 내담자가 그것을 요구할 때도 사용되지 못하는 경우, 노래할 때의 목소리 질이나 피아노 음역이 협소한 경우다. 예전에 나는 자신을 너무나 슬프게 하는 음악을 연주하는 것에 어려움이 있는 인턴을 만난 적이 있었다. 이를 탐구하기 위해 우리는 음악을 함께 연주했다. 우선 나는 그 내담자의 음악적 자화상과 이어서 그 아동의 슬픔을 즉흥 연주하도록 했다. 이것이 너무 어려워지자 우리는 그냥 슬픔을 음악적으로 탐구했다. 인턴이 결국 '슬픔'의 감정에 접근할 때까지 우리는 계속 연주했다. 궁극적으로 그녀는 자신이 회피하고 있는 것과 이 특정 분위기의 음악이 그녀에게 어떤 식으로 매우 위협적인지를 보기 시작했다. 이러한 새로운 깨달음은 그 내담자에게 더욱 반응적일 수 있도록 그녀를 자유롭게 했으며, 그녀는 자신의 치료에서 이런 감정의 근원을 계속 다룰 수 있었다. 오직 음악적 탐구와 이어진 우리의 처리(processing)를 통하여 그녀는 자신의 해결되지 않은 쟁점과 이것이 그녀가 치료하고 있는 아동에게 미치는 영향을 규명할 수 있었다.

역전이 감정이 발생하는 또 다른 예는 어떤 방식으로든지 한계가 설정되어야 하는 시기 또는 권위가 주도하는 시기에 관한 것이다. 초임 인턴이 설정된 한계 안에서 명확히 하고 지원적이기는 매우 어려운데, 이는 그렇게 하는 데 대한 그 자신의 저항과 관련된다. "나는 징벌을 부과하는 상관이 되고 싶지 않아요." 어떤 이는 다른 극단을 보이기도 한다. 그들은 한계 설정이 필요할 때 쉽게 분노하고, 징벌하며 권위적이 된다. 이것은 내담자가 안전함을 느끼도록 하기 위해 어떤 방식으로 한계가 필요한지에 대한 이해의 부족에서 비롯될 수 있다. 혹은 그것은 종종 인턴 자신의 과거에 있었던 해결되지 못한 권위 쟁점이나 치료사의 역할에 대한 오해와 관련된다. 이런 경우에 인턴은 그 감정이 과거의 개인적 경험에서 출발한 것인지, 아니면 그것이 아동에 의해 유발되었고 그 아동을 보다 잘 이해하기 위해 사용된 것인지를 탐구하기 위해 자신의 분노 감정을 사용하는 것을 학습한다.

다음의 예는 슈퍼바이저와 수련생의 관계에서 충돌이 발생한 경우에 관한 것이다. 나는 예전에는 나와 함께 작업하는 것을 매우 좋아했지만 어느 순간 철회하기 시작하고 심지어 내가 슈퍼비전 만남을 위해 방에 들어서면 고통스러워하던 한 학생을 기억한다. 그녀는 여전히 자신에게 부과된 모든 것을 하며 내담자를 치료하는 것도 훌륭하게 수행했지만, 나는 그녀 자신이 나에 대해 느끼는 감정을 직면하게 해야 한다고 결정했다. 내가 그녀에 대해 느꼈던 방식 때문에 나는 이 점을 인식하게 되었다. 이것은 나의 개인적 역전이 반응으로 인한 것과 그녀에게서 유발된 것이 무엇인지를 발견하는 시기가 되었다. 내가 단절되고 환영받지 못한다고 느끼면서 그녀와 작업할 수 있는 방법은 전혀 없다. 함께 작업하던 우리의 긍정적인 기운은 사라졌다. 나는 '그녀를 되찾기' 위해 '춤을 추고 있는' 나를 발견했고, 궁극적으로 지금 발생하고 있는 것을 찾아냈을 때 이 점을 지적했다. 내가 어떻게 느꼈는지를 들은 후에야 그녀는 자신이 나와의 시간을 두려워하며, 자신이 보기 전에 그녀에 대한 것을 내가 어떻게 보았는지를 아는 것이 불편했음을 깨닫게 되었다. 이를 함께 탐구함으로써 그녀는 이것이 중요한 권위자에 의해 학대받고 강요받은 자신의 과거 경험에서 비롯된 것임을 깨닫게 되었다. 그녀와 작업한 나의 예전 방식은 강제적으로 느껴졌고, 그녀가 좀 더 자신감이 없었을 때에는 지원적으로 느껴졌다. 나는 나 자신의 역전이 감정을 평가하고 나의 슈퍼비전 방식을 재평가하며 수정해야 했다. 그녀는 이제 더 많은 여지와 독립이 필요한 훈련의 다른 단계에 놓여 있다. 그녀는 자신의 감정이 수용되고 비난 없이 응답되었다는 점에 놀라워했다.

Sarnat(1992)은 수련생의 난국에 영향을 미치는 자로서 자신의 인간적인 면을 보는 데 주저함이 있는 슈퍼바이저가 이런 유형의 탐구에 대해 어떻게 저항하는지를 언급하였다. 그는 자신도 틀릴 수 있음을 인정하는 것이 이를 극복하기 위한 방법이라고 말했다. 그는 이런 상황이 발생할 때 자신의 성격에 문제가 있다고 보는 대신에 그것을 일상적이고 불가피하며 '분석적 호기심에 종속된' 것으로 보도록 제안했다. 다시 말해, 만약 우리가 우리의 반영적인 '호기심'을 이 과정 내내 유지한다면, 어려움이 생길 때에 슈퍼바이저와 인턴 모두에게 그것은 보다 편안하게 사용될 것이다.

성격적 쟁점을 탐구하는 세 번째 무대는 문제가 생겨 임상지의 다른 스태프를 방해하는 경우다. 다음은 살펴보아야 할 몇 가지 예다. 즉, 의사소통과 팀 협력의 부재 혹은 회피, 다른 스태프와의 경쟁, 내담자가 가장 흥미 있어 하는 것에 대한 요구가 있을 때 단호함의 부재다. 이런 분야는 이해되고 언급되어야 한다. 그렇지 않은 경우 학생은 효율성이 떨어지게 될 것이다. 나는 교사의 방해로 인턴의 작업이 지속적으로 훼방받음을 느끼기보다 교사와 같이 앉아 치료 전략을 계획할 수 있다는 점에서 그 인턴이 안심했던 것을 기억한다. 이러한 성취는 그녀가 스태프와의 다른 접촉을 주도할 만큼 자신감을 부여했으며, 그녀가 발언권을 가지며 동료 팀 구성원을 존중하고 있음을 깨닫도록 도와주었다.

인턴의 성격적 쟁점이 발생할 경우, 우리 모두는 후속으로 이루어져야 하는 것에 대해 의견이 적절히 일치될 때까지 민감하게 그것에 대해 이야기를 나눌 수 있다. 쟁점을 추적하기 위한 지원체계가 논의되고, 학생은 그 쟁점을 심층적으로 살펴볼 수 있는 치료를 받기를 원한다. 인턴이 그런 치료를 받지 않는다면 치료사의 역할을 맡으려는 유혹을 받을 것이다. 하지만 이 시기에 인턴은 외부에서 치료를 받는 것이 중요한데, 그에 따라 역할과 전이가 뒤섞이지 않게 된다.

인턴십 단계

인턴-슈퍼바이저 관계는 다른 모든 관계와 같이 고정적이지 않고, 시간이 흐르면서 지속적으로 변화한다. 이러한 변화는 발달 단계에 따라 조직화될 수 있다. 그 단계는 어떻게 발생하고, 각 단계의 역동은 무엇일까? 이런 관계는 어떻게 전개되고, 슈퍼바이저와 인턴인 우리는 어떻게 가장 효과적으로 소통할 수 있는가? Chazan(1990)은 슈퍼비전 관계를 인턴십과 연관되는 3단계의 발달 단계로 나누었다. 각 단계의 핵심을 포착하기 위해 그녀는 여러 이론을 사용했는데, 이는 계몽적인 동시에 슈퍼바이저에게 도움이 된다.

단계 1: 공간의 창조

Chazan(1990)은 '공간의 창조'로서 슈퍼바이저와 수련생 간의 첫 번째 단계를 설명한다. 생산적인 발전을 위해 이러한 '안전한 공간'은 슈퍼비전 관계를 위해 창조되어야 한다. 이러한 공간의 창조는 수련생이 탐구와 실험을 위해 돌아갈 수 있는 안전한 본거지를 형성한다. 일과 놀이가 하나로 융합되고 개인적이고 전문가적인 정체성이 밀접하게 결합되는 것이 바로 이 공간이다. 그녀는 Winnicott(1971)이 언급한 '놀이'라는 용어를 사용하였는데, 이는 성숙과 건강을 지향하는 두 사람 간의 특별한 의사소통 형식을 의미한다. 그것은 놀이를 통해 작업하고 성장하며 의사소통하고 외부 세상에서 아기나 아동의 경험을 처리하며 새로운 존재방식을 시도하는, 어머니와 아기의 특별한 관계 장소인 과도기적 공간(transitional space)과 유사하다. 인턴에게 있어 슈퍼비전은 전문가 세계에서 경험되는 것을 처리하는 장소다.

Chazan에 따르면 슈퍼바이저와 수련생 양자 모두 이런 관계를 시작하는데, 이것은 불확실하면서 동시에 희망이 가득 찬 것으로 다음과 같은 질문을 서로 가지게 한다. 그/그녀는 나를 좋아하게 될까? 우리는 함께 일할 수 있을까? 나는 그/그녀를 신뢰할 수 있을까? 나의 의문을 밝힐 수 있을까? 나는 이해받을까? 나는 존중받을까? 이런 질문에 응답받기 위한 첫 번째 임무는 슈퍼바이저와 수련생 모두를 창의적이고 탐험적으로 만드는 안전한 공간이 만들어지는 방식에 있다. 음악치료에서 우리는 인턴이 자기 모습 그대로를 편안하게 비난에 대한 두려움 없이 개방할 만큼 안전한 장소, 또한 슈퍼바이저가 경청되고 존중받았다고 느낄 수 있는, 이 여정에서 동반자로 허락된 장소를 어떻게 창조할 수 있는가? 역할 부분에서 대부분의 내용이 이미 논의되었지만 몇 가지 추가 항목을 언급하는 것은 도움이 될 것이다.

신성불가침의 슈퍼비전 장소와 시간은 최대한 방해받지 않도록 정해져야 한다. 시간을 정하는 것은 인턴으로 하여금 자신이 존중받고, 가치 있으며, 경청받는 존재로 느끼게 할 것이다. 이것은 탐구를 위한 신성한 공동의 시간이 된다. 인턴의 감정을 경청하고 존중하라. 인턴이 자신의 감정을 들을 수 있도록 도우라. 이런 감정의 탐구가 서면 과제, 매주의 일지, 음악적 탐구, 토의의 일부분이 되도록 하라.

가능한 한 이러한 새로운 환경에서 안전함을 느끼도록 인턴을 도우라. 적절한 의사소통 구조와 의사결정 과정을 가르치라. 그들이 직면할 수 있는 여러 어려움에 대해 교육함으로써, 그들은 자신 앞에 무엇이 기다리고 있는지를 알게 될 뿐 아니라 자신에게 있어 그것이 어떤 의미인지에 대해 당신이 민감하게 느끼고 있음을 알게 된다. 지원적이지 않은 특정 스태프의 방해와 그것을 가장 잘 다룰 수 있는 방법에 대해 학생을 준비시키는 것이 한 예가 될 수 있다. 이런 방법으로 당신의 상처받기 쉬운 학생은 이런 행동을 개인적으로 받아들이지 않고 전체의 일부로 이해하게 될 것이다. 당신의 인턴에게 매우 지원적이고 함께 일할 만큼 보람을 느끼게 하는 스태프에 대해 이야기하고 소개하라. 당신이 자리에 없을 경우 인턴이 필요할 때 만날 수 있는 대리자를 준비해 두라.

서로를 이해하는 것은 양방통행이기에 당신이 얼마나 의사소통에 가치를 두고 피드백을 원하는지를 인턴이 이해하도록 도우라. 인턴은 인턴십과 슈퍼비전 관계에 연관된 것이면 무엇이든지 그/그녀가 느낀 것을 밝히는 데 편안함을 느껴야 한다. 말과 행동을 사용해 이에 대해 의사소통하라. 시작부터 이런 유형의 의사소통을 위한 장소를 구성하라. 즉, 느낌을 확인하고 느낌이 있을 것이라는 가정 안에서 실제적이어야 한다(즉, 시작에 대해, 새로운 역할을 맡은 것에 대해, 관찰과 상호작용 중에 유도해 낸 내담자에 대해, 슈퍼비전에 대해). 확실히 경청하라. 인턴의 서면 저널이나 일지를 읽고 그들의 지식을 확장하는 동시에 그들의 관점을 존중하는 피드백을 신속하게 돌려주라. 인턴이 사건에 반응하는 방법과 그들의 마음속에 있는 것을 당신이 아는 것이 얼마나 중요한지에 대한 당신의 생각을 전달하도록 피드백에 개인 반응을 포함하라. 이것이 거부되는 경우를 탐구하라.

나는 내가 최선을 다할 것이지만 때때로 사건을 잘못 이해하거나 의도적이지 않게 상처를 주는 말을 할 수도 있음을 항상 나의 인턴에게 말한다. 나는 학생이 자기 자신을 가장 잘 알고 있으므로 그/그녀가 이런 상황이 발생할 때 나에게 알려야 한다고 말한다. 그리고 나도 피드백이 필요함을 그들이 알아주길 바란다.

단계 2: 구조 구축하기

Chazan(1990)은 두 번째 단계를 '구조 구축하기' 로 묘사하면서 Mahler, Pine과 Bergman(1975)의 분리-개별화 과정의 단계를 모델로 사용하였다.

개요

이 단계에는 결합하기(twinning)와 분리-개별화의 주요한 두 가지 국면이 존재한다. 첫 번째 국면에서 그녀는 슈퍼바이저-수련생 관계를 '결합하기' 로 설명한다. '나는 그녀와 같다. 그녀는 나와 같다.' 수련생은 슈퍼바이저의 '쌍둥이' 가 되고 슈퍼바이저가 일하는 방식을 학습하며 본보기로 슈퍼바이저를 활용한다. 슈퍼바이저는 변형된 자아로 기능하고 그녀 자신을 수련생의 개별 유형에 맞추며 이미 존재하는 경향을 부정하기보다는 이를 혼합하고 향상한다. 수련생은 이를 승인과 지원이라고 느끼며 학습하는 데 자신감을 얻고 새로운 접근과 기술을 시도해 볼 만큼 용기를 가지게 된다.

수련생은 더 이상 이러한 결합하기가 필요하지 않게 될 때 분리-개별화 국면에 도달한다. 수련생은 분리된 정체성을 확립하기 시작한다. 인턴은 슈퍼바이저를 모방하는 것에 덜 의존하게 된다. 수련생은 임상적 침략이라는 탐험 속으로 담대하게 지속적으로 뛰어든다. Chazan은 자신만의 치료 모델과 기술을 구성하는 과정에서 그들이 피드백과 지원을 위해 본거지로 돌아오는 방식에 대해 설명한다. 수련생은 실수를 하면서 살아남고, 개개의 작은 성숙의 단계가 지원되고 인정될 때 비판은 더욱 잘 수용된다.

이 시기 동안 의견 차이와 힘의 충돌이 발생하는데, 이러한 어려움은 분리된 정체성을 확립하는 과정에서 필히 생기는 부분이다. 슈퍼바이저는 적절하고 민감하게 이런 과정을 지원하고, 발생할 수 있는 차이점을 인내하며, 권위와 지배에 대한 부담의 함정을 피하도록 촉구한다. 동시에 인턴의 임상 작업과 슈퍼바이저-수련생 관계를 방해하는 어려움도 다루어져야 한다.

결합하기

'결합하기' 기간 동안, 슈퍼바이저의 기능 중 한 가지는 역할 모델의 기능이다. 학생은 슈퍼바이저와 작업하고 내담자와 함께 있는 방식을 배우고, 자신만의 방식을 발전시키기 위한 디딤돌로서 음악을 배운다. 이어서 인턴은 슈퍼바이저의 자료와 방법을 학습과정의 일부로 수용하고 통합하거나 거부한다. 인턴은 자진해서 창조성을 풍부하게 하기 위해 종종 스스로에게 비현실적 압력을 가한다. 초임 인턴이 자신만의 안녕 인사, 곡 목록, 즉흥연주 방식을 즉각적으로 발전시키려는 데서 생길 수 있는 압력을 완화하라. 그들이 당신의 것을 가져다 쓰고 거기서부터 출발하여 당신의 방법과 활동을 기반으로 활용하도록 하라. 어떤 학생은 자신만의 방식을 즉각적으로 발전시킬 필요가 있다.

그들의 학습방식을 이해하라. 어떤 학생은 스스로 세션을 인도하면서 슈퍼바이저가 제안하는 것을 지원적이라고 느끼지만, 어떤 학생은 그것을 감당하지 못하고 스스로 리더십을 포기할 수 있다. 압도됨을 느끼기 전에 그들은 얼마만큼 정보나 피드백을 흡수할 수 있는가? 학생들은 리더십을 발휘해야 할 위치로 천천히 나아가길 원하는가, 아니면 완전하게 돌입하는 것이 그들에게 가장 잘 어울리는 것인가? 다음으로 가르쳐야 할 지침으로서 그들의 질문, 관찰, 흥미에 반응하고 어떻게 그들의 속도에 맞출지를 배우라.

그들이 자신의 삶에서 발달상 어디에 있는지를 배우는 것 또한 매우 중요하다. 그들은 대학에서 바로 나와 처음으로 부모와 떨어져 자신의 삶을 꾸리고 있는가? 복직을 하거나, 이직을 하는 사람과 초임자가 되는 사람의 자기애적 자만은 각기 다른 성장에 대한 욕구를 반영할 것이다. 예를 들어, 나는 특히 이전 직업으로 인해 전문가적 정체성과 유능감을 가진 사람들이 자신의 관점에서 곧바로 스스로가 능숙하고 훌륭하게 처리하지 못하다는 사실에 어려움을 가지게 됨을 발견하였다. 나는 그들의 혼란과 그들 자신이나 능력에 대한 부정적 감정의 경험이 흔히 있는 일이라는 것을 여러 번 확인해 줄 필요가 있다. 그들은 자신의 전문성을 시작할 때 버려야만 하고 그것을 자신의 새로운 전문가적 정체성에 바로 통합할 수는 없다. 그들이 가진 경험과 기술을 유지하고 그것을 새로운 일에 적용하도록 도우라.

인턴이 가질 수 있는 문화적 어려움에 대해 배우라. 인턴이 다른 국가에서 왔는가? 그렇다면 서로 다른 사회 구조 및 의사소통 양식의 차이점이 당신의 공동작업에 어떻게 고려될 수 있는지에 대해 상호 이해에 다다르는 것이 중요하다. 예를 들어, 어떤 문화는 교사와 학생 간에 명확한 경계선을 가지며, 여기서 개인적 감정을 밝히는 것은 금기시되고 개인이 독자적으로 발달하는 것을 중요하게 여기지 않는다. 이러한 점은 숨김없이 다루어져야 한다.

분리-개별화

'결합하기' 기간 이후 그리고 안전감을 가진 이후, 인턴은 Mahler 등(1975)이 언급한 바와 같이 자신만의 방식을 발전시키기 위해 분리-개별화를 시작할 준비를 갖춘다. 신혼여행의 행복한 시기는 지나고, 슈퍼바이저는 더 이상 이상화되지 않는다. 개별화 과정의 일부는 쟁점이 드러나는 것과 관련된다. 인턴의 과거 경험의 결과로, 또한 현재의 분리를 위한 재촉으로 그런 쟁점이 나타날 것을 기대하라. 슈퍼바이저로서 당신은 밀려난 것 같은 느낌을 받을 수도 있다. 이 시기에 어려움이 발생하는 것은 자연스럽다. 인턴은 더 이상 의존적일 필요가 없으며 의존에 대해 편안하게 느끼지 않기 때문에 여러 방식으로 이를 깨뜨리려 한다. 이 시기에 학생들은 마침내 자신의 대상자와 자신에게 어려움을 주었던 내담자와의 세션 진행 방법에서 더욱 편안함을 느끼게 된다. 하지만 동시에 더 깊게 들어가도록 촉구될 때 화를 낼 수도 있다. "나는 마침내 편안해졌어요. 내가 얼마나 더 많이 배워야만 하는지를 알려 주지 마세요. 또다시 불안감을 느끼고 당신에게 의존하고 싶지는 않아요!"

슈퍼바이저의 임무는 학생의 작업이나 당신과의 관계를 방해하는 쟁점을 심지어 그/그녀가 '반항' 할지라도 지원적으로 계속해서 다루는 데 있다. 당신 자신의 역전이를 자각하고 당신의 슈퍼비전 유형을 재평가하며 이것이 수정될 필요가 있는지 검토하라.

나는 언제나 자립을 지지한다. 예를 들어, 인턴과정 후반기를 준비할 때 나는 교육가로서의 나의 역할을 수정하고 가르치는 것을 확연히 줄인다. 나는 인턴이 학습방식을 배우도록 돕는 데 치중한다. 나는 이를 확실하게 한다. 우리가 어디까지 왔는지 또한 무엇이 앞에 있는지를 평가하면서, 나는 나의 기대가 어떻게 변화되어 왔는지를 드러낸다. 예를 들어, 세션을 관찰한 후에 나는 인턴에게 나를 위해 세션을 정리하고 어떤 부분의 정보가 가장 많이 필요한지 체계화하도록 요청할 수 있다. 이때가 인턴의 특별한 재능과 장점을 확인하고 더욱 향상하도록 돕는 시기다. 만약 이것이 아직 이루어지지 않았다면 그들이 자신만의 방법과 음악치료 재료를 더욱 향상하도록 지원하라.

단계 3: 상호성과 웰빙

Chazan(1990)은 '상호성과 웰빙' 이라는 이 마지막 단계를 묘사하기 위해 Erikson(1959)의 '친밀, 생성, 고결' 의 정체성 형성 단계를 차용했다. 이 단계에서 인턴은 '웰빙' 이라는 내적 경험이 나타나면서(비록 연약하기는 하지만) 전문가적 정체성과 개인적 정체성을 발전시키게 된다. 여기에는 슈퍼바이저와 수련생 간에 상당한 상호 의존과 상호성의 감정이 존재한다. Chazan은 모든 관계가 이 지점까지 발전되는 것은 아니지만 이것이 목적이라고 언급했다.

인턴십의 종결기간인 이 단계 동안 인턴의 임무는 학습한 것, 자신의 특별한 장점, 그리고 더 배워야 할 것에 대해 자각하는 것이다. 인턴은 이 분야와 그/그녀가 한 업무에 대해 명확하게 의사소통할 수 있어야 하고, 내담자와 동료 스태프에게 더 많은 것을 제공하는 전문가로서의 자신을 구축해 나가야 한다.

나는 이 단계에서 인턴과 다른 방식으로 관계를 가지게 됨을 지적하고자 한다. 예를 들어, 나는 나의 업무를 논의하는 데 있어 보다 대학에서 하는 방식대로 감명과 피드백을 추구할 것이다. 나는 종종 세션에서 인턴에게 내가 내담자와 작업한 방식이 아닌 다른 방식을 인턴이 가정해 볼 것을 요구한다. 나는 내담자와의 작업에서 인턴이 생각해 낼 수 있는 다른 좋은 대안이 있을 수 있음을 그들이 스스로 알길 원한다. 나는 개방적인 태도를 가지도록 세심히 신경 써야만 하고 나 자신의 역전이 감정으로 인해 그들의 제안을 무시하지 않아야 한다. 나는 나와 함께하는 그들의 역할이 변화되었음을 그들 자신이 느끼길 바란다. 그리고 전문가적인 교류를 자극하고 인턴의 새로운 전문가적 정체성을 강화하길 원한다. 인턴은 탄탄한 전문가적 정체성을 구축하게 되며 슈퍼바이저도 이 분야에 새로운 전문가가 진출하는 보답을 받게 된다.

추가 고려사항

이 마지막 부분에서는 이미 논의된 내용에 덧붙여 슈퍼바이저와 수련생에게 자주 나타나는 일반적인 '쟁점'이나 어려움을 다룰 것이다. 이것이 발생할 수 있는 쟁점의 완벽한 목록은 아니지만, 슈퍼바이저로서 내가 경험한 것에서 선택한 예라고 할 수 있다.

- 슈퍼바이저, 특히 초임 슈퍼바이저나 새 직장을 가진 슈퍼바이저는 인턴의 업무에 자기애적으로 시간과 노력을 바치게 된다. 인턴이 슈퍼바이저의 업무의 대표자로 보이기 때문에 인턴의 '수행'은 음악치료 부서 지위에 간접적 영향을 미치게 된다. 이러한 감정은 학생의 작업에 대한 비현실적인 기대를 창출할 수 있다. 슈퍼바이저는 프로그램의 현재 상태를 확보하는 것에

대한 불안으로 인해 긴장, 압박과 비판의 순간에 이를 때까지 인턴의 요구를 보지 못할 수도 있다. 내 경험상, 이러한 대부분의 경우에 스태프는 일반적으로 새로운 슈퍼바이저보다 학생에게 더욱 편안함을 느낀다. 또한 만약 내가 학생에 대한 스태프의 염려와 피드백을 들을 만큼 개방적이라면 그들이 인턴을 힐난하거나 비판적 태도로 대하기보다 그들을 돕기 위해 나와 같은 입장을 취하고 있음을 알아차렸을 것이다.

- 슈퍼비전을 할 때 슈퍼바이저는 종종 통제 쟁점에 직면한다. 때때로 학생이 자신의 노력과 심지어 실수에서 배우도록 내버려 두는 것은 매우 어려운 일이다. 당신이 했을 때보다 치료가 더 느리게 진행되는 것, 혹은 당신이 치료했던 내담자가 당신이 했던 방식으로 이해되지 않는 것을 지켜보는 것은 어려운 일일 수 있다. 이러한 관점은 결국 너무 빨리 간섭하여 그들의 관계와 인턴의 리더십을 망치게 할 수도 있다.
- 슈퍼바이저–인턴 관계 안에서 인턴의 개별화 단계와 자립을 주장하는 방식에 그들이 어떻게 관련되는지를 이해하는 것은 중요하다. 학생이 자신만의 방식으로 학습하거나 다른 방식을 탐구하고 있을 때, 이러한 변화는 슈퍼바이저에게 거부의 느낌이나 통제의 상실을 경험하도록 할 수 있다. 다시 말해, 슈퍼바이저로서 당신은 이를 억누르거나 '앞지르고자' 하는 유혹을 받는 식으로 이러한 탐구에 대해 어려움을 느끼는지 살펴야 한다. 인턴이 개별화 과정에서의 어려움을 표시하는 때를 알아차리는 것 또한 중요하다. 한 예로 학생이 도발적이고 호전적이 되는 경우를 들 수 있다. 갑자기 슈퍼바이저는 중요한 결정에서 밀려난다. 학생은 변화나 사건에 대해 슈퍼바이저의 점검을 받는 것을 '잊어버리고', 주장하고 도전하는 다른 간접 방식을 찾을 수 있다. 이때 학생의 감정은 물론 이런 역동에 영향을 미친 당신의 감정이나 행위가 탐구되어야 한다. 이 시기에 당신의 슈퍼비전 방식을 수정하거나 자율성을 확대해야 한다.
- 슈퍼바이저가 한 내담자의 사례와 그 내담자와 접촉한 친밀감을 포기할 때 상실감이 발생할 수 있다. 이것은 특히 슈퍼비전 시작 당시 많은 사례를 접하

지 못한 시간제 임상가에게 해당된다. 특히 흥미로운 내담자가 수련생에게 배정되거나 이임될 때 감정의 반발이 생길 수 있다. 당신에게 매우 득이 된다고 생각되는 사례는 인턴에게 넘기지 말라. 경쟁을 조심하라.

- 의존에 대한 감정은 슈퍼바이저와 수련생 모두에게 어려운 쟁점이다. 슈퍼바이저로서 인턴십 초기에 당신의 도움이 특히 필요한 인턴의 의존에 대해 어떻게 느끼는가? 그것이 당신을 어떤 식으로든지 불편하게 하는가? 이런 역할을 감당하는 것에 대해 어떤 감정이 꿈틀거리는가? 이것은 슈퍼바이저에게 얼마만큼 의존하는 것이 건강한 것인가에 대한 질문을 하게 한다. Norman(1987)은 이러한 쟁점을 자세히 논의했다. 의존의 정도가 아니라 왜 그것이 나타나는지가 질문의 핵심이다. 그녀는 내가 앞서 언급했던 '과도기적 관계'라는 용어를 사용해 이를 개념화했다. 어떤 수련생은 자신을 위해 모든 것을 일일이 설명해 주기를 원하며 초기에 안전함을 느끼기 위해 지지받고자 한다. 시간이 흐르면 인턴의 진보 방식이 핵심이 된다. 일반적으로 의존은 인턴이 점점 더 안전함을 느끼면서 흩어져 사라진다. 그렇지 않다면 무엇이 방해하고 있는지를 탐구해야 한다. 그녀는 또한 전혀 의존적이지 않고 슈퍼바이저의 지원과 피드백을 거부했던 수련생의 흥미로운 사례를 소개한다. 그녀는 이 관계에 개입했던 것을 슈퍼바이저와 탐구해야만 하고, 이것이 이루어진 후에야 비로소 수련생은 전진하여 슈퍼비전 과정에 몰입할 수 있다.
- 인턴에게 모든 노력을 쏟은 후에 이제는 더 이상 슈퍼바이저가 필요하다고 느끼지 않게 되는 '분리'의 느낌 또한 의존과 관련된다. 경험상 인턴이 분리하는 시기에 슈퍼바이저는 인턴에게 비현실적인 수준의 감사를 기대하지 않도록 배워야 한다.
- 슈퍼바이저는 권위자가 되는 것에 대한 쟁점과 관련된 자신만의 역전이를 지각해야 한다. 슈퍼바이저가 자신의 과거에 기인하여 권위자의 역동을 감당하거나 권위에 대한 인턴의 과거 경험을 재현할 가능성이 있다. 만약 이러한 권위적 경험이 문제가 된다면 어려움이 발생할 것이다. 슈퍼바이저는 종

종 권위자 역할을 맡는 것을 불편하게 여긴다. 인턴의 분노가 두려워 호감을 사거나 존경받길 원하는 것처럼 구는 것에 어려움을 느낄 수도 있다. 슈퍼바이저가 권위에 대한 자신의 감정을 고찰하는 것은 매우 중요하다.

- 슈퍼바이저는 인턴이 유발한 역전이와 자신의 개인적 쟁점으로 인한 역전이를 잘 구별해야 한다. 우리가 알게 된 아주 짧은 시간 동안 우리에 대한 인턴의 반응을 통해 우리는 부모상과 권위에 대한 그들의 과거 경험을 알아차려야 한다. 이런 관계의 강도는 이런 역동을 촉발한다. 자신이 슈퍼바이저이기보다는 경찰관 같다고 느껴져서 나를 찾아온 슈퍼바이저를 한 예로 들 수 있겠다. 이 슈퍼바이저는 자신의 인턴이 모든 것을 제대로 하는지 감독하면서 자신이 그의 위에 계속 있어야만 했기에 이와 같이 느꼈다고 말했다. 슈퍼바이저가 이것을 지지적으로 인턴과 함께 탐구했을 때, 처음에는 잘 알아차리지 못했던 인턴도 이것이 권위적 인물에 대해 자신이 과거 경험에 기초하여 기대했던 것임을 인지하게 되었다. 이 경험에 토대해 인턴은 심지어 인턴십 밖에서조차 이런 역동이 발생했던 양식을 발견하게 되었다. 이후 그는 이런 점을 그의 개인치료에 가져와 탐구하였고 결국 앞으로 나아갈 수 있었으며 보다 책임감 있게 행동하게 되었다.
- 슈퍼바이저가 깨달아야 할 또 다른 흥미로운 역동은 경쟁이다. 이것은 특히 인턴이 어떤 분야에서 음악적으로 능력이 있거나 특정 내담자 유형을 '잘 다루는' 경우에 일어난다. 이런 점에 대해 당신은 어떻게 반응하는가? 당신은 집에 가서 우울해지는가? 당신은 자신의 훌륭한 치료기술을 자랑하고, 인턴은 '그녀의 자리'로 보내고 싶은가? 혹은 당신의 인턴은 그녀의 일을 칭찬하는 다른 팀 구성원으로부터 피드백을 받기 시작했을 수도 있다. 당신의 인턴은 당신이 이루지 못했던 성공을 어떤 내담자에게서 이룰 수도 있다. 당신은 이에 대해 미묘하게 혹은 전혀 그렇지 않게 대응할 것인가? 당신이 여전히 권위자이기에 학생에게 더 많은 요구를 할 것인가? 당신은 철회할 것인가? 당신은 학생을 깎아내릴 것인가? 당신은 자존감이 갑자기 하락할 것인가?

결론

인턴십 동안 인턴과 슈퍼바이저가 함께 떠나는 여행은 풍성하고 복잡한 동시에 모험적이며 때때로 예측이 불가능하다. 다양한 역할과 단계의 항해에 참여한 이 두 명의 동반자는 전문가적 성장, 자기 지식, 심지어 변형을 위한 위대한 잠재력을 공유한다. 이 장은 인턴십 여정에 걸쳐 중요한 점을 강조한 '지도'를 제공하려 하였다. 이 지도를 사용하여 슈퍼바이저는 슈퍼바이저와 인턴이 함께 항해하는 연약한 배를 언제라도 뒤집을 수 있는 요구와 역동에 대해 더 많은 것을 이해할 수 있다. 역할, 단계, 그리고 쟁점의 진화를 더욱 폭넓은 관점으로 이해함에 따라 슈퍼바이저는 지금 일어나고 있는 일의 중요성을 민감하게 받아들이고 그에 효과적으로 반응하는 능력을 점차 갖추게 될 것이다.

참고문헌

Chazan, S. E. (1990). On being supervised and supervision. In R. Lane (Ed.), *Psychoanalytic Approaches to Supervision*. Philadelphia, PA: Bruner/Mazel.

Erikson, E. (1959). *Identity and the Life Cycle*. New York: International Universities Press.

Kadushin, A. (1992). *Supervision in Social Work*. New York: Columbia University.

Mahler, M., Pine, F., and Bergman, A. (1975). *The Psychological Birth of the Human Infant*. New York: Basic Books.

Mordock, J. B. (1990). The new supervisor: Awareness of problems experienced and some suggestions for problem resolution through supervisory training. *The Clinical Supervisor, 8*(1), 81-92.

Morris, W. (Ed.). (1981). *The American Heritage Dictionary of the English Language*. Boston, MA: Houghton Mifflin Company.

Norman, J. S. (1987). Supervision: The affective process. *Social Casework: The Journal of Contemporary Social Work, 68*(6), 374-379.

Sarnat, J. E. (1992). Supervision in relationship: Resolving the teach-treat controversy in psychoanalytic supervision. *Psychoanalytic Psychology, 9*(3), 387-403.

Stein, J. (Ed.). (1978). *The Random House Dictionary.* New York: Ballantine Books.

Winnicott, D. W. (1971). *Playing and Reality.* London: Tavistock.

감사의 글

나의 스승이자 슈퍼바이저였고 나에게 슈퍼바이저-수련생 관계의 심오한 잠재력을 일깨워 준 친애하는 친구 Barbara Hesser에게 감사를 표하고자 한다. 또한 변함없는 지원과 나의 일에 대한 믿음, 그리고 내가 많은 이익을 보고 있는 훌륭한 교정 능력을 지닌 사랑하는 친구이자 남편인 Marc Goloff 박사에게 감사한다. 마지막으로 인턴십과 그 이상의 과정 동안 그들의 가장 놀라운 여정에 내가 동참하도록 허락한 모든 슈퍼바이저와 인턴에게 감사를 돌리고 싶다.

제8장
역량중심 인턴 슈퍼비전

역량(competency)에 기초한 교육의 중요성은 음악치료 분야에서 자주 언급되어 왔다. Boone(1989), Greenfield(1978), Maranto(1989), Petrie(1989)는 모두 학생의 요구와 숙련을 기초로 하는 교육 및 임상훈련의 중요성에 대해 기술했다. "역량에 기초한 교육은 특정한 시간 틀 내에서 단순히 하나의 과정을 마치는 것이 아닌 학생의 수행, 성취, 기술에 기반을 둔다."(Petrie, 1989, p. 137) AMTA 윤리강령(AMTA Code of Ethics, 1998)에는 다음과 같이 명시되어 있다. "1.1 음악치료사는 자신의 역량 밖의 분야가 아닌 자신이 적절하게 훈련받은 분야에서 역할을 감당해야 한다." Taylor(1987)는 유능한(competent) 사람을 "의도된 행위의 실행에 필요한 적성, 능력, 지식, 판단, 힘, 혹은 기술을 소유한 자"(p. 115)라고 정의하였다. 슈퍼바이저는 인턴이 AMTA의 역량을 성공적으로 습득하도록 도울 수 있는가? 만약 그렇다면 어떻게 해야 하는가? 효과적인 슈퍼비전과 인턴의 역량 발달에는 어떤 관계가 있는가?

임상훈련과 교육의 인턴십 단계를 논할 때, 실습 현장에 음악치료사 슈퍼바이

Laurie A. Farnan, MMT, MT-BC
Coordinator, Centeral Wisconsin Center for the Developmentally Disabled, Madison, WI

저가 있어야 한다는 의견은 매우 보편적이다. 하지만 슈퍼비전의 본질과 기법에 관해서는 몇 가지 의문이 존재한다. 유능한 인턴을 감독하는 것은 수월하다. 유능한 인턴은 시간을 엄수하고, 내담자를 정확하게 진단 평가하며, 치료목표를 수행하고, 첫 음정을 잘 찾고 동시에 같은 조로 연주하고 노래할 수 있으며, 기관이나 시설이라는 보다 큰 조직에서 잘 어울릴 수 있다. 하지만 이런 수준의 역량은 인턴십 기간의 첫날 혹은 처음 몇 주나 몇 달 내에는 보이지 않을 수도 있다. 그러나 대부분의 인턴은 자신의 인턴십 기간을 성공적으로 마친다. 따라서 우리는 적절한 지원, 피드백을 동반한 관찰, 인도, 조언, 모델링을 수반한 효과적인 슈퍼비전을 통해 바람직한 역량이 성공적으로 습득될 수 있다고 결론 내릴 수 있다. 그렇다면 슈퍼비전은 인턴이 바람직한 역량을 습득하는 데 어떻게 기여할 수 있을까?

역량에 기초한 슈퍼비전 기술을 발전시키기 위해 인턴기간 중에 학습되는 역량을 점검하고 슈퍼바이저 방식을 조화시키는 것이 논리적일 것이다. 몇몇 저자는 인턴 경험 중에 가장 자주 습득되는 역량을 발견하였다. 전미음악치료학회(NAMT, 1997) 전문가 역량 부위원회에서 실시된 설문조사에서 역량이 확인되었는데, 그것은 임상훈련(인턴 기간)에서 학습되는 것과 같았다. Maranto와 Bruscia(1988)도 인턴십 기간 중에 학습된 역량의 조사 결과를 보고하였다. 집단기법, 언어적 기법, 내담자와의 의사소통, 내담자 진단평가, 치료계획, 치료 적용, 치료 및 평가와 종결계획과 같은 주제가 이 두 조사에서 공통으로 발견된 역량이었다(p. 20).

역량에 기초한 슈퍼비전 기획을 위한 또 다른 고려사항으로는 인턴의 발달을 들 수 있다. 우리는 역량이 학습되는 것이라는 것은 이미 인식하였지만 특정한 역량은 인턴십 기간 동안 가장 잘 나타날 수 있음을 염두에 두어야 할 것이다. Grant와 McCarty(1990)는 6개월 인턴과정에서 "개인적이고 전문적인 범주에서 중요한 발전이 일어나는데, 그중 5개월 차와 6개월 차에 그 발전이 제일 크다."(p. 102)라고 보고하였다. Glider(1988)는 심리학자의 전문가적 정체성 형성의 여러 단계를 설명하였다. 첫 단계는 '초기 인턴 증후군(early intern syndrom)' 이라고 불리며 역할 모호성 및 정체성 탐색으로 특징지어진다. 학생들은 기관에서 자신의 위치를 찾아가기 시작하고 "자기반성, 의심 및 자기 대면의 시기"(p. 200)와 조우할 수 있다. 임상 훈련가 워크숍에서 NAMT(1994) 임상훈련 위원회는 다음과 같은 인턴십의 다섯 단계를 슈퍼바이저에게 가르친다.

- 의존 단계
- 자율성 단계
- 조건적 의존 단계
- 4개월 차 우울 단계
- 독립 단계

인턴의 요구, 슈퍼바이저 기술, 그리고 도구는 각 발달 단계마다 발견될 수 있다. 심리학 문헌에서도 비슷한 인턴십 단계가 보고되었다.

이 장의 목적은 음악치료 인턴십의 단계를 심층적으로 점검하고, 각 단계에서 학습될 AMTA 역량을 확인하며, 인턴이 바람직한 역량을 성공적으로 습득하도록 도울 수 있는 슈퍼비전 기술을 제안하는 데 있다. 인턴십 기간은 매우 다를 수 있고 또 실제로 다르기 때문에 이 장에서는 개월이나 시간에 따른 설명은 제시하지 않을 것이다. 이 장의 목적에 따라 인턴십은 동일한 세 부분—첫 부분, 중간 부분, 마지막 부분—으로 나누어진다.

인턴십과 역량 습득의 단계

단계 I: 인턴십의 첫 부분

인턴십의 세 부분 중 첫 부분에서 인턴은 많은 새로운 장면, 소리, 경험과 만난다. 새로운 시스템에서 자신의 위치를 찾아가는 과정이므로, 일반적으로 그들의 불안은 높다. AMTA 임상훈련 위원회의 자료집은 첫 단계를 의존 단계로 정의한다. 이 단계의 첫날에는 인턴이 환영받고 있다는 것을 알아차리도록 배려해야 한다. 그들이 일할 환경에 대한 세심한 오리엔테이션을 제공하라. 이때가 바로 경계를 정하고 바람직한 직무 행동을 만들어 가는 시작의 시기다. 오리엔테이션 자료는 문서와 구술 형태로 다양하게 제시하라. 초임 인턴의 일반적 불안 수준을 고려할 때, 이 시기에 그들이 말로 들은 모든 정보를 기억하는 것에만 의존하는 것은 좋은 방법이 아니다. 이 시기에 인턴에게 AMTA 임상실습 기준 및 윤리강령 복사본을 제공하는 것이 좋다.

인턴이 내담자보다는 자신에게 관심을 가지는 것이 의존 단계의 특징이다. 인턴은 대부분의 시간을 치료사가 내담자와 일하고 교류하는 것을 관찰하는 데 보낸다. 구체적 관찰 형식은 이 시기의 유용한 슈퍼비전 도구가 될 수 있다. Farnan(1996, p. 70)은 관찰 보고서, 주별 슈퍼비전 서식, 인턴 세션 회고 서식을 포함한 유용한 슈퍼비전 서식의 예를 제공하였다. 이들 서식은 아래에 제시되어 있다.

〈표 8-1〉 관찰 보고서

인턴 성명:
프로그램 스태프 성명:
병동 혹은 교실:
내담자 수:
내담자 이름:
날짜:
1. 몇 명의 내담자의 음악적 및 비음악적 행동을 묘사하라.
2. 세션에서 사용된 활동(노래)의 이름을 기록하라.
3. 어떤 중재가 가장 성공적이었는가? 그 이유는?
4. 이 활동은 어떤 기능적 생활기술 분야를 다루었는가?
5. 이 세션을 관찰하면서 당신은 무엇을 배웠는가?(내담자, 당신 자신, 음악치료 등에 관하여)

인턴이 세션 후 내담자의 반응을 분류하고 설명하는 데 어려움을 보인다면 관찰 보고서를 사용하라. 이는 또한 인턴이 해당 프로그램과 사람들을 확인하기 위해 이름과 위치를 기억해 내도록 돕는 문서가 되기도 한다.

〈표 8-2〉 주별 슈퍼비전 서식

1. 이번 주 직무 회고: 성취한 점: 어려웠던 점:
2. 개인적/전문가적 발달: 추천사항:
3. 다음 주 목표: 추천사항:
4. 내담자 진보: 추천사항:

인턴이 슈퍼비전 모임에 쟁점을 가져오는 것을 어려워한다면 주별 슈퍼비전 서식을 사용하라. 이 서식은 또한 주별 단위로 성취해야 할 목표를 구체화하고 인턴이 역량의 구체적 요소에 초점을 맞추도록 돕는다.

〈표 8-3〉 인턴 세션 회고 서식

집단:
날짜:
내담자 수:
스태프 수:
1. 이 세션에서 당신이 수행한 가장 효과적인 일은 무엇이었는가? 무엇이 그것을 효과적으로 만들었는가?
2. 당신이 수행한 가장 효과적이지 못한 일은 무엇이었는가? 무엇이 그것을 덜 효과적으로 만들었는가?

3. 이 세션의 하나 이상의 요소를 하나 이상의 Sears 음악치료 과정과 연관시키라. (Sears 의 것이 아닌 다른 이론적 모델도 다루어질 수 있다. 생의학, 의료적, 정신역동 이론도 이에 해당될 수 있다. 이론은 당신의 치료 환경과 치료 스타일과 관련되어야만 한다. 이러한 문장을 작성하는 목적은 인턴이 자신의 치료 철학을 발전시켜 가면서 이론 모델에 대한 개념을 습득하도록 돕는 데 있다.)
4. 다음 세션에서 당신이 변화할 수 있는 것을 구체적으로 나열하라.

인턴이 자기평가 기술 학습에 도움이 되도록 인턴 세션 회고 서식을 사용하라. 이는 인턴이 발전하고 효과적인 기술을 습득해 감에 따라 진보의 기록이 될 것이다.

역량은 또한 구체적으로 정의될 필요가 있다. 처음 몇 주는 기능적 음악기술을 다루는 좋은 시기가 된다. 기타, 성악, 피아노 등 인턴의 기능적 기술에 대한 개별 진단평가는 인턴십의 첫 2주 안에 진행되는 것이 바람직하다. 이런 기술의 발전을 위한 기능적 음악기술을 기획한다면, AMTA 역량의 음악 기초 영역을 참조하라. 건반기술, 기타기술, 성악기술 및 비오케스트라 악기기술이 명시되어 있다. 그 밖의 다른 기능적 음악기술이 당신의 근무지에서 필요하다면 그것을 당신의 진단평가에 첨가하라. 예를 들어, 당신이 오르프 악기나 톤바(tone bars)를 사용한다면, 이런 악기를 당신의 치료환경에서 가장 잘 활용하도록 하는 방법에 대해 진단 평가하고 이를 인턴에게 훈련하도록 해야 한다. 성악 및 기타 기술을 평가할 수 있는 방법 중 하나는 각 인턴이 서로와 슈퍼바이저 앞에서 연주하고 노래할 수 있도록 한 곡을 준비하게 하는 것이다. 이것은 단지 슈퍼바이저가 능력을 진단 평가하고 각 인턴을 위한 프로그램을 개별화하기 위함이라고 그들을 안심시키라. 만약 이 과정이 집단 내에서 행해지고 슈퍼바이저와 일대일로 일어나는 것이 아니라면 인턴은 덜 당황해할 것이다. 이런 접근은 인턴이 내담자를 떠나 지원적인 환경에서 연주하고 노래하도록 한다. 인턴에게는 자신이 올바른 길을 가고 있고 자신이 향상하도록 돕는 계획이 있음을 알리는 큰 확신이 필요하다.

이 첫 단계의 끝으로 향해 가면, 인턴은 치료 세션의 특정 부분을 인도하게 될 것이다. 세션을 시작하고 마치는 중재와 같은 부분은 보통 세션 후 즉각적으로 피드백을 제공할 수 있는 좋은 출발점이 된다. 내담자가 더욱 집중하도록 하는 그 세션에서 일어난 사건에 대한 구체적 질문도 이 단계에서 필요하다. 인턴의 대답을 인도하고 촉진하는 질문 및 표현은 아래에 제시되어 있다. 이런 언어적 촉진은 인턴이 중요한 관찰기술을 발전시키고 임상 기초 부분, 특히 치료사-내담자 관계의 역동과 과정에 대한 기초 지식을 포함하는 치료 원리 부분에 대한 역량을 발전시키도록 한다.

인턴십 첫 단계 임상 기초를 발전시키기 위한 질문 및 구술 표현

- 세션에서 당신이 관찰했던 내담자의 반응 두 가지를 말해 보세요.
- 이런 반응을 유발했던 음악에 대해 당신은 어떻게 생각하나요?
- 당신이 ~를 알아차리길 바랍니다.
- 당신은 ~와 같은 방식(내담자)을 관찰했나요?
- 당신이 생각하기에 우리가 이 방식으로 행한 이유를 말해 보세요.
- 당신의 존재가 이 세션에서 상호작용과 중재에 어떤 영향을 미쳤다고 생각하나요?

이 첫 단계를 구성하는 마지막 요소는 인턴의 목적 설정과 기대 수준을 정하는 것이다. 인턴에게 AMTA 역량(AMTA Competencies, 1999)[1] 자료의 사본을 제공하는 것은 인턴 스스로 기대 수준을 설정하는 데 도움이 된다. 처음 일주일 내에 인턴 자신이 인턴십에 대한 스스로의 기대 수준을 적는 것은 도움이 된다. 이 목록은 슈퍼바이저와 함께 논의되고 일이 어떻게 진행되고 있는지를 검토하기

1) 미국음악치료협회(AMTA)의 허락하에 재인쇄함.

위해 인턴십 기간 동안 참조될 수 있다. 또한 슈퍼비전 관점에서 기록된 인턴 기대 수준(Intern Expectation) 자료를 가지는 것도 도움이 될 수 있는데, 이 자료에는 근무시간, 근무 규칙 및 종결 규칙과 같은 것이 포함된다. 이어 슈퍼바이저와 인턴은 인턴십이라고 불리는 훈련 및 교육 기간 동안 성취해야 할 것에 대해 서로 동의하는 과정을 거친다.

AMTA 역량: 인턴십의 첫 부분

음악적 기반

건반기술

- 기본 화성 진행(I–IV–V–I)으로 여러 조에서 연주하기
- 간단한 곡이나 노래 반주를 초견으로 연주하기
- 간단한 곡을 화음으로 반주하고 전조하기

기타기술

- 간단한 스트럼(strumming) 기법과 핑거 피킹(finger picking) 기법으로 연주하기
- 표준 조율기나 그 밖의 것을 가지고 기타 조율하기
- 간단한 곡을 여러 조에서 화음으로 반주하고 전조하기

성악기술

- 목소리로 집단 노래 활동 인도하기
- 적당한 음량으로 노래하기
- 기본적인 전통가요, 민요, 대중가요 등을 듣기 좋은 목소리로 노래하기

비오케스트라 악기기술

- 타악기를 혼자 혹은 합주로 연주하기
- 비오케스트라 및 민속 악기 관리와 유지에 대한 기초 지식 갖추기

동작기술

• 표현적 목적을 위해 구조적으로 또는 즉흥적으로 동작하기

임상적 기반

예외성

• 예외에 해당하는 사람이 지니는 잠재력, 제한점, 문제에 대한 기초 지식 갖추기
• 주요 장애에 대한 이유와 증상에 대한 기본 지식과 진단 및 분류에서 사용되는 기본 용어 설명하기
• 전형적이고 비전형적인 인간 시스템과 발달에 대한 기초 지식 갖추기

치료 원리

• 치료 집단의 역동과 과정에 대한 기초 지식 갖추기
• 수용된 주요 치료 접근방식에 관한 기초 지식 갖추기

자기 자신에 초점을 맞춘 인턴십 첫 단계 슈퍼비전 전략 및 시나리오

6주차 인턴 조앤[2)]은 작업치료사에게 수동 관절가동 운동(passive range of motion)에 관한 훈련 수업을 막 마쳤다. 조앤은 또한 다른 작업치료사에게서 내담자 개개인에게 적용할 수 있는 가르침을 받았고, 슈퍼비전을 하는 음악치료사와 더불어 5회의 세션 동안 음악과 진동촉감 자극을 함께 사용한 수동 관절가동 운동을 관찰해 왔다. 또 다른 음악치료사와 함께한 다음 세션에서 어떤 내담자가 그 운동을 하도록 도움을 요청했을 때, 조앤은 곤란해하고 혼란스러하며 두려워 하였다. 그녀는 주저하며 무엇을 해야 하는지, 그녀가 제공한 가동 범위가 작고 제한적인지, 또한 그 내담자가 무엇을 요구하는지에 대해 전혀 확신하지 못하는 듯 보였다. 그녀는 휠체어의 제동장치를 작동하고, 가장 손상이 적은

2) 모든 이름은 수련생과 내담자의 사생활 보호를 위해 변경되었다.

환지(患肢)부터 먼저 시작하며, 가동운동을 할 때 운동하는 측면에 맞추어 나란히 서 있고, 앞으로의 진행사항을 내담자에게 알리는 것과 같은 중요한 부분을 잊어버렸다.

인턴 학생인 조앤은 한 내담자에서 다른 내담자로, 한 세션에서 다른 세션으로 자신의 훈련을 일반화하는 데 큰 어려움을 겪고 있었다. 이에 대해 질문을 받았을 때, 그녀는 자기 자신과 그녀가 치료하고 있는 내담자에게 미치는 영향에 대해 다음과 같이 집중했다. "내 셔츠가 너무 밝고 산만했어요." "밥(내담자)은 내가 신참임을 알고 있으니 나를 위해 운동하지 않을 것 같아요." "나는 그의 팔이 아주 뻣뻣해서 그것을 움직이게 하기가 두려웠어요." "무엇을 해야 할지 몰랐어요." "이 사람을 다치게 할까 봐 겁났어요." "이 내담자는 다른 사람과 관계 맺는 것을 어려워하지 않을까요?" "내가 잘 하고 있는지를 내가 어떻게 알지요?"

자기 자신에게 너무 집중하는 인턴에게는 내담자가 삶에서 많은 치료자를 만나면서 다양한 사람에게 길들여졌을 수 있다는 사실을 참고하게 한다. 인턴에게 그들이 경험한 것에 대해 어떻게 느끼고 작업하는지에 대해 질문하라. 내담자가 관절가동 운동을 하는 중에 그 내담자의 얼굴을 보고 표정으로 그의 반응을 짐작하도록 일러 주라. 조심하는 것이 좋은 치료적 본능인 것에 반해 주저하고 확신이 없는 것은 그렇지 않음을 인턴에게 주지시키라. 인턴이 이미 알고 있는 것을 강화하고 그들이 막 발견하고 있는 지식과 기술을 적용할 수 있도록 그들의 능력을 발휘하게 하라. 조앤은 그 내담자에게 해를 끼칠 만한 일을 하지는 않았지만 그에게 좋은 영향력을 주지도 않았다. 인턴이 그들이 받은 훈련에 기초하여 좋고 효과적인 중재를 제공할 수 있는 다음 수준의 단계로 나아가도록 격려하라.

이 단계에서 적절한 현실 확인 역시 필요하다. 이 사례에서 조앤이 언급한 '너무 밝은 셔츠'는 실상은 어두운 적포도주색이었으므로 '너무 밝은' 것에 대한 문제는 아니었다고 할 수 있다. 인턴에게 그들이 훈련받은 방식과 그들이 도움받았던 사람들을 반복해서 말하도록 하라. 이는 그들에게 필요한 도구와 기술을 이미 그들이 가졌음을 기억하게 할 것이다. 과거에 어떤 내담자를 치료했는지 인턴에게 물어보고, 내담자마다 유사점과 차이점이 있었는지와 그 차이점이 무엇이었는지를 질문하라. 그 집단에서 누가 비슷한 근육 상태를 가졌는지 생각해 보고 인지하도록 질문하라. 그리고 조앤이 언급한 '그는 나를 위해 운동하지 않을 것이다'에 관해서는 어떤 내담자라도 치료사를 위해 무엇이든 해야만 하는 이유가 있는지 질문하라. 이 문제는 그런 관계에 관한 것이 아니기 때문이다. 치료관계는 역량강화(empowerment)와 선택에 관한 것이다. 계속해서 치료사를 인턴에게 관절가동 운동을 실행해 보도록 하고, 이 과정에서 치료사는 적절한 조언을 하고 효과적인 중재에 관해 칭찬하며 개선방법을 제안하라. 이는 역할극이 아니라 문자 그대로 다른 사람을 다루는 방식의 학습을 위해 실제 경험해 보는 접근법이다.

단계 II: 인턴십의 중간 부분

인턴십의 중간 부분은 자율 단계다. 인턴은 더 많은 기술, 능력, 경험, 자신감을 가지며 슈퍼바이저에게서 좀 더 많이 독립하게 된다. 인턴은 집단을 중재하는 데 더 많은 책임감을 가지며 궁극적으로 슈퍼바이저 없이 집단 세션을 진행하기 시작한다. 이 단계의 절반가량이 흐르면 인턴 중간평가가 있다. 이 평가에서 인턴과 슈퍼바이저가 제대로 가고 있는지를 확인하기 위해 인턴의 개별적 기대 수준이 다시 언급된다. 인턴은 우선 자기평가를 하고 이어 슈퍼바이저와 만나 전반적인 역량 발달 상황에 대해 논의한다. 중간평가 과정의 일부로 역량 자료 문서를 검토하는 것도 좋은 생각일 것이다. 인턴십 평가 형식을 기획할 때 음악적 기반, 임상적 기반 및 음악치료로 분류되는 AMTA 역량 범주를 사용하는 것이 도움이 될 것이다.

치료관계 부분에 속하는 임상적 기반의 구체적 요소는 이 중간 단계에서 발전될 수 있다. 인턴은 슈퍼바이저와는 독립적으로 내담자 및 스태프와 관계를 형성한다. 슈퍼바이저는 세션 관찰과 구조화된 슈퍼비전 만남을 통해 모든 집단 세션을 검토하고 그에 대한 조언을 함으로써 인턴의 임상을 자주 확인해야 한다. 일대일 슈퍼비전을 위해 주 1회의 규칙적인 만남의 시간을 정하는 것은 발생하는 어떤 쟁점에 대해서라도 이야기할 수 있는 시간을 보장한다.

슈퍼비전 만남의 구조는 매우 중요하다. 모든 인턴이 자신이 하고 있는 일에 대해 이야기하는 능력을 타고나는 것은 아니기 때문에 이런 기술은 계발되어야 한다. 이런 기술을 발전시킬 수 있는 한 가지 방법은 세션 결과를 분석하는 집필 형식과 Farnan(1996, p. 70)이 제공한 것 같은 주 1회의 코멘트 형식을 통해서다. 구술능력을 발달시키도록 돕는 또 다른 방법은 적절한 질문을 던지는 것이다. 치료사가 좋은 질문을 던지는 것을 배우는 것같이 슈퍼바이저도 그럴 수 있다. 다음과 같은 질문은 인턴에게 그들의 세션에서 무슨 일이 벌어지고 있는지를 설명하는 방법을 알려 준다.

임상적 기반 발전을 위한 질문: 인턴십의 두 번째 단계

- 이번 주에는 무슨 일을 했나요?
- 어떤 집단이 당신에게 잘 맞았나요?
- 그 집단이 당신에게 잘 맞았던 이유가 무엇일까요?
- 당신에게 어려움을 주었던 집단이나 개별 내담자가 있었나요?
- 당신의 학습에 도움이 되는 필요한 모든 것을 받았나요?
- 그 밖에 우리 스태프의 다른 도움이 필요한가요?
- 당신은 충분히 일했나요?
- 당신은 지나치게 일했나요?
- 이번 주에 우리의 관심이 필요한 다른 일이 있었나요?

내담자 진단평가, 치료계획, 치료 실행, 치료 평가와 기록에 관한 음악치료 역량에 대한 요소는 이 인턴십 단계에서 발전되기 시작한다. 그들과 연관된 치료 대상자와 관련해서 이런 주제에 관한 책을 읽어 보도록 하는 것이 이 시기에 도움이 될 것이다. 진단평가와 세션 계획에 관한 논문이나 책은 이 단계에 도움이 된다. 당신 자신의 임상 집단과 그 집단을 위한 치료계획에 관한 논문을 찾기 위해 출판물을 검토하라.

AMTA 역량: 인턴십의 중간 단계

임상적 기반

치료 관계

- 자신의 느낌, 태도, 행동이 내담자와 치료과정에 미치는 영향력을 인지하라.
- 치료에 도움이 되는 대인관계를 확립하고 유지하라.
- 치료목적을 성취하기 위해 집단의 역동과 과정을 활용하라.

음악치료 기반

기반과 원리

- 현존하는 음악치료 방법, 기법, 자료, 도구를 적절하게 적용할 수 있는 기초 지식 갖추기
- 음악치료 진단평가에 관한 원리 및 방법과 그것을 적절하게 적용할 수 있는 기초 지식 갖추기
- 음악치료 효과를 평가하기 위한 원리와 방법에 대한 기초 지식 갖추기
- 다양한 내담자 집단을 위한 음악치료의 목적, 의도, 기능에 대한 기초 지식 갖추기
- 음악적 행동과 경험에 대한 심리적 및 생리적 측면에 대한 기초 지식 갖추기

내담자 진단평가

- 진단평가 결과와 추천사항을 구술 및 집필 형식으로 의사소통하기
- 진단평가에 대한 내담자의 반응을 정확하게 관찰하고 기록하기
- 내담자의 적절하고 부적절한 행동 인지하기
- 음악을 통해 내담자의 장점 및 문제를 진단하기 위해 문화적으로 적절하면서 효과적인 방법을 선택하고 기획하며 수행하기

• 음악치료 및 관련 진단평가 자료의 분석과 해석을 통해 내담자의 치료적 요구를 인지하기

치료계획

• 내담자의 목표를 만족시키는 음악치료 경험을 선택하거나 창조하기
• 진단평가 결과에 기초하여 개별과 집단 음악치료를 위한 목적과 목표를 설정하기
• 음악치료에서 내담자의 일차적인 치료적 요구를 인지하기
• 대략적인 치료의 빈도와 기간 규정하기
• 내담자의 강점과 요구와 일치하는 음악을 선택하고 각색하기
• 내담자의 치료적 참여를 촉진하기 위해 음악치료 환경을 구성하고 정리하기
• 음악치료 세션을 계획하고 연속화하기

치료수행

• 음악치료 세션에서 발생하는 중요한 사건을 인지 · 해석하며 적절하게 반응하기
• 비음악적 행동을 변화시키기 위해 음악치료 경험 제공하기
• 성공적인 내담자 참여를 위해 필요한 언어적, 비언어적 지시와 신호 제공하기
• 음악치료 세션에서 노래 부르기 기술 활용하기
• 집단 음악치료에서 적절한 사회적 행동을 위한 모델 보이기
• 음악치료 세션에서 치료적 언어기술 활용하기
• 내담자의 요구와 상황적 요인에 따라 세션 안에서 음악적 경험 배열하고 조절하기
• 집단과 개별 음악치료 인도하고 돕기
• 음악치료 세션의 종결 준비하기
• 치료계획에 따라 음악치료 프로그램 수행하기

- 집단 응집력과 집단 소속감 촉진하기
- 내담자의 사회적 기술 발달을 돕는 음악치료 경험 제공하기
- 내담자의 행동에 대한 그들 자신의 기대에 관해 의사소통하기
- 보다 효과적으로 의사소통하도록 내담자 돕기
- 내담자 자기감 및 타인에 대한 자기감을 향상하기 위한 음악치료 경험 제공하기
- 치료에 필요한 물리적 환경 만들기
- 사회적 상호작용을 유발하기 위한 치료경험 제공하기
- 내담자의 의사결정을 촉진하기 위한 음악치료 경험 제공하기
- 연령, 문화, 음악 형식을 고려한 음악 목록 만들고 유지하기
- 내담자의 과제수행 행동 향상을 돕기 위한 음악치료 경험 제공하기
- 내담자의 감정적 반응을 유발하기 위한 음악치료 경험 제공하기
- 내담자의 의사소통을 반영하고 바꾸어 말하고 해석하는 데 피드백 제공하기
- 내담자가 시각, 청각, 촉각 신호를 사용하도록 돕는 음악치료 경험을 통해 감각자극 제공하기
- 음악치료 세션에서 비오케스트라 악기 활용하기
- 내담자의 창조적 반응을 격려하기 위한 음악치료 경험 제공하기
- 이완 및 스트레스 감소를 위한 음악 제공하기
- 인물, 장소, 시간에 대한 내담자의 정위력(orientation)을 향상하기 위한 음악치료 경험 제공하기
- 내담자의 인지적/지적 발달을 고양하기 위한 음악치료 경험 제공하기
- 내담자가 복용하는 약물의 영향을 인지하고 이에 대해 적절하게 반응하기

치료평가

- 내담자와 다른 사람에게 확실한 위험이 되는 상황을 인지하고 이에 대해 적절하게 반응하기
- 치료에 대한 내담자의 반응에 기초해 치료 접근 수정하기

- 치료에 대한 내담자의 반응 안에서 중요한 점과 패턴 인지하기
- 필요할 경우 치료계획 수정하기
- 치료 효과에 대한 평가를 현실적인 시간 틀 안에서 설정하고 작업하기
- 기관에서 정한 안내 지침 안에서 치료계획을 정기적으로 검토하기
- 내담자의 진보와 치료 전략의 효과성을 평가하고 측정하기 위한 방법을 설계하고 수행하기

치료에 초점을 맞춘 중간 단계 슈퍼비전 전략 및 시나리오

10주차 인턴 데비의 첫 번째 독립 개별 세션 중 하나를 슈퍼바이저 치료사가 관찰하였다. 그곳에는 다른 두 명의 스태프와 중증 정신지체 및 행동 문제를 가진 다섯 명의 내담자가 있었다. 데비는 그 집단을 통제하도록 노력해야 한다는 뛰어난 치료적 직감을 가지고 있었다. 하지만 그녀가 제시한 방향은 그 집단을 통제하는 시도를 넘어선 것으로, 그녀는 무엇을 해야 하는지 사람들에게 명령하였다. 내담자에게 한 그녀의 지시의 예는 다음과 같다. “당신이 북 연주를 중단하길 원치 않는다는 것을 난 알아요. 하지만 지금 그만두어야 해요.” “신디, 나를 위해 마라카스를 이 상자 안에 넣어 주세요.” “제프, 탬버린를 연주해 줄래요?” “샐리, 난 당신이 지금 북을 치길 원해요.” 데비는 또한 첫 음정을 잡는 것과 조성의 중심 음을 유지하는 것을 어려워했다.

통제하려는 그녀의 첫 직감은 매우 정확하였으나, 그녀가 선택한 문장은 청하고 지원하기보다는 참여를 명령하는 것과 같은 역할을 하였다. 데비에게 제안한 내용은 다음과 같이 시작되었다. “난 당신이 그 집단에서 지나치게 권위적인 분위기를 만들려는 의도가 없었다고 확신해요. 하지만 당신이 사용했던 문장을 검토하고 그것이 어떤 식으로 해석될 수 있는지 탐구해 봅시다.” 데비의 세션을 관찰하는 동안 기록을 하였는데, 이것은 그녀가 어떤 식으로 받아들여지는지에 대한 그녀의 인식을 향상하도록 돕는 목적으로 슈퍼비전에서 사용되었다. 그녀는 내담자가 연주할 수 있는지 혹은 할 것인지에 대해 예/아니요로 답할 수 있는 질문방식의 위험에 대해 주의하게 되었다. 그러한 질문을 던지면 예 혹은 아

니요의 반응을 더 잘 얻을 수 있지만, 만약 어떤 사람이 연주를 원하지 않는다면 어떤 방식으로도 그 사람을 연주하게 하지는 못할 것이라는 점을 인턴에게 알려 주어야 한다. 명백하게 북 연주에 참여하고 즐기는 내담자에게 연주를 중단하도록 한 이유가 무엇인지 탐구하도록 더 깊이 논의하라. 세션 계획을 수정할 수 있는 융통성에 대해 탐구하라. 권위적 언어 대신 힘을 줄 수 있는 문장의 예가 인턴에게 제공되었다.

음악기술 향상에 관해서 말하자면, 인턴은 치료사가 하는 것같이 자신의 음악이 진행되지 않는 것을 알았을 때 놀라게 된다. 첫 음정을 찾을 수 있는 전략으로는 어떤 조성으로 시작할지를 미리 알아 두는 것, 중심 음을 유지하기 위해 삼화음을 노래하는 것, 첫 음정의 벨을 연주하는 것, 그리고 세션 시작 전의 많은 연습이 있다.

단계 III: 인턴십의 마지막 부분

인턴십의 마지막 단계는 독립 단계다. 인턴은 자신만의 집단 세션을 운영하고, 팀 회의에 참가하며, 내담자를 진단 평가하고, 치료목표를 수행하며, 자료를 수집하고, 궁극적으로 자신의 집단을 종결하게 된다. 그들은 또한 이력서를 작성하고, 직장 면접에 임하며, 초임 임상가의 단계로 이동한다. 그들은 음악치료 전문가 집단에 대해 질문을 할 수도 있다. 또한 임상 프로그램을 기획하고 집행하는 방법에 대해 질문을 할 수도 있다. 인턴십 마지막 단계의 역량은 대부분 종결/퇴원 계획, 슈퍼비전 및 행정, 전문가의 역할/윤리와 같은 음악치료 기반의 요소를 포함한다. 인턴의 마지막 평가는 인턴십 마지막 주에 완성된다. 이 마지막 평가는 인턴이 성취한 것을 반영하고 성공적으로 보여 준 역량과 밀접하게 관련되어야 한다. 이 단계에서 슈퍼비전 만남은 인턴이 보다 독립적인 치료사가 되어 감에 따라 다른 논조로 이루어지도록 해야 한다. 슈퍼바이저는 남은 시간이 얼마만큼인지와 그 시간 동안 성취할 수 있는 것은 무엇인지에 초점을 맞추며 마무리할 수 있도록 인턴의 준비를 도와야만 한다. 내담자와 스태프에게 어떻게 작별인사를 할지에 대해 제안을 받는 것이 인턴에게 도움이 될 수 있다. 그들이 사용할 수 있는 구체적인 문장은 다음과 같이 제안될 수 있다. "그동안 내가 배울 수 있도록 도와주셔서 감사합니다." "나를 가르치셨던 모든 것에 대해 감사합니다." "계속하여 발전이 있길 기원합니다."

음악치료 기반의 발전을 위한 질문: 마지막 인턴십 단계

- 당신의 이상적 직업은 어떤 것인가요?
- 어떤 유형의 내담자 집단과 일하길 원하나요?
- 당신의 기술을 발전시키기 위한 어떤 계획을 가지고 있나요?
- 당신의 이력서는 인턴십 경험을 포함하여 갱신되었나요?
- 당신의 집단을 어떻게 종결할 것인가요?
- 당신이 마치기 전에 해야 할 서류 작업/프로젝트가 무엇인지 확실히 알고 있나요?
- 당신의 내담자에게서 어떤 변화를 감지했나요?

AMTA 역량: 인턴십 마지막 부분

음악치료 기반

문서 작성

- 내담자의 변화를 정확하게 반영하는 문서를 작성하고 내적 · 외적인 법률, 조례, 재정적 보상에 대한 요구 조건을 만족시키라.
- 임상자료를 기록하라.
- 전반적인 음악치료 과정을 통해 내담자를 묘사하도록 정확하고 간결하며 객관적이고 전문적인 보고서를 작성하라.
- 내담자의 진보와 내담자의 음악치료 프로그램에 대한 다양한 측면에 대해 내담자, 부모, 중요한 인물, 팀 구성원과 이야기를 나누라.
- 치료계획을 기록하고 수정하며 치료계획에 따른 변화를 기록하라.
- 진단평가, 치료 및 평가를 포함한 모든 임상적 과정의 단계 동안 자료 수집

기술을 발전시키고 사용하라.
- 문서 작성에 대한 임상의 전문 기준에 대한 지식을 갖추라.

종결/퇴원 계획
- 음악치료가 끝나 가고 있음을 내담자에게 알리고 이를 준비하라.
- 종결할 때까지 음악치료 서비스를 마무리할 계획을 세우라.
- 내담자가 음악치료의 종결을 결심하게 하라.
- 내담자의 퇴원 일정에 맞추어 음악치료 종결을 계획하라.
- 음악치료 종결의 잠재적 유익/손해를 진단하라.
- 음악치료 종결계획을 세우라.
- 종결에 관한 임상의 전문 기준에 대한 지식을 갖추라.

전문가의 역할/윤리
- 전문가의 윤리강령을 준수하라.
- 음악치료 직업에 대한 윤리 기준을 이해하고 적용하라.
- 임상의 전문 기준을 준수하라.
- 확실히 신뢰하라: 교육과 전문 훈련에 관한 모든 직무를 잘 따르라.
- 비판/피드백을 기꺼이 수용하고 생산적 방식으로 잘 따르라.
- 긍정적이고 건설적인 방식으로 갈등을 해결하라.
- 재촉받지 않고 마감시간을 지키라.
- 지속적으로 건설적인 방식으로 생각과 개인적 감정을 표현하라.
- 강점과 약점에 대한 비판적 자기 인식을 갖추라.
- 내담자의 인간 권리에 관한 법률과 조례를 이해하고 적용하라.
- 전문적 음악치료 단체와 이 조직이 임상에 미치는 영향의 방식에 대한 기초 지식을 갖추라.

학제 간 협력

- 역할에 대한 기본 이해를 갖추고 내담자의 치료 프로그램에서 다른 분야와 작업관계를 발전시키라.
- 내담자의 전체 치료 프로그램에서 음악치료 역할을 정의하라.
- 학제 간 치료 프로그램을 기획하고 수행하는 데 있어 팀 구성원과 협력하라.

슈퍼비전과 행정

- 슈퍼비전에 참여하고 그것에서 유익을 얻으라.
- 음악치료 도구와 물품을 다루고 유지하라.
- 일반적으로 임상가에게 요구되는 행정 임무를 수행하라.
- 새로운 음악치료 프로그램을 만들고 계획하기 위한 제안서를 작성하라.

음악적 기반

건반기술

- 독주 또는 합주를 할 때 반주를 능숙하게 하라.
- 악보 없이 기본적인 전통음악, 민요, 가요 목록을 연주하라.

기타기술

- 독주 또는 합주를 할 때 반주를 능숙하게 하라.
- 악보 없이 기본적인 전통음악, 민요, 가요 목록을 연주하라.

비오케스트라 악기기술

- 기타에서 요구되는 동일한 수준으로 오토하프나 옴니코드를 연주하라.
- 기술적으로 높은 수준의 악기에 대해 기본 이해를 갖추라.
- 집단과 개인을 위해 리듬에 기초한 경험을 촉진하는 몇 가지 표준 타악기에 대한 기본 기술을 갖추라.

역량에 기초한 슈퍼비전 요소

저자들은 음악치료에서 학생 중심, 역량 중심의 교육과 훈련의 중요성을 언급해 왔다. NAMT는 두 개의 심포지엄을 지원했는데, 그것은 1988년과 1989년에 있었던 교육과 임상훈련에 관한 것이었다. 다음의 내용은 이 모임을 통해 나온 아이디어를 취합한 추천 목록이다.

- 초임 치료사의 역량은 규명되어야 한다.
- 인턴십에 지원하는 학생은 성악, 건반, 기타, 즉흥연주, 집단 합주, 개작(adaptive) 방법에 대한 기능적 음악 시험에 합격해야 한다.
- 학생의 학습 유형은 음악치료에서 교육과 훈련 프로그램 기획 시에 고려되어야 한다.
- 음악치료 교육과 훈련을 위한 역량은 학부와 석사 수준에서 규명되어야 한다.
- 학생은 인턴십을 시작하기 전과 시작할 때 요구되는 기대 수준과 책임에 대해 알아야 한다.
- 임상훈련은 과정 중심이어야 한다.
- 역량은 교육과정과 인턴십의 발전, 승인을 위한 기초로 사용되어야 한다(Maranto, 1989, pp. 82-84; 1989, pp. 108-109).

이런 추천사항을 통해 우리는 역량 중심 훈련의 필요성에 대한 명확한 그림을 가지게 된다. 인턴십 슈퍼바이저는 AMTA 역량에 익숙하고 이러한 역량을 성취하도록 인턴을 돕는 체계적 계획에 기초한 훈련 프로그램을 기획해야 할 의무가 있다. "교육가와 임상훈련 슈퍼바이저의 일차적 직무는 음악치료에서 요구하는 역량을 인지하고 그것을 구체화하는 기술을 다듬는 것이다." (Greenfield, 1978, p. 15) 이런 프로그램을 인턴십 슈퍼바이저는 어떻게 기획하는가?

인턴십 슈퍼바이저는 먼저 역량을 검토하고 자신의 치료환경 구조가 인턴십

과정에서 특징적으로 성취되어야 하는 역량 습득에 어떻게 기여할지에 대해 인지해야 한다. 다음으로 슈퍼바이저는 인턴이 다루기 쉬운 기술을 습득하도록 인턴십을 단계별로 나누어야 한다. 인턴과 슈퍼바이저의 기대는 아주 명확해야 한다. 슈퍼바이저는 인턴의 학습 유형과 능력에 따라 슈퍼비전 방법을 조절할 수 있어야 한다. 다시 말해, 슈퍼바이저는 인턴 개개인을 위한 개별화 훈련을 할 수 있는 능력을 갖추어야 한다. AMTA의 인턴십 역량 목록에 기초하는 것은 명확한 기대를 가질 수 있게 한다. 이는 AMTA 역량의 범주에 기초해 중간, 기말 평가 형식을 발전시키는 것을 포함한다.

인턴십 슈퍼바이저에게는 다양한 도구가 있다. 문서 작성 형식, 유도 질문, 그리고 직접 관찰과 피드백은 슈퍼바이저가 가질 수 있는 몇 가지 선택이다. Maranto와 Bruscia(1988)는 슈퍼비전 기술에 대해 다음과 같이 분석하였다. "교육가를 대상으로 한 조사에서 가장 성공적인 슈퍼비전 방법 세 가지를 묘사하도록 하였다. 응답자의 대부분(62%)은 관찰과 피드백이 가장 성공적인 방법이라고 언급하였다. 다른 성공적 방법으로 언급된 것은 슈퍼비전 대담이나 토의(33%), 모델링(20%), 그리고 서면이나 공식적 평가(14%)였다." (p. 33) 인턴 데비의 경우처럼, 직접 관찰 뒤에 이어진 서면 및 구술 피드백은 그녀에게 자신의 역량을 향상할 구체적 방법을 제공했다. 그녀는 내담자와 관계 맺는 그녀의 방식을 바꾸었고, 집단을 인도할 때 그녀가 사용했던 언어를 변경하였다. Gellerman(1968)은 "…진정한 동기부여가 되는 변화는 그의 환경이 변화했거나 그의 예전 생각이 완전히 정확하지는 않았다는 것을 개인이 학습하게 될 때에만 일어난다." (p. 34)라고 언급했다. 서면 및 구술 피드백을 동반한 관찰은 그것이 내담자에게 미칠 수 있는 효과를 더욱 정확하게 진단하도록 인턴을 도울 수 있다. "내가 하는 방식을 보고 그대로 하세요."와 같은 모델링 접근은 오직 20% 정도만이 효과적이라고 언급한 점이 흥미롭다. 인턴은 자신의 잠재력을 풍성하게 발전시키는 데 임상가의 우수한 역할 모델이 필요하다. 인턴은 자신이 학습해야 할 것을 알고 그것을 학습하게 하는 방식과 시기를 알 때에 자신의 인턴십을 바라보는 능력이 생긴다. Memory, Unkefer와 Smeltekop(1987)에 따르면, "슈퍼비전은 학생 임상실습과 인턴십 임상훈련의 중요한 부분으로 학생 개개인, 슈퍼바이저, 내담자 집단 및 임상 환경의 구체적 요구를 만족시키도록 개별화될 때 가장 유익하다. 그러므로 효과적인 슈퍼비전은 학생과 슈퍼바이저 간의 협력으로, 두 사람 모두 정보와 염려를 나누어야 할 책임이 있다" (p. 161). 임상훈련을 개별화하는 한 가지 방법은 규정된 역량에 기초해 훈련을 하는 것이다.

슈퍼바이저는 다음과 같은 질문을 던질 수 있다.

- 인턴은 무엇을 배워야 하는가?
- 나는 그들이 배워야 하는 것을 어떻게 가르칠 것인가?
- 나는 그것을 어디서 배워야만 하는가?

이 질문에 대한 해답은 인턴마다 그리고 환경마다 약간씩 달라질 것이다. 하지만 일반적으로 그 해답은 인턴이 규명된 역량을 배워야 한다는 것이다. 슈퍼바이저는 관찰 및 피드백, 독서 과제, 모델링, 서면 형식, 그리고 구조화된 슈퍼비전 대담을 통해 이러한 역량을 가르치게 된다.

요약

음악치료에서 역량 중심 교육은 역량에 기초한 훈련을 의미한다. 역량 기술 습득 진행에 대한 슈퍼비전 기술에 기반을 두는 것은 인턴십 임상훈련을 구조화하는 매우 효과적인 방법이 될 수 있다. 물론 역량은 단계별로 겹칠 수 있다. 모든 단계를 통해 인턴이 진보하면서 각 역량의 넓이와 깊이는 확실히 확장된다. 하지만 어떤 역량이 각 인턴십 단계에서 초점이 되어야 하는지를 검토하는 것은 인턴과 인턴십 슈퍼바이저에게 도움이 될 것이다. 이러한 접근은 엄청난 과제를 다루고 성취 가능한 부분과 기술로 나눌 수 있도록 하며 학생이 인턴으로, 또 인턴이 유능한 초임 음악치료 임상가로 바뀌도록 도울 수 있다.

참고문헌

American Music Therapy Association (AMTA). (1998). *Code of Ethics.* Silver Spring, MD: Author.

American Music Therapy Association (AMTA). (1996). *Professional Competencies.* Silver Spring, MD: Author.

Boone, P. C. (1989). Future trends and new models for Clinical Training. *Music Therapy Perspectives, 7*, 96-99.

Farnan, L. A. (1996). Issues in clinical training: The mystery of supervision. *Music Therapy Perspectives, 14*(2), 70-71.

Gellerman, S. A. (1968). *Management by Motivation.* American Management Association, Inc. New York: Vali-Ballou Press, Inc.

Gilder, J. S. (1987). Trainee distress and burn out: Threats for music therapists? In C.D. Maranto and K. Bruscia (Eds.), *Perspectives on Music Therapy Education and Training.* Philadelphia, PA: Temple University, Esther Boyer College of Music.

Greenfield, D. (1978). Evaluation of music therapy practicum competencies: Comparisons of self- and instructor-ratings of videotapes. *Journal of Music Therapy, 15*, 15-20.

Grant, R. E., and McCarty, B. (1990). Emotional stages of internship. *Journal of Music Therapy, 27*(3), 102-118.

Maranto, C. D. (1989). The California symposium: Summary and recommendations. *Music Therapy Perspectives, 6*, 82-84.

Maranto, C. D. (1989). The California symposium on music therapy education and training: Summary and recommendations. *Music Therapy Perspectives, 7*, 108-109.

Maranto, C. D., and Bruscia, K. (Eds.). (1987). *Perspectives on Music Therapy Education and Training.* Philadelphia, PA: Temple University, Esther Boyer College of Music.

Maranto, C. D., and Bruscia, K. (1988). *Methods of Teaching and Training the Music Therapist.* Philadelphia, PA: Temple University, Esther Boyer College of Music.

Memory, B. C., Unkefer, R., and Smeltekop, R. (1987). Supervision in music therapy: Theoretical models. In C. D. Maranto and K. Bruscia (Eds.), *Perspectives on Music Therapy Education and Training.* Philadelphia, PA: Temple University Esther Boyer

College of Music.

National Association for Music Therapy (NAMT). (1994). *Stages of Internship. Clinical Training Committee.* Clinical Training Director workshop handout. Silver Spring, MD: Author.

National Association for Music Therapy (NAMT). (1997). *Competencies Which Appear to be Learned in Clinical Training (Internship).* NAMT Subcommittee on Professional Competencies. Silver Spring, MD: Author.

Petrie, G. E. (1989). The identification of a contemporary hierarchy of intended learning outcomes for music therapy students entering internship. *Journal of Music Therapy, 26*, 125-139.

Taylor, D. B. (1987). A survey of professional music therapists concerning entry level competencies. *Journal of Music Therapy, 24*, 114-145.

제9장
학생중심 인턴십 슈퍼비전

들어가는 말

이 장은 인턴십을 하고 있는 음악치료 학생의 발달과정을 탐구하고 이해하는 데 초점을 맞춘다. 과정은 "어떤 끝을 향해 가는 행동의 체계적인 연속"으로 정의된다(Flexner, 1987, p. 1542). 이 장의 초점은 어떻게 인턴의 발달이 과정이 되는지에 대한 점과 슈퍼바이저가 각 학생의 구별되고 독특한 요구에 개방적이고 그/그녀의 발달을 지원해야만 한다는 점에 맞춰져 있다. 모든 슈퍼바이저와 수련생은 그 과정이 어떻게 전개될지에 관한 자신만의 기대를 슈퍼비전이라는 관계 속으로 가지고 온다. 이 과정은 어떤 식으로든지 치료과정 자체와 많은 유사점을 가지지만, 그래도 이것은 교육적 과정이므로 슈퍼비전 과정과 치료과정을 혼동하지 않도록 주의를 기울여야만 한다. 슈퍼비전은 종속자(인턴)와 그를 슈퍼비전 하는 경력자(슈퍼바이저) 간의 대인관계 과정이다. Hart(1982)는 슈퍼비

Caryl-Beth Thomas, MA, ACMT, LMHC
Adjunct Faculty, Lesley University, Clinical Training Director, Community Music Center, Boston, MA

전을 "슈퍼바이저의 역할을 하는 사람이 수련생 역할을 하는 사람의 전문가 활동을 검토함으로써 그가 적절한 전문가적 행동을 습득하도록 돕는 지속적 교육"(p. 12)으로 정의한다. 슈퍼바이저와 수련생의 관계는 "양자가 훈련생의 학습 향상을 도모하기 위해 힘과 참여의 구조를 사용하는 개인적 방식을 협상한다는 면에서 역동적 과정이다. 이러한 구조는 훈련생이 지식과 기술을 습득하기까지의 과정(훈련생의 역량강화)을 위한 기반이 된다"(Holloway, 1995, pp. 41-42). 이 장에서는 인턴십 과정의 다양한 측면이 슈퍼바이저의 역할 및 책임과 더불어 논의될 것이다. 이 과정은 주로 인턴의 개인적이고 전문가적인 발달의 지원 및 촉진과 음악치료 역량(competency) 증진에 초점을 맞춘다.

어서 와 자리에 앉아요

Gus Cannon and Hugh Woods

인턴십의 처음은 오리엔테이션과 음악치료 훈련이라는 새로운 국면에 대한 적응의 시기가 필요하다. 학생은 '나는 이곳의 어디에 있으며 무엇을 하고 있는가'라는 물음을 가진다. 이 시기에 슈퍼바이저가 인턴과 세심하게 이야기를 나누고 매우 낯선 영역인 이 새로운 환경에 인턴이 익숙하도록 돕는 것은 매우 도움이 된다. 학교든, 클리닉이든, 병원이든, 주간 프로그램이든, 커뮤니티 센터든 간에 모든 임상지는 그곳에 거주하는 사람들을 위한 그들만의 규칙과 기대를 가진다. 스태프, 내담자나 환자, 학생을 위한 많은 규칙, 규율, 역할을 이해하는 것이 필요하다. 임상지에서 음악치료의 역할 또한 학생의 예전 인턴십 이전 임상 경험과 다를 수 있기 때문에 명확히 할 필요가 있다. 모든 임상기관은 음악치료 프로그램을 포함하는 데 있어 기관만의 독특한 방식을 가지며, 인턴은 '내가 어떻게 끼어들 것인가?'를 알아야 한다.

인턴은 일반적으로 이 시기에 자신의 역할에 대해 매우 불안정하게 느낀다. 그들은 참여자인가, 관찰자인가, 내담자인가? 이러한 질문은 모든 새 인턴에게 자주 제기되지만, 음악치료사의 역할 자체가 꽤 독특하기 때문에 음악치료 인턴에게는 특별히 어려운 질문이 된다. 음악치료 인턴은 기관의 다른 훈련 학생과는 다른 경우가 많다.

슈퍼바이저는 임상기관 및 앞으로의 인턴십에 대해 가능한 한 많은 부분을 학생에게 알려 줌으로써 인턴의 초기 불안과 염려를 줄이도록 노력해야 한다. 어느 정도의 위안과 안정이 필요한 동시에 시작부터 전반적인 기대치를 명확하게 해야 한다. 인턴십에 대한 개요와 전반적인 시간 틀을 제공하는 것은 인턴이 이러한 기대치에 대한 명확하게 규정된 범위가 존재함을 실제로 확인하고, 그것이 그들이 이제 걸어 들어가 집과 같이 느껴야 하는 곳으로 단지 두려움을 주는 낯선 장소가 아니라는 것을 알려 주기 때문에 중요하다. 이러한 기대치는 다소 압도적이며, 처음에는 인턴에게 어느 정도 더 많은 불안을 유발할 수 있다. 하지만 그것은 전체적으로 보면 그들이 발판을 확립하고 자신의 역할을 규정하기 시작하는 데 도움을 준다. 그것은 이러한 새롭고 알려지지 않은 경험의 모호성 안에서 어느 정도의 명료함을 그들에게 제공한다.

일레인[1)]은 다양한 요구와 기능 수준을 가진 네 개의 내담자 집단을 내가 인도하는 것을 관찰하는 것으로 첫날을 보냈다. 그녀는 그 집단에 참여했고 내담자와 교류했지만, 대체로 하루 종일 조용했으며 말을 거의 하지 않았다. 이후에 우리가 만났을 때, 그녀는 울면서 그것이 그토록 어려울 수 있다는 것을 자신은 알지 못했다고 말했다. 그녀는 많은 사람의 이름이나 음악을 기억할 수 없었고, 혼자 이러한 다양한 요구를 가진 내담자를 어떻게 다루어야 할지 모른다고 생각했다. 그녀가 인턴십 전에 했던 모든 경험과 이것이 어떻게 다른지를 인지한 후에야 비로소, 우리는 내가 실제로 행한 일을 회고하고 치료 접근의 일반적 요소를 논의했다. 또한 우리는 내가 시간이 지나면서 다수의 사례와 대상군을 어떻게 다룰 수 있도록 배웠는지에 관한 이야기와 그녀가 준비될 때까지 이러한 다양성을 감당하지 않아도 된다는 이야기를 나누었다.

1) 모든 이름은 수련생과 내담자의 사생활 보호를 위해 변경되었다.

구조, 인도, 지원을 제공하는 것은 인턴의 불안을 감소하는 데 실제로 도움이 된다. 만나서 인턴의 요구에 충분한 관심을 쏟을 수 있으며 슈퍼비전이 어떻게 사용될 수 있고 또 사용될 것인지를 이해하도록 돕는 지속적인 슈퍼비전 시간 및 장소는 이 과정 전반은 물론 특히 초기에 매우 중요하다. 슈퍼비전 세션의 명확한 구조를 확립하는 것은 유용한 출발점이 된다. 구체적 시간 틀과 세션에서 나눌 안건의 활용은 모두 중요하며, 이러한 구조를 먼저 제공하는 것이 슈퍼바이저의 역할이다. 안건은 그 주의 계획과 기대치, 처리해야 할 필요가 있는 모든 업무, 그리고 미래의 만남과 초안 기획에 관한 것을 구체적으로 다루어야 한다. 초기 슈퍼비전 세션에서는 주로 정보를 주고 훈련기관, 대상군, 그리고 활용되는 치료와 방법적 접근에 대해 인턴에게 알려 주어야 한다. 인턴의 관점과 피드백은 항상 격려되고 점차적으로 슈퍼비전에 반영되어야 하며, 이 과정이 계속 발전되면서 그는 자신만의 질문을 많이 던지기 시작할 것이다. 인턴에게 자신감이 생김에 따라 슈퍼바이저는 슈퍼비전에서 제공되었던 구조의 양을 줄이고 인턴이 자율적이 되도록 격려할 것이다. 한 주 한 주 지날 때마다 인턴은 안건을 추가하도록 격려받을 것이고, 궁극적으로 슈퍼비전 세션의 기본 구조에 대해 일차적으로 책임을 질 것이다.

수는 정말 놀란 표정을 지으며 나에게 슈퍼비전을 받으러 왔다. 그녀는 매우 격렬했던 두 개의 집단 세션을 막 관찰했다. 수는 나중에 이 집단 중 하나를 담당할 것임을 알고 있었다. 그녀는 압도당함의 감정과 이렇게 '어려운' 집단을 인도하기에는 자신이 준비가 되지 않은 것 같은 감정에 대해 논했다. 그녀의 생각과 염려를 경청한 후 나는 그녀가 그 집단을 책임지게 되는 시기에 대한 명확한 시간 틀을 주었고, 그녀가 이런 유형의 내담자와 쟁점에 대해 나와 함께 관찰하고 인도하며 논의할 수 있는 수많은 기회가 있을 것임을 알려 주었다. 우리는 이 집단을 그녀가 맡기 전에 음악과 치료환경의 한계 안에서 갈등을 다루는 능력과 같이 그녀가 갖추어야 할 기술에 대해 의견을 나누었다. 우리는 이러한 쟁점을 슈퍼비전 안건의 일부로 포함하기로 합의했다.

내가 본 것을 보나요?

Noel Regney and Gloria Shane

인턴은 처음부터 자신의 새로운 환경과 관련된 어떤 종류의 정체성을 발전시킬 필요가 있다. 그들은 전문가는 아니지만 그런 것처럼 행동하도록 기대를 받는다는 것을 안다. 그들은 이제껏 교육을 통해 음악치료에 대해 많은 것을 배워 왔지만 이제 막 시작하는 단계에 있고 아무것도 모른다는 느낌을 받곤 한다. 그들은 많은 아이디어를 가지고 있지만 그것을 행하는 방법에 대해서는 잘 알지 못한다. 그들은 어떤 순간에는 자신이 유능한 치료사가 될 수 있다고 믿는 반면에 그다음 순간에는 자신이 직업을 잘못 선택했다고 확신한다. 향후 6~9개월 앞에 놓인 불안을 완화하기 위해서는 초기부터 구체적인 목적과 역할을 설정하는 것이 위안이 된다. 이제 그들이 대부분의 시간을 보내야 하는 장소, 그들이 하려는 것, 그리고 그들과 관계 맺길 기대하는 사람에 대한 이해의 과정은 단지 오리엔테이션 과정이 아니라 관찰기술을 세부적으로 손보는 활동 무대라고 할 수 있다.

나는 초임 인턴에게 처음 한 달 동안 '스펀지가 되라'고, 또한 관찰의 과정 속으로 완전히 빠지라고 말한다. 그들은 어떠한 책임 없이 그것을 모두 취하는 과정 안에 참여할 뿐이다. 그들은 초기 시기인 보통 첫 한 달에서 6주까지 그들이 할 수 있는 한 많은 것을 관찰하도록 요구받는다. 이것은 그들이 궁극적으로 인턴으로 시간을 보내게 되는 곳만이 아닌 다른 음악치료사와 관계자, 또 그 기관과 지역사회에서의 교류를 포함한다. 그들은 이러한 전문가와의 약속을 위한 연락처 목록을 받고 그들이 만나려는 치료사에게 방문하고 함께 관찰하며 치료를 받기 위한 일정을 세운다. 그들은 또한 이러한 경험을 기록하도록 격려받는다. 나는 실제로 발생한 것을 관찰한 것에 대해 가능한 한 과정 노트에 많은 부분을 기록하게 하고, 이어 그 경험에 대한 그들의 개인 반응을 따로 기술하도록 격려한다. 그럼으로써 그들은 직업생활을 하는 동안 활용하게 되는 매우 중요한 기술인 객관적인 것과 주관적인 것을 구분하는 기술을 연습하게 된다.

슈퍼비전 세션에서 나는 그들이 관찰한 것과 그 세션의 진행 방식에 대해 내게 구체적으로 이야기해 줄 것을 요청하면서 세션을 시작한다. 이러한 정보는 인턴에 의해 제공되며, 이어서 사례에 대한 구술 발표 기술을 연습하도록 그들을 돕는 것과 그들의 개인적 경험에 대해 이야기를 나누는 것으로 진행된다.

이 단계의 인턴십은 음악치료사가 감당할 수 있는 다양한 역할 모델 및 상황에, 그리고 음악치료사가 사용하는 다양한 방법에 인턴이 노출되도록 돕는다. 비록 그들이 일정 정도의 관찰을 인턴 시작 전 훈련에서 했을지라도, 나는 그들이 인턴이 되고 그들 스스로 일할 준비가 되었다는 점에서 이제 다른 방식으로 관찰할 수 있다고 느낀다.

이는 인턴이 폭넓은 내담자 대상, 임상 환경, 음악치료 방법 및 기술을 관찰하려 할 때 약간 주춤하게 할 수도 있다. 동시에 그것은 음악치료 과정의 신비성을 제거하고 모든 음악치료사가 작업을 수행하는 데 있어 자신만의 개별적인 방법을 발견하며, 인턴으로서 그들도 자신만의 방식과 접근을 발전시키기 시작할 것임을 보여 준다. 인턴이 다른 사람이 자신만의 방식을 어떻게 확립해 가는지를 지켜보면서 전문가적 정체성을 발전시키고 촉진하는 단계 또한 바로 이 초기 단계다.

유능한 음악치료사가 되기 위해서는 확고한 관찰기술—경청하기, 듣기, 보기, 인지하기, 사실과 감정 구별하기—이 매우 중요하다. 처음에는 어떤 다른 측면에 대해서는 생각하지 않고 일의 한 부분에만 집중적으로 초점을 맞추도록 인턴에게 기회를 제공함으로써 그들이 이런 기술 분야에 좀 더 자신감을 가지게 한다. 이런 과정을 통해 그들은 음악치료의 다양한 접근이나 철학을 더욱 명확하게 이해하게 된다. 그들은 낯설거나 의문이 드는 개념이나 방법에 마주할 수도 있다. 그들은 또한 관찰을 하는 동안 자신의 치료 철학과 함께 불편하거나 실제로 부정적으로 느끼는 치료 철학을 인지하기 시작할 수도 있다. 이것은 인턴십 이전에 인턴의 주요 경험이 되었던 학교가 아닌 직장에서 인턴의 음악치료의 실제 적용에 대해 어떻게 이해하는지에 대한 통찰을 슈퍼바이저에게 제공한다. 또한 임상 정보를 보고하고, 관찰한 것에 대해 객관성을 유지하며, 내담자의 강점뿐 아니라 잠재적 약점까지도 규명할 수 있는 인턴의 현재 능력에 대한 정보를 제공한다.

이 시기에 인턴은 두 가지 주요 영역에 대해 이야기하는 경향이 있다. 그렇지 않은 경우, 나는 "당신은 무엇을 보았나요?"라는 질문에 대해 그들이 답하는 데 어려움을 겪는지 물을 것이다. 첫 번째 초점 영역은 말 그대로 세션에서 무엇이 일어났느냐다. 인턴에게 내담자에 관해, 또한 음악치료사가 사용했던 중재와 방법의 유형에 대해 설명하도록 한다. 그들은 세션이 이루어진 방법과 장소, 사용된 음악과 악기, 내담자의 참여 태도, 음악치료사의 중재 및 역할, 그리고 이 모든 것에 대한 그들의 반응에 대해 이야기할 수 있다. 두 번째 초점 영역은 내담자에 대한 치료사 및 그 반대 경우의 실제 상호작용에 대한 것이다. 여기서 구체적인 세션 내용은 중요하지 않다. 그보다 초점은 세션 중의 참여자, 참여자 서로의 관계, 그리고 세션 동안 치료사와 참여자의 관계에 대한 목격자 되기와 관련이 있다. 이러한 슈퍼비전 초기 단계는 각 인턴이 세션에서 가장 가치 있다고 본 것이 무엇인지 — 그들이 관찰한 음악치료 기술이나 치료 관계 및 과정 — 를 발견하도록 작용할 수 있다. 이러한 관찰사항을 그들과 함께 논의함으로써, 슈퍼바이저는 음악치료 과정에 대한 인턴의 특정한 관점의 본질과 그가 가장 편안하게 끌리는 분야를 이해하게 된다. 이러한 공유된 지식은 슈퍼바이저와 인턴 모두에게 그들의 잠재적인 장점과 친숙함의 분야와 그들이 불편해하거나 후속 탐구와 발전이 필요한 분야를 일찌감치 인지하도록 돕는다.

사라는 매우 재주가 많고 열정적인 초임 인턴이었다. 그녀는 첫 관찰에서 매우 격렬하고 부정적인 반응을 보였으며, 자신이 전공을 제대로 선택했는지에 대한 의문을 곧 가지게 되었다. 그녀는 자신이 치료사뿐 아니라 음악적으로, 혹은 치료사보다는 음악적으로 전공을 더 잘 수행할 수 있었을 것이라고 느꼈다. 그녀는 또한 자신이 음악치료라고 생각했던 것에 도움이 되지 않고 유쾌하지 않았던 내담자와 치료 환경에 대한 '치료사의 선택'에 대해 매우 비판적이었다. 이 학생은 타인에 대해서뿐만 아니라 자기 자신에 대해서도 비현실적 기대와 매우 높은 기준을 자주 가졌다. 인턴십 기간 동안 이것은 그녀와 슈퍼바이저 모두에게 지속적인 어려움이 되었다. 또 다른 학생인 엘렌은 같은 기관에서 같은 날 관찰을 했다. 그녀는 이 기관이 얼마나 어려운 곳인지, 그리고 그녀가 이러한 어려움 및 기관과 내담자의 한계에도 불구하고 음악치료를 하기 위한 치료사의 노력을 얼마나 존경하는지에 대해 이야기했다. 그녀의 긍정적 태도는 다른 사람과 일할 때에도 자신에게 도움이 되었다. 하지만 나중에 그녀는 제한적 치료 환경에 관한 쟁점을 가지게 되었고, 스태프의 도움이나 협조가 필요한 경우에도 그것을 자주 주장하지 못했다.

진은 개별과 집단 음악치료 세션을 담당하는 어떤 음악치료사를 관찰했다. 그녀는 내담자를 대하는 치료사의 영감에 대해 이야기를 나누었다. 그것은 아름다운 관찰 경험이었고, 내담자를 향한 존중과 배려에 대해 그녀는 진심으로 감동받았다. 그녀는 개인적으로 그녀에게 가장 중요한 인생 철학으로서 자신이 관찰했던 내담자를 향한 무조건적 존중이 얼마나 중요한지, 그리고 인류 봉사 분야에서 일할 때 여전히 어려움은 있지만 그것이 얼마나 훌륭한 힘이 되는지에 대해 이야기했다. 하지만 그녀는 질문을 받을 때까지 세션에서의 음악적 부분에 대해서는 전혀 언급하지 않았다. 토드는 다른 시기에 같은 치료 환경, 같은 치료사를 관찰했다. 그는 사용된 음악에 대해서만 말했고 그 음악치료사가 받았던 훈련, 특정 화음을 사용했던 이유, 그리고 음악적 선택에 대한 의도에 대해서만 많은 질문을 던졌다. 그는 오로지 기술과 방법에만 초점을 맞추었는데, 이는 그의 후반기 훈련, 치료관계와 임재(presence) 영역에서 다소 장애가 되었다.

내 옆에 서요

Ben E. King, Michael Stoller, and Jerry Leiber

인턴이 특정 집단이나 개인을 담당하는 정기 일정이 확립되기 시작하면서, 그들은 관찰자의 역할에서 협력 리더의 역할로 옮기는 과정을 시작해야 한다. 그들은 더욱 예리하게 관찰하며 보다 완전하게 내담자의 요구를 이해하기 시작한다. 일반적으로 그들은 현재 이루어지고 있는 것과 치료가 실행되는 방식에 대한 의견과 함께 자신만의 아이디어를 가지게 되지만, 이는 관여한 관찰자의 관점에 더 가깝다.

인턴이 실제로 세션에서 스스로 그 어떤 리더십의 역할을 감당하기 이전에, 이러한 적극적 관찰자의 역할은 보다 발전한다. 이때가 슈퍼비전에서 인턴이 보았던 혹은 보지 않았던 일, 그들이 협력했던 것에 대해 그들이 이해한 내용, 협력 리더로서 그들이 치료사와 함께 처리할 수 있었던 방식에 대한 보다 심층적인 논의와 탐구가 이루어지는 시기다. 그들은 관찰하고 경험한 것뿐 아니라 그것에 대한 그들의 역할이 발전하고 형태를 갖추는 방식에 대해 주관적 · 객관적으로 지속적인 이야기를 나눈다. 이때는 또한 인턴이 적극적 역할을 감당하는 것에 대해 보다 자신감을 느끼기 시작함은 물론, 보다 높은 수준으로 나아가야만 하는 것에 대해 불안감이 가중되는 시기이기도 하다.

이 시기에 이르기까지 슈퍼비전 세션은 관찰된 사물과 인물, 관찰방식, 그리고 이 일에 대한 그들의 경험 '목록'에 더 가까웠다. 이제는 외적인 것에서 내적인 것으로가 아니라 내적인 것에서 외적인 것으로의 치료 경험에 대한 이야기를 더 많이 시작해야 한다. 여전히 인턴은 무엇을 했는지, 그것이 어떻게 발생했는지, 누가 그것을 했는지 등을 보고한다. 슈퍼바이저는 그들이 세션에서 어떤 경험을 했는지뿐 아니라 그런 경험을 그들이 어떻게 해석하는지, 그리고 그들이 다른 식으로 그것을 할 수 있을지에 대해 좀 더 많이 질문하기 시작한다. 슈퍼바이저의 질문은 "무엇을 보았나요?"에서 "이 세션에 대해 어떻게 생각하나요, 이것은 어떤 의미를 가지고 있나요?"와 같은 질문으로 바뀌게 된다. 이것은 또한 음악치료가 그저 인턴의 개별화 훈련과정으로서, 정확한 공식이 없이 다양한 대상자와 관여하는 과정이라는 점을 지지한다.

이 시기의 인턴십은 인턴의 발견 다음 순서로 그 자신만의 전문가적 정체성을 확립하는 초기 단계다. 인턴은 좀 더 치료사로서 생각하기 시작한다. 또한 이 시기에 그들은 어떤 일이 세션에서 발생하는 이유, 특정 기술이 사용되는 이유, 혹은 그것이 성공하거나 그렇지 못한 이유에 대해 질문하도록 촉구된다. 이때는 그들이 관찰하고 참여한 것에 대해 어떻게 느끼는지를 더 많이 자각하게 되는 시기이기도 하다. 만약 그들이 세션을 인도했다면 어떻게 했을 것인가라는 관점에서 더 많이 생각하기 시작할 것이다. 이 시기에 그들은 슈퍼바이저의 방식과는 다를지 몰라도 치료를 수행하는 가장 좋은 방식에 대한 자신만의 선호와 본능을 가지기 위한 기초 토대를 놓기 시작한다. 제한된 경험을 가지고 있음에도, 인턴은 책임지지 않는 상황에 대한 그들의 견해를 표명하도록 요구받기 때문에 불가피한 불안을 느끼게 된다. 그들은 더 많은 리더십의 역할을 감당하는 것에 대비하여 이를 더 많이 생각하도록 격려받는다. 이 시기의 세션에서 인턴의 관여—실제로 협력 리더의 역할을 담당하기 전에 슈퍼비전에서 그들의 생각, 감정 및 아이디어—에 대해 이야기를 나누는 것은 중요하다.

어떤 경우에는 인턴이 협력 리더십의 과정 없이 자신만의 개별 혹은 집단 세션을 인도할 수 있다. 가능하다면 인턴은 혼자 세션을 인도하기 전에 협력 리더로서 과정을 탐구할 기회를 가짐으로써 자신만의 방식, 철학적 접근, 방법적 선호를 규명하기 시작하면서 어떤 식으로든지 모델링과 지원을 받게 된다.

던은 노래 만들기에 특별히 관심을 가진 훌륭한 음악적 배경을 소유한 학생이었다. 그는 성인 정신과 치료 환경에서 한 음악치료사와 함께 일하고 있었고, 내담자가 즐겨 하는 록앤롤과 리듬앤블루스 음악에 익숙하였다. 몇 주의 관찰기간 후, 그는 세션에서 슈퍼바이저와 함께 기타를 연주하기 시작했다. 슈퍼비전은 이러한 전통음악을 다양한 음량과 빠르기로 혹은 가사를 대체하면서 연주하는 데 초점을 맞추었다. 그럼으로써 그는 이 음악을 즉흥적으로 또한 자연발생적으로 사용하도록 배울 수 있었다. 이러한 유형의 음악을 치료적으로 사용하는 데 점점 더 익숙해지면서, 그는 세션에서 사용되는 전통 노래에 자신의 노래 만들기 기술을 포함하는 방법을 시도하기 시작했다.

팻은 몇 주 동안 임상기관에서 한 음악치료사와 함께 일하였으며 슈퍼비전에서 자신의 성량이 매우 제한적이었음을 발견했다고 보고했다. 그녀는 항상 같은 노래를 '어느 곳으로도 가지' 않게 부르며, 이 노래가 내담자에게 더 이상 치료 목적으로 사용되지 못하는 것 같다고 토로했다. 그녀는 내담자가 이 노래의 사용을 좋아했지만 이 동일한 음악이 다르게 혹은 보다 치료적으로 사용될 수 있다고 확신했다. 물론 그녀가 이런 기술을 갖고 있지 않아 그것이 어떻게 다르게 사용될 수 있는지에 대해 아직 확신을 가지지 못했음에도 말이다. 그녀는 또한 슈퍼비전에서 동작(그녀가 익숙하고 또한 좋아했던)을 첨가하는 것에 대해 나에게 이야기했으며, 우리는 세션에서 그것에 음악적 경험이 어떻게 첨가될 수 있는지를 실험했다. 이어서 그녀는 임상기관의 슈퍼바이저에게 사용 중인 익숙한 노래에 이어 이 동작을 할 것을 제안하도록 격려받았다. 이것은 단지 내담자뿐 아니라 음악치료사에게도 매우 성공적이었다. 이를 통해 음악치료사는 창조적 동작과 음악에 대한 아이디어를 더 많이 사용하도록 동기부여가 되었다.

저에게 코치를 맡겨 주세요. 난 수행할 준비가 되었어요.

John Fogerty

협력 리더십 과정의 다음 단계는 인턴이 실제로 리더십 역할을 일정 부분 담당하는 것이다. 일정 수준에서 모든 인턴은 자연스럽게 세션에서 더욱 강력한 임재를 보이고 더욱 적극적으로 참여하기 시작하는 좀 더 성숙한 수준으로 나아가는데 이것은 진화의 과정으로 설명할 수 있다. 이는 보다 강력하고 기능적인 존재감을 가지고 노래나 악기(예, 화음악기 혹은 북)를 연주하거나 도움이 되는 말, 반응, 지시 덧붙이기를 하는 것을 통해 이루어질 수 있다. 이때가 이런 수준의 참여가 언제 일어나는지 혹은 심지어 어떻게 일어나는지를 확실히 규명하는 방법은 없다는 것이 명확해지는 인턴의 발달 시기다. 각각의 학생이 정말 특별하고 그 자신만의 역사, 경험, 성격, 관련 기술을 가지고 있다는 것을 염두에 둔다면, 리더십 기술이 나타나야 하는 정확한 시간 틀을 부여하는 것은 불가능하다. 비록 명확한 기대치와 역량이 이 과정 전반에 걸쳐 만족되어야 하지만, 인턴에게 있어 어떤 역량은 다른 것보다 좀 더 쉽게 성취되며, 일반적으로 발전에 있어 개인 차가 많다.

이 시점에서 슈퍼바이저가 인턴의 개별적 과정과 발전을 검토하고 유념하는 일은 중요하다. 슈퍼바이저는 이제껏 인턴의 행위, 행동, 이 일에 대한 자신의 생각과 감정에서 드러난, 자립 정도를 염두에 두고 그들의 발달 과정을 가장 잘 지원할 수 있는 방법을 고려해야만 한다. 이것은 언제나 다음 단계로 나아가기 위한 위험을 짊어지려는 인턴의 기꺼운 자발성에 달려 있다. 어떤 인턴은 처음부터 '준비'되고 자기 주도적이며 외향적이지만 아직도 슈퍼바이저의 안내를 신뢰한다. 어떤 학생은 슈퍼바이저가 제공한 과정과 구조에 저항하고, 자신이 학습과 인턴십 경험 중에 있다는 것을 느끼기보다 스스로 더욱 멀리 나아가야만 한다고 확신한다. 또한 슈퍼바이저의 강력한 재촉 없이는 좀 더 밀접하게 참여를 향해 나아가려는 움직임을 보이지 않으며, 이따금 그렇게 하기 위해서 추가적인 지원과 격려가 필요한 학생도 있다. 특히 이 시점에서 고려하고 다루어야 할 핵심 요인은 바로 인턴의 개인적 요구와 슈퍼바이저가 생각하는 그의 됨됨이다. 이 점을 고려한다면 슈퍼바이저의 접근은 개개의 학생에 따라 달라야만 한다. 언제 그리고 어떤 방법으로 인턴에게 더 많은 것을 요구할지 정하는 슈퍼바이저의 선택이 이 시점의 그들의 과정에서 매우 중요하다.

이 시기가 학생이 종종 이 작업을 수행하는 것에 대한 최대의 두려움에 직면하는 때다. 인턴의 불안정함과 자기의심이 많이 발생할 수 있고, 슈퍼바이저와 인턴 모두는 이를 처리하고 이해해 주어야 한다. 이러한 감정은 특정 상황과 관련될 수 있는데, 이는 그런 감정이 그들 자신을 발견하거나 어려움과 불확실함을 느끼는 시기에 발생하는 옛 행태일 수 있다는 것이다. 인턴에게 세션에 좀 더 관여하도록 요구할 때 슈퍼바이저가 고려해야 할 주요한 사항은 인턴의 개인적 쟁점이 전문가로서의 그들의 수행과 관련될 때 그것을 직면하도록 돕는 것이 슈퍼바이저의 책임이라는 것이다. 학생 인턴은 발견하기, 이해하기, 그리고 그들 자신의 치료에서 인턴십 외의 개인적 쟁점을 훈습하기와 같은 필요한 작업을 하도록 강하게 격려받는다. 슈퍼바이저의 임무가 인턴을 위한 치료 제공은 아니지만, 확실히 슈퍼바이저는 자신의 인생 경험이 자신의 일에 어떻게 강력한 영향력을 미칠 수 있었는지를 규명함으로써 인턴을 도와야 한다.

이 시기 인턴의 발달은 슈퍼바이저 자신만의 여러 어려움과 대면하는 것과 관련이 있다. 슈퍼바이저는 학생이 더 많은 리더십 역할을 감당하도록 옆으로 물러나 여지를 주어야 한다. 어떤 임상가는 협력 리더십의 초기 단계 동안 세션에 개입하고 통제하지 못하게 된 것을 힘들어한다. 슈퍼바이저는 모델링을 지속해야 하는 시기, 학생의 과정을 지원할 시기와 방법, 그리고 인턴이 자신만의 방식을 찾도록 허용해야만 하는 시기에 대한 자신의 선택에서 숙고해야 한다. 많은 슈퍼바이저는 자신을 고생하는 인턴을 '구조하는' 자로 생각하기에 무엇이 자신을 그렇게 만드는지에 대해 고찰해야 한다. 여기에는 많은 고려사항이 있다. 몇 가지 예를 들자면, 내담자나 집단을 위함, 인턴의 성장과 발전에 대한 최고의 관심, 세션을 인턴이 추구한 방식과는 다른 방식으로 끌고 가는 치료사의 능력, 혹은 슈퍼바이저 자신만의 방식대로 해야 할 필요가 있다.

드니스는 다음 세션에서 인사 노래를 진행하도록 몇 주 동안 요청받아 왔다. 그녀는 치료사의 기술을 관찰함으로써 많은 것을 배우고 있다고 느끼며 이를 좀 더 길게 유지하고 싶다고 말했다. 그녀와 꽤 오랜 시간 동안 함께 노래해 왔기에, 슈퍼바이저는 그녀가 적절한 기타 기술을 가지고 있음을 알고 있었다. 그녀가 필요한 기술을 가지고 있음을 확실히 인지하고 격려받은 후에야 그녀는 다음 단계로 나아가야 할 필요성에 대해 직면하게 되었다. 슈퍼비전 세션에서 역할연기를 통해 그 노래를 연습한 후, 그녀는 다음 세션에서 인사 노래를 인도하라는 요청을 받았다. 그녀는 이를 매우 잘 수행할 수 있었고 그녀가 예상했던 것보다 훨씬 덜 불안했다는 것에 놀라워했다.

밥은 적극적으로 관여했던 한 집단을 위해 그가 선택한 활동을 준비하라는 과제를 받았다. 그는 지난 몇 주 동안 슈퍼바이저가 보여 주었던 인사 노래와 안녕 노래를 인도해 왔다. 이제 그 자신만의 아이디어를 보여 주어야 할 시기에 그는 시간이 없었고, 아직 준비를 하지 못했다고 고백했다. 준비하지 못한 그의 무능력은 이후 슈퍼비전에서 탐구되었고, 그것은 슈퍼바이저가 모델링하지 않은 것을 그가 시도하는 것에 대한 두려움과 관련이 있었다. 밥은 세션에서 그 자신만의 것을 주도할 만한 기술을 가지지 못했다고 확신했다. 그가 불안하게 느꼈던 분야를 해결하기 위해 슈퍼비전 세션에서 새로운 아이디어를 가지고 연습해 보도록 하였다. 이후 그는 더욱 큰 책임감을 가지는 자리로 나아가면서 그가 사용할 수 있었던 기술과 아이디어에 대한 더 폭넓은 목록을 만들었다.

슈퍼바이저의 지속적인 피드백이 있었음에도 다나는 내담자에게 너무 어렵고 복잡한 활동을 가져왔다. 그녀는 내담자가 점점 더 멀어지고 자신이 불편함을 느끼는 이유를 이해하지 못했다. 그녀는 자신과 내담자 간 세션에서 절대 성공적인 경험을 할 수 없을 것이라며 좌절했다. 궁극적으로 슈퍼바이저는 다나가 내담자에게 시도해 볼 수 있는 구체적인 활동을 부여했고, 이후에 그들은 이 활동이 내담자와 인턴 모두에게 어떻게 보다 현실적으로 느껴졌는지에 대해 의견을 나누었다. 기본적인 치료 목적과 목표를 검토한 후, 인턴은 보다 간단하게 계획을 하고 활동을 단계적으로 진행할 것을 요구받았다. 인턴은 그녀나 내담자가 무언가를 성취하기 위해, 자신의 개인 삶에서도 그러하였듯이 정말로 열심히 일하고 있음을 느끼기 위해 항상 어려운 활동을 시도할 필요는 없다는 것을 이해하기 시작했다.

또 다른 당신은 절대 없을 거예요

Harry Warren and Mack Gordon

이 시점의 인턴 과정과 발달에서 또 다른 주요 요소는 음악치료사로서 슈퍼바이저의 능력에 의해 위협받을 수 있는 잠재적 감정이다. 이러한 감정은 때때로 자신만의 정체성을 발전시키도록 나아가는 그들의 능력을 방해할 수 있다. 학생들은 자신이 슈퍼바이저를 판단하거나, 생각, 언어, 행동, 혹은 음악에서 슈퍼바이저만큼 잘할 수 있을 것이라고 느끼지 않는다. 이것은 슈퍼바이저가 그들을 평가하고 판단한다는 그리 현실적이지 않은 감정을 동반하며, 종종 그들을 무력하게 만들고 자신만의 정체성을 발전시킬 수 없는 지경에까지 이르도록 한다. 이것은 인턴의 발달 및 정체성의 과정을 처음부터 촉진하고 지지해야 한다고 주장하는 이들의 강력한 논쟁점 중 하나다.

만약 이러한 시기에 인턴이 적용 가능한 기술을 점차적으로 습득하고 일정 수준의 자신감을 가지도록 하는 이런 발달 단계의 훈습 기회를 가진다면, 그들은 리더십 역할을 더 잘 감당할 수 있을 것이다. 만약 슈퍼바이저가 해 왔던 것에만 일차적으로 초점을 맞추고 그만의 견해를 편안히 처리하며 이 일에 대한 그의 잠재적 기여가 인정받았다고 느끼지 않는다면, 인턴은 자신만의 기술이나 업적을 인지하거나 알아차릴 수 없을 것이다. 유사하게 슈퍼바이저는 인턴이 자신만의 '스타일'로 구별되는 기술을 발전시키는 것을 인지하고 확인할 필요가 있다. 그러므로 그들은 이제 인턴의 전문가적 정체성과 치료사로서의 성숙의 개발을 지속하기 위해 지원과 피드백을 더욱 잘 줄 수 있다.

슈퍼바이저와 인턴 간에 전개될 수 있는 다른 대조적 역동으로 구성원 자격 혹은 경쟁이 있다. 하나는 보호받고 같은 것을 추구하려는 욕망이고, 다른 하나는 관계를 거부하고 항상 '능가' 하려 하거나 뛰어나려 하는 것이다. 이 두 유형의 관계 모두는 인턴의 개별화에 자극이 되기도 하지만 해를 끼칠 수도 있다. 인턴은 능숙하고 능란해지기 위해 열심히 일하려고 한다. 심지어 슈퍼바이저보다 더 잘하려고 하는데, 이는 굉장한 동기부여가 될 수 있다. 하지만 슈퍼바이저에게 지지 않으려고 애쓰며 그에 '못지않게 훌륭하게' 되려고 시도할 때, 혹은 진정한 자신만의 기술 없이 잘못된 의도를 가지고 그것을 적용하려고 모험을 무릅쓸 때, 인턴 자신만의 개인적 필요와 욕망은 반드시 고려되어야 한다. 이 점은 특히 음악치료사에게 더욱 해당된다. 우리의 주요 도구는 음악이고 음악을 창조하고 연주하는 것은 본질적으로 매우 개인적이기에, 재생산하거나 모방하거나 '더 낫다고' 판단하는 것은 불가능하다. 각 치료사의 음악적이고 치료적인 임재는 정말 독특하고 비교할 수 없다. 모든 치료사가 궁극적으로 자신의 내담자를 위해 비슷한 역할을 감당하는 것처럼, 슈퍼바이저는 음악치료사로서 자신을 발견하는 인턴을 오직 인도자와 동반자의 입장에서 도울 수 있다.

밥은 인턴십이 진행되면서 세션을 위한 준비 부분이 향상되었다. 하지만 그는 여전히 계획을 실행하는 것을 힘들어했다. 이 점에 대해 이야기를 나누면서 무엇이 그렇게 어렵게 만드는지 모르지만 그는 자주 '얼어붙는' 느낌을 가지며 시작한 것을 계속 진행할 수 없었다고 토로하였다. 그는 '당신(그의 슈퍼바이저)이 한 대로 시도하려' 했지만 할 수 없음을 깨닫게 된 후부터는 아무것도 할 수 없을 것 같은 느낌을 가졌음을 알아차릴 수 있었다. 그는 자신만의 방법이 '충분히 좋지' 못할 것이 두려워 이렇게 접근하지 못했음을 깨달았다. 밥의 슈퍼바이저는 그가 적당한 기술 그 이상의 것을 소유했음을 그에게 확인시켜 주었고, 자신만의 스타일을 개발하도록 초반부에 더욱 신경을 쓰라고 격려했다. 또한 그는 자신만의 능력을 믿고 신뢰하기보다는 성공하기 위해 다른 사람과 같아져야만 한다는 자신의 기대에 대해 탐구하게 되었다.

폴라는 자신의 기술이 부적당하다는 느낌 때문에 힘들어했다. 슈퍼바이저가 치료실 밖에 있으면 그녀 혼자 세션을 인도할 수 있을 것 같다고 고백했다. 그녀는 세션에서 관찰이나 비판을 당하지 않을 때 덜 긴장하고 더욱 자기 자신이 될 수 있다고 느꼈다. 그녀는 슈퍼바이저가 언제나 그녀의 기술을 그 자신의 기술과 비교한다고 느꼈고, 이는 결국 그녀로 하여금 꼼꼼히 살핌을 당하는 느낌을 받게 하여 실패를 예감하게 하였다. 그녀는 자신이 기술을 가지고 있지만 그것을 사용할 때 슈퍼바이저의 존재 때문에 심하게 압도당한다고 느꼈다. 슈퍼바이저는 이것이 인턴으로 하여금 '그냥 무엇이든지 하고' 그 점에 관해서는 슈퍼바이저가 피드백을 줄 수 있는 방법이 전혀 없다는 것, 또한 그녀가 무엇을 배우고 있는지도 깨달을 방법이 없다는 것을 강하게 느꼈다. 슈퍼바이저와 인턴 간의 역동이 훈련과정을 방해했기 때문에, 이 시점에 양자 모두는 그들의 작업관계를 재평가해야 했다. 그들은 슈퍼바이저가 세션을 관찰하지 않지만 인턴이 세션 전에 슈퍼바이저와 함께 그녀의 계획에 대해 이야기를 나누는 선에서 합의했다. 슈퍼비전 시간에 그들은 세션의 오디오테이프를 검토할 것이다.

나 여기 홀로 있어요

Leslie Gore and Michael Gore

인턴이 더욱 독립적으로 기능하기 시작하고 학생 치료사로서 자신의 역할을 확립하게 되면, 슈퍼비전은 약간 다른 의도를 가지고 진행되기 시작한다. 슈퍼비전의 피드백은 인턴이 음악치료 수행에 대한 자신만의 견고한 평가기준을 발전시키면서 그 영향력이 줄어든다. 인턴이 "슈퍼바이저의 충분한 지지 없이도 생존하려는" 능력을 발전시키는 것이 바로 이 시기다(Friedman and Kaslow, 1986, p. 42). 이런 변화는 일반적으로 인턴십 중반기를 지나서야 나타나며, 인턴이 자신만의 치료를 결정하고 선택을 하기 시작함에 따라 슈퍼비전 관계에서 반항적이 되거나 혹은 더욱 수동적이 되기도 한다. 이 시기는 힘든 시기로 청소년기와 비슷한데, 슈퍼바이저와 인턴은 그들의 작업관계에서 더욱 분리되면서도 함께 일해야만 한다.

인턴이 자신만의 핵심 쟁점과 걸림돌이 되는 장애물, 그리고 이것이 자신의 일에 어떻게 영향을 미치는지를 인지하기 시작하는 때도 바로 이 단계다. 그 이전에는 많은 부분의 초점이 음악치료의 특정 역량과 기술을 개발하고 정제하는 데 있었던 반면, 이제 인턴은 자신의 인생과 일에 대한 경험을 통합하는 데로 나아가기 시작한다. 이는 슈퍼바이저가 인턴의 발전을 위해 이런 쟁점에 대한 인턴의 도전을 기꺼이 요구해야만 하는 시기이기도 하다.

점점 커지는 독립성과 분리된 전문가적 정체성 발전을 향한 이런 움직임은 때때로 느리며 많은 긴장을 유발할 수 있지만, 좀 더 심층적이며 반영적인 수준에서 음악치료사로서의 작업을 탐구하고 논의할 기회를 제공한다. 음악기술, 치료기술, 그리고 중재에 대한 초점은 언제나 계속되지만, 이제는 또 다른 수준의 자각과 발전이 그들의 일에 존재한다. 인턴은 아직은 여전히 의문과 불확실함으로 가득 차 있음에도 매력적인 그들 자신만의 전문가적 정체성을 견고히 하는 방향으로 움직이기 시작한다. 자기 자신을 좀 더 믿을 수 있게 하는 역량강화의 느낌이 자주 등장하는 동시에, 압박받는 느낌과 인턴십을 마치기 전에 알아야 할 모든 것을 배워야만 한다는 느낌도 빈번하게 존재한다. 이는 인턴이 훈련의 막바지에 가까이 왔음을 자각할 때 특히 그러하다. 이때가 통합과 더 큰 기대를 위한 중요한 시기라 할 수 있다.

이 시점에서 인턴은 이론과 내담자 관련 임상 간의 연결에 대해 더욱 잘 이해하게 된다. 또한 슈퍼바이저의 지시가 덜 필요하게 된다. 슈퍼비전 세션에서 발생한 것과 그 이유에 대한 목록을 검토하는 시간이 줄어든다. 이상적으로 인턴은 자신의 강점과 필요한 분야에 대해 좀 더 깨닫고 이것이 음악치료사로서 자신의 작업에 적용될 수 있는 방법을 다룰 수 있게 된다. 그들은 치료하기 어려운 특정 내담자에 대해 이야기를 나누고 이것이 자신과 어떤 관련이 있는지를 탐구할 수 있게 된다. 그들은 특정 음악적 틀에 고정되었다고 느껴 벗어나려 하지만 그렇게 하는 것이 너무 어렵다는 것을 깨닫게 된다.

능력을 키워야 할 필요가 있다고 깨달은 특정 음악기술이나 치료기술을 훈련하기 위해 그들은 매우 힘든 내담자를 택할 수 있다. 자신에게 언제나 어려움을 주는 특정 분야나 내담자가 존재한다는 사실과 자신이 지금은 적합하지 않을 수도 있음을 이해하게 된다. 그들은 자신의 인간으로서의 정체성이 어떻게 치료사로서의 정체성에 중요한지 규명하기 시작한다.

제니는 몇 달 동안 노인 내담자 집단을 담당해 왔다. 그녀는 음악치료 세션에서 그들을 위해 충분히 의미 있는 경험을 제공하지 못했고, 그 집단은 '나태하다'고 느끼기 시작했다. 그녀는 내담자가 여전히 참여하고 진보하는 것처럼 보이지만 이 '똑같은 예전 것'을 듣는 것은 분명 지루하고 피곤할 것이라고 느꼈다. 그녀는 만약 그들이 더욱 발전하려 한다면 이 집단에 새로운 활동이나 기술을 선보여야 한다고 확신했다. 슈퍼바이저는 인턴이 음악적으로 잘하고 있으며 에너지가 부족한 것은 그 집단이 아닌 바로 이 학생임을 느꼈다. 이후 슈퍼비전의 초점은 음악에 대한 무관심과 지루함에 대한 제니 자신만의 감정과 그녀가 그렇게 느낄 때 내담자의 경험에 대해 객관적이 되는 것이 어렵다는 것을 탐구하는 데 맞추어졌다. 비록 처음에는 이 점에 대해 매우 저항적이었지만, 그녀는 때때로 그녀의 동기와 선택이 내담자의 요구가 아닌 자신의 것에 의해 유발된다는 것을 인지하기 시작했다. 이런 대상자에게 필요한 음악 양식과 반복은 그녀의 개인 취향과는 거리가 멀었고 그녀는 음악 양식보다는 내담자의 반응에 더욱 초점을 맞추어야 함을 깨닫게 되었다.

조지는 그의 인턴십에서 개별 및 집단 세션 작업 시에 '고정되어 빠져나가지 못하는' 느낌을 가지는 것에 관해 슈퍼비전 시간에 많이 이야기하기 시작했다. 그는 또한 치료가 다소 정체되어 있고 그 자신이 매우 효율적이지 못하다고 느꼈다. 그는 세션에서 매우 지시적이었고 내담자에게 도움이 될 것이라고 자신이 느꼈던 치료계획에 기초하여 결정을 하고 있었다. 최근에 그는 내담자가 저항적이고 전반적으로 참여도가 떨어지고 있음을 발견하게 되었다. 세션에서 내담자의 즉각적인 필요나 요구에 기초한 결정을 하도록 요청받았을 때, 조지는 자신의 계획에서 벗어나는 것에 대해 매우 불안감을 느꼈다고 고백했다. 그는 세션 계획을 포기하고 내담자의 인도를 따른다면 '모든 것은 엉망이 될 것이다'라는 두려움을 느꼈을 것이다. 이러한 세션에 대해 이야기를 나누면서, '모든 것이 통제 아래 놓여 있고' '어떤 실수도 없는' 상태를 유지하려는 그의 욕구로 인해 음악 만들기에서 발생할 수 있는 내담자와의 교류와 상호적 수준의 참여를 그가 허용하지 않았음이 밝혀졌다. 그는 자신의 통제를 벗어나는 상황에 대해 불안감을 느끼는 그 자신의 개인적 삶의 다른 분야에도 이것을 연관시킬 수 있었다. 우리는 실수가 있을 수 없는 즉흥연주를 슈퍼비전에서 같이 하면서 더 큰 모험을 감당하는 것에 대해 탐구하기 시작했다. 조지가 음악이나 내담자가 어디로 가고 있는지를 언제나 알 수 있는 것은 아니기 때문에 더 많은 경험을 가지는 것이 중요하긴 했지만, 그래도 여전히 집단에서 리더십을 유지한다고 느끼는 것도 중요하였다.

이제 끝이 가까이 왔네요…
Paul Anka

인턴이 훈련의 마지막 국면으로 들어서면, 그들은 일반적으로 자신의 강점과 약점에 대해 잘 알게 됨은 물론, 더욱 폭넓은 관점을 가지고 덜 저항하면서 발전해야 할 분야에 초점을 맞출 수 있게 된다. 치료에 관련된 그들의 느낌, 경험 및 정보에 대해 인턴과 슈퍼바이저는 상호 간에 더 많은 것을 나누게 되며, 슈퍼비전 관계는 이전 시기에 비해 더욱 협력적이 된다. 인턴은 점차 자신만의 치료 스타일을 개인화하기 시작하고 이러한 중요한 경험이 마무리될 때까지 그의 일에서 개인적이고 전문가적인 통합을 지속해 나간다. 내담자, 임상기관, 그리고 슈퍼바이저와의 종결과정에 대한 인턴의 경험은 학생 대부분이 과거 훈련 경험에서 이와 같은 장기간의 경험을 마주해 본 적이 없었기에 매우 심오하고 독특한 경험이 된다. 그들 작업의 재검토는 그들이 뚜렷한 향상을 만들어 낸 분야뿐 아니라 그들이 아직은 더욱 노력해야 하는 분야까지도 강조하도록 돕는다. 슈퍼바이저와 보다 협력적 관계로 나아간 후, 인턴은 종결 시기 동안 추가 지원과 피드백을 종종 요구할 수 있다. 이는 그들에게 내담자를 치료하는 음악치료사로서 자신의 작업 영향력을 명확하게 이해하도록 하는 가장 가치 있는 경험이 된다. 이때는 또한 그들이 이 작업 및 이러한 관계가 음악치료사로서 그리고 타인과 관련된 한 개인으로서 그들 자신에게 미치는 영향을 진실로 통합하는 시기이기도 하다. 그들은 과정과 시간을 통해 내담자, 슈퍼바이저, 교사, 동료, 혹은 음악 자체와의 발전된 관계를 이해하게 된다. 따라서 그들이 이런 과정을 마치고 작별인사를 할 수 있도록 적당한 시간과 공간을 부여하고 존중해 주어야 한다.

인턴십의 마지막 몇 주 동안, 즉 마지막 6개월에서 9개월까지는 인턴의 경험을 인턴과 슈퍼바이저를 위해 평가해야 한다. 이때가 이러한 교류적인 음악치료 경험과 훈련의 과정에 참여했던 모든 당사자의 과정을 반영하는 시기다. 내담자 진보뿐 아니라 학생 인턴, 임상기관, 슈퍼비전 경험에 관한 최종 평가가 이루어진다. 대부분의 슈퍼바이저는 이 시기가 자기 자신을 위해 이 특별한 과정의 마무리를 맺고 새로운 훈련의 시기와 인턴을 준비하기 위한, 또한 인턴에 대한 자기 자신의 역할을 회고하도록 자기평가를 수행하기 위한 중요한 시기임을 발견한다.

슈퍼비전 과정은 중요한 학습과 지식이 다양한 수준에서 발생할 수 있는 장소다. 이러한 가르치기, 조언하기, 모델링하기, 상담하기, 지원하기, 나누기를 담은 공동의 여정 단계를 지난 후, 인턴과 슈퍼바이저는 그들 자신에 대해 또한 협력적 경험에 기초한 서로 간의 작업에 대해 더 잘 이해할 수 있게 된다. 특히 두 사람의 행위, 정서, 관점, 지혜, 그리고 음악에 대한 정중하며 협력적인 노력에 기초한 작업은 개인적 · 전문적으로 지속적인 성장과 발전을 위한 확실한 기회를 제공한다.

참고문헌

Anka, P. (1969). "My Way." C. Revaud and C. Francois (original French lyrics and music). New York: Spanka Music Corporation.

Cannon, G., and Woods, H. (1930). "Walk Right In, Sit Right Down." New York: Peer International Corp.

Flexner, S. B. (Ed.). (1987). *Random House Dictionary of the English Language* (2nd ed.). New York: Random House.

Fogerty, J. (1985). "Centerfield." New York: Warner Brothers Publishing.

Friedman, D., and Kaslow, N. J. (1986). The development of professional identity in psychotherapists: six stages in the supervision process. In N. J. Kaslow (Ed.), *Supervision and Training: Models, Dilemmas, and Challenges.* New York: Haworth Press, Inc.

Gordon, M., and Warren, H. (1942). "There Will Never Be Another You." New York: Morley Music Co.

Gore, L., and Gore, M. (1980). "Out Here on My Own." New York: EMI Music, Inc.

Hart, G. (1982). *The Process of Clinical Supervision*. Baltimore, MD: University Park Press.

Holloway, E. L. (1995). *Clinical Supervision: A Systems Approach*. Thousand Oaks, CA: Sage Publications, Inc.

King, B. E., Stoller, M., and Leiber, J. (1961). "Stand By Me." New York: Progressive Music Publishing, Inc.

Regney, N., and Shane, G. (1964). "Do You Hear What I Hear?" New York: Regent Music Corp.

감사의 글

지난 15년의 세월 동안 나와 같이 일했던 모든 음악치료 학생에게 감사를 표하고 싶다. 학생 한 명 한 명은 나에게 치료에 대한 개인의 인생 경험의 가치와 전문가로서 그것이 그/그녀를 어떻게 만들어 가는지를 더 잘 이해하도록 도움을 주었다. 이런 공동체 경험은 나의 가장 큰 교사가 되었고, 각 슈퍼비전 과정의 독특함을 존중해야 함을 나에게 명확하게 알려 주었다. 나는 이 일에 도움을 준 모든 학생에게 감사를 표하고자 한다.

제10장 집단 슈퍼비전에서의 예술매체

들어가는 말

학위과정 수업 형태의 집단 슈퍼비전은 학생에서 치료사로의 전환적 성장에 대한 따뜻한 이해와 형성 중인 전문가적 정체성, 그리고 엄격한 학업적 요구가 결합되어 대단히 복잡하다. 평가, 시험 등과 같은 주기적인 최상의 수행 요구와 방학을 포함하는 훈련 주기는 훈련에 적절한 체계를 제공하며 때로는 슈퍼비전 집단을 위한 형태를 제공한다. 치료과정의 단계는 종종 학업적으로 결정된 인턴십과 실습 모델(예, "인턴십 3개월째에는 4개의 집단과 몇 개의 개인 세션을 해야 한다." 또는 "5월이니 이제 종결할 때다.")의 영향을 받는다. 학위과정에서 균형 잡기는 슈퍼바이저와 학생의 학사 계획에 맞추며 치료적 리더십 기술을 연마하는 일 가운데 실행된다. 훈련기관이 사려 깊게 배려해 주는 경우도 많지만, 학생의 '원숙함'은 임상 환경 또는 건강보험 체계의 복잡함과 조화를 이루지 못하기도 한다.

Trudy Shulman-Fagen, MA, MT-BC, LMHC
Adjunct Faculty, Lesley University, Cambridge, MA

임상기술, 전이 쟁점, 전문가적 정체성 형성, 예술적 개입과 자원, 장애와 의료체계에 대한 이해, 융합적 명료성, 리더십 계발, 치료경영에서의 안정(마케팅, 취업, 보조금 지원서 작성 등) 등 슈퍼비전에서 다루어져야 할 것이 많다. 정리하자면, 학생들은 일생에 걸쳐 계발되는 임상기술과 전문가적 판단력을 몇 학기의 훈련 동안 획득하도록 요구된다.

이 장에서는 매주 3시간에 걸친 음악치료 슈퍼비전 집단의 발달 단계를 설명할 것이다. 학생들은 다양한 지역 기관에서 인턴십을 완수하였다. 이 슈퍼비전 집단은 인턴십 기관의 음악치료사가 제공하는 주간 개인 슈퍼비전과는 별개로 학교에서 운영된다. 슈퍼비전 집단의 학생들은 연속된 두 학기 동안 다른 수업도 함께 이수하며 인턴십을 완수한다.

슈퍼비전 집단에 대한 개관

슈퍼비전 관계와 슈퍼비전 모임의 경계에 대한 구조를 형성하는 것은 도움이 된다. 이는 슈퍼비전 과정에 대한 강의 계획서, 학업적/문서적 기준, 수업 참여 규정, 필독서, 출석, 그리고 과제(개인 일지와 전문적 문서 작성) 등과 같은 형식적 쟁점을 다루는 것도 포함할 수 있다. 추가로 슈퍼비전 모임의 시작과 마무리를 위한 창조적 예식 또한 슈퍼비전 경험을 형성하기에 유용하다.

슈퍼비전 세션은 여러 요소를 포함한다. 세션 시작에서의 '체크인' 시간은 학생들에게 인턴십에서의 현 상태를 탐색할 공간을 허용한다. 치료 유형, 처치 계획, 의약 정보, 또는 질병과 회복에 관한 새로운 이론을 포함하는 이론적 쟁점이 종종 체크인 후 강의 형식으로 진행된다. 슈퍼비전 집단의 종반은 음악과 예술 경험에 초점을 두어 내담자의 임상적 쟁점이나 학교 슈퍼비전에서의 쟁점을 다룬다.

학생 인턴과 슈퍼바이저의 역할은 임상훈련 초기에 명료히 정의되어야 한다. 학생의 역할은 임상적 기술을 연마하고 질병 관련 정보를 수집하고, 음악적 자원을 계발하고, 건강관리 체계를 이해하고, 전문가 정체성을 확립하고, 슈퍼비전을 어떻게 사용할 것인가를 배우는 것이다. 학생들은 전문가적 모험, 그리고 임상적으로 필요하다면 개인적 모험도 감수하고, 리더십 기술을 계발하고, 자기 쟁점의 영향을 배제한 상태에서 '적극적으로 경청하는 법'을 배우려는 의지를 가져야 한다. 동료, 슈퍼바이저, 내담자, 질병, 그리고 작업체계에 대한 전이 쟁점의 인식도 중요하게 다루어져야 한다. 이타적 동기가 고찰되어야 하고, 공감적 인식이 발전되어야 하며, 개입에서 예술을 사용하는 능력도 계발되어야 한다. 학생들은 실수를 하며 그것을 통해 배워야 한다. 학생들은 자신을 돌보는 법을 배워야 하며, 자신의 능력을 알고 자신의 속도와 성장 유형을 존중하는 법을 배워야 한다. 그들은 자신의 의견을 발견하고 알아야 하며, 이를 가끔은 녹록지 않은 예술치료 환경에서도 내놓을 수 있어야 한다.

슈퍼바이저로서 우리의 우선 책임은 학생들이 앞에서 언급한 기술과 치료사로서의 존재방식을 계발하도록 양육환경과 안전한 환경을 제공하는 것이다. 슈퍼바이저로서 우리의 역할은 학습과 임상적 창조성을 위한 틀을 형성하고 유지하는 것이다. 또한 전문가적 여정을 위한 지도를 제공하는 것이다. 훈련의 윤리적 책임은 치료사의 소양을 기르는 데 도움이 된다(Malchiodi and Riley, 1996). 우리는 학생들의 기술 형성과 의식 향상에 초점을 두어야 하며, 슈퍼비전과 치료 간의 경계를 확실히 해야 한다. 우리는 학생들에게 지지, 공감, 존중, 멘토링을 제공하는 동시에 삼각관계가 되지 않도록 지도교수와 기관 슈퍼바이저 사이에서 균형을 잡고 숙고해야 한다. 우리는 슈퍼비전 집단의 개인적, 집단적 역동과정을 중요시하는 동시에 기관과 학교의 기대에 부응해야 한다. 우리는 이끌기도 하고 따르기도 해야 한다. 우리는 개입하고, 장려하고, 경청하고, 기다리고, 추락할 때 잡아 주며, 너무 높이 올라 위험하지 않도록 도와야 한다. 우리는 학생들이 스스로 발견하도록 '알지 못함'의 위치를 유지하게 한다. 우리는 완벽할 수 없고 '충분히 좋은' 역할이면 된다는 것을 보여 주는 본보기가 되며, 학생들에게 영감과 동기 고취를 위한 예술과정을 제공한다. 우리는 '상자' 안에 무엇이 있는지 알아야 하며 그 상자의 외부도 고려해야 한다. 우리는 부드럽게 진행할 때와 힘차게 전진할 순간을 촉진하고 모범을 보여야 한다. 다른 강력한 경험처럼, 방법과 경계는 학습을 위한 틀 안에 있어야 한다. 슈퍼비전 집단이 그들의 창조적 학습과정에 대한 책임감을 가지도록 돕는 일은 안전감을 제공한다.

음악 연주와 예술을 통해 우리는 창조적 언어라는 선물을 제공받는다. 창조과정에 대한 탐색은 전문가적 정체성에 대한 우리의 인식을 확장하는 공간을 제공한다. 예술의 효율성을 지속적으로 보여 주기 위해 쟁점과 도전을 다루는 과정에서 예술을 사용하는 것이 슈퍼바이저의 책임이다.

슈퍼비전 집단과정은 집단원의 다양한 개성과 준비 상태, 학교 슈퍼바이저의 유형과 기술, 기관 슈퍼바이저의 유형, 그리고 이에 대한 학생들의 적응과 임상경험의 일상적 희로애락 등의 요소를 포함하며, 무수한 요인이 이러한 슈퍼비전 집단과정을 좌우한다. 인턴십 스트레스의 이면에는 아직 발달하지 못한 기술과 불안이 존재한다. 우리의 최상 및 최악의 순간은 개인적으로, 그리고 다른 사람과의 관계 안에서 일어난다. 인턴십은 취약한 시기이면서 풍부한 학습 기회이기도 하다.

집단 슈퍼비전의 발달 단계

학업과정에서의 예술치료 인턴십 슈퍼비전 집단은 (1) 개인적, 전문가적 성장, (2) 슈퍼비전 집단역동의 진화, (3) 일반적 임상기술 발달과 같은 세 수준을 포함한다. 그 뒤에 집단 발달의 4단계 및 각 집단과정 단계, 그리고 다양한 수준을 다루기 위해 고안된 예술 경험이 이어진다.

단계 1: 치료 틀 형성하기

슈퍼비전이 효과적으로 진행되기 위해서는 하나의 '집단' 정체성의 발달과 집단 내 구성원의 안전감이 우선적으로 형성되어야 한다. 학위과정에 대해 먼저 이야기하자면, 인턴십이 책임성 있게 조율되기 위해서는 그들의 명료한 기대와 전문가로서의 경계가 재검토되어야 한다. 여기에는 학위과정의 규준뿐만 아니라 슈퍼비전과 치료 간의 구분도 포함된다.

치료 틀을 형성하는 것은 내적 치료 공간을 개발하고 인턴십 기관에서의 치료 공간을 외부적으로 형성하기 위해 준비하는 과정을 의미한다. 예술 경험은 자기 일람(self-inventory)의 기회를 제공하고 이러한 시작 단계에서 수용 틀을 형성하는 데 영향을 미치는 쟁점을 확인하도록 도울 수 있다. 초기 몇 주 동안의 발달적 쟁점은 다음과 같은 질문을 포함한다. 나는 치료사로서 어떠한 사람인가? 슈퍼바이저와 나의 관계는 어떠한가? 기관 슈퍼바이저에 대한 나의 기대는 무엇인가? 나의 기대는 충족될 수 있는가? 내 음악기술은 충분한가? 무엇을 해야 할지 알 수 있는가? 슈퍼바이저가 내 감정을 수용할 수 있는가? 나는 수많은 것을 배울 준비가 되었는가? 이 슈퍼비전 집단에서 나는 어디에 위치하는가? 이 집단에서 나는 무엇을 기대할 수 있는가?

제안된 예술 경험

연결하기 음악 즉흥연주의 분석적, 대상관계적, 관계적 모델은 연결 형성과정을 검토하는 데 도움이 된다(Horney, 1993; Jordan, Miller, Striver, Surrey, and Kaplan, 1991; Winnicott, 1992). 연결은 내적으로(개인의 감정과 그 감정이 과거 경험에서 기인함을 인식하게 되는 것) 또는 외적으로(개인이 악기 및 다른 집단원과 어떻게 관계를 형성하는가를 인식하게 되는 것 등) 형성될 수 있다.

이를 탐색하기 위해 학생들에게 타악기, 기타, 피아노 등을 사용하여 연결을 찾는 것을 주제로 집단 즉흥연주를 하도록 요청하라. 즉흥연주가 끝난 뒤에는 학생들에게 내적으로 그리고 외적으로(자기 자신과, 악기와, 그리고 서로 간에) 어떠한 연결을 형성했는지 질문하라. 학생들로 하여금 이러한 연결을 형성할 때 용이했던 점과 어려웠던 점에 대해 살펴보도록 하라. 그들과 그들의 내담자가 연결을 형성하기 어려웠을 때 적용한 전략에 대해 논의하라. 학생들에게 자신의 삶에 존재하는 일정한 형태를 살펴보도록 질문하라. 학생들이 연결을 형성하는 일반적 방법은 무엇이며, 언제 가장 연결된 느낌을 가지는가? 기관에서 무엇이 그들로 하여금 슈퍼바이저와 내담자에게 연결되었다고 느끼게 하는가? 이 과정에서 악기는 어떠한 기능을 하는가?

학생들이 이러한 질문을 탐색할 때 '나는…'와 같이 자신을 주어로 답하게 하고 다른 학생의 대답을 해석하는 실수를 범하지 않도록 도우라. 연결을 형성하지 못하는 구성원이 있다면, 집단이 그 구성원이 연결을 형성하도록 돕는 예술적 전략을 발견할 수 있는지 지켜보라. 이는 때로는 연결되지 못한 감정이 발생할 수 있으며, 그러므로 자연스러운 일이고 또 탐색할 가치도 있음을 인정하는 데 도움이 될 수 있다.

임상적 시각을 논의하는 것도 중요하다. "만약 내담자가 연결을 형성하는 데 어려움을 가질 때 어떠한 일이 일어날까요?"와 같이 질문하라. 상호 의존관계와 의존성처럼 내담자가 어떤 상황과 연결되지 않는 것이 더 건강한 것일 경우도 있음을 탐색하라. 연결의 부재를 탐색하는 것이 집단과정을 분해하지 않으며, 실제로는 오히려 집단을 결속한다는 사실을 인정하는 것은 중요하다. 탐색해야 할 다른 문제는 다음을 포함한다. 집단의 구성원이 된다는 것은 어떠한 의미를 가지는가? 정신질환과 싸우고 있을 때 집단의 한 부분이 된다는 것은 무엇일까? 내담자가 집단의 한 부분이 되기를 원하지 않는다면 어떻게 할 것인가?

치료 틀 형성하기 이는 학생들이 임상가로서 자신의 내부에 형성하고자 하는, 그리고 치료환경으로서 내담자에게 제공하고자 하는 치료 공간 또는 문화를 정의하도록 돕는 과정을 의미한다. 치료 틀을 형성하는 예술 경험은 융 심리학에서 말하는 동시성 형태의 드럼 서클을 포함할 수 있다(Diallo, 1990; Jung, 1981). 집단이 북에서의 단순한 리듬 유형으로 시작하여 역동, 빠르기 등과 같은 차원을 탐색하도록 하라(예를 들어, 중동, 아프리카, 또는 남미 리듬을 시도하라). 그 틀에 리듬 유형이 미치는 영향을 논의하라. 그것이 형성에 도움이 되었는가? 안전한 느낌을 주었는가? 압도하는 느낌이었는가?

또 하나의 예는 집단 구성원이 그들의 심장박동에 맞춘 북 연주로 시작하는 것이다. 고유한 리듬이 형성된 후 학생들에게 그들 각자의 고유한 리듬을 집단과 조화를 이루게 하도록 요청하는 것이다. 경험에 대해 논의하고 다음과 같이 질문하라. 내담자에게는 이러한 유형의 경험이 어떠할까? 집단과의 조화에서 부정적인 면은 무엇일까? 치료사로서 '우리' 와 내담자로서 '그들' , 그리고 이 둘이 하나의 틀을 형성하는 방법을 중심으로 논의하는 것은 흥미로운 통찰력을 가져온다.

치료 틀 유연하게 하기 치료 틀이 형성되면, 학생들이 그 틀의 유연성에 대한 고찰을 시작할 수 있다. 이는 개인의 내적, 외적 치료 공간에서의 변화와 적응과정을 의미한다. 동작 경험은 이 탐색에서 특별한 도움이 될 수 있다. 학생들에게 원의 형태 안에서 스트레치 밴드 또는 신체적 인식을 제공하는 다른 기구를 사용하여 집단으로서 확장하고 수축하기를 시도하도록 요청하라. 집단원 중 한 명이 먼저 특정한 동작을 시작하고 이를 모든 집단원이 따라 한다. 차례대로 모든 집단원이 이러한 경험을 하도록 하라. 학생들로 하여금 집단이 하나의 틀로서 확장하고 수축하는 것이 어떠한 경험이었는가에 대해 토론하도록 하라. 다음과 같은 질문을 탐색하라. 다른 사람의 동작을 경험하는 것은 어떠하였나? 내담자가 서로의 움직임을 수용하는가? 다른 사람의 움직임을 받아들이는 것이 병리적인가? 상징적으로 다른 사람의 신발을 신고 걷는 경험은 어떠한 상황에서 유용할까?

특정한 주제를 바탕으로 시행되는 진정한 동작(Starks Whitehouse, 1999)은 개인 수준의 틀에 대한 개념을 탐색하기 위해 사용될 수 있다. 둘이서 짝을 지어서 작업할 때, 한 학생은 자신의 내적 치료 공간의 형태와 구성을 탐색하며 동작을 하고, 다른 학생은 이를 지켜보도록 하라. 동작가로서의 경험과 목격자로서의 경험을 파트너와 먼저 나눈 뒤 집단 전체에서 나누도록 하라.

학생들은 또한 치료 공간에 대한 그들의 생각에 특별히 집중하며 진흙이나 다른 예술매체를 통해 틀에 대한 개념적 표상을 형성할 수 있다. 다음과 같은 쟁점을 탐색하라. 치료를 위해 나 자신 안에서 어떠한 공간을 형성할 수 있는가? 나의 틀을 채우는 것은 무엇인가?(치료적 쟁점, 역전이 등) 나는 지금 어느 정도 수용할 수 있는가? 더 큰 공간을 형성할 수 있는가? 내 틀로 향하는 쉬운 방법이 있는가? 내 틀은 닫힐 수 있는가? 개방과 폐쇄를 위한 나의 출발은 무엇인가? 이 틀은 얼마나 단단한가? 강화해야 할 장소와 좀 더 유연해져야 할 장소가 있는가? 이 틀이 과도하게 유연할 수도 있는가?

이 연습을 실행하고 진행하는 데에는 종종 많은 시간이 필요하지만 슈퍼비전의 전체 과정에서 성공적으로 사용될 수 있다. 우리의 치료 틀을 검토하고 그 형태와 수용력의 변화를 알아차리는 것은 중요하다.

음악 사이코드라마는 틀을 탐색하는 데 유용한 또 하나의 기술이다. 둘씩 짝을 지어서 한 학생이 음악과 동작을 사용하여 틀의 개념을 연기하거나 의인화하도록 하라. 이때 파트너는 동시적인 묘사를 제공하거나 이러한 탐색에 목소리를 부여하는 '이중자아(double)' 역할을 한다. 학생들로 하여금 동작과 음악 경험에서, 그리고 파트너가 그 경험을 언어화했던 것에서 무엇을 배웠는가에 대해 두 사람씩 짝지어서 그리고 집단에서 논의하도록 하라.

단계 2: 치료 틀 채우기

슈퍼비전 집단이 탐색 시 안전감을 형성하는 동안 연결을 유지하는 능력이 필요하다. 안전과 연결에 대한 주제는 서로 병행적이다. 학생들은 내담자를 위한 안아주기(holding) 환경을 형성하도록 학습해야 한다.

치료사로서 우리는 연결과 참여를 형성하는 능력과 전략을 강조하고 치료적 안아주기 환경으로 가져오는 개인 쟁점에 대한 세밀한 목록을 획득한다. 우리가 치료관계로 가져오는 것이 과정에서 유용한지, 아니면 임상적 의도를 방해하는지 구분하는 것은 중요하다. 우리는 우리의 치료 틀을 알아야 하며, 이를 어떻게 유지할 것인가 또는 유지해야 하는가를 선택해야 한다. 안아주기 환경을 형성하는 개인적 유형은 개인적/전문가적 수준에서, 다른 학생과의 관계 안에서, 그리고 내담자와의 작업환경 안에서 탐색되어야 한다.

제안된 예술적 기법과 구조

치료에서 관계적 쟁점을 고찰함에 있어 관계 전략에 대한 관점을 제공하는 Karen Horney(1993)의 작업을 차용하는 것은 도움이 된다. 그녀는 타인에게 '지향(toward)', '반향(against)', 그리고 '분리(away from)' 관계를 형성하도록 제안한다. 건강한 개인이 사용하는 방향적 유형은 내용에 따라 다르다(예를 들어, 위험한 상황에서 개인은 '분리' 관계를 형성할 것이다). 보다 깊고 가까운 관계에는 방향적 유형이 유동적으로 사용되며 하나 이상의 전략이 동시적으로 사용된다. 예를 들어, 청소년에 대한 건강한 부모 역할에서 우리는 독립성을 장려함으로써 사랑하는 마음으로 아이에게 '지향' 관계를 맺는 동시에 존중과 신뢰를 가지고 '분리' 관계를 맺는다. 또는 우리가 책임성 있는 형식의 사랑을 표현하는 귀가시간과 같은 행동에 대한 규제를 정함으로써 반향과 지향 관계를 맺는다. 병리는 종종 이러한 방향적 유형에서의 유연성 부족으로 나타난다. 예를 들어, 긴장형 정신분열을 가진 사람의 유형은 만성적으로 '분리' 관계일 것이다. 방향적 유동성에 대한 부조화와 관계적 필요가 종종 역기능적 가정에서 보인다(과잉적 관계, 상호 의존, 가정 폭력 등).

학생들이 즉흥음악과 동작을 Horney의 시각에서 탐색하는 것은 유익하다. 즉흥연주나 동작은 학생들의 관계 경향 유형과 기능에 대한 명료한 자료를 제공할 수 있다. 학생들이 타악기와 선율악기를 이용하여 연결을 발견하고 이들을 유지하는 안아주기 환경을 형성하도록 하라. 그 후에 학생들이 형성한 연결의 종류를 탐색하라. 이때에 그들 자신과 타인의 관계를 형성하는 과정에서 어느 부분이 용이하거나 어려웠는가에 대해서도 탐색하라. 그들이 어떻게 안아주기 환경을 형성하였는가와 그들의 임상 작업에서 관계 유형과 안아주기가 어떻게 나타났는가를 연결하도록 하라.

역전이 쟁점 또한 관계 유형을 통해 탐색될 수 있다. 적절한 전문가적 경계는 때때로 멀어지는 전략을 장려하며, 기관의 규칙 또한 관계 전략을 지시할 수 있다. 학생과 기관, 또는 학생과 수련생 간의 관계 유형에 대한 조정은 즉흥연주와 논의를 통해 강조될 수 있다.

이러한 경험에서 출현한 음악을 고찰함에 있어 구체적인 음악자료를 해석하지 않는 것이 중요하다. 한 번의 북 연주가 관계 유형을 나타내지는 않는다. 음악 요소가 모두 고찰되어야 한다. 예를 들어, 누군가는 이렇게 질문할 수 있다. "존, 집단 즉흥연주에서 나는 당신이 잠시 동안 제인과 공유적 리듬을 연주하는 것을 알 수 있었어요. 기억하나요? 이는 당신에게 어떠한 경험이었나요? 이러한 경험이 당신에게 익숙한가요? 이 경험이 당신에게 긍정적이었나요? 이것이 내담자와 당신이 관계를 형성하는 유형인가요?" 다른 집단원은 이런 질문을 받을 수도 있다. "제인, 존이 당신과 공유적 리듬을 연주했다는 것을 알았나요? 다른 구성원 중 알았던 사람이 있나요?"

학생들로 하여금 자신의 동작 유형과 집단 구성원의 동작 유형을 인식하게 함으로써 Horney식 즉흥동작이 즉흥음악 연주와 유사하게 구조화될 수 있다. 이러한 즉흥은 단독으로 그리고 음악 연주와 연계하여 사용될 수 있다.

관계에 대한 시각은 익숙한 유형에서 유래될 수 있다. 연결을 만들고 유지함에 있어 우리는 부모, 아동, 어른의 역할을 한다. Horney의 모델에서와 같이, 건강한 개인은 상황을 변화시키는 데 있어 유동적 전략을 사용한다. 관계가 가까울수록 전략은 더욱 복합적이 된다. 부부가 서로 성인 대 성인으로 관계를 맺지 않고 독립적으로 부모 역할을 하거나, 아동이 부모화될 수 있는 의존성 문제를 가진 가정에서와 같은 역기능적 또는 비효능적 관계는 종종 이러한 모델을 통해 쉽게 관찰될 수 있다.

즉흥음악과 동작은 음악, 동작 과정에서 직접적으로 비롯된 관계 전략으로 진입하는 하나의 방법을 제공한다. 이러한 전략을 과장되거나 상이한 방식으로 작업하는 것은 흥미로운 일이다. 예를 들어, 학생들이 그들 자신이 종종 내담자나 집단 구성원 서로를 부모처럼 보살피는 것을 발견한다면, 다른 상호작용 유형을 경험하도록 하기 위해 유아적인 즉흥연주나 동작을 해 볼 수 있다. 이러한 경험은 젊은 인턴이 인생 경험이 풍부한 나이 든 내담자와 함께 일하게 되는 경우 가장 명백해진다. 전이와 역전이 쟁점이 매우 강력해질 수 있으며, 인턴은 곤경에 빠질 수 있다. 이러한 쟁점은 예술과정을 통해 탐색될 수 있으며, 변화를 위한 책략과 함께 특정한 역동에 대한 개인적 통찰을 가져온다.

관계에 대한 개념을 탐색하기 위해 학생들이 소리 내지 않고 서로에게 신체적으로 인사하며 방을 돌아다니도록 하라. 그들이 동작, 몸짓, 그리고 에너지를 만나거나 교환하고, 한 사람과의 짧은 조우를 마치면 모든 구성원과 빠짐없이 같은 경험을 하도록 하라. 논의시간에 다음과 같은 질문을 하라. 당신의 신체 중 어느 부분이 타인에게 인사하고자 열려 있었는가? 어떠한 방식으로 우리가 의식적 · 무의식적으로 서로에게 가까이 있었는가? 임상적 상황에서 타인과 관계 맺는 능력에 영향을 미치는 정서적 장애물을 슈퍼비전에서 다루기 원하는가? 이러한 쟁점이 당신의 치료적 틀과 안아주기를 위한 공간에 어떠한 영향을 주는가? 어떠한 면에서 안아주기에 너무 취약하거나 전문가로서 부적절하다고 생각되는가? 제기된 성차 쟁점은 무엇인가?

인간의 조건을 이해하는 모델로서 Tomas Szasz(1984)의 작업을 사용할 때 탐색을 위한 경험의 연속선에서 양극을 이용하는 것이 가능하다. 단호함과 엄격함에서부터 무경계에 이르는 연속선에서의 경계에 대한 개념은 학생들과 함께 탐색하기에 유용하다. 이러한 경험에서 학생들에게 최대 8명의 소집단을 이루어 음악적 경계에 대해 탐색하도록 요청하라. 그들이 연속선에서 양극과 그들이 가장 편하게 느끼는 지점이 어디인가를 탐색하도록 하라. 즉흥연주 후에는 학생들의 내적, 외적 경계에 대한 경험을 탐색하라. 그들이 경계가 변화했는가를 인식하도록 요청하라. 개인적 경계에 대한 감각을 탐색하도록 하라. 이러한 경계에 대한 쟁점은 정신질환을 가지고 있거나 역기능적 가족체계 안에 있는 사람에게 어떠한 영향을 미칠 수 있는가?

단계 3: 개별화하기, 치료적 목소리 발견하기

슈퍼비전 집단이 발달함에 따라 학생들은 초보 치료사로서 스스로의 역할을 정의하기 시작한다. 동시에 기관 슈퍼바이저와 인턴 간의 관계가 발전한다. 건강한 관계에서는 감독하는 슈퍼바이저가 점차 집단 리더십을 공유하고 이를 학생에게 부여함으로써 인턴의 개별화를 장려하기 시작한다. 이는 언제나 자연스럽게 일어나는 과정이 아니며, 개별화 과정에서 제기된 다양한 쟁점이 창조적 과정을 통해 다루어질 수 있다. 예술구조는 학생들에게 스스로의 치료적 정체성을 발달시키는 작업을 하도록 장소를 제공하고, 슈퍼바이저에게는 이 과정을 지지하기 위한 다른 방법을 제공한다. 학생들의 표현과 소통 유형에 대한 이해를 깊게 하며 강화되어야 할 부분에 대한 확인을 지속하도록 하는 이러한 기회는 학생과 슈퍼바이저 모두에게 중요하다.

제안된 예술 기법과 구조

호흡 사용에 집중하는 실험적 경험은 학생들이 환경에서 받아들이는 것과 그들이 세상으로 내어놓는 것을 탐색하도록 한다. 영향을 받는 것과 영향을 주는 것의 균형은 학생들이 그들의 목소리 또는 치료사로서의 유형을 발견하도록 돕는다. 이러한 경험의 일부는 불안한 학생을 안심시키고 건강한 개별화의 감각을 형성하도록 한다. 요가는 치료사에게 다양한 호흡방법을 가르칠 수 있다. 다음은 방대한 지식 중 몇 개의 예다(Lee, 1997).

학생들이 코를 통해 숨을 들이마신 뒤 천천히 10에서 1까지 역순으로 수를 세며 입으로 내어 뱉도록 한다. 숨을 내쉴 때에 자신의 숨소리를 듣도록 한다. 학생들이 호흡을 통해 자신의 몸에서 긴장과 이완의 장소를 알도록 하라. 그 긴장 부분이 그들의 치료적 목소리에 어떠한 영향을 주었는가와 이완감이 그들의 임상적 존재에 어떠한 영향을 주었는가를 고찰하도록 하라.

개인의 목소리를 발견하는 것은 치료사로서 정체성을 확립하는 일에 매우 중요하다. 목소리가 한 수준에서는 가깝고 취약하고 직접적인 기본 치료 수단인 반면, 다른 수준에서는 생동적인 쟁점이 되기도 한다. 음악가로서 목소리의 강력한 힘에 대한 우리의 기대가 높을 수 있는 반면, 우리의 자기의심은 그만큼 특별할 수 있다. 우리는 스스로를 '과잉적으로 정제된' 또는 전문화된 목소리로 간주할 수 있다. 우리의 목소리에 요구되는 편안함은 불필요한 부담을 가지지 않는 치료 틀로서 우리에게 자기 자신을 포용하도록 요구한다.

개방구조의 목소리 놀이는 개인의 목소리 사용에서 어색함을 없앨 수 있는 유쾌한 방법이다. 이는 슈퍼비전과 다양한 치료 상황에서 학생이나 내담자가 얼어 있을 때 사용하기 좋다.

집단이 서로를 잘 볼 수 있도록 큰 원형으로 앉게 한다. 학생들이 하나의 모음을 사용하여 집단으로 노래하도록 한다. 각 모음 소리를 한 번에 하나씩 사용한다. 학생들로 하여금 모음을 사용하여 얼마나 많은 목소리 표현을 탐색할 수 있는지 알 수 있도록 하라. 학생들이 모음으로 다양한 감정을 표현하도록 격려하라. 서로를 양육하고, 서로와 논쟁하고, 서로를 놀리도록 하라. 그 대화에 몸짓과 동작을 더하라. 논의시간에 다음과 같이 질문하라. 소리가 당신의 몸 어느 부분에서 시작되었는가? 그 울림을 어떻게 변형할 수 있는가? 감화, 음정, 조음, 음조 등에 자발적일 수 있는가? 내담자가 당신의 목소리를 어떻게 지각할 수 있을까?

개인의 치료적 목소리를 발달시키기 위한 다음 단계는 목소리의 증폭이다. 위에서 언급된 목소리 놀이의 자연스러운 확장이 단순한 영창(chanting) 구조로 옮겨 가는 것이다. 미대륙 원주민, 아프리카, 하시드,[1] 퀘이커,[2] 또는 다른 문화에서 유래된 영창을 사용할 수 있다. 슈퍼비전 집단은 또한 스스로 영창을 만들 수도 있다. 영창의 필수 요소는 단순함, 반복, 부르기 쉬운 제한된 음역, 그리고 리듬 대칭이다. 학생들이 영창의 구조에서 위로감을 가지면 기본 영창을 바탕으로 목소리 즉흥을 시작하고, 위로감과 창조성의 경계를 발견하면서 자신을 확장하도록 요청받을 수 있다. 논의시간에 학생들이 위안 장소, 그리고 음악적으로 성장해야 할 부분과 치료사로서 목소리의 상징적 탐색을 해야 할 부분을 검토하도록 도우라.

적절한 모험을 감수하는 법을 배우는 것은 개별화 과정의 자연스러운 한 부분이다. 즉흥연주는 이러한 탐색에 도움이 된다. 학생들이 자신의 목소리와 악기를 사용하여 모험 감수를 주제로 즉흥연주를 하도록 하라. 즉흥연주 후에 그들

1) 역주: 18세기 폴란드에서 일어난 유대교의 분파로 신비적 경향이 강하다.
2) 역주: 17세기 영국의 George Fox가 창시한 종교단체인 친우회(Society of Friends) 회원의 별칭이다.

이 즉흥연주에서 실제적으로 감수했던 모험과 그들의 개별화 과정에서 감수해야 할 모험의 인식에 대해 논의하라. 이러한 모험을 어떻게 조정할 것인가에 대해 질문하라. 모험 감수를 지지했거나 방해했던 조건은 무엇인가? 익숙한 모험이었나? 아니면 이제까지의 유형을 초월한 확장이었나? 발달하는 치료사로서 모험 감수는 그들의 일과 어떠한 연관성을 가지는가? 모험 감수에서 학생들이 스스로 가지는 내적 · 외적 기대를 살피도록 하라. 치료사로서 '필요한' 것과 '해야 하는' 것 간에 차이가 있는가? 집단 구성원으로서 그리고 집단 전체로서 모험 감수에 대해 살펴보라. 내담자와의 임상 작업과 모험 감수 간 연관성은 무엇인가?

개별화 탐색 과정에 도움이 될 수 있는 동작 경험에서는 탄성을 가진 큰 고무밴드를 소품으로 사용한다. 집단에게 밴드 안으로 들어가서 각자 차례로 집단에 대한 탄력적 지지기반의 내부와 외부 동작 유형을 탐색하도록 하라. 논의시간에는 학생들이 집단에서 분리되는 유형을 반영하도록 하라. 다음과 같이 질문하라. 분리되기 힘들었는가? 빠르게 하였는가, 아니면 천천히 하였는가? 학생들에게 집단에서 분리되어 서로를 경험하는 것이 어떠하였는지 질문하라.

이러한 탐색을 진행시키는 또 다른 경험은 현대무용가 Bill T. Jones(1997)가 고안한 신체 작업에서 차용될 수 있다. 에이즈를 가진 동료의 고통스러운 분투를 목격한 후, Jones는 죽음과 사투해야 하는 질병을 극복하기 위해 힘쓰는 사람을 위한 동작 워크숍을 열며 전국을 순회했다. 이러한 워크숍을 통해 그는 춤사위를 안무하였다.

우리는 자신의 워크숍 여정을 안무하는 Jones의 아이디어를 차용할 수 있다. 동작 경험의 초점을 치료사의 개별화 과정 발달로 한정함으로써, 우리는 학생들이 발달과정에서 맞서야 할 방해물과 도전에 대한 관점을 가지도록 도왔다. 학생들이 치료사로서 자신의 발달을 상징하는 동작작품을 창조하도록 하라. 이때에 학생들이 당면하고 있거나 당면해 왔던 어려움과 이를 극복해 왔던 방법을 동작작품에 포함하도록 하라. 2인 1조로 또는 더 큰 집단으로 실행할 수 있다. 논의시간에 그들이 어떻게 발전해 왔고, 도전을 어떻게 다루어 왔으며, 다음 발달 단계는 무엇인지에 대해 설명하도록 하라.

동작 경험은 다음과 같이 고안될 수 있다. '인턴십'과 같은 하나의 주제가 선택된다. 학생들은 신체적 접촉을 유지하는 사슬을 형성한다. 한 사람이 처음에 서고, 그 뒤의 사람이 앞 사람의 등에 손을 얹는 방법을 주로 사용한다. 사슬의 맨 앞에 위치한 학생이 인턴십 주제와 연관된 동작을 시작한다. 사슬에 남아 있는 학생들은 '그림자'로서 동작의 증인이 된다. 그 학생이 충분히 동작을 한 후 사슬의 맨 마지막으로 자리를 옮기면 그다음 학생이 계속하여 동작을 통해 탐색한다. 논의시간에 다음과 같이 질문하라. 인턴십 경험은 구성원에 따라 어떻게 달랐는가? 인턴으로서 당신의 성장은 내담자에게 어떠한 영향을 주었는가?

단계 4: 독립과 종결

인턴십 과정의 특정 부분에서 학생들은 자신의 치료 집단을 계획하고 운영하는 것에 대한 책임감과 개인 내담자에 대한 책임감을 느끼기 시작한다. 그들은 점차 독립된 정체성과 책임감을 획득함에 따라 복잡한 정서를 느낄 수 있다. 어떤 학생은 드디어 '독립적'이 되는 것에 흥분하기도 하고, 또 다른 학생은 질병과 싸우는 내담자에 대한 부담으로 고전하기도 한다. 두 경우 모두 기관에서 학생의 역할은 더는 슈퍼바이저의 감독 아래 있지 않다.

예술은 독립성을 지지하고 학생들이 전문가로서의 역할로 옮겨 감에 따라 제기되는 문제를 검토하는 데 있어 효과적인 역할을 한다. 이 단계에서의 슈퍼비전은 학생들의 전문가적 여정에 대한 고도의 경청과 존중을 요구한다. 이때는 학생이 질문을 먼저 제기하도록 뒤에서 기다려 주어야 하는 시기다.

음악치료 학생의 인턴십이 종결로 향함에 따라 슈퍼바이저도 복잡한 종결 쟁점에 당면하게 된다. 어떤 학생은 빨리 졸업하여 직장을 구하고자 하며, 다른 학생은 학생 지위의 상실에 대해 슬퍼하기도 한다. 또 어떤 학생은 '실제 삶'으로의 전환에 대해 걱정하기도 하고, 어떤 학생은 종결과정을 지연하고 회피하기도 한다. 각 학생이 이러한 여정에서 자신의 경로를 정의하도록 돕고, 학생들이 마음껏 기뻐하고 슬퍼하고 혼란스러워할 수 있도록 허용하는 것이 좋다. 이 시기에는 슈퍼바이저가 스스로의 쟁점에 대해 깨어 있는 것이 중요하다. 우리도 역시 상실에 대해 슬퍼하고 많은 성장을 한 학생들을 안내하던 일을 그리워한다.

제안된 예술 기법과 구조

명상과 음악 다음의 연습은 여러 예술매체를 포함한다. 음악으로 안내된 신체적 명상에 이어 시각예술 과정이 뒤따른다. 이 연습에서는 반영을 위한 녹음된 음악 또는 단순한 북, 즉흥연주를 사용할 수 있다. 학생들이 자기 호흡의 내향적, 외향적 움직임에 집중하며 시작하도록 하라. 호흡이 안정되면, 하나의 선이 자기 몸의 중심을 따라 머리 위에서 발끝까지 아래로 그려진다고 상상하도록 하라. 그들 몸의 왼쪽 부분에서 감정, 긴장, 이완된 부분을 조사하도록 하라. 세계 안에서 '수용하는' 능력에 집중하도록 하라. 다음과 같이 질문하라. 다른 사람의 것을 수용하는 것이 어떻게 용이하고 어떻게 어려웠는가? 당신이 수용하기에 보다 효과적인 수용 유형과 조건이 있는가? 당신 몸의 다양한 부분에서 수용하는 능력에 주의를 기울이라. 어떤 부분은 좀 더 열려 있을 것이고 또 다른 부분은 좀 더 보호적일 것이다. 수용체로서 당신의 왼손에 집중하라.

탐색 작업이 끝나면, 같은 방식으로 이번에는 '부여하는' 능력에 집중하며 오른쪽 신체에 대한 고찰을 시작하라. 위의 제안한 방식에서 부여하는 능력에 대한 인식을 강조하고 부여체로서 오른손에 집중하도록 하라.

이 경험 뒤에 예술 작업을 할 수 있다. 학생들이 수용능력을 가진 왼손과 부여능력을 가진 오른손으로 그려 보도록 한다. 진흙이나 다른 매체로 손을 만들어 보도록 한다. 학생들은 논의시간에 이 경험을 하는 동안 가졌던 질문을 중심으로 경험에서 얻은 통찰에 대해 나눈다.

다양한 예술을 사용함에 있어 학생들은 자신의 독립적인 전문적 정체성을 상징하는 가면을 창조하도록 장려될 수 있다. 가면이 완성되면 학생들은 자신의 새로운 정체성과 대화를 해 나간다. 논의시간에 학생들에게 자신의 가면과 그 가면이 상징하는 자신의 모습에 대해 고찰하도록 요청하라. 그들이 가면을 통해 다른 전문가나 내담자에게 보이고자 했던 특질은 무엇인가?

학생들이 자신의 정체성이나 임상실습 종결에 대한 쟁점을 상징하는 다양한 원형적 특성 또는 심상을 탐색하도록 할 수 있다. 이러한 심상은 '사기꾼'과 같이 전통적인 원형일 수도 있고, '음악 전문가'와 같이 집단에 의해 새로 형성된 것일 수도 있다. 학생들에게 각자 인턴십의 현재 단계와 가장 어울리는 원형을 고르도록 하라. 선택이 끝난 후에는 학생들이 원형을 보여 주고 같은 특성이나 반대되는 특성 등 자신이 선택한 원형과 연관적인 특성을 고른 사람과 짝을 짓도록 하라. 그다음으로는 학생들이 이러한 원형이 그들의 임상에서 어떠한 역할을 하였는가를 탐색하기 위해 노래 만들기와 같은 창조적 과정을 사용할 수 있다. 학생들이 논의시간에 자신이 사용한 심상을 탐색하도록 하라. 다음과 같은 질문을 하라. 이 심상은 지금 당신에게 어떠한 의미인가? 심상의 어떤 부분을 당신의 새로운 전문가적 정체성으로 가져가고 싶은가?

결론

인턴십은 학생 음악치료사에서 전문 음악치료사로의 성장과 발달의 기간이다. 그 여정은 언제나 직접적이거나 예상 가능하지 않으며 오히려 놀라움과 예상치 못한 경로로 가득하다. 그러나 인턴십의 묘미는 모든 학생이 고유한 발달 경로를 가진다는 것과 슈퍼바이저로서 우리가 이 과정을 목격하고 안내하는 영광을 가진다는 것에 있다. 우리는 예술이 학생들의 각 발달 단계에서 제기된 쟁점을 마주하고, 검토하고, 유지하고, 다루고, 해결하는 특정한 방법으로 기능할 수 있음을 언제나 기억해야 한다.

참고문헌

Diallo, Y. (1990). *The Healing Drum: African Wisdom Teachings.* New York: Inner Traditions Intl. Ltd.

Jordan, J., Miller, J., Striver, I., Surrey, J. L., and Kaplan, A. G. (1991). *Women's Growth in Connection: Writings from the Stone Center.* Boston: Guilford Press.

Horney, K. (1993). *Our Inner Conflicts: A Constructive Theory of Neurosis.* New York: W. W. Norton & Co.

Jones, B. T. (1997). *Still Here.* Film. David Grubin Producer, Films for Humanities, Inc.

Jung, C. J. (1981). *Archetypes and the Collective Unconscious.* New Jersey: Princeton University Press.

Lee, M. (1997). *Phoenix Rising Yoga Therapy: A Bridge from Body to Soul.* New York: Health Communications Inc.

Malchiodi, C., and Riley, S. (1996). *Supervision and Related Issues: A Handbook for Professionals.* Chicago, IL: Magnolia Street Press.

Starks Whitehouse, M. (1999). *Authentic Movement,* Philadelphia, PA: Jessica Kingsley Publishers.

Szasz, T. (1984). *The Myth of Mental Illness: Foundations of a Theory of Personal Conduct.* New York: Harper Collins Inc.

Winnicott, D. W. (1992). *The Family and Individual Development.* New York: Routledge Inc.

제11장
보조 슈퍼바이저 양성하기

라디오에서 들은 이야기

이 장에서 나는 음악치료 학생들의 임상실습 슈퍼바이저의 역할에 대한 개인적인 경험과 견해에 대해 이야기하고자 한다. 이 내용은 산다네(Sandane)에 위치한 송노피요라네(Sogn og Fjordane) 대학의 음악치료 교육에 관한 것이다. 이 학교 과정은 노르웨이 오슬로에 처음 음악치료 교육이 실시된 지 10년이 지난 1988년에 생긴 교육과정이다. 산다네는 대부분의 사람이 지명을 처음 들어 보았거나 북유럽 지도를 들여다보아도 찾기 힘들 정도로 작은 도시다. 매우 좁고 긴 협만과 가파른 산이 있는 노르웨이 서쪽 지역과 베르겐의 북쪽 지역을 보면 노르피오르드(Nordfjord)가 있다. 이 긴 협반의 한쪽 편의 몇몇 높은 산과 넓은 빙하 아래쪽에서 산다네라는 마을을 찾을 수 있다. 인구는 약 2000명 정도 되며 작은 농장과 작은 규모의 사업체가 위치해 있다. 이처럼 작은 도시인 산다네는 이 부근 지역의 문화와 교육의 중심지이며 1983년 이래 음악치료가 도입된 지역이

Brynijulf Stige
Associate Professor in Music Therapy, Song og Fjordane College, Sandane, Norway

기도 하다. 처음 시작은 장애인의 사회적, 문화적 통합을 유도하기 위한 3년짜리 프로젝트에서 시작되었다. 이로써 환경 발생적(Bruscia, 1998)이고 문화적(Stige, 1993/1999)인 커뮤니티 음악치료가 시도되었고, 이 지역 공동체가 새로운 노르웨이 음악치료 교육의 거점으로서 자리 잡게 되었다(Stige, 1992).

이는 2년 과정의 석사학위 프로그램으로, 과정에 있는 학생들의 교육 배경 또한 매우 다양하다.[1] 전원이 입학하기 전 최소한 3년 이상의 대학교육을 받았으며, 그중 일부는 음악가나 교사, 혹은 의료 관련 종사자였다. 이러한 다양성은 학생 개개인이 음악치료사로서 성장하기 위해 각기 다른 개인 목표를 가져야 함을 의미한다. 이러한 목표는 대개 강의실에서나 임상 현장, 혹은 슈퍼비전 상황에서 교사와 학생 간에 의사소통을 할 때 중요한 주제가 되곤 한다. 우리는 이론적 배경과 음악기술, 개인적 통찰력과 감성, 정치적인 민감성 등을 통합할 수 있는 음악치료를 교육하기 원한다. 학생들은 사람들이 삶의 질을 향상하고 건강을 증진할 수 있도록 사회와 공동체가 얼마나 더 쉽게 혹은 어렵게 도울 수 있는지 알아야 한다.

이러한 것을 갖추기 위해서는 상호작용성(reflexivity; Stige, in press)을 발달시키는 것이 중요하다. 내가 슈퍼비전에서의 역할 수행에 관해 논하고자 하는 이유 중 하나는 이를 통해 학생들이 슈퍼비전을 받으면서 자신의 가능성을 발견하고 자신의 역할이 상황에 따라 어떻게 달라지는지 스스로를 반영하게 된다고 생각하기 때문이다(Kvale, 1998). 일반적으로 학생들은 상황이나 맥락이 음악치료에서의 의사소통에 얼마나 많은 영향을 미치는지에 대해 인지할 필요가 있다. 일반적이지 않은 상황과 관련되기는 했지만 이에 대한 예를 들어 보고자 한다.

2000년이 시작된 1월 어느 주엔가 우리 학교 교수진과 학생들은 몹시 분주한 나날을 보내고 있었다. 우리 대학에서 신설한 최고의 프로그램 상을 음악치료학

1) 노르웨이의 교육 시스템은 미국과 다르다. 노르웨이의 2년 과정 음악치료 교육은 미국 시스템으로 보면 학사와 석사의 중간단계쯤 된다. 2년의 음악치료 '연구 전공' 과정을 마치고 나면 박사와 석사 중간 정도의 단계가 된다. 따라서 이후에 박사학위 공부를 할 수 있게 된다.

과가 받게 되었다. 나중에 리투아니아를 방문할 때 도움이 되었던 포상금도 함께 받았다. 그로부터 이틀 뒤 오슬로에 있는 음악 주립 아카데미와 함께 음악치료학과 안에 '연구전공' 프로그램을 만들 수 있다는 허가와 지원금을 받을 수 있다는 연락을 받았다.[2)] 워낙에 작은 마을에 위치한 학교였기 때문에 이는 곧 일반 대중의 관심을 끌기에 충분했다. 지역 라디오 방송국에서 온 리포터가 우리학교 학생들을 인터뷰했고 그중 아이린이라는 학생은 본인이 다른 2학년 학생과 경험했던 임상 경험에 대해 이야기했다. 그들은 지역 학교 환경에서 1학년 학생과 일했다. 아이린은 리포터에게 학급 내에서 가급적 적은 충돌을 겪고 서로 상호작용을 많이 할 수 있도록 해 달라는 그 학급 교사의 의뢰를 받아 학업 환경(class milieu)을 중점으로 하는 음악치료를 진행하게 되었다고 말했다. 또한 그녀는 각 학생의 개인적 문화 배경을 이해하는 것이 얼마나 중요한지에 대해 이야기했다.

아이린과 동료 학생은 나에게서 슈퍼비전을 받고 있었는데 며칠 뒤 그들을 슈퍼비전 할 때의 일이다. 그녀의 임상에서 주로 문제가 된 것은 그녀가 일하고 있던 학교의 한 학생과 그 학생의 개인적인 문제였다. 이러한 문제가 슈퍼비전에서 다루어져야 한다고 생각하면서 동시에 뭔가 중요한 주제, 즉 학급 내의 상호작용과 학급과 두 학생 간의 상호작용에 관한 것이 우리의 대화에서 빠져 있다는 느낌이 들었다. 나의 의문에 대답하면서 학생들은 음악치료 임상이 개인적인 것에 중점을 두어야 할지 혹은 집단적인 수준에 중점을 두어야 할지에 대해 혼란스러워하기 시작했다. 내가 물었다. "내가 며칠 전에 라디오에서 들었는데 음악치료를 의뢰한 이 학급의 선생님은 네가 학업환경에 대한 음악치료를 하기를 원한다지?" "네." 아이린은 대답했다 "하지만…."

우리 셋은 모두 웃기 시작했다. 리포터에게 말할 때와 나와 대화할 때의 내용이 얼마나 달라지는가를 보고 우리는 놀랐다. 이 일을 통해 배우게 된 사실은 아이린이 라디오 리포터에게 말할 때 아는 체하고 있었다는 것이 아니다. 그녀는 음악치료를 하게 된 이유에 대해 말하고 있었고, 그녀의 개인적인 그리고 전문

2) 주석 1) 참고.

적인 가치에 대해 말하고 있었다. 흥미로운 것은 이러한 일을 한동안 슈퍼비전에서 다루지 않았다는 것이다. 이 일을 통해 우리는 무엇을 알 수 있는가? 학생들은 아마 학업환경과 집단 프로세스에 대한 자신들의 생각에 한계가 있음을 발견할 수 있을 것이다. 그들은 나무 밖에 있는 숲을 보는 데 어려움이 있었다. 원래 음악치료 의뢰의 초점이 환경적인 접근이었음에도 한 아동에 대한 문제점으로 인해 학생들의 생각이 한정적이 되어 버린 것이었다.

좀 더 긍정적인 측면에서 보면 위의 두 가지 상황에서 나타난 차이점이 오히려 슈퍼비전에서 학생들이 '인간적인' 모습, 즉 어려움과 문제점을 발견하고 나누는 모습을 보일 만큼 안정감을 느꼈음을 보여 준다는 것이다. 감정적인 측면 역시 이 일을 통해 얻게 된 중요한 교훈 중 하나다. 맥락에 따라 우리가 겪는 일이 다르게 받아질 수 있다는 것이다. 이 이야기는 현재 상황과 과거의 경험에 대한 반응이라는 점에서 문답 형식이다. 이러한 문답 형식의 이야기는 독자가 다양한 대답과 새로운 질문을 예상하게 하는 데 용이하다. 다시 말해서, 서술적 견해는 슈퍼비전 과정에서 일어나고 있는 일을 이해하는 데 도움이 될 수 있다.

슈퍼바이저의 역할

앞의 예는 학교 현장에서의 음악치료 임상 슈퍼비전을 보여 주었다. 음악치료사가 다양한 현장과 영역에서 일하기 시작한 이래, 우리는 교육(Acheson and Gall, 1997)과 심리치료(Watkins, 1997)와 같은 여러 가지 관련 분야의 치료 중재에 대한 슈퍼비전을 배울 수 있었다. 하지만 나는 음악치료에서 우리만의 슈퍼비전 방식을 개발할 필요가 있다고 제안한다. 도대체 우리는 왜 슈퍼비전을 힘들게 생각할까? Watkins(1997, p. 3)의 제안을 보면 다음과 같다.

> 심리치료 슈퍼비전은 다른 여러 가능성 중에서 수련생에게 그들의 수행 결과에 대한 피드백을 제공하고, 혼란하거나 필요가 있을 시 무엇을 해야 할지에 대한 지침

> 을 제공하고, 환자의 역동, 치료 중재, 그리고 치료과정에 관한 시각과 관점을 바꿀 수 있는 기회를 제공하며, 치료 경험과 환자 경험에 대한 호기심을 자극하고 증진하며, 치료사로서의 '정체성'을 만들어 가도록 도우며, '안전한 토대'로서 심리치료를 배우고 실시하여 자신이 혼자가 아님을 알게 한다…. 더군다나 심리치료 슈퍼비전은 중요한 질적 관리의 기능을 하는데, 이는 다음과 같은 사항을 기반으로 한다. (1) 환자는 수용할 만한 관리를 받으며, (2) 치료사는 피해를 주지 않으며, (3) 치료사는 '치료사'로서의 기능을 하기에 충분한 기술을 가지고 있으며, (4) 이러한 기술이 부족한 사람은 소정의 재교육 과정 없이는 지속적인 치료를 할 수 없다.

내가 판단하기에 이 글은 심리치료와 건강 및 교육 관련 전문 분야 내에서 슈퍼비전에 집중되는 관심의 증가를 정당화하기 위해 이루어졌던 논쟁을 전체적으로 보여 준다. 슈퍼바이저의 세 가지 역할(교사, 치료사, 정보검열자)을 고려해 봄으로써 Watkins의 주장을 축약할 수 있을 것 같다.

이 정도로 단순화할 수 있다고 한다면, 슈퍼비전을 통해 수련생이 자신의[3] 기술과 지식을 개발할 때 슈퍼바이저의 역할은 교사의 역할에 가깝다. 개인적인 발달에 초점을 맞출 때는 슈퍼바이저의 역할이 치료사나 상담자의 역할에 가까워진다.[4] 이상적으로 슈퍼바이저는 수련생의 요구에 따라 융통성 있게 이 두 가지 역할 사이를 오갈 수 있다. 슈퍼바이저는 세 번째 책임을 갖게 되는데, 그것은 훈련과정에서 매우 중요한 평가자의 기능을 갖는 것이다. 어떤 식으로든 음악치료 훈련 시도에서의 여러 측면을 통합하고 있는 슈퍼비전은 이 모든 목적에 초점을 맞춘다.

융통성 있게 이 세 가지 역할의 균형을 맞추는 것—어느 하나가 무시되지 않도록—은 슈퍼바이저에게는 도전이다. 그것은 또한 슈퍼바이저의 책임으로, 우

3) 일반적으로 쓰이는 '그/그녀(s/he)'와 '그의/그녀의(his/her)'라는 표현 대신에 본 저자는 '그' 혹은 '그의'라는 표현을 선택하였다.

4) 교사와 치료사/상담가는 매우 다르다. 교사의 역할은 지도나 상호작용을 통한 학습에 중점을 둔다.

리가 당연하게 여겼지만 사실은 고민해 봐야 했던 사실, 즉 슈퍼바이저가 정의 그대로 힘을 가진 사람이라는 것을 되새겨 보게 한다. 슈퍼바이저의 권위는 그 자신의 역량과 책임에서 온다. 슈퍼바이저의 정의에 관한 인용문을 통해 이를 확인할 수 있다.

> …임상 경력이 많은 전문가가 경력이 좀 더 적은 전문가 혹은 같은 경력의 전문가에게 제공하는 중재다. 이 관계는 평가되고 필요에 따라 연장되며, 경력이 적은 사람의 전문적인 기능을 향상함과 동시에, 그들이 대상자에게 제공하는 전문 서비스의 질을 모니터하고, 특정 분야에 입문한 사람들에게 적절한 정보를 제공하는 역할을 한다(Bernard and Goodyear, in Watkins, 1997, p. 4).

권위는 물론 권위주의자의 것만은 아니지만, 전통적이고 서열화된 슈퍼비전 모델로 여겨진 것에 대한 비판이 있어 왔다. 슈퍼비전에 대한 남녀평등주의적인 관점은 이러한 비판을 확대하였고 슈퍼비전에 파트너십의 개념을 제시한 대체적인 슈퍼비전 모델을 지지했다. 남녀평등주의적 치료사는 수련생과 슈퍼바이저, 그리고 내담자와 치료사의 관계에서 모두 힘과 권위를 보다 평등하게 유지한다(Munson, 1997).

전적으로 평등한 관계만 있다면 슈퍼비전도 없을 테지만 분명 남녀평등주의 이론가는 중요한 비판점이 제기되도록 했으며, 나는 슈퍼바이저가 경청하는 상담가[5]로서의 네 번째 역할을 가짐으로써 앞서 언급한 세 가지 역할의 균형을 맞출 수 있다고 생각한다. 내가 소개한 이 네 번째 은유는 슈퍼바이저의 전문적인 역할을 비유한 다른 세 가지 역할과 자연스럽게 조화되지는 않는다. 전문 분야에서 경청자가 되는 것은 힘들기 때문에 나는 나머지 세 개와 병행하기 힘든 은

5) 용감하게도 나는 이 네 번째 역할을 '경청하는 상담가'로 부를 것이다. 경청자의 역할은 Jon Fosse(1989)가 개방형 문장을 읽는 것은 공동저자가 되는 것과 같다고 한 주장과도 유사하다. Bakhtin(1929/1984)이 주장한 문장의 담화적 개념과도 관련이 있다.

유를 선택했다. 그리고 이것이 내가 말하고자 하는 바다. 경청자가 되는 것은 교사, 치료사, 그리고 정보검열자가 되는 것에 대한 대안이 아니며, 이 세 가지를 통합하는 데 필요한 추가 사항으로 볼 수 있다.

슈퍼바이저는 사회에 대한 일정 책임을 가지고 있는데 이는 수련생의 전문가로서의 개성을 개발하도록 돕는 것과 어느 정도의 질을 유지할 수 있도록 도와서 내담자와 전문 분야에 혜택이 돌아갈 수 있게 하는 것이다. 따라서 교사, 치료사, 그리고 정보검열자가 되는 것을 무시하기는 불가능하다. 융통성과 자율성을 찾으려는 수련생을 돕는 슈퍼바이저 역할을 비전으로 삼는다면, 당신은 모순적인 상황에 빠지게 될 것이다. 당신은 힘을 가지고 있으며 당신의 업무는 다른 사람의 역량을 강화하는 것이다. 우리 대부분이 알고 있는 모순이지만, 우리는 부모로서의 개인적인 삶 속에서도, 치료사로서의 전문적인 삶 속에서도 이런 상황을 마주치게 된다.

슈퍼비전에 대한 서술적 견해

슈퍼바이저의 다음 도전은 수련생의 역량강화를 위해 적절한 태도와 전략을 개발하는 것이다. 경청자의 역할을 하는 것도 이러한 전략의 하나가 될 수 있다. 경청자의 역할이 갖는 중요성은 사실 새로운 아이디어가 아니다. Carl R. Rogers(1951)의 내담자 중심 심리치료나 Gary Ansdell(1995)의 성인을 위한 창조적 음악치료에 대한 논의에서도 발견할 수 있다. 그러나 내가 여기에서 말하고자 하는 경청자에 대한 견해는 서술적 이론과 서술적 치료 문헌의 영감을 받은 특정한 것이다. 어떻게 경청자의 역할이 서술적 관점의 영향을 받는가?

지난 10년간 치료이론에서 텍스트로 유추하는 본질(text analogy)에 대한 관심이 증가해 왔다. 이러한 유추를 사용하는 사람은 서술적인 기술과 이야기하기(storytelling)에 초점을 맞추며, 기본 아이디어는 내담자의 문제가 억압적이고 지배적인 이야기로 구성된다는 것, 그리고 치료가 내담자로 하여금 대안적이고 자유로운 이야기를 만들어 내도록 돕는다는 것이다(McLeod, 1997; White and Epston, 1990). 이를 토대로 한 텍스트 유추는 음악치료 안에서 큰 영향력을 끼치지는 않았지만, 최근 Bonde(1999), Frohne-Hagemann(1998), Ruud(1997, 1998), Stige(1999) 등이 이룬 작업이 있다.

나의 서술적 관점에 대한 관심은 음악치료 안에서 사용되는 언어와 의미에 대해 의문을 품는 데 관심을 가지면서 시작되었다(Stige, 1998). 음악치료나 슈퍼비전 모두 문화나 언어를 초월하지 못한다. 슈퍼비전 시 수련생은 자신의 임상 경험에 대한 이야기를 한다. 이것이 슈퍼비전 관계의 기본이 된다. 슈퍼바이저가 비록 임상실습 오디오 녹음을 듣거나 비디오를 보거나 혹은 현장에서 임상을 관찰하더라도 자신의 임상에 대한 수련생 본인의 진술이 가장 중요하다. 서술적 이론에서는 이러한 진술은 '거울'이나 '그림' 이상의 것이며, 이야기로 설명된 현실세계의 틀 안에 존재한다고 본다. 이는 회피하거나 무시하기 힘든, 우리가 검토해야 할 부분이다.

심리치료에는 이야기하기에 관한 최소 세 가지의 견해가 있는데, 심리역동 및 인지구성주의자, 그리고 사회구성주의자의 견해가 그것이다(McLeod, 1997). 이에 대한 평가는 하지 않겠다. 내가 치료 중심적인 슈퍼비전 방식에 초점을 둔다면, 즉 슈퍼비전과 임상실습이 같은 이론으로 이루어져야 된다고 제시한다면 이에 대한 평가를 시도하였을 것이다. 하지만 이 장에서는 그에 대한 제시를 하지 않겠다. 여기에서 나는 임상가가 취한 이론적 견해의 종류와는 상관없이 서술적 관점이 어떻게 슈퍼비전 상황이나 과정의 이해를 증진하는가에 더 관심이 있다. '이론적 견해에 상관없이'라는 것은 '이론적 견해에 거의 관심이 없다'는 의미가 아니다. 오히려 정반대다. 임상이론은 우리가 음악치료를 설명하려고 할 때 사용하는 언어를 형성하고 있는 한 부분이고, 다른 여러 가지 것 중에서 서술적 관점을 택한다는 것은 언어에 대한 관심이 있다는 것이다.

내가 이 장을 쓰면서 세운 전제는 철학적으로 음악치료의 '언어학적 전환(linguistic turn)'과 관련이 있다. 이러한 사고의 전환에 공헌한 사람은 Ludwig Wittgenstein(1921/1961, 1953/1967)이다. 그의 후기 작품에서는 현실을 그려 낸 것으로서의 언어를 다룬 그의 초기 영향력 있는 이론에 나타난 문제점을 조명하고 있다. Wittgenstein의 후기 이론에 따르면 언어의 의미는 논리적인 규칙보다는 사회적 유용을 통해 성립된다. Foucault(1961/1991)에 의해 개발된 언어와 지식에 대한 관점은 사회적 유용이 있는 곳에 역사와 권력이 존재한다고 말한다. 언어는 투명한 매체가 아니며, 단지 우리가 속한 세상을 구성하는 매개체일 뿐이다. 음악치료를 반영하기 위해서는 음악치료에 대한 토론이 반영되어야 한다.이러한 견해는 Gary Ansdell(1999)의 최근 박사학위 논문에서도 잘 다루어졌다.

따라서 수련생이 들려주는 이야기는 여러 각도에서 검토될 수 있다. 여러 가지 방법으로 그들은 임상 수련생으로서의 자신의 임상세계를 드러내고, 내담자의 경험을 간접적으로 경험하게 된다. 대부분의 슈퍼바이저는 정보의 진실성과 완전성에 기초해 듣지만, 서술적 견해를 듣는다는 것은 이야기 자체에 대한 직접적인 관심을 의미하기도 한다. 수련생의 사회적, 도덕적 세계를 통해 무엇이 드러나는가, 슈퍼비전에는 담론분석이라는 측면이 작동하는 과정도 포함된다. 어떤 단어와 구조가 사용되었는가, 수련생에 의해 이야기된 것은 다른 이야기와 어떤 관련이 있는가, 이 이야기의 줄거리는 무엇인가, 누가 주인공이며 그들의 역할은 무엇인가 등이다.

만약 슈퍼바이저가 이러한 질문에 대한 대답을 아는 권위자의 역할을 취한다면, 슈퍼비전 과정이 수련생에게 도움이 되지 않을 것이다. 이는 슈퍼바이저에게 또 하나의 권위적인 역할을 부여해 줄 뿐이다. 이 작업은 오히려 이야기를 풀어 낼 수 있는 안전한 공간을 창조하는 것이어야 하며, 이 장의 제목에서 알 수 있듯이 슈퍼바이저는 알고자 하는 경청자의 역할을 할 필요가 있다. 이야기에 대한 탐험은 상호작용을 이끌어 내며, 슈퍼바이저의 역할은 심사위원보다는 동료에 좀 더 가까워야 한다.[6)]

들려진 이야기에 대한 상호 교류적 탐험이 이루어지면, 상호작용은 좀 더 '병행적인' 의사소통의 요소를 갖추게 된다. 일반적인 슈퍼비전의 기본 요소가

6) 주석 5) 참고.

'마주 보는' 의사소통인 반면에, 양쪽 모두가 주어진 정보를 함께 바라보고 분석하고 해석하는 병행적 의사소통은 힘과 권위가 좀 더 공평하게 분배될 수 있게 한다(Acheson and Gall, 1997). 이러한 병행적 의사소통은 수련생에게 단순히 지도사항을 듣고 받아들이는 것이 아닌 좀 더 많은 것을 할 수 있는 기회를 제공한다. 수련생의 입장에서 보면 문화와 언어 안에서 자신의 임상실습을 어떻게 이해하고 있는지 반영할 수 있는 좋은 도구가 생긴 셈이다. 반영은 상황을 초월하는 것이 아니라 상황을 인정함으로써 융통성과 유동성을 얻게 되는 것을 의미한다.

말한다는 것은 자신을 위해서 그리고 관계를 위해서 무엇인가를 창조해 내는 것이다. 따라서 이러한 의문이 들 수 있다. 나는 무엇을 그리고 어떻게 창조하기를 원하는가? 어떤 이야기를 이 사람에게 할 수 있으며 어떤 방식으로 해야 하는가?[7] 따라서 슈퍼비전에 있어서 서술적 관점은 슈퍼바이저와 수련생의 관계를 검토하는 것도 포함된다. 슈퍼바이저에게는 이야기를 받아들일 만한 여지가 있는가? 그는 어떻게 이 이야기를 듣고 반응할 것인가? 슈퍼바이저는 언어적으로 반응함과 동시에 자신만의 서술을 구성하고 있는 것이며, 여기에는 슈퍼바이저의 자아 반영이 요구된다. 이 주제에 대해서는 내가 미래의 '맨발의 슈퍼바이저'인 학생과 일하는 과정에서 어떻게 슈퍼비전에 관한 서술적 관점을 사용했는지 이야기한 후 다시 다루도록 하겠다.

누가 보조가 되기를 원하는가

슈퍼비전에의 접근 용이성, 그리고 슈퍼비전에 대한 지식과 관심은 분명히 그 분야의 발달 수준과 관계가 있다. 음악치료 초기 문헌을 보면 슈퍼비전에 대한

7) 참조: 이 장의 시작에 제시된 예는 학생이 두 가지 다른 맥락에서 이야기하는 자신을 발견하는 것이었다.

문헌이 거의 없다. 1970년대와 1980년대에는 약간의 관심 정도가 있었고, 최근에는 영국(Brown, 1997), 독일(Weymann, 1996; Frohne-Hagemann, 1999), 미국(Dvorkin, 1999) 등의 문헌을 통해 알 수 있듯이 슈퍼비전에 대한 관심이 여러 나라에서 지속적으로 증가하고 있다.[8)]

노르웨이의 음악치료 분야에서는 지금까지 슈퍼비전이 주요 관심사가 아니었다. 오늘날까지 대부분의 노르웨이의 음악치료사는 '선구자' 역할을 하고 있으며, 그들은 공동체, 학교, 기관, 혹은 병원에서 오로지 음악치료사로만 일하고 있다. 그들은 경험이 많은 선배 음악치료사에게서 거의 혹은 전혀 슈퍼비전을 받고 있지 않은데, 이는 단순히 그렇게 경험 많은 선배가 주위에 없기 때문이다. 물론 아직 흔한 경우는 아니지만, 최상의 경우에는 다른 관련 분야의 동료, 즉 심리학자나 정신과 의사에게서 슈퍼비전을 받게 되기도 한다. 하지만 변화가 일고 있다. 몇몇 음악치료사는 슈퍼비전을 주거나 원하기 시작했고, 더욱 전문적인 음악치료 슈퍼비전을 개발하기 위한 전략을 어떻게 세울지에 대한 토론이 시작되고 있다.

우리 학생 중 일부는 이미 '경험이 전무한 초보 슈퍼바이저'가 되어 있다. 그들은 슈퍼비전에 대한 정식 훈련을 받지는 못했지만, 임상에서 몇 년 일한 뒤 학생이나 경험이 적은 음악치료사를 슈퍼비전 하고 있다. 다른 관련 분야나 교육 전문 분야에 속한 이들에게 도움을 구하기도 하지만 여전히 구체적인 훈련은 받지 못하고 있다. 어떤 이는 이 문제가 음악치료 분야의 미비한 발전을 보여 주는 것이라고 규정한다. 이는 어느 정도 사실이기도 하며, 나는 음악치료 슈퍼바이저를 위한 훈련 과정을 설립하는 시도를 환영한다. 나는 늘 이런 초보 슈퍼바이저에게 관심을 가지고 있으며, 이 역할을 해야 할 학생들을 준비시키는 것을 중요시 여긴다.

8) 노르웨이에서는 많은 출판이 이루어지지는 않았지만, 몇몇 석사논문은 이러한 주제를 다루고 있다. 나는 슈퍼비전에 관해 여러 가지 작업을 하고 있는 스톡홀름의 Ingrid Hammarlund와 알보그(덴마크)의 Inge Nygaard Pedersen에 대해 언급하고자 한다. 이들은 음악치료 슈퍼비전 교육과정 개발에 관여하고 있다.

나는 이 보조 슈퍼바이저(barefoot supervisor)라는 용어를 중국의 전통 보조 의사(barefoot doctor)를 암시하며 사용했다. 이는 개발도상국이나 선진국 모두에서 사용되는 용어다. 보조 의사라는 용어가 중국에서 유래되었을 때는 그것이 건강 문제를 다루기 위해 훈련된 사회 공동체 내의 사람들을 의미했다. 이러한 전문 직업인은 (물론 보조이기는 하지만) 마을마다 있었으며, 그들은 자신들이 사용할 수 있는 도구를 이용해 병을 치료하였다. 문화혁명 동안 이 용어는 다시 활발하게 사용되었고, 약간의 정식 훈련을 받은 준의료인이 시골 지역에서 시간제 의료 서비스를 제공하였다. 그들은 기본 위생 상태를 향상하였고 예방 차원의 의료 서비스와 가족계획을 도왔다. 그들은 또한 일상적인 질병을 다루었다. 요컨대, 그들은 아주 기본 수준에서 주된 보건관리 요원의 역할을 했다(De Geyndt, Zhao, and Liu, 1992).

최근 수십 년 동안 보조 의사라는 용어는 몇몇 개발도상국에서 사용되고 있다. 몇몇 정부기관은 재정적인 자원과 정식 교육을 받은 전문 인력을 대처할 전략이 부족한 상황에서 건강 서비스를 증진할 수 있는 전략으로서 그들을 활용하고 훈련했다. 이러한 상황은 여전히 아프리카 국가에서 찾아볼 수 있다(Werner, Thurman, and Maxwell, 1993). 나는 1970년대 초반 동아프리카 지역에서 살 때 처음으로 보조 의사의 전통에 대해 알게 되었다. 그 당시 어린 나이에도 나는 무언가를 깨달았는데, 그것을 바탕으로 오늘날까지 이 개념을 이해하고 있다. 그것은 그들이 대학에서 정식 훈련을 받은 사람과는 다른 독특한 자격 요건을 가진다는 것이다. 그들은 훈련받은 의사보다 적은 지식을 가지긴 하나 그 밖의 다른 사실을 알고 있다는 것이다. 지역 문화에 친숙하기 때문에 그들은 현대 서양 의료기술을 훈련받은 의사가 쉽게 이해하지 못하는 것의 의미를 알 수 있었다.

최근에는 보조 의사라는 용어가 선진국에서도 인기를 얻고 있다. 이러한 의사가 필요한 것은 대학에서 정식 훈련을 받은 전문 인력이 부족하기 때문이라기보다는 도와주는 이와 도움이 필요한 이 사이의 대안적인 관계와 역할을 찾기 때문이라고 볼 수 있다. 미국 내 한 보조 의사 훈련가가 제시한 '사명 선언문'은 다음과 같다.

> 비록 방법적인 면에서 우리는 진단하고 치료하고 예후를 알려 주는 치료사/의사와 비슷하지만, 보조 의사는 보통은 행동 지침을 제시해 주고 가장 적합한 길을 조언해 주기만 할 뿐이다. 보조 의사의 의무는 선택할 수 있는 옵션을 검토하고, 위험과 혜택 중 어느 것이 더 큰지 이해하도록 도와주고, 조언이 필요한 사람에게 제안을 해 주는 것이다. 하지만 궁극적으로는 운동선수가 게임을 하도록 지원하는 좋은 코치처럼 치료에 도움이 되는 방법을 선택했기를 바라면서 사람들이 선택한 길에 스스로 책임을 지기를 기대한다(Berg, www.barefootdoctors.org).

비록 나는 서구에서 보조 의사라고 불리는 몇몇 사람이 오히려 Summer와 Summer(1996) 등이 비판하는 사색적인 뉴에이지 운동과 관련이 있다고 보지만, 도움을 주는 이와 내담자의 대안적인 역할에 대한 면밀한 검토는 바람직하다고 생각한다. 이 장에서 보조 슈퍼바이저라는 표현을 사용하면서, 나는 연관되기는 하지만 분명히 다른 두 가지 의미를 암시하려고 한다. 첫째는 좀 더 전문적으로 훈련된 음악치료사 슈퍼바이저가 나오기를 기다리는 동안 보조 슈퍼바이저를 지원하고 훈련할 필요가 있다는 것이다. 둘째는 보조 슈퍼바이저의 역할에는 슈퍼바이저와 수련생의 역할 관계가 혁신적으로 발전할 가능성이 존재한다는 것이다. 서술적 관점에서 이해되는 이러한 경청자의 역할을 통합한 방식이 바로 내가 택한 이론이다.

모의 슈퍼비전 시험하기

지난 몇 년간 나는 어떻게 학생들에게 미래의 보조 슈퍼바이저의 역할을 준비하게 할 것인지 그 방법을 개발하기 위해 노력해 왔다. 이 일을 위해 음악치료 프로그램 중 2년 과정으로 예정되어 있는 즉흥연주 수업을 선택하였다. 첫해에 나는 즉흥적 음악치료 개론을 가르쳤고 노도프-로빈스(Nordoff-Robbins) 임상 즉흥연주를 소개하였다. 두 번째 해에는 다양한 형태의 역할연기(role-playing)

에 중점을 두었는데, 학생들은 자신이 선택하거나 개발한 즉흥연주의 다른 접근법을 탐색하면서 그런 접근법이 자신이 함께 일하는 내담자와 자신간의 문제점과 관련이 있음을 발견해 갔다.

우리는 이 역할연기를 상당히 체계적으로 시행하였으며, 나는 그것이 교육과정의 두 번째 해 동안 이루어진 학습과정의 주 요소였다고 생각한다.[9] 학생들은 네 가지 역할, 즉 치료사 역할, 내담자 역할, 슈퍼바이저 역할, 그리고 비디오 필름 제작자 역할 중 하나를 택한다. 한두 명의 학생이 치료사 역할을 하게 되고, 그들이 선택한 세션 형태(집단치료 혹은 보조 치료사를 동반하거나 동반하지 않은 개인치료)에 따라 한두 명 혹은 그 이상의 학생이 내담자 역할을 한다. 내담자 역할에 대한 설명은 내담자와 그의 문제, 그리고 사회적 네트워크와 관련된 상황을 묘사한 사례 형태로 적어 제시된다. 이 글은 역할연기를 하기 최소 7일 전에 학생들에게 나누어 줘서 각각이 '치료사', '내담자', 그리고 '슈퍼바이저'의 역할을 할 수 있도록 준비하게 한다.[10] 이것은 학생들이 대상군과 음악치료 접근법에 대한 관련 문헌을 공부할 수 있을 뿐 아니라 역할연기를 위해 감정적으로 잘 준비될 수 있게 하는 데 중요한 역할을 한다. 실제로 가능하다면 학생들은 자신이 공부하기를 원하는 대상군을 바탕으로 자신이 할 역할을 선택하도록 한다. 그리고 왜 그 특정한 역할을 골랐는지에 대해 토론할 필요가 있으므로 이 자체가 수업 중 토론의 주제가 될 수 있다. 어떤 학생은 자신이 원하는 역할을 문서로 제출하기도 한다.

우리는 보통 다음과 같은 순서로 진행한다. (1) 도입(치료사는 자신이 무엇을 할 것이며 어떤 아이디어와 이론적 관점을 가지고 있는지 등에 대해 발표한다), (2) 즉흥음악치료의 역할연기, (3) 수련생이 자신의 역할을 준비하는 동안 치료사 역할

---

9) 나는 2년 동안 역할연기를 통한 학생훈련을 해 온 알보그 대학의 Tony Wigram 교수에게 감사한다. 역할연기에 대한 많은 아이디어는 그의 작업에서 영감을 받은 것이며, 본 장의 주제인 슈퍼비전 역할 연기는 내가 개인적으로 연구하고 있는 접근법이다.

10) 나는 내담자가 여러 명인 집단치료든 두 명의 치료사가 관여하는 개인치료든 상관없이 '치료사'와 '내담자'를 단수형으로 사용하고자 한다.

을 맡은 사람이 자신의 역할에 대해 '생각하는 시간' 갖기, (4) 역할연기에 대한 슈퍼비전, (5) 슈퍼비전의 역할연기에 대한 반영과 토론(전체 참석), (6) 음악치료의 역할연기에 대한 토론. 음악치료의 역할연기를 다시 돌려보며 반영하기 위해 꽤 자주 역할연기를 비디오 녹화해서 공부하기도 한다. 이 때문에 같은 사건, 즉 (1) 전체 참여자가 현장에서 본 관찰 내용,[11] (2) 슈퍼비전 동안 반영되고 논의된 이야기, (3) 현장의 비디오 자료를 기본으로 이루어진 관찰과 소견을 여러 가지 관점으로 볼 수 있었다.

슈퍼비전의 역할연기에 대해 살펴보자. 음악치료 세션의 역할연기를 마친 뒤, 치료사의 역할을 했던 학생은 슈퍼비전을 원하는 수련생의 역할을 한다. 초기에 슈퍼바이저의 역할을 했던 학생은 슈퍼바이저의 역할을 맡고 당황하고 어려워한다. 내가 조언을 줄 자격이 있는가? 수련생에게 무엇을 말해야 하나? 어떻게 수련생을 지도해야 하는가? 일반적으로는 슈퍼바이저가 당황하면 수련생도 당황한다. 이러한 어려움은 슈퍼바이저 훈련을 받은 학생이 없는 상황에서는 '자연스러운' 것으로 받아들여진다. 하지만 그들은 슈퍼바이저의 역할에 대해 최소한의 개념을 깨닫게 된다. 이 장의 초반에서 언급한 것처럼, 이 역할은 교사, 치료사, 정보검열자의 역할을 두루 포함한다. 때때로 학생들은 가르치는 것으로서의 슈퍼비전에 중점을 둔다. 학생들은 자신이 수련생보다 더 많은 지식을 가지고 있어야 그들을 도울 수 있다는 생각에서 자유로워져야 한다. 때로 학생들은 치료사나 정보검열자의 역할이 자신의 능력 밖이라고 느껴 두려워한다.

이러한 슈퍼바이저의 역할에 대한 인식을 다룰 필요가 있지만,[12] 슈퍼비전의 역할연기를 할 때 좋은 시작은 제시되는 이야기에 경청하는 것을 돕고 다시 집중하는 것이다. 슈퍼바이저는 수련생을 경청자로서, 공저자로서 도울 수 있다. 질문하고 조언하기보다는 적극적으로 경청하는 것이다. 슈퍼바이저가 자신에게 다음과 같은 질문을 하는 것을 들을 수 있다. 어떻게 이야기가 만들어지는가?

11) 치료사, 내담자, 슈퍼바이저, 청중(동료 학생과 교사)

12) 반영에 대한 토론은 본 장의 후반에 이루어짐.

어떤 서술적인 스타일을 보이는가? 이야기의 중심은 무엇인가? 누가 연기하는 것이고, 어떤 것이 꾸며 낸 이야기인가? 어떻게 음악이 이야기에 융화될 수 있는가? 만약 슈퍼바이저가 이러한 질문에 대한 대답을 찾는 것이 자신의 역할이라고 생각한다면 이는 문제가 될 수 있다. 수련생은 슈퍼바이저에게 '숨겨진 의도' 가 있다고 생각하기 시작하며, 이야기를 경청하는 것이 아니라 분석하기 시작할 것이다. 따라서 더 중요한 과제는 이야기가 잘 나올 수 있도록 안전한 환경을 만드는 것이다. 이러한 공간을 만듦으로써(예를 들어, 평범하고 잘 알려진 것을 허용함으로써) 개인이 새로운 것을 위한 공간을 열게 되고, 지식의 해석학적 순환이 이미 생기기 시작하는 것이다.

이전에 언급된 질문은 관련이 없다고 말하는 것이 아니다. 안전한 공간이 만들어지면, 즉 수련생이 이 공간을 자신이 좋지 않게 보이는 이야기도 말할 수 있는 공간으로 느끼면, 이러한 질문을 서로 간에 점검해 보는 것이 도움이 될 수도 있다. 서술적 접근의 기본 전제는 유용한 슈퍼비전이 수련생의 생각을 수정하거나 그에 대해 대답하는 것이 아니라, 수련생이 자신의 융통성을 발달시키고 다양한 관점으로 자신의 임상 작업을 바라볼 수 있는 능력을 갖추도록 돕는 것이다. 이 점에서 '잘 모르는 보조 슈퍼바이저' 는 많은 도움이 된다. 권위 없이도 경험 있는 치료사나 슈퍼바이저가 하는 말은 마치 지혜의 신성한 언어처럼 수련생이 쉽게 해석하기가 어렵다. 질문을 수련생과 함께 듣고 나눌 때, 슈퍼바이저는 자신의 감성, 지식, 이야기에 대한 열정을 전부 이용할 수 있다.

슈퍼바이저는 이야기가 너무 단편적이어서 더 이상 이야기라고 보기 어렵다고 느낄 수도 있다. 이야기가 너무 논리적이고, 너무 직선적이고, 너무 분명하다고 느낄 수도 있다. 또한 질문에 담긴 직선적인 논리 안에서 중요 요점을 찾을 수 있다고 느낄 수도 있다. 그는 어쩌면 처음에는 조리 있다고 여겼던 이야기 안에서 모순을 찾을 수도 있을 것이다. 그리고 이야기의 주제와 구조보다 들린 이야기의 방식에 질문을 가질 수도 있을 것이다. 이렇게 간단한 질문은 항상 쉽게 공유할 수 있다. 적절한 타이밍, 적합한 문구, 적합한 구성, 그리고 수련생의 감정에의 적절한 동화는 모두 앞에서 언급한 안전한 공간 창조에 긍정적으로도,

부정적으로도 영향을 미칠 수 있는 중요한 요소다. 따라서 경험이 제한된 보조 슈퍼바이저가 이러한 접근을 시도하는 것이 쉽지는 않을 것이다. 슈퍼바이저는 다른 사람, 언어, 이야기, 음악, 문화에 대한 감성을 개발하고 최소한 자기 반영을 발달시켜야 한다.

역할연기와 반영

음악치료는 이 순간, 현 시점에 대한 자발적이고 감정적인 경험과 관계가 많다. 동시에 음악치료는 사회적 유용, 즉 역사와 권력을 뜻한다. 창조, 감성, 융통성이 좋은 음악치료 슈퍼비전을 위한 필요조건이지만 충분조건은 아니라는 것은 분명하다. 반영(reflexivity)은 또한 과정의 일부가 될 필요가 있다. 반영이라는 개념은 생각을 돌이켜 보거나 그 생각 자체로 방향을 돌리는 과정을 뜻한다. (자기) 반영은 슈퍼비전 과정 안에서 슈퍼바이저와 수련생이 자신의 역할에 대해 탐험하는 것으로 이해될 수 있으며, 자신이 살고 있는 공동체와 사회 안에서의 자기 역할에 대한 탐험으로 이해될 수도 있다. 이 장의 앞부분에서 주장한 것처럼 슈퍼비전은 개인적인 관계이면서 한 사회의 제도다.

반영은 어느 정도는 심리학적 개념의 도움을 얻어 이해할 수 있다.[13] 반영의 개념을 사용하고 논의한 몇 안 되는 음악치료 이론가 중 한 명인 Ruud(1998)조차도 확장된 개념이 중요하다고 주장하였다. 그는 우리의 가치와 흥미, 우리가 세상을 인지하는 방식 사이에 유사점이 있다고 논하였다. 반영에 대해 Ruud(1998, p. 17)는 우리의 가정과 가치에 대한 인식을 포함한다고 하였다. Anthony Giddens를 언급하면서, 그는 반영을 정체성의 개념과 연결하기도 하였다. "…우리가 속

13) 상호작용 과정에 영향을 미치는 것과 자기 반영은 심리학적 개념에서 도구로 볼 수 있으며 이는 여러 전통적 접근 안에서 발전되어 왔다. 예를 들면, 정신역동적 접근에서의 역전이 개념과 인본주의 접근에서의 진정한 의사소통과 같은 것이 포함된다.

해 있는 현대 문화 안에서 정체성을 규정하는 것은 대부분 반영이다. 정체성은 완성된 형태로 나타나는 것이 아니다. 과정이고, 완전하게 성취되는 것이 아니다." (1998, p. 37) Ruud가 제안한 것은 "문화적인 색깔의 해석학"으로 표현될 수 있고, 반영은 자신이 속한 문화 안에서 차지하는 자신의 위치와 그것이 자신의 일에 미치는 영향을 반영하는 것이다."[14)]

슈퍼비전에서뿐만 아니라 음악치료 임상에서도 심리학적 수준과 문화적 수준 사이에서의 상호작용을 반영할 필요가 있다. 자기 탐구의 심리학적 과정과 문화적인 색깔의 해석학 모두 이러한 과정에서의 중요한 자원이다. 이것이 역할연기와 무슨 상관이 있는가? 많은 상관이 있을 것이다. Ruud(1998)는 인류학자 Don Handelman과 그가 연기(play)에 내재된 반영의 본질을 고찰한 내용에 대해 언급하였다. "연기는 일이 어떻게 되어야 하는가가 아니라 일이 어떻게 될 수도 있는가를 말해 준다." (1998, p. 119) "연기를 통해 우리는 외부 현실과의 대화를 시도한다. 실제 상황의 결과를 겪지 않으면서 우리는 현실에 대해 의견을 제시하고 상징적으로 그것을 바꾸고 역할을 연기한다." (1998, p. 179)

우리는 언제 연기를 하는지 안다. 특정한 메타커뮤니케이션(metacommunication)이 이것은 '단지 연기' 일 뿐이라고 말해 준다. 이는 연기라는 행동이 가지는 가치를 떨어뜨리는 것이 아니며, 자기 반영의 도구로서 연기에 가치를 부여하는 것이다. 처음에는 슈퍼비전의 역할연기에 여러 제한 요인이 있는 것 같다. 슈퍼바이저가 경험이 없거나 시간이 제한되거나 슈퍼비전과 연관된 개인 공간을 어지럽히는 관중이 있을 수 있다. 다른 측면으로 보면 연기가 이루어지는 상황은 '평범한 슈퍼비전'에서와는 다른 종류의 반영이 이루어질 수 있는 공간을 허락한다고 볼 수 있다.

학생들은 슈퍼바이저의 역할을 했던 서로의 다른 경험을 비교하고, 어떻게 자신의 이야기가 내용에 영향을 미칠지에 대해 생각하고, 자신들 스스로 그 상황에 어떻게 접근할지를 반영할 수 있다. 초반에 언급했듯이, 슈퍼바이저의 역할

14) 음악치료분야는 맥락에 따라 임상, 연구, 교수, 혹은 슈퍼비전을 의미한다.

에 대한 고찰은 이런 논의를 일찍부터 이루어지게 한다. 학생들은 때때로 이 역할에 대해 자신이 제한되거나 불균형한 개념을 갖고 있음을 발견한다. 예를 들면, 슈퍼바이저가 슈퍼비전의 치료 요소에 대해 저항하거나, 정보검열자에 대한 공포를 느낌으로써 강연자 유형의 교사 역할로 변질되기도 한다. 서술적 접근이 그 자체로 이러한 문제를 해결하지는 않는다. 사실 극단적으로 말한다면, 제도로서의 슈퍼비전과 연관된 책임 역할을 포기하는 것으로 느껴질 수도 있는 것이다. 하지만 민감하게 서술적 슈퍼비전을 사용하면 융통성 있는 반영 또는 역할 탐험을 위한 공간을 열어 놓게 된다. 좋은 시작점은 슈퍼비전 과정 안에서 수련생의 책임을 되새기는 것이다. 슈퍼비전의 역할연기에서 수련생은 슈퍼바이저가 치료과정을 연기한 것을 이미 관찰했음을 알며, "자, 어떻게 생각하세요?" 라고 말하면서 슈퍼비전을 시작하고 싶은 충동을 느낀다. 학습과정에서 중요한 부분은 수련생의 책임 역할이 임상 작업에 대한 이야기를 들려주거나, 슈퍼바이저와 함께 기꺼이 탐험하는 것임을 인정하는 것이다.

이제 곧 음악치료에 대한 질문이 떠오를 것이다. '음악에 대해 우리는 어떻게 이야기하는가?' 어떤 이는 음악에 대해 말하는 것이 불가능하다고 주장하지만 우리는 항상 시도하고 있으며, 많은 이가 음악 경험이 음악을 구성한다는 이야기를 하기도 한다(Feld, 1994). 만약 음악이 들리는 이야기의 일부라면, 그리고 대부분의 음악치료사가 그래야 한다고 동의한다면, 우리는 음악을 어떻게 포함할 수 있는지 질문해 볼 필요가 있다. 우리는 음악적 문법, 음악적 의미, 혹은 내담자의 존재론적 세상에 대해 이야기하는가?(Forinash and Gonzalez, 1989) 우리는 정체성으로서의 음악에 대해 이야기하는가?(Ruud, 1997, 1998) 우리는 음악을 묘사할 때 은유나 개인적 언어를 사용하는가, 아니면 원칙에 속한 기술적 용어(예, IAP 안의 기술 용어)를 좀 더 사용하는가?(Bruscia, 1994) 우리는 대상으로서의 음악에 대해 이야기하는가, 아니면 동사로서 음악하기에 대해 이야기하는가?(Small, 1998)

역할연기를 하면서 내가 찾은 가치 중 일부는 공개된 장소에서 이루어지는 슈퍼비전을 반영해 보게 한다. 슈퍼비전은 보통 개인적인 경험이다. 이 점은 가능성을 보여 주기도 하지만 문제점이 되기도 한다. 슈퍼비전이 학습 경험의 주 요소가 될 때, 비판적 담론이 줄어들 위험은 항상 존재한다. 논의가 공개된 장소에서 시작되어 보다 사적인 공간으로 옮겨 가기 때문이다. 이 문제는 특별히 교사와 학생이 밀접한 관계에 있을 때 교육 프로그램의 약점이 된다(Kvale, 1998). 나는 대부분의 음악치료 훈련 프로그램에서 이런 상황이 발생한다고 본다. 음악치료 안에서 나타나는 여러 학습과 관련된 어려움을 해결하는 데 있어, 나는 슈퍼비전이 적절한 교육방식이라고 생각한다. 제기된 문제에 대한 해결책으로 슈퍼비전의 양을 줄일 필요는 없다. 비판적 반영이 가능하게 만드는 것이 하나의 대안이다. 슈퍼비전의 역할연기는 비판적 토론을 위해 좀 더 공개된 장소에서 할 필요가 있다. 첫 번째 임상실습에서 가진 세 번의 배정과 두 번째 해에 이루어진 독립적인 현장실습을 포함해 이전에 슈퍼비전을 받았던 경험을 가지고 역할연기를 하게 되는 경우도 있다. 이 경우 역할연기 슈퍼비전과 사전에 이루어진 다른 슈퍼비전 경험을 반영하고 비교하면서 다음과 같은 질문을 하게 된다. 어떤 쟁점이 슈퍼비전에서 다른 시도를 해 보는 작업과 관련이 있는가? 어떻게 힘과 권한 이양의 모순이 다루어지는가?

백지 상태의 접근에는 많은 지식이 필요하다

보조 슈퍼바이저—슈퍼비전에 대해서는 아주 적은 역량을 갖추고 있는—의 역량을 높이기 위해서는 전통적인 방법으로는 힘들다. 그는 이미 음악, 음악치료 관련 이야기, 내담자, 치료에 관해 많은 것을 알고 있다. 내가 용어 '백지 상태(not-knowing)'를 선택한 것은 Anderson과 Goolishian(1992)의 논문에서 이 특정 용어를 사용했기 때문이다. 그들은 인간을 정보를 처리하는 '기계'로 취급하는 치료 모델에 비판을 가했다. 대신에 그들은 인간을 의미를 생산하는 존재로 여겼다. 용어 '백지 상태 치료사'는 해석이 요구되는 치료에서 가끔 쓰이는데, 내담자 중심 치료에 대해 이야기하려면 동시에 치료사의 권위에 대해서도 질문을 던져야 한다. 백지 상태 치료사는 내담자의 서술적인 진실을 존중하고 사전에 훈련되고 다듬어진 정보보다는 내담자 말에만 의존해서 대화를 하게 된다.

이는 개인에 대한 사전 이해가 중요하지 않다는 뜻이 아니다. 슈퍼비전에서의 서술적 견해는 해석학적 접근과 관련이 있으며, 사전 이해는 어떤 것에 대한 이해에도 다 적용된다. 백지 상태에서의 접근은 많은 수용을 전제로 한다. 이는 결코 책임을 포기하는 변명거리가 되어서는 안 된다. 백지 상태를 기본으로 하는 접근은 슈퍼바이저가 자질을 갖춘 경청자임을 강조하는 것이지만, 초보자의 마음을 잘 이해하고 충분한 심리적 공간을 확보하는 역량 있는 파트너가 되어야 함도 강조하는 것이다.

내가 학생에게 '백지 상태' 의 접근을 사용해 보도록 했을 때, 이는 물론 학생의 지식 탐구에 위배되는 것이기도 했다. 슈퍼바이저와 교사로서의 경험을 통해 결국 '백지 상태' 의 접근을 위해서는 많은 지식이 필요하다는 것을 깨달았다. 지식이 부족하다면 이야기(개인이나 토론의 주제에 대한)를 이어 가기보다는 끝을 내 버리게 된다. 역할연기를 통해서 나는 이 점에 대해 의사소통하기를 원했으며, 역할연기를 위해서는 학생들이 얼마나 많이 감정적으로나 이론적으로 잘 준비되어야 하는지를 강조하고 싶었다. 우리가 찾는 것은 새롭고도 다양한 이야기에 대한 자유와 수용이며, 음악 즉흥연주 안에서 이를 표현하는 것이다. 인디언 음악가 Shankar는 자신의 자서전에서 이렇게 말했다. "… 이 자유는 수년간의 기본적인 학문과 원칙, 그리고 잘 구조화된 훈련을 통해서 비로소 얻어진다." (Shanker, in Weisethaunet, 1999, p. 146)

결론

지금까지의 나의 결론은 다음과 같다. (1) 보조 슈퍼바이저 역할을 수행하도록 음악치료 학생들을 돕는 것이 매우 중요하다. (2) 슈퍼비전에서 백지 상태에서의 서술적 접근은 도움이 될 수 있으며, 이는 학생들에게 다양한 이야기를 들을 수 있는 좋은 경청자로서의 능력과 반영기술을 증진해 준다. (3) 백지 상태에서의 접근은 에틱에서 강조하는 '다른 사람과 함께하기'를 포함한다(Bauman, 1993). 슈퍼비전에서의 에틱은 당신이 무엇을 하고, 무엇을 하지 말아야 하는지에 대한 정보 그 이상이다. 이는 다양성에 대한 인내와도 연결된다. 가치관이 서로 다른 수련생을 존중하고 인정할 수 있는 준비가 된 슈퍼바이저의 슈퍼비전이 한 예가 될 수 있다.

나 자신의 보조 치료사 역할을 반영하는 것은 내 학생들과의 슈퍼비전에서 학생들 스스로 자신이 음악치료 교육을 통해 얻은 것을 반영하고 사용하도록 하는 데 많은 힘이 되었다.[15] 만약 자질을 갖춘 많은 음악치료 슈퍼바이저가 배출된다면 그보다 더 기쁜 일은 없을 것이다. 하지만 여전히 나는 '백지 상태의 보조 슈퍼바이저'를 통해 많은 것을 배울 수 있다고 믿는다. 보조 역할이라는 측면은 미래의 동료 슈퍼비전의 발전과 슈퍼비전에서의 역할관계와 지식의 기본에 대한 많은 토론의 장을 제공할 것이다. 백지 상태의 서술적 접근은 슈퍼비전 내에서 이루어지는 어떠한 대화에서도 의미를 찾고 이를 되새길 수 있는 자질 있는 슈퍼바이저와 관련된다.

15) 슈퍼비전에서의 역할연기 작업에 대한 내 견해는 새로운 것일 뿐 아니라 아직 개발 중이다. 이 글을 쓰면서 많은 새로운 아이디어를 얻었으며, 곧 시행해 볼 예정이다. 예를 들면, 역할연기를 비디오로 녹화한다면 좀 더 체계적으로 슈퍼비전을 할 수 있을 것인가? 이에 관련된 문서들은 Kagan과 Kagan(1997)이 상호회상(mutual recall)이라고 부르던 것과 연결된다. 이는 치료나 슈퍼비전 현장에서 직접 대화를 나눔으로써 생생하게 경험하는 것과 비디오를 보면서 하는 것에 관한 것이다.

참고문헌

Acheson, K. A., and Gall, M. D. (1997). *Techniques in the Clinical Supervision of Teachers: Preservice and Inservice Applications* (4th ed.). White Plains, NY: Longman Publishers.

Anderson, H., and Goolishian, H. (1992). The client is the expert: A not-knowing approach to therapy. In S. McNamee and K. J. Gergen (Eds.), *Therapy as Social Construction*. London: Sage Publications.

Ansdell, G. (1995). *Music for Life. Aspects of Creative Music Therapy with Adult Clients*. London: Jessica Kingsley Publishers.

Ansdell, G. (1999). *Music Therapy as Discourse and Discipline. A Study of "Music Therapist's Dilemma."* London: Unpublished Doctoral Thesis, Department of Music, City University.

Bakhtin, M. (1929/1984). *Problems of Dostoevsky's Poetics*. Minneapolis: University of Minnesota Press.

Bauman, Z. (1993). *Postmodern Ethics*. Cambridge, MA: Blackwell.

Berg, J. "On The Art of Barefoot Doctoring." [online] Madisonville, LO: *Barefoot Doctors' Academy*. Available from: http://www.barefootdoctors.org [Accessed 15 February 2000]

Bonde, L. O. (1999, November). "Metaphor and Metaphoric Imagery in Music Therapy Theory: a Discussion of a Basic Theoretical Problem—with Clinical Material from GIM Sessions." Paper presented at the 9th World Congress in Music Therapy, Washington, D.C.

Brown, S. (1997). Supervision in context: a balancing act. *British Journal of Music Therapy*, Vol.11.

Bruscia, K. (1994). *IAP. Kartlegging gjennom musikkterapeutisk improvisasjon*. [IAP Improvisation Assessment Profiles]. Translation and introduction by Brynjulf Stige and Bente øtergaard. Sandane, Norway: Sogn og Fjordane College.

Bruscia, K. (1998). *Defining Music Therapy* (2nd ed.). Gilsum, NH: Barcelona Publishers.

De Geyndt, W., Zhao, X., and Liu, S. (1992). *From barefoot doctor to village doctor in rural China*. World Bank (technical paper; no. 187), Washington, D.C.

Dvorkin, J. (1999). Psychoanalytically oriented music therapy supervision. In T. Wigram and J. De Backer, *Clinical Applications of Music Therapy in Developmental Disability,*

Paediatrics and Neurology. London: Jessica Kingsley Publishers.

Feld, S. (1994). Communication, music, and speech about music. In C. Keil and S. Feld, *Music Grooves*. Chicago: The University of Chicago Press.

Forinash, M., and Gonzalez, D. (1989). A phenomenological perspective of music therapy. *Music Therapy 8*(1), 35-46.

Fosse, J. (1989). Frå telling via showing til writing. Essays. [From telling via showing to writing. Essays.] Oslo, Norway: Samlaget.

Foucault, M. (1961/1991). Galskapens historie i opplysningens tidsalder. [Madness and Civilization—History of Insanity in the Age of Reason]. Oslo, Norway: Gyldendal.

Frohne-Hagemann, I. (1998). The musical life panorama. *Nordic Journal of Music Therapy, 7*(2).

Frohne-Hagemann, I. (1999). Integrative supervision for music therapists. In T. Wigram and J. De Backer (Eds.), Clinical Applications of Music Therapy in Developmental Disability, Paediatrics and Neurology. London: Jessica Kingsley Publishers.

Kagan, H., and Kagan, N. (1997). Interpersonal process recall: Influencing human interaction. In C. E. Watkins, Jr. (Ed.), *Handbook of Psychotherapy Supervision*. New York: John Wiley and Sons, Inc.

Kvale, S. (1998). At blive vejledt i en spejllabyrint I tåge. [To be supervised in a mirror labyrinth in the mist]. *Uniped, 20*(3).

McLeod, J. (1997). *Narrative and Psychotherapy*. London: Sage Publications.

Munson, C. E. (1997). Gender and psychotherapy supervision. In C. E. Watkins Jr. (Ed.), *Handbook of Psychotherapy Supervision*. New York: John Wiley and Sons, Inc.

Rogers, C. R. (1951). *Client-Centered Therapy*. London: Constable & Company Ltd.

Ruud, E. (1997). Music and identity. Nordic Journal of Music Therapy, *6*(1).

Ruud, E. (1998). *Music Therapy: Improvisation, Communication, and Culture*. Gilsum, NH: Barcelona Publishers.

Small, C. (1998). *Musicking: The Meanings of Performing and Listening*. Hanover, NH: Wesleyan University Press.

Stige, B. (1992). Small is beautiful: The music therapy training program in Sandane, *Music Therapy International Report*, Vol. 8.

Stige, B. (1993/1999). "Music Therapy as Cultural Engagement. Or: How to Change the World, if Only a Bit." Paper presented at the 7th World Congress of Music Therapy, Vitoria-Gasteiz, Spain. In D. Aldridge (Ed.). (1999): *Music Therapy Info. Vol II.* (CD-ROM).

Stige, B. (1998). Perspectives on meaning in music therapy. *British Journal of Music Therapy, 12*(1).

Stige, B. (1999). "Hypertexts in Music Therapy." Paper at the 9th World Congress of Music Therapy, Washington D.C.

Stige, Brynjulf (in press). *Music Therapy: Toward a Cultural Matrix.* Gilsum, NH: Barcelona Publishers.

Summer, L., and Summer, J. (1996). *Music: The New Age Elixir.* Amherst, NY: Prometheus Books.

Watkins, C. E. Jr. (Ed.). (1997). *Handbook of Psychotherapy Supervision.* New York: John Wiley and Sons, Inc.

Werner, D., Thuman, C., and Maxwell, J. (1993). *Where There Is No Doctor: A Village Health Care Handbook for Africa.* London: Macmillan.

Weisethaunet, H. (1999). Critical remarks on the nature of improvisation. *Nordic Journal of Music Therapy, 8*(2).

Weymann, E. (1996). Supervision in der Musiktherapie. *Musiktherapeutische Umschau, 17.*

White, M., and Epston, D. (1990). *Narrative Means to Therapeutic Ends.* New York: W. W. Norton & Company.

Wittgenstein, L. (1921/1961). *Tractatus Logico-Philosophicus.* London: Routledge.

Wittgenstein, L. (1953/1967). *Philosophical Investigations.* Oxford: Blackwell.

감사의 글

나의 학생들에게 감사의 뜻을 전한다. 또한 슈퍼비전의 역할연기에 대해 많은 토론을 함께 해 준 것과 이전 장들에 대해 조언을 아끼지 않은 Dan Gormiey에게 감사한다.

제3부

전문가 슈퍼비전

Music Therapy Supervision

제12장_ 초보 음악치료사와 표현예술치료사의 발달과 동료 슈퍼비전

제13장_ 둘을 위한 여행: 교육 현장의 초보 음악치료사 슈퍼비전

제14장_ 전문가 슈퍼비전을 위한 경험적 집단 음악치료 방법

제15장_ 음악치료 동료 슈퍼비전

제16장_ 음악치료 전문가 집단 슈퍼비전의 통합적 기법

제17장_ 심미적 음악치료 임상즉흥연주 슈퍼비전: 음악중심 접근

제18장_ 전문가 슈퍼비전의 정신역동적 시각

제19장_ 도제훈련에서 유래된 슈퍼비전 모델

제12장

초보 음악치료사와 표현예술치료사의 발달과 동료 슈퍼비전

들어가는 말

학생에서 전문가로의 전환기에 이루어지는 동료 슈퍼비전은 슈퍼비전 문헌에서 제한적으로 다루어져 왔는데, 특히 음악과 표현예술이 함께 고려되는 상황에서는 더욱 그러하다. 몇몇 동료가 졸업 후에도 슈퍼비전 형식의 모임을 지속해 오고 있기는 하나, 이에 대한 문헌은 거의 없는 실정이다. 우리 슈퍼비전 집단은 정보를 공유하려는 의도를 가지고 우리 스스로에 대해 탐색하는 것을 큰 열정을 가지고 받아들였다. 집단으로서 우리는 동료 슈퍼비전이 힘든 전환기 과정에서 매우 소중함을 느꼈다. 우리는 무엇이 우리로 하여금 지금까지 집단을 지속하도록 하였는가를 발견할 준비와 의지를 가지고 있었다.

이 장의 주 초점은 학생에서 전문가로의 전환기를 다루는 것이다. 집단으로서

Elizabeth Baratta, MA, Crossroads/May Behavioral Health, Cambridge, MA
Michael Bertolami, MA, MT-BC, Perkins School for the Blind, Watertown, MA
Andrew Hubbard, MA, CMT, Riverside Community Care, Upton, MA
Mary-Carla MacDonald, MA, MT-BC, Assistant Professor, Anna Maria College, Paxton, MA
Deborah Spragg, MA, Wild Acre Inns, Boston, MA

우리의 발달과정은 학교에서의 인턴십 슈퍼비전 집단에 참여하던 학생 시절부터 시작되었다. 학교 슈퍼바이저가 집단을 이끌었다. 집단은 당시 각자 다른 곳에서 인턴으로 일하던 6명으로 구성되었다. 현재 그중 5명이 여전히 집단을 구성하고 있으며(1명은 다른 지역으로 이사하였다), 각 구성원은 음악치료 또는 표현예술치료 분야에서 일하고 있다. 학교 슈퍼바이저가 이끌던 시절에서 동료들이 독자적으로 집단을 운영하게 되는 과정을 반추해 보면, 그 발달에는 몇 개의 단계가 존재했음을 알 수 있다. 이 장에서는 우리의 성장을 '학습 공간(learning space)' 에서 '전환 공간(transitioning space)' 을 거쳐 '틀 형성 공간(containing space)' 으로 설명하고자 한다.

정신건강 분야의 학생으로서 우리는 개인과 집단 형식의 슈퍼비전을 모두 접하게 된다. 운이 좋다면, 우리의 슈퍼바이저는 우리가 치료의 세계에 대한 탐색을 시작하는 여정에서 수용자, 멘토, 안내자의 역할을 해 준다. 집단 또는 개인 슈퍼비전에서 우리는 온전한 치료사로서 건강히 성장하도록 슈퍼바이저와 격려하는 슈퍼비전 관계를 가지게 된다. 우리는 때때로 안내, 이해, 양육을 제공받기 위하여 슈퍼바이저에게 달려가곤 한다. 때로는 단단한 뿌리를 요구하는 동시에 슈퍼바이저의 포용능력을 시험하면서 마치 청소년이 부모를 밀쳐내듯이 슈퍼바이저를 긴장시키기도 한다.

2년 차 인턴 집단에서 우리는 운이 좋게도 헌신적인 학교 슈퍼바이저를 가질 수 있었다. 우리의 슈퍼바이저는 예술과정, 집단과정, 그리고 각 집단 구성원의 힘에 대한 믿음을 보여 주면서 우리를 인턴십 과정 단계로 인도하였다. 이러한 학습의 장은 새로 탄생하는 치료사로서 우리의 가치구조의 한 부분을 형성하는 특정한 양질의 속성을 가졌다. 이는 유희적이고 충분히 안전했으며, 탐색적이고 양육적이면서도 도전적이었다. 여기에서 집단으로서 우리의 융화가 중요한데, 9개월 이상의 인턴십 과정을 함께하며 존중과 신뢰적 유대가 우리에게 제공된 공간 안에서 형성되었다. 둥지를 떠나 날개를 펴고 날아가야 할 시기가 다가왔을 때, 우리는 우리 슈퍼비전 집단을 지속할 방법을 강구하였다. 예술은 우리의 훈련과정 전반에서 자기돌봄과 양육의 수단이 되었고, 우리는 이를 학업환경을 떠날 때에도 가져가고자 하였다. 함께하는 예술 활동을 통해 우리는 창조적 과정의 힘이 우리에게 더욱 가치 있어짐을 발견하였다. 우리는 동료 슈퍼비전에서도 이를 활용하고자 하였다. 스승과의 종결에 대한 스트레스는 전문 분야 속으로 이동할 때 우리가 서로의 곁에 남아 있어 준다는 생각을 통해 다소나마 가벼워졌다.

졸업 이후 9개월이 지난 지금, 우리는 초보 전문가로서 어려운 전환기에 서로를 도와 왔다. 우리는 이제까지의 여정을 함께했다는 것에 대한 감사의 마음을 가지고 있다. 초보 전문가를 위한 동료 슈퍼비전 문헌을 찾는 것이 쉽지 않으며, 이 장을 통해 우리는 이러한 문헌을 찾고자 하는 이들을 돕고자 한다. 우리는 이 장에서 현재 구성과정에 있는 동료 슈퍼비전 집단에게 가치 있는 도움을 줄 수 있기 바란다.

이 장에서 우리는 학생에서 전문가로의 전환기 동안 어떻게 동료 슈퍼비전 집단이 유용하게 활용될 수 있는가에 대한 우리의 경험을 제시한다. 우리는 동료 슈퍼비전이 무엇이며, 왜 초보 전문가에게 많은 가치가 있는가에 대한 우리의 생각을 논한다. 독자에게 그들의 고유한 발달을 촉진하는 몇 가지 실용적인 제안을 제공하려는 의도를 바탕으로 동료 슈퍼비전 운용의 실제 면모도 탐색한다. 적절한 장소 찾기, 일정 수립하기, 시간 수정하기, 모임에서의 경계 이해하기 등과 같은 개념이 제시된다. 리더 역할을 어떻게 공유하는가와 건강한 슈퍼비전 과정의 지속을 위해 개인과 집단의 책임을 어떻게 가정하는가도 제시된다. 전문적, 개인적 통찰의 지속과 자기돌봄을 위한 슈퍼비전 과정에서의 음악과 예술의 통합적 역할에 대한 예시가 제공된다. 마지막으로, 우리는 우리의 경험을 통해 정의된 동료 슈퍼비전 집단의 3단계 발달 모델에 대해 논의한다.

동료 슈퍼비전이란 무엇인가

우리는 '슈퍼비전'이란 단어를 정신건강 분야의 정의에 따라 사용한다. 슈퍼비전은 일반적으로 "치료사가 내담자의 필요를 적절히 다루고 있음을 확인하기 위해 지지와 안내를 제공받는 과정"으로 이해된다(Edwards, 1993, pp. 216-217). 이는 아마도 훌륭한 기본 정의이지만 우리 집단의 총체적 기능을 설명하지는 못한다. 슈퍼비전이란 단어의 사용은 일반적으로 슈퍼바이저 지위를 가진 개인을 포함한다. 우리에게 슈퍼비전은 서로를 훈련하고 지지하며 안내하는 것으로, 우리는 한 사람의 리더를 가지지 않고 집단의 복지에 대한 공동 책임을 유지한다. 우리는 동료 집단이기에 이러한 공동 책임이 발생한다. 웹스터 사전에 따르면, 동료(peer)란 "서로 동등한 위치에 있고 동일한 사회집단(우리의 경우에는 동일한 전문가 집단)에 속한 사람"(Webster, 1987, p. 867)이다. 동료 슈퍼비전 집단으로서 우리의 역할은 전문가적 난제를 극복함에 있어 서로를 돕기 위해 공통의 문제를 경청하고, 탐색하고, 논의하고, 공유하는 것이었다(Feingold, 1968, p. 517). 지난 1년 반 동안 우리는 학생의 세계에서 전문 음악치료사 또는 표현예술치료사의 세계로 함께 이동하였다.

이러한 전환은 웹스터 사전에 제시된 '응시하다(peer)'의 정의—자세하고 흥미롭게 바라보다, 분별하기 힘든 것을 발견적으로 바라보다, 힐끗 보이다, 조금씩 드러나다(Webster, 1987, p. 867)—를 떠올리게 한다. 이는 이제까지 우리가 걸어온 여정을 가장 가깝게 묘사한다. 여정에서의 은유적 굴곡 주위를 응시하고 탐색을 집단의 내부와 우리 자신으로 향하게 하는 과정에서 우리는 함께 작업했다. 우리가 지지하고, 탐색하고, 안아주고, 함께 음악 또는 예술을 창조하는 모든 일이 우리를 전문가로의 세계로 이끌었다. 우리가 맞이한 모든 길모퉁이에서 우리가 하나의 집단으로서 작업한 모든 일의 중요성이 더욱 확고해졌다.

왜 동료 슈퍼비전을 하는가

음악과 표현예술치료 대학원 과정의 마지막 학기가 끝나갈 때, 집단 구성원은 다양한 정도의 불안을 느끼기 시작했다. 우리 각자가 곧 훈련을 마치고 스스로의 힘으로 생존해야 한다는 인식이 불안을 일으켰다. 더 나아가 우리 각자가 이 분야의 한 위치를 차지할 것이라는 기대가 다가왔다. 학업을 마친다는 것은 강력한 예술 공동체와의 단절과 우리가 받아 왔던 지지, 그리고 이해로부터의 작별을 의미했다. 우리 서로를, 그리고 우리와 작업을 감정적으로 연결해 주던 물리적 공간에 대한 상실감도 경험했다. 보다 구체적으로는 9개월 동안 우리를 감정적으로, 창조적으로 지탱해 주던 학교 슈퍼바이저와 집단에 대한 상실을 의미했다. 이러한 깨달음은 인턴십 기관 내담자 및 관계자와의 종결 단계가 시작함과 동시에 일어났다. 그 뒤를 이을 상실이 압도적으로 느껴졌다. 우리의 집단 슈퍼비전 경험은 우리가 수업과 인턴십 과정을 잘 수행하도록 하는 핵심 지지 기반이었다. 이는 임상적 쟁점, 음악과 표현예술 치료에 대한 의문과 과정, 인턴십 문화와 정치성, 그리고 직장을 찾는 일에 대한 탐색의 장소였다.

우리가 임상지, 학교, 학교 슈퍼바이저와의 종결 쟁점에 대한 탐색을 시작할 무렵, 집단의 지속적 모임에 대한 아이디어가 곧바로 채택되었다. 6명으로 구성된 슈퍼비전 집단은 우리가 지속하기로 선택한 예술 공동체의 한 부분이었다. 2개월 정도 후 우리 중 하나가 다른 지역으로 이사할 예정이었음에도, 우리는 학교에서의 마지막 학기의 종결을 몇 주 앞두고 집단을 지속하는 것에 모두 동의했다. 우리의 약속은 우리가 각자 경험하고 있던 모든 종결에 대한 불안을 줄이는 데 도움이 되었다. 매주 우리를 상냥히 안내하던 훌륭한 스승의 부재는 여전하였고, 이러한 리더 없이 우리 슈퍼비전 집단을 학교 현장 밖에서 어떻게 지속할 것인가를 명확히 하기 위해 우리 각자가 이 집단에서 원하는 것이 무엇인가를 분명히 이야기하고자 노력할 것에 모두 동의하였다. 우리는 '왜 동료 슈퍼비전 집단을 가지려 하는가?'에 대한 우리의 대답을 찾기 위해 저녁식사 모임을 가졌다.

우선 우리 슈퍼비전 집단의 주목표는 학생일 때 함께 시작했던 작업—음악과 예술을 사용하여 치료사로서의 강점과 약점, 역전이, 성장과 보편적 분투 등에 대해 과정적으로 탐색—을 지속하는 것이었다. 이러한 방식의 관계 지속은 소규모라도 창조적 공동체와의 관계 지속을 의미했다. 시간이 지남에 따라 모임에 대한 이유가 증가했다. 이는 우리가 학생에서 전문가로의 전환기에 있었기 때문이기도 했고, 집단 구성원으로서 우리의 관계가 발전하였기 때문이기도 했다. 우리가 학생으로서 내재화했던 많은 중요한 생각이 자기 양육적 역할을 하기 시작했다. 우리가 이해하기에 자기돌봄에 대한 외면은 고립감, 압도감, 자신의 수행에 대한 불만감을 야기한다. 동료 슈퍼비전에서 우리는 우리 자신을 내려놓고 연주, 예술작품 창작, 신체 움직임 등과 같은 예술 활동에 자유롭게 참여하도록 하는 것과 더불어 집단의 지지와 이해를 받기 위해 모였다. 동료 슈퍼비전은 우리가 음악치료와 표현예술치료 훈련과정에서 활성화된 창조성을 생동감 있게 지속할 수 있는 구조적 방법을 제공하였다. 격주로 이루어진 우리의 동료 슈퍼비전은 안정화 경험이었음이 증명되었다. 동료 슈퍼비전은 재집단화와 통찰화에 있어 풍요로운 자원이 되었다.

언어적 공유에 대하여 이야기하는 것은 우리 집단에서 매우 중요한 부분이 되었다. 음악치료사와 표현예술치료사가 하는 일이 정신건강 전문가에 의해 잘못 이해되는 경험은 적지 않게 발생한다. 여기에는 다양한 이유가 있다. 첫째, 전문성의 형성이 상대적으로 짧은 역사를 가지고 있는 까닭에, 정신건강 분야의 전문가나 사회복지사에 비해 전문가로서 고용되어 일하는 음악치료사 또는 표현예술치료사의 수가 상대적으로 적다. 둘째, 투사적 사정(assessments)에 대한 친숙함으로 인해 음악치료와 표현예술치료가 함부로 해석되어 왔다. 셋째, 표현예술치료를 임상적으로 설명하는 것에 대한 어려움이 다소의 오해를 낳았다. 이러한 오해는 정신건강 전문가의 잘못된 가정을 강화할 수도 있다. 예를 들어, 표현 작업이 내담자를 충분히 담아내지 못하고 취약한 상태로 내버려 둔다는 고정관념이 존재한다. 표현적 개입이 담아내기와 같은 임상적 목표를 위해 사용된다는 사실이 이해되지 못할 때가 있다. 이 모든 이유로 인해 우리는 자주 우리를 입증해야만 할 것 같은 느낌과 대면한다. 우리가 전체를 대표해야 하는 단 한 사람의 음악치료사 또는 표현예술치료사일 경우에는 더욱 그렇다. 동료 슈퍼비전은 우리의 전문용어를 위한 '조국(homeland)'과 같은 역할을 한다. 그것이 집단으로 돌아올 때에 우리는 방어를 내려놓고, 통합적 매체 사용으로의 이전 또는 창조적 과정에 대해 이야기하며, 우리의 경험이 존중되고 이해된다는 것을 안다.

학생에서 전문가로의 전환은 우리 동료 슈퍼비전 집단이 언어를 통해 그리고 다음에서 언급할 예술과정을 통해 지속적으로 탐색하는 노력이며 과정이다. 동료 슈퍼비전에서는 학생 역할이 가진 장단점을 모두 벗게 된다. 우리가 인턴이었을 때에는 문서 작업에서부터 임상에 이르기까지 일과 관련된 모든 것에 대하여 막중한 책임을 가질 필요가 없었다. 이는 어떤 면에서는 전임 치료사로서 어려운 대상과 일하는 현실에 대한 보호적인 경험이었다. 우리는 인턴으로서 스태프의 특별한 지지와 이해를 받았다. 인턴십 현장에서의 지지와 더불어 학교에서의 지지도 받았다. 이러한 유익에 반하여 학생에게는 몇 가지 실제적인 불이익도 있다. 무엇보다도 명백한 것은 일에 대한 보수를 받지 못하는 것이다. 온전한 스태프로서 대우받지 못하기도 하고 생각, 감정과 임상적 개입이 존중받지 못하는 경험을 하기도 한다. 특히 음악치료나 표현예술치료 인턴에게는 이러한 일이 매우 어려운 작업환경을 조성할 수 있다.

학생에서 전문가로의 전환기에서는 언제, 어떻게 이러한 일이 해결되는가? 이에 대한 우리 집단 각 구성원의 경험은 다양하다. 고용된 전문가에게 부여되는 업무량, 책임, 부담이 명백히 증가하는데, 이는 '진짜' 음악치료사 또는 표현예술치료사 같은 느낌을 가지게 한다. 그러나 우리가 집단으로 돌아올 때는 종종 우리가 여전히 초보이며 경험이 부족한 학생 같은 느낌이 존재하기도 한다. 우리가 온전한 스태프로 대우받지 못하는 일이나 기관의 정치적 일, 또는 임상적 일과 고군분투 중일 때에도, 우리 집단은 일터에서는 자유롭게 드러낼 수 없는 새로운 역할에 대한 불안정한 느낌을 가지는 것이 허락되는 장소였다.

우리 동료 슈퍼비전 집단의 중요한 기능 중 하나는 우리가 작업에 대한 개인적 가치를 표현하도록 돕는다는 것이다. 학생으로서 개인은 가치와 윤리 문제에 대한 슈퍼바이저의 지도를 받는다. 사실상 슈퍼바이저는 궁극적으로 윤리적 고민에 대한 책임을 가진다. 전문가 역할로의 전환에서 개인은 임상에 대한 스스로의 가치체계를 형성하기 시작한다. 동료 슈퍼비전 집단은 음악치료사 또는 표현예술치료사로서 우리의 가치에 대해 토론하는 장이 되었다. 우리가 내담자, 기관, 그리고 정신건강 분야 전체로 인한 어려움으로 자신감을 잃을 때, 집단은 우리가 스스로의 가치와 멀어지지 않도록 돕는다.

근접성

동료 슈퍼비전 집단을 지속하는 데 있어 우리의 첫 작업은 적절한 모임 장소의 조건을 정하는 것이었다. 예술이 여전히 우리 집단의 구성 요소여야 한다는 것에 우리 모두 동의했으므로, 창조적 동작 활동과 시각예술이 수반된 활동을 수용할 만큼 큰 장소가 필요했다. 더욱이 음악 연주 경험에도 적당한 장소여야 했다. 무엇보다도 가장 중요했던 것은 우리가 슈퍼비전 쟁점과 창조적 과정을 탐색하는 것이 방해받지 않고, 비밀이 유출될 염려가 없으며, 다른 사람을 방해하지 않을 수 있는 안전한 장소를 찾는 것이었다. 마지막으로, 장소의 근접성 또한 중요하게 고려되어야 할 요인이었다. 우리 모두가 모이기에 적당한 거리에 위치한 곳이어야 했다.

모임 장소의 조건이 결정된 후, 우리는 가능한 장소를 물색했다. 처음에는 누군가의 집에서 만나는 것에 대한 논의가 있었는데, 이는 우리의 조건을 만족시키는 장소를 찾기 어려웠기 때문이었다. 누군가의 집보다 방해받을 염려가 없는 좀 더 중립적인 장소가 필요하다는 논의도 나왔다. 마침내 우리는 지역에 위치한 어느 학원에서 모임을 시작하였다.

초기에는 매주 두 시간에서 두 시간 반 정도의 일정으로 모임을 시작했지만, 시간이 지남에 따라 우리 모두가 참석할 수 있는 온전한 모임을 위해 2주에 한 번으로 바꾸었다. 모임은 같은 요일, 같은 시간대로 정했지만 매주 모두가 참석할 수 있도록 개인의 사정을 고려하여 어느 정도 융통성 있게 조정되었다. 모임 시간에 대한 융통성과 같이 우리가 모임을 지속할 수 있었던 중요한 요인은 모두 함께 모여야 한다는 우리의 각오였다. 우리는 함께 만든 신성한 장소에 대한 존중과 호감을 공유하고 우리 모두가 집단의 한 부분이고자 하는 강한 의욕을 가지고 있었다. 우리는 슈퍼비전 집단을 유지하는 것에 대한 중요성과 가치를 깨달았고, 우리 각자가 모임의 결과로 경험하는 정화와 소생을 고대하게 되었다. 이 과정에 대한 우리 모두의 각오와 강한 신념이 아니었다면 우리 집단은 질적으로 하락했을 것이고, 결국에는 해체되었을 것이다.

모임의 구조

우리가 모일 수 있는 시간이 제한적이었으므로, 우리의 초기 모임은 모임시간을 최상으로 구조화하는 일에 집중되었다. 우리가 대학원생일 때 받았던 슈퍼비전 경험을 반영하여, 우리는 안전함과 양육적 개방성이 함께 존재하는 경계에 필요한 몇 가지 영역을 확인할 수 있었다. 이러한 영역에 대한 논의는 다음과 같다.

'체크인' 시간

우리 각 개인의 대학원생에서 전문가로의 전환기와 그로 인한 도전이 초기 모임에서의 핵심 영역이 되었다. 여러 집단 구성원이 경제적 불안정으로 고전하며 일자리를 찾고 있었다. 졸업하자마자 취업을 한 구성원도 전문가가 되는 일로 고전 중이었다. 대학원 과정의 지지를 더 이상 얻지 못함으로써 다소의 고립감을 가지는 가운데 특정한 상황을 다루는 능력에 대한 전문가로서의 고민이 공유되었다. 우리 삶의 변화 강도가 우리 각자로 하여금 매주 집단에 '체크인(check-in)' 하고 전문가적 삶에서의 현재 상태를 보고하도록 모임시간을 구조화할 것을 요구하는 것 같았다. 이러한 체크인 시간은 구성원 각자 자신의 전문가적 삶을 돌아보고, 다른 구성원의 지지를 얻는 귀중한 수단으로 사용되었다.

시간 제약으로 인해 체크인 과정에 대한 몇 가지 제한이 필요했다. 구성원에게 특정 시간을 부여하는 것에는 찬성하지 않았지만, 각자 체크인 하는 동안 시간에 대해 인식하려는 노력은 필요한 듯 보였다. 체크인 동안의 시간 인식을 구체화하기 위하여, 우리는 첫 집단의 예술 활동에서 '이야기 막대'를 만들었다. 이야기 막대는 체크인 시간 동안 집중하도록 돕는 역할을 하였다.

각자 체크인 시간 동안 이야기 막대를 가지고 있다가 다음 순서의 사람에게 넘겨 주었다. 우리 모두가 함께 만든 이 관례적(ritual) 막대는 시간에 대한 우리의 인식과 존중을 고양해 주는 것 같았다. 결과적으로 이 막대는 우리가 개인 쟁점을 주어진 구조 안에서 담아내도록 돕는 역할을 했다.

집단의 초기 발달에서 진솔함이 중요한 요인이었으므로, 개인 쟁점과 감정이 그 과정의 중요한 부분이었다. 체크인에서는 어떠한 주제도 제한되지 않았으나, 대학원 과정에서 이러한 유형의 형식을 사용했던 우리의 주요 경험으로 인해 그 기본 규칙에 대한 이해가 공유되었다. 힘든 상황에서도 구성원은 집단의 경계에 대한 인식을 잃지 않았다. 우리는 우리 집단이 치료 집단이 아닌 슈퍼비전 집단으로서 유지되도록 심혈을 기울였다.

체크인 전후로 몇 가지 견제가 필요했으나, 이 구조에서 융통성을 가지는 것이 항상 중요하게 여겨졌다. 경우에 따라 집단 구성원이 어려운 쟁점과 감정을 처리하는 데에 필요한 추가 시간을 허락하는 것이 중요하다. 주기적으로 개인의 체크인 주제 자체가 남은 시간 동안의 탐색과 논의로 진행되기도 한다. 개인의 체크인에서 제기된 쟁점이 여러 구성원과 공유되는 경우에는 더욱 그렇다. 이는 대부분 전문 분야와 관련된 쟁점이며, 개인의 어려움을 다루고(때로는 해결하고) 집단 전체의 통찰을 제공하는 심층과정이 중요하였다. 작업에 대한 많은 도전에서 우리는 각자 다른 강점을 제공하며, 그 과정은 우리 각자의 고유함에 대한 존중을 더욱 깊게 하였다.

리더십

우리의 대학원 훈련기간 동안에 슈퍼비전 모임의 주제나 활동은 종종 리더가 제공하였다. 학생 집단의 슈퍼바이저는 언제나 이러한 책임을 가졌다. 우리의 경험에서 집단 리더는 집단의 총체적 경험을 담아내는 틀을 제공하였고, 우리가 인턴지에서의 구체적인 임상실습과 경험에 대한 통찰을 얻도록 방향을 제공하였다. 또한 학교 슈퍼바이저는 집단의 발달을 촉진하도록 도왔고, 우리가 개인적으로 발달과 서로에 대한 정서적 유대를 통해 집단에서의 안전감을 지속적으로 가질 수 있도록 도왔다.

각 세션의 중심과 방향을 구조화하는 데 있어 리더의 역할이 집단에 매우 소중했으므로 집단 리더의 형식을 유지하는 것이 필요하였다. 이러한 역할은 어느 개인에게 부여되기보다는 모든 집단 구성원이 함께 수행하였다. 이러한 모델에서는 각 모임마다 다른 구성원이 모임의 주제와 초점을 정하는 리더 역할을 담당한다. 우리의 경험에 따르면, 이는 임상적 쟁점에 대한 예술기반 탐색, 음악치료 또는 표현예술치료의 임상 적용에 대한 공유, 사례 발표, 창조적 존재로서 우리 자신을 양육하기 위한 단순한 예술적 탐색 등을 포함한다. 중요한 것은 우리 슈퍼비전 집단에서 집단 리더가 모임의 주제를 결정하도록 부담을 가지는 일이 없다는 것이다. 우리 모임의 방향이 중심을 잃지 않도록 유지하는 것이 리더의 역할이었지만, 각 세션에서 리더가 그 부담을 가져야 하는 것은 아니었다. 따라서 모임의 리더는 초점을 두어야 할 영역을 시간이 허락하는 범위 안에서 확인할 수 있을 경우에만 모임의 주제를 제공한다. 리더가 특정한 주제를 가지고 있지 않을 경우, 집단은 그 세션의 초점을 집단적으로 결정한다. 리더 역할은 자원(volunteer)을 기본으로 하는 비구조화된 방법 안에서 교대로 수행되었다. 다음 모임의 리더 역할을 자원한 사람은 다음 모임까지 '이야기 막대' 를 가지고 있게 된다. 여기에는 체크인에서와 마찬가지로, '공간 보존하기' 의 의미가 존재한다. 이와 같은 방법으로, 우리 5명 모두는 리더 역할을 자발적으로 골고루 나누어 수행하였다.

가장 최근에 들어 우리 집단은 모임의 주제와 초점을 결정하는 다른 방법을 탐색하고 있다. 현재 집단은 어느 개인에게 책임을 부여하기보다는 다음 모임 이전에 그 주제를 대부분 결정한다. 초점을 둘 영역이 정해지면, 집단은 다음 모임에서 이 주제를 어떻게 다룰지에 대해 상의한다. 결과적으로 어느 한 사람 또는 여러 사람이 함께 다음 주제에 대한 책임을 자발적으로 수행하게 된다. 우리 경험에 따르면, 이 두 가지 접근 모두 모임의 초점을 구조화하는 데 효과적이었다.

모임 주제

체크인 과정을 마치고 남은 모임시간은 다양한 방향으로 구조화될 수 있다. 그중에서도 음악치료와 표현예술치료의 임상적 적용과 공식적/비공식적 사례 발표가 가장 빈번한 형태였다. 집단은 이 영역에서 제기된 쟁점을 언어적 또는 창조적으로 처리할 수 있다. 음악과 표현예술은 집단과정의 중요한 부분으로 지속되었고, 주로 특정한 쟁점이나 주제에 대한 통찰을 얻거나 우리의 창조적 자기(creative self)를 기르기 위해 사용되었다. 다음 부분에서는 이러한 영역이 집단 모임 형식에서 어떻게 탐색되었는가에 대해 더욱 자세히 설명할 것이다.

우리 모임에서 음악치료와 표현예술치료의 임상적 적용은 비공식적 방법으로 탐색되었다. 전형적으로 집단원은 세션에서 제기된 특정한 임상적 쟁점/갈등을 다루기 위해 음악 또는 예술이 사용되는 방법을 중심으로 그들의 작업에 대해 묘사한다. 이는 주로 치료과정을 촉진하기 위해 사용되는 특정 개입과 창조적 활동에 대해 이야기 나누는 것을 포함한다. 예를 들어, 특수아동과 함께 일하는 집단원이 사회기술과 의사소통을 증진하기 위해 어떻게 음악을 사용하는가에 대해 설명하기도 한다. 임상적 적용이 일반적으로 언어과정을 통해 공유되는 것에 반하여, 집단 구성원은 특정 개입이나 접근이 사용되는 방법을 증진 또는 명료화하기 위해 예술을 사용하기도 한다. 즉, 현장에서 사용된 특정 노래 또는 실제 매체를 공유한다. 모든 구성원이 같은 대상과 함께 일하는 것이 아니므로, 이는 음악치료와 표현예술치료가 다양한 현장에서 어떻게 사용되는가에 대한 집단의 지식과 이해를 확장하는 소중한 기회를 제시한다.

집단으로서 우리는 정신질환, 발달장애, 중증 지체장애, 의학적 위험 등을 가진 내담자를 대상으로 일하기도 하고, 말기 환자와 중독 환자를 대상으로 일하기도 한다. 우리가 일하는 곳은 기숙학교와 치료센터에서부터 통원치료 센터에 이르기까지 다양하다. 중요한 사실은 이 다양성 안에서 우리는 우리가 하는 일에 대한 공감을 형성하고, 서로에게 지지와 통찰을 제공하였다는 것이다. 우리 모두가 음악과 표현예술치료를 행한다는 사실이 무엇보다도 중요하고 강력한 유대가 되었다. 음악과 표현예술 치료를 사용하지 않는 몇 가지 예외 상황에서도 우리의 치료적 입장은 음악과 표현예술에 대한 전념(dedication)에 의해 형성되었다.

한 집단원의 임상을 통해 집단의 통찰 증진을 제공하는 사례 발표가 주기적으로 사용되었다. 이는 사례를 발표하는 임상가가 앞으로의 치료 방향을 설정하는 데 있어 매우 귀중한 집단의 의견을 제공받는 기회가 되기도 하였다. 다시 말하자면, 사례 발표는 집단원에게 이전에는 접해 보지 못한 대상군과 치료 접근에 대한 소중한 통찰을 제공하는 기회가 되었다. 이러한 형식에서 집단원은 공식적, 비공식적 방식 모두를 사용하여 사례를 발표하였다. 공식적 사례 발표는 주로 내담자의 배경 정보에 대한 자세한 서술, 문제나 쟁점 제기, 현 치료 접근법, 그리고 치료 자체에 존재하는 도전을 포함한다. 비공식적 사례 발표는 공식적 사례 발표의 수준을 몇 단계 낮춘 형식이거나 특정 회기 또는 치료과정에서 발생한 상호작용에 초점을 두게 된다. 두 가지 경우 모두 발표된 내용에 대한 집단 논의와 적절한 경우 특정 개입에 대한 제안을 제공하는 시간으로 이어지는 것이 일반적이었다. 이제껏 사례 발표는 언어과정을 바탕으로 진행되었으나, 이 과정에서 예술을 도입하는 방법도 논의되었다. 예를 들어, 특정 개입이나 치료 장면을 '연기로 표현하는' 역할연기의 사용이 가능할 것이다. 세션의 오디오 또는 비디오 녹음은 예술이 포함된 특정 사례에서 어떻게 실제적으로 사용되었는가를 예제화하도록 도울 수 있다. 마지막으로 특정 사례에 대한 반응으로서 예술이나 음악을 창조하는 것도 예술을 이 과정으로 도입하는 또 하나의 방법이 된다. 우리는 예술의 사용을 통해 언어과정만으로는 충분하지 않은 임상에 대한 소중한 통찰을 얻을 수 있으리라 믿는다. 결과적으로 예술의 도입은 향후 집단 모임에서 지속적으로 탐색되어야 할 영역일 것이다.

음악과 다른 표현예술의 사용이 사례 발표의 중요한 부분은 아니었으나, 모임의 다른 영역에서는 중요한 일부분이었다. 우리는 경험을 통해 예술이 임상 관련 쟁점에 대한 지속적인 탐색을 제공하는 데 있어 지극히 중요할 수 있음을 발견했다. 우리 집단에서 초보 전문가로서의 출발에 대한 쟁점을 모색하기 위해 사용된 음악기반 과정이 그 한 예다. 그 당시 우리 중 대다수가 새로운 직장에서 일하기 시작했으며, 기존 체계에서의 '초보' 전문가로서 가지는 쟁점과 씨름하고 있었다. 음악기반 경험을 통해 우리는 직장의 새 구성원으로의 전환기와 연관된 기존의 무의식적 경향에 대한 새로운 통찰을 얻을 수 있었다.

지름 길이 10~12인치의 북이 북채와 함께 한 명을 제외한 모든 구성원에게 제공되었다. 북이 제공되지 않은 구성원은 직장에서 '외부인' 같이 느끼거나 새로운 직장에 적응해야 하는 초보 치료사였다. 북을 가진 구성원은 적응기간을 지난 '내부인' 이었다. 각 참여자는 외부인과 내부인 역할을 모두 수행하였다. 언어는 사용되지 않았고, 북, 신체 동작, 목소리가 주 표현도구였다.

경우에 따라 내부인의 북이 집단의 물리적 경계를 만들어 내었다. 또 다른 경우에는 악기의 소리 크기가 은유적 경계와 같이 높아지기도 하고 낮아지기도 했다. 몇몇 내부인은 외부인을 향한 도움을 제공하기 위해 악기를 사용하였다. 그 결과로 둘 또는 그 이상의 참여자가 같은 북을 연주하기도 했고, 내부인과 외부인이 북 하나를 서로 주고받으며 연주하기도 했다.

외부인 역할을 수행한 참여자는 각자가 가진 집단과의 접촉방식에 대한 상징으로서 몸짓이나 목소리를 사용하였다. 한 구성원은 의자를 내부인 집단 한가운데로 옮겨 놓았는데, 이는 기존 전문체계로 진입하는 방법 중 하나를 상징하였다. 또 다른 한 외부인은 집단 주변을 천천히 걸어 다니기도 했는데, 이는 미소를 띠고 집단으로 다가가서 악수를 청하기 전 집단을 살피는 것이 분명했다.

이러한 과정을 논의한 후, 집단원 대부분이 새로운 일터에 대한 불안과 용기를 어느 정도 표현할 수 있었다고 느꼈다. 우리 중 몇몇에게 이러한 경험과정은 전환과정을 적용할 수 있는 다른 상황에서 사용 가능한 의식 기술과 능력으로 연결되었다.

임상적 쟁점과 임상가인 우리에게 그것이 미치는 영향에 대한 통찰을 얻기 위해 우리가 예술을 어떻게 사용하였는가를 보여 주는 또 다른 예는 우리가 주요 정신질환을 가진 내담자와 함께 사용한 '희망과 절망'이라는 주제의 예술기반 탐색이다. 이러한 경험은 특히 고민되는 내담자에 대한 사례 발표에서 시작되었다. 우리는 우선 원형의 판지 위에 집단으로 만다라 그림을 그렸다. 이 그림에서 보는 방향에 따라(이 그림에서 보는 방향은 정해져 있지 않았다) 용기에 채워지거나 넘쳐흐르는 물에 대한 심상은 특별히 관심을 집중시켰다. 이 심상은 우리를 매체 간 전환을 거쳐 집단시(group poem) 창작으로 인도했다. 이 시는 우리의 희망과 절망감, 그리고 이러한 감정의 변화와 흐름을 확인해 주었다.

절망의 항아리
텅 비고 광활한 카르마
움직임, 흐름, 소용돌이
그리고 생각한다
희망은 과연 있는가?

자라나기 위한 공간
씻고, 비오고, 씻고
폭풍우에서 나타난 얼굴들을
유심히 쳐다보면서
정화된 느낌을 받는다. – 1999년 1월 10일

우리가 구체적인 임상적 쟁점을 다루기 위해 예술을 사용하는 것이 중요한 만큼, 자기표현을 위해 자유롭게 예술을 사용하는 것 또한 중요하다. 시간이 지남에 따라 발전되는 기술 분야처럼, 창조성을 유지하는 우리의 능력은 창조적 마음을 꾸준히 행하는 것에 달려 있다. 우리 분야와 임상가로서의 영향력이 우리의 창조성에 의존하므로, 우리 안에서 형성된 창조성을 유지하는 것은 우리의 윤리적 책임이다. 창조적 놀이에 참여함으로써 우리는 예술 속에 존재하는 힘에 대한 우리의 신념을 유지할 수 있다. 이러한 점에서 창조적 놀이과정에서의 우리 경험은 치유적이며, 창조성을 유지하는 우리의 능력을 키우도록 돕는다. 이 과정에서 우리는 내담자가 치료적 성장을 이루는 것을 효과적으로 돕기 위해 창조적 예술을 지속적으로 사용하도록 허용하게 된다(Rogers, 1993, p. 13). 여가시간을 이용하여 창조적 예술을 탐색하는 것도 유익하나, 집단 외부에서는 상실되는 특정한 역동적 본질이 존재한다. 집단에서 각 구성원에 의해 제시된 고유한 역동은 전체로서의 창조적 과정을 형성하도록 돕는다. 이러한 역동은 우리에게 창조적 과정에 대한 다양한 관점과 이해를 제공한다. 이러한 신념을 바탕으로, 우리는 모임 안에서 창조적 예술을 자유로이 탐색할 수 있는 최소한의 시간을 우리 자신에게 허용하려 노력한다.

우리 모임의 성공을 보장했던 중요한 실천은 집단의 현재 상태와 기능을 분석하고 논하는 우리의 능력이었다. 집단은 앞으로의 탐색에서 중요하게 작용할 가능성을 가진 구조와 주제를 논의할 시간을 주기적으로 만들었다. 이러한 논의는 종종 집단원이 생각하기에 과도하거나 부족한 관심을 받는 중심 영역을 확인할 수 있는 기회를 제공한다. 이는 집단원에게 향후 세션 시간의 구조화에 대한 새로운 생각을 제시할 기회를 제공할 것이다. 예를 들어, 최근 모임에서 한 집단원은 우리가 지난 몇 번의 모임에서 자유로운 창조적 놀이를 위한 시간을 허용하지 않았다는 사실을 발견하였다. 결과적으로 우리는 우리 모임의 중요한 요소를 향후 세션에서 다시 허용하도록 집단시간을 재구성하는 것에 동의하였다. 집단을 유지하려 노력하고 개인의 욕구에 대해 서로 소통하는 것을 통하여, 우리는 집단원 모두에게 여전히 소중하고 자원적(resourceful)인 작업 공간을 유지할 수 있었다.

우리의 동료 슈퍼비전 모델

들어가는 말에서 언급하였듯이, 우리의 학습 공간은 유희적이고 충분히 안전하였으며 탐색적이고 양육적이면서도 도전적이었다. 이러한 학습 공간은 우리와 우리 내담자의 창조과정을 사용하는 데 있어서 우리에게 지지기반을 제공하였다. 함께하는 예술 활동은 우리 각자에게 전문가로서의 어려움에 대한 개인적 통찰을 제공하였고, 우리는 이러한 탐색을 통한 학습이 지속되기를 바랐다. 우리 동료 집단은 음악치료와 표현예술치료에 대한 공동 참여 안에서 서로를 풍요롭게 할 것이라는 희망을 바탕으로 형성되었다.

학교 현장을 넘어선 우리 집단의 발달과정에서 우리는 세 가지 '공간'을 확인하였다. 이러한 단계는 완전히 연속적이지는 않지만, 음악 또는 표현예술치료 훈련 프로그램에서 정신건강 전문 분야로 입문하는 학생에게 유용한 동료 슈퍼비전 모델에 대한 몇 가지를 표상한다.

학습 공간으로의 귀환

집단은 대학원 과정에서의 경험을 지나 초보 전문 음악치료사와 표현예술치료사로의 발달을 통해 학습 공간의 특성을 통합하였다. 동료 슈퍼비전을 위한 모임에서 우리는 의식적으로 자양적인 예술기반 학습 공간으로 돌아올 수 있음을 발견하였다. 초기에 함께 창조 작업을 했던 공간으로의 회귀를 통해 우리는 지지, 안전, 양육, 그리고 재충전의 감정을 되찾는다. 우리가 함께 예술기반 환경으로 돌아옴으로써 내재화된 학습 공간이 자극되고, 따라서 우리는 종종 '귀가(coming home)'의 감정을 경험한다.

초보 전문가로서 우리는 임상 전환기 동안 동료 집단이 우리의 안정감을 유지하는 역할을 하도록 했다. 동료 집단은 우리가 불안과 성공을 공유할 수 있는, 개인적 작업환경에서 돌아갈 장소다. 몇몇 구성원이 다른 음악 또는 표현예술치료사와 함께 일하는 반면, 그렇지 않은 구성원도 있다. 초보 전문가로서 종종 우리는 특정 환경에서 음악과 예술을 어떻게 사용하는가에 대한 많은 질문을 던지는 우리 자신을 발견한다. 동료 집단에서 우리는 우리 자신의 해답을 찾기 위하여 본래의 호기심과 유희적 학습 공간으로 들어가는 길을 되찾는다.

전환 공간

전환 공간은 대학원 과정을 완수하고 음악치료 또는 표현예술치료 전문가로의 길을 찾아가는 행위로 정의되었다. 이 공간에서 변화에 대한 필수 모형은 스승과 슈퍼바이저에게 의존하는 학생에서 자신의 일에 대한 책임을 가지는 전문치료사로의 전환이었다. 우리는 집단훈련으로부터 초기 학습환경을 넘어 효과적인 작업 동맹을 형성할 수 있는 임상가로 발달하였다. 몇몇 구성원은 자신이 '외지에서' 초보 임상가로서 경험이 많은 다른 전문가와 소통하는 것에 대해 상당히 취약하게 느낀다는 것을 발견하였다. 다양한 경우에서 우리는 모두 "저는 제가 무엇을 하고 있는지 잘 모르겠어요."라고 말하는 자신을 발견하였다.

전환 공간은 동료 집단 외부에서 상대적으로 안전한 집단환경으로 되돌아오는 개인적 활동의 특성에 의해 구분되었다. 이 공간에서 구성원은 직장을 구하고, 다양한 고용 기대를 판단하고, 자신과 맞지 않는 새 직장을 떠나는 일에 있어 정서적 유대를 형성하였다. 우리는 전문 분야에서 자리 잡기 위한 고군분투를 서로 공유함으로써 관계를 형성하였다. 집단으로서 우리는 어려운 전환 공간에서 함께하도록 서로를 허용하였다. 이러한 동료 집단의 태도가 우리의 내재화된 학습 공간으로의 귀환을 조성하였다. 순탄하지 않고 어려운 변화의 시기에 학습 공간으로 돌아오는 능력은 우리가 새로운 역할에 융통성 있게 적응하도록 도왔다. 우리는 임상지에서 우리 자신이 가진 고유한 자원에 의지하는 방법을 배워야만 했다. 그러나 본래의 학습 공간을 재구성하는 집단의 능력은 각 집단원의 초기 경험기반을 강화하였다. 이러한 개인적 기반은 우리가 명료한 임상적 가치, 음악치료와 표현예술치료가 내담자에게 무엇을 제공할 수 있는가에 대한 실제적 기대를 가지고 전문가적 과업에 종사하도록 했다.

틀 형성 공간

우리는 현재 동료 슈퍼비전 집단의 발달과정에서 틀 형성 공간 단계에 있다.

이 공간은 전문가적 정체성과 개인적 정체성의 개별화(individualization)가 혼재된 상태로 정의된다. 우리는 공동의 가치와 권력균등의 학습 공간을 내재화했으므로 서로에게 안전감, 동등함, 균형감, 그리고 우리 각자의 고유한 전문가적 강점에 대한 진실한 존중을 제공할 수 있다. 집단 안에서 발전을 지속하고자 하는 공약(common commitment)이 존재한다. 우리는 경계의 윤곽을 만들고, 집단 목표를 정하고, 집단 욕구에 대한 의식적 지각 위에서 구조를 창조할 수 있다. 학생 시절에 외적 조절이 필요했던 것과는 달리, 우리는 전문가로서 자족적(self-contained)이 되어 갔다. 우리는 서서히 다른 전문가의 인정을 받으며 발달해 가는 전문 분야의 구성원이다. 우리는 일터에서도 유사한 경험을 가지는 사람들과 예술 공동체를 형성한다. 동료 집단은 우리에게 음악 또는 표현예술 치료사에게서 가장 좋은 해답을 얻는 관심사를 제시할 장소를 제공한다. 동료 집단 '내부'에서 우리는 일터를 벗어난 '외부'에서는 인정받지 못하는 표현예술 치료사로서의 정체성에 대한 지지를 얻을 수 있다.

결론

'학습 공간으로의 귀환'은 우리의 인턴십 기간 동안 교수가 이끌었던 슈퍼비전 집단에서의 방법에 기초하였다. 우리는 지속적인 틀을 형성하였다. 우리는 모임 장소와 시간을 찾았고 체크인을 사용하였다. '전환 공간'에서는 동료들과 함께 기지(touch base)로 귀환하면서도 일터에서 끊임없이 증가하는 도전을 다루었고, 이제는 학교에서 제공하는 구조에서 벗어나 전문가로서의 삶으로 이동하기 시작하였다. 우리의 체크인은 이제 향후 논점을 제공한다. 우리는 서로에게 업무 완수과정에서의 어려움에 대한 견고한 지지를 제공한다. 우리는 전문 분야에서 우리가 존재하는 방식을 탐색하기 위해 예술을 사용한다. 우리는 지친 동료에 대한 이야기, 내담자와 함께 겪는 혼란과 기쁨 등과 같은 우리의 업무와 관련된 이야기를 서로에게 들려준다. 마지막으로 현재 우리의 '틀 형성 공간' 과정에서, 우리는 동료 슈퍼비전을 통해 우리의 경력에 대한 보다 깊은 동질감을 가지기 시작했다. 우리는 동료 슈퍼비전의 이로움을 획득한다. 우리는 집단에서 확인을 얻고, 자신감과 자원을 지속적으로 형성하며, 지지와 신뢰할 수 있는 피드백을 받는다. 우리는 바쁜 일상 안에서 예술과의 재결합을 추구하고 표현예술 작업의 깊이를 재확인한다. 우리는 서로의 유머, 공감, 힘을 발견한다. 우리의 이야기와 예술을 떠나, 도전과 성공을 떠나, 우리는 모든 모임에서 더욱 풍성해지고 견고해지는 틀을 형성해 왔다.

이 글에서 논의한 바와 같이 우리는 우리 동료 슈퍼비전 집단의 역사를 돌아보는 것을 기쁘게 생각하며, 그것이 발달 단계에 있는 음악치료사와 표현예술치료사에게 가치 있는 일임을 확신한다. 우리의 탐색은 중요한 의견을 제공하였으며 우리가 서로를 모임에 '출석' 하도록 한 이유를 더욱 분명히 했다. 우리는 음악치료사와 표현예술치료사가 학업과정에서부터 시작되는 동료 슈퍼비전 집단을 형성하도록 강력히 권한다. 이러한 집단은 특히 어려운 전환기 동안 이 분야의 구성원에게 많은 이점을 가져다줄 것이다.

참고문헌

Edwards, D. (1993). Learning about feelings: The role of supervision in art therapy training. *The Arts in Psychotherapy, 20*, 213-222.

Feingold, A. (1994). *Peer Supervision and HIV: One Groups Process.* Washington, DC: APA Press, Inc.

Mish, F. C. (Ed.). (1987). *Webster's Ninth New Collegiate Dictionary.* Springfield, MA: Merriam-Webster Inc.

Rogers, N. (1993). *The Creative Connection.* New York: Behavior Books, Inc.

감사의 글

훌륭한 슈퍼바이저 가운데에서도, 저자들은 Trudy Shulman–Fagen 선생님께 특별한 감사를 전하고자 한다. 그의 집단(Lesley University, Graduate School of Arts and Science)과 품 안에서 우리는 슈퍼비전 동료로서 함께 여정을 시작하였다. 그는 유쾌하고 지적이며 전심을 다해 슈퍼비전 과정에 헌신하였다.

제13장

둘을 위한 여행:

교육 현장의 초보 음악치료사 슈퍼비전

들어가는 말

이스라엘에서는 음악치료사가 가장 많이 고용되는 두 정부 부서가 교육부서와 보건부서다. 내가 슈퍼비전을 했던 대부분의 음악치료사가 학교 내에서 일하는 음악치료사였고(일반학교와 특수학교), 몇몇은 보건부서 시스템 내에서 일하고 있었다(주립, 시립, 혹은 사립 종합병원이나 정신병원, 센터, 기관). 보통 음악치료사는 개인 슈퍼비전을 받고 있으며, 어떤 기관은 슈퍼비전 비용을 부담하거나 기관 내 전문 인력에게서 슈퍼비전을 받을 수 있게 되어 있다.

과거에는 직장을 얻으려면 음악치료사는 보건부서에 등록하여야 했다. 현재(2000년 기준)는 이스라엘 창의 및 표현 치료 협회(Israeli Association of Creative and Expressive Therapies: I.C.E.T.)의 전문가로 분류되어 등록된다. 따라서 이 협회 등록을 위한 필수 요건에 대해 설명하고자 한다. I.C.E.T.는 네 가지 전문 단계의 척도를 가지고 있다. 인턴(전문 음악치료사로서의 첫발을 내딛는 초보 음악치

Dorit Amir, DA, ACMT
Professor, Head of Music Therapy, Bar Ilan University, Israel

료사), 정규 회원, 등록 회원, 등록 슈퍼바이저로 구분된다. 한 단계에서 다음 단계로 가기 위해서는 규정에 따라 정해진 시간의 슈퍼비전을 받아야 한다. 인턴이 정규 회원이 되기 위해서는 2000시간의 근무와 200시간의 슈퍼비전(최소 100시간은 반드시 음악치료사에게서 받아야 함)을 받아야 한다.[1] 정규 회원이 등록 회원이 되기 위해서는 추가로 1000시간의 근무와 100시간의 슈퍼비전(최소 50시간은 음악치료사에게서 받아야 함)을 받아야 한다. 음악치료사를 슈퍼비전 하고 싶은 등록 회원은 2년 동안 등록 슈퍼바이저가 되기 위해 자신의 슈퍼비전에 대한 슈퍼비전을 50시간(최소 25시간은 음악치료사에게서 받아야 함) 받아야 한다. 모든 단계의 슈퍼비전 시간은 공인 슈퍼바이저인 심리학자와 공인 슈퍼바이저인 음악치료사에게서 받은 시간이어야 한다.

내가 시행하고 있는 슈퍼비전은 세 가지 종류의 슈퍼비전으로 구성된다. 개인, 집단 슈퍼비전(학생 대상, 혹은 초보나 경력 있는 음악치료사 대상), 그리고 슈퍼바이저가 되기 위해 슈퍼비전을 받은 경력 있는 음악치료사 대상 슈퍼비전을 포함한다. 이 장에서는 교육 현장에서 일하는 초보 음악치료사를 위한 개인 슈퍼비전을 중점적으로 다루고자 한다. 여기서 말하는 초보 음악치료사는 현장에서 일한 경력이 4년 미만인 경우를 의미한다. 특히 막 학교를 졸업하고 나온 초보 음악치료사에게 초점을 맞추고자 한다.

슈퍼비전 접근방법

Alonso(1985, in Kron, 1994)는 심리치료 슈퍼비전을 세 가지 범주로 분류한다. 인지적-훈시적(cognitive-didactic) 접근, 개인 경험에 바탕을 둔 개인적-감정적(personal-emotional) 성장에 관한 접근, 그리고 감정이입에 바탕을 둔 상호교류(interpersonal process)를 강조한 접근이다. Grinberg(1990)는 수련생(supervisee)

---

1) 저자가 속한 음악치료협회에서는 개인 실습을 금한다.

중심의 접근과 내담자 중심의 접근으로 나누었다. 나는 내 수련생의 요구, 전문적인 발달 단계 및 개인적 성숙에 따라, 그리고 내 내면의 직관과 감정에 따라 나 자신도 함께 변화하는 것을 알 수 있었다. 나는 훈시적인 슈퍼비전을 할 수도 있고 인지적 문제점을 다룰 수도 있다. 또한 초보 음악치료사와 나 자신의 감정, 이미지, 그리고 내담자 주변에서 느껴지는 감각을 공유할 수도 있고, 초보 음악치료사가 쟁점을 다룰 준비가 되었을 때 나와 그 치료사와의 관계 쟁점을 건드릴 수도 있다. 때로는 음악치료사가 되는 것에 대한 나 자신의 개인적 경험을 수련생과 나누기도 하고, 내 개인 사생활에서의 경험을 나누기도 한다. 나는 내 존재 전체를 사용하려고 노력하고 나의 심리학적, 인지적, 감정적, 직관적, 영성적 영역 모두에 집중하고 민감하려고 노력한다.

초보 치료사를 위한 내 슈퍼비전은 다음과 같은 접근을 따른다.

1. 언어적, 음악적 치료 기법과 활동을 이해하고 탐색할 수 있는 기본적, 초보적 방법을 제공하는 것, 내담자의 특정 행동과 음악적 부산물에 대해 해석하기, 내담자를 관찰하는 동안 활용할 수 있는 방법과 절차 알아보기, 내담자의 보호자가 하는 질문이나 그들이 제기하는 문제에 접근하는 법, 음악치료를 받으러 온 유아 내담자를 위한 준비법 등
2. 내담자, 치료과정, 자신의 존재에 관한 수련생의 감정을 다루는 법과 치료 동안 어떻게 중재할 것인가에 관한 사항
3. 슈퍼비전 과정 중에 나타난 수련생 개인 삶에 관련된 감정을 다루는 법[2)]

2) 2번과 3번 사항의 추후 논의를 위해서는 음악적, 언어적 중재에 관한 저자의 논문을 참고하기 바란다 (Amir, 1999).

음악치료사로서 여정의 첫발

일반적으로 슈퍼바이저로서의 내 역할에는 다음의 임무가 포함된다. 지지와 공감을 제공하는 것, 수련생을 심리적으로 진정시키고 안전한 환경을 제공하는 것, 정보를 제공 · 해석 · 제안하고 아이디어를 제안하는 것, 그리고 수련생이 자신만의 이해, 해석, 제안 및 아이디어를 스스로 찾아보도록 격려하고 자신이 보지 못한 부분을 발견하고 자신 안에 존재하는 더 많은 수준과 능력을 깨달을 수 있도록 도와줌으로써 수련생이 자신의 '내면의 안내'를 신뢰하고, 강화하고, 재조정하고, 창조적으로 만들도록 격려하는 것(Casement, 1985)이다.

시작 단계에서는 슈퍼비전 시간이 대부분 기술적, 조직적, 그리고 스태프 간 문제로 낭비되는 경우가 많았다. 나는 치료사에게 많은 지지를 제공하고, 나의 지식과 경험을 나누고자 노력하였다. 이 중요한 단계에서 나의 역할은 여러 가지 기능을 내포한다.

- '응급처치'를 하고 이러한 문제에 어떻게 대처할 것인가에 관해 구체적인 조언을 하는 것(무엇을 할 것인가, 어떻게 시작할 것인가, 무엇을 살 것인가, 어디서 살 것인가, 어떻게 후원을 얻을 것인가 등)
- 언어적인 그리고 음악적인 방법으로 감정의 구속을 풀고 표출하도록 격려하는 것(나는 당신이 어떻게 느끼는지 궁금하다. 당신 자신이 연주할 수 있는가, 자신의 분노와 좌절을 표현할 수 있는 악기는 무엇인가, 그 순간에 할 수 있었던 것과 하지 못했던 것은 무엇인가 등에 대해 궁금해할 것이다.)
- 공감하는 자세로 듣고 이러한 어려움 속에서 치료사를 지지하는 것("그래, 이건 정말 힘든 상황이고 피곤하고, 지치는 건 당연한 거야.")
- 치료사가 상황을 언어적으로, 음악적으로 표현할 수 있도록 격려하는 것
- 치료사가 자신의 좌절, 분노, 후회, 무기력의 감정을 표출할 수 있도록 안전한 환경을 제공하는 것

- 상황에 대처하는 자신만의 방법을 찾을 수 있도록 격려하는 것(예, 모든 원인을 자신에게만 돌리고 매우 긴장하는 것, 인내를 잃고 화를 내며 교장, 교사, 또는 아동에 대해 공격적인 태도를 갖는 것, 어찌할 줄 몰라 상황에 마비되는 것과 같은 상황에 대한 대처법)
- 치료사가 교사(혹은 스태프 중 다른 사람)에게 행동에 대한 다양한 이유를 탐색하도록 격려하는 것과 교사에게서 공감을 얻는 것(그 교사는 질투심을 느끼고 자신의 교실에 대한 통제의 필요 때문에 치료사와 힘겨루기를 하고 있다. 어쨌든 교실은 그 교사의 교실이며, 그것이 중요한 정보를 제공함으로써 '젊은' 치료사를 돕는 교사만의 방법이다.)
- 교사의 협력과 도움을 받기 위해 교사 혹은 보조 교사와 어떻게 이야기할 것인가에 대해 안내하는 것
- 집단 안에서 교사가 해야 할 역할에 대해 분명하게 제시하고 영역의 구분을 확실히 하도록 돕는 것

초반에 발생하는 공통 쟁점

여기서 나는 '치료실 밖'과 '치료실 내' 환경에서의 슈퍼비전에서 발생하는 공통 쟁점에 대해 말하고자 한다. 이러한 쟁점을 설명하기 위해 나는 이 장에서 몇 가지 사례를 요약해서 보여 주고자 한다.

훈련과정을 막 마친 초보 음악치료사는 일반적으로 직장을 찾기 위해 몇 주 혹은 몇 달을 보내게 된다. (물론 운 좋은 몇몇은 자신이 인턴십을 한 장소에 바로 채용되기도 한다.) 보통은 몇 개의 시간제 일을 구해 여러 장소에서 일을 시작하게 된다. 음악치료 훈련과정이라는 따뜻한 우산 아래에서 벗어나 처음 임상 현장에 나가 일하는 것이다. 이때 초보 음악치료사는 두려움, 혼란스러움, 외로움, 고립감, 감정의 유동성, 자신감 부족 등을 느끼는 동시에 전문직의 첫 단계를 시작한다는 흥분과 고조된 동기를 갖게 된다.

그들의 직장에서의 첫 몇 주에 발생하는 쟁점은 주로 '치료실 밖'에서 발생한다. 이러한 쟁점은 일하는 장소를 재정비하거나 다른 스태프와 알게 되는 것, 교육 현장 내 음악치료사로서의 역할을 이해하고 내담자의 의뢰과정이나 선정과정에 익숙해지는 것 등 실제적인 관리 문제와 관련이 있다.

근무환경을 정비하는 실제적 관리

전문인으로서 처음 일을 시작하는 단계에서 음악치료사가 직면하게 되는 상황은 음악치료 임상을 곧바로 시작하기에 부적절하거나 매우 열악한 환경인 경우가 대부분이다. 초보 음악치료사는 치료 공간을 확보하고 정비하기 위해 행정적이고 관리적인 측면에 자신의 시간과 에너지를 많이 쏟게 된다. 때로는 다른 전문가와 공간을 같이 사용하기도 한다. 이는 음악치료실에 음악치료와 상관없는 것이 많이 있을 수 있으므로 그 공간을 재정비하고 내담자를 환영하는 미적인 공간으로 꾸미는 동안 많은 것을 고려해야 한다는 것을 의미한다.

많은 음악치료사는 사용은 가능하나 적절치 않은 공간에서 시작하게 되고, 또 몇몇은 필요에 따라 이 방 저 방으로 옮겨 다녀야 하는 곳에서 일을 시작한다. 그들 중 대부분은 그곳에 악기가 없고 악기를 살 만한 재정적 지원이 없기 때문에 자신의 악기를 가지고 오기도 한다. 음악치료실에 피아노가 있는 경우도 매우 드물다.

직장 내 다른 스태프와 친해지기

보통 같은 직장 내 동료들이 음악치료사에 대해 알게 되고 음악치료사가 전문가로서 팀의 일원임을 이해하고 또 아동과 '단순히 음악하기'를 하는 것이 아니라는 것을 이해하기까지는 시간이 걸린다. 대부분의 교사는 음악치료에 대해 전혀 알지 못하며 하나의 또 다른 수업으로 여긴다. 종종 나는 사전에 양해를 구하거나 문을 두드리지 않고 음악치료실에 들어오는 교사(혹은 교장), 음악치료 세션에 들어와야 하는 시간에 개인교습을 위해 아동을 데리고 가는 교사, 현장학습 때문에 세션에 참석할 수 없다는 사전 통보를 하지 않는 교사에 대한 이야기를 듣는다. 때로는 음악치료사에게 사전에 통보되지 않은 채 교원회의가 열리거나 부모와의 면담이 잡히는 것을 볼 수 있다.

드문 경우이기는 하나, 부모와의 직접적인 면담이 허락되지 않은 채 담임교사나 사회복지사를 통해서만 부모와 연락이 가능한 경우도 있다. 업무의 양이 매우 많은 경우도 있다. 세션 시간은 학교 일정에 따라 조정되어야 하고 종종 융통성 없이 적용된다. 몇몇 학교에서는 개인적인 일을 하지 못하도록 하기도 하고, 20여 명에 가까운 한 반 아동 전체를 집단으로 만들어 세션을 진행해야 하기도 한다.

교육 현장에서 음악치료사로서의 역할 이해하기

학교 현장에서 일하는 음악치료사의 경우 공연이나 쇼를 준비하도록 요청받는 경우가 있다. 또는 음악치료사는 교사와 같은 책임을 가지고 현장학습에 동행하거나, 쉬는 시간에 학생들을 지켜보는 역할을 하게 된다. 따라서 많은 음악치료사가 자신의 역할에 대해 혼란을 느끼게 된다. 쇼나 공연을 준비하는 것이 음악치료사가 할 일인가? 이런 일도 내 책임인가? 음악치료사로서 나 자신도 다른 일반 교사와 마찬가지의 의무를 갖고 있는가? 쉬는 시간에 학생들을 지켜보는 역할이 과연 음악치료사로서의 역할에 맞는 것인가? 이런 일을 하는 것이 심리적으로 매우 친밀감을 형성하게 되는 치료과정을 방해하지는 않는가? 또 다른 쟁점이 교실이나 치료가 이루어질 수 있는 다른 공간에서도 발생하는가? 음악치료가 이루어지는 장소는 치료실 내로만 한정되는가, 혹은 아동이 치료실을 원치 않으면 운동장이나 다른 장소에서 이루어질 수 있는가?

내담자 의뢰와 내담자 선택하기

또 다른 쟁점은 어떤 내담자와 어떻게 일할 것인가를 결정하는 것이다. 어떤 학교에서는 음악치료 의뢰가 학교 심리학자나 학교 상담가에 의해 이루어진다. 여기서 문제는 어떤 아동과 일하는가보다 어떻게 아동과 일하는가다. 세션을 집단으로 할 것인가? 두 명을 짝지어서 할 것인가? 개인으로 할 것인가? 의뢰 없이 음악치료사가 단독으로 결정해야 할 때는 문제가 더욱 복잡해진다. 보통 치료사가 감당할 수 있는 수보다 더 많은 아동이 음악치료를 요구하고, 여기서 바로 선택의 문제가 발생한다.

이와 같은 쟁점에 직면하게 되면, 초보 음악치료사는 지치고 좌절을 경험하게 되며, 철저히 외롭고 고립되었다고 느끼게 된다. 이런 중요한 시점에 슈퍼바이저로서 나의 중대한 임무는 수련생을 잘 다독거리고 슈퍼비전이 안전감을 줄 수 있도록 진행하는 것이다. 나는 수련생의 문제를 하나씩 들어주면서 지지와 공감을 제공한다. 수련생에게 자신이 느끼는 문제가 공통으로 일어나는 문제이고 초보 전문가로서 이런 딜레마에 빠지는 것이 매우 자연스러운 일임을 알 수 있도록 격려한다. 또한 나는 이러한 쟁점과 관련해서 실제적인 제안과 아이디어를 알려 주고, 동시에 특정 상황에 맞는 창조적인 해결책을 스스로 찾고 해결할 수 있도록 격려한다. 예를 들면, 누구와 일할지에 대한 기준을 정할 수 있도록 도와주거나, 이런 결정을 내리게 하는 방법(예, 교실 내 행동을 관찰하고 교사와 대화 나누기 등)에 대해 토론하고, 어떤 방법이 더 편하고 왜 그런지를 탐색하도록 한다.

세션을 할 공간, 악기, 내담자가 다 갖추어지고 나면, 초보 음악치료사는 일을 시작하게 된다. 이때 슈퍼비전에서 다루게 되는 쟁점은 대부분 '치료실 안' 문제다. 다음은 이와 관련된 공통 쟁점 중 몇 가지 예다.

경계 확립하기

많은 수련생이 내담자와의 경계를 설정하는 데 어려움을 겪는다. 수련생은 경계를 긋는 것은 자신이 마치 치료사가 아닌 엄격한 교사나 경찰관 같아 보이도록 만드는 교육적 쟁점이라고 생각한다. 치료사는 아이들에게 "안 돼."라고 말하고 있는 자신을 발견하게 되고 부정적인 분위기를 만들게 된다. 나는 내 수련생에게 경계가 치료에서 차지하는 필요성과 중요성에 대한 나의 신념을 전달하고자 노력한다. 아동과 일하는 음악치료사에게 슈퍼비전을 할 때는 어른과 달리 아이를 위한 치료에는 교육적인 측면, 내담자와 경계를 설정하는 것, 행동적 훈육이 필요한 문제가 포함된다는 점을 다루어야 한다(Bixler, 1949; Reisman, 1980). 이러한 기본적인 것은 치료를 반영하고 해석하는 과정의 일부분이지만, 또한 어떤 틀을 만드는 이런 기본 원리 없이는 어떤 치료도 가능하지 않다는 현실을 이해하는 중요한 부분이기도 하다(Arazi, 1994).

경계에 관한 쟁점은 내담자뿐만 아니라 같은 학교 내 다른 스태프에게도 적용된다. 교육 현장에서 일하는 초보 음악치료사는 스태프(교사나 보조 교사)와의 문제를 어떻게 다룰 것인가 하는 딜레마에 빠지게 되는데, 그들은 세션이 진행되는 동안 머무르고(때로는 그래야만 한다) 세션에 참여하는 학생들의 수행에 대한 의견을 제시할 때 자유롭게 끼어들며 개인적 상황에 대해 이야기하거나 치료사에게 이래라저래라 하고, 특정 학생을 어떻게 다루어야 하는지에 대해 일일이 간섭하기도 한다. 수련생은 집단 세션 동안 종종 교사나 보조 교사의 역할에 대해 혼동을 느끼게 된다. 스태프 교사와의 사이에서 경계선을 확립하는 것은 내담자 아동과 사이를 두는 것보다 더 어렵다. 수련생은 좌절과 무기력을 느끼게 된다.

내가 바라보는 주요 문제는 어떻게 분명한 경계를 유지하는가다. 나는 수련생이 이 문제의 심각성, 외현화 혹은 내현화된 근원을 이해하고 알아차릴 수 있도록 돕고, 이러한 경계에 관련된 문제를 언어적 그리고 음악적 방법으로 바라보도록 돕는다. 이는 내담자와 스태프 모두와의 협력을 매우 유용하고 효율적인 방법으로 다루는 것이다.

지루함

수련생이 지루함과 무력함을 느낀다고 말할 때가 있다. 이는 주로 고정화된 상동 행동(같은 행동을 계속 반복하는 것)을 보이고 변화를 거부하는 자폐아동과 일하는 수련생에게 종종 발생하며, 매우 혼란스럽거나 우울한 청소년과 일하는 경우에도 해당된다(사례 2 참조). 수련생은 나름대로 이에 대해 중재를 하지만 시도했던 일이 잘되지 않으면 무엇을 어떻게 해야 할지 모르게 된다. 이를 주제로 한 즉흥연주가 일어나고 있는 일에 대한 이해를 돕는 것을 발견한다. 이것은 역전이인가? 자기발견의 반영(집단이나 내담자가 진짜로 느끼는 것을 치료사가 느끼는 것)인가? 이는 분노에 대한 은폐인가? 슬픔? 무기력감? 지루함을 느끼는 다른 형태로 치료사는 괜찮다고 느끼지만 내담자 아동이 지루하다고 말하는 경우가 있다(사례 1 참조). 치료사는 이런 경우가 생기면 매우 당황한다. 어떻게 이렇게 되었는지 이해하지 못한다. 어떤 치료사는 내담자에 대해 민감하지 못했다는 것에 대해 분노를 느끼고 자신을 비난하고, 또 어떤 치료사는 내담자에게 분노를 느끼거나 내담자가 치료사의 행동을 조작하려고 하고 치료사와 경쟁하고 있다고 생각한다. 나는 각각의 상황에 대해 여러 각도에서 점검함으로써 이러한 양분된 경우가 존재하는 이유를 이해할 수 있게 된다.

"치료실 안에 음악이 없어요. 이것도 음악치료인가요?"

내가 슈퍼비전에서 여러 번 듣는 질문이다. 내가 이미 말했듯이, 많은 교육 현장에서 작업치료사, 물리치료사, 미술치료사 등과 같이 공간을 공유하기 때문에 음악치료실에는 여러 종류의 물건이 많이 있다. 수련생은 내담자가 치료실에 와서 악기에 관심을 보이지 않고 놀이공, 게임이나 장난감 등 자극적인 다른 물건에 관심을 보인다고 불평을 한다. 슈퍼비전에서 수련생이 물어보는 것은 주로 두 가지로 나뉜다. 어떻게 아동을 음악으로 유도하는가? 만약 아동이 음악연주를 원하지 않으면 나의 역할은 무엇인가?

이는 매우 복잡한 쟁점이다. 수련생, 특히 초보 치료사는 지치고 혼란하고 어딘가 갇혀 버린 듯하고 무력함을 느낀다. 수련생에게는 음악치료 세션에 음악이 없다는 것이 마치 전문인으로서의 정체성이 불분명해진 것, 실패한 세션으로 생각된다. 세션을 유지하기 위해서 방 안에 있는 자극적인 사물과 경쟁하지만 결국 지고 만다. 아동은 음악을 고르지 않고 게임을 원한다. 나는 수련생의 감정에 공감을 느끼고 공감하고 있음을 보여 준다. 그렇다. 이러한 일은 초보 치료사에게 매우 어렵고 지치는 일인 것이다.

이 시점에서 나는 수련생이 치료실 내 물건을 좀 더 적합한 방법으로 재배치할 수 있는지, 즉 게임 관련 물건을 숨기거나 다른 곳에 배치하고, 치료실 공간에 커튼을 설치해서 치료실을 나누거나 구석 공간을 이용할 수 있는지에 대해 점검하도록 권유한다. 나는 때때로 수련생에게 자신이 원하는 공간의 모습을 상상으로 그려 보도록 권유하는데, 그 자체로 인식이나 감정의 변화가 유도되기도 한다. 이는 복잡한 상황을 보다 창의적으로 해결할 수 있는 방안이다. 다른 수준에서 이 문제를 해결하고자 한다면, 내담자 아동에게 좀 더 집중하여 왜 아동이 그런 물건에 관심을 더 갖는지에 대해 이해하려고 노력할 수도 있다. 우리는 또한 수련생에게 집중하기도 한다. 이런 경우에 내가 보고자 하는 것은 두 가지다. 첫 번째는 음악에 대한 미시적인 관점이다. 즉, 음악이 연주되지 않으면 음악이 없다고 보는 것이다. 이런 경우라면 우리는 치료실에서 일어난 여러 가지 일을 음악적으로 해석해 보고(예, 리듬, 다이내믹, 속도 등) 비음악적 활동에서 음악을 찾으려고 노력한다. 두 번째는 미시적 관점으로 음악치료사의 역할과 기능을 해석하는 것이다. 많은 경우에 나의 수련생은 자신이 '지나치게 적극적'이면 안 된다고 생각한다. 즉, 내담자가 연주하지 않으면 자신도 연주하지 않고 '그 아동을 지지해 주면' 된다고 생각한다. 이런 경우라면 나는 수련생이 음악을 만들어 내는 책임이 있고 내담자의 행동을 음악으로 반영함으로써 내담자를 반영할 수 있는 것도 하나의 지지방법이 될 수 있다는 내 생각을 나누어 준다. 우리는 세션 안에 음악이 다시 생기게 하는 방법, 어떤 종류의 음악을 연주하고 어떤 악기를 사용할 것인가 등에 대해 논의한다.

슈퍼비전 세션의 구성

슈퍼비전 공간

나의 슈퍼비전은 수련생과 함께 대화하고 악기를 연주할 수 있도록 나의 집에 있는 음악방에서 이루어진다. 이 방은 매우 작고 아늑하며 많은 악기로 채워져 있다. 두 개의 편안한 의자가 방 한쪽에 있는 탁자를 사이에 두고 서로 마주 보게 놓여 있다. 탁자 위에는 녹음과 듣기 과정을 위한 녹음기가 놓여 있다. 이 공간은 친밀하나 여전히 서로의 거리를 유지하게 한다.

첫 번째 세션

첫 세션은 서로에 대한 첫인상을 주고받는 자리다. 나는 수련생에 대해 알기 위해서 음악치료 관련 이력을 묻는다. 어느 학교를 졸업했나요? 임상 경험은 어디서 했나요? 지금은 어디서 일하고 있나요? 주 악기가 무엇인가요? 슈퍼비전을 받아 본 적이 있나요? 어떤 종류의 슈퍼비전이었나요? 그리고 자신에 대해 이야기해 볼 것을 권한다. 어떤 개인적인 일에 대해 이야기해도 나에게는 상관없다. 때로는 구체적인 질문을 하기도 하지만 무례하지 않도록 내담자와의 경계를 민감하게 유지하려고 노력한다. 나에 대해 물어볼 것도 권한다. 그리고 다음과 같은 내용으로 슈퍼비전 계약을 한다.

- 슈퍼비전 비용, 시간, 세션 횟수에 대한 쟁점. 어떤 치료사는 1주에 1시간 세션을 받기도 하고, 어떤 치료사는 2주에 1시간 세션을 받기도 한다. 혹은 1개월에 2~3시간 세션을 한 번씩 받기도 하고, 어떤 수련생은 슈퍼비전이 필요할 때만 오기도 한다.
- 슈퍼비전 과정에서 중점적으로 다루고자 하는 영역에 대해 확립하기. 어떤

수련생은 전체 슈퍼비전 세션을 하는 동안 한 집단에 대해서만 다루기를 원한다. 이는 매주 특정 집단에 대해 매우 면밀하고 심도 있게 다방면으로 다루는 것을 의미한다. 어떤 수련생은 그 순간의 필요에 따라 매 세션 새로운 것에 대해 다루기를 원한다. 어떤 이는 한 세션의 음악적인 측면만 다루기를 원하고, 어떤 이는 세션 중에 발생하는 역전이 현상에 대해서만 다루기를 원한다.

전형적인 슈퍼비전 세션 구성

세션에 들어가기 전, 나는 감정적으로나 세션 내용에 대해서나 충실히 준비하려고 노력한다. 지난 세션 일지를 읽어 보고 내가 들어가고자 하는 세션의 내담자(수련생)에 대해 준비한다.

전형적인 슈퍼비전 세션은 세 단계로 나뉜다. 1단계에서는 수련생의 말에 귀 기울이며 그가 가져온 쟁점과 일이 뭔지 찾아내려고 노력한다. 다음은 이와 관련된 몇 가지 예다.

- 치료실 내: 내담자의 음악을 이해하기, 치료사의 음악을 이해하기, 내담자와 치료사 사이의 상호 역동과 음악적 관계 이해하기, 치료 내용과 형태, 분명한 것과 은폐된 것, 외현화된 것과 내현화된 것 등에 대해 내담자의 언어를 통해 이해하기, 적절한 타이밍, 중재의 이유, 역전이에 관련된 치료사의 언어 중재 이해하기
- 치료실 밖: 일하는 현장에서의 상호 역동 이해하기와 실제적인 현장 관리기술(Brown, 1997)
- 슈퍼비전실 내: 슈퍼비전실 내 상호 역동 이해하기(Brown, 1997), 슈퍼비전 슈퍼바이저로서의 나 자신과 수련생 사이의 관계 다루기

위에 언급된 공간 중 하나로 규명하고 나면, 2단계에서는 그 공간과 관련해

음악적으로, 언어적으로, 혹은 두 가지 방법 모두로 슈퍼비전을 하게 된다. 나는 세 가지 방법을 주로 이용한다.

- 수련생이 가지고 온 세션 녹음을 들으면서 다음의 요소를 분석한다.
  - 내담자의 악기 선택과 음악 요소의 사용: 내담자의 리듬 패턴, 기본박, 멜로디 라인과 감정, 시간 순서, 하모니 패턴, 다이내믹, 속도, 구조, 반복, 음악의 구성, 페달의 사용, 악기 연주 시 신체의 사용, 제스처, 연주 스타일, 강도
  - 내담자의 상호작용 요소: 조직화된 정도, 에너지 수준, 동기 수준, 활동 수준, 상상력, 창의성, 감정, 느낌, 감각
  - 치료상의 음악적 중재와 반응: 음악 요소와 악기의 사용
  - 치료사의 상호작용 요소: 내담자에 대한 이해–무의식적 반응(역전이, 자신의 쟁점, 투사 정체성), 의식적 반응(음악적 모델링, 지지, 그라운딩, 동기 유발, 자극하기 등의 여러 가지 기법 사용)
- 실제 음악 연주하기. 수련생은 역할 바꾸기를 통해 내담자의 음악을 재조직화하여 연주해 본다(수련생에게 내담자가 되도록 하고, 내담자처럼 말하거나 연주하도록 한다). 수련생에게 내담자와 관련된 느낌을 연주하도록 한다(내담자에 대해 어떻게 느끼십니까? 내담자를 어떻게 음악적으로 묘사하겠습니까?). 수련생에게 내담자의 음악적 반응을 재구성하도록 한다. 다양한 음악적 반응을 연습하도록 하고 같이 연주하고 다양한 음악적 기법과 활동을 경험하도록 제안한다.
- 사례나 상황에 대해 이야기하기. 수련생은 (언어나 음악으로) 상황을 묘사하고, 우리는 그에 대해 이야기하며 함께 해석과 반영을 시도해 본다. 수련생에게 질문을 하고, 나의 내적 감정에 대해 이야기해 본다(수련생이 시도한 묘사가 나에게 어떤 느낌을 주는지). 수련생이 자신이 미처 보지 못했던 사각지대까지 볼 수 있도록 지도하고, 그에 대한 제안과 지원을 아낌없이 제공한다. 수련생은 질문하거나 대답하면서 언어적으로 문제점에 대해 탐색하고

분석하여 통찰력을 얻게 되고, 자신의 상황/사례에 대해 깊이 이해할 수 있다. 가끔은 슈퍼비전 세션에서 다루어지는 특정 쟁점에 대한 적절한 문헌을 보도록 제안하기도 한다.

3단계에서는 그동안 논의되었던 일을 마무리하고 다음 슈퍼비전 내용 주제로 옮겨 간다. 여기서는 논의 주제를 마무리해도 될지에 대해 수련생과 이야기를 나누고 좀 더 다루기를 원하는 부분이 있는지에 대해 확인한다. 때때로 나는 수련생에게 상황을 그대로 두도록 제안하기도 하고, 수련생 자신이 가진 문제점에 대해 새로운 시각을 가질 수 있도록 좀 더 시간을 갖도록 하기도 하며, 다음 슈퍼비전에서 연속적으로 다루도록 제안하기도 한다.

슈퍼비전 세션이 종료되면, 나는 몇 분 동안 가만히 앉아서 나의 반응, 설명, 해석에 대해 다시 한 번 점검한다. 해결되지 못한 문제가 있었는지 찾아보고 내가 심리적으로 거부하거나 막혀 있어서 보지 못했던 것에 초점을 맞추어, 왜 내담자나 수련생에게 그러한 감정을 가지게 되었는지 점검한다(그가 내가 알던 누군가를 떠올리게 했는가?). 그중의 일부를 나는 적어 놓고, 때로는 나의 슈퍼바이저에게 찾아가거나 동료에게 가지고 가서 의견을 나누어 보기도 한다.

사례

사례 1

린다[3]는 4년차 전문 음악치료사로 슈퍼비전에 와서 스티브에 대해 이야기하기 시작했다. 스티브는 6세 소년으로 심각한 적대감과 행동 문제 때문에 학교

3) 이 장의 모든 이름은 슈퍼바이저와 내담자의 사생활 보호를 위해 가명을 사용함.

심리상담가에 의해 음악치료에 의뢰된 내담자다. 그의 가정은 붕괴되었고, 아버지는 거의 대부분 술에 취해 있으며 어머니는 병약하여 어머니로서의 역할을 제대로 수행하지 못하고 있었다. 그에게는 2명의 형과 1명의 여동생이 있었다. 린다는 스티브와 학교 안에서 개별 음악치료를 시행하였다. 세 번째 세션에서 그녀는 뭔가 잘 진행되고 있지 않다는 것을 느꼈다. 스티브는 치료실에 와서 앉고는 계속 지루하다고 말하였고 아무것도 하려고 하지 않았다. 악기 연주나 노래 만들기 등을 시도했지만 계속해서 싫다고만 하고 어떤 것에도 참여하려고 하지 않았다. 시작부터 줄곧 이런 상황이 반복되고 있었다. 그녀는 계속해서 뭔가를 해 보도록 권했고, 그는 계속 거절하였다. 나는 이럴 때 그녀가 어떻게 느끼는지 물어보았고, 그녀는 매우 지쳐 있고 자신이 부족하다고 느끼고 있다고 말했다. 그녀는 그 아이에게 어떻게 다가가야 할지를 모르고 있었다. 나는 그 소년에 대해 묘사해 보라고 부탁하였고, 그녀는 그 소년을 꼭 함께 일해 보고 싶은 매우 귀여운 소년이라고 말했다. 그녀는 자신이 장벽을 넘기만 하면 음악치료 세션이 잘 진행될 것이고 그를 정말 도와줄 수 있을 것이라고 생각했다.

그녀가 내담자 소년에 대해 묘사하는 방법이 뭔가 나를 불편하게 했고, 나는 그녀가 진짜 그에 대해 어떻게 느끼는지 궁금하였다. 나는 그녀에게 자신의 감정을 음악적으로 탐색해 보도록 제안하였고, 그녀는 이에 동의하였다. 그녀는 피아노로 다가가서 연주하기 시작하였다. 처음에 그녀의 연주는 매우 점잖았고 두 손을 함께 사용하여 건반의 음역 중간 부분만을 사용하였다. 오른손은 멜로디를, 왼손은 하모니를 E단조로, 중간 크기의 소리를 사용해 연주하였다.

그러고 나서 그녀는 양손을 건반 위아래로 움직이면서 좀 더 큰 음량의 아르페지오로 연주하기 시작했고, 이는 점점 폭풍 같은 연주가 되기 시작했다. 폭풍이 잠잠해지고 즉흥연주는 종료되었다. 그녀는 즉시 이렇게 말했다. "내 생각에 나는 그에게 화가 난 것 같아요. 그는 나를 일할 수 있게 만들지를 않아요! 내가 다가갈 수 없도록 해요! 치료실에 와서 아무것도 하지 않으려고 하고 모든 것을 다 거부하면 내가 어떤 것을 할 수 있겠어요? 나는 그를 도와주려고 부단히도 애를 쓰고 있는데 말이죠." 여기서 린다는 조용해졌다. 그녀는 갑자기 자신이 그의 참여를 유발하기 위해 지나치게 애쓰고 있다는 것을 깨달았다. 그녀가 말한 마지막 문장은 이 모든 것의 열쇠였다. 그녀는 너무나 분명하게도 자신의 아이디어로 내담자 목을 조르고 있다는 것을 알 수 있었다.

나는 그녀에게 내가 보기에 내담자에게 뭔가를 '해야 한다'는 관념—그래서 끊임없이 뭔가 활동을 하도록 내담자에게 요구하고 제안하는 것—에서 나오는 그녀의 부단한 노력 때문에 내담자의 존재 자체에 귀 기울이거나 내담자에게 자신을 맞추지 못하고 있는 것 같다고 말했다. 피아노 즉흥연주는 스티브를 향한 그녀의 분노를 표면으로 끌어올렸고, 좀 더 열린 마음으로 직접적인 대화를 나눌 수 있게 해 주었을 뿐 아니라, 그녀 자신도 자신이 하고 있었던 시도가 왜 적절하게 되지 않았는지에 대한 통찰을 갖게 되었다.

그러고 나서 우리는 내담자의 존재에 대해 이해하려고 노력하였다. 왜 그는 그녀에게 그렇게 거부적인가? 아마도 그는 치료사를 자신의 방법으로 시험하고 있었던 것 같다. 아마 그는 자신이 그런 식으로 행동하고 그녀를 화나고 지치고 상처 입게 만들어도 그녀가 자신을 받아들일 수 있는지에 대해 알고 싶었을 것이다. 아마 내담자가 어른을 신뢰하는 방법으로 습득한 것이 얼마나 잘 버티는지를 시험해 보는 것이었을 것이다. 그에게 다른 사람과 접촉하고 주의를 끄는 유일한 방법은 뭔가를 거부하고 어른이 원하는 것을 반대로 하는 것뿐이었을 것이다.

우리는 그에게 다가가기 위해 그와 공감할 수 있는 방법에 대해 이야기하였다. 린다는 내담자가 하는 대로 내버려 두고 그의 존재를 작은 악기로 반영하는 것을 제안했다. 이는 그에게는 다른 사람을 신뢰하는 것이 너무나 힘들다는 것을 있는 그대로 수용하고 치료사는 그가 준비될 때가지 기다려 줄 수 있다는 것을 보여 주는 것이며, 악기 연주나 기타 치료사의 요구사항을 더 이상 제시하지 않고 그를 위해 연주하는 것을 의미한다.

린다는 왜 자신이 그처럼 세션을 진행했는지에 대해 탐색하기를 원했다. 나는 음악을 통해 탐색해 볼 것을 제안했고, '너무 열심히 하는 것'에 대해 연주해 보도록 했다. 그녀는 봉고 몇 개와 심벌즈를 선택하고는 매우 구조적인 8분 음표 리듬 패턴을 쉬지 않고 연주하였다. 나는 극심한 긴장을 느꼈고 호흡조차 이루어지지 않고 있음을 알아차렸다. 나는 마치 공기가 없는 것처럼 느껴졌고 숨을 쉬기 위해 방 밖으로 나가야 할 것처럼 느껴졌다.

그녀가 연주를 멈추었을 때 얼마간의 침묵이 흘렀다. 나는 그녀에게 이런 경험이 그녀의 삶과 관련이 있는지 물어보았다. 우리는 왜 그녀가 자신의 감정을 느낄 겨를도 없이 스스로를 바쁘게 만들었는지에 대해 이야기하였다. 나는 그녀 자신을 위한 치료를 좀 더 해 볼 것을 제안하였다. 이러한 경험은 린다에게 자신이 갖고 있는 치료 중재에 대한 중압감을 느끼게 했다. 또한 이러한 역전이적 치료 개입이 깊이 있게 탐색될 필요가 있었음을 깨닫게 했다. 그것을 의식함으로써 그녀는 스티브의 존재에 대해 좀 더 열린 자세로 대하고 좀 더 부드러운 접촉방법을 시도할 수 있을 것이다.

이 세션에서 음악은 두 번 사용되었다. 처음에 사용된 음악은 감춰진 감정을 끄집어내는 데 사용되었다. 음악을 통해 경험함으로써 린다는 자신의 문제를 언어적으로 인지하게 되었고, 결국에는 현실화하게 되었다. 두 번째 사용된 음악은 소리의 증폭 기능을 하였다. 음악은 만들어진 소리에 주제를 제공하고 경험을 심화하고 과장하는 역할을 하였다. 음악을 통해 감정을 경험하고 난 뒤에야 그 감정을 가진 수련생 삶과의 어떤 연관성을 알 수 있었다.

사례 2

도나는 음악치료 공부를 막 마친 음악치료사로서 학교 내 문제 청소년 집단과 일하게 되었다. 학교에서 일하는 임상심리사에게서 심리학적 슈퍼비전을 받았고, 임상심리사는 그녀의 음악치료 세션에 대해 2주에 한 번씩 슈퍼비전을 해주고 있었다. 나에게 자신에 대해 조금 말하고 나서 그녀는 자신의 치료 세션 안에서의 음악에 대해 말하기를 원했다.

그녀는 에덴이라는 매우 우울해하는 15세 남자 청소년과의 첫 번째 세션 녹음테이프를 가지고 왔다. 그녀에 따르면, 그는 거의 말이 없고 무감각하고 세상과의 접촉이 거의 전무한 채 자신의 세계에 갇혀 있는 것처럼 보였다. 도나가 치료실 안에 있는 악기를 연주해 보도록 권했을 때, 그는 시도해 보겠다고 동의하였다. 그는 여러 악기를 선택했는데, 그것은 핸드 심벌즈, 여러 개의 핸드벨, 캐스터네츠, 티벳 벨, 작은 드럼, 스탠드에 장착된 큰 심벌즈 등이었다. 테이프에서 그가 만든 음악이 흘러나왔다.

첫 번째로 나는 도나에게 음악적 구조와 요소에 대해 묘사해 볼 것을 제안했다. 그녀는 음악이 매우 느리고 구조가 매우 제한되어 있으며 다이내믹이 적다고 말하였다. 각 악기를 연주하는 형태가 같았으며 큰 심벌즈의 경우를 포함해서 모두 한 번씩의 작은 소리만 있었다. 그러고 나서 나는 도나에게 그 음악에 대한 그녀의 인상을 말하도록 하였다. 그녀는 중압감, 무감각, 삶의 부재 등을 느꼈다고 말하였다. 또한 어떤 반짝이는 창의성이나 즐거움이 전혀 없이 음악이 만들어지고 있다고 말하였다.

또한 나는 그녀에게 음악을 들었을 때 어떤 감정을 느꼈는지 물어보았는데, 그녀는 무기력함과 지루함을 느꼈다고 말하였다. 에덴은 분명히 매우 우울하였고 음악에 동화되지 않고 있었다. 그녀는 앞으로 자신이 시간 낭비를 하게 될 것 같다고 하면서 그가 매 세션에 이런 식으로 연주해 왔다고 말하였다. 나는 그녀에게 내담자가 지루해 보이지는 않았는지 물었고, 그녀는 확실히 모르지만 만약 그랬다면 그가 그녀의 세션에 계속 오지 않았을 것이라고 답했다. (치료는 의무사항이 아니며 이 내담자는 임상심리사에게 본인이 치료를 받겠다고 말했다.)

내담자가 연주할 때 어떻게 반응했는지 묻는 질문에 그녀는 가만히 앉아서 듣고 있었다고 했다. 연주를 함께 해 본 적이 있냐는 질문에는 없다고 하였다. 그녀는 내담자의 공간을 존중해야 한다고 느꼈고 그만의 방법을 수용해야 한다고 믿었다. 나는 그녀와 역할을 바꾸어서 그녀에게 에덴처럼 악기를 연주해 보도록 하고 그때의 상황을 같은 방식으로 재현했다. 이때 그녀가 어떤 느낌을 가졌는지 물어보자, 그녀는 매우 우울하고 공허했다고 하였다.

내담자가 되어 보고 내담자의 연주를 모방해 봄으로써 그녀는 좀 더 강도 높게 여러 감정을 경험할 수 있었고, 그녀 자신에서 에덴의 존재로 주의를 돌릴 수 있었다. 그러고 나서 나는 이것을 다시 반복해 보도록 했고, 이번에는 같거나 혹은 유사한 악기를 집어 들고는 그녀가 만드는 모든 소리를 반영하여 연주하였다. 그것은 그다지 공허하지 않았다. 그것은 좀 더 생동감 있게 들렸다. 도나는 내가 이렇게 하는 동안 둘 사이의 어떤 연계성이 형성되는 것을 느끼게 되었다. 도나는 자신이 연주한 음악이 전혀 바뀌지 않고 그대로 나를 통해 재현되는 동안 내가 함께 있고 지지해 주는 느낌을 받았다고 보고하였다.

여기서 나는 모델링 기법을 사용하였고(내가 치료사를 하고 도나가 내담자를 하는 것) 그녀가 에덴과 함께 할 수 있는 음악 활동을 보여 주었다. 그런 다음 우리는 역할을 바꾸어서 내가 내담자를 하였다. 같은 방법으로 연주하였고, 도나는 다른 방법으로 소리에 반응하고 내담자와 함께 음악을 만들었다. 우리는 내담자가 정기적으로 음악치료에 온다는 사실과 그녀가 연주하도록 했을 때 순응하여 연주한 점, 원하는 악기를 선택한 점, 선택한 모든 악기를 어떤 방식으로든지 연주한 점은 그의 내면의 건강한 부분이 밖으로 드러난 것이라는 데 동의하였다. 우리는 그가 만든 선택의 의미를 이해하려고 노력하였고, 그가 작은 사이즈의 악기(큰 심벌즈 제외)와 주로 금속악기(캐스터네츠와 드럼 제외)를 선택한 데 주목하였다.

나는 그가 선택한 악기에 하나의 큰 악기와 두 개의 나무악기가 있었던 것은 매우 좋은 예후라고 생각하였다. 지금은 주로 작은 악기만 선택하지만 큰 악기를 선택할 수 있는 여지가 열려 있는 것이다.

나는 역할 바꾸기와 모델링이 슈퍼비전에서 매우 유용한 도구라고 믿는다. 내담자가 되어 보고 내담자처럼 행동하면서, 도나는 자신보다는 내담자 중심으로 생각을 전환할 수 있었다. 이러한 경험은 내담자를 좀 더 공감하게 만들어 주었으며 그녀가 인지하는 내담자뿐 아니라 내담자와 음악적으로 함께 하기 위해 무엇을 할 수 있는가를 좀 더 분명히 알게 해 주었다.

사례 3

데이비드는 24세의 젊은 치료사로 자폐아동을 위한 특수학교에서 2년 가까이 일하고 있다. 학교의 철학은 행동수정의 원리에 기초하고 있고, 모든 아동은 주마다 일정 점수를 받는 차트를 가지고 있어 '바람직한 행동'에 대해서는 점수를 얻고 '바람직하지 않은 행동'에 대해서는 감점되는 시스템을 따르고 있었다. 데이비드는 이 접근법에 동의할 수 없었고 어떻게 해야 할지 알 수 없었다. 그는 일을 시작한 이래 이 문제로 씨름을 하고 있었다. 교장은 그가 매해 마지막에 공연을 준비해서 지휘해 주기를 원했고 특정 휴일이나 기념일에 음악 파트를 맡아 주기를 바랐다. 데이비드는 추가적인 책임에 대한 여분의 시간을 얻지 못했고 치료시간에 시연을 해야만 했다. 또한 교장은 데이비드에게 합창단과 오케스트라를 만들도록 했고 일주일에 2시간을 시연에 전념하기를 원했다.

데이비드는 자신이 이 학교에서 일하기 시작한 이래로 내 슈퍼비전에 격주로 왔으며, 이러한 문제를 슈퍼비전에서 다루기 원했다. 데이비드는 지치고 화가 나 있었다. 그는 교장이 매우 지시적이고 남을 조정하려고 하며 그의 일 자체를 잘 이해하지 못한다고 느끼고 있었다. 데이비드는 그가 믿는 대로 행동하지 못하고 있었다. 반면에 아이와 일하는 것을 매우 즐거워했고 그의 일이 매우 생산적이라고 믿었다. 전반적으로 그는 뭔가에 잡혀 있는 느낌을 받고 있었고, 일을 적절하게 하는 데 어려움을 겪었으며, 일을 그만두는 것도 생각하고 있었다.

슈퍼비전의 처음 6개월 동안은 데이비드의 말에 귀 기울였고 그의 어려움에 많은 공감을 했다. 치료사와 다른 철학을 따르도록 강요하는 그런 곳에서 일하는 것이 얼마나 힘든지 공감했다. 이 초반 단계에서 나는 데이비드가 자신의 느낌을 계속 드러내도록 했고 언어적으로 그의 지치고 화난 감정을 풀어 내도록 하였다. 한번은 음악적으로 분노의 감정을 나타내도록 했을 때 그가 거부했으며 그 소리가 너무 크고 위협적일까 봐 두렵고 자신이 참아낼 수 없을 것 같다고 하였다. 우리는 함께 상황을 해결해 나갔고, 그 학교 시스템에서 데이비드가 어떻게 그 일원이 될 수 있을지와 학교 철학에 따르면서 여전히 그의 치료는 그의 철학대로 이끌어 가는 방법에 대해 얘기를 나누었다.

우리는 이 모든 해결책이 그에게서 나온다는 데 동의했으며, 그는 자신이 좀 더 융통성 있고 흑백이 아닌 여러 가지 색으로 상황을 바라보도록 노력해야 한다고 느꼈다. 내가 그에게 융통성을 얻기 위해 치러야 할 대가가 무엇인지 묻자, 그는 모든 것을 제어하는 것을 포기해야 한다고 말했는데 그것을 매우 힘든 일로 여기고 있었다. 또한 그는 '모든 것에서 옳은 사람이 되는 것'과 어떤 것이 좋은가에 대해 혼자 알고 있는 것처럼 행동하는 것을 포기해야 했다.

나는 데이비드가 여러 가지 쟁점을 분리하도록 도왔다. 우리는 공연, 축하 행사, 합창단, 오케스트라 등에 대해 의논하였다. 우리는 무엇이 옳고 그른가, 어떻게 자신의 직무 내용을 보는가, 그리고 무엇이 그의 일이 아닌가에 있어 데이비드가 가지고 있는 경직성에 대해 다시 한 번 발견하게 되었다. 우리는 공연하는 것의 치료적인 측면에 대해 의견을 나누었고 남 앞에 섰을 때의 장점과 단점을 이야기했다. 우리는 서서히 몇 가지 일은 매우 좋은 측면을 가지고 있음을 같이 발견하게 되었고 남과 있는 것이 역효과를 낼 수 있음을 알게 되었다. 서서히 데이비드는 일어난 일에 접근하는 방법에서 변화를 보이기 시작했다. 그는 전체적인 것보다는 좀 더 개별적인 것을 파악하기 시작했고, 그의 원칙만을 고집하기보다는 각 상황에서의 독특함을 찾아내기 시작했다.

이러한 변화가 보이자마자, 우리는 좀 더 개인적인 영역으로 슈퍼비전 내용을 옮길 수 있었다. 슈퍼비전 과정 동안 나는 교장의 모습이 데이비드에게 엄격한 아버지상을 대변한 것이 아닐까, 그가 보인 교장에 대한 반응이 투사적인 것이 아닐까 의심해 왔다. 나는 음악적 역할 수행하기를 제안했으나 데이비드는 여전히 두려워했고, 그래서 우리는 언어적인 역할 바꾸기를 시도하였다. 내가 데이비드에게 눈을 감고는 교장을 보고 이야기해 보라고 했다. 그가 이것을 시도했을 때, 그가 말하는 것이 그의 인생에서 매우 지배적이고 엄격한 상으로 남아 있는 아버지에게 이야기하는 것과 동일하다는 것이 분명해졌다. 이 역할 바꾸기에서 데이비드는 교장이 자신에게 말할 때마다 자신을 어린애(작고 힘없고 상처받기 쉬운) 취급한다고 느꼈고 그가 그 자신일 수 없었다고 말했다. 이것을 전이의 측면으로 바라보는 것은 데이비드가 두 사람을 분리할 수 있는 방법의 가능성을 열어 주었다. 데이비드가 슈퍼비전 세션으로 이 쟁점을 가지고 옴으로써 모든 것이 좀 더 분명해졌다.

시간이 흐른 뒤 우리의 세션에 음악이 더해졌다. 데이비드는 음악 만들기를 통해 그의 분노를 표출하기를 원했다. 그의 피아노 즉흥연주는 분노로 시작되었고 점차 무겁고 감정적으로 변하였다. 우리는 분노 뒤의 슬픔을 느낄 수가 있었다. 데이비드에게는 삶 속에서 슬픔보다 분노를 느끼는 것이 더 쉬워 보였다. 음악을 통해 슬픔에 노출됨으로써 그는 이 모든 것에 대해 인지하게 되었고, 자신의 치료실로 그것을 가지고 가서 진전시킬 수 있었다.

데이비드는 계속해서 이 학교에서 일하고 있다. 그는 더 이상 일을 그만두려고 하지 않는다. 슈퍼비전에는 자신의 치료실에서 일어난 다른 쟁점을 가지고 온다. 우리는 개인적인 일, 전문적인 일 모두를 포함해서 여러 수준으로 슈퍼비전을 진행하고 있다. 아동의 음악, 행동 및 반응 이해하기, 데이비드의 반응 이해하기, 치료실 내 내담자와 데이비드의 역동 분석하기와 그것을 슈퍼비전에서 이루어지는 나와 데이비드의 역할 바꾸기에서 나타나는 역동과 비교하기, 혹은 그의 삶 속에 중요한 사람과의 관계 이해하기. 우리는 이 모든 것을 언어와 음악을 통해 진행하였다.

슈퍼비전에서의 음악 사용

나는 나의 슈퍼비전에서 언제나 음악을 사용한다. 이는 음악치료 슈퍼비전에서 매우 중요한 부분이라고 믿는다. 음악은 여러 가지 기능을 한다. 요약해 보면, 악기의 사용은 수련생에게 새로운 아이디어를 찾도록 기회를 주고 음악적 가능성을 풍부하게 해 준다(Stephens, 1984). 그리고 음악의 힘을 경험함으로써 통찰력을 유도해 내고 해결책을 찾을 수 있으며 치료과정에서 음악이 가지는 독특한 영향을 이해하게 된다(Stephens, 1984). 이는 수련생이 음악적 직관을 고양하고 그와 함께 일하는 아동—열정적인 아동, 기꺼이 하기를 원하는 아동—과 같이 해 보도록 격려할 뿐 아니라 자유롭고 개방적으로 자신을 성장하도록 할 수 있다. 이는 또한 실험적인 학습을 격려하고 음악치료사로서의 전문성을 강화하고 재구성하는 데 도움을 주고, 그의 음악적 · 전문적 기술을 높이도록 자극한다 (Frohne-Hagemann, 1998). 치료과정에서 수련생이 느끼는 장애물을 무너뜨리는 방법을 만들어 주고 다른 해결책, 다른 방법을 찾게 한다. 또 수련생 자신의 사각지대를 발견하는 데 도움을 주고, 내가 내담자를 어떻게 인지하는가, 내가 어떻게 내담자를 느끼는가에 대한 대답을 하게 해 준다. 아울러 역전이 쟁점과 내담자에게 수련생이 하고 있는 투사 문제를 해결해 준다(Frohne-Hagemann, 1998).

세션 녹음자료를 쓰는 것은 세션을 다시 들어 보면서 특정한 일을 점검해 볼 수 있고, 치료사와 내담자가 만든 음악을 매우 심도 있게 분석할 수 있으며, 수련생이 잊고 있던 특정 일을 반영하거나 초점을 맞출 수 있게 도와준다.

나는 매 슈퍼비전 세션에서 음악을 쓰려고 노력하지만, 언제나 가능한 것은 아니다. 데이비드의 사례에서 볼 수 있듯이, 슈퍼비전에서 음악을 사용하기까지는 꽤 오랜 시간이 걸렸다. 나는 그에게 강요하지 않았고 그의 결정을 존중했다. 이것은 매우 중요한 쟁점의 해결책이 되었다. 만약 당신이 음악에 두려움을 갖고 있다면 내담자에게 어떻게 음악을 제안하겠는가? 나는 또한 데이비드의 음악 사용 거부에 대한 나의 반응에 대해 다루어야 했고, 잠재적 쟁점을 보면서도 음악을 쓰지 않고 진행하는 것이 나에게는 매우 힘든 일이었다.

요약

내가 사랑하고 좋아하는 수련생이 있다. 나는 그들의 지성과 성실한 태도, 진지함, 내담자에 대한 헌신에 감사하기도 한다. 어떤 수련생은 나에게 깊은 감동을 주기도 하고, 어떤 수련생은 복잡하고 어려운 문제를 해결해 나가고 이해의 성장을 보이면서 큰 인상을 주기도 한다. 또 어떤 수련생은 나로 하여금 좀 더 쉽게 내 개인적인 일이나 친밀한 내 모습을 보이게 하고, 어떤 수련생은 공식적이고 설명적인 태도를 갖게 하기도 한다. 어떤 수련생은 나를 화나고 긴장하고 지치고 무기력하게 만드는 데 성공하기도 하고, 다른 수련생은 나를 집에 있는 것처럼 편안하게 만들기도 한다. 나를 존경하고 이상적으로 생각하는 수련생도 있는 반면, 자신과 동일하고 사사건건 따지면서 동의하지 않는 수련생도 있다. 그리고 좀 더 도전을 느끼게 하는 수련생도 있고 지겨움을 느끼게 하는 수련생도 있다.

슈퍼비전을 하면서 나는 대단한 집중력을 유지하고 현실에 충실하며 나 자신을 밀어내 버리기도 한다. 어떤 때는 시계를 보면서 슈퍼비전이 빨리 끝났으면 할 때도 있고, 어떤 때는 시간이 너무 빨리 가서 믿을 수 없을 때도 있다. 때때로 나는 이 쟁점을 어떻게, 어디로 끌고 가야 할지 정확히 알고 있는 경우도 있지만, 때로는 막혀서 어떻게 접근해야 할지 모를 때도 있다. 어떤 때는 매우 열심히 몰입하여 일하기도 하고, 어떤 때는 일하고 있는 느낌이 들지 않을 때도 있다.

치료에서처럼, 나는 세션 전에 나 자신을 추슬러야 한다. 각각의 수련생이 모두 다르다는 것을 인정하고 내가 좋아하는 점과 감사하는 점을 찾으며, 모두에게 긍정적이고 환영하는 분위기를 만들려고 한다. 또한 세션 동안 나 자신을 잘 유지하면서 귀 기울여 듣고 세션에서 일어난 일을 이해하려고 노력하고, 세션이 끝난 뒤에는 나 자신의 소리를 듣고 내 생각, 감정, 반응을 반영하고 정리하면서 좀 더 시간을 갖는다. 슈퍼비전은 둘을 위한 여행이다. 이는 즉흥적으로 만드는 노래와 같다. 그 자체가 과거를 통해 현실을 만들어 내는 것이다. 슈퍼비전은 특정한 제목, 가사, 문장에서 출발해 알고 있는 것을 바탕으로 모르는 것을 향해 가는 여행과 같다.

참고문헌

Alonso, A. (1985). *The Quiet Profession: Supervision of Psychotherapy.* New York: MacMillian.

Amir, D. (1999). Musical and verbal interventions in music therapy: A qualitative study. *Journal of Music Therapy, 36*(2), 144-175.

Arazi, S. (1994). Supervision of psychotherapy of the child and his parents. In T. Kron and H. Yerushalmi (Eds.), *Supervision of Psychotherapy.* Jerusalem: The Hebrew University, The Magnes Press.

Bixler, R. H. (1949). Limits are therapy. *Journal of Consulting Psychology, 13*, 1-13.

Brown, S. (1997). Supervision in context: A balancing act. *British Journal of Music Therapy, 11*(1), 4-12.

Casement, P. (1985). *On Learning from the Patient.* London and New York: Tavistock Publications.

Frohne-Hagemann, I. (1998). *Integrative approaches to supervision for music therapists.* A paper presented at the 4th European congress for music therapy, Leuven, Belgium.

Grinberg, L. (1990). *The Golds of Psychoanalysis: Identification, Identity and Supervision.* London: Karnac Books.

Stephens, G. (1984). Group supervision in music therapy. *Music Therapy, 4*(1), 29-38.

Reisman, J. M. (1980). Child psychotherapy. In A. K. Hess (Ed.), *Psychotherapy Supervision.* New York: John Wiley & Sons.

감사의 글

지난 몇 년간 나와 참신한 생각과 다양한 아이디어를 나누어 준 Barbara Hesser 교수에게 감사한다. 또한 슈퍼비전에서 더 많은 것을 배우게 해 준 나의 모든 수련생에게 감사한다.

제14장

전문가 슈퍼비전을 위한 경험적 집단 음악치료 방법

들어가는 말

1980대 후반에 처음 음악치료 집단 슈퍼비전을 시작했을 때 나는 너무나 절박하였다. 음악치료사로서 나는 음악치료 분야 이외의 음악치료와 많은 연관성을 갖는 영역, 즉 사회복지사, 심리학자, 그리고 다른 전문가의 도움을 바라고 있었다. 음악치료가 우리의 독특한 이해의 측면을 활용하는 특별한 매체라면, 왜 우리는 우리 자신의 슈퍼비전이라는 퍼즐을 해결하지 못하는 것일까?

더 이상 새로운 개념은 아니지만, 오늘날 우리에게 주어진 임무라는 생각으로 이 주제를 정하게 되었다. 현재 음악치료사 분야는 날마다 음악과 뇌에 대한 새로운 지식이 밝혀지면서 매우 풍부해지고 있다. 음악치료사는 새로운 프로그램을 개발하고, 변화하고 있는 기관 시스템에 잘 적응할 수 있도록 돕는 지원이 필요하다. 이 중 가장 중요한 지원은 단어와 음악 사이를 자유롭게 오갈 수 있는 사고방식과 특히 '음악적 사고(musical mind)'라고 부르는 것을 키우는 것이다.

Gillian Stephens Langdon, MA
Director of Creative Arts Therapies, Bronx Psychiatric Center, Bronx, NY

이 장에서는 어떻게 음악치료 집단 슈퍼비전이 이러한 음악적 사고를 계발하는지, 또한 전문 치료사로서의 첫 단계(인턴십 후 과정)에서와 이후 성숙한 전문가 수준에 이르렀을 때 드러나는 쟁점과 요구를 집단 안에서 해결할 수 있는지를 살펴보고자 한다.

음악

우리는 생각과 언어에 둘러싸여 있다. 임상가로서 우리는 음악적 상황을 언어적으로 묘사하도록 끊임없는 요구를 받으며 우리의 일에 대한 문서 작업을 정기적으로 해야 한다. 음악치료사는 세션 안에서 발생한 어떤 중요한 순간을 어떻게 설명해야 할지 몰라 난처해하는 자신을 발견하게 된다.

오랫동안 나는 함께 일하는 심리학자, 정신과 의사, 그리고 사회복지사가 정교한 언어로 진술하는 집단역동을 듣는 것을 불편해했던 것(사실은 그렇게 중요한 상황이 아니었는데도)이 일어난 일을 정확하게 전달하지 못하는 능력 탓이라고 생각하였다. 하지만 그중 한 명인 명료하고 조리 있는 심리학자와 같이 집단을 진행했을 때 매우 흥미로운 과정을 볼 수 있었다. 그녀는 집단 안에서 음악을 연주하고 있었고, 연주하면서 집단 발달과정을 인지하였다. 자신이 한 세션에 대해 슈퍼비전 집단 안에서 발표해야 할 때가 왔을 때 그녀는 제대로 표현하지 못했다. 말하다 중간에 멈추고는 이렇게 말했다. “내가 한 것을 말로 바꾸는 게 정말 힘드네요!” 그녀는 광범위한 임상 지식을 가지고 있었지만 음악치료 세션을 회상할 때에는 그녀의 음악적 사고가 작동하였다. 그녀는 자신의 그 다채로운 언어의 영역으로 넘어가야 했던 것이다.

우리 대부분은 집단 안에서 음악에 몰입하는 것과 언어적이고 분석적인 모드로 전환하는 것의 사이를 빠르게 오갈 수 있도록 훈련할 필요가 있다. 우리는 이것을 연습하고 두 가지 방법을 공평하고 균형 있게 배우기 위한 토론회가 필요하다. 흥미로운 점은 음악치료 슈퍼비전 집단인데도 의식적인 노력 없이도 언어적 방법에 갇혀 있게 되는 것을 발견한다는 것이다. 집단 구성원은 자신의 집단을 보고하고, 자신을 분석하고, 언어적으로 해결책을 찾기 시작하였다. 우리가 언어를 피하면 구체적이고 분석적이고 교훈적인 것을 놓치는 것처럼, 슈퍼비전에서 음악을 피하면 우리는 역동, 직관, 음악의 통합적 치유를 놓칠 수 있다. 우리가 찾는 것은 두 가지 방법의 통합이다.

경험적 음악치료 집단

음악치료 슈퍼비전 집단을 시작할 때 음악적 즉흥연주를 사용하는 것은 매우 유용하다. 이는 여러 가지 목적을 이루게 해 준다. 첫째는 음악적 사고를 열어주고 집단을 향해 마음을 열게 한다. 음악을 연주하고 있든, 버스를 타고 여행을 하든, 긴 평가서를 작성하고 있든, 어느 경우에나 이것은 매우 중요하다. 이는 한 주 동안의 긴장과 부담감에서 해방되게 해 주고, 집단이 현재 상황에 집중할 수 있게 도와준다. 이는 개개인의 집단 구성원이 이 집단 세션이 핵심적으로 무엇을 다루고 있는지에 대해 분명히 이해할 수 있도록 해 준다.

나는 때때로 이러한 음악적 시작이 자유롭고 즐거운 표현의 수단이 됨을 발견할 수 있었다. 이러한 자유와 즐거움은 다음 음악치료 만남에서도 기억될 것이다. 만약 한 사람이 음악치료 집단에서 이러한 경험에 민감하다면, 그 사람은 빠르게 진행되는 음악치료 집단 안에서 이미 발을 구르고 있을 것이며 한 구성원이 어떤 멜로디를 부르기 시작한 그 순간을 놓치지 않을 것이다. 이것은 이미 계획된 '완벽한' 치료 중재를 따라가는 것과는 다른 것이다.

초반의 '함께하는 음악'이 지나가면 개개인이 가지고 있는 쟁점과 걱정거리에 대해 이야기하는 시간을 갖는다. 이는 여러 가지 방법으로 이루어지는데, 언어적으로 이루어지는 집단 토론, 교육적인 정보 제공, 언어 혹은 음악 역할연기, 음악 즉흥연주 등이 이에 포함된다. 이 집단을 통해 슈퍼바이저는 가능성 있는 음악적 중재방법에 대해 귀 기울인다. 반드시 사용해야 하는 것이 가장 유용한 것이다. 우리는 너무나 쉽게 언어적 모드에 '갇혀 버리기' 때문에 음악적 가능성을 염두에 두는 것이 중요하다. 하지만 우리는 단순히 음악을 사용해야 하기 때문에 사용하지는 않는다.

주요 쟁점에 대해 충분히 다룬 다음에는 음악치료 슈퍼비전 집단이 끝나 갈 무렵 음악 즉흥연주로 슈퍼비전을 마무리할 수 있다. 이는 다시 새롭게 하는 시간이 될 수 있으며, 특정한 요구를 표현하는 방법이 되거나, 집단의 지지를 경험하는 방법이 되기도 한다. 이 음악은 치료사로서 그리고 집단 구성원으로서 참여한 사람에게 작업의 영감과 근원이 되었던 음악을 다시 한 번 확인시켜 준다.

집단의 말에 귀 기울이고 집단을 이끌면서, 슈퍼바이저는 어떤 방법이 지금 사용되고 있는지 알 수 있다. 다음의 내용은 음악과 언어 중재를 사용하는 법을 익히는 데 도움이 된다(Stephens, 1984; Stephens, 1987에서 수정). 음악치료 집단 슈퍼비전이 언어와 음악적 방법이 혼합된 유동체이긴 하지만, 그것의 학습과 그에 대한 좀 더 나은 인식을 위해 나는 여기서 이 두 가지 방법을 확실히 분리하고자 한다.

중재의 방법

언어-언어

문제점과 쟁점은 언어로 표현되고 해결방법도 언어적이다. 이는 특정 분석 내용을 명료하게 하는 데 가장 효과적인 방법이다. 예를 들면, 한 치료사는 특정 음악치료 집단 안에서의 집단 응집력과 무엇이 그 응집력을 발달시켰는지를 반영하기를 원할 것이다. 수련생은 내담자가 무엇을 연주하였는가, 관찰된 눈 맞춤, 대화 속에서 표현된 쟁점은 무엇인가 등과 같은 것을 일련의 세션에 반영할 수 있다. 슈퍼비전 집단 구성원은 치료사가 특정 내담자 간에 있었던 저항과 드러나기 시작한 패턴을 확인 · 규명하는 것을 도우면서 토론에 참여하게 된다. 특정 요소가 분명하게 규명되고 나면, 집단 구성원 간의 연결고리를 좀 더 증진하는 음악적 전략에 대해 토론하게 될 것이다. 이러한 것이 집단 안에서 다루어진다면, 우리는 중재방법이 언어-언어-음악의 방법으로 확장된 것으로 생각할 수 있다.

음악-언어

이 상황에서는 치료사가 언어적인 토론의 중심이 될 만한 요소를 발견하기 위해 연주를 사용하게 된다. 예를 들면, 한 치료사는 특정한 즉흥연주의 완전한 의미를 파악하지 못한 세션을 보여 주고 미래의 세션에서 이러한 요소를 어떻게 발전시킬 것인가를 제시한다. 그 치료사는 내담자가 기억하는 음악을 연주하고, 자신의 자세와 움직임을 내담자의 기억된 이미지에 맞추어 만들면서 이 즉흥연주를 할 것이다. 근육, 팔, 손가락이 내담자의 멜로디, 리듬, 다이내믹, 악구를 재창조해 낸다. 연주가 끝나면, 치료사는 예상치 못했던 감정은 무엇이었는지, 어떤 구체적 요구가 경험되었는지 등으로 이 경험을 언어화한다. 이러한 느낌은 내담자의 과거와 연관되어 분석된다. 집단은 자신들이 관찰한 내용과 가정에 관해 치료사에게 언어적인 피드백을 제공한다.

음악-음악

이 방법에서는 치료사가 음악으로 작업하고 음악을 통해 해결책을 찾도록 한다. 위의 예에서처럼 내담자가 연주했을 때 어떤 느낌인지에 대해 언어적으로 토론을 하는 대신, 치료사는 내담자가 한 것처럼 계속 연주하도록 격려되며, 그다음 문제가 무엇인지 음악이 안내하도록 한다. 이것은 시끄러운 크레셴도인가? 서정적인 멜로디 악구인가? 다른 사람이 함께 연주하도록 유도하는가?

또 다른 예는 치료사가 매우 경직된 스타일의 연주를 지속하는 내담자의 사례를 표현하는 경우다. 그 치료사는 좀 더 많은 표현의 자유를 갖도록 격려하기를 원한다. 음악치료사는 경직된 스타일의 연주를 재현하고 그것을 좀 더 자유로운 스타일로 발전시킬 수도 있을 것이다. 경직된 스타일로 연주한 후 좀 더 자유로운 스타일의 연주로 전환하는 과정을 관찰함으로써, 치료사는 갑작스러운 전환을 강요하는 시도보다는 이런 자유로운 표현으로의 점진적인 이동이 필요함을 알게 된다.

언어-음악

이 방법에서 음악은 특정한 쟁점에 관해 치료사가 내담자와 좀 더 많은 접촉을 하도록 돕거나 특정 쟁점을 깊이 이해하는 데 사용된다. 예를 들면, 치료사는 집단 내 상호교류의 역동을 관찰하고 과정을 토론하는 것에는 꽤 능숙할지 모르지만 그 순간에 리더로서는 충분히 드러나지 못할 수 있다. 이와 같이 치료사로서의 작업은 자율성의 부족과 스타일의 경직성을 드러낼 수도 있다. 음악치료사는 리더가 되는 것에 대한 자신의 감정을 음악적으로 탐색하고 자신의 감정이 중단되는 경험이 어디에서 일어나는지 알아차릴 필요가 있다. 움직임과 호흡이 치료사의 음악적 표현을 강화하는 데 사용될 수도 있다.

초기 단계에 있는 전문 음악치료사의 쟁점 다루기

음악치료사로서의 일은 계속해서 교육하고 개척해야 한다는 점에서 특히 흥미롭다. 많은 클리닉과 기관은 여전히 음악치료에 대한 기초적인 지식만을 가지고 있고, 누군가 좀 더 구조화되고 훌륭한 프로그램에서 일한다 해도 여전히 음악치료의 구체적인 효과에 대해 대중을 교육해야 할 필요가 있다. 많은 음악치료사가 자신만의 음악치료 프로그램을 설계하고 개발하기 시작했다. 때로는 자신의 이상적인 직업상과 행정가의 실질적인 기대치를 맞추기 위해서 수많은 타협을 하기도 한다.

음악치료사 경력의 초기 단계에는 경험적 음악치료 집단이 충족해 줄 수 있는 네 가지 주요 필요 요소가 있다. (1) 새 직업에서 오는 도전을 헤쳐 나갈 창의성, (2) 음악치료사로서 갖게 되는 정체성에 대한 지원, (3) 전문 보고서 작성 및 서류 작업에 따른 언어적 어려움이 점점 증가함으로써 언어적 방법과 음악적 방법 사이를 오갈 수 있는 능력을 끊임없이 개발시켜야 할 필요, (4) 동료와의 음악적 공감대를 나누는 장소가 해당된다.

그 첫 번째 예로, 음악치료사는 '강의실', '과정', '핵심 교과과정'을 사용하고 분노 조절, 문제 해결 등의 기술 발달과 관련된 주제를 이제 막 다루게 된 기관의 기술 발달 모델에 적절한 프로그램을 만들어야 할 상황에 직면할지도 모른다. 음악치료사는 일련의 언어 집단을 이끌게 되고 음악치료사로서의 자신의 역할이 위축되는 것을 보게 된다. 그러고는 슈퍼비전 집단에 실망감을 안고 온다. 그녀는 슈퍼비전 집단에서 이러한 느낌을 즉흥연주로 표현해 본다. 아마도 소리는 억눌려 있고 좁은 범위의 공간만을 사용할 것이다. 집단의 지지와 함께 치료사는 자신보다 큰 소리로 연주되는 집단 안에서 자신의 소리가 차지하는 공간을 발견한다. 그녀는 점차 분명해지고 생기 있어지며, 자신의 소리로 주어진 공간을 가득 채울 수 있게 된다. 이러한 경험을 통해 자신의 작업을 음악치료로 연결하게 된다. 이 치료사는 자신의 슈퍼바이저와 대화를 나누거나 혹은 음악치료를 통한 분노 조절 혹은 즉흥연주를 통한 문제 해결과 같은 음악치료 집단에 필요한 일련의 기술을 발달시킬 것이다.

인턴십의 마지막과 새 직업의 시작에서 음악치료사는 자신의 정체성을 만들어 가는 단계에 있게 된다. 새롭게 음악치료 일을 하며 여러 도전에 직면하면서, 이러한 정체성은 종종 직무 내용으로 규정되기도 한다. 이 시기에는 언어적인 치료에서 일하는 전문가 동료와 동일시하게 될 수도 있다. 이러한 전문가에게 영향을 받으면서 언어적 개념을 음악 활동에 그대로 '전환'하려는 시도를 쉽게 하게 된다. 이는 매우 가치 있는 일이지만 또한 매우 제한적이기도 하다. 개인의 심리학적 쟁점과 집단역동에 대한 지식의 확장과 더불어, 개인에게는 음악 그 자체가 갖고 있는 치유의 힘에 대한 깊은 인식이 필요하다. 정기적인 음악 경험을 통한 자아 탐색과 음악을 사용하여 다른 사람과 함께 하는 탐색을 통해, 음악치료사는 음악치료 일에 대한 감각을 지속적으로 발달시킬 수 있다. 치료사는 집단역동에 대한 이해와 음악을 통해 표현되거나 느껴지는 쟁점의 투사에 대해 탐구한다. 집단 구성원은 자신의 딜레마에 대해 말하고, 음악치료사로서 지속적이고 최대한으로 성장해 나가며 음악치료의 공통 목표를 나누게 된다.

쟁점이 언어적으로 제시되면, 집단은 가능한 해결책을 논할 수 있다. 하지만 리더는 가능한 한 음악을 제시하며 시작할 수 있기를 원한다. 이는 인턴십 동안 초기 단계에 머물러 있는 언어를 음악적 사고로 옮기는 유동성을 발달시키도록 돕는다.

무엇보다도 음악치료사 경력의 초기 단계에서는 동료의 지원이 필요하다. 경험적 음악치료 집단은 자신의 이상과 영감을 이해해 주고 함께 음악을 연주해 주는 공동체로서 돌아갈 수 있는 안식처가 될 수 있다.

심화 단계에 있는 전문 음악치료사의 쟁점

초기 단계의 전문 음악치료사가 갖고 있는 쟁점은 그들의 경력 내내 계속된다. 음악치료사는 계속적으로 새로운 프로그램을 만들고, 다른 전문가를 교육하고, 음악치료를 알리고, 음악치료를 위한 장소를 만들어 낸다. 이는 음악치료와 관련된 행정제도가 바뀔 때마다 새롭게 모든 것을 다시 시작해야 한다.

다른 역할 또한 매우 중요하다. 인턴 슈퍼바이저이자 음악치료사, 행정가이자 음악치료사, 작가이자 음악치료사, 음악치료 기관의 적극적인 참여자로서의 음악치료사 등으로서 말이다.

음악치료 슈퍼비전 집단에서는 서로 다른 음악치료 시스템에 대해 언어적으로 의견을 나누는 공개토론, 기관 내에서 계속적으로 이루어지는 재구조화, 시 · 주 · 연방 법과 법률의 변화, 개인 임상의 발달과 임상 기회 등에 대한 토론이 이루어진다. 비슷한 이념을 가진 다른 전문가와 함께 새로운 가능성을 시도해 보는 장이며, 음악치료 분야의 최신 기술과 아이디어를 유지하기 위한 장이다.

또한 음악적 사고를 성장시키는 장이기도 하다. 이 단계에서는 개인적인 치료 쟁점과 더불어 시스템 상의 딜레마를 해결하기 위해 음악을 사용하기도 한다. 음악치료사는 프로그램을 만들고 스태프로 일하고 또 새로운 스태프를 고용해야 하는 어려운 결정과 여러 책임으로 인해 압도되는 감정을 즉흥연주로 표현할 수 있다. 마음속에 있는 그리고 종이에 적은 집중적인 전략을 짜고 일하며, 시스템에의 재적응을 연주해 내고 언어로는 드러나지 않는 창조적인 해결책을 찾게 된다. 스태프 간의 갈등은 음악을 통해 정서적인 요소로 깨지고, 슈퍼바이저로서 음악치료사의 전이와 역전이 쟁점에 대해 깊이 이해하게 된다.

음악치료사/행정가는 행정적인 패러다임의 전환에 순응하고, 스태프의 낮은 사기에 수반되는 설문조사 요구사항을 바꿔야 하는 과중한 부담감을 보인다. 음악치료사는 이러한 상황의 한가운데 놓인 자신의 느낌을 즉흥연주 하도록 격려된다. 음악은 조용하게 시작되다가 큰 소리로 바뀌어 해방된 카타르시스를 느끼게 할 것이다. 음악이 진행되면서 치료사는 집단 구성원이 지지적인 즉흥연주를 하는 동안 자신의 내적인 강점이나 감각을 반영하는 소리를 찾아보도록 격려된다. 그다음 단계로는 집단이 치료사 주변의 압박감을 반영하는 소리를 만들어 낸다. 치료사는 이러한 큰 소용돌이를 여행하면서도 중심이 되는 느낌을 유지하려고 시도할 것이다. 어떤 일이 일어났는지에 대해 단어로 표현해 보는 토론이 이어진다. 중심적인 느낌을 유지할 수 있었나? 유지할 수 있었던 방법은 무엇인가? 이것이 발생할 수 있는 공간을 만들어 주기 위해 무엇을 바꾸어야 했나? 집단은 그 느낌을 '생존 극복'해 내기보다는 압박감 속에 '머무는' 느낌을 나눌 수 있다.

음악치료사는 매일의 일상을 유지하면서 고립되는 느낌과 반복되는 작업으로 인해 지쳐 버린다. 동료와 함께 즉흥연주를 하면서 치료사 자신이 계속 일할 수 있게 하는 치유를 받게 된다. 아마도 어떤 사람은 다른 음악치료사의 해결책을 들으면서 새로운 관점을 깨닫기도 한다. 자유로운 음악적 즉흥연주는 음악의 치유적 힘을 재생하고 창조적 감각을 새롭게 한다. 우리는 모두 인간으로서 성장하고 변화하며, 우리 삶의 다른 여러 단계를 가로지른다. 음악치료는 이러한 성장과 함께 변화되어야 한다. 그것이 음악적인 것이든, 지적인 것이든, 혹은 영적인 것이든 간에, 경험적 음악치료는 우리의 요구에 대한 균형감각을 유지하는 데 도움을 준다.

결론

음악치료사는 주된 방법으로 음악을 사용하여 해결하려는 노력을 지속하면서 음악적으로 깊은 통찰력을 갖고 자신의 세션 역동에 대한 이해를 넓히게 되고 음악과 단어 사이를 오가며 자신의 능력을 확장하게 된다. 경험적 음악치료 집단의 역할은 경험의 공유, 새로운 아이디어의 실험에 대한 토론, 음악적 지지, 그리고 음악치료 지원이다. 집단은 길 위에서 예기치 못하게 방향을 전환하게 되어 느끼게 되는 감정을 소리화하고, 음악치료 이념을 꽃피우고 도구를 발달시키기 위한 양육의 장소를 제공한다. 비슷한 고민을 공유하고 있음을 알게 되면서 음악치료사는 덜 외롭다고 느낀다. 어려운 상황을 해결하기 위한 여러 가지 전략을 비교하면서 자신의 능력을 강화한다. 매 모임에서 음악의 치유능력을 경험하면서, 그러한 음악치료의 효과를 남에게 교육해야 하는 어려운 임무를 계속할 수 있도록 지원받는다. 음악이 광범위하게 사용되기 때문에 음악적 중재방법이 힘을 얻고, 음악치료사로서의 자신의 정체성에 대한 감각이 강화된다.

음악치료사의 모임은 음악치료사의 쟁점을 지원하기 위한 토론의 장일 뿐 아니라 사람들이 음악의 치유적 힘을 느끼는 기회를 만들어야 하는 자신의 임무를 재확인하도록 하는 확실한 공동체가 되어 주기도 한다.

참고문헌

Stephens, G. (1984). Group supervision in music therapy. *Music Therapy, 4*, 29-38.

Stephens, G. (1987). The experiential music therapy group as a method of training and supervision. In C. D. Maranto and K. Brusica (Eds.), *Perspectives on Music Therapy Education and Training*. Philadelphia, PA: Temple University, Esther Boyer College of Music.

감사의 글

기억에 남을 시간을 함께해 준 Gary Hara, MA, MTBC와 Sumi Paik-Maier, MA, CMT에게 특별한 감사를 드린다.

제15장 음악치료 동료 슈퍼비전

1988년 저자들은 여러 명의 음악치료사와 함께 음악치료 학술대회에서 비공식 모임을 가지면서 우리의 일과 아이디어, 이론에 대해 이야기를 나누기 시작했다. 우리는 공통으로 심리치료와 음악치료의 개념과 아이디어를 접목하기 위해 고심하고 있었다. 1991년에는 우리 중 대다수가 좀 더 자주 모여서 이러한 토론을 지속해야 할 필요를 느껴 동료 집단 음악치료 슈퍼비전을 구성하게 된다. 우리는 서로 다른 치료 방향성을 가지고 있었지만 공통점도 발견할 수 있었다. 치료의 심리분석적 모델(예, 융 학파, 클라인 학파, 그리고 대상관계이론)의 바탕을 가지며 음악치료 석사학위 이상으로, 기관이나 박사학위 프로그램을 통해 심리치료 심화과정을 밟고 있었다. 우리는 모두 즉흥연주와 언어를 혼합해 사용하고 주로 성인과 일하였다.

우리는 한 달에 한 번 동료 슈퍼비전을 위해 만났고 2시간 반 정도의 시간이 소요되었다. 넉 달 뒤에 다른 한 명이 우리 집단에 참여하였다. 새로 온 사람은

Diane Austin, MA, ACMT, Adjunct Faculty, New York University, New York, NY
Janice M Dvorkin, PsyD, ACMT, Assistant Professor and Coordinator of Music Therapy, University of the Incarnate Word, San Antonio, TX

개인 세션도 하면서 기관에서도 일하고 있었다. 그녀 역시 심리역동적 음악치료의 배경을 가지고 있었다. 이후 3년 동안 우리의 동료 슈퍼비전 집단은 네 명의 여성으로 진행되었다.

이 집단이 만들어지기까지는 여러 가지 요인이 작용했다. 우리가 거주하던 지역에는 분석적 기초를 가진 음악심리치료 슈퍼비전 서비스를 제공할 만큼의 교육을 받고 경험이 충분한 음악치료사가 거의 없었다. 학교에 있을 때는 집단원 모두 음악치료 슈퍼비전을 받았다. 그러나 이 슈퍼비전은 음악치료사로서 평가, 치료목표 만들기, 특정 대상군을 위한 특정 기술, 음악기술의 향상과 지원 등에 중점을 둔 슈퍼비전이었다. 우리는 동료 슈퍼비전 집단이 심화 훈련, 개인치료, 그리고 음악치료사로서의 경험을 통해 얻은 지식을 통합하는 데 도움이 되어야 한다고 생각했다. 대부분의 집단원은 심리역동적 임상 이론과 기술에 관한 지식을 심화하기 위해 언어적인 슈퍼비전을 계속해서 받았다. 언어적 치료의 슈퍼바이저는 치료과정 안에서 음악을 사용하는 것에 대해 다룰 수 없었다. 학교에서는 모두 음악치료 슈퍼비전을 받았다.

동료 슈퍼비전 집단을 만들게 된 또 다른 자극제는 우리 모두가 느끼고 있던 고립된 감정을 이기기 위해서였다. 고립된 감정은 개인치료 임상에서는 흔히 겪는 경험이다. 하지만 음악치료사는 학교나 기관에서 다른 창조적 예술치료사나 다른 이와 일할 때도 고립된 감정을 느끼게 된다. 우리의 동료 슈퍼비전 집단은 확인, 지원, 공감 등을 통해 외로움과 고립의 감정을 줄이는 데 도움을 주었다(Singo, 1998). 한 구성원이 집단원에게 임상 쟁점을 꺼내면, 우리가 제시한 문제 해결방안은 그가 할 수 있다는 느낌을 가질 수 있도록 돕고, 직장에서 잘 이해받지 못했던 그 일을 계속할 수 있도록 지원한다. 집단의 동의하에 우리는 새로운 아이디어, 일하는 방법 등을 시도해 보면서, 우리의 창의성에 대한 신뢰와 자신감을 얻었고, 내담자의 자발적 반응을 증진하는 데 도움이 되는 임상적 이해를 갖게 되었다.

이 집단은 또 다른 요구를 충족해 주었는데, 집단 음악 만들기의 기회를 제공했던 것이다. 집단은 동료들과 함께 자기표현의 기회를 갖는다. 이러한 정서적 발산과 음악적 자기표현의 기회는 동료와 함께 음악을 연주할 기회가 적은 사람에게는 매우 중요하다. 때때로 동료 집단 슈퍼비전은 참여자 모두가 카타르시스를 느낄 수 있는 창의적인 음악 만들기 경험을 제공했다. 이러한 형태의 경험은 때로 치료 집단이 역할연기를 한 것에 이어 이루어지기도 한다(Evans and Cohen, 1985; Hardcastle, 1991; Ladany and Lehrman-Waterman, 1999; Richard and Rodway, 1992).

시작

어느 평범한 저녁식사 모임에서 우리는 동료 슈퍼비전 집단 모임을 한 달에 한 번씩 가지기로 결정하였다. 처음에는 각 가정을 돌면서 모임을 가지려고 하였으나 몇 개월 뒤 한 구성원이 제공한 장소에서 모임을 갖게 되었다. 다른 구성원이 모이기에 교통이 편리할 뿐 아니라 그녀의 연구실에는 피아노와 각종 악기, 카세트 플레이어가 갖추어져 있었다.

슈퍼비전에서는 구성원의 개인적인 쟁점이 드러나게 된다. 따라서 우리는 언제, 어떻게 개인적인 쟁점과 임상적 쟁점이 융합되는가를 인식해야 한다. 개인적인 쟁점이 임상에 영향을 미칠 때, 우리는 개인적인 쟁점에 초점을 맞출 필요가 있다. 우리는 이미 서로에 대해 잘 알며 좋은 관계를 계속 유지해 왔기 때문에 자기 노출이 큰 문제가 되진 않았지만, 가끔씩은 슈퍼비전과 치료의 경계선이 모호해지기도 했다(Prieto, 1997; Richard and Rodway, 1992).

이 초기 모임이 가졌던 가장 중요한 기능 중의 하나는 우리의 감정과 생각을 음악 안에 넣어 볼 수 있도록 끊임없이 격려하는 것이었다. 사례를 들면, 브리타니[1)]가 '좀 더 독립적이 되려고 노력하는 여성 임상 내담자와 일할 때의 자신의 정체

1) 이 장에 나오는 이름은 허구의 시기와 집단원을 지칭하는 것으로 특별한 집단 내 개인을 나타내지 않는다.

성'에 대해 이야기할 때, 엘리자베스는 "그녀를 연주할 수 있나요?"라고 물었고, 브리타니는 계속해서 자신이 "내담자의 독립성을 위한 처절한 노력을 돕는 데 있어 곤경에 빠져 있다."라고 말했다. 엘리자베스가 다시 "그녀를 연주할 수 있겠어요?"라고 물었고, 브리타니는 "네."라고 대답하고는 계속 이야기를 하였다. 도나는 브리타니의 역전이 쟁점에 대한 해석을 제안했고 토론이 이어졌다. 엘리자베스는 다시 브리타니가 환자를 연주할 수 있는지 물었다. 이에 브리타니는 "할 수 없을 것 같아요."라고 말했다. 도나는 그녀가 무엇에 저항하는지에 대해 물었다. 브리타니는 "그녀를 정확하게 표현하는 음악을 연주할 수 없을 것 같아요."라고 대답하였다. 그러자 엘리자베스는 "그렇다면 그녀에 대한 당신의 느낌을 연주해 봐요."라고 말하였다. 브리타니는 좁은 범위의 음역에서 단조 화성의 코드를 반복적으로 피아노로 연주하였다. 음이 점점 빠르고 커지자, 브리타니는 갑자기 연주를 멈추었다. 도나가 "왜 멈추었나요?"라고 물었을 때, 브리타니는 "나도 모르겠어요."라고 대답하였다. 엘리자베스는 계속 연주할 수 있는지 물었다. 브리타니는 다시 음악을 연주하기 시작했지만 이번에는 말하면서 연주하였다. 엘리자베스와 도나의 격려에 힘입어, 브리타니는 음악적으로 그리고 언어적으로 그녀의 내담자가 가지고 있던 좌절감과 공포를 표현했다.

엘리자베스는 "말하지 말고 그냥 연주만 해 볼 수 있겠어요?"라고 물었고, 브리타니는 이에 순응하여 연주하고는 몇 분 뒤 조용히 흐느끼기 시작했다. 엘리자베스는 그녀의 피아노에 함께 앉아서 그녀의 느낌을 표현하는 것을 음악적으로 지지하기 시작했다. 그녀는 베이스 코드를 누르고 있었고, 도나는 피아노의 다른 쪽으로 가서 높은 음역에서 브리타니의 연주를 음악적으로 반영하였다. 브리타니가 계속해서 피아노를 연주하자 그녀의 음악이 바뀌었다. 음악은 좀 더 유연해지고 멜로디와 하모니가 다양해졌다. 브리나티가 슈퍼비전 집단 안에서 자신의 연약함이 그대로 드러나도 괜찮다고 인정한 데 이어 구성원이 함께 즉흥연주를 하면서 세션은 끝이 났다. 이러한 음악적 지지는 브리타니가 그녀의 내담자가 좀 더 독립적이기 위해 힘겹게 싸우면서 갖고 있던 두려움과 연약함을 좀 더 공감할 수 있도록 도왔다.

각 집단은 사적인 일상을 나누고(누가 자신의 작업을 발표하는지, 누가 논문이나 책을 쓰고 있는지 등), 서로를 점검하고, 개인적인 정보를 교환하면서 시작되었다. 의례적으로 이러한 사교적인 대화는 디저트나 차를 마시면서 이루어졌다. 때때로 재미있는 농담을 하기도 한다. 집단이 '준비' 되면(30분 이상 걸리지 않는다), 누군가 "이제 시작해 봐요."라고 말한다. 다음으로 이어지는 90분 동안의 세션에서는 우선 내담자나 치료사와 관련하여 지난 슈퍼비전 세션을 통해 발전한 부분이 있는가를 점검한다. 그리고 한 구성원이 "내가 다루고 싶은 사례가 있어요."라고 말한다. 이러한 쟁점을 제시한 구성원은 언어적으로 내담자와 상황에 대한 정보를 제공한다. 때때로 이러한 정보는 음악적 모방, 오디오 또는 비디오 테이프 등을 통해 제공되기도 한다. 최소한의 수준에서 집단은 음악과 행동을 통해 피드백을 제공하고, 동시에 어떻게 치료사가 치료과정에서 이 문제를 전개할 수 있는가에 대해 제안한다. 대부분의 경우에는 "내담자를 연주해 볼래요?" 또는 "내담자에 대한 당신의 느낌을 연주해 볼래요?"라고 한다. 이러한 중재는 추가적인 음악적 역할연기로 이어지기도 한다(예를 들어, 또 다른 집단 구성원이 피아노로 가서 치료사의 역할연기를 한다).

또 다른 경우에는 내담자와 관련된 혹은 내담자에 의해 촉발된 개인적인 감정의 음악적 탐험이 심도 있게 이루어진다. 하나의 예로, 엘리자베스가 어려움을 겪고 있는 내담자 샌드라의 역할을 한다. 도나가 그녀에게 "내담자를 연주해 볼래요?"라고 물어보면, 엘리자베스는 드럼을 선택하고 약하게 연주하기 시작한다. 그녀의 리듬은 산만하고, 시작과 멈춤이 자주 나타나며, 전반적으로 음악에 머뭇거리는 느낌이 있었다. 엘리자베스가 멈추었을 때, 그녀는 말이 없었다. 도나는 "내가 이제 샌드라를 연주해 볼게요. 당신이 연주한 것처럼 그대로 연주할 테니 당신은 당신 자신에 대해 연주해 봐요."라고 말했다. 도나는 드럼을 잡고 엘리자베스가 연주했던 것을 모방하기 시작했다. 엘리자베스는 메탈로폰으로 가서 큰 소리로 불협화음을 연주하기 시작했다. 음악이 계속되면서, 그녀는 속도를 올리기 시작했다. 이것은 음악을 좀 더 격렬하게 만들었다. 어느 순간, 엘리자베스는 악기를 매우 세게 치기 시작했고 몇 개의 메탈로폰 바가 떨어져 나갔다. 점차 음악이 가라앉고 이내 멈췄다. 수는 "방금 무엇을 경험했나요?" 라고 물어보았고, 엘리자베스는 "샌드라가 나랑 연결되고 싶어 하지 않는다고 느꼈어요. 그녀는 연결되고 철회되는 것을 연주의 시작과 멈춤으로 표현하는 것 같았고 나에게서 떨어져 나가려고 하는 것 같았어요." 라고 말했다. 도나는 샌드라의 역할을 연기하는 것에 대해 무엇을 느꼈는지 물어보았고, 그녀는 "내가 느끼기에는 엘리자베스가 매우 조급하고 나에게 화가 나 있는 것 같았어요." 라고 말했다. "이런 느낌을 전에 다른 사람에게 느껴 본 적 있나요? 연결되지 않고 좌절된 느낌 말이에요." 엘리자베스는 그녀의 엄마와 관련을 지었고 어머니의 철회적인 행동에 대해 분노를 표현했다. 우리 집단은 이 음악이 주는 인상에 대해 의견을 나누었고 이 내담자와 어떻게 일할 것인가에 대한 개개인의 해석과 제안을 내놓았다. 그다음 세션에서 엘리자베스는 샌드라랑 일하는 것이 훨씬 나아졌다고 말하였다. 그녀는 말했다. "지난번 집단에서 했던 경험을 통해 나의 엄마에 대한 내 쟁점과 샌드라의 쟁점을 분리하는 데 큰 도움을 받았어요. 나는 더 이상 샌드라의 행동을 개인적으로 받아들이지 않게 되었어요. 지난 세션에서 샌드라가 나에게서 철회되는 것이 아니라 그녀의 불안한 감정 때문에 철회되는 것임을 깨달았죠. 그녀가 공포를 느낄 때 그렇게 행동하는 것이더라고요." 브리타니는 "그건 마치 그녀가 안전하지 못하다고 느낄 때마다 철회를 반복하고, 그 때문에 당신이 지치고, 그래서 샌드라가 더 심하게 고립되는 과정의 순환고리를 끊은 것같이 들리네요." 엘리자베스는 "네, 맞아요, 그녀의 철회 행동에 대한 내 태도가 바뀌자 샌드라가 그에 반응한 것 같아요. 그녀는 이제 그녀의 단단한 껍질에서 나올 거예요. 언어적으로 감정을 표현할 때, 그리고 음악 안에서 그녀는 더 편안해 보이거든요." 라고 대답하였다.

진화

세 번째 해 동안 우리 집단의 주요 쟁점은 즉흥 연주된 음악과 언어 과정을 계속해서 통합해 나가는 것이었다. 세 번째 해가 끝나갈 무렵, 수는 음악 중심으로 일하는 음악치료사 동료를 초대하자고 제안했다. 수는 자신의 동료가 이 집단이 언어적 해석이나 중재를 줄이고 좀 더 음악에 집중할 수 있도록 도와줄 것이라고 말했다. 그래서 집단이 여름휴가 후에 다시 모였을 때, 데이비드가 정식 회원이 되었다. 몇 개월이 지나자, 네 명의 여자와 한 명의 남자로 이루어진 집단이 균형이 맞지 않는다고 느껴졌으며, 집단 안에 다양한 음악치료 스타일을 포함하는 것이 다양한 가능성과 관점을 제시하여 집단의 가치를 좀 더 증진한다는 것을 깨달았다. 따라서 지역사회 내에서 일하고 있는 남자 음악치료사 필이 집단에 참여하게 되었다. 우리는 6명의 집단이 매우 이상적이라고 생각했고, 더 이상의 확장은 원하지 않았다.

우리는 집단의 확장 때문에 집단의 구조를 약간 바꾸었다. 저녁마다 모이던 집단 일정이 모두의 일정을 고려하여 바뀌었다. 또한 사례 발표 일정을 사전에 결정하였다. 초기에는 누가 어떤 발표를 할지를 필요나 요구에 따라 결정했다. 집단이 커진 이상 더 이상 이런 시스템은 맞지 않았다. 같은 치료사가 항상 발표하는 것처럼 보이기도 했고, 몇몇 구성원은 발표를 하기까지 아주 많은 격려가 필요했다. 이러한 새 시스템은 모든 구성원이 발표할 수 있도록 짜였다. 다시 말하면, 다음에 누가 발표할 것인가를 사전에 지정하여 결정하였다. 이로써 집단이 좀 더 조직화되고 구조가 잘 갖춰지는 것처럼 보였다.

집단에 여러 가지 요소가 추가되면서, 슈퍼비전은 다시 형성 단계에 들어갔다. 우리의 경우에는 신뢰, 안전감, 비밀보장에 대한 염려가 표현되기도 했다. 이런 염려에 대한 직접적인 표현은 좀 더 자주 분명하게 드러나기도 했다. 사례 발표는 내담자와 세션에서 일어난 일에 대한 사실과 관찰이라는 상대적으로 안전한 주제에 머물러 있었다. 반면에 개인적인 정보나 느낌을 드러내는 것은 주저하는 경우도 있었다. 이는 역전이된 생각이나 감정이 드러나는 것을 거부하는 반응이었다. 이 새로운 집단은 처음에는 개인적인 경계선을 어느 정도로 할 것인가를 결정함으로써 이 문제를 해결하려고 했다. 예를 들면, 개인적인 과거 경험, 특히 역전이와 관련된 것에 대해 질문할 때 집단 구성원 개개인이 편안하게 느끼는 정도를 파악해야 했다(Ladany, Lehrman-Waterman, Molinaro, and Wolgast, 1999; Shaten, Brody, and Ghent, 1962). 집단 구성원은 안전하다고 느끼는 수준에서 참여하도록 격려되었다. 우리는 우리가 잘 연결된 공동체에 속해 있다는 사실을 인지하면서 서로가 세워 놓은 경계를 존중할 필요가 있었지만, 동시에 치료사의 역전이적인 사고와 감정에 대한 중요성을 강조했다. 상대적으로 편안하게 느끼는 구성원은 사례 발표에 영향을 미친다고 보이면 개인적인 일을 꺼내는 위험도 손수 감수한다. 개별 구성원은 차례로 개인적인 감정과 친밀함 등을 공유했고 대체로 지지와 인정을 받았다. 이를 통해 모든 집단 구성원은 개개인이 위험을 감수할 때 이 새 집단이 어떻게 반응할지를 볼 수 있었다. 곧 우리 집단은 판단에 대한 두려움이 줄어든 보다 안전한 공간이 되었다.

개인의 감정을 표현할 수 있는 덜 위험한 도구이고 집단 응집력을 촉진한다는 점에서 음악은 이런 과도기에 매우 중요한 역할을 한다. 필이 두 세션을 빠지고 다시 집단으로 돌아왔을 때, 그는 매우 우울해 보였다. 집단은 필을 걱정하면서 그가 가지고 있는 개인적인 문제를 꺼낼 수 있도록 도와주었다. 필은 "나는 어려운 문제가 닥칠 때마다 나 자신을 고립하였고 도움을 요청하는 것이 너무 힘들었어요."라고 말했다. 집단원은 그가 가지고 있는 문제뿐 아니라 그의 감정을 음악 안에서 표현하도록 하였다. 필은 기타를 집어 들고는 조용히 연주하기 시작했다. 그가 연주하기 시작하자 그 자신의 세계로 빠져드는 것 같았고, 집단원은 그와 함께 연주해도 될지 물어보았다. 필은 고개를 끄덕였고, 집단원은 한 명씩 연주에 참여하였다. 필과 집단원이 음악 안에서 상호 교류하면서 이 즉흥연주는 점차 그 분위기가 바뀌었다. 즉흥연주가 끝나 갈 무렵에는 슬픈 분위기의 단조에서 활기찬 단조의 블루스 분위기로 전환되었다. 이로 인해 집단원은 좀 더 가까워졌고 그들은 집단 안에서 기꺼이 자신을 노출하게 되었다.

슈퍼비전과 치료 사이의 경계가 얼마나 미세한 선으로 그어져 있는지 명심해야 한다. 역전이 반응을 경험하고 처리해 본 경험이 있는 치료사로서, 임상적인 발표를 분석적인 스타일로 하는 것은 자연스럽고 또 당연해 보였다. 이처럼 우리는 사례 내에서 일어난 일만 본 것이 아니라 임상 작업을 이해하는 데 있어서 치료사의 감정, 개인적으로 연관된 문제, 그리고 반응이 내담자에 대한 데이터만큼이나 중요하다고 믿었다. 우리 슈퍼비전 집단에서는 신뢰가 구축되고 나면 개인의 억눌리고 무의식적인 문제를 표면으로 드러내고 음악 안에서 슈퍼비전을 하는 것이 일상적인 것이 되었다. 이는 언어적인 슈퍼비전에서도 일어날 수 있지만, 음악에는 "의식적인 사고를 무시하려는 개인적, 집단적 쟁점을 중재하는"(Austin, 1996) 능력이 있으므로 음악 안에서 처리하는 것이 좀 더 적절해 보인다. 음악은 언어적인 방어체계를 뛰어넘는다. 집단원이 노래하거나 연주할 때, 음악적 표현이 치료사의 무의식적인 방어와 임상적인 통찰력 사이에서 촉매제 역할을 하는 것을 볼 수 있다. 전자는 치료사의 역전이에 대한 의식을 불러일으키고, 후자는 내담자에 대한 정보를 드러내게 한다. 따라서 우리는 집단원의 감정을 회피하기보다는 수용하는 것이 옳다고 믿는다.

어떤 모임에서 데이비드는 자신이 막 치료를 시작한 내담자 피에르를 묘사할 수 있는 적절한 단어를 찾는 데 어려움을 겪었다. 필이 물었다. "그에 대한 묘사를 음악으로 할 수 있겠어요?" 데이비드는 피아노 앞으로 와서 반복적이고 비화성적인 패턴으로 연주하기 시작했다. "반복되는 움직임이 마치 소용돌이 치고 있는 것 같아요."라고 수가 말했다. 데이비드는 그녀의 언급에 대답하지 않았고, 그가 만들어 내는 소리로 답하는 것 같았다. 그는 자신이 연주하고 있는 소리에 점점 몰입했으며, 자신만의 세계에서 길을 잃은 듯 보였고 집단을 의식하지 않았다. 어느 정도 시간이 지난 뒤, 브리타니는 일어서서는 피아노 앞으로 다가갔다. 그녀는 적절한 타이밍을 기다렸다가 데이비드의 음악에 토대를 제공할 수 있는 간단한 리듬 코드 패턴을 연주했고 데이비드가 길을 잃은 듯 고집스럽게 반복하던 패턴에서 빠져나오도록 했다. 데이비드는 점점 느리게 연주하기 시작했고 피아노의 높은 음역에서 잠시 멈추고 있는 브리타니를 바라보았다. 잠시 후 두 사람은 같이 연주하기 시작했고, 데이비드는 음악을 마무리하였다. 데이비드와 집단원은 이 경험에 대해 이야기하는 데 남은 30분을 다 보냈다. 데이비드는 음악 안으로 숨어 버린 것과 주변 사람을 인지하지 못했던 자신의 경험에 대해 이야기하였다. 엘리자베스는 "지금 연주한 것이 내담자를 정확하게 표현했다고 말할 수 있나요?" 라고 물었고, 데이비드는 "그런 식으로 생각해 보지는 않았지만 그런 것 같아요. 피에르는 매우 광범위한 측면을 가지고 있어요. 때로는 그가 음악을 연주할 때 그가 없는 것처럼 느껴져요. 그러면 무엇을 하고, 뭐라고 말하고, 무엇을 연주해야 할지 모르겠어요." 라고 대답했다. 이에 도나는 "그거 흥미롭군요. 나도 똑같이 느꼈거든요." 라고 말했다. 집단원이 그가 연주한 음악에서 받은 인상을 이야기하자, 데이비드는 "그 음악은 내가 성장하는 동안 연주했던 음악 같아요. 그것은 부모님이 싸우시던 소리에서 벗어나게 해 주었죠." 라고 나누었다. 필은 데이비드와 피에르가 음악을 사용했던 방식에 연관성이 있다고 했다. 데이비드는 그 말을 들었을 때, 그의 내담자가 세션에서 음악을 연주하는 동안 고립되고 있었음을 깨달았다. 데이비드는 피에르에게 아직 얘기하지 않은 상처받은 과거가 있을 수도 있겠다고 추측했다. 데이비드 자신도 피에르가 다음 세션에서 또다시 고립되기 시작할 때 브리타니가 사용한 중재방법을 사용할 수도 있음을 깨달았다. 데이비드는 피에르의 상처받은 과거를 정확하게 파악했을까? 교육과 경험이 많아질수록 치료사는 내담자와 치료사 사이에서 일어나는 일을 좀 더 잘 관찰하고, 귀 기울여 듣고, 어떤 것이 누구에게 속한 문제인가를 구분할 수 있는 임상가가 된다.

우리 집단이 치료사의 역전이 감정을 이해하는 작업을 했던 또 다른 예는 음악 즉흥연주가 새 직장에 대한 두려움과 관련되어 진행되었을 때의 이야기다. 도나는 슈퍼비전 집단에서 그녀가 곧 청소년 프로그램에서 시작하게 될 새 일에 대해 말하기를 원했다. 그녀는 말하면서 자신이 다음 주에 시작하게 될 일에 대해 많은 두려움과 공포를 가지고 있음을 깨달았다. 브리타니는 그녀에게 "당신이 두려워하는 것에 대해 어떻게 생각하나요?" 라고 물었고, 필은 "최악의 시나리오가 무엇일까요?" 라고 물었다. 하지만 그녀는 자신이 가진 두려움의 강도를 설명하기가 어렵다고 반복해서 말했다. 엘리자베스는 " '청소년' 에 대해 연주해 보면 어때요?" 라고 제안했다. 도나는 거부하다가 결국 동의했다. 그녀는 피아노를 선택했다. 그녀는 매우 큰 소리의 불협화음을 일관성 없는 리듬으로 연주하기 시작했다. 전체적인 느낌은 매우 혼란스러웠다. 몇 분이 지난 뒤 엘리자베스는 피아노로 다가갔고, 반복적이고 안정적인 베이스 라인을 연주하기 시작했다. 처음에는 도나가 엘리자베스의 연주에 영향을 받는 것 같지 않았다. 그러나 결국 그녀의 연주는 점점 느려졌고, 연주 자세도 좀 더 이완되고, 깊은 숨을 쉬기 시작했다. 도나의 음악은 점점 엘리자베스의 음악과 일치되기 시작했다. 불협화음이 연주되던 음악이 좀 더 화성을 이루기 시작했고, 그들은 화성적으로 함께 연주를 마쳤다. 언어로 표현하는 과정에서 도나는 엘리자베스에게 말하였다. "처음 피아노를 치기 시작했을 때는 좀 거슬렸어요. 도대체 뭘 하는 거야 하는 생각이 들었지요. 마치 내가 화를 느끼지 못하도록 하려는 것 같았어요. 하지만 잠시 후에, 베이스 라인이 왠지 좋게 들렸어요. 점점 좋아지더라고요. 끝날 때쯤엔 정말 즐기고 있었어요." 데이비드는 도나에게 물었다. "지금 연주한 것 같은 느낌을 느껴 본 적이 있나요?" 도나는 자신의 청소년기에 대해 간단하게 말하였다. "정말 힘들었어요. 엄마는 매우 엄했고 내 일에 언제나 간섭했지요." 그녀는 몇 분 동안 말이 없다가 말하였다. "내가 지금 표현한 분노는 엄마에게 내가 느꼈던 감정이 드러난 것 같아요. 가장 고통스러운 것은 나의 분노를 엄마는 전혀 이해하지 못했고, 표현하려고 할 때마다 거부당했던 것 같아요." 이러한 통찰은 도나가 앞으로 자신을 청소년과 동일시할 수도 있고, 치료사의 역할을 할 때 엄마처럼 될 가능성도 있음을 깨닫게 하였다. 집단 슈퍼비전이 진행되는 동안, 데이비드는 도나에게 만약에 그녀가 내담자를 그녀의 엄마처럼이 아니라 그녀 자신이라고 생각하고 대한다면 세션이 어떻게 될 것 같으냐고 물었다. 그다음에 집단원은 각자 자신이 청소년 집단과 일했던 경험과 아이디어를 이야기하였다. 집단이 끝났을 때, 도나는 집단원에게 말하였다. "새 일을 시작하는 게 그렇게 두렵지 않게 되었어요. 내 청소년 내담자와 내 청소년기의 경험을 분리할 수 있을 것 같아요. 이건 정말 나에게 힘이 되네요."

병행 과정

동료 슈퍼비전은 한 명의 임상가를 리더로 혹은 '슈퍼바이저'로 인정하는 과정이 아닌 서로에게 도움을 주는 도구다. 집단 전체가 서로에게 교사가 된다. 각 개인 집단원이 수련생이고 슈퍼바이저이며, 이는 지지와 교육의 상호 교류적인 과정 안에서 이루어진다. 우리 집단의 장점은 각 구성원이 여러 종류의 심화훈련을 받았고, 복잡한 정신역동적인 문제가 사례 발표 중에 나타나도 잘 다룰 수 있도록 준비되어 있었다는 것이다. 이러한 역동에는 병행 과정(parallel process)과 여러 가지 저항의 형태가 포함된다.

병행 과정, 즉 내담자와 치료사 사이의 관계가 자주 슈퍼바이저와 수련생 사이에서 재현되는 것에 대한 인식은 동료 슈퍼비전 집단에서도 나타났다. 수는 성폭행을 당한 내담자와의 세션 일부가 녹음된 오디오테이프를 들려주었다. 내담자는 저항적이었고 여러 번 세션에 나타나지 않았다. 수는 전이와 역전이의 역동을 이해하려고 노력하였다. 집단원은 음악이 뭔가 합쳐지고 있다는 데 동의했다. 수의 연주와 내담자의 연주를 구분하기가 어려울 정도였다. 필은 피아노로 가서 수가 어떻게 치료사와 내담자 사이의 경계를 유지할 수 있었는지를 음악적 예를 들면서 보여 주었다. 학대를 받아 본 경험이 있는 수는 자신의 내담자 애니와 동일시하는 자신의 감정을 인정하였다. 수는 애니에 대한 자신의 감정을 음악을 통해 탐색해 보기를 원한다고 말했다. 그녀는 피아노로 가서 불규칙적으로 현을 뜯었다. 그녀는 계속 연주하면서 좀 더 많은 현을 연주하기 시작했고 매우 크게 현을 당기기 시작했다. 그녀는 3온음(tritone)의 불협화음으로 음악을 마무리했다. 여러 집단원이 음악이 매우 공격적이고 거칠었다고 말하였다. 수는 "아마 그건 애니가 나타나지 않았을 때 내가 직면했던 감정일 거예요."라고 말했다. 몇몇 집단원은 수에게 좀 더 도전적인 질문을 던졌다. 슈퍼비전 집단의 분위기가 전반적으로 비판적이고 대립적인 분위기가 되자, 그녀는 점점 수동적이고 순응적으로 변해 갔다. 한번은 브리타니가 그녀에게 괜찮으냐고 물었다. 그녀는 "네, 나는 괜찮아요."라고 말했다. 다음 모임에서 수는 집단과 맞섰다. 그녀는 지난 모임에서 자신이 판단받고 공격당한 것 같았다고 말했다. 그녀는 계속 말했다. "처음에 난 매우 화가 났어요. 하지만 내가 더 많이 그 일에 대해 생각할수록 나에게 병행 과정이 일어나고 있는 걸 느꼈어요." 수는 그녀의 내담자가 자신에게서 매우 가학적인 면을 끌어낸 것처럼 자신이 집단원 안에서 가학적인 충동을 끌어낸 것인지 궁금해했다. 집단이 점점 비판적이 되고 상처를 주면서 반응했던 것처럼, 수는 자신이 애니에 대해 비판적이고 상처를 주는 말로 들릴 수도 있는 해석을 했음을 깨달을 수 있었다. 집단원이 괜찮으냐고 물어보았을 때 수가 자신을 보호할 수 없었던 것과 마찬가지로, 애니도 자신을 위해 목소리를 낼 수 없었을 것이다. 이는 학대받은 내담자와 일할 때 공통으로 발생하는 일이다. 내담자는 무의식적으로 치료사를 가해자처럼 생각하면서 자신의 정신적 외상을 재현하려고 한다(Herman, 1992; Kalsched, 1996; Pearlman and Saakvitne, 1995). 수는 말했다. "나는 이 가능성에 대해 애니와 이야기했고, 그녀는 자신이 세션에 결석한 것을 치료에 대한 회피로 해석한 데 대해 화를 냈어요. 애니는 너무 우울해서 올 수 없었다고 말했고, 내가 이해하지 못한 것이라고 했어요." 수의 감정이입에서의 이 실패 경험은 '유용한 것'이 되고 치료의 전환점이 되었다.

결론

멤버십에 변화가 있었지만, 우리의 동료 슈퍼비전은 계속 이어지고 있다. 지금은 5명의 음악치료사로 구성되어 있으며 4명은 기존 구성원이다. 저자들은 이 집단이 효과적으로 유지된 이유가 집단원의 집단 진행과 음악 안에서 작업하는 방법에 대한 지식, 역전이 쟁점을 규명하고자 하는 의지와 능력에 있다고 보았다. 집단원은 매 세션에서 일어나는 과정뿐만 아니라 한 세션에서 다음 세션으로 발전하는 과정에 대해서도 잘 이해하고 있었다. 구성원이 자신을 위한 치료를 받았거나 계속해서 받고 있었기 때문에, 집단 안에서 약점을 드러낼 수 있을 만큼의 신뢰감을 쌓고 개인의 문제점, 불안감, 질문을 공유하거나 드러내는 것이 가능했다. 또한 자신의 역전이와 행동이 이런 쟁점에 어떻게 영향을 미치는지를 바라볼 수 있었다. 언어적인 집단 슈퍼비전 관련 문헌이 제시하는 대로, 우리는 정신역동적 동료 슈퍼비전 집단 내의 구성원은 졸업 후 충분한 임상경험을 쌓을 필요가 있고, 그래야 다른 집단 구성원에게 어느 정도 적절한 슈퍼비전을 제공하고 또 받은 피드백을 활용할 수 있다고 믿는다. 경험의 깊이가 우리 슈퍼비전 집단이 단순한 동료 간의 지지나 동료 간의 공부 수준을 넘어 발전할 수 있도록 도와주었다(Benshoff, 1993; Borders, 1991; Clarkson, 1998; Feingold, 1994; Gomersall, 1997; Hardcastle, 1991; Powell, 1996).

우리가 알기로는 음악치료 동료 슈퍼비전에 대한 문헌이 거의 없다. 이 때문에 이 장에서 인용된 내용은 주로 상담이나 사회복지 같은 영역에서 이루어지는 언어적 동료 슈퍼비전 집단에 관한 정보에 제한되어 있다. 동료 슈퍼비전 집단을 구성하는 것과 관련해서 여러 가지 다양한 개념이 문헌(Benshoff, 1993; Borders, 1991; Crutchfield and Borders, 1997; Crutchfield, Price, McGarity, Pennington, and Richardson, 1997; Feingold, 1994; Remley, Benshoff, and Mowbray, 1987; and Roth, 1986)에 제시되어 있다.

동료 슈퍼비전 집단이 가장 특징 있게 공헌한 바는 여러 가지 다양한 철학과 방법에 노출되도록 했다는 것이라 볼 수 있다(Clarkson, 1998). 동료 슈퍼비전은 리더가 특정 방법을 가르치는 역할을 하는 슈퍼비전 집단과는 구별되어야 한다. 우리의 음악치료 동료 슈퍼비전 집단에서는 또한 개인치료사로서는 생각해 보지 못했을 풍부한 음악적 표현을 비용을 거의 혹은 전혀 들이지 않고 나눌 수 있다. 여기에는 각기 다른 악기의 상징성에 대해 배우는 것, 다양한 방법으로 악기를 연주했을 때의 효과, 그리고 익숙하지 않은 음악적 스타일과 표현방식을 시도해 보는 것이 포함된다.

음악치료 동료 슈퍼비전 집단에는 많은 장점이 있다. 이 독특한 본질은 심화단계에 있는 임상가에게 지속적인 교육을 제공한다. 하지만 가장 중요한 것은 치료사의 임상적, 개인적 성장을 위해 음악이 치료적 과정과 슈퍼비전 과정에서, 그리고 치료사에게 필수적임을 확인해 준다는 것이다.

참고문헌

Austin, D. (1996). The role of improvised music in adult psychodynamic music therapy. *Music Therapy, 14*(1), 29-43.

Austin, D., and Dvorkin, J. (1993). Resistance in music therapy. *Arts in Psychotherapy, 20*, 423-429.

Benshoff, J. (1993). Peer supervision in counselor training. *Clinical Supervisor, 11*, 89-102.

Borders, D. (1991). A systematic approach to peer group supervision. Journal of Counseling & Development, *69*, 248-252.

Clarkson, P. (1998). Supervised supervision: including the archetypal of supervision. In P. Clarkson, (Ed.), *Supervision: Psychoanalytic and Jungian Perspectives*. London: Whurr Publishers, Ltd.

Crutchfield, L., and Borders, D. (1997). Impact of two clinical peer supervision models on practicing school counselors. *Journal of Counseling & Development, 75*, 219-230.

Crutchfield, L., Price, C., McGarity, D., Pennington, D., and Richardson, J. (1997). Challenge and support: Group supervision for school counselors. *Professional School Counseling, 1*, 43-46.

Evans, M., and Cohen, P. (1985). Borrowing a vision: A creative use of countertransference feelings in peer supervision to release barriers in the intuitive analytic process. *Current Issues in Psychoanalytic Practice, 2*, 111-121.

Feingold, A. (1994). Peer supervision and HIV: One group's process. In S. Cadwell (Ed.), *Therapists on the Front Line: Psychotherapy with Gay Men in the Age of AIDS*. Washington, D.C.: American Psychiatric Press Inc.

Gomersall, J. (1997). Peer group supervision. In G. Shipton (Ed.), *Supervision of Psychotherapy and Counseling: Making a Place to Think*. Buckingham, U.K.: The Open University.

Hardcastle, D. (1991). Toward a model of supervision: A peer supervision pilot project. Clinical Supervision, *9*, 63-76.

Herman, J. L. (1992). *Trauma and Recovery*. New York: Basic Books.

Kalsched, D. (1996). *The Inner World of Trauma*. New York: Routledge.

Ladany, N., Lehrman-Waterman, D., Molinaro, M., and Wolgast, B. (1999). Psychotherapy supervisor ethical practices: Adherence to guidelines, the supervisory working alliance, and supervisee satisfaction. *Counseling Psychologist, 27*, 443-475.

Ladany, N., and Lehrman-Waterman, D. (1999). The content and frequency of supervisor self-disclosures and their relationship to supervisor style and the supervisory working alliance. *Counselor Education & Supervision, 38*, 143-160.

Murdon, L., and Clarkson, P. (1998). The ethical dimensions of supervision. In P. Clarkson (Ed.), *Supervision: Psychoanalytic and Jungian Perspectives*. London: Whurr Publications, Ltd.

Pearlman, L., and Saakvitne, K. (1995). *Trauma and the Therapist*. New York: W. W. Norton & Co.

Powell, D. (1996). A peer consultation model for clinical supervision. *Clinical Supervision, 14*, 163-169.

Prieto, L. (1997). Separating group supervision from group therapy: Avoiding epistemological confusion. *Professional Psychology, Research & Practice, 28*, 405.

Remley, T., Benshoff, J., and Mowbray, C. (1987). A proposed model for peer supervision. *Counselor Education & Supervision, 27*, 53-60.

Richard, R., and Rodway, R. (1992). The peer consultation group: A problem-solving perspective. *Clinical Supervisor, 10*, 83-100.

Roth, S. (1980). Peer supervision in the community mental health center: An analysis and critique. *Clinical Supervisor, 4*, 159-168.

Scheiby, B., and Montello, L. (1994, June). Introduction to psychodynamic peer supervision in music therapy- 'dancing with the wolves' in the client-therapist relationship. *Proceedings of the American Association for Music Therapy Conference, USA* 214-223.

Shatan, C., Brody, B., and Ghent, E. (1963). Countertransference: Its reflection in the process of peer group supervision. *International Journal of Group Psychotherapy, 12*, 335-346.

Singo, W. (1998). *The Effects of Peer Group Supervision and Individual Supervision on the*

Anxiety, Self-Efficacy, and Basic Skill Competency of Counselor Trainees in Practicum. (Doctoral dissertation, Wayne State University, 1998). Dissertation Abstracts International, Section A, Humanities & Social Sciences, *59*, 0738.

감사의 글

슈퍼비전 집단 구성원의 진지한 도움과 조언에 감사한다. 우리 집단은 특별한 존재다.

제16장

음악치료 전문가 집단 슈퍼비전의 통합적 기법

통합적 접근

전문 음악치료 슈퍼비전은 신생 분야다. 독일 내에는 이에 관한 출판물이 별로 없고, 음악치료가 좀 더 심도 있는 학문체계를 갖추기 위해 실시되어야 할 연구는 산재해 있다. 음악치료사와 슈퍼바이저로서의 '통합적' 배경을 가진 자로서 나는 전문 음악치료 슈퍼비전과 관련된 다각적 시각을 발달시킬 의무가 있다고 생각한다(Petzold, 1998, p. 101). 이러한 슈퍼비전 상황에 대한 다각적인 관점은 우리가 살고 있는 여러 다른 "사회 세상"(Strauss, 1978)의 다양성을 존중하기 위해서 다양한 이론(미학적, 정신역동적, 사회심리학적, 사회환경학적, 시스템적, 사회구조적 이론)을 취한다.

"현상학적 관점"(Petzold, 1998, p. 88)은 우리 환경에서 일어나는 현상(상황/시스템)에 대한 인지, 즉 우리가 자라온 사회에서 교육받은 인지방식대로 어떻게 느끼고, 듣고, 보고, 감정을 느끼는가에 관한 것이다. 현상학적 관점은 인지 자

Isabelle Frohne-Hagemann, PhD
European Academy for Psychosocial Health, Fritz Perls Institute, Hückeswagen, Germany

체만 의미하는 것이 아니며 해석된 인지를 포함한다. 감정적인 개입과 주관적인 경험은 다른 관점을 이해하는 중요한 자원이다.

"해석학적 관점"(Petzold, 1998, p. 88)은 인간 행동에 대한 의미 있는 해석을 하는 방법과 이론으로 설명된다. 의미 있는 행동에 대한 이해는 특정 현상과 보편적인 맥락 사이를 반복적으로 오가는 순환 관계 속에서 발달한다는 점을 고려할 필요가 있다. 특정 행동, 상황, 혹은 시스템은 언제나 전체(whole)와 관련되어 그 의미와 중요성을 가진다(Koschnik, 1992, p. 453). 이러한 관점에서 보면 현상은 공감, 반영, 상호작용(우리가 감각-운동 활동에 기초한 형이하학적 능력이라 여기는 것)을 통해 그 구조를 설명할 수 있으며 이는 살아온 경험과 관련된 표현으로 이해할 수 있다. 이는 인지적 지각에 의미를 부여한다. 이해는 관계된 사람들이 공통의 인간성을 공유할 때 가능하다.

"평가적 관점"(Petzold, 1998, p. 88)은 우리의 평가에 있어 윤리적이고 정치적인 영역에 관심을 갖고 왜 그런지를 이해해야 하는 다양한 상황을 해석하는 방식을 반영한다. 이는 다층적인 반영이며 우리 자신에게서 어느 정도 거리를 유지해야 하기 때문에, 집단 안에서는 다른 슈퍼바이저 혹은 수련생의 도움으로만 이러한 반영이 가능하다.

"행동 중심적 관점"(Petzold, 1998, p. 88)은 현실(상황)과 현실 모델(시스템)을 바꿀 수 있는 모든 가능한 중재와 기법을 의미한다.

지금 시대의 슈퍼비전에서는 서로 다른 치료적 관계, 사회적 관심, 다양한 담론, 문화적 · 정치적 발달에 관련된 다양한 개인적 문제에 접근하는 데 있어 단지 하나의 관점만을 취하는 것에 더 이상 변명의 여지가 없다. 순수하게 정신역동적인 관점은 해석에 대한 가능한 체계의 전체적 복합성을 설명하거나 단순화하지 못한다. 또한 어떤 체계적 이론도 그 자체만으로는 이 문제를 해결할 수 없다. 따라서 여러 다양한 시각과 관점으로 슈퍼비전 상황을 바라보아야 한다. 이런 다양한 관점을 포함하는 것이 "다관점적 접근"(Petzold, 1998, p. 120)이라 할 수 있다.

슈퍼비전은 광범위한 영역으로 팀 슈퍼비전과 같은 다른 영역도 중요하기는 하나, 여기서는 사례 슈퍼비전에 한정해 초점을 맞추고자 한다. '사례'는 임상 상황 혹은 과정으로, 다음의 여러 변인의 영향을 받는 대상으로서 슈퍼비전이 이루어져야 한다.

음악치료사가 일하는 영역은 어디인가? 심상, 정신과, 사회보건 서비스, 아동복지 등과 같은 분야인가? 슈퍼바이저는 이런 분야와 관련해 어느 정도의 임상 능력이 있어야 한다. 각 영역의 문제는 매우 다르기 때문에 음악치료사의 일을 슈퍼비전할 때 슈퍼비전 수련자가 일하고 있는 분야에 대한 법, 전통, 임상 이론 등이 고려되어야 한다.

기관과 조직에서도 마찬가지다. 음악치료사가 일하는 곳이 병원, 교도소, 중독센터, 혹은 레크리에이션 센터 중 어느 곳인가에 따라 큰 차이가 발생한다. 이러한 기관과 조직 내 구조와 전통에 관한 정보는 매우 중요하다.

슈퍼바이저의 능력은 반드시 고려되어야 한다. 어떤 훈련과 경험이 임상가로서 슈퍼바이저에게 필요한가? 어떤 심리치료적 그리고 사회과학적 이론을 사용하는가? 음악치료 배경은 무엇인가?

슈퍼비전의 기능은 무엇인가? 수련생은 슈퍼바이저에게 무엇을 물어봐야 하는가? 슈퍼바이저는 음악적 즉흥연주와 관계의 역동 혹은 그 외의 것을 상담하고, 교육하고, 코치하고, 지지하고, 소진을 막고, 분석하고 있는가? 슈퍼비전의 기능에 대한 인식은 슈퍼비전 계약에서 발생하는 충돌이 발생하지 않도록 하는 데 매우 중요하다.

슈퍼비전 관계와 슈퍼비전 과정은 무엇인가? 환자와 음악치료사, 음악치료사와 슈퍼바이저, 슈퍼바이저와 슈퍼바이저에게 월급을 주는 기관 사이에 어떤 종류의 관계가 존재하는가? 슈퍼바이저는 무엇에 집중하는가? 대상관계 요소, 전이전달, 병행과정(수련생-슈퍼바이저 관계와 슈퍼바이저-기관 관계와 연계된 환자-치료사 관계의 재현), 혹은 다른 것인가?

슈퍼바이저의 성격, 수련생의 성격, 그리고 환자의 성격은 어떠한가? 어떻게 그들의 성격 중 건강함을 유지하게 하는 측면(활력, 자원, 기술, 동기, 희망, 바람 등)이 병을 유발하는 측면(부족, 갈등, 장애, 외상 등)과 결부되는가?

내담자의 사회생활은 어떠한가? 어떤 종류의 사회적 현실이 환자의 삶에 존재하는가? 그/그녀의 세상은 슈퍼바이저가 속한 세상과 유사한가? 자신의 사회생활을 위해 내담자는 어떤 종류의 음악치료와 치료목표가 필요한가?

임상이론은 어떤 역할을 하는가? 슈퍼바이저가 사용하는 이론은 구조적 이론, 발달학적 이론, 합리적 이론 등 가운데 어떤 것인가? 그리고 오직 하나의 이론만을 사용하는 것은 슈퍼비전 상황에서 어떤 의미가 있는가?

인류학적 및 사회학적 이론[1)]은 반드시 고려되어야 한다. 만약 환자가 실직, 고립, 스트레스, 소진, 인종에 따른 문제로 고통받고 있다면, 슈퍼바이저는 어떤 사회심리학적 및 사회과학적 이론을 고려해야 할까?(Holoway, 1995; Petzold, 1998 참조)

집단 슈퍼비전

전문 음악치료 슈퍼비전은 개인 혹은 집단 형태로 이루어진다. 나는 여기서 집단 구성원 간의 능력을 결합할 수 있는 장점을 가진 집단 슈퍼비전을 집중적으로 다루고자 한다. 슈퍼비전 집단의 구성원은 다른 위치, 관점, 이해 틀, 그리고 중재 패턴을 보인다. 이러한 다양한 위치는 그들의 양립 가능성 및 통합과 관련해 논의될 수 있다. 통합은 여기서 서로 섞일 수 없는 실제 문제에 대한 여러 시각 사이의 다리와 연결고리를 찾는 것을 의미한다. 내담자의 다양성과 이론적 관점의 다양성은 슈퍼비전을 풍성하게 해 준다. 통합을 위한 다리를 찾는 과

1) 폭력적인 남편을 피해 아이들을 남겨 놓고 떠나 일자리마저 잃은 엄마는 자신의 어린 시절 트라우마로 인한 우울을 해결하기보다는 여러 가지 현실문제를 해결해야만 했다. 슈퍼바이저는 수련생이 사회과학적 관점에서 문제를 찾도록 도와야 한다. 만약 음악치료사가 어린 시절의 부정적 관계의 결과로 이해되는 숨겨진 문제를 찾으려고만 한다면 이 내담자에게는 별 도움이 되지 않을 것이다. 슈퍼바이저는 내담자의 안정화에 중점을 둔 중재를 하도록 수련생의 인식을 일깨워야 하는데, 예를 들면 내담자가 자신의 지지적인 사회 네트워크를 (음악적) 표현을 통해 경험하는 방법과 자녀와의 감정 공유, 그리고 자신의 세계에 머무르며 다른 사람과 자신의 감정을 나눌 수 있도록 도와야 한다.

정은 협력관계를 증진하고, 임상을 분석하거나 작업하는 다른 방법을 인내하게 한다. 넓게 보면 집단 슈퍼비전은 다른 음악치료 '학파'(음악치료사로서 어떻게 일할 것인가를 다루는 다른 이론적 배경과 철학적 접근)를 연결해 준다. 이러한 다른 관점은 슈퍼비전 집단을 능력 있는 집단으로 만들어 주며, 각 구성원이 슈퍼비전 쟁점에서 뭔가를 배우고 성장하게 하는 자원이 된다.

이러한 집단의 슈퍼바이저는 중재자, 교사, 혹은 상담가가 되기도 하면서 각기 다른 음악치료사의 잠재성과 능력을 연합하는 데 도움을 준다. 슈퍼바이저는 치료사가 아니며, 치료사로서 일하는 수련생을 돕는 선에서 수련생의 개인 문제를 다룬다. 물론 슈퍼비전 기법도 건강함을 유지하게 하는 치료적 영향을 준다. 우리가 치료를 인간이 가진 자원, 잠재성, 그리고 능력에 대한 증진을 이루는 것으로 이해하는 것과 마찬가지다.

전문 음악치료 슈퍼비전에서 사용되는 기법은 수련생과 그의 세상, 수련생의 내담자와 내담자의 세상, 그리고 그들의 치료 관계에 영향을 끼치도록 의도되어 있다. 내담자와 그 환경 간 관계는 음악치료사와 내담자 간 관계로 재현되기 때문에, 슈퍼바이저는 항상 직접적으로 혹은 간접적으로 참여하고 있다고 할 수 있다. 이는 향후에 음악치료사와 그의 슈퍼바이저 혹은 집단과의 관계로 전이되며, 궁극적으로는 슈퍼바이저와 그의 인터비전 집단(외부 슈퍼바이저 없이 자신의 사례를 동료 집단과 의논하는 동료 슈퍼비전 집단)으로 발전한다. 통합적 슈퍼비전에서는 이것을 "여러 수준의 모델"이라고 지칭한다(Petzold, 1998, p. 203).

지난 30년 동안 독일의 음악치료에서는 내담자에 대한 여러 접근법을 개발해 왔다. 이러한 다양한 접근법은 그 뿌리가 주로 깊이 있는 심리학적, 정신역동적, 발달적, 인류적, 시스템적, 혹은 통합적 관점의 음악치료에 관계되어 있다. 오늘날 지배적인 모델은 분석적 음악치료, 인류학적 음악치료, 통합적 음악치료, 형태학적 음악치료, 노도프-로빈스 음악치료, 오르프 음악치료, 통제적 음악치료, 그리고 사회적 음악치료다. 이러한 모델은 종종 같은 치료기법을 사용하기도 하지만 이론적 배경과 치료목표는 다르다. 슈퍼비전에서는 오해를 막을 수 있도록 이러한 배경이론을 정확하게 규명해야 한다.

슈퍼비전 과정

지금부터는 슈퍼비전 상황, 드러난 과정, 그리고 슈퍼비전 기법의 사용에 대해 말하려고 한다. 슈퍼비전에서 슈퍼바이저는 심리치료 기법으로서의 음악치료, 그리고 특정한 미적 특징을 가진 치료적 도구로서의 음악치료에 초점을 맞추고자 한다. 전문적인 음악치료 슈퍼비전은 일반적인 슈퍼비전과 특정 음악치료 슈퍼비전을 통합한다. 슈퍼비전에 사용되는 기법은 언어적 혹은 비언어적일 수 있으며 자유로운 언어 연상, 이미지, 상황과 문맥 속에서의 개인의 묘사, 역할연기 혹은 특정 사람, 기능, 감정의 상징으로서의 악기 규명 등을 포함한다. 여기서 특정 심리치료적 기법은 음악치료 슈퍼비전에 '그대로 적용되기도' 한다. 반면에 자유즉흥연주, 분위기에 대한 음악적 표현, 감정과 관계, 음악 듣기, 특정 음악치료에 국한된 여러 다른 기법을 포함하는 음악치료 기법도 사용된다. 물론 이런 기법에 대해서는 다시 다양한 심리치료적 관점과 이론적 설명을 바탕으로 언어적인 작업이 이어질 수 있다. 자유 즉흥연주는 접촉이론(게슈탈트), 대상관계이론(정신분석적), 발달심리학적 이론(학습과 의사소통 이론), 시스템 이론 등과 연계될 수 있다.

숙련된 음악치료사인 슈퍼바이저는 수련생이 관계 의미의 경험을 통해 비언어적인 것을 해석학적으로 더 풍성하게 이해하도록 하는 특정 음악치료 기법을 사용한다. 음악치료 자질을 갖추지 못한 슈퍼바이저는 수련생이 자신의 행동에 대한 이해를 경험할 수 있도록 역할 바꾸기나 문제 규명하기 등의 기법을 사용할 수 있다.

반면에 음악적 과정 자체와 자유 즉흥연주의 경우에는 무엇이 진행되고 있는가를 이해하기 위해 특별한 슈퍼비전 해석이 필요하다(Frohne-Hagemann, 1999a, p. 107; 1999c). 치료 파트너 간의 음악적 과정을 어떻게 언어로 표현할 것인가? 무엇이 '주제'이고, 무엇이 '메시지'이며, 무엇이 '주요 장면'이고, 무엇이 '관계'인가? 무엇이 정신분석적으로, 집단역동적으로, 상호관계적으로, 그리고 감정적으로 진행되고 있는가? 이러한 질문은 우리의 사고, 말하기 방식, 음악을 이해하는 방식을 알아내기 위한 토론에 열린 마음을 가질 때에만 그 답을 찾을 수 있을 것이다. 치료 안에서 이루어지는 음악적 즉흥연주는 고유한 특정 언어를 가진다. 내담자의 음악적 즉흥연주가 어떤 지시와 함께 시작되었는가, 지시 없이 이루어졌는가, 지시가 있었다면 어떤 종류의 지시가 즉흥연주를 유도했는가 등이 고려되어야 한다.

경험상 대다수 수련생이 이러한 해석학적 영역에서 많은 도움이 필요한데, 이는 그들이 종종 내담자와의 의사소통을 가능하게 하는 즉흥연주를 해석하는 정확한 단어를 찾지 못하기 때문이다. 이는 또한 Dvorkin이 말한 것처럼 "… 치료사와 내담자 간에 일어나고 있는 것에 대한 이해가 부족하여 실제로 일어나고 있는 것의 최소한 2/3가 소홀히 여겨지고 있기" 때문이다(Dvorkin, 1999, p. 280). 그녀는 "치료 안에서 이루어지는 음악적 관계를 이해하기 위해서는 심리치료 기법과 이론 틀에 대한 기본지식"(p. 279)이 필요하다고 생각하였다. 심리역동적 대상관계이론에 근거해 음악적 관계를 이해하는 것은 단지 한 영역에 국한되는 것이다. 좀 더 다각적인 접근이 이루어질 수 있는 여지가 있으며 누가 어떤 즉흥연주를 했는지 아는 것은 즉흥연주가 아직 답하지 못한 질문에 대한 답이 될 수 있는데, 이는 새로운 이론으로 이어질 수 있다.

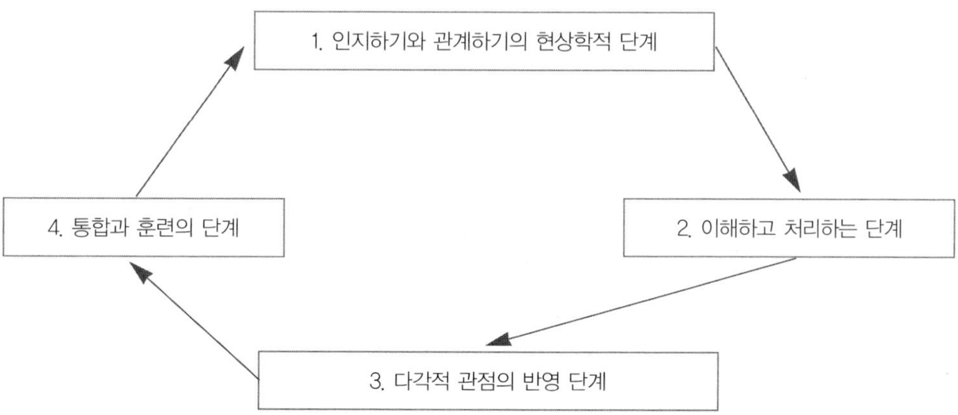

[그림 16-1] 슈퍼비전 과정

나는 앞에서 일반적이거나 특정한 음악치료 슈퍼비전과 관련해서 여러 다른 관점을 통합하는 데 유용한 해석학적 모델에 대해 언급하였다. 이 모델은 통합이론에 근거하는데(Petzold, 1993), 이는 [그림 16-1]에서처럼 시작과 끝이 없는 나선형의 슈퍼비전 과정을 보여 준다.

나선형의 각 단계는 특정 방법으로 제시된 문제를 다룬다. 음악치료와 언어적 기법을 사용하면서 그러한 문제를 다각적인 시각으로 볼 수 있다.

사례

여기서 나는 우리 슈퍼비전 집단에 즉흥연주(비디오테이프)를 제시한 젊은 음악치료사(메리라고 지칭함)와의 슈퍼비전 과정에 대해 쓸 것이며, 해석학적 모델을 체험적인(heuristic) 방법으로 사용할 것이다.

인지하기와 관계하기의 현상학적 단계

음악치료 상황에서의 메리(34세)에 대한 설명이다. 그녀는 지난 2년간 정신신체적(psychosomatic) 질병만을 다루는 병원에서 일해 왔으며, 오늘 그녀는 5명의 내담자와 함께 한 음악치료 집단에 대해 발표하였다. 메리는 그중에서 한 내담자 P씨(기혼 여성)와 자신의 관계에 대해 점검해 보길 원했다. 그녀는 이 여인에 대한 자신의 반응을 이해하지 못하고 있었다. 메리는 집단 구성원에 대해 설명하였다. A씨(기혼 여성)는 34세로 궤양성 대장염을 앓고 있었고, T씨(미혼 여성)는 22세로 두통에 시달리고 있었으며, R씨(남성)는 30세로 천식으로 고통받고 있었다. 그리고 S씨(남성)는 32세로 일반적인 통증에 시달리고 있었고, P씨는 58세의 간호사로 등에 통증이 있으나 그에 관해 말하기를 꺼렸다. P씨는 항상 크고 두꺼운 드럼을 연주했다. 메리는 분노에 찬 목소리로 P씨가 언제나 모든 사람을 지배하려고 하고 그들이 자신의 리듬 패턴을 연주하도록 강요한다고 말했다. 메리는 다른 리듬 구조를 제시함으로써 그녀와 음악적으로 대립을 하고 있지만, P씨는 자신의 리듬만을 고집한다고 말하였다. 반면에 다른 내담자는 그 즉흥연주에 만족스러워했고, 심지어 메리를 따르지 않는 P씨의 연주를 지지하기까지 했다. 메리는 자신이 무능력하다고 느꼈다.

슈퍼비전 집단 구성원은 메리가 보고하지 않은 비언어적 수준에 대한 역전이를 음악적으로 표현해 보기로 했고, 형이하학적인 반영(corporeal resonance)을 표현함으로써 메리가 보고한 집단의 관계와 역동에 대한 느낌을 얻어 보기로 하였다. 역전이는 "발린트 집단(Balint-group) 즉흥연주"라고 불리는 심리역동적 기반을 가진 기법에 의해 의식 수준으로 나타난다(Loos, Strobel, and Timmermann, 1988, p. 277). 역전이는 정신역동적 이론 안에서만 해석되어야 한다는 위험이 따르기도 한다. 음악적으로 표현된 형이하학적 반영은 신체, 감각-운동 정보로 여겨지며, 이때 수련생의 보고에 관한 생각, 이미지, 연상과 우리의 감각에 집중된 그들의 현상학에 기초한 호소로 인해 편향된 이론에 의지하는 것을 예방하는 데 도움이 된다. 그렇다면 우리가 의식하고 있는 것은 정확히 무엇이며, 우리는 무엇을 보고 듣고 냄새 맡고 만지는가? 다음 단계는 다음 질문에 답하는 것이다. 이러한 인지과정은 도대체 어떤 것인가, 어떤 구조로 구성되어 있는가, 그리고 우리의 경험구조는 어디에서 오는가?

현상학적 형이하학적 접근은 통합적 음악치료와 슈퍼비전의 특징이다. 우리의 형이하학적 능력은 우리가 보고 듣고 만지고 냄새 맡는 것을 통해 신체적으로 경험하게 되는 것, 사고와 상상을 통해 경험하는 것을 인지하고 또 그 흔적을 추적하도록 돕는다. 이로써 인지적인 지각에 현실감이 생기게 된다(Damasio, 1994 참조).

우리의 형이하학은 상태가 아닌 과정이다. 느낌을 감지하고 반영하는 것은 심리상태로서의 감정에 관한 정보를 제공할 뿐 아니라 역동적인 과정으로서의 현상을 이해하도록 돕는다. 확장되고 있는 역동적인 과정(확장된 경험 대신)이나 수축되고 있는 과정(수축된 것 대신)은 음악의 다이내믹을 더 잘 이해하게 하는 경험으로 볼 수 있다. 음악과 움직임 사이에는 대응성 혹은 '유사'가 존재한다

(Frohne, 1981; Klausmeier, 1978; Smeijsters, 1991; Zuckerkandl, 1863). 형이하학과 음악 사이에도 역동적으로 대응되는 면이 있다. 확장과 수축, 혹은 가속(점점 빠르게)과 감속(점점 느리게) 같은 형이하학적 충동은 음악과 감정의 기본 성질이다. 즐거움과 슬픔과 같은 감정 상태는 기본적으로 흘러간다. (감정이 우울과 같이 굳어져 있다면 병리학적으로 문제가 있다고 여겨진다. 우울한 내담자는 다른 사람과 어울릴 수 없다. 그리고 누가 계속 웃고만 있는 사람과 어울릴 수 있겠는가?)

어떠한 감정 상태, 사고, 혹은 기억의 기본 경험은 역동적인 움직임이라 할 수 있다. 다른 이에 대한 형이하학적 반영에 대해 Daniel Stern은 『아기의 일기(Diary of a Baby)』(1990)에서 어떤 사람, 누군가의 보고, 혹은 누군가의 즉흥연주를 형이하학적으로 반영하는 것을 매우 아름답게 묘사하고 있다. 이런 반영은 상황과 체계에 대한 내면적 움직임을 따라 흘러갈 수 있게 도와준다. 근본적인 역동적 진동 혹은 움직임은 분위기로 감지되거나, 장면으로 시각화되거나, 각기 다른 역할 형태(Jacobi[1987]에 설명된 것같이 '일치된', '보완하는', 혹은 '상호보완적' 역전이)로 경험될 수 있다. 우리는 어떤 하나의 방식으로 상황이나 체계를 구성하는 역동을 통해 자신의 '사회세계'를 만들어 나간다. 그러므로 이러한 기법은 치료 상황과 시스템을 여러 수준에서, 또한 슈퍼비전 집단에서의 병행과정을 통해 재현되도록 한다. 이것은 우리와 우리의 경험을 연결해 주며, 이 사례에서는 메리의 세상과 그녀의 내담자를 연결해 준다.

물론 이 단계에서는 메리의 감정을 음악적으로 표현하는 것이 도움이 되었다. 이는 그녀가 자신의 언어적 보고와 감정적으로 연결되도록 하는 데 유용한 기법이었다. 그러나 메리는 자신의 내담자와 즉흥연주한 비디오테이프를 먼저 보여 주기를 원했다. 그녀에게는 우리에게 무언가를 보여 주는 것, 문제를 떨어져서 보는 것이 중요해 보였다. 이 순간에 그녀는 관심의 집중을 받게 할 수도 있는 자신의 감정 반응을 두려워했을 수도 있다. 그녀는 우선 우리와 함께 문제를 바라보는 것이 좀 더 안전하다고 느꼈다. 그렇지만 집단은 그녀의 언어적 보고가 남긴 반영에 대해 이야기해 주었다.

메리의 보고와 자신의 경험에 대해 그녀가 보고하는 방식은 형이하학적으로는 집단이 무기력과 초조함을 경험하도록 했고, 특별히 그녀가 P씨에 대해 묘사할 때 더욱 그러했다. P씨는 그 비중이 점점 증가하는 것으로, 메리는 위축되고 있는 것으로 경험되었다. 슈퍼비전 집단의 구성원은 메리에게 일치된 역전이를 경험하였고(그녀의 무기력 때문에), 이는 그녀가 P씨에게 느끼는 상호 보완적 역전이와 연결되어 있었다(메리는 무의식적으로 P씨와 역할을 바꾸었고, 그녀가 내담자가 되고 P씨가 매우 지배적인 간호사인 것처럼 보였다). 어떻게 이런 일이 일어날 수 있으며 왜 그런가?

비디오테이프를 본 후에 집단 구성원은 자신이 관찰한 것과 받은 인상에 대해 말하였다. 비디오 내에서 A씨는 그녀의 공간을 찾으면서 실로폰을 연주하기 시작했다. T씨는 창문 밖을 보다가 레인메이커를 연주하면서 A씨의 연주에 동참하였다. P씨는 둘을 동시에 보고는 크고 두꺼운 드럼을 갖고 리듬을 연주하기 시작하였으며, 이는 A씨와 T씨에게 구조와 안정감을 주었다. 하지만 그들은 P씨를 무시하는 것처럼 보였다. R씨는 어떻게 보면 동요처럼 들리는 멜로디를 연주하였다. 하지만 그의 얼굴 표정은 매우 고요해 보였다. S씨가 젬베를 가지고 P씨의 연주에 참여했는데, 그의 리듬은 매우 짧고 제한적이었다. 음악은 매우 고정적이고 연주자는 거의 눈을 마주치지 않았다. 이제 메리는 '빅 밤(Big Bom)'(나무로 만들어진 매우 큰 [120×60×60cm] 드럼)을 가지고 다가갔고 다른 사람에게 거슬릴 수 있는 리듬으로 스윙 스타일의 워킹 베이스를 연주하였다. 이는 P씨를 자극해 그녀가 더 크게 치도록 만들었다. 그들 사이에 충돌이 일어나는 것처럼 보였다. P씨는 메리를 회피하는 것처럼 보였다. 마치 내담자는 리듬의 틀 안에 머무르기 위해서 매우 열심히 연주하고 있는 것처럼 보였지만, 음악은 집단 전체가 움직이거나 마음을 열기를 원치 않는 것처럼 들렸다. 교도소 같은 인상을 줄 뿐 아니라, 정말이지 다들 열심히 하고 있다는 느낌이었다. 우리는 메리가 왜 집단이 좀 더 움직임에 마음을 열도록 하길 원했는지 이해할 수 있었다.

내면화된 인지 모델과 우리의 경험으로 모든 관찰에 대한 정보를 얻게 됨에 따라 우리가 하는 해석을 다음 단계에서 증명되어야 할 가설로 여길 필요가 없었다.

비디오는 순수 음악에서 얻어지는 추가 정보를 제공한다. 비디오를 관찰할 때

(그리고 비디오를 보는 것이 순수한 듣기만큼 집중적이지 않지만), 우리는 내담자가 하는 행동을 보고 서로가 어떻게 의사소통하고 어떻게 서로에게 영향을 주는지를 본다. 우리의 경우에는 6명이 한 집단 안에서 함께 연주하는 것을 보았지만 집단을 하나의 존재로 느끼지는 못했다. 순수하게 듣기만 할 때 다른 정보를 얻을 수 있다는 것을 알기 때문에, 우리는 비디오를 다시 눈을 감고 들어 보기로 결정했다. 듣기는 하나의 전체 게슈탈트에 관심을 갖게 했고, 이는 개별 관찰을 합친 것과는 다른 것이었다. 형이하학적 방식의 듣기는 전체와 전체 안에 있는 부분들의 역동, 충동, 그리고 움직임, 움직이거나 움직이지 말아야 할 필요, 그리고 적절한 표현의 필요성을 경험하는 데 도움을 준다.

우리는 눈을 감고 들어 보면서 집단 내에서 일어나는 역동을 반영하는 방법을 사용했다. 지금 우리가 경험하는 것은 즉흥연주에서 좀 더 건강 요인 지향적인 부분으로 보인다. 우리는 하나의 장면 속에 존재하는 내담자가 자신이 일부가 된 그 장면을 만들어 내기에 바쁜 것을 음악을 통해 들을 수 있다. 우리는 접촉을 위해 탐색하고 있는 것을 들으며, 이것은 안정적인 리듬 안에서 발견된다. 악기 사이에서 상호작용 혹은 감정의 상호교류 같은 서로 간의 접촉은 찾을 수 없지만 리듬을 공유하고 있어 그러한 접촉이 생긴 것이다. 집단에서 소외된 이가 이러한 연주를 방해하려는 움직임을 보이지만 오히려 그 때문에 집단은 그 안정된 리듬에 견고하게 속해 있는 것이다. 결국 이 집단에서 소외자였던 치료사가 이 집단이 서로에게서 안정된 상호 신뢰를 느끼도록 하는 존재가 되었다. 우리는 P씨의 리드믹한 연주를 왜 집단원이 즐기고 있는지를 이해하였다.

그녀는 감정의 안정성과 연속성을 주는 기본적인 중심 리듬을 제공하는 것이다. 음악은 우리가 그 장면을 볼 때처럼 거슬리게 들리지 않는다. 이처럼 본 것과 듣는 것 사이에는 분명한 차이가 있다.

해석학적 모델의 이 단계에서 우리는 개별 내담자, 그들의 행동, 서로에 대한 태도, 제스처, 모방, 악기의 선택, 그리고 그 순간에 그들이 하는 역할 등에 대한 다양한 측면을 발견할 수 있었다. 그러고 나서 우리는 음악을 들었고 음악이 자원, 잠재성, 요구에 대한 표식임을 발견하게 되었다. P씨의 상황을 보면, 그녀는 리듬을 통해 다른 내담자를 수용하는 중요한 역할을 한 것이다. 우리는 왜 메리가 이에 대해 불편해하는지 이해했다. 세션에서 일어난 일에 대한 그녀의 인식과 세션에서의 관계와 관련된 부분에 대한 인식이 서로 일치하지 않았던 것이다.

이것이 메리와 무슨 상관이 있었던 것인가? 지금 이 순간에는 마치 메리에게만 문제가 있는 것으로 보인다. 실제 세션에서 그녀는 희생양인가(체계적 관점), 자신의 과거 일에 전이를 한 것인가(정신분석적 관점), 혹은 그녀가 실제로 하는 행동이 병원 내에서 순위체계를 만들려다가 생긴 문제인가(사회적 관점)?

이해하고 처리하는 단계

다음 단계는 치료사가 다루어야 하는 문제를 좀 더 가까이서 바라봄으로써 이해하고 처리하는 단계다. 이 단계는 치료 측면에서 이루어지지만, 메리의 일과 관련된 부분에 한해 개인 문제도 슈퍼비전에서 다루어졌다.

나는 메리에게 그녀의 문제에 대해 물어보았다. 그녀는 말했다. "내가 P씨랑 겪는 문제는 그녀가 집단 안에서 치료사의 역할을 한다는 거예요. 그건 나의 역할이죠. 하지만 그녀는 나와의 직접 접촉은 회피하고 있어요. 집단은 이완되지만 나는 아주 불편하고, 그녀가 나를 화나게 하고 내가 하는 것이 치료적이지 않다는 생각에 점점 더 무능력하게 느껴져요." 그녀는 또한 병원 내 자신의 문제에 대해서 이야기했고 다른 치료사와 겪는 갈등에 대해서도 이야기했다.

우리가 그녀에게 음악을 통해 자신의 감정을 표현하도록 했을 때, 그녀는 드럼을 선택하고는 분노 속에서 매우 강렬하게 두드렸다. 메리는 P씨에 대한 감정을 드럼 연주로 표현하길 원했다. 그녀는 갑자기 말을 안 듣는 딸을 혼내는 엄마의 감정을 느꼈다. 이는 그녀에게 매우 생소한 경험이었는데, 방금 전까지만 해도 P씨에게 지배되고 있는 힘없는 어린아이 같은 기분을 느꼈기 때문이다. 메리는 양극단에 있는 감정을 빠르게 오가는 것처럼 느꼈다. 드럼은 분명히 P씨와 메리 모두에게 필요한 어떤 힘을 주는 것 같았다.

이 단계에서의 질문은 이 문제를 발생하게 하는 일 내면에 깔린 감정적인 배경은 무엇인가였다. P씨가 연주했던 악기를 연주해 보는 것이 어떤지 제안을 받았을 때 메리는 P씨와 동일시해 보고 싶은 호기심이 생겼다. 동일시(그리고 역할 바꾸기)라는 슈퍼비전 기법은 종종 게슈탈트 치료사가 사용한다. 그것은 역전이 혹은 반영 현상에 기초하지 않고 공감능력에 의존한다. 집단 구성원이 다른 내담자가 되어 보고 그들이 연주했던 악기를 연주하는 동안, 메리는 P씨를 동일시해 보고자 큰 드럼을 연주하였다. 나는 '빅 밤'을 연주하는 치료사 역할을 했다.

이 즉흥연주에서 메리는 다음과 같은 방법으로 P씨를 경험하였다. "나는 집단을 이끌어야 하고 다른 사람을 보호해야 해요. 나는 여섯 형제자매 중에 맏이예요(내담자 집단과 치료사 또한 6명이었다). 그리고 내가 항상 모든 일을 책임져 왔어요. 음악치료사 메리는 매우 어리고 하모니를 만드는 데는 관심이 없어요. 나는 그녀가 집단을 주도하고 있는 것이 불만이에요. 그녀는 문제를 확인하려고 했지만, 내겐 등에 통증이 있는 것 외에는 문제가 없어요. 나는 언제나 모든 사람의 문제에 대해 책임감을 가지고 있고 내가 항상 성공적인 것에 대해 자랑스러워요. 내게 통증이 있다는 것은 이 문제와는 상관이 없어요. 따라서 나는 치료사가 우리의 감정과 상호 교류적인 정서를 계속해서 파고드는 것을 막아야 하고, 음악적 경험이 방향 없이 진행되고 있다고 말해야 해요."

메리는 이제 P씨를 좀 더 잘 이해할 수 있다. 사실 이것은 메리 자신에 대한 이야기이기도 했다. 그녀는 자신의 가족도 돌보아야 하고, 도움이 필요한 사람을 도와주려는 책임감 때문에 치료사가 되었다. 그녀는 자신의 문제는 돌보지 않았다. 그녀는 제 기능을 다해야 했다. 왜? 메리는 의지할 수 없는 알코올 중독자 어머니가 있었다. 그녀의 어머니는 술에 취했을 때만 수용적이었다. 술이 깨고 나면 도움을 거절하고 자신의 문제에 대해 들으려고도 하지 않았다. 그녀는 맑은 정신일 때는 매우 엄격하고 억압적이었지만, 술에 취하면 역겨울 정도로 모든 일에 동의적이었다. 메리는 약한 존재가 되고 싶지 않았고 따라서 그녀의 어머니처럼 되고 싶지 않아서 치료사가 되었다. 그녀는 P씨도 자신이 약해지는 것을 참을 수 없어하는 존재라는 것을 이해하였다.

즉흥연주를 하고 피드백을 주고받는 동안, 슈퍼비전 집단 구성원은 자신의 감정을 나누었고 '내담자'가 되어 보는 경험을 하였다. 내담자 중에 가장 연장자이자 다른 사람을 도와주고 있는 P씨를 경험해 보았다. 사실 P씨는 다른 사람보다 무려 나이가 20세나 많았다. 그들은 치료사가 자신이 아직 이해하지 못하는 것을 강압적으로 다루려 한다고 느꼈고, 이런 압박감은 실제로 정신신체적 증상을 가진 내담자가 늘 치료사에게 표현하는 감정이다. P씨가 연주한 드럼에서 나오는 안정적인 리듬을 다른 내담자는 매우 편안하게 느꼈을 것이다. 그들은 리듬이 만들어 낸 보호막 밑에서 서로 밀착하는 것이 필요하다고 느꼈고, 이 괜찮은 하모니를 방해하려는 치료사에게서 위협받고 싶지 않았다. 단지 치료사가 병원 내 치료사 집단에 속해 있다는 사실만으로도 그녀가 더 위협적인 존재로 여겨졌을 수도 있다.

우리는 직접 관여하지 않는 위치에서 상황을 바라보면서 무엇이 일어났는지를 반영할 수 있다. 장녀로서 메리가(P씨처럼) 어머니에게서 가족을 보호하려고 하는 동시에 어머니를 '도와주길' 원하는(P씨를 보호하려는 것처럼) 오래된 장면이 세션에서 재현된다. 이 상황에서 메리는 자신이 투사한 어머니(P씨)를 만나는데, 이때 어머니는 '맑은 정신' 상태로 엄격하고 감정이 흐트러지는 것을 확실히 회피하고 있다. 그 구조는 분명해졌고, 메리는 P씨에 대한 자기 자신의 전이와 역전이를 이해하기 시작한다. 58세 된 P씨는 메리의 세상에서는 어머니 역할에 정확하게 맞아떨어지는 것처럼 보인다. P씨는 나이 때문에 이 역할이 맞았을 뿐 아니라 메리는 자신의 어머니처럼 P씨도 (아직은) 받아들이지 못했던 치료적인 영향을 주고 싶어 했다. 모든 변화가 삶에 대한 태도의 변화를 의미하며, 이는 매우 고통스러웠을 것이다. 메리와 P씨 모두에게는 자기 자신을 보호하기 위해 '도움'이 필요하였다. 이는 그들이 공유하는 세상이었다. 하지만 메리 역시 P씨를 이해하는가? 둘 다 사회적 위치를 가지고 있지만(음악치료사, 간호사), 간호사라는 직업은 각각의 환자와 공감을 이룰 수 있는 시간을 갖지 못한다. 간호사는 치료사보다 좀 더 실용적인 기능을 해야만 한다. 그들이 쓰는 전략은 꽤 다르다. P씨는 어머니가 어린 아기를 양육할 때처럼 모든 것이 하모니를 이루기를 원하는 반면, 메리는 접촉을 통해 '사람'에 대해 알고 싶어 한다. P씨는 하모니화와 안정화를 이루어 가는 방향으로 가는 반면, 메리는 차별화와 대립의 방향으로 간다.

이 단계의 치료에서 P씨는 무엇이 필요한가?

집단은 지금까지의 슈퍼비전 작업이 향후 치료 중재와 기법에 미칠 수 있는 결과에 대한 토론을 하기 전에 상황을 다시 한 번 점검하고 다각적 관점을 반영해 보는 것이 필요하다.

다각적 관점의 반영 단계

슈퍼비전 과정에서 이 단계의 주제는 다각적 관점에서 얻은 분명한 경험에 대한 해석학적 이해다(Petzold, 1996, 2ff).

메리의 전문적인 문제는 우리가 발견한 이러한 한 영역보다 많은 차원으로 되어 있다. 우리는 다음과 같은 것을 고려해 보아야 한다.

우리는 정치적인 영역을 점검해 보아야 한다. 공중보건 서비스의 실제 상황은 무엇인가? 메리가 일하고 있는 기관의 전통과 문화는 무엇인가? 메리는 정신신체적 문제를 가진 환자가 있는 병원에서 일한다. 환자는 평균적으로 얼마나 오래 입원하는가? 누가 치료비를 내는가? 이 병원에서 심리치료와 의학치료의 개념은 무엇인가? 메리의 위치는 무엇인가? 음악치료에 적합한 내담자를 고를 수 있도록 진단평가를 할 수 있는가? 대립이나 갈등 문제를 처리할 수 있는가, 혹은 내담자를 '이완' 하거나 그들의 문제를 잊어버리게 할 수 있는가? 메리는 일에 비해 매우 적은 보수를 받았고, 그녀의 병원 내 위치는 낮았지만 일에 요구되는 책임은 매우 컸다. 그녀는 끊임없이 스트레스를 받고 있었고, 음악치료가 심리치료에서 얼마나 중요하고 가치 있는가를 증명해야만 했다. 그녀의 일은 얼마만큼이나 병원 내에서 수용되고 인정받고 있는가?

이러한 측면을 고려했을 때, 메리의 문제는 기관 내에서 충분히 인정받지 못하고 있다는 사실에 대해 그녀가 실제로 느끼는 좌절의 반영일 수도 있다. 그래서 그녀의 P씨에 대한 전이는 그녀의 유년기뿐 아니라 현재의 상황도 관련된다.

그녀는 이 사실을 인식해야 하고 자신이 가진 좌절을 이해하고 소진을 일으키는 쟁점도 고려해 보아야 한다.

이론적 영역 역시 반드시 고려되어야 한다. 메리의 철학은 무엇인가? 인지, 지식, 진단, 성격, 심리학적 발달, 건강과 질병, 보편적 치료, 음악, 그리고 음악치료에 대해 그녀가 갖는 개념은 무엇인가? 음악치료 방법과 과정에 대해 그녀가 가지는 이론은 무엇인가?

메리의 경우에는 정신분석적 관점으로 바라보았다. 그녀는 관계성에 기인하는 전문 배경을 가지고 있다. 메리는 현대 정신신체적 이론[2]에 대해 많이 알고 있지 못하다. 그녀는 내담자와의 관계가 안정적으로 성립되기도 전에 너무 일찍 내담자와 대립하였는데, 정신신체적 문제를 가진 내담자는 자신의 역기능과 통증과 관련된 경험을 수용하기 전에 스스로 가치 있다고 느껴야만 한다. 비디오 분석과 관련하여 우리는 역할, 장면, 행동, 의사소통에 관련된 현상을 해석하였다. 청각적 및 형이하학적으로 반영해 음악 즉흥연주를 이해하는 것에서, 우리는 심리학적 충동과 동기가 항상 '좋은 게슈탈트'를 추구하며 정신이 새로운 게슈탈트를 형성하기에 바쁘다는 게슈탈트 이론에 근거한 건강 요인 지향적 관점을 취하였다(Frohne-Hagemann, 1990; Tüpker, 1998). 메리는 내담자가 만드는 음악의 '지지기능'을 확실히 과소평가했으며 치료사에 대한 음악적 방어기전을 너무 일찍 해석하려고 하였다.

다른 고려할 점은 실용적 영역이다. 메리는 어떤 전문 배경을 가지고 세션을 하는가? 음악치료사로서 그녀는 어떤 훈련을 받았는가? 메리의 정신분석적 배

---

2) 음악치료 중재 시 정신문제로 인해 신체 증상을 보이는 환자에게 신체의 내배엽(식물인간 같은), 중배엽(감정적인), 혹은 외배엽(행동적인, 관계적인) 기능 중 어디에 초점을 맞출 것인가는 매우 중요한 문제다(Frohne-Hagemann, 1999b; Wyss, 1987). 두통은 내·외적 과도한 스트레스에 대한 정상적인 반응으로 경고의 신호로 볼 수 있다. 이 경우 최상의 음악치료 중재는 단순히 긴장이완 기법을 제공하거나 자신의 신체 신호를 잘 인지하도록 돕는 것이다. 어찌되었든 두통은 하나의 표현이며 사별의 고통을 제대로 표현하지 못할 때 보여 주는 죽을 것 같은 충동의 마지막에 나타나는 과정일 수도 있다. 여기서 적절한 음악치료 중재는 음악치료사와 함께 정서를 표현하기 위해 함께 즉흥연주를 하거나 환자의 억눌린 소망을 표현할 수 있는 음악을 듣는 것이다.

경은 내담자의 방어기전으로서의 음악적 활동에 대해 지나치게 강조하고 있었다. 그녀는 억눌린 문제를 발견하고, 갈등을 다루기를 원했으며, 내담자의 방어기전을 파헤쳐 보려고 했다. 그녀는 내담자가 즐거움을 느끼도록 내버려 두면 마치 자신이 무능해지는 것이라고 느꼈던 것 같다.

윤리적 입장에서는 메리의 사람에 대한 기본적 윤리 태도를 다룬다. '내담자'는 그녀에게 어떤 존재인가? 치료 시스템 내에서 그녀는 얼마나 많은 부분을 차지하는가? 치료사와 내담자가 서로 배울 수 있고 가르칠 수 있는가, 아니면 치료사만이 모든 것을 알고 있는 존재인가? 왜 메리는 P씨의 '내가 더 많이 알고 있다'는 태도를 참지 못하는가? 그녀에게는 내담자를 이끌고 지지하고 '치료사'가 되는 것이 무엇을 의미하는가? 예를 들어, 나는 나 자신이 늘 치료사인 상태가 아니고, 내담자와 나 자신 사이에 이해와 상호교환이 이루어지는 의미 있는 순간에만 치료사가 된다고 생각한다. 치료사가 되는 것은 상태도 역할도 아니며, 단지 성취되어야 할 과정에서의 의미 있는 순간이라 할 수 있다.

진지한 어머니나 치료사로서의 '책임감', 누군가가 퇴행하고 즐거움만을 원하거나 자기가 하고 싶은 대로 마음대로 하면 가족이 붕괴하게 된다는 그녀의 공포에 대해 토론하는 것은 매우 중요하였다. 치료사의 두려움이라는 기본적인 경험에 관해 많은 치료가 여러 해에 걸쳐 개발되어 왔다. 많은 치료사에게 치료는 고통스러운 과정임에 틀림없다. 즐거움과 재미는 단순한 방어기전으로 해석된다.

이런 반영을 경험하면서 우리는 자연스럽게 네 번째 단계로 들어서게 된다.

통합과 훈련의 단계

유능한 음악치료사가 되려 하는 메리의 갈망은 여러 가지 배경을 가진 대상으로 다루어야 한다. 우리는 병원과 그 안에서 그녀가 차지하는 위치, 음악치료 안에서 그녀가 취하는 분석적 접근, 그녀의 동료가 가지는 인본주의적 이념, 책임과 관련된 그녀 자신의 과거 경험, 다른 사람을 보호하려는 의무감, 기관과 그녀의 어머니에게서 기인한 그녀의 좌절 경험, P씨의 사회세계와 무의식적으로 얽힌 상호교류, 그리고 창작 음악 안에서 발견되는 상호 교류적 치료의 잠재성 등을 모두 고려해 보아야 한다.

음악은 우리가 가야 할 길을 알려 준다. 음악은 변화와 만남이 우리가 서로를 향해 보여 주는 보호와 지지적 태도 안에서만 가능하다는 것을 보여 준다. 누가 어떤 악기를 연주하는가에 대해서 관심을 갖지 않는 것은 이미 우리의 슈퍼비전에서 경험되었다. 집단은 메리에게 여러 가지 제안을 했고, 다음 상황에서 향후 시행될 중재와 음악치료 기법을 위해 우리가 나누었던 아이디어를 모아서 제시하였다. 메리는 어떻게 내담자를 따라가면서 여전히 자신의 리더십을 지킬 수 있을 것인가?

메리는 P씨의 '도움'을 받아들이고 책임을 다하기 위한 그녀의 노력을 수용함으로써 치료사의 역할을 다시 찾는 것에 대해 생각하였다. 이는 아마도 P씨에게 수용되고 이해되고 있다는 감정을 느끼게 해 줄 것이다. P씨는 그녀가 했던 모든 노력이 수용되는 것을 직접 보게 될 것이다. 이를 지켜보는 것은 훌륭한 치료 가치가 있으며 음악적으로 공유되고 가치 있는 경험이 될 수 있다. 메리는 P씨가 지지 역할을 하면서 이전에 연주했던 큰 드럼을 다시 연주해 보는 즉흥연주를 통해 이를 시도해 보고 이번에는—그리고 이는 매우 중요한 요인인— '딸' 메리로서 존중을 받을 것이다. 역할 바꾸기는 새로운 경험을 자유롭게 해 준다. 메리는 드럼을 통해 리듬적인 지지를 제공할 수 있고, P씨는 언제나 모든 일에 책임질 필요가 없는 사람을 경험해 보며 연주할 수 있을 것이다. 아마도 그때쯤이면 P씨는 자신의 고통과 슬픔을 표현할 만큼 관계 속에서 충분한 신뢰를 쌓을 수 있을 것이다.

우리는 이제 우리 슈퍼비전의 마지막에 다다랐다. 우리는 이 나선형 과정이 계속 움직일 것이라는 것을 안다. 우리가 오늘 발견한 것은 다음 슈퍼비전에서 다른 관점으로 다시 점검될 것이다(그리고 여기에는 슈퍼바이저로서 나의 중재에 대한 반영도 포함될 것이다). 그 관점은 비록 오늘은 보이지 않았을지 몰라도 바로 오늘의 작업 때문에 나타난 것일 것이다.

참고문헌

Damasio, A. R. (1994). *Descartes' Irrtum. Fühlen, Denken und das menschliche Gehirn.* Dtv, München.

Dvorkin, J. A. (1999). Psychoanalytically oriented music therapy supervision. In T. Wigram and J. De Backer (Eds.), *Clinical Applications of Music Therapy in Developmental Disability, Paediatrics and Neurology.* Philadelphia and London: Jessica Kingsley Publishers.

Frohne, I. (1981). *Das Rhythmische Prinzip—Grundlagen, Formen und Realisationsbeispiele in Therapie und Pädagogik.* Eres Verlag, Lilienthal.

Frohne-Hagemann, I. (Ed.). (1990). *Musik und Gestalt. Klinische Musiktehrapie als Integrative Psychotherapie.* Paderborn, Junfermann. New edition Vandenhoeck and Ruprecht: Stuttgart, 1999.

Frohne-Hagemann, I. (1999). Integrative supervision for music therapists. In T. Wigram and J. De Backer (Eds.), *Clinical Applications of Music Therapy in Developmental Disability, Paediatrics and Neurology.* Philadelphia and London: Jessica Kingsley Publishers.

Frohne-Hagemann, I. (1999a). Zur Hermeneutik musiktherapeutischer Prozesse. Metatheoretische Überlegungen zur Integrativen Musiktherapie. *Musiktherapeutische Umschau,* Heft 2.

Frohne-Hagemann, I. (1999b). Musiktherapie in der Behandlung psychosomatischer Patienten. In: *Einblicke—Beiträge zur Musiktherapie,* Heft 9.

Frohne-Hagemann, I. (1999c). Überlegungen zum Einsatz musiktherapeutischer Techniken in der Supervision. In *Integrative Therapie 2-3, 25. Jg.*, Junfermann Verlag, Paderborn.

Gibson, E. J. (1979). *The Ecological Approach to Visual Perception.* Boston: Houghton Mifflin.

Holloway, E. I. (1995). *Clinical Supervision: A Systems Approach.* Thousand Oaks, CA: Sage Publications.

Jacobi, M. (1987). *Psychotherapeuten sind auch nur Menschen.* Walter, Olten.

Klausmeier, F. (1978). *Die Lust, sich musikalisch auszudrücken.* Rowohlt, Reinbek.

Koschnik, W. J. (1992). *Standard Dictionary of the Social Sciences,* Vol. 2. K. C. Saur München.

Loos, K., Strobel, W., and Timmermann, T. (1988). *Die musiktherapeutische Balintgruppenarbeit. Musikther.* Umschau, Band 9, Heft 4.

Petzold, H. G. (1993). *Integrative Therapie. Modelle, Theorien und Methoden für eine schulenübergreifende Psychotherapie.* Reihe Integrative Therapie. Schriften zu Theorie, Methodik und Praxis, 3 Bände. Paderborn: Junfermann.

Petzold, H. G. (1996). *Materialien zur Integrativen Supervision und Organisationsentwicklung—"Supervisorische Kultur," "Reflexives Management," "Konflux."* Europäische Akademie für Psychosoziale Gesundheit (EAG) (Fritz Perls Institut).

Petzold, H. G. (1998). *Integrative Supervision, Meta-Consulting & Organisationsentwicklung.* Junfermann, Paderborn.

Stern, D. (1990). *Diary of a Baby.* New York: Basic Books.

Smeijsters, H. (1991). *Kreative Therapie—Musziektherapie.* Hogeschool Nijmegen, Nijmegen.

Strauss, A. L. (1978). A social world perspective. In M. K. Denzin, *Studies in Symbolic Interaction.* Vol. 1, Greenwich: Jai Press, pp. 119-128.

Tüpker, R. (1998). *Reflexion seelischer Verhältnisse in der musikalischen Improvisation.* In M. Lenz and R. Tüpker (Eds.), Wege zur musiktherapeutischen Improvisation. Materialien zur Musiktherapie. Universität Münster.

Wyss, D. (1987). *Der psychosomatisch Kranke-zwischen Krisen und Scheitern.* Neue Wege in der psychosomatischen Medizin Vol. 3, Vandenhoeck & Ruprecht.

Zuckerkandl, V. (1963). *Die Wirklichkeit der Musik. Der Musikalische Begriff der Außenwelt,* Rhein Verlag, Zürich.

부록

비디오 분석을 위해서 고려해야 할 사항을 몇 가지 간단하게 제시한다(또한 Frohne-Hagemann, 1999, p. 262f 참조).

1. 반영

1.1 분위기, 장면, 정서, 감정, 행동, 환상, 은유적 사고, 상상, 연상, 기억(역전이)에 대한 일반적이고 자발적인 인지.

1.2 음악과 장면에 대한 형이하학적 반영. 반영이 확장적인가(즐거움, 태양, 불빛, 열린 마음, 성장 등과 관련된 연상의 시작), 혹은 좁아지는 것인가(불안, 우울, 슬픔, 철회, 위협 등과 관련된 연상의 시작)? 빨라지고 있는가(기대, 긴장, 서두름 등), 혹은 느려지고 있는가(지침, 휴식을 찾는, 희망을 잃은, 신뢰를 잃은 등)? 증가하는가(성장하기, 기다리기, 긴장), 혹은 감소하는가(잠에 빠진, 시야에서 벗어난, 야위어 가는 등)? 폭발하는가(소음, 폭탄, 불, 위험, 버럭 소리 지르는 등), 혹은 진정하고 뻣뻣해지는가(죽음, 겨울, 침착함, 침묵 등)? 혹은 다른 것인가?

2. 음악적 현상

시간, 공간, 역동, 형태, 박자와 리듬의 연결; 음색과 소리의 스펙트럼, 멜로디의 전개, 악구,변형, 조화, 타이밍, 선호된 음 간격 등

3. 미디어, 행동, 역할

3.1 놀이하는 행동, 내담자의 개인적인 표현(형이하학적 표현, 근육의 긴장, 안색, 양손 협응, 머리-손 협응, 눈 맞춤, 미믹, 제스처, 태도, 악기로의 접근 등.

3.2 악기의 선택, 기능: 투사와 상징을 전달하는가, 전환적 혹은 중간적 사물의 기능을 가지고 있는 것처럼 보이는가?

3.3 어떤 역할 설정이 즉흥연주 집단에서 발전하고 있는가? 희생자와 공격자,

모욕하는 사람과 모욕당하는 사람, 보호적인 엄마와 말 안 듣는 아이, 알파와 오메가 유형, 화합하는 자와 분란을 일으키는 자? 어떤 역할이 환자 개인에 의해 만들어지는가, 불평가, 희생양, 지도자, 방관자, 행동가, 판사, 천사, 치료사 등?

4. **관계의 형태**

환자 개인은 어떤 상태에 있는가: 고립, 합류, 접촉, 만남, 유대(부정적: 약속)?

접촉, 애착, 그리고 자율성의 병리학적 그리고 건강요인 지향적 형태를 점검하기: 환자 개인은 어떻게 연주하는가? 회피하기, 분리하기, 자신의 배 불태우기, 흔들림, 용해, 죽은 척하기(마취), 차단, 거부하기, 자르기, 잠잠해지기, 누군가와 연주하기, 서로 융화되기, 공격하기, 소리에 흠뻑 취하기, 어떤 것에 막무가내로 매달리기, 어떤 상황에 화합하기, 완벽하게 연주하기, 불충분하게 답하기, 접촉하고 있는 것처럼 가장하기, 모방하기, 재미있게 연주하기, 주고받는 방식으로 연주하기?

구식의(미성숙한), 신경질적인, 혹은 성숙한 형태?

건설적인 중재와 자극을 점검하기: 지지하기, 유지하기, 틀 만들기, 보호하기, 잠잠하기, 강화하기, 대면하기, 화나게 하기, 경청하기, 구성하기, 다양하게 하기, 변화하기 등(너무 많은, 너무 적은, 충분한)? 동질한 자극, 비일관적 자극, 대조적인 자극, 지나친 자극, 적은 자극?

5. **전이와 역전이**

조화된, 보충적인, 상호작용적인, 정체성 투사하기, 역할 설정

6. **사전 지식**

우리가 내담자의 사회 배경에 대해 갖는 가정, 즉 그들의 친숙하고, 사회적 · 정치적 · 문화적 배경, 그리고 사회 세상 그리고 정체성(형이하학, 사회연결망, 일자리, 물질자원, 가치)에 관한 것

제17장

심미적 음악치료 임상즉흥연주 슈퍼비전: 음악중심 접근

들어가는 말

음악은 우리가 삶을 살아가는 존재로서 그리고 치료사로서 누구인가를 말해준다. 우리가 음악 자체를 이해할 때까지 우리는 인간의 삶을 변화시키는 음악의 영향을 결코 이해할 수 없다. 음악중심 접근을 바탕으로 하는 슈퍼비전을 통해 임상적 즉흥연주를 평가하는 것은 학생으로서 그리고/또는 발달과정에 있는 음악치료사로서 수련생의 임상적 성숙을 정의하도록 돕는 과정이다. 인간과 전문가 간의 연관성은 다양하고도 많다. 음악은 약점과 단점을 가진 인간의 조건처럼 복잡하다. 음악, 사람, 치료 간의 관계는 음악 자체의 형식과 특성에 기초한 자연 현상이다. 따라서 음악치료사가 치료 상황에서 사용된 음악을 정확히 듣고 묘사할 수 있는 능력을 우선적으로 가져야 하는 것은 당연하다. 이 중대한

Colin Lee PhD, RMTh, MTA
Associate Professor and Director of Music Therapy, Wilfrid Laurier University, Waterloo, Canada
Kimberly Khare, MA, CMT, NRMT
Director of Music Therapy, Community Music Center of Boston, MA

신념은 수련생이 발달하고 학습하고 성장해야 할 필수 영역을 포함한다.

음악중심 접근을 바탕으로 하는 슈퍼비전은 독립적으로 또는 다른 접근과 함께 검토될 수 있다. 음악중심 슈퍼비전이 슈퍼비전의 완전한 이론은 아니다. 오히려 이는 치료 과정과 관계를 이해하는 우선적이고도 중요한 단계로 이해되어야 한다. 이 장에서 논의될 슈퍼비전의 네 단계는 반드시 독립적으로 사용되기보다는 임상에 대한 음악적 이해를 명료화하는 수단으로 사용되어야 한다. 음악치료 슈퍼비전은 음악적 특질뿐만 아니라 언어와 관계 형성의 모든 요소에 대한 개인 내/개인 간 영역을 포함한다. 음악중심 슈퍼비전은 음악과 치료 간의 해석과 균형을 탐색하기에 앞서 음악치료의 보편적 평가를 거부하기보다는 음악적 경청과 묘사가 정확히 검토되어야 함을 주장한다. 음악적 이해라는 목표는 음악치료사의 일생에 걸쳐 지속되어야 하는 동시에, 음악치료 과정의 복잡성을 밝게 조명하는 다른 이론 틀을 형성하기 위한 도약판으로 사용될 수 있다.

슈퍼비전은 음악치료의 음악적 내용이 해당 과정의 기본임을 반드시 인식하고 신뢰해야 한다. 음악중심 슈퍼비전은 또한 수련생의 임상적/음악적 발달에 영향을 미치는 음악적 배경의 통합을 인식하고 촉진해야 한다. 음악적 영감과 선호는 치료사의 자원에서 중요한 부분을 차지한다. 음악치료사의 음악적 특성을 반영하는 특정한 이디엄을 학습하는 것은 치료과정에 독특한 본질을 더할 것이다.

음악중심 접근을 바탕으로 한 슈퍼비전이 중요한 이유는 무엇일까? 음악치료의 전문성이 성숙할수록 우리가 실행하는 '예술' 과 '과학' 간의 균형은 더욱 복잡해진다. 최근에 이르러서야 음악의 본질과 그 분석이 심리학적, 심리치료적, 교육적, 의학적 연구에서 보조적 역할을 가지게 되었다. 음악치료와 음악치료 슈퍼비전에서 음악중심 접근을 적용하는 것은 음악, 의미, 임상적 목표 간의 균형을 재고하는 데 도움이 된다. 음악의 복잡한 구조에는 음악적 묘사와 임상적 이해 간의 균형을 유지하는 복합적인 임상적 비평(critique)과 사정(assessment)이 필요하다. 단순한 용어로 음악적 반응을 설명하는 것은 충분하지 않다. 우리는 치료적/음악적 대화에 영향을 주는 화성과 그 전위, 전조, 선율, 리듬 구조, 짜임새, 연주 강도를 듣고 묘사하기 위해 노력해야 한다. 경청 시 정확도를 발달시키는 것은 우리의 임상적 인식을 음악적, 언어적, 무언적으로 상세히 묘사할 것이다. 따라서 음악중심 슈퍼비전은 슈퍼비전을 받는 음악치료사뿐만 아니라 음악치료 분야 전체에 도전이 된다. 음악과 언어의 사용(Amir, 1999), 심리치료적 영향과 해석(Streeter, 1999), 그리고 심리학적, 정서적 반응(Iwanaga and Moroki, 1999)에 관한 최근 평가와 연구는 현대 음악치료에 더욱 복잡한 질문과 요구를 제공하였다. 음악치료에 대한 모든 질문과 도전은 중요하게 고려되어야 한다.

배경

음악치료에서의 음악 슈퍼비전은 문헌에서 간단히 다루어진다. Stephens(1987)는 실험적 음악치료의 사용을 통해, 우리가 음악 슈퍼비전의 과정을 이해하고 학습하는 데 필요한 음악청취를 다음과 같이 설명한다. "음악치료에서 음악적 방식을 학습하기 위해서는 음악치료사가 반드시 음악 요소뿐만 아니라 음악적 방식을 통해, 그리고 음악적 방식으로 치료과정의 본질적인 경험을 해야만 한다." (p. 169) 슈퍼비전에서 언어와 음악 작업의 통합을 설명함에 있어, Stephens는 치료사가 음악의 연속적 이동 안에서 "음악을 바탕으로 작업하며 음악이 최대한 해결로 이어지도록 촉진한다."라고 말한다. 임상적 즉흥연주의 효과적 사용에 대한 학습은 Oldfield에 의해서도 논의된다(1992). 그녀는 음악 선택의 평가에 대한 고려에서 "고도로 훈련된 즉흥연주가조차 어떤 조를 연주해야 할지, 조성음악을 사용해야 할지, 무조를 사용해야 할지, 주어진 음악을 사용해야 할지, 또는 새로운 음악을 창작해야 할지를 고민할 때가 있다." (p. 14)라고 말한다.

노도프-로빈스 음악치료 슈퍼비전에 대하여 Brown(1997)은 5개의 영역을 제시하였다. (1) 치료실에서의 음악관계, (2) 치료실과 작업 공간에서의 실용적 관리, (3) 치료실에서의 개인 간 역동, (4) 작업 공간에서의 개인 간 역동, (5) 슈퍼비전에서의 개인 간 역동(p. 5). Brown은 임상실습의 발달에서 (1)이 가장 중요하지만, 슈퍼비전 과정에서는 (1)에서 (5)까지 충분히 균형적으로 고려되어야 한다고 생각한다. 슈퍼비전에서의 음악적 분석과 개인적 분석 간 가중치를 논하고 반영함에 있어, Brown은 슈퍼비전에서의 비음악적 고려를 지적하면서 "전체적 슈퍼비전에서의 균형에 대해 비판하지 말라. 내 슈퍼비전의 주목표는 수련생이 매 순간 음악적 소통 안에서 일어나는 일을 경청하고 그에 대한 임상적 이해를 발달시키도록 돕는 것이기 때문이다."(p. 10)라고 강조한다. 그녀가 제안하는 바와 같이 음악치료에 대한 우리의 이해에 있어 순전히 음악적인 통찰이 불충분하다면, 이는 음악치료 과정을 평가할 때 온전히 음악적인 구조에 주의를 기울이는 것이 임상적으로 근거가 불충분하거나 혹은 우리가 음악의 복잡성을 무시하기 때문이 아닐까?

Nordoff와 Robbins(1977)는 열정적이고 명민한 음악중심 음악치료를 개발하였다. 최근의 출판물(Aigen, 1998; Ansdell, 1995; Lee, 1997; Pavlicevic, 1997; Robbins and Robbins, 1998)은 그 어느 때보다도 현재 음악이 더욱 이 작업의 핵심임을 나타낸다. 필자가 최근 개발한 접근이자 철학인 심미적 음악치료(Lee, in press)는 Paul Nordoff와 Clive Robbins의 가르침에서 깊은 영감과 영향을 받았다. 이는 음악중심 슈퍼비전이 시작된 바탕이다. 심미적 음악치료는 음악적 대화의 핵심을 이론적 기반으로 하는 과정으로 정의된다. 심미적 음악치료의 바탕은 음악적 표현과 치료관계에 직접적으로 관련되는 내담자와 그들의 장애, 그리고/또는 질병의 심미적 특성에 대한 고려다. 심미적 음악치료에서 과정에 대한 해석은 음악의 기본 구조를 근원으로 한다. 음악적 상호작용의 형식과 설계, 임상적 반응과 이해는 음악을 통해, 음악으로서, 그리고 음악 안에서 결정되고 반영된다. 심미적 음악치료는 음악적 창조성과 개인적 성장의 본질을 결합하는 것에 대한, 작곡가이자 음악치료사로서의 나의 전문가적 정체성을 말해준다. 이들 중 그 어느 것도 배제될 수 없다. 임상적 의도와 심미적 판단은 음악치료 관계에 대한 이해에 있어 필수적인 동맹관계를 가진다. 음악중심 슈퍼비전의 기본 구조를 형성하는 데는 심미적 음악치료가 중요한 역할을 한다. 이 장의 두 저자는 노도프-로빈스 음악치료 훈련을 받은 치료사다.

슈퍼비전 관계

이 장에서 설명되는 슈퍼비전은 음악치료 세션의 물리적 영역 밖에서 시도된 작업을 바탕으로 한다. 슈퍼비전은 그래야 할 분명한 이유가 있지 않은 이상 세션 도중 시행되지 않는다. 이는 슈퍼바이저가 각 세션에서 제시된 모델을 적용할 수 있다는 뜻이 아니고, 음악중심 슈퍼비전이 오디오/비디오 녹음과 수련생의 일지/기록을 통해 다루어지는 반영과정이라는 뜻이다. 슈퍼비전 세션은 일반적으로 매주 한 시간에서 두 시간 동안 이루어진다. 수련생은 논의될 즉흥연주를 의도적으로 경청하고 전체 세션을 꼼꼼히 인덱스[1] 한 뒤 슈퍼비전에 임한다. 세부적인 사정에 기인하는 목표의 명료함은 진행 중인 음악치료 세션과 슈퍼비전 모두에서 심미적인 면모와 임상적인 면모 간의 균형에 대한 정보를 제공한다. 슈퍼비전 과정에서는 수련생이 분석적으로 경청하고 묘사하고 논쟁할 수 있는 준비를 갖추고 참여하는 것이 중요하다. 세션의 강도와 세션 수는 수련생의 발달 단계와 경력 수준에 따라 다양하다. 한 세션만으로는 세심한 지도를 통해 치료사가 임상 안에서 음악을 더욱 세부적으로 고려하도록 하는 자극과 도전을 제공하지 못한다. 훈련받는 학생, 초보 치료사, 경력 치료사 모두 음악중심 슈퍼비전에서 다른 수준과 강도로 다루어져야 한다. 따라서 슈퍼비전은 각 수련생의 요구에 따라 고유한 내용으로 시행된다.

1) 인덱스(index)는 평가의 한 형식으로 묘사하고 사정하고 음악치료 대화를 해석하는 것이다. 세션을 다시 경청하면서 치료사는 특정 녹음이나 녹화 장면에서 잠시 멈추고 언어와 음악을 통해 그 부분의 의미와 의도를 전사한다. 평가와 해석을 통해 인덱스 기록은 세션의 세부 그림을 제공하며, 이는 사정자료로 사용될 수도 있고 다음 세션의 참고자료가 될 수도 있다.

슈퍼비전 단계

이 장에서 설명되는 슈퍼비전의 4단계, 즉 임상적 경청, 임상적 평가, 임상적 해석, 임상적 판단 단계는 순차적으로 진행되는 것이 아니라 수련생의 임상 경험, 음악과 치료 간의 관계에 대한 이해의 깊이에 따라 한 단계씩 더해지고 풍부해진다. 각 단계와 과정이 지속되고 풍부해지는 데 걸리는 시간은 정해져 있지 않다. 임상적 경청 단계는 이 접근의 주축을 형성하며 어느 시점에서든 다시 돌아올 수 있다. 전 단계로의 회귀는 수련생의 철학과 임상에 대한 이해를 더하기 위함이다. 특별한 경우를 제외하고 슈퍼비전은 녹음/녹화물에 대한 세밀한 경청과 분석에서부터 시작한다. 심도 있는 경청은 음악중심 슈퍼비전의 핵심과 관점을 형성한다.

각 단계에 대한 설명에서, 다루어진 음악적 토대를 설명하기 위해 악보가 제시된다. 각 단계에 대한 설명의 핵심은 최근 수련생인 Kimberly Khare를 반영하는 것이다. 그녀를 반영하는 것은 개인적 사실을 더하고 토론으로 이끈다. Kimberly는 나와 2년간 슈퍼비전 작업을 함께 하였고, 수련생으로서 그녀의 관점은 각 단계에 영향을 미쳤다. Kimberly는 주로 아동과 함께 일하며 슈퍼비전을 함께 하기 전 이미 2년간 음악치료사로서 일해 오고 있었다. 그녀의 음악적, 임상적 질문의 명료함은 음악중심 슈퍼비전의 잠재성을 묘사한다.

임상적 경청

음악중심 슈퍼비전의 주요 믿음 중 하나는 음악적 관계에 담긴 음악구조를 객관적이고 정확히 청취해야 한다. 음악치료의 복합적이고 다층적인 현상으로서 음악은 그 경험의 모든 수준에서 정확히 평가, 고찰, 분석되어야 한다. 우리가 듣는다고 생각하는 것을 소리, 음악, 그리고 소리와 음악 간의 관계적 사실에서 분리하는 것은 우리 작업에 대한 새로운 기초와 이해를 제공할 수 있다. 음악을 인지하는 삶은 그 과정에 대한 우리의 감각을 역동적으로 변환한다. 음악은 이제 언어나 표면적인 임상이론이 아니라 음악이라는 순전한 현상에 대한 우리의 더 깊은 이해가 시작되는 곳이 된다.

세션 녹음을 경청하는 것은 즉흥연주에서 음악적 구축에 대한 보다 세밀한 검토를 가능하게 한다. 임상적 경청은 음악의 실제와 잠재적 치료 결과 간의 균형을 결정하는 능력이다. 여기에서 임상이란 음악적/치료적 대화를 구성하는 음악적 구조에 대한 확인과 이해를 의미한다. 수련생은 화성 진행, 선율, 내담자의 반응, 그리고 자신의 음악적 요소를 편견 없이 (해석이나 반영 없이) 듣는 것을 묘사할 수 있는 청각적 기술을 확장해야 한다. 이러한 슈퍼비전의 첫 단계는 수련생이 보다 해석적인 사정을 발달시킬 수 있는 기초를 제공하는 토대가 된다. 임상적 경청에는 '아는 것(knowing)'과 '이해하는 것(understanding)' 간의 경계에 대한 재검토가 포함된다. 순수한 자료로서의 음악적 교환을 '아는 것'은 치료관계가 어디에서 시작하는가와 향후 가능한 임상적 여정에 대한 감각을 제공할 것이다. 수련생은 반드시 균형적이면서 치료에 근거한 선택을 하기에 앞서 정확히 임상적으로 듣는 방법을 학습해야 한다.

수련생이 해석하고자 하는 욕구를 본능적으로 느낄 수 있으므로, 이 슈퍼비전 단계는 일반적으로 도전적이다. 음악치료사의 교육은 관찰, 해석, 임상 방침이라는 원리를 토대로 한다. 음악치료는 치료사의 비평, 해석, 그리고 진행 능력 없이는 지속되지 못한다. 따라서 수련생은 음악적 논의를 위하여 치료적으로 중요하면서도 스스로 효과적이라 생각하는 슈퍼비전 작업과 연관된 즉흥연주구(passages)를 선택하기 원할 것이다. 슈퍼바이저에게 중요한 것은 이러한 생각에 도전하는 것이다.

초기에 가장 중요하게 탐색해야 할 부분은 즉흥연주의 시작구다. 그 이유는 이러한 시작구가 일반적으로 다소 단순한 음악적 유형을 포함하기 때문이다. 여기에서 치료사와 내담자는 지속적인 음악관계가 발전될 수 있는 음악적 토대를 탐색한다. 이러한 음악적 시작구를 정확하게 묘사함으로써 수련생은 임상적 경청과 반응의 중요성을 이해하기 시작한다. 이러한 시작은 종종 즉흥연주가 발전하는 음악 종자(musical seed)를 포함한다. 내담자, 치료사, 그리고 음악관계로부터 표현된 생성적 음악 세포를 들을 때, 우리는 이어질 치료적, 음악적 방향의 복잡한 요소를 명확히 풀어내기 시작할 것이다. 이러한 시작은 임상적으로 경청하는 수련생의 능력이 발달함에 따라 지속적인 작업으로 전환될 것이다.

음악은 청각적으로 음정관계, 선율, 리듬 동기에서부터 반복 화성 진행과 구조적 주제에 이르기까지 다양한 요소로 분해될 수 있다. 임상적 경청의 시작은 '음'[2] 자체의 특성과 그 음이 지속적인 음악구조에 미치는 영향을 확인하는 것이다. 시작하는 음이 규명된 후 발전되는 음정관계가 명료해짐에 따라 다른 음이 확인될 수 있다. 시작음으로 돌아오는 것은 언제나 근본 초점이 된다. 음악적 대화가 발전함에 따라, 조의 중심음이 추측되거나 음이 지속적으로 펼쳐진다. 수련생이 지니는 음악적 식별에 대한 수련생의 정확성과 지속적인 음악치료 관계에 대한 잠재적 이해는 음악의 근원인 음감(sense of tone)에 달려 있다.

사례: 음에 대한 임상적 확인

이 예는 네 개의 손에 의한 피아노 즉흥연주의 시작 부분이다. 내담자는 높은 음역에서 연주하고, 치료사는 베이스 성부에서 연주한다. 예 1은 초 단위로 표시된 12개의 음악 단편으로 나뉜다.

시작에서 내담자가 반복적으로 연주하는 B음은(예 1, 단편 1) 음악 대화의 핵심을 형성한다. 단편 2에서 치료사는 D를 바탕으로 장7도를 연주한다. 단편 3에서는 치료사가 F#을 바탕으로 화성을 연주함으로써 음색을 더한다. 따라서 시작음인 B와 D, 그리고 F#으로 구성된 B 단3화음이 형성된다. 단편 3에서의 화성은 F#을 바탕으로 한 완전 5도(왼손)와 G 장7도(오른손)처럼 들린다. 단편 4에서 치료사가 근음 위치의 C 장3화음을 연주함으로써 또 다른 조성의 가능성을 더한다. 그 위에 내담자는 B음을 연주하여 7도의 음정관계를 형성한다. 단편 5에서

---

2) 여기에서 음은 하나의 음고(pitch)를 의미한다. 음고는 특성, 특질, 음질, 음색, 노래/연주 강도 등과 관련하여 설명되기도 한다.

예 1

7
0:40
8
0:44
9
10
0:49
0:34
11
mp

는 F# 화성이 반복되는데, 이때 A음이 더해지면서 F# 단3화음으로 들린다. 내담자가 단편 7에서 B음을 벗어나 A음으로 옮겨 감으로써 F# 단조에서의 해결이 이루어진다. 단편 8부터 9에서 내담자의 선율 구성음은 A–A` 옥타브, B–C 하행7도, B–F 증4도, 그리고 C 화성과 협화를 이루는 E로의 해결을 포함한다. 여기에서 치료사는 불협을 추가하기 위해 첫 화성에 반음 낮춘 6음을 더하며 완전한 종결인 C로 응답한다. 단편 10에서 치료사는 C 화음으로 추론되는 화성(G와 C) 아래에 F#을 중심으로 한 개방5도를 반복한다. 내담자는 단편 7에서와 같이 B를 반복 연주하다가 다시 F# 단조로 추론되는 A로 해결한다. 단편 11에서 내담자는 단편 8과 유사한 선율(A–G–B–C–A–B)로 즉흥연주를 한다. 여기에서 치료사는 짧은 선율구(A–Ab–G–A)를 통하여 D를 중심으로 반복되는 장7도 음정관계로 응답한다. 이 시작 부분의 전체 특성은 역동적으로 고요하고 그 짜임새가 신중하다.

음의 고유성에서 출발하는 것은 즉흥연주의 전반적인 음악적 구축을 규명하는 능력이다. 슈퍼비전이 첫 음악 주제에 대한 규명을 마치면, 음악의 전반적 구조를 검토함으로써 특정한 순간이 전체 안에서 어떻게 배치되는가를 생각해 볼 수 있다. 녹음의 불특정한 단편을 청취함으로써 첫 음악 주제와 연결되는 음악 구조의 발전을 구별할 수 있다. 이러한 방법으로 매 순간 내담자와 치료사의 반응과 연계되거나 동떨어진 음악적 설계에 대한 전체적 감각을 얻을 수 있다.

사례: 음악 형식의 설계

예 2는 동일한 즉흥연주에서 진행된 세 단편으로, 시작 부분에서 사용된 음간의 관계와 계속되는 즉흥연주의 전체 구조에서 그것이 차지하는 중요성을 보여 준다. 내담자가 시작 부분에서 선택한 음정, 연주 강도, 유추될 수 있는 선율과 화성, 표현의 질 등을 우리가 어떻게 듣는가에 따라 우리의 반응이 결정된다.

다음에 제시될 예 2의 단편 1에서 내담자는 조성 없는 음을 연주하고, 치료사는 이에 대해 시작음(D와 C#)의 반복으로 응답한다. 흥미로운 점은 치료사가 이러한 핵심 음정관계를 제시한 뒤 내담자가 왼손으로 D를 연주하고 오른손으로

예 2

2
9:52
내담자
p
치료사
p
Ped.
Ped.

3
내담자
치료사
ff
14:14
8vb
fff

C#을 연주함으로써 모방한다는 것이다. 단편 2에서는 선율 주제(Bb, B, F#, F)가 내담자에 의해 반복된다. 치료사는 예 1의 단편 3에서 즉흥 연주된 F# 화성을 재현하는 D/C# 음정관계로 다시 응답한다. 마지막으로, 즉흥연주의 종결 부분인 단편 3에서는 내담자가 반복적인 단2도와 장2도를 연주한다. 치료사는 시작 부분의 F# 화음을 반복하기도 하고 예 1의 단편 2에서 제시된 C# 중심음을 연주하기도 하면서 종결화음으로 응답한다.

이러한 예는 음과 화성구조의 발전에 대한 명료성과 음악적 일관성을 보여 준다. 음악적 관계에 대한 이해는 세부 조음에서부터 즉흥연주 전체의 보다 완전한 그림으로 발전한다. 음악적 대화에서의 정교함은 치료과정에 대한 우리의 이해와 향후 방향과 목표에 관한 가능성을 함축한다. 우리는 음들과 즉흥연주의 풍부한 짜임을 제공하는 이들의 중요한 능력을 절대 간과하지 말아야 한다. 음은 우리를 무한한 가능성으로 이끈다. 따라서 우리가 내담자의 고유하고 본질적인 음을 듣고, 확인하고, 만나고, 반영하는 것이 근본적으로 중요하다.

여기에서 제시된 예와 같이 녹음을 악보로 전사하는 것은 음악적 청력(musical ear)을 발달시킨다. 시작 음정에서부터 음악이 발전하는 동안 단순한 선율, 화성, 그리고 리듬 유형을 전사할 수 있다. 추론된 마디 구분은 정확한 박자감 없이도 예리한 감각을 제공할 수 있다. 수련생이 음악적 구조를 확인하는 것에 적응됨에 따라 슈퍼비전 안에서 전사의 밑그림을 그릴 수도 있고, 음악적 요소가 좀 더 세부적으로 분류될 수 있도록 수련생이 미리 그려 올 수도 있다. 이러한 관념의 구체적 특성에 익숙해지면 수련생의 음악적 청력에 대한 다음 목표인 임상적 경청이 더욱 실제적으로 다가올 수 있다.

임상적 경청의 시작 단계는 정확하고 심도 있는 기술이다. 수련생이 음악적 개념을 경청하고 설명하는 음악적 능력을 확장하기 위한 준비가 스스로 되지 않았을 경우, 이러한 음악적 경청은 좌절감을 야기할 수 있다. 이 단계가 요구하는 수준에서 듣는 것은 쉬운 과업이 아니다. 이 경험은 일반적으로 자기 수행에 대한 수련생의 지각에 지속적인 영향을 미친다. 슈퍼바이저는 반드시 순전히 음악적인 이론을 기초로 하는 방향을 고수해야 한다. 여기에서 벗어날 경우 진정한 음악중심 접근에서의 작업에 필수적인 음악적 토대가 무시될 수 있다. 슈퍼바이저는 들리고 묘사되는 것만을 촉진하는 역할을 명료히 해야 한다. 이는 음악의 내적, 외적 기초구조를 규명하기 위해 짧은 음악적 단편을 반복적으로 경청해야 함을 의미할 수 있다. 이 단계의 엄밀한 본질은 수련생이 내담자의 음악적 담화를 구성하는 복잡한 요소, 이들과 수련생 자신의 음악적 반응 간의 관계, 그리고 이 둘의 통합을 듣기 시작하면서 빛을 발하기 시작한다.

수련생 반영: Kimberly Khare

정서로서의 음악은 즉각적이다. 나는 정서와 음악을 별개라 생각하지 않는다. 나는 의식적 분리(conscious separation)에 대한 나의 부족함이 만들어 내는 임상적 개입을 슈퍼비전을 통해 처음으로 이해하기 시작했다. '임상적 경청'에서는 '내가 느끼기에…'와 '내가 생각하기에…'는 사라진다. 음악적 의도와 임상적 방향을 나타내기 위해 임상가의 개인적, 음악적 편견은 사라진다. 어떻게 생각하는가보다는 음악적으로 어떤 일이 실제로 일어나는가와 같은 실제 경험을 직접적으로 다루면서, 중심은 치료적 실재에서 음악적 실재로 이동한다.

초기에는 이러한 수준에서 경청하는 것이 두려웠다. 자기의심과 부족감이 수치스럽게 경험된다. 그러나 이는 경청이 목표하는 바가 아니다. 지각적이나 치료적이 아닌 '임상적'으로 경청하는 것은 매우 놀라운 경험이다. 우리는 매체의 본질에 대한 규칙과 기본 개념을 가지는데, 이들을 경시할 경우 불같은 감정으로 연주하는 것과 다를 바 없는 상황이 벌어진다. 음악의 심미성은 중요한 정서와 기본적 임상능력의 복합적인 노력이다. 개인이 연주하는 악기의 위치를 아는 것은 그의 정서적 위치를 알 수 있게 한다. 내담자의 내적 성장을 지지함에 있어 우리는 정서에 영향을 미치는 음악의 정밀한 적용을 알아야 한다.

임상적 경청은 기본으로 돌아가도록 한다. 내담자의 악기/표현 음색, 음고, 음길이는 어떠한가? 내담자의 리듬/선율구의 시작은 어떠한가? 우리가 음악이라는 고유한 양식에서 분리되는 곳이 바로 여기다. 우리는 경험에 대한 '감정'은 묻지 않고 경험의 정확한 측정에 대해 질문한다.

나의 다음 질문은 '저 소리와 어떻게 조화를 이룰 것인가?'가 아니라 '저 소리와 어떻게 만날 것인가?'였다. 나는 이것이 임상가가 지속적으로 지각적 경청(perceptual listening)에서 임상적 경청(clinical listening)을 분리해 내도록 하는 열쇠라 믿는다. 내담자의 소리와의 '만남(meeting)'을 통해 우리는 우리의 고유한 정체성과 존재를 제시하며 독립적으로 남아 있을 수 있는데, 이는 궁극적으로 내담자의 존재를 방해하거나 침범하지 않고 지지한다. '조화(matching)'를 통해 우리는 '같은 것을 되풀이' 하는 경향을 가지는데, 이는 임상가로서 우리의 의도를 나타내지도 않으며 내담자에게 방향을 제시하지도 않는다. 경우에 따라 조화가 단순한 반복인 반면, 만남은 의식적인 선택이다. 만남은 상호적인 창조를 지원하고 독립적 사고와 현재, 즉 바로 그 순간에 대한 인식을 자극한다.

임상 평가

임상적 경청에서부터 시작한 수련생은 곧 음악치료의 대화를 사정하고 평가할 준비가 된다. 이 단계는 두 가지 주요 영역을 포함하는데, 그것은 음악적 자원의 특성과 의도, 그리고 음악적 사정기술의 발달이다. 수련생이 스스로의 음악적 자원을 확장하고자 노력함에 따라, 내담자의 시도와 반응을 임상적으로 반영하는 데 있어 자신의 음악적 기민함을 사용하는 것이 중요해진다. 이는 더 나아가 음악적, 치료적 대화를 조명하는 구체적 사정 절차의 발달로 이어진다.

즉흥연주를 사용하는 음악치료사는 일반적으로 자신의 음악적 훈련 배경에서 비롯한 음악자원을 가지고 있어야 한다. 특히 Nordoff와 Robbins(1977)는 음악치료에서 즉흥연주를 사용하는 것에 필수적인 음악기술을 습득하기 위한 체계를 기록하였다. 학습되고 사용된 기술은 수련생/치료사의 지속적인 참여와 음악자원의 확장으로만 고려되어야 한다. 슈퍼비전에서 음악기술과 반응은 향후 치료 계획을 위해 분석될 수 있다. 내담자의 음악적 표현, 이에 대한 수련생의 반응, 그리고 다른 음악적 응답을 이해하기 위한 음악의 세부 조사는 즉흥연주의 비평적 단면을 분리함으로써 시행될 수 있다. 이러한 음악적 갈림길은 지속되는 세션과 향후 임상적 상황에 대한 수련생의 음악적 능숙함이 확장되도록 돕는 다면적 시도가 될 수 있다.

사례: 화성적 반복 진행의 확장

아래의 화성적 반복 진행은 신체장애를 가진 한 아동과의 작별 노래에서 발췌한 것이다. 7도 진행은 따뜻함과 아동을 위한 안아주기 환경을 더한다. A를 바탕으로 하는 7도 진행은 I도에서 V도로 이동하며 변격종지(IV–I)로 종결한다. 이 화성 진행은 계속되는 즉흥연주에서의 화성 진행을 발전시키기 위한 기초로 사용되었으며, 아동을 위한 주요 음악 주제로서의 역할을 수행하였다.

예 3

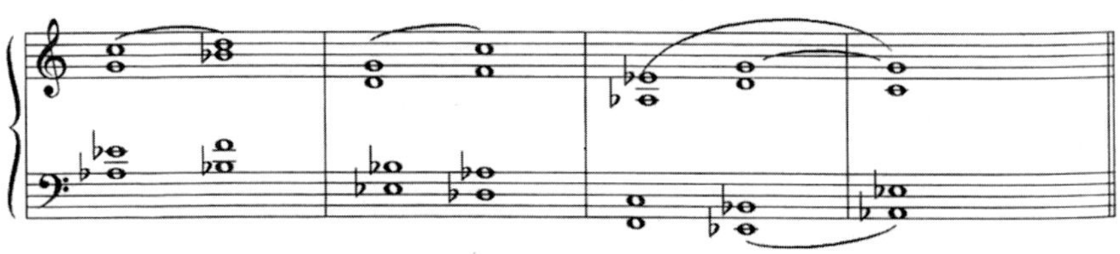

음악적 사정을 위한 적절한 형식을 찾는 것은 수련생이 음악적 반응과 치료적 반응 간의 균형을 명료히 하도록 돕는다. Bruscia(1987)의 자세하고 세부적인 즉흥연주 사정 프로파일(Improvisation Assessment Profiles: IAP)은 심미적 음악치료 슈퍼비전에서 수련생의 초기 음악적 평가를 위한 기초로 사용될 수 있는 명료한 사정이론을 제공한다. 이에는 (1) 임상적 관찰, (2) 음악분석, (3) 해석과 같은 세 가지의 동시적 단계(simultaneous step)가 존재한다. 통합, 다양성, 긴장, 조화, 특출, 그리고 자율(p. 404)의 여섯 프로파일은 각각 음악적 기준을 포함한다.

- 리듬: 음박(pulse), 템포, 분할 박, 유형
- 음조: 양식(modality), 조성, 화성, 선율

- 짜임새: 직조(fabric), 음역, 화성적 윤곽, 각 부분과 구의 음악적 역할
- 음량: 음의 강도, 단위, 세기
- 음색: 음질, 악구의 시작, 울림과 악기 편성
- 물리적: 연주의 몸놀림과 다양한 신체적 표현
- 표제: 가사, 이야기, 표제, 언어적 반응, 또는 즉흥연주와 연관된 상호관계

이러한 세부 분석은 악보화를 포함한다. Brusica는 IAP가 "즉흥연주의 모든 순간을 묘사하기 위해, 또는 모든 음악적 세부 사항에 대한 정밀분석을 촉진하기 위해 고안된 것이 아니다."(p. 409)라고 밝히고 있다. 그렇다면 이 문제는 우리가 실제 자료인 음 자체를 조사하는 것이 얼마나 중요한가에 대한 것이 된다. 글로써 음악의 기초구조를 묘사하는 것은 즉흥연주의 질에 대한 우리의 지각을 밝힐 수 있다. 그러나 나는 우리가 음 자체를 조사할 수 있을 때, 즉 명확한 음, 화성구, 리듬 양식 간의 관계를 볼 수 있을 때까지 음악과정과 이에 대한 우리의 이해가 완전히 연결될 수 없다고 믿는다. 악보 전사에 대한 명확한 검토와 세션 녹음의 반복 청취를 통해 우리는 복잡한 음악적 토대와 이들이 치료과정에 미치는 영향을 온전히 추론하고 분석할 수 있다. 슈퍼비전에서의 악보화와 사정의 중요성 문제는 이 단계의 슈퍼비전에서 충분히 논의되고 토론되어야 한다. 이것이 바로 수련생이 자신의 음악치료 철학을 형성하고 예술과 임상 간의 균형을 유지하도록 돕는 핵심이다.

또한 수련생은 내담자, 지속적 치료과정, 그리고 자신의 음악적, 임상적 학습에 적절한 자신만의 고유한 음악적 사정방법을 발견하도록 장려되어야 한다. 나 자신의 음악 사정방법(Lee, 1999)은 나의 연구(Lee, 1992)와 그에 상응하는 슈퍼비전에 기초해 형성되었다. 이는 음악분석과 임상적 이해 간의 관계를 토대로 한다. 그 단계—(1) 총체적 경청, (2) 과정으로서의 음악에 대한 치료사의 반응, (3) 내담자의 경청, (4) 자문적 경청, (5) 악보화, (6) 음악 요소로의 분할, (7) 언어적 묘사, (8) 심층분석, (9) 통합—는 세부화된 음악적 연구와 즉흥연주의 구조에 대한 적용, 그리고 음악적 사정과 임상적 사정 간의 균형에서 체계적인 가능성을 나타

낸다.

수련생 반영: Kimberly Khare

자원 개발에 대해 이야기하자면, 내 첫 자원은 내가 사용할 수 있고 임상적 개입과 선택의 길에서 나를 안내할 탄탄한 개념을 자신의 생각보다 많이 가지고 있다는 것을 알아차리는 것이었다. 내담자와 함께 즉흥연주를 할 때 이제까지의 내 선택은 거룩한 느낌의 음악적 개입 또는 D장조였다. 나는 항상 특정한 '유형'이나 '느낌'의 노래로 세션을 시작했으며, 나 자신에게 확신감과 유능감을 주는 소리로서 내담자의 표현을 지나쳐 버리곤 했다. 정서적 격렬함으로 이끌며, 나는 나 자신의 정서적 경험만을 지원하고 있었다. 나는 슈퍼비전을 통해 나 자신에게 '화성 진행'과 대비되는 '음'에 대한 선택을 제공하기 시작했다. 나는 특정한 조성으로 즉흥연주를 하기보다 음정관계에 더 많이 집중하기 시작했다. 반응과 대비되는 수용 수준에 대한 내 생각과 경청에 스스로 도전함으로써, 나는 임상적 경청에서부터 '조화'와 대비되는 '만남'에 이르기까지 보다 심층적인 자원을 개발하였다. 수용은 내부로 가져오는 것을 의미하며, 통합을 향한 발걸음이다. 우리는 우연히 내담자에게 반응하고자 하는 것이 아니다. 나의 충분치 않은 경험과 미숙함으로 인해 나는 이제껏 생각 없이 내담자에게 반응하고 있었던 것이다.

임상적 경청은 내게 임상적 평가를 개발하는 능력을 가져다주었다. 나는 더 이상 모호한 음악적 관계에 대한 나의 개인적 반응을 평가하지 않는다. 나는 오히려 명료하고 적절한 임상적 평가로 이끄는 임상 전략과 인식을 발전시킨다. 나의 음악적 선택과 내담자의 음악적 선택 간의 관계적 연결이 관계 형성과정에서 더욱 명료해지고, 분명해지고, 유연해졌으며, 통합적이 되었다. 관계에 대한 책임이 치료사와 내담자 모두에게 더욱 의식화되었다.

내 슈퍼바이저의 가르침은 때로는 직설적이고 때로는 잘 인식되지 않았으나 언제나 구체적이었다. 때로는 내가 경청 수준에 도달하고 분명한 형식을 찾아낼 때까지 슈퍼바이저와 함께 3초간 녹음 부분을 몇 번이고 반복해서 듣기도 했다. 경청능력 발달의 주인은 나여야만 했다. 슈퍼비전이란 단지 내가 무엇을 경청해야 하는가만을 집어내는 것이 아니다. 만약 그랬다면 그것이 내 판단의 발달을 방해했을 것이다. 따라서 힘들지만 시간을 들여 우리는 표현과 연결 시점의 '사이(in-between)'와 '이면(behind)'을 초점으로 하여 전체 세션을 경청하였다. 이를 통하여 나는 미묘한 음색, 미묘한 표현, 가능성, 잠재성을 듣기 시작하였다. 나는 중요한 순간을 '사전(ahead)'에 듣게 되었다. 이는 내가 음악의 의도, 즉 음악이 진술하는 바와 뒤따를 임상적 방향을 명확하게 인식할 수 있었기 때문이었다.

'사이', '이면', '사전' 듣기는 내게 더욱 충만한 경청 범위를 제공하였다. 나는 이제 '과거', '현재', '미래'의 임상적 순간에 대해 작업하였다. 나는 치료관계에서 음악적 즉시성 안에 존재하는 "창조적 지금(creative now)" (Clive Robbins, 개인적 면담, 1994. 10, 22장 참조)에 존재하였다. 이러한 인식에 대한 정서적 함축이 명백하였으나, 음악적 함축은 그만큼 단순하지 않았다. 치료사로서 우리는 종종 음악을 시작하고 지속한다. 우리는 숨을 쉬거나, 고동치거나, 유동적으로 움직이거나, 심지어 중지하지도 않는다. 그러나 우리의 내담자는 그렇게 한다. 우리는 이러한 특징을 구체화하는 합창, 돌림구, 노래 형식, 또는 주제를 만들어내는 경향을 가지고 있다. 반면 우리는 그 순간을 실현하는 음악 자체를 거의 설계하지 않는다.

음고, 리듬 표현, 음악구, 그리고 짜임새에 대한 나의 인지는 극적으로 변하였다. 심벌 소리를 들을 때, 나는 더 이상 긴 지속음을 연주하지 않고 북채의 두드림, 물리적 힘, 그리고 소리의 날카로움과 둔탁함을 실제로 수용하고 통합한다. 선택의 범위가 넓어졌다. 나는 이런 선택을 소유함으로써 아동 또한 이 모든 선택을 소유했다는 사실을 깨달았다. 나는 이제 그들의 결정력, 과정, 인식, 존재, 지향성을 음악적으로, 즉 임상적으로 사정할 수 있게 되었다.

분리학습의 임상적 평가를 통해 나는 구별하는 법을 배웠다. 화음보다는 하나의 음으로 시작하는 것이 더욱 많은 것을 결정한다. 나는 이제 임상적 순간에 영향을 미치는 음과 음색을 구별할 수 있다. 이 단계는 자연스럽게 임상적 해석으로 옮겨 간다.

임상적 해석

이 단계에서는 음악적, 임상적 규칙에 대한 토대와의 연결을 항상 유지하는 동시에 분석을 장려한다. 이는 변하지 않는 핵심이다. 내담자, 음악적 대화, 과정의 단계, 그리고 지속적인 치료과정에서의 의미에 대한 수련생의 반응을 탐색하는 것이 이제부터는 핵심이 된다. 정밀한 조사를 위한 임상적 개입의 총체적 범위가 잠재적으로 가능한 반면, 음악은 여전히 핵심 초점으로 남아 있다. 수련생은 다음과 같은 질문을 제기하는 음악적 그리고 상호적 쟁점을 가져올 것이다.

- 즉흥연주의 구체적 시점에서 어떤 일이 일어나는가?
- 이를 어떻게 음악적으로 해석할 것인가?
- 이를 어떻게 치료적으로 해석할 것인가?
- 이 둘의 연관성은 무엇인가?
- 나의 음악적 반응은 무엇인가?
- 나의 개인적 반응은 무엇인가?
- 내가 반응하도록 만든 내담자의 음악은 어떠한가?
- 내가 반응하도록 만든 내담자의 물리적 존재는 어떠한가?
- 임상적 상황에 대한 나의 개인적 반응, 내담자, 그리고 과정은 나의 음악적, 치료적 반응에 어떠한 영향을 주는가?

이러한 질문은 보다 해석적인 논의가 시작될 수 있는 토대를 제공한다.

음악치료에서 즉흥연주를 해석하고 의미를 부여하는 것은 복합적이고 다층적이다. 음악은 그 자체로서 난해한 유형의 미로(labyrinth)를 포함한다. 우리가 이렇듯 다양한 음악의 구조적, 이론적 가능성을 인간의 필수조건과 함께 혼합할 때, 한계점은 더욱 모호하고 무한해진다. 분석적, 심리학적, 음악학적 설계를 통해 음악을 연구하는 것은 도전적이다. 의학과 심리치료의 다양한 이론적 구조를 더하는 것은 음악치료의 고유한 내적 작업에 대한 이론적 토대를 발견함에 있어 잠재적으로 혼란을 가중할 것이다. 여기에 슈퍼비전에서 도전이 되거나 논쟁거리가 될 질문이 존재한다. 이러한 질문과 딜레마를 강조함에 있어 우리는 슈퍼비전을 통해 음악치료 임상에서 서로 다른 균형을 허용할 고유한 경로를 찾기 시작할 것이다.

사례: 음악과 치료에서의 의미 탐색하기

나는 이 단계를 음악치료사인 수전과의 슈퍼비전 작업에서의 예를 들어 강조하고자 한다. 나는 3년간 그녀의 슈퍼바이저였다. 그녀는 최근에 8세 자폐아와의 세션에서 4개의 손에 의한 피아노 즉흥연주에 아동은 높은 음역, 치료사는 베이스 음역 연주로 참여하게 되면서 아동의 장애가 자취를 감추는 듯 보이는 순간이 있었음을 설명하였다(예 4). 그녀는 이 경험의 타당성에 대해 질문하였고, 아동의 자폐 상태를 초월하기 위한 음악적 의도와 음악이 가진 잠재성 간의 균형에 대해 숙고하였다. 그녀에게 이는 중요한 경험이었으며, 그녀는 음악적 개시(musical opening) 이면에 존재하는 의미를 탐색하기 원했다. 이는 그녀가 음악, 정서, 창조성 간의 연결을 고찰하고 해석한 다음 연역적으로 추론하도록 하였다.

세부적인 음악적 고찰과 구체적인 음악적 단편에 대한 확인이 이루어진 후, 우리는 이러한 정보와 그 사건에 대한 그녀의 해석 간의 관계로 관심을 돌렸다. 그녀는 아동의 연주에 대한 집착이 어떠하였는지, 그녀와의 물리적 관계는 어떠하였는지, 그리고 아동이 조성으로 옮겨 가도록 한 의도가 완전 4도를 바탕으로 형성된 그녀의 음악에 의해 어떻게 주도되었는지 등에 대해 설명하였다. 이러한 선택은 의식적인 것이었다. 이에 의해 아동이 반복되고 발전되는 단순한 선율 주제를 찾았음이 명백했다.

아동이 처음으로 자신의 즉흥적 선율을 찾아내었으며, 그들 사이에 진정한 음악적 소통도 처음으로 존재했다. 수전은 완전 4도의 음악적 잠재성과 그녀가 응답한 미해결된 음정관계가 아동의 형식화된 선율적 응답을 어떻게 장려하였는

예 4

가에 대해 묻는 듯하였다. 지속되는 작업과 이 아동을 위한 발달적 목표에서 음악적 대화의 특징은 무엇이었을까?

차후 해석에서는 완전 4도의 사용이 아동의 정서적, 심미적, 임상적 반응을 촉진한 중요한 음악적 요소로 작용하였음을 확인하였다. 심리학적 관점에서 이야기한다면, 이 아동은 다른 세션보다 약 10배 이상의 시간 동안 집중하였다. 음악적으로는 작곡된 곡이 예전에는 들을 수 없었던 음악적 민감성을 나타내는 정확하고 세심한 형태로 발전하였다. 마지막으로 이 부분의 심미적 요소는 아동의 음악구와 피아노 연주에서의 조절, 그리고 연주자 간의 관계에서 명확히 나타난다. 그녀는 개인적으로 아동의 음악이 자연발생적으로 만개하는 순간에 대한 자신의 민감성에 대해 숙고하였다. 그녀는 강한 정서적 긴급함과 자신의 척추를 타고 느껴지는 떨림과 같은 신체적 반응에 대해 설명하였다. 여기에서 아동을 향한 개인적 아련함이 그녀의 자연스러운 반응으로 보였다. 그녀는 음악과 임상, 그리고 개인적 반응의 정형적 배합이 치료 결과에 이토록 강력한 영향을 미쳤으며, 각 요소와의 결합에 대해 확인함으로써 세션에서의 주요한 부분에 대한 명확한 사정을 탐색했다고 결론지었다.

수련생 반영: Kimberly Khare

나의 가치판단은 더 이상 장/단조, 이디엄 또는 화성구조에 국한되지 않고, 음간의 관계, 선율의 방향, 음정관계의 특징, 음악의 기본 단위 형성, 그리고 임상적 주제의 발전에 기본 관심을 둔다. 의식적인 창조적 사고에 대한 나의 활동 수준은 증가하였다. 임상적 음악에 대한 책임과 나의 반응에 대한 분석이 가장 중요해졌다. 나는 모든 것을 재고하였다. 첫인사 노래가 꼭 필요할까? 첫인사 노래는 진정 무엇이며 임상적으로 어떠한 의미가 있는 것일까? 음악 작업으로 들어갈 때는 어떠한 전환이 필요할까? 나는 또한 나 자신만이 음악 연주를 책임지는 것이 아니며 내게는 파트너인 내담자가 있다는 것을 깨달았고, 이는 작업의 가치를 크게 변화시켰다. 나는 내담자의 아이디어와 표현을 위한 공간을 남겨 주는 것이 필요했으며, 내 표현에 대한 내담자의 수용을 가치 있게 여기는 것도 필요했다. 나는 내담자가 내게 '만남'을 선사한다는 것을 인정했다. 이는 나의 작업이 아닌 우리의 작업이었다. 이 작업 단계에 대한 나의 정서적 반응을 탐색하는 것이 필요하였고 그것은 개인적으로 뜻깊은 일이었다.

나는 또한 아동의 음악적 표현에서의 모든 박에 대응적이기보다는 대비적으로 연주하기 시작했다. 이는 유기(abandonment)가 아닌 교환(exchange)이며 교차(interchange)였다. 나는 임상적 음악 연주의 물리적 시간뿐만 아니라 정서적 시간에 가치를 부여할 수 있었고, 음악치료사로서 나의 개인적 성장에서 이러한 정서적 시간이 어떠한 의미를 가지는가에 가치를 부여할 수 있었다(Robbins and Forinash, 1991). 나는 판단능력과 임상적, 정서적, 음악적 판단에 대한 수련 방법을 개발하고 있었다.

임상적 판단

목표를 정립하고 정의하는 것의 중요성은 음악치료의 다양한 방법론과 모델이 공유하는 핵심이다. 심미적 음악치료에서는 목표와 목적이 음악적 관계와 임상적 바탕을 이해하고 사정하는 것에서부터 출발한다. 음악적 및 비음악적 목표는 음악적 요소가 어떻게 발전되는가에 대한 고찰에서부터 확장된다. 치료사가 확인된 행동과 구체적으로 성취되어야 할 목표를 포함하는 결과와 같은 더 많은 음악적 고려에 대해 인식하는 것 또한 중요하다. 음악적 의도와 비음악적 의도 간의 명료성, 균형, 이해는 궁극적으로 내담자에게 그의 요구를 반영하는 치료과정을 허용한다. 관계 형성에 대한 치료사의 평가와 이해, 필요한 음악적·임상적 기술을 제공하는 치료사의 전문가적 역할, 그리고 내담자의 개인적 복잡성과 반응을 반영하는 치료사의 능력이 결합되어 성장에 필요한 치료적, 예술적 핵심을 제공한다.

단기와 장기 목표를 확인하는 것은 슈퍼비전 4단계와 부합한다. 전체 그림을 이해하기 위해 우리는 전체를 이루는 수많은 요소를 탐색하고 질문하고 분석해야만 한다. 그 순간에서의 핵심이 무엇인가를 정의함으로써, 우리는 이러한 요소가 특정한 세션의 총체적 설계와 음악치료 전체의 설계에 어떠한 영향을 미치는가를 고려하기 시작할 것이다. 슈퍼비전에서는 지속적으로 목표에 대해 질문하고 그것에 도전해야 한다.

- 임상적 경향의 변화는 내담자와 전체적인 치료적 음악 세부 구조에 대한 당신의 반응에 어떠한 영향을 미칠 수 있었는가?
- 음악적 목표는 무엇이었는가?
- 비음악적 목표는 무엇이었는가?
- 각 목표가 왜 중요하였는가?
- 어떻게 음악적 목표와 비음악적 목표를 통합할 수 있을까?
- 음악적 변화가 전체 목표에 어떠한 영향, 논의, 전환을 가져왔는가?
- 단기목표에 대해 의문을 제기하거나 수정하는 일이 당신에게 어느 정도로 중요한가? 이러한 의문 제기나 수정은 당신의 장기목표를 변화시키는가?
- 음악치료 과정이 진행됨에 따라 음악적인 면과 임상적인 면 간의 유동적인 균형은 목표와 목적에 어떠한 영향을 미치는가?
- 당신은 음악적 성장을 어떻게 정의하는가?
- 당신은 치료적 성장을 어떻게 정의하는가?

수련생 반영: Kimberly Khare

나는 이제 감정에서 비롯된 북 연주와 창조적 자유를 가능케 하는 리듬 기술 발전을 구별하기 시작하였다. 이를 구별함으로써 나는 어떠한 욕구, 목표와 만나야 하는가를 의식적으로 선택할 수 있었다(Nordoff and Robbins, 1977). 나는 틀린 방향으로 들어섰을 때를 인식하고 세션 후가 아니라 세션 안에서 나의 목표를 수정할 수 있었다. 이는 내담자에게도 마찬가지였다. 나는 이제 음악적, 비음악적 목표를 더욱 명확히 결정할 수 있고 이러한 목표를 더욱 물 흐르듯 자연스럽게 성취할 수 있다. 내 목표 성립에 대한 내 지각의 변화는 '음악을 하는 것'과 '음악 안에 존재하는 것'을 구별하는 것이다. 활동이 임상적 음악 사용의 효과를 결정하는 것은 아니다. 적극적인 북 연주, 피아노 연주, 또는 적극적 경청과 같은 악기와의 직접적인 접촉은 다양한 형식에서 일어난다. 직접적 접촉에서 멀어져서 특이한 행동이나 소리 유형으로 퇴행하는 듯한 아동은 치료적, 음악적 도전을 제공한다. 기술적 혹은 외과적으로 적절한 음악을 사용하는 것은 경청, 평가, 해석, 판단 간의 명확한 연결을 요구하는 도전이 된다. 나의 임상적 경청을 탐색함으로써 아동의 임상적 경청에 대한 나의 이해가 변화하였다. 나 자신에 대한 경청은 지적이고 정서적인 기초가 되어 왔다. 음악치료사는 다양한 수준에서 경청해야 하며 다양한 경청 수준을 바탕으로 작업해야 한다.

마무리 생각과 반영

슈퍼비전은 치료과정만큼 복합적이고 다면적이다. 임상적 인식론을 정의하는 것과 이를 슈퍼비전 과정에 연결하는 것은 유한적 고찰과 판단을 요구하는 하나의 조합이다. 슈퍼바이저의 역할은 담아내고, 논의하고, 질문하고, 도전하는 것이다. 이 장에서 설명된 슈퍼비전의 첫 단계는 슈퍼바이저가 작업해야만 하는 경계와 명료성을 보여 주는 힘든 과정이다. 슈퍼바이저는 언제나 수련생의 즉각적 요구에 대해 열려 있고 공감할 수 있어야 하는 동시에, 임상적 도전과 정밀함에 대한 보다 큰 그림을 가져야 한다. 슈퍼비전의 4단계는 비평과 지지를 모두 요구하는 음악적, 개인적 나약함을 더욱 드러낼 것이다. 슈퍼바이저와 수련생이 임상적 경청, 학습, 성숙 간의 조화를 발견하고자 함에 따라 비평과 지지 간의 균형이 세심하게 유지되어야 할 것이다.

그렇다면 음악중심 슈퍼비전은 임상실습과 음악치료의 미래에 어떠한 이점을 가져올 수 있는가? 음악치료에서 세부적인 음악을 이해하는 것에 대해 우리가 이제까지와는 비교할 수 없을 만큼 많은 관심과 동기를 부여하는 것이 직접적인 도전이 된다. 경청은 우리 작업의 핵심이다.

- 내담자, 내담자의 음악, 우리의 음악, 그리고 음악관계를 경청하기
- 음악의 이면과 행간을 경청하기
- 침묵을 경청하기
- 내담자를 고유한 인간으로서 그리고 고유한 음악으로서 경청하기
- 음악가로서 그리고 치료사로서 경청하기
- 소리로서 그리고 집합체로서 경청하기

가장 깊은 수준으로 경청하는 것은 임상가로서 우리가 누구인가와 앞으로의 작업을 어떻게 형식화할 것인가를 정의하도록 도울 것이다. 우리가 명확하게, 그리고 임상적으로 듣지 못한다면 내담자의 음악적 표현과 성장의 잠재성을 결코 이해할 수 없을 것이다.

심미적 음악치료는 음악과 인간의 존엄과 우아함에 대한 탐색이다. 이는 치료적 관계와 처치의 결과뿐만 아니라 음악, 치료, 정체성, 그리고 건강의 모든 면모와 이들 간의 균형감을 의미한다. 치료적 저항과 혼란에서의 심미적 잠재성은 아름다움의 또 다른 표현을 고려하는 것과 다를 바 없다. 여기에서 심미적이란 공격성과 아름다움 모두를 의미한다. 인간적 특성과 음악적 특성 간의 균형이 심미적 음악치료와 음악중심 슈퍼비전의 중심이다. 이는 언제나 이정표이자 이해의 핵심인 음악의 중심 틀로 회귀함을 의미한다. 경청은 음악가로서 우리가 누구인가를 정의하며, 음악은 임상가로서 우리가 누구인가를 정의한다. 우리는 음악을 통해 내담자에게 인간적 변환의 기회를 제공한다.

슈퍼비전에서 우리는 슈퍼바이저가 경청하고, 반응하고, 해석하고, 발전하도록 그들을 도전시킨다. 음악치료에서 우리는 지속적이고 끊임없이 인식론적 사고와 정서적 사고를 연결하는 것이 무엇인가를 정의하고 또 정의하도록 우리 스스로를 도전시킨다. 음악중심 슈퍼비전은 임상적 현실에 반하여 끊임없이 변하는 음악적 구조를 명확히 보여 줄 수 있다. 이 접근은 정밀함과 전념, 그리고 음악적 자기 검토와 자기 직면에 대한 열망을 가지도록 요구한다. 음악중심 슈퍼비전은 또한 고무적이고 계몽적이어야 한다. 음악의 고결함과 기품을 가치

있게 생각하기 시작함에 따라 우리의 임상적 창조성이 빛을 발하게 될 것이다. 음악, 인간, 변화 간의 직접적인 연관을 발견하는 것은 궁극적으로 이제까지 감춰져 있던 것을 드러내게 한다. 음악 안에서의 진정한 만남과 경청은 중대한 경험이다. 슈퍼비전은 이러한 이해와 개인의 성장, 성숙을 기르기 위해 균형을 찾아가는 수련생의 여정을 장려한다.

참고문헌

Aigen, K. (1998). *Paths of Development in Nordoff-Robbins Music Therapy*. Gilsum, NH: Barcelona Publishers.

Amir, D. (1999). Musical and verbal interventions in music therapy: A qualitative study. *Journal of Music Therapy, 36*(2), 144-175.

Ansdell, G. (1995). *Music for Life*. London: Jessica Kingsley Publishers.

Bruscia, K. (1987). *Improvisational Models of Music Therapy*. Springfield, IL: Charles C Thomas.

Brown, S. (1997). Supervision in context: A balancing act. *British Journal of Music Therapy, 11*(1), 4-12.

Iwanaga, M., and Moroki, Y. (1999). Subjective and physiological responses to music stimuli controlled over activity and preference. *Journal of Music Therapy, 36*(1), 26-38.

Lee, C. (1992). *The Analysis of Therapeutic Improvisatory Music with People with the Virus HIV and AIDS*. Unpublished PhD thesis. London: City University.

Lee, C. (1996). *Music at the Edge. The Music Therapy Experiences of a Musician with AIDS*. London and New York: Routledge.

Lee, C. (2000). A method of analysing improvisations in music therapy. *Journal of Music Therapy 37*(2).

Lee, C. (in press). *The Architecture of Aesthetic Music Therapy*. Gilsum, NH: Barcelona Publishers.

Nordoff, P., and Robbins, C., (1977). *Creative Music Therapy*. New York: John Day Company.

Oldfield, A. (1992). Teaching music therapy students on practical placements—some observations. *Journal of British Music Therapy, 6*(1), 13-17.

Pavlicevic, M. (1997). *Music Therapy in Context.* London: Jessica Kingsley Publishers.

Robbins, C., and Forinash, M., (1991). "Time as a multilevel phenomenon in Music Therapy. *Music Therapy, 10*(1), 46-57.

Robbins, C., and Robbins, C. (1998). *Healing Heritage.* Gilsum, NH: Barcelona Publishers.

Stephens, G. (1987). The experiential music therapy group as a method of training and supervision. In C. Maranto and K. Bruscia (Eds.), *Perspectives on Music Therapy Education and Training.* Philadelphia, PA: Temple University, Esther College of Music.

Streeter, E. (1999). Finding a balance between psychological thinking and musical awareness in music therapy: A psychoanalytic perspective. *British Journal of Music Therapy, 13*(1), 5-20.

감사의 글

Colin Lee

심미적 음악치료가 개념화되기 시작했을 때 큰 관심을 가져 주고 그 후로도 지속적인 지지를 보여 준 Michele Forinash 박사와 이 글을 쓰는 동안 나의 변함없는 비평적 동지가 되어 준 Rosemary Fischer 박사에게 감사한다. 나의 음악을 언제나 도전적이게 한 Carol과 Clive Robbins에게도 감사한다. 마지막으로 작고한 후에도 나와 같은 작곡가의 영혼으로 존재하는 Paul Nordoff에게 감사의 마음을 전한다.

Kimberly Khare

나의 초기발달과정에서 뉴욕 노도프-로빈스 음악치료센터 스태프 여러분에게서 받은 지도와 격려에 감사한다. 나를 환영해 주고 그 안에서 나의 용기를 키워 준 매사추세츠 음악치료 공동체에 감사한다. Colin Lee의 인자한 멘토링, 동료관계, 그리고 음악에 감사한다. 통찰적인 슈퍼비전뿐만 아니라 다양한 방법으로 내게 영감을 준 Carol Robbins, Michele Forinash, Karen Wacks, Caryl-Beth Thomas와 Penny Khare에게도 감사한다.

제18장 전문가 슈퍼비전의 정신역동적 시각

들어가는 말

슈퍼비전은 임상 현장에 있는 음악치료사와 슈퍼바이저가 임상 사례와 그 상황에 대한 이해를 서로 공유하고자 하는 시도에서 시작된다. 슈퍼비전을 통해 임상 작업과 관련된 여러 가지 핵심 내용이 다루어진다. 이에는 치료사 역할, 치료기술, 방법, 갈등 이해 등 임상 사례와 관련된 작업과 실제가 모두 포함된다.

세션에서 일어나는 전이, 역전이 문제를 고려하고 이해하고자 하는 작업이 시작되면, 그때부터 슈퍼바이저와 수련생 간의 공동 작품이 만들어지기 시작한다. 여기서 기본 취지는 우선 협력적 관계를 토대로 음악치료사와 내담자 모두의 성격 구조와 특징을 구분하는 것이다. 음악치료에서 치료 사례는 어느 수준에서 치료가 행해지는지를 규명하고 치료과정에서 관계 역동 문제, 치료사의 역할과 기능, 그리고 치료목표에 대한 도전을 설정한다.

치료과정에서 갈등 문제가 대두되면 치료 작업은 앞으로 빠른 진행을 보이거

Mechtild Jahn-Langenberg, PhD
Director of Music Therapy Department, University of the Arts, Berlin, Germany

나 혹은 그에 압도되어 정체될 수도 있다. 더군다나 이런 정체는 치료사가 어떤 역할을 시도하기도 전에 먼저 일어날 수도 있다. 하지만 이와 같이 자아이상(ego-ideals) 다루기, 환상(fantasy)이 계속 확장되는 것에 대한 경계 짓기, 현실 인식하기(reality-checking), 재조정된 목표 설정하기 등은 쉽지 않지만 매우 필요한 과정이라고 할 수 있다. 따라서 모든 요인은 정의되어야 하며, 치료 내에서 보이는 내담자 성격의 역동과 슈퍼비전 내에서 보이는 역동도 참고할 필요가 있다.

치료과정에서 내담자는 치료 팀에게 내적 갈등을 투사하거나 관계 문제 또는 입장을 새롭게 재정립할 것을 지속적으로 요구한다. 치료적 관계를 자신의 내적 갈등을 분출하는 계기로 활용하는 내담자의 충동으로 인해 수련생(치료사)이 흔들리지 않도록 도와주는 것이 슈퍼비전의 목표라 할 수 있다. 전문적 슈퍼비전의 외적인 책무는 치료 활동에 관련된 모든 사람의 역할을 조율해 주는 것이다. 수련생과 슈퍼바이저의 역할 규명을 통해 이 작업 내에서 만들어진 관계를 명료하게 정립하고 그 경계를 적절히 분리해야 한다. 치료적 동맹(working alliance)이 유지되는 동안에는 이미 규명된 역할 이외의 관계를 맺지 않는 것이 원칙이다. 슈퍼바이저와 수련생은 역전이적 관계에 대해 충분한 이해를 가지고 있어야 할 것이다. 한편 Tüpker(1996)는 가끔 훈련 상황에서 일어나는 수련생과 슈퍼비전 기관 간의 문제를 그들이 내담자와 전문가 관계가 아니기 때문에 이와는 좀 다른 시각으로 다룰 수 있다고 하였다.

다음 장에서는 심리치료와 정신신체학(psychosomatic)을 통합한 정신분석적 시각에서 전개하는 치료 접근과 환경에 대해 집중적으로 조명할 것이다. 치료과정의 전체와 그 안에 포함된 각 단계를 살펴보는 것은 치료 전개의 의미를 확인하는 작업이다. 이에는 치료사가 자신이 만나는 내담자의 내적인 갈등으로 인해 세션에서 보이는 행동을 다시 '연출(play)' 하면서 이해하는 작업도 포함된다. 연출하면서 행동에 대한 이해를 얻는 것은 때로 치료사에게 도전으로 다가오기도 한다. 그러므로 슈퍼비전에서 치료사는 슈퍼바이저와 함께 세션에서 발생한 행동을 '연출' 해 봄으로써 스스로 내담자를 위한 치료 접근이 무엇인지를 알게 된다. 충분한 진단을 통해 치료가 필요하다고 판단된 내담자는 세션 시 모든 고려

사항의 중심이 되어야 한다. 내담자는 치료에 동의하며, 함께 계획을 구성해 나가기도 하고, 치료적 성취를 이루어 나가기도 한다. 그러므로 음악치료와 같이 치료의 목표에 따라 치료 팀에게 제시하는 대체적인 또는 주 치료적인 접근에 대한 대안과 절차는 중요한 부분을 차지한다. 여기서부터 '치료사'의 전문성에 대한 여러 문제가 제기된다. 어떠한 방법과 치료기술을 활용하는지, 어떤 직업이며 그에 따른 계약 조건과 월급 수준 등은 어떠한지에 대한 질문이 탐색된다.

전문적인 틀을 갖춘 슈퍼비전은 이러한 질문을 인식하고 풀어내고 규명하여 보다 성공적인 치료 방향을 제시한다. 분명하지 못한 관계 문제에서 야기된 동료에 대한 불만족과 왜곡된 생각 등은 의미 있는 치료적 결과를 도출하는 데에 문제로 작용하기 때문이다.

정신분석 중심의 음악치료

전문가적 정신분석 중심의 슈퍼비전 작업은 관점(perspective) 변화를 통한 새로운 경험과 지식을 얻게 해 준다. 이 작업을 보다 분명히 하기 위해서는 정신분석적으로 성립된 음악치료에 대한 구체적인 사항을 살펴볼 필요가 있다.

정신분석 중심의 음악치료는 분석적 음악치료를 일부 수정한 모델이라고 할 수 있다. 이는 뒤셀도르프 대학교의 정신신체 의학과 심리치료 클리닉과 같은 기관 중심의 훈련과정이 태동하면서 시작되었다(Heigl-Evers, Henneberg-Mönch, Odag, and Standke, 1986; Heigl-Evers, Heigl, and Rüger 1997). 치료방법은 Mary Priestley와 Johannes Eschen의 분석적 음악치료에 뿌리를 두었으며, 음악의 기능에 대한 새로운 시각을 가져다준 뉴뮤직(New Music)[1]의 영향을 많이 받

1) 역주: '뉴뮤직(New Music)'은 20세기 현대음악에 영향을 미친 예술미학의 한 주류로, 음악이 그동안 미적 형식과 내용 면에서 절대적으로 추구하던 화음과 해결을 초월하여 조성적 긴장(tension)의 중요성을 강조한 음악이다.

왔다(Eschen, 1983; Karkuschka, 1966; Priestley, 1983). 전문 영역의 발전과 함께 심층 훈련과 임상에 대한 이해, 그리고 음악치료의 통합된 총체적 치료 틀 내에서 정신분석적 음악치료는 비교적 독립된 심리치료 접근으로서 인정받게 되었다(Langenberg, 1986, 1987). 적극적인(active) 음악치료는 내담자와 치료사의 적극적인 관계로 특징지어진다.

치료에서의 '만남'은 공감적인 즉흥연주와 연주 이후 대화를 할 수 있는 환경을 만들어 준다. 연주과정에서 무엇을 경험하였는지, 개인 내적 또는 대인관계적 현상이 무엇에 대한 표현이었는지에 대한 이해를 얻게 된다. 만남, 산출, 통합이라는 삼각대 위에서 치료가 일어나며, 가장 처음 시도된 상호적인 즉흥연주가 관계 그 자체를 대변하는 하나의 재생산물로 완성되어 간다. 치료사와 내담자는 머리에 떠올려지는 것을 연주하고 하나의 공감된 음악작품을 만들어 나간다. 치료사는 피아노와 건반, 또는 피아노 안의 현을 연주하기도 한다. 두 개의 피아노, 다양한 타악기, 현과 선율 악기 등 내담자를 위한 다양한 표현 매체를 제공한다.

치료사와 내담자의 생동감 있는 만남은 성장과정에서 내재화된 갈등 경험을 다시 재경험하는 데에 필요한 새로운 관계를 형성하고, 이를 통한 감정과 환상, 그리고 이미지를 자극하고 불러일으키는 촉진제가 된다. 그리하여 전의식적인 환상이 표현될 수 있는 공간이 만들어지면 이러한 만남을 정신역동적으로 이해할 수 있게 된다.

치료적 환경에서 전이관계는 치료사와 내담자 사이에 생성되는 소리와 연주, 즉 교감적 공명을 통해 형성된다. 정신분석적 음악심리치료(psychoanalytical-oriented music psychotherapy)에서 '악기'는 한 개인이 다른 개인을 수용하고 관계하는 데에 활용되는 매체라고 할 수 있다(Langenberg, 1988). 여기서의 악기(instrument)는 '도구(instrument)'라는 의미가 더 강한 치료적 매개로서의 역할을 수행하며 공명하고, 들려지고, 감지하는 역할을 수행한다고 할 수 있다. 그러므로 음악치료 내에서 형성되는 전이관계에서는 이것이 특별한 의미를 갖는다. 음악 안에서 만들어지는 소리를 서로 지각하고 감지하면서 그 시간을 통해 관계가 발전된다. 음악적 공간에서 친밀해지기, 분리되기와 같은 작업은 안전하게 경험된다.

치료 악기가 지니는 공감적 기능은 치료과정에서 신체적이거나 정신적인 문제에 열쇠를 제공하기도 한다. 치료사는 내담자가 즉흥연주 안에서 표현한 내용이 어떠한 내적 연상을 반영하는지에 대해 충분히 인식할 수 있어야 한다. 즉흥연주 과정에서 보이는 음악의 시기적 의미, 일차적-이차적 과정, 관계의 내재적 또는 외현적 쟁점을 다루는 등 여러 양가적 내용을 관찰하면서 내면세계의 문제를 치료의 초점으로 가져오도록 한다. 정신분석적 음악치료(psychoanalytically-oriented music therapy)의 세부적인 특징은, 연주하고 이야기하는 공간에서의 즉흥연주, 그와 관련된 작업 기술, 그리고 심리치료 등에서 나타난다. 이는 Heigl-Evers에 의해 창안된 정신분석적-상호치료적 접근에서 많은 영향을 받았다. 이는 정신신체적 또는 심리치료적 차원에서 임상적으로 규명된 내담자의 자아구조 병리(structural ego disturbance)를 심리치료 기법을 사용하여 수정하는 접근이다(Heigl-Evers et al., 1986). 음악치료사는 세션에서 내담자와 같이 연주하면서 진정성과 적극적인 교류를 유도하고 이 구도를 통해 주고받기(answer principle), 대립하기(palpable opposite)를 탐색하면서 내재된 쟁점을 해결할 수 있는 방향을 모색한다.

이러한 기본적인 치료 논거를 토대로 어린 시절 결핍된 정서 교감과 정신신체 증상을 가진 내담자를 위한 임상적 접근과 지침이 구축될 수 있다. 특히 자아구조 병리를 가진 내담자가 관계 문제를 통해서 자신의 내면에 존재하는 충동의 상충 또는 불일치(incompatibility)를 이해하고자 할 때 때로는 격렬한 장면을 연출하게 되는데, 이는 치료사에게 막중한 감정적 부담으로 다가온다. 이를 경험할 때 즉각적으로 제공되는 치료 공간(therapeutic space)은 몸에서 지각되는 초기 관계와 관련된 정서 또는 감정을 연주로 탐색하도록 허용된 공간이다.

음악치료실은 2개의 피아노, 자일로폰, 바이브, 드럼, 차임, 심벌, 우드블록, 플루트, 작은 타악기 등으로 다양하게 구성할 수 있으며, 필요에 따라 융통적으로 활용된다. "마음대로 연주하세요. 원하는 모든 것을 표현해 보세요." 이러한 언어적 지시에 따라 내담자는 조성을 초월하여 자유롭게 연주할 수 있다. 치료사의 음악적 역할은 소리로 채워진 열린 공간을 제공하는 것이고, 내담자로 하여금 자신의 소리를 만들고 형식을 독창적으로 구성하며 자기 고유의 방법을 찾고 소리를 내게 도와주는 것이다. 즉흥연주 주제에 맞는 구조를 통해 치료사는 내담자의 음악적 아이디어를 지지하거나 대응하는 작업을 할 수 있다.

공동으로 만들어 가는 즉흥연주는 감정과 환상, 그리고 이미지를 자극하고 이후 적극적인 경험에 대해 나눌 수 있는 대화의 내용을 제공한다. 이러한 개인적 행동은 대인관계 경험을 어떻게 내면화하는지, 그리고 유아기 발달과정에서의 갈등은 무엇이었는지에 대한 사정 정보를 얻을 수 있는 계기가 된다.

음악치료 세션에서 전이관계는 음악 연주를 함께 나누는 동안 소리와 모든 감각을 통해 형성되고 공명된다는 점에서 매우 특별하다. 이는 내면과의 만남을 통해 자극된 무의식적 환상이 정신역동적으로 이해되고 곧 '들리는' 기회라고 할 수 있다.

슈퍼비전

슈퍼비전에서 치료사는 자신의 사례를 다루면서 치료 내 여러 역동과 이들 간의 관계를 한 번 더 확인하여 스스로 해답을 찾는 기회를 갖는다. 정신분석적 시각에서는 세션에서 만들어지는 다양한 공명을 통해 역전이 문제를 분석해 볼 수 있다. 이러한 작업은 치료적 상황에서 발생하는 문제를 고민하고 공감하게 하는 계기가 된다. 슈퍼바이저는 슈퍼비전 과정에서 즉흥연주에서 다루어진 교감과 연상에 초점을 둔다. 이러한 음악치료사의 내적 작업은 전문가적인 슈퍼비전을 통해 새로운 또 하나의 성장 공간을 갖는 것이다.

슈퍼비전에서 이러한 작업이 이루어지면, 동료들과의 여러 가지 전이가 자극되고 이를 통해 집단역동에 대한 문제가 발견될 수 있다. 이 장에서는 이 부분을 다루지는 않지만, 대신 개별 슈퍼비전 내에서 이루어지는 정신역동적 작업이 수련생을 대하는 시각에도 영향을 미친다는 사실은 염두에 두어야 한다. 이처럼 분석적 기술은 모든 작업에서 필요한 역량이다.

슈퍼비전에서 치료사 M은 자신이 일하는 정신신체 증상을 다루는 클리닉에서 이루어지는 치료 진행사항과 관련된 문제를 언급하였다. 이 기관에서 음악치료는 정신분석적 접근 절차를 통해 개별 그리고 집단 치료로 이루어지고 있었다. 전문가 집단과 간학문적인 팀 내에서도 충분한 논의를 거친다. 추가 치료 절차 외에도 내담자의 퇴원에 필요한 보다 통합적인 치료 계획안이 제출된다. 이에 따라 개별 또는 집단 음악치료가 선택되기도 한다. 치료사 M은 슈퍼비전에서 자신의 역할과 기능에 대해서 지속적으로 갖게 되는 의문점을 토로하였다. 그녀가 일하고 있는 병동이 새롭게 확장되면서 자아구조 병리를 가지고 있는 내담자와의 전이적 갈등을 경험하고 있었기 때문이다. 내담자의 불안, 초기 외상, 구강기적 고착 등이 치료사의 내재된 자기애적 욕구를 자극하고 있었기에 이 부분은 직접적으로 직면해야 할 필요가 있었다.

슈퍼비전에서 보일 수 있는 이러한 원형적인 예는 음악치료사의 고유 '정신건강(psychohygine)'을 참고하여 살펴보아야 한다. 여기서의 핵심은 '너 자신이 되라. 스스로를 관리하라' 다. 치료사 자신의 중심을 유지하기 위해서는 내면세계에 대한 열린 마음과 정신분석적인 감각 및 섬세함이 필요하다. 동시에 내담자와의 관계 형성을 통해 외부 세계를 수용할 수 있는 능력, 내담자의 내면 세계를 통해 자신의 내적인 문제를 탐색할 수 있는 능력 또한 중요하다. 치료과정에서는 우리 스스로가 지각과 통찰의 도구로 기능한다. 이러한 자세는 스스로를 발전시키고 다듬어 준다. 음악치료만의 유산인 소리 공명을 통해 감정을 교감하는 것은 세션 내에서와 마찬가지로 슈퍼비전 환경에서도 매우 특별한 부분을 차지하는 것이다. 즉흥연주를 통해 치료사가 연주하고, 슈퍼바이저가 그 파트너가 되어 대립적인 구도에서 연주를 주고받으면서 전이적 관계를 탐색해 볼 수도 있다.

한 집단원이 슈퍼비전에서 주 2회, 50분의 개별 음악치료 세션을 하는 내담자에 대해 논의하는 경우를 예로 들어 보자. 이 사례와 관련해서 가장 중요한 작업은 팀이 어떻게 기능할 것인지에 대한 명료한 접근과 이에 필요한 전문성, 직무 규정, 그리고 음악치료의 적합성과 한계를 고려한 현실적인 치료목표 설정일 것이다. 이러한 작업은 현실적인 차원에서 임상환경과 관련된 쟁점을 합리적으로 사고하면서 이에 대한 무게감을 분산시키고 내담자를 위한 음악치료에 더욱 집중할 수 있도록 도와준다.

치료에서 보이는 내담자의 철회, 이로 인한 대화의 단절 또는 다른 공격적인 정서 표현 등은 흔한 장면이며, 특히 자아구조 병리를 가진 내담자의 경우 어릴 때의 일관되지 못한 관계 형성 경험으로 인해 객관적 사고가 결핍되었기 때문에 문제가 표면화될 수밖에 없다. 내담자는 치료사와 관계하는 과정에서 이러한 불투명하고 신뢰할 수 없는 상황을 재현할 수도 있다. 그러므로 진정한 협력 작업을 위한 치료사의 일관성 있는 태도는 내담자에게는 새로운 역동성을 재경험할 수 있는 기회를 제공한다. 지지적이며 열린 태도를 갖춘 음악치료사는 내담자를 비언어적인 수준에서 만날 수 있고, 내담자의 자기애적 상처를 다룸으로써 안정감과 구조, 그리고 중심을 잡아 주는 역할을 한다. 또한 내담자 스스로가 자신을 온전한 개인으로 인식할 수 있는 관계를 만들어 간다. 음악치료사는 내담자가 자신의 소리를 들을 수 있도록 촉구해 주고 지지해 준다.

대화가 계속 단절되는 문제는 내담자가 스스로를 신뢰하지 못함을 암시하는 것이다. 그러므로 대화를 통해 상대의 존재감을 인식하고 상호작용을 유도해야 한다(Heigl-Evers et al., 1986). 이 과정에서 치료사는 자신의 중심을 유지하면서 내담자와 같이 탐색하고, 찾고, 내려놓고, 무료함도 기꺼이 감당해야 한다.

치료사 M은 슈퍼비전에서 내담자와의 만남이 지루해지고 있을 때 치료에 대한 의문과 여러 가지 생각에 빠지게 됨을 토로하면서 이에 대한 죄책감을 갖게 된다고 하였다. 이와 유사하게 슈퍼바이저도 치료사 M이 자신의 사례에 대해서 이야기하는 동안 지루함과 무료함을 느낄 수 있지만, 그럼에도 슈퍼바이저로서 어떤 역할을 해야 하지 않을까 하는 고민을 계속한다. 이는 대상이 내담자든 치료사든 모두 방향과 목표를 잠시 상실한 상태라 할 수 있다. 정신분석적인 작업에 있어 역전이는 치료사-내담자 관계의 문제점이 무엇인지를 알게 해 주는 좋은 자원이다. 내담자는 대화를 지속할 필요가 없다는 태도를 보임으로써 치료사를 스스로 무능하다고 느끼게 한다. 반대로 슈퍼비전을 하는 동안 치료사는 슈퍼바이저에게 이러한 역전이 문제에 얽힌 감정을 느끼게 할 수 있다.

치료사 M의 슈퍼비전에서 대화가 어떠한 변화 없이 계속 이런 방식으로 단선적으로 진행되고 있다면, 치료사 자신의 내적인 작업에 있어서도 내담자와 마찬가지로 자신의 미해결된 자기애적인 상처를 감지하고 있다는 것을 의미한다고 볼 수 있다. 이는 대상 항상성(object consistency)이 지속되고 있지 않은 상황이며, 이러한 목가적(monadic) 상황에서는 잠시 회피하거나 안식할 수 있는 피난처를 찾게 된다. 역전이 문제를 가진 내담자와 세션을 진행하는 음악치료사의 경우 이러한 이유에 대항하며 자신의 안정감, 지지감, 그리고 안전함을 추구하는 자기애적 욕구에 봉착한다. 하지만 이 역시도 궁극적으로는 치료사 자신의 내면을 다지는 계기가 될 수 있다.

내담자에게 필요한 관심과 집중을 복원하기 위해 다시 자신의 존재감을 확인하는 작업은 몇 가지 단계를 통해서 획득된다. 이 단계를 통해 자신의 정서를 복원하고 스스로의 욕구를 규명한다. 이러한 열린 공간은 슈퍼비전에서 즉흥연주 기법을 통해 만들어질 수 있다. 음악치료사는 '자신을 보호하기' 위해 악기를 활용하여 자신의 공간과 그 중심을 만들고, 자신의 소리(톤)를 연주하고 연주 스타일을 확인한다. 더 나아가 슈퍼바이저와 함께 연주하는 구조 내에서도 대화를 통해 자신을 위한 음악적 공간을 만든다.

이와 같은 개입은 기본적인 음악치료 작업, 그리고 슈퍼비전에서도 경험될 수 있는데, 치료과정에서 유도된 또는 자극된 정서를 구분하기, 규명하기, 명료화하기가 그 목표에 포함된다. 치료사는 즉흥연주를 통해 스스로와의 정서적 교감을 경험하게 되면서 새로운 영감과 능력을 얻고 내담자를 위한 대화의 대상으로 존재해 주기 위해 치료 세션에 복귀할 수 있다.

이 예시에서는 슈퍼바이저와 수련생 모두가 즉흥연주와 음악적 탐색을 마치고 서로의 내적 욕구를 다루고 조절하는 것을 보여 준다. 비구조와 자유로움은 두 사람 모두에게 대화의 흐름과 유지를 격려하고 이에 활력소를 제공한다. 치료사 M은 슈퍼바이저와 연주를 하는 동안 연주에서 경험하는 관계적 역동성을 이해하였고 그 대화의 중요한 의미를 발견하게 되었다. 내담자가 대화를 단절하는 것이 공격적인 정서에서 기인한다는 것도 이해하였다. 또한 내담자의 보호적인 행동은 부담과 위협에 대한 방어적 신호라는 것도 알게 되었다. 악기를 만지고 소리 특성을 감지하고 이에 대한 내면적 반응을 느낄 때, 내담자는 그에 압도될 수 있다. 이러한 과도한 반응은 퇴행을 유도하고 이 퇴행의 경험에 치료사를 끌어들이고자 하는 것이다.

슈퍼비전을 통해 자신의 정서를 다시 찾으면서 음악치료사는 내담자를 위해 조심스러우면서도 분명한 자세를 유지해야 한다는 점을 확실히 인식해야 한다. 내담자는 힘든 유년 시절을 보냈기 때문에 자신의 내적 욕구를 충족하기 위해 계속해서 자기 정당화를 해 왔음을 알 수 있다.

관계를 시작하기 위해서는 모든 감정에서도 마찬가지겠지만 특히 친밀해지는 과정에서 항상 양가감정에 대한 불안 또는 긴장이 동반된다(Langenberg, 1999). 새롭고 생소하고 아직은 확실히 규명되지 않은 불확실함을 이해하고 만나기 위해서는 특별한 노력이 필요하다. 공명의 기능을 하는 치료사의 역전이를 탐색하면 이에 대한 이해를 더 잘 얻을 수 있다. 내담자를 위해 즉흥연주로 마음을 열고 조심스럽게 음악적으로 지지하고, 그의 소리를 경청하고, 음악을 통해 받은 감명을 표현한다면 예측하지 못한 전율을 경험할 수 있게 될 것이다.

치료사는 내담자의 정서적 촉구를 받으면 집중하게 된다. 그리고 정신분석적 차원에서 그 촉구에 '응답'한다. 이 모두가 내담자와 치료사의 대화적 구도 내에서 진행되는 상호작용이라고 할 수 있다. 슈퍼바이저가 수련생에게 자신의 감정에 대한 답을 스스로 찾아가게 한다는 것은 매우 중요한 일이다. 이는 곧 그 치료사가 내담자의 정서에 자생적으로 공명을 제공할 수 있는 능력을 길러 주기 때문이다. 원형적인 예로는 내담자가 어떠한 방해를 받는다든지, 악기가 바뀐다든지, 또는 이전에 경험한 기대하지 않은 정서를 재경험하는 경우 대화 또는 소통의 단절을 보인다. 대화가 진행되는 과정에서의 정서적 두려움과 위축감은 공격적인 정서를 유발한다.

정서 연구자인 Krause는 정서 속성(affect rudiments)에 대해서 말하면서, 내담자가 정서적으로 경직되었을 때 스스로 어떠한 감정을 경험하는지에 대해서 명확히 설명하지 못하게 된다고 하였다. 이는 다른 여러 잔존 감정에 의해 가려지고 중화되기 때문이다(Krause, 1988). 내담자가 경험하는 정서는 주로 모범된 행동으로 먼저 표현되기 쉽다. 그렇기에 가장 낮은 강도에서 감정을 경험하거나 다른 감정에 의해 가려지거나 중화될 수밖에 없다. 예를 들어, 정신신체 증상을 호소하는 내담자가 무거운 주제가 언급될 때마다 크게 웃는 행동을 보인다고 하자. 세션을 진행하면서 이러한 행동에 관한 쟁점을 같이 탐색해 볼 필요가 있다.

치료사-내담자 관계를 재경험하는 것이 바로 슈퍼비전에서 다루는 작업의 하나다. 이를 통해 내재된 감정과 정서 상태 등을 경험한다. 정서 교감과 관련된 경험에서의 복잡하고도 미묘한 감정에는 섬세한 작업이 필요하다. 이 작업은 매우 어려울 수 있으며, 치료사 입장에서 충분한 안전감과 자신감이 담보된 경우가 아니면 자기조절의 문제를 불러올 수 있다.

내담자에게서 시작된 여러 환상이 치료사에게 전달되고, 두 사람의 관계 안에서 이러한 쟁점이 다루어지고 해결되면서 두 사람의 내적 결핍을 충족시켜 주기도 하지만, 때로는 정서적 교정을 위해서 적절한 경계선을 설정해야 하는 도전을 해야 하기도 한다.

상호작용을 통해서 스스로를 열고 수용하고 참여하는 선이 어디까지인지, 반대로 보호하고 안전적인 경계를 긋고 거리를 두는 선이 어디까지인지를 알 수 있게 된다. 퇴행적인 충동은 특히 자아구조 병리를 가지고 있는 경우, 구조 상실 또는 붕괴를 초래할 수도 있다. 이에 대처하기 위한 방어기제로서 치료 내에서는 공격적인 정서 표출이나 신체적 경련이 나타나기도 한다. 음악치료 세션에서도 이러한 반응이 즉흥연주에서 표현되기도 하며 관계적 문제 또는 예측 불허한 대화로 나타나기도 한다. 강한 퇴행의 욕구를 갖고 있는 내담자의 경우에는 즉흥연주와 같이 상호작용이 강한 활동보다는 구조화된 활동을 통해 이러한 문제를 다루는 것이 더 적합할 수 있다. 슈퍼비전은 이러한 기본적인 관계 형성의 부담과 무게감을 덜어 주는 역할을 한다. 그리하여 더욱 전문가적인 자세를 기름으로써 필요한 치료기술과 다양한 상황을 감당할 수 있는 창의적인 해결력이 강화된다.

참고문헌

Eschen, J. T. (1983). Assoziative improvisation (*Associative Improvisation*). In H. H. Decker-Voigt (Ed.), Handbuch der Musiktherapie (*Handbook of Music therapy*). Bremen: Eres, 41-43.

Heigl-Evers, A., Henneberg-Mönch, U., Odag, C., and Standke, G. (1986). Die Vierzigstundenwoche für Patienten: Konzept unt Praxis teilstationärer Psychotherapie (*The Forty Hour Week for Patients: Concept and Practice of Partially-Stationary Psychotherapy*). Göttingen: Vandenhoek & Ruprecht.

Heigl-Evers, A., Heigl, F., and Rüger, U. (1997). Lehrbuch der Psychotherapie (*Textbook of Psychotherapy*). 3 überarbeitete Auflage. Stuttgart: Fischer.

Karkoschka, E. (1996). Das Schriftbild der Neuen Musik (*The Typeface of New Music*). Celle: Moeck.

Krause, R. (1988). Eine Taxonomie der Affekte und ihre Anwendung auf das Verständnis der "frühen" Störungen (*A Taxonomy of Affects and their Application in the Understanding of "Early" Disturbance)*. PPmP 38, 77-86.

Langenberg, M. (1986). Musiktherapie-Spielraum-Übergangsraum-Zwischenraum. Überlegungen zur Funktion einer künstlerischen Therapie (*Music Therapy-Space to Play-Temporary Space-Spacing*). In A. Heigl-Evers (Ed.), Die Vierzigstundenwoche für Patienten. Göttingen: Vandenhoeck & Ruprecht, 176-192.

Langenberg, M. (1988). Vom Handeln zum Behandeln. Darstellung besonderer Merkmale der musiktherapeutischen Behandlungssituation im Zusammenhang mit der freien Improvisation (*From Acting to Treating. A Presentation of Special Characteristics of the Music-Therapeutical Treatment Situation in the Context of Free Improvisation*). Stuttgart: Fischer.

Langenberg, M. (1997). Musiktherapie (*Music Therapy*). In A. Heigl-evers (Ed.), Lehrbuch der Psychotherapie. 3. Überarbeitete Auflage. Stuttgart: Fischer.

Langenberg, M. (1999). Music therapy and meaning of affect regulation for psychosomatic patients. In T. Wigram and J. De Backer (Eds.), *Clinical Application of Music Therapy in Psychiatry*. London: Jessica Kingsley Publishers.

Priestley, M. (1983). Analytische Musiktherapie (*Analytical Music Therapy*). Stuttgart: Fischer.

Tüpker, R. (1996). Supervision als Unterrichtsfach in der musiktherapeutischen Ausbildung (*Supervision as a Teaching Subject in Music-Therapeutical Training*). MU17, 242-251.

제19장 도제훈련에서 유래된 슈퍼비전 모델

이 장의 목적은 두 가지로, 저자가 템플 대학교에서 개발한 슈퍼비전 도제(apprenticeship)훈련 프로그램을 설명하고 그 속에서 나타나는 병행과정에서 유래한 슈퍼비전 모델을 제시하는 것이다.

도제 기획

도제훈련은 음악치료 대학원 과정에서 중요한 부분으로 기획되었다. 이 프로그램에서는 석사학위 프로그램에 등록한 임상 경험이 많은 음악치료사가 자기의 전공 교수의 도제(apprentice)가 되어 점진적으로 음악치료에서 최대한의 슈퍼비전의 책임을 떠맡을 수 있도록 배운다.

Kenneth E. Bruscia, PhD, MT-BC
Professor of Music Therapy, Temple University, Philadelphia, PA

근거 및 목표

도제훈련은 임상이 아닌 학과 환경 내에서 제공되기에, 주된 관심은 도제 슈퍼바이저가 음악치료 슈퍼비전에 대해 최대한 배울 수 있는 기회를 가지는 것이다. 최근 들어 음악치료 슈퍼비전은 다양한 예비 전문가 및 전문가 맥락에서 이루어지고 있다. 예비 전문가 수준에서 슈퍼비전은 현장과 교실에서 임상가, 교육가, 또는 그 둘에 의해 실습 및 인턴 과정의 일부로 주어지는데, 이는 학부 수준과 대학원 수준의 인증과정에서 제공된다. 전문가 수준에서 슈퍼비전은 좀 더 숙련된 음악치료사나 동료에 의해 직장에서 혹은 개인적으로 제공될 수 있다.

이러한 슈퍼비전의 광범위한 실행 범위는 슈퍼바이저 훈련방식에 대한 근본적인 질문을 제기한다. 학습목표는 모든 수준과 맥락을 포함해야 하는가? 그렇다면 그것을 어떻게 차별화하여 가르칠 수 있는가? 이런 유형의 슈퍼비전 간의 목적 및 방법상 차이점은 슈퍼바이저 입장에서 방대한 다른 지식과 기술을 요구하는가? 구체적으로 예비 전문가 수준 슈퍼비전에서 개별 훈련은 전문가 수준 슈퍼비전을 위한 적절한 준비가 될 것인가(혹은 그 반대)? 그리고 학과 환경에서 개별 슈퍼비전은 임상 환경에서의 슈퍼비전을 위한 적절한 준비가 될 것인가(혹은 그 반대)?

이 프로그램에서 도제는 학부 음악치료 인턴의 학교 슈퍼바이저가 된다. 따라서 학문적 관점에서 기인한 예비 전문가 슈퍼비전이 일차적이고 즉각적인 초점이 된다. 그러나 이 슈퍼비전 접근에서 도제훈련은 도제가 예비 전문가에서 전문가 수준으로, 또한 학교에서 임상 환경으로 슈퍼비전에 대한 학습의 일반화를 돕도록 기획되었다. 이는 두 가지 방식으로 성취된다.

첫째, 슈퍼비전은 수준 및 단계에서 개념화되고 교육된다. 슈퍼비전의 수준은 인턴과 함께 하는 도제 작업의 깊이와 직접적으로 연관되어 제시된다. 이는 결국 인턴의 내담자와의 작업 깊이에 따라 달라지는데, 보다 심화되고 전반적이며 장기적인 작업은 초기의, 초점을 맞춘, 혹은 단기적 작업보다 더 깊은 수준의 슈퍼비전이 필요하다. 이 방식에서 예비 전문가 및 전문가 슈퍼비전은 수련생의 전문가 지위에 따르기보다는 슈퍼비전을 받는 임상 작업의 수준에 따라 그것과 동일 선상에서 함께 고려된다. 이 수준에 대해서는 후반부에 좀 더 다룰 것이다.

둘째, 슈퍼비전은 교육가 및 임상 슈퍼바이저에 의해 공유된 책임 선상에 따른 교육과 밀접하게 연관된 개념이다. 이 개념은 실습 및 인턴 슈퍼비전이 학과 교수와 현장 음악치료사에게 공동의 모험이 되는 대학 내에서 일반적인 것이다. 훈련의 주요 함의는 도제가 학교 및 임상 슈퍼바이저의 역할 및 책임을 이해하고 구별하도록 돕는 것이다. 이런 이유로 도제는 인턴 학생이 더욱 효과적으로 기능하고 배우도록 도울 수 있는 다양한 유형의 슈퍼비전 지원을 인식하면서 통합적으로 인턴의 슈퍼비전 요구를 고려하도록 항상 요구받는다. 일단 이와 같이 행해지면, 도제는 학교와 임상 슈퍼바이저의 역할과 책임 간에 확실한 경계를 만들고 그에 따라 행동해야 한다. 이런 방식으로 수련생의 요구를 우선적으로 따르고, 이어 슈퍼비전의 역할에 따른 학과 및 임상 슈퍼비전이 함께 동일 선상에서 고려된다. 이 장 후반부에서 학교 슈퍼바이저가 사용하는 실제 기술이 임상 슈퍼바이저가 사용하는 것과 많은 부분에서 동일하다는 사실을 볼 수 있을 것이다.

이제 도제훈련의 학습목표를 제시하고자 한다. 즉, (1) 학교 및 현장 슈퍼바이저의 차별화된 역할 및 책임 이해하기, (2) 슈퍼비전의 다양한 접근 및 수준, 그리고 그것의 적절한 적용 이해하기, (3) 다양한 관점에서의 음악치료 임상 작업을 관찰하고 분석하는 능력 갖기, (4) 효과적인 슈퍼비전 관계를 발전시키는 능력 갖기, (5) 수련생 및 타 슈퍼바이저와의 명확하고 효율적인 의사소통 능력 갖기, (6) 개별 슈퍼비전 상담 및 집단 세미나 운영능력 갖기, (7) 수련생, 슈퍼비전 과정 및 수련생의 임상 작업에 잠재적으로 영향을 미치는 슈퍼바이저 자신의 개인적이고 전문적인 배경 및 경험 이해하기 등이다.

행정구조

효과적 도제훈련에는 두 가지 조직 층이 필요하다. 하나는 도제가 슈퍼비전

하는 인턴 프로그램이며, 다른 하나는 도제훈련 경험 그 자체다. 템플 대학교에서 인턴과정은 학사 및 학사 후 수준 인증 프로그램에서 요구되는 교과목이다. 인턴 학생은 전체 인턴십 경험 동안 학교에 남아 있으면서 학교와 임상 슈퍼바이저 모두에게 직접적인 슈퍼비전을 받는다.

인턴십을 시작하면, 인턴은 강의 계획서와 전반적인 지침서를 받는다. 강의 계획서는 교육적 목표, 학문적 요구사항, 인턴십 평가 규칙을 설명한다. 학문적 요구사항에는 매주 세미나 참석, 매주 일지 작성, 한 학기당 한 번의 사례 발표가 있다. 인턴십 지침서는 인턴, 현장의 임상 슈퍼바이저, 그리고 학교 슈퍼바이저의 역할 및 책임에 대한 내용과 인턴십의 모든 측면에 적용되는 요구와 규칙을 담고 있다. 이 지침서는 또한 현장 슈퍼바이저에게도 주어진다. 이것은 인턴 지침서의 모든 내용뿐 아니라 학교 음악치료 프로그램에 대한 중요한 정보 및 학생 평가방식을 포함한다. 이러한 기록은 모든 해당자에게 지속적인 정보의 근원이 되며 여러 가지 의미에서 모든 인턴십 계약의 규준적인 요소가 된다.

두 번째 층인 도제제도는 그 자체로 잘 조직되어야 한다. 교수는 도제로서 또한 슈퍼바이저로서 도제의 책임과 의무에 대해 명확한 지침을 제공해야 한다(아래 참조). 덧붙여 교수는 도제가 인턴과 상호작용하고 그들과 협력하는 임상 슈퍼바이저와 협력하도록 하는 명확한 규칙과 절차를 확립해야 한다.

이런 의사소통 방향과 상호작용을 위한 프로토콜을 확립할 때는 심사숙고해야 한다. 일반적으로 말하자면 다음과 같다.

- 인턴은 인턴십과 관련된 모든 문제에 대해 임상 슈퍼바이저 및 도제와 의사소통한다.
- 임상 슈퍼바이저는 인턴과 관련된 모든 문제에 대해 도제와 의사소통하고, 임상기관과 학교 사이의 관계에 대한 모든 문제에 대해 교수와 의사소통한다.
- 도제는 인턴 슈퍼비전 및 임상 슈퍼바이저와의 상호작용과 관련된 모든 문제를 교수와 의사소통한다.

이런 의사소통 방향이 인턴을 위해서 엇갈리는 경우도 언제나 존재하지만, 이 경우에는 관련자 모두가 그 내용을 아는 것이 중요하다.

도제제도의 기본 요소

도제는 교수의 계속적인 지도를 받으면서 모든 측면의 인턴십 슈퍼비전에 대한 일차적 책임을 갖는다. 이것은 인턴십 장소를 만들고 슈퍼비전 계약을 조정하는 것, 학생을 적절한 슈퍼바이저가 있는 적절한 환경에 배치하는 것, 임상 슈퍼바이저와 전화 접촉을 유지하는 것, 한 학기에 두 번 인턴을 관찰하는 것, 인턴과 개별 슈퍼비전 대담을 갖는 것, 그리고 인턴의 업무를 평가하는 것을 포함한다.

교수는 이러한 책임을 수행할 때 다음 사항을 통해 도제에 대한 슈퍼비전을 한다.

- 개별 슈퍼비전 대담. 도제는 교수를 매주 1~2시간 동안 만난다. 대개의 경우 도제는 자신의 책임을 수행하면서 발생하는 쟁점과 질문에 기초해 이 대담을 위한 안건을 정한다. 하지만 필요한 경우 교수가 염려되는 문제를 가지고 올 수도 있고 도제의 원래 염려와 질문을 재구성하도록 도울 수도 있다. 때로 논의는 인턴과 그 인턴의 슈퍼비전 요구에 집중되고, 때로는 도제와 그 도제의 슈퍼비전 요구에 집중되기도 한다. 또한 논의가 매우 과제 지향적이어서 도제가 수행해야만 하는 사항과 수행방식에 초점을 맞추기도 하고, 논의가 과정 지향적이어서 도제가 슈퍼바이저 혹은 수련생으로서 경험한 것에 초점을 맞추기도 한다. 때로 초점은 인턴과 도제의 관계에, 때로는 교수와의 관계에 집중되기도 한다. 논의될 주제 및 방식에 대해 정해진 규칙은 없다. 하지만 도제와 인턴의 슈퍼비전 단계와 수준이 교수의 슈퍼비전 노력을 안내한다.
- 도제의 일지. 도제는 교수와 공유할 일지를 매주 기록해야 한다. 일지의 목적

은 도제가 슈퍼바이저와 수련생으로서 그/그녀의 경험과 감정을 탐구하도록 돕는 데 있다. 일지는 그 자체로 반영적임을 의미한다. 즉, 도제가 내면으로 들어가 슈퍼비전 과정의 양면에 대한 개인적 측면을 검토하도록 하는 기회가 된다. 그것은 매주 있는 대담과는 다른 것으로, 인턴십 프로그램과 도제의 활동에 관한 보고서를 의미하지는 않는다. 반면에 일지는 의사소통 기능을 감당한다. 때로 그것은 보다 편안한 방식으로 심층적 쟁점을 교수와 의사소통하게 한다. 또한 여기서 도제는 내용과 초점을 결정하고 교수는 슈퍼비전의 수준과 단계에 맞추어 반응한다.

- 지속적 접촉. 도제는 심각한 문제나 위급 상황이 발생할 때마다 교수에게 직접적으로 알려야 한다. 전화와 이메일 모두 이런 목적을 위해 사용된다. 여기서 도제는 즉각적 조치가 필요한 시기 및 자문이 필요한 시기를 알아채는 방법을 배우는 것이 중요하다.
- 관찰. 교수는 매주 있는 인턴을 위한 집단 세미나에서 도제의 집단 리더십 스타일을 관찰할 수 있는 주요한 기회를 갖는다. 먼저 이 세미나는 교수와 도제가 협력하여 인도하고, 이들 각자는 동일하지만 다른 역할을 수행하며 인턴십의 다른 측면을 다룬다. 머지않아 교수는 여전히 참여하고 관찰하며 도제에게 사후 피드백을 주면서 점차적으로 도제에게 더 많은 책임을 부여하게 된다. 궁극적으로 준비가 될 때 도제는 교수의 참석 없이 세미나를 혼자 인도한다. 관찰의 중단 시기를 결정하는 주요 기준은 도제가 세미나에서 일어났던 사건을 정확하게 보고하는 능력이다. 교수가 세미나에 대한 도제의 보고서에 의존할 수 있게 될 때, 대부분의 문제는 매주 있는 슈퍼비전 대담에서 해결될 수 있다.

병행 설계

인턴과 도제는 많은 점에서 공통점을 가진다. 결국 그들은 둘 다 도제제도를 수행하는 과정 중이다. 양자는 슈퍼비전 아래서 체험적으로 학습하고 있다. 양자는 전문가적 자기 발달에 있어 수많은 개인적 어려움에 부딪히며 매우 유사한 슈퍼비전 지지를 요한다. 이런 병행을 슈퍼비전 과정에서 탐구하고 활용하기 위해서, 도제는 인턴과 동일한 과제를 부여받기도 하며 이런 유사성을 고려하도록 요구받는다. 그들은 모두 개별 및 집단 환경에서 다른 사람과 일하고, 자신의 경험을 개인 일지로 작성하며, 슈퍼바이저가 관찰하고 감독하는 동안 치료하고, 역할 모델로서 슈퍼바이저를 관찰하며, 자신이 부여받은 임무를 수행하기 이전 그리고/혹은 이후에 슈퍼바이저를 정기적으로 만나며, 슈퍼바이저와 작업관계를 발전시킨다.

이런 임무상의 유사성으로 인해 교수는 도제가 인턴을 슈퍼비전 할 때 사용할 수 있는 것과 같은 개념과 기술을 가지고 도제를 슈퍼비전 할 수 있다. 이것은 교수가 역할 모델로서 슈퍼비전의 다양한 접근, 수준, 기술을 인턴에게 직접적으로 보여 주도록 수많은 기회를 제공한다. 이런 유형의 모델링을 효과적으로 만드는 것은 다음의 경험적 요인이다. 도제는 각 슈퍼비전 중재가 수련생에게 어떻게 느끼게 하는지를 직접 경험으로 학습하고, 더 중요하게는 인턴의 슈퍼바이저로서 이런 중재를 사용하도록 요청받을 때 수련생의 관점에 대해 배우게 된다. 이런 식으로 모델링을 개별화하는 것은 슈퍼비전 중재 자체에 대한 도제의 이해를 심화할 뿐 아니라 병행과정을 매우 심화한다. 이런 상황에서 교수와 도제 간 슈퍼비전 관계는 도제와 인턴 간 슈퍼비전 관계를 위한 거울로서 작용할 수 있다.

이런 병행과정 수행에서 핵심은 슈퍼비전에 수준/단계적 접근을 사용하는 것이다. 이 접근에서 슈퍼비전의 다섯 수준이 각 수련생의 작업 안에서 세 단계에 걸쳐 깊이 있게 소개된다. 여기서 도제는 인턴과 동일한 수준에서 슈퍼비전을 받으며, 이는 결국 인턴이 내담자를 치료하는 깊이에 따라 좌우된다. 그러므로 인턴의 내담자 치료가 심화되면서 도제는 더욱 깊은 수준의 슈퍼비전을 인턴에게 사용하도록 요구된다. 또한 도제의 인턴 슈퍼비전이 심화되면서 교수는 더욱 깊은 수준의 슈퍼비전을 도제에게 사용하도록 요청받는다.

슈퍼비전의 수준/단계 모델

도제제도의 유사성과 복잡성의 층을 훈습(work through)하는 과정에서 슈퍼비전 모델이 서서히 발전되었다. 이 모델에서 슈퍼비전은 5개의 주요 중재 수준에서 제공되고, 이는 세 단계의 준비로 이루어진다. 이러한 수준을 설명하기 위해 같은 임상 문제가 제시될 것이다. 여기서 수련생은 착석을 하지 않고 계속하여 치료실 밖으로 나가려 하는 한 집단 내 노인과의 치료에서 어려움을 겪고 있다.

- 행위중심: 수련생은 무엇을 해야 하는가? 이 예시에서 슈퍼바이저는 수련생이 내담자가 어디에 있는지 재빨리 잊지 않도록 하고 그가 자리로 돌아오도록 권유하길 제안한다.
- 학습중심: 수련생은 어떤 지식, 통찰, 혹은 기술을 획득해야 하는가? 이 예시에서 슈퍼바이저는 수련생에게 세션의 속도 조절(pacing), 활동 사이의 전환 시간, 그리고 내담자의 떠남 사이에 어떤 관계가 있는지를 점검하도록 요청한다.
- 내담자 중심: 수련생은 내담자의 무엇을 이해해야 하는가? 이 예시에서 슈퍼바이저는 어떤 요인(예, 약물, 우울, 집단에서의 위치 등)이 이러한 안절부절못하는 모습에 영향을 미쳤는지를 알 수 있도록 내담자의 병력 기록을 살펴볼 것을 요구한다.
- 경험중심: 수련생은 치료를 하면서 무엇을 경험해야만 하는가? 이 예시에서 슈퍼바이저는 내담자가 자리에서 일어난 순간과 이후 자리를 뜨려는 순간에 수련생이 어떻게 느끼는지 혹은 무엇을 생각하는지를 탐구한다. 이것이 규명되면, 슈퍼바이저와 수련생은 수련생의 경험을 훈습하고 재구성하려고 시도한다. 그 목적은 수련생이 내담자의 반응을 더욱 수용하고 그에 대해 편안하게 느끼도록 돕거나, 수련생이 이런 안절부절못함을 예방하거나 바꿀

수 있는 내담자와의 정서적 분위기를 발전시키도록 돕는 데 있다.

- 역전이 중심: 어떤 수련생의 개인적 쟁점이 그/그녀의 작업과 연관되어 있는가? 이 수준에서 슈퍼바이저는 수련생의 경험과 내담자에 대한 반응을 탐구한 후 수련생의 과거 속 유사성을 발견하려 시도한다. 이 예시에서 슈퍼바이저는 무시당함, 버림받음, 혹은 통제불능에 대한 수련생의 이전 경험을 탐구한다.

특정 수준이 소개되면, 슈퍼바이저는 문제의 본질이나 수련생이 제시한 쟁점에 따라 언제라도 그것을 사용할 수 있다. 따라서 가령 수련생이 내담자 중심 수준에 들어선 후라도, 슈퍼바이저는 행위중심 수준이나 학습 수준의 중재를 사용할 수 있다. 궁극적으로 각 수준은 여러 수준을 결합한 보다 완성된 슈퍼비전 중재의 부분이 되어 간다. 그러므로 수련생은 역전이 슈퍼비전이 요구되는 쟁점을 제시할 수 있으며, 슈퍼바이저는 그 수준에서 시작하여 관련 쟁점에 따라 내담자 중심과 행위중심으로 진행할 수 있다. 이전 예시에서 슈퍼바이저는 학생의 역전이 감정(즉, 내담자는 수련생의 아버지가 그랬던 것과 같이 수련생을 버리고 있다)을 탐구하기 시작한 후, 내담자 중심 슈퍼비전(즉, 내담자는 약물로 인해 수련생을 향해 직접적으로 행동하지 않고 단순히 안절부절못한다)을 다루고, 이어 행위 슈퍼비전(즉, 수련생은 내담자를 돌아오도록 권유하는 대신 내담자에게 그 순간에 필요한 것이 무엇인지를 질문할 수 있다)으로 이동할 수 있다. 궁극적으로 슈퍼비전의 다른 두 수준도 제시될 수 있다. 경험중심에서 슈퍼바이저는 공감이나 이해와 같은 다른 감정적 반응의 발전을 돕도록 수련생의 버림받음의 감정을 다시 방문할 수 있다. 학습중심에서 슈퍼바이저는 수련생이 내담자가 복용하고 있는 약물의 특정 효과나 음악치료의 어떤 측면이 내담자의 안절부절못함을 악화할 수 있는지를 이해하도록 도울 수 있다.

중재 수준은 수련생의 준비 단계에 따라 많이 좌우된다. 이에 대해서는 나중에 다룰 것이다. 다음에서는 도제가 인턴을 슈퍼비전 하는 경우뿐 아니라 교수가 도제를 슈퍼비전 하는 경우에 각 슈퍼비전 수준에서 제공되는 것을 더욱 자세하게 제시하고자 한다.

중재의 다섯 수준

행위중심

슈퍼비전의 첫 번째 수준은 행위중심이다. 슈퍼바이저는 수련생이 무엇을 하고 어떻게 해야 하는지 말해 준다. 그 목적은 수련생이 기본 과제나 임무를 기능적 수준에서 수행할 때 필요한 구체적 행동을 발전시키도록 돕는 데 있다.

도제제도의 맥락 안에서 이런 수준은 현장에서 도제가 인턴을 관찰할 때 수행해야 할 것에 대한 단계적 지침을 교수가 도제에게 제공하는 것이나, 특정한 패턴의 사건에 반응하는 방법을 세미나에서 도제에게 조언하는 것과 관련될 수 있다.

행위중심 슈퍼비전은 (1) 행동의 추가, 수정, 혹은 제거가 수련생의 기능을 확립하거나 향상하는 가장 효과적이고 효율적인 방법일 경우, (2) 수련생이 그 이유를 이해하거나 그런 행동을 요구할 경우, (3) 행동 변화가 더 깊은 학습과 통찰로 이끌 경우 보장된다. 대부분 이런 상황은 슈퍼비전 초기 단계에서, 또 이후에 수련생이 새로운 과제나 임무를 시작할 때마다 발생한다.

이 수준에서 인턴의 임상 슈퍼바이저와 도제(혹은 학교 슈퍼바이저)의 임상적 책임 및 권위 사이에 명확한 구분이 이루어져야 한다. 임상 슈퍼바이저는 그의 보호 아래 내담자의 안전과 프로그램 계획에 대한 궁극적 책임, 권위, 의무를 가지지만 도제 혹은 학교 슈퍼바이저는 그렇지 않다. 따라서 도제(혹은 학교 슈퍼바이저)가 인턴에게 내담자를 위해 어떻게 프로그램을 계획해야 하는지, 혹은 특정 내담자에게 임상적으로 어떻게 반응해야 하는지를 말해 주는 것은 적절하지 않다. 이것은 임상 슈퍼바이저의 유일한 영역이다. 대신 이 수준에서 도제(혹은 학교 슈퍼바이저)는 인턴을 특정 내담자의 구체적 문제나 요구와 연결하지 않고 더욱 일반적인 본질적 측면에서의 전문가적 행동을 발전시키도록 돕는다. 따라서 가령 인턴이 어떤 내담자를 세션에서 인도하는 것을 관찰할 때, 도제 슈퍼바이저는 인턴이 내담자와의 눈 맞춤을 늘리고, 그/그녀의 노래 소리 음량을 조절하며, 혹은 지시 전달 속도를 늦추도록 제안할 수 있다. 반면에 임상 슈퍼바이저는 특정 내담자를 위한 프로그램을 계획하는 방법이나 특정 내담자의 문제에 대응하는 방법을 인턴에게 조언할 수 있다.

도제와 임상 슈퍼바이저 모두는 이 수준에서 많은 염려 사항을 공유한다. 양자는 인턴이 시간 엄수 혹은 병가 신청과 같이 전문가로서 요구되는 행동을 발전시키도록 돕는다. 양자에게 중요한 또 다른 역할은 인턴이 이 둘의 슈퍼비전을 통해 유익을 얻도록 돕는 것이다. 이 수준에서 이것은 관찰이나 슈퍼비전 대담 이전, 도중, 혹은 이후에 무엇을 해야 하는지, 제안받았을 때 슈퍼바이저에게 어떻게 반응해야 하는지 등에 대해 인턴에게 이야기하는 것과 관련될 수 있다.

학습중심

슈퍼비전의 두 번째 수준은 학습중심이다. 슈퍼바이저는 수련생이 더욱 효과적이거나 효율적이 되는 데 필요한 지식, 통찰, 혹은 기술을 얻도록 돕는다. 여기서 초점은 수련생을 기능적으로 만들 수 있는 행위나 행동이 아니라 수련생이 여전히 학습할 필요가 있는 것—더욱 기능적이 될 뿐 아니라 단순한 기능성 이상으로 이동할 수 있는 것—에 있다. 대부분의 경우에 이 수준은 수련생의 이전 훈련이나 수련생의 이해에서 맹점 및 왜곡된 부분에 대한 결함을 찾는다. 이런 학습적 요구를 규명하기 위해서 슈퍼바이저는 다음과 같은 질문을 던질 수 있다. 수련생은 이런 방식으로 작업하면서 어떤 점을 이해하지 못하는가? 혹은 수련생은 보다 효율적이고 효과적으로 작업하기 위해서 무엇을 더 배워야 하는가? 이 수준에서 고려할 것은 언제나 슈퍼비전을 받는 특정한 상황뿐 아니라 일반적으로 전체적인 전 분야에서 수련생의 수행 수준에 어떤 학습적 요구가 있는지다.

인턴 슈퍼비전에서 일차적 초점은 기본적으로 세션 작업에 대한 것이 아니라 음악치료에 대한 인턴의 이해나 음악가나 치료사로서의 인턴의 기초 기술에 있다. 따라서 도제 슈퍼바이저는 인턴이 초임 임상가로서 더욱 효과적이기 위해 알아야 하거나 이해해야 할 것을 지속적으로 판단한다. 때로 인턴은 특정 내담자 대상에 대한 음악치료의 목적을 이해하지 못했을 수 있다. 때로는 특정 방법이나 기술을 사용하는 방법을 배우지 못했을 수 있다. 때로 인턴에게는 피아노 기술이 더 필요하며, 때로는 내담자-치료사 관계의 경계를 이해하지 못했을 수 있다.

유사하게 도제 슈퍼비전에서 교수는 임상치료뿐 아니라 음악치료 슈퍼비전 및 고등교육에 대한 학습이나 이해에서의 간극을 규명하고자 한다. 여기서의 질문은 다음과 같다. 이런 식으로 인턴을 슈퍼비전 하기 위해 도제는 음악치료에 대해 무엇을 이해해야 하는가? 도제는 그/그녀의 관찰과 슈퍼비전 대담이 인턴과 더욱 관련되고 도움이 되도록 하기 위해 슈퍼비전 과정에 대해 무엇을 배워야 하는가? 도제는 인턴 세미나를 더욱 효과적으로 인도하기 위해 집단과정에 대해 무엇을 이해해야 하는가? 도제는 임상 슈퍼바이저와의 관계를 향상하기 위해 음악치료의 학교 및 임상 훈련 간 관계에 대해 무엇을 이해해야 하는가?

내담자 중심

슈퍼비전의 세 번째 수준은 내담자 중심이다. 도제는 인턴이 내담자를 더욱 깊이 이해하도록 도우며, 교수는 도제가 인턴을 더욱 깊이 이해하도록 돕는다. 이 수준에서 이해는 함께 공유한 시간과 반복되는 상호작용에 기초한다. 따라서 작업 초기에 인턴이 단순히 내담자를 알기 시작할 때, 그리고 도제가 인턴을 막 알아 가기 시작할 때보다 이해 정도는 더욱 깊어진다.

몇 가지 변화가 이 수준에서 일어난다. 첫째, 인턴십에서 슈퍼비전의 초점은 수련생으로서 인턴의 요구가 치료하는 내담자로 옮겨지는 동시에, 도제제도에서 초점은 수련생으로서 도제의 요구가 훈련 중인 인턴에게로 옮겨진다. 둘째, 초점은 특정 분야의 기능에서 정체성이라는 보다 총체적인 쟁점으로 옮겨진다.

인턴십에서 슈퍼비전은 인턴이 행하거나 아는 것이 아니라 내담자가 누구인지, 그리고 내담자가 더욱 완전하게 발전시킬 필요가 있는 것을 다룬다. 유사하게 도제제도에서 슈퍼비전은 도제가 행하거나 아는 것이 아니라 인턴이 누구이며 인턴이 더욱 완전하게 발전시킬 필요가 있는 것을 다룬다. 셋째, 변화 유도를 강조하는 치료 지향에서 이해를 강조하는 진단 지향으로 변화가 이루어진다.

이 수준의 슈퍼비전을 위한 준비 신호에는 다른 사람에 대한 늘어난 염려, 공감, 정서적 투자가 있다. 인턴은 내담자에게 애착심을 갖거나 더 가까운 관계를 형성하게 되며 인간적 수준에서 내담자를 더욱 깊이 이해하고 공감하기 시작한다. 동일한 것이 인턴을 슈퍼비전 하는 도제에게도 나타난다. 이와 함께 타인이 얼마나 복잡한지, 그 사람이 누구인지를 만드는 다양한 요인이 무엇인지, 또한 그들의 현재 인생 상황에 대해 깨닫게 된다.

슈퍼비전의 주요 두 주제는 치료에서 발전되는 관계의 본질과 이런 관계가 시간이 지나면서 변화를 유발하는 방식이다. 인턴은 내담자-음악-치료사 관계와 그것이 치료과정에 어떻게 기여하는지에 대해 주목하기 시작한다. 인턴과 도제 모두는 무엇이 인간을 변화시키고 학습하게 하는지, 그리고 그렇게 하도록 그들을 돕는 데 있어 취해야 할 다양한 단계를 탐구하기 시작한다.

경험중심

슈퍼비전의 네 번째 수준은 경험중심이다. 슈퍼바이저는 수련생이 치료에 대한 그/그녀의 개인적 지각과 반응을 검토하도록 돕는다. 그 목적은 수련생이 자신의 경험과 치료의 구체적 측면 사이를 연결하도록 돕는 데 있다.

인턴십에서 도제는 인턴이 내담자, 내담자 대상, 특정 세션이나 임상 사건, 임상 환경, 슈퍼바이저, 그리고 슈퍼비전 과정을 어떻게 경험하는지 검토하도록 돕는다. 질문의 예는 다음과 같다. 이 내담자는 당신을 어떻게 느끼게 하는가? 이 내담자의 대상에 대해 당신은 무엇을 지각하는가? 그것이 발생할 때 당신은 개인적으로 어떻게 반응하는가? 이런 질문에 대해 이야기를 나누면서, 도제는 인턴이 그 당시에 어떻게 느끼는지와 이것과 임상적으로 혹은 슈퍼비전에서 발생한 것의 관련성을 연결하도록 돕는다.

유사하게 도제교육에서 교수는 인턴에 대한 도제의 개인적 지각과 반응, 인턴의 임상 환경, 임상 슈퍼바이저, 대학의 음악치료 프로그램, 그리고 교수에 대해 도제가 검토하도록 돕는다. 질문의 예는 다음과 같다. 인턴이 세미나에서 침묵을 지킬 때 당신은 어떤 기분을 느끼는가? 당신에 대한 인턴의 감정에 대해 어떻게 지각하는가? 내가 이런 질문을 당신에게 던질 때 어떻게 느끼는가?

이 수준에서 자기에 대한 탐구는 무의식적 수준에서보다는 의식적 혹은 전의식적 수준에서 이루어지고, 수련생의 과거에서 기인한 자서전적 자료를 파헤치지는 않는다. 덧붙여 이런 자기 탐구는 항상 매우 구체적인 개인, 사건, 혹은 치료의 측면에 대한 지금-여기 혹은 과거-그곳에 기반을 둔다.

이 수준의 슈퍼비전을 위한 준비 신호에는 각 관계가 수련생과 타인(즉, 인턴 및 내담자, 혹은 도제 및 인턴) 간에 얼마나 독특한지에 대한 인식, 수련생이 어떻게 영향을 미치고 또 타인에게서 영향을 받는지에 대한 깨달음, 그리고 발생하는 다양한 상호작용에 대한 증가된 책임과 의무가 있다.

역전이 중심

슈퍼비전의 다섯 번째 수준은 역전이 중심이다. 슈퍼바이저는 수련생과 타인과의 상호작용이 어떻게 과거의 재현이 되는지를 수련생이 인지하도록 돕는다. 이는 수련생의 인생에서 나타난 관계 패턴이거나 타인의 인생에서 나타난 관계 패턴일 수 있다. 여기서 도제는 인턴이 내담자와 상호작용하는 방식이 그/그녀의 인생(일반적으로 부모나 형제자매)의 특정 관계에 의해 구체화되어 결국 내담자 인생에서 관계 패턴이 어떻게 재현될 수 있는지를 탐구하도록 돕는다. 혹은 도제는 인턴이 슈퍼비전에서 도제와 상호작용하는 방식이 어떻게 인턴이나 도제의 인생 속 관계에서 재현될 수 있는지를 탐구하도록 도울 수 있다.

유사하게 교수는 인턴과 상호작용하는 도제의 방식이 그/그녀의 인생에서 특정한 관계 패턴에 의해 구체화되고 결국 인턴의 인생에서 관계 패턴이 어떻게 재현될 수 있는지를 탐구하도록 돕는다. 혹은 교수는 도제가 교수와 상호작용하는 방식이 어떻게 그/그녀의 인생이나 교수의 인생 속 관계에서 재현될 수 있는지를 탐구하도록 돕는다.

이 수준에서 탐구는 무의식적 동기에 주목하고 특별히 수련생의 과거에서 기인한 자서전적 자료를 파헤친다. 이러한 탐구는 치료의 특정한 사건이나 측면에 의해 유발되기도 하지만, 이런 계기는 보통 수련생의 과거에서 기인한 더 큰 쟁점이나 패턴의 표현으로 간주된다. 역전이 신호에 대한 보다 완전한 논의는 Bruscia(1998)를 참조하라.

이 수준의 슈퍼비전을 위한 준비 신호는 수련생이 타인과의 상호작용과 관계에서의 패턴 및 주제를 인식할 때다. 각 관계 및 상황에 대한 독특성을 탐구하는 이전 수준의 슈퍼비전은 이제 동일한 것에 대한 지각을 하는 것으로 이끈다. 수련생은 공통분모가 자기 자신임을, 그리고 이런 패턴과 주제의 반복이 어쨌든 그가 행한 것임을 인지하기 시작한다.

이 수준의 슈퍼비전은 모든 슈퍼비전 상황에 적절한 것은 아니다. 많은 부분이 슈퍼바이저의 이론적 지향, 이 수준의 자기 탐구를 위한 수련생의 준비 상태, 그리고 슈퍼비전 계약의 본질에 달려 있다. 슈퍼바이저는 정신역동적 지향 안에서 작업할 만한 자격을 갖추어야 한다. 수련생은 치료과정에서 핵심 도구로 관계를 사용할 수 있을 만큼 심층적 수준에서 타인을 치료할 수 있어야 한다. 슈퍼바이저-수련생 접촉은 수련생의 개인적 삶에 대한 탐구를 허용해야 한다. 윤리적으로 수련생은 이러한 슈퍼비전 계약을 시작하기 위해 동의서를 제공해야 하고, 따라서 치료사-내담자 관계 측면을 포함하기 위해 슈퍼바이저와의 관계의 경계를 확장해야 한다.

병행과정

슈퍼비전의 이러한 수준/단계 접근은 무의식적 수준에서 지속적인 병행과정을 탐구한다는 특징을 가진다. 다양한 관계—내담자와 인턴, 인턴과 도제, 도제와 인턴—가 견고하게 형성된 후, 그리고 세 수준에서 이 작업이 심화되기 시작하면, 병행과정은 보통 확실한 명확성을 가지고 운행된다. 이런 이유로 교수와 도제 간 상호작용은 때로 다른 두 관계의 좋은 반영체가 된다. 물론 여기에 정확하고 빠른 규칙은 없지만, 저자의 경험상 몇 가지 유사성이 탐구되기에 이는 적절한 것으로 보인다. 이런 유사성은 무의식 수준에서 일어나기 때문에 슈퍼비전을 목적을 위한 어떤 추론이나 결론으로 이끌기 전에 그에 대한 세심한 탐구가 필요함을 기억하라.

- 도제에 필요한 슈퍼비전 수준은 인턴에게 필요한 슈퍼비전 수준을 반영할 수 있다. 예를 들어, 교수가 도제를 위해 행위중심 슈퍼비전을 위한 요구를 확인하는 경우, 인턴 또한 내담자에게 무엇을 할지를 도제에게 듣게 될 수 있다.
- 교수와 작업하면서 도제가 마주치게 되는 문제는 도제와 작업하면서 인턴이 마주치는 문제를 반영할 수 있다. 예를 들어, 도제가 자신감을 얻기 위해 교수에게서 지속적인 칭찬과 지지가 필요한 경우에 도제가 인턴에게 충분한 칭찬과 지지를 제공하는지 탐구할 가치가 있다.
- 인턴과 작업하면서 도제가 마주치게 되는 문제는 내담자와 작업하면서 인턴이 마주치는 문제를 반영할 수 있다. 예를 들어, 인턴이 도제가 인도하는 세미나에서 매우 개방적으로 혹은 열심히 참여하지 않을 때, 동일한 인턴은 집단에 참여하는 내담자에 대해 동일한 문제를 가질 수 있다. 혹은 도제가 슈퍼바이저로서의 역할에 대해 불필요함이나 의문을 느낄 때, 인턴 또한 음악치료사로서 자신의 역할의 중요성에 의문을 제기할 수 있다.

- 도제가 교수 안에서 유발한 감정은 인턴이 도제 안에서 유발한 감정을 반영할 수 있다. 예를 들어, 교수가 도제의 슈퍼비전 요구를 채우면서 부적절감을 감지하기 시작할 때, 인턴은 도제 안에서 부적절감을 유발할 수 있다.

이런 유사성의 중요함은 그것이 탐구됨으로써 교수가 도제와 인턴 사이뿐 아니라 인턴과 내담자 사이에 발생한 것을 더욱 잘 이해하도록 한다는 데 있다. 교수-도제 관계, 그리고 각 슈퍼비전 대담 중 상호작용은 인턴십과 도제제도 경험 안에 담고 있는 전체 관계와 상호작용의 소우주가 될 수 있다.

이런 유사성에 대한 이론적 기반은 투사적 동일시 심리과정에 있다. 투사적 동일시는 한 인간이 그 자신의 억압된 감정을 다른 사람에게 투사하고, 이어 그 사람 안에서 이러한 감정이 유발되도록 그 사람을 다룰 때 발생한다. 위의 예시에서 인턴은 깊은 부적절감을 느낀다. 하지만 그는 그것을 자신 안에서 보기보다는 도제가 부적절하다고 생각하고 이런 투사를 정당화하며, 실제로 부적절함을 느끼거나 부적절하게 행동하도록 도제를 다룬다. 하지만 인턴십과 도제제도 슈퍼비전의 병행과정에서 이런 역동은 여기서 멈추지 않는다. 도제는 인턴이 유발한 이런 부적절감을 동일시하기 시작하고, 결국 그것을 교수에게 투사하며 교수 안에서 이런 부적절감이 유발되도록 교수를 다루게 된다. 따라서 교수는 도제와 작업할 때 특정 감정을 갖게 되는 경우 그것이 어디서부터 기인했는지를 탐구해야 한다.

준비의 세 단계

이상의 다섯 수준의 중재는 인턴과 도제 모두를 위한 세 가지 발전 단계로 나누어진다. 첫 단계는 기술의 발전과 관련된다. 이것은 행위중심과 학습중심 슈퍼비전에 해당된다. 이 단계 동안 인턴은 내담자 세션을 효과적으로 인도하는 방법을 배우고, 도제는 다양한 슈퍼비전 방법(예, 관찰, 대담, 집단 세미나)을 효과적으로 사용하는 방법을 배운다. 이 단계는 수련생이 효과, 편안함, 자신감이라는 세 가지 주요 특징을 보일 때 끝난다.

두 번째 단계는 관계의 발전과 관련된다. 이것은 내담자 중심과 경험중심 수준의 슈퍼비전에 모두 해당된다. 이 단계에서 인턴이나 도제로서 수련생의 초점은 치료의 외부 측면에서 내부 측면으로 이동한다. 이것은 행위 및 상호작용의 효율성에서 공유된 깊은 경험으로 변화하는 것이다. 덧붙여 인턴은 훈련 중인 치료사로서의 자신에서 도움을 주는 관계에서 자신과 내담자 모두를 인식하여 상호작용하는 개인으로서의 자신으로 초점을 바꾸기 시작한다. 도제 역시 훈련 중인 슈퍼바이저로서의 자신에서 인턴과 자신을 지각하며 학습관계에서 상호작용하는 개인으로서의 자신으로 초점을 바꾸게 된다. 이 단계에서 핵심은 내담자(혹은 학생)에 대한 공감, 내담자(혹은 학생)와 관련된 자기 자각, 그리고 이 두 경험 사이의 명확한 경계를 발전시키는 것이다. 이것이 이 단계의 완성을 암시하는 세 가지 특징이다.

세 번째와 네 번째 단계는 내면화와 관련된다. 이것은 완전히 역전이 중심 수준의 슈퍼비전으로 구성된다. 여기서 이전 단계의 다양한 요인은 필요할 때 분리되고, 합체되며, 그리고/혹은 통합될 수 있는 자기 자신의 부분이 된다.

구체적으로 살펴보면 다음과 같다.

- 지식, 기술 및 통찰이 임상 행위의 핵심 대응부(counterparts)가 되기 때문에, 자기 탐구 시 생각과 행위 사이의 전체적인 연속체는 임상이나 슈퍼비전 상황에서 효과적으로 사용될 수 있다.
- 관계 속 인턴의 경험은 내담자의 경험과 관련된다. 그리고 유사하게 관계 속 도제의 경험은 인턴의 경험과 관련된다.
- 자기로서 인턴의 경험은 치료사로서 인턴의 경험과 관련되고, 이 모두는 내담자의 경험과 관련된다. 유사하게 자기로서 도제의 경험은 슈퍼바이저로서 도제의 경험과 관련되고, 이 모두는 수련생의 경험과 관련된다.
- 마지막으로, 수련생은 내담자–치료사 그리고 슈퍼바이저–수련생의 관계

안에서 다르게 배열된 연속체를 따라 조력자 및 도움을 받는 자로서의 역할을 납득하기 시작한다.

개인 차이

이상에서 언급한 수준, 단계 및 병행과정 측면에서 슈퍼비전을 이해하는 것은 중재의 이론적 기반을 제공할 뿐 아니라 수련생과 그들의 요구에서 개인 차이에 반응하고 규명할 수 있는 기반을 창조한다. 실제로 슈퍼비전의 수준/단계적 접근을 가장 유용하게 하는 것은 각각의 독특한 임상 환경에서 발달적으로 전개되는 각 수련생의 서로 다른 요구에 관한 민감성이다. 따라서 슈퍼바이저는 수련생의 개인 차이를 고려하지 않고 동일한 슈퍼비전 접근을 적용하기보다는 수준과 단계를 활용하여야 한다. 이러한 슈퍼바이저는 각 슈퍼비전과 임상 상황의 독특성에 적합하도록 모든 중재를 맞출 수 있는 방법을 배움으로써 점진적으로 각 수련생의 슈퍼비전이 동등하게 독자적일 수 있도록 해야 한다.

수련생 간 개인 차이에서 가장 중요한 영역 중 하나는 슈퍼바이저와 슈퍼비전 과정에 저항하는 방식에 있다. 저항은 일반적으로 슈퍼바이저의 입력을 거부하고, 피하며, 논쟁하고, 무시하며, 낮게 평가하는 수련생의 의식적 혹은 무의식적 노력으로 이해된다. 수준/단계적 접근에서 저항은 다양한 측면의 현상이다. 즉, 현상에 대한 단일 역동이나 단일 이론적 지향으로 이해될 수 없는 것이다. 실제로 저항이라는 개념은 전체적으로 재구성되어야 한다.

이 슈퍼비전 모델에서 저항은 다음의 네 가지 슈퍼비전 시나리오에서 발전된다.

- 무력한 수준에서의 중재. 이 시나리오에서 슈퍼바이저는 임상 상황 속에서 수련생의 요구와 슈퍼비전의 문제를 즉시 다루지 못한 채 개입한다. 예를 들어, 수련생은 행위 슈퍼비전(즉, 안절부절못하는 내담자를 치료실에 머물도록 하는 방법)이 필요한 임상적 문제를 경험하고 있다. 하지만 슈퍼바이저는 역

전이 슈퍼비전(즉, 내담자가 수련생에게 그의 아버지를 생각나게 하는 방식)을 제공한다. 즉, 수련생이 무엇을 해야 할지 발견하도록 돕는 대신, 슈퍼바이저는 수련생의 아버지와의 과거 관계와 이 문제가 얼마나 유사한지에 대해 다룬다. 이런 수준의 중재에 직면하면, 수련생은 자연적으로(그리고 정당하게) 슈퍼바이저의 이런 노력의 방향을 고치거나 무효화하려 한다. 그리고 이런 정당한 이유로 인해 결국 역전이 통찰은 그 특정 상황에서 당시에 필요한 구체적인 도움을 학생에게 주지 못할 것이다. 이 예시에서 수련생의 아버지에 대한 버림받음의 쟁점을 검토하는 것은 이 세션 안에서 이 상황 자체를 감당하지 못했던 수련생의 무능력을 다루지 못한다. 무력한 수준의 중재는 임상 상황의 본질을 규명하는 데 있어 슈퍼비전의 실수가 되며 이러한 실수는 슈퍼비전의 어떤 단계에서도 일어날 수 있다. 때로 초임 수련자가 대면하는 임상 상황에는 행위 슈퍼비전보다는 경험 슈퍼비전(보다 상급 수준)이 필요할 수 있다. 유사하게 비록 슈퍼비전 수준이 수련생의 발달 단계의 특질과 다르더라도, 숙련된 수련생의 문제에는 역전이 슈퍼비전보다는 행위 슈퍼비전(덜 상급 수준)이 필요할 수 있다.

- 부적절한 단계에서의 기대. 이 시나리오에서 슈퍼바이저는 수련생의 발달 단계에 대한 충분한 관심 없이 중재한다. 예를 들어, 슈퍼바이저는 '기술'이나 첫 단계에 있는 수련생이 두 번째 혹은 세 번째 단계에서야 나타나는 매우 발전된 '관계'나 높은 수준의 '내면화'를 가지기를 기대할 수 있다. 반대로 슈퍼바이저는 숙련된 수련생이 이미 높은 수준의 내면화를 이루어 기술을 시행할 수 있다는 것을 신뢰하지 못할 수 있다.
- 진정한 저항. 이 시나리오에서 수련생은 슈퍼바이저와 슈퍼비전 과정을 향한 방어를 유발하는 심리적 쟁점을 가진다. 예를 들어, 수련생은 슈퍼바이저에 대해 지속적으로 반대하려는 권위적 성향 문제나 모든 슈퍼비전적인 의견에 고통스러운 과민반응을 하게 하는 낮은 자기존중감을 가질 수 있다. 이 모델 안에서 슈퍼바이저는 적절한 수준에서 중재하고 적절한 단계에서 기대하며 수련생의 문제와 요구에 반응한다. 하지만 수련생은 이런 중재의

수준이나 단계를 수용하지 않을 것이다. 예를 들어, 수련생이 이런 지시사항에 대해 효과적으로 반응하지 않고 그것을 요구하지 않는 경우, 수련생은 내담자와 무엇을 해야 하는지에 대한 슈퍼비전 제안을 따르지 않게 된다. 혹은 수련생은 슈퍼바이저가 취하는 슈퍼비전의 많은 방법이나 지향과 상관없이 그 어떤 수준이나 단계의 슈퍼비전에도 반응하지 않는다.

- 슈퍼바이저 쟁점. 이 시나리오에서 슈퍼바이저는 심리적 쟁점과 요구, 혹은 수련생 그리고/혹은 슈퍼비전 과정에 치명적인 영향을 미치는 전문가적 편견을 가진다. 여기서 수련생은 실제로 저항하거나 슈퍼바이저에게만 저항적으로 보이기도 한다. 하지만 이 문제의 근원은 수련생이 요구하는 것에 대해 적절하게 반응할 수 없는 슈퍼바이저 자신의 무능력에 있다. 이 시나리오의 특징은 수련생과의 부적절한 경계, 방어, 권위, 정당한 이유가 없는 반응, 오직 한 수준이나 단계에서만 슈퍼비전을 하려는 고집, 슈퍼비전의 방법이나 유형의 경직 등 다양하다.

슈퍼비전에서 이 네 가지 문제의 설명이 중요한 것은 이 중 세 가지가 슈퍼바이저에게 해당되는 것이고 나머지 한 가지만이 수련생에게 해당되는 것이기 때문이다.

요약 및 결론

템플 대학의 도제제도 프로그램을 확립하는 데 있어 중요한 발견은 대학원에서 도제 슈퍼바이저를 슈퍼비전 하는 것이 학부에서 임상 인턴을 슈퍼비전 하는 것과의 병행과정이라는 점에 있다. 양자는 모두 명확한 행정구조가 필요하며 매우 유사한 학습 경험을 가진다. 도제와 인턴 모두가 많은 공통점을 가지는 데는 이유가 있지만, 전문성과 경험 수준에서는 매우 다르기도 하다. 이런 유사성과 차이점은 도제와 인턴 모두에게 다양한 수준 및 단계의 슈퍼비전이 필요함을 인지하는 슈퍼비전 접근을 요구한다. (1) 행위, (2) 학습, (3) 내담자, (4) 수련생의 경험, 그리고/혹은 (5) 역전이 쟁점에 따른 다섯 가지 수준의 중재가 규명되었다. 이러한 수준은 크게 (1) 기술, (2) 관계, (3) 내면화를 습득할 준비에 따라 크게 세 발전 단계로 나누어진다. 이런 수준/단계적 접근을 수행할 때 많은 병행과정이 발견되었다. 도제는 때로 인턴이 도제에게 표현하고 있는 것과 같은 문제와 슈퍼비전 요구를 교수에게 표현하며, 동시에 인턴은 내담자가 자신에게 표현하고 있는 것과 같은 문제와 슈퍼비전 요구를 도제에게 표현한다. 이해를 위한 가장 유용한 개념은 이런 현상이 투사적 동일시라는 것이다. 이는 한 사람이 자신의 억압된 감정을 다른 사람에게 투사하고, 이어서 그 사람 안에 동일한 감정을 유발하도록 그 사람을 다루는 것이다.

이런 수준/단계적 접근의 장점 중 하나는 수련생과 그들의 작업 상황 사이에서 개인 차이를 인지하게 하는 것이다. 이러한 인지는 일반적으로 저항이라고 정의되는 다양한 현상을 재구조화하게 한다. 네 가지 시나리오가 슈퍼비전에서 이러한 문제를 설명하기 위해 제시되었다. 즉, 무력한 수준에서의 중재, 부적절한 단계에서의 기대, 수련생의 진정한 저항, 그리고 슈퍼바이저의 쟁점 및 편견이 그것이다. 이 네 가지 문제 중 세 가지가 슈퍼바이저에게서 기인한 반면 오직 한 가지만이 수련생에게 기인한다는 것이 중요한 결론이라고 할 수 있다.

참고문헌

Bruscia, K. (Ed.). (1998). *The Dynamics of Music Psychotherapy*. Gilsum, NH: Barcelona Publishers.

제4부

훈련 기관 슈퍼비전

Music Therapy Supervision

제20장_ 음악심리치료사 정체성 형성을 위한 분석적 음악치료 슈퍼비전

제21장_ BMGIM 슈퍼비전

제22장_ 노도프-로빈스 음악치료 슈퍼비전

제20장
음악심리치료사 정체성 형성을 위한 분석적 음악치료 슈퍼비전

분석적 음악치료(Analytical Music Thearpy: AMT)는 음악치료의 한 모델로, 슈퍼비전에서 임상자료의 음악적이고 언어적 탐구가 중요한 요소가 된다. AMT는 세 명의 영국 출신의 선구자인 Mary Priestley, Peter Wright, 그리고 Marjorie Wardle이 1970년대의 두 해에 걸쳐 개발하였다. Peter Wright는 이 작업을 설명하면서 처음으로 '분석적 음악치료'라는 명칭을 사용하였고, 이 모델은 자기탐구를 통해 개발되었다. Mary Priestley는 이 모델의 기초가 되었다고 생각한 자신의 1975년 교재인 『활동 중인 음악치료(Music Therapy in Action)』에서 이 모델에 대해 자세히 설명하면서 주도적인 역할을 하였다.

작가인 J. B. Priestley의 딸인 Priestley는 본래 유능한 바이올린 연주가였다. 그녀는 런던 길드홀 음악연극학교에서 1년 동안 음악치료사 석사 후 과정을 이수하면서 음악치료사로서 교육을 받았으며, 그 학교에서 수여하는 LGSM이라는 자격증을 취득했다. 영국음악치료협회(British Society for Music Therapy)를 발

Benedikte B. Scheiby, MA, MMEd, DPMtp, CMT
Music Therapy Supervisor, Beth Abraham Hospital, Adjunct Faculty, New York University, New York, NY

족한 Juliette Alvin이 이 훈련을 감독했다. 또한 Priestley는 클라인 분석과정을 모두 이수했으며 AMT 개발 이전 몇 년 동안 심리치료 슈퍼비전을 하면서 런던의 세인트 번하드 병원에서 근무했다.

Priestley(1994)에 따르면, AMT는 "음악치료사와 내담자가 연주한 즉흥음악을 분석적으로 이해하고 상징적으로 사용하는 것으로, 내담자의 내면의 삶을 탐구하고 성숙과 더욱 훌륭한 자기 지식으로 향하는 방법을 제공하는 창조적 도구로 사용된다"(p. 3). '분석적'이라는 용어는 이 접근방식 이면에 있다고 사료되는 Freud, Jung, Klein, Adler, Lowen과 같은 학자의 영향력을 포함하는 분석심리적인 측면을 의미하기도 하고, 치료사와 내담자가 공동으로 수행하는 세션의 음악적이고 언어적인 내용의 분석과 관련되기도 한다.

이 접근은 다양한 대상자를 위해 사용되고 정신과 환자, 신경증 재활 내담자, 노인, 성적, 신체적, 혹은 정서적 피학대자, 식이장애 및 약물중독 내담자, 발달장애인, 수감자와 같은 다양한 유형의 사람을 위한 임상 정보가 기록되어 왔다. 이해에 어려움이 있거나 말을 사용할 수 없는 내담자는 음악 즉흥연주의 경험을 말로 표현할 수 있는 사람만큼은 유익을 얻지 못하지만 여전히 이 접근의 수혜자가 될 수 있다.

Priestley는 10개국 50명의 음악치료사에게 AMT를 훈련해 왔다. 그들 중 많은 사람이 이제 교육가가 되어 학교 현장과 사설 훈련기관에서 AMT 과정을 운영하고 있다.

분석적 음악치료사로서 훈련을 받기 위해서 지원자는 우선 음악치료 석사학위를 가지고 있어야 한다. 훈련은 음악적, 언어적, 관계적, 미적, 인지적, 정서적, 심리적, 그리고 영적 내용을 그/그녀의 음악치료 존재와 임상 작업 속으로 통합하는 방법을 배울 수 있도록 음악치료사를 돕는 세 개의 연속적인 단계로 구성된다. 첫 단계는 분석적 음악치료사가 제공하는 개별 및 집단 음악치료 세션에서의 자기 경험으로 구성된다. 여기에 구체적인 세션 수가 명시되지는 않는다. 두 번째 단계는 '상호치료'라고 불리는 과정으로 구성되는데, 이 과정에서 두 명의 훈련 중인 치료사는 짝이 되어 최소 12주의 세션 동안 한 명은 치료사로, 다른 한 명은 내담자로의 경험을 교대로 하게 된다. 이 모든 과정은 AMT 훈련가의 직접적인 슈퍼비전 아래 이루어진다. 세 번째 단계는 짝이 되는 훈련 외에 훈련생의 임상에 대한 개별 및 집단 치료의 슈퍼비전을 포함한다. 이 모든 훈련은 2년에 걸쳐 완성될 수 있지만 음악심리치료나 정신분석에 대한 사전 경험이 없는 학생의 경우에는 그 이상의 기간이 소요될 수 있다. 이 장은 두 번째와 세 번째 단계의 훈련과정에 초점을 맞출 것인데, 그 이유는 첫 단계는 다른 두 단계와 달리 슈퍼비전의 요소를 포함하지 않기 때문이다. 이것은 절대 첫 번째 단계의 중요성을 간과하는 것이 아니며, 후속 단계 못지않게 첫 단계에서도 슈퍼바이저에게 중요한 의미가 될 수 있는 것이 발생한다.

상호 음악치료에서의 슈퍼비전: AMT 훈련의 두 번째 단계

Mary Priestley는 1970년대 초반에 동료인 Marjorie Wardel과 Peter Wright와 함께 상호치료를 소개했다. 이 과정은 처음에는 '상호치료(Intertherapy)'[1]라고 불렸으며, 나중에는 상호 음악치료라는 의미의 IMT, 그리고 현재는 '상호치료(intertherapy)' 라고 불린다(Priestley, 1994). 하지만 이 용어들은 함께 사용된다. 이 접근은 약물을 하지 않는 정상적인 사람에게 사용하기 적절하고 다양한 음악치료 기법을 실험해 보려는 목적에서 시작되었다. Mary Priestley는 이를 학습과 연구 기획이라고 불렀다. 각 구성원은 다른 사람에게 치료사가 되고 또 다른 구성원에게는 내담자가 되었다. Mary는 Peter의 치료사이자 Marjorie의 내담자였으며, Marjorie는 Peter의 내담자이자 Mary의 치료사였다.

이곳에는 관찰하는 슈퍼바이저는 없지만, 때때로 제3의 구성원이 이 과정을 기록하며 세션 후에 비평을 하였기 때문에 결론적으로 미발달적인 슈퍼바이저

---

1) 역주: Intertherapy는 AMT 훈련만의 고유한 슈퍼비전 방식을 강조하여 대문자로 표기한 것이며, 소문자로 표시한 intertherapy는 일반적인 상호 간 치료를 의미한다.

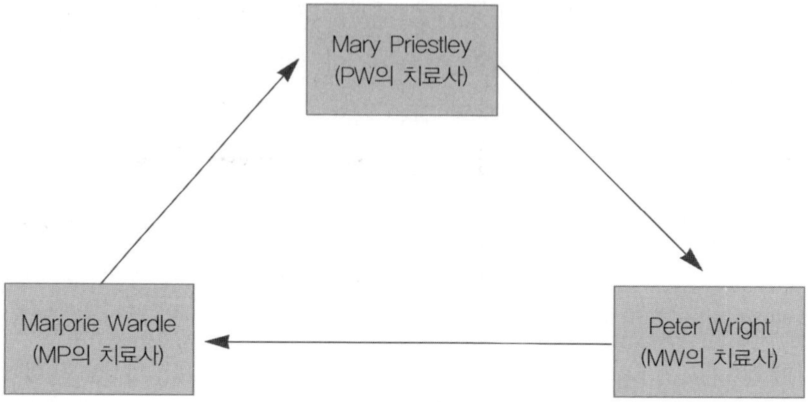

[그림 20-1] 상호치료 관계

의 역할을 담당했다고 할 수 있다.

Pristley는 1970년대 중반 길드홀 음악연극학교 재학생이었던 독일 학생 Johannes Eschen이 IMT 팀에 참여할 것을 요청했을 때 상호치료를 음악치료 학생을 위한 보충 훈련으로 제공하려고 결심했다. 그를 이 팀에 투입하는 대신, 그녀는 그가 그녀의 직접적인 슈퍼비전 아래 IMT 경험을 하기 전에 동반자를 찾아 그들이 그녀에게 개별 음악치료 세션을 받도록 했다. 그녀는 "치료의 대화 부분에서 훈련생이 매주 1회 혹은 그 이상의 장기간 분석적 심리치료 경험이 없는 경우에 상호치료로 들어갈 준비가 된다고 느끼기 전까지 20~120회의 AMT 세션을 받을 수 있다."라고 IMT 준비과정을 명시했다(Priestley, 1994, p. 298).

두 학생이 순서를 바꾸어 서로 치료사 역할을 할 때, Pristley는 그것을 기록하는 형식을 가졌다. 두 명이 모두 '치료사' 역할을 마치고 난 후, 그녀는 처음에 치료사 역할을 했던 사람에 대해 먼저 논평한 후 두 번째로 치료사 역할을 한 사람에게 의견을 전했다. 전체 세션 시간은 두 시간으로 다음과 같이 나누어졌다. A는 30분간 B의 치료사다. B는 30분간 A의 치료사다. 슈퍼비전 논평과 이론이 60분간 지속되며 A와 B는 서로의 슈퍼비전 시간 동안 자리를 지킨다.

1979년까지 7개국 출신의 학생이 위의 AMT 훈련의 첫 두 단계를 완수하였다.

그들 중 몇몇은 AMT 교육가가 되었고 모국에서 교육과정을 지속해 왔다.

Johannes Eschen이 독일로 돌아간 후, 그는 음악 및 공연 예술 대학의 음악치료 프로그램에 IMT 슈퍼비전을 포함하였고, 이후 1978년 독일 Herdecke의 음악치료 교육과정에 이러한 유형의 훈련을 통합하였다. 이 시기의 IMT 슈퍼비전은 Pristley(1994)에서 설명된다.

저자는 1980년 덴마크 올보르(Aalborg) 대학의 음악치료 석사과정을 Inge N. Pedersen과 함께 개설하고 IMT를 교육과정의 일부로 포함하였다. 우리는 A의 슈퍼비전 동안 B는 자리를 떠나고, B의 슈퍼비전 동안 A는 자리를 떠나는 것으로 형식을 변경하였다. 이 같은 슈퍼비전 형식에 대한 구체적인 사항은 대학 교육에 반영되었고, 이는 Scheiby와 Pedersen(1999)에서 논의되었다. 이 접근에 관한 많은 사례와 평가 절차에 대한 설명이 있다. 1990년 이후로 나는 IMT가 핵심 부분을 차지하는 사설 훈련 프로그램을 운영하여 왔다. 적어도 1년 동안 석사 후 과정 음악치료 학생은 AMT 개별 세션을 받아야 하고 최소 12회의 IMT 세션을 제공받게 된다. IMT 훈련 후 학생들은 개별 AMT 슈퍼비전 세션을 6개월에서 1년까지 받게 되며, 학생의 요구에 따라 그 시기 동안 AMT 집단 음악치료 슈퍼비전을 받을 수 있다.

사설 IMT 훈련 형식

AMT 슈퍼바이저는 IMT 팀을 구성하고, 이 팀은 매주 혹은 격주에 한 번 2시간 동안 만난다. 그 형식은 다음과 같다. A는 30분 동안 B의 치료사가 된다. B는 30분 동안 A의 치료사가 된다. 모든 세션은 녹음된다. A는 B가 자리를 떠난 30분 동안 개별 슈퍼비전을 받는다. B도 A가 자리에 없는 30분 동안 개별 슈퍼비전을 받는다. 모든 슈퍼비전은 녹음된다. 세션 중에 슈퍼바이저는 치료실 구석에서 메모한다. 마지막 IMT 세션은 한 시간에 걸쳐 진행함으로써 학생은 30분 훈련 세션과 전형적인 1시간 세션의 차이를 경험하고 이해할 수 있다. 초반에 슈퍼바이저는 시간 기록원 역할을 하며, 필요하다면 말로 알려 주기도 한다.

IMT에서 훈련생은 역할연기를 하지 않아야 한다. 그들은 자신이 다루길 원하는 쟁점을 자극하지 않는다. 이 과정은 진정성이 있어야 하며, 그들은 자신의 삶에서의 문제를 가지고 온다. 묘사된 상황은 상상이나 가상의 것이 아니다. 이것은 공식적인 교육을 받는 동안 시작되고, 첫 단계의 AMT 훈련을 구성하는 개별 및 집단 음악치료 세션에서 추구된 훈련학생의 개별화 과정과 개인적 성숙의 자연스러운 후속 단계로 간주될 수 있다.

이런 유형의 진실한 자기 경험에 대한 중요성은 최근 들어 "치료훈련은 기술과 기법을 열거하는 것이 아니며 학생은 자기 자신만의 과정을 경험해야만 한다."라고 언급한 음악치료 문헌의 지지를 받는다(Wigram, De Backer, and Van Camp, 1999, p. 289). 이 저자들은 학생들이 음악치료사가 되기 위한 교육을 받는 동안 음악심리치료적 자기 경험의 훈련을 해야 한다고 주장한다. 그렇지 않으면 그들은 전이 현상과 그것이 임상에서 음악치료사에게 나타나는 방식을 다루지 못하고 이해할 수 없게 될 것이다. 그들은 개별 음악치료에서 자신의 음악치료사의 임재(presence)와 음악적으로 그리고 언어적으로 중립을 지키는 방법을 경험함으로써 배우게 된다. 그러므로 내담자는 자신의 인생에서 중요한 사람이나 관계에 대한 감정을 전이하기 위해 스스로를 사용할 수 있게 된다. 그들은 또한 세션에서 나타난 음악적 내용과 상호작용에 기초하여 전이의 내용에 대한 통찰을 얻도록 내담자를 도울 수 있는 시기와 방법을 배울 수 있다.

내 경험상 많은 학생은 IMT의 내담자 입장이 될 때 자신의 개인적 개별화 과정을 지속할 수 있었다. 하지만 때로 학생들은 초기에 동료 학생이 충분히 경험이 많고 음악치료를 진행할 만큼의 권위를 가진다고 신뢰하는 것에 어려움을 보일 수 있다.

이론 훈련의 일부로 학생 치료사는 슈퍼바이저에게 세션을 묘사하는 서면으로 된 노트를 제출한다. 다음 영역이 노트에 기록되어야 하는 부분이다. 즉, 세션 수, 음악적이고 언어적 측면에서 세션을 객관적으로 묘사하기, 음악적 · 언어적 · 신체적 측면에서 과정을 주관적으로 묘사하기, 음악적/언어적 중재와 드러난 쟁점의 요약, 치료사의 문제 분야, 후속 세션을 위한 잠재적 목적 및 목표다.

모든 세션을 마친 후 학생 치료사는 다음 사항을 기록하도록 요구받는다.

- 전체 치료과정 및 목적과 목표 확인에 대한 개요 제시
- 과정 속의 다양한 단계 규명
- 음악적으로 그리고 언어적으로 표현된 발달 단계 제시
- 음악치료사로서의 강점과 약점 규명
- 치료과정에서 음악치료사로서의 역할 논의
- 음악치료사의 발달과정에 대한 개요 제시

학생은 또한 과정 속 다양한 시기에 나타난 중요한 음악적 대화나 독주, 내담자의 음악적/언어적 실재에서의 중요한 변화, 음악적 중재, 기법 및 연주 주제의 구성 예시를 담은 임상 발췌곡을 위한 녹음테이프를 만들어야 한다.

사설 IMT 훈련의 역량 영역

일반적으로 이러한 훈련 단계는 음악치료 역량(competency)의 네 영역을 통합하는 데서 시작한다.

- **개인적 역량**: 치료적으로 관련되게 존재할 수 있는 능력(존재하기)
- **기술적 역량**: 치료적으로 관련되게 행동할 수 있는 능력(행동하기)
- **예술적 역량**: 치료적으로 관련되게 창조할 수 있는 능력(창조하기)
- **이론적 역량**: 치료적으로 관련되게 생각할 수 있는 능력(생각하기)

다음에서는 모든 범주가 서로 연결되어 있고 모든 수준은 세션에서 동시에 실습됨을 설명한다. 이론적 역량 영역은 특히 다음에 자세히 설명된 슈퍼비전 세션에서의 개인적 쟁점을 훈습하는 것과 더불어 이론적 문헌과 교재 읽기를 강조한다. 이런 문헌과 교재는 학생의 음악치료 실행에서 나온 주제와 관련된다.

개인적 역량 영역은 단계 2의 IMT 시작 전에 학생들이 거쳐야 하는 단계 1의 개별 AMT 세션에서 시작된다. 학생이 개별 및 집단 음악치료 슈퍼비전을 받을 때는 위의 네 영역이 학습되고 통합되어야 한다. 그리고 훈련을 마친 후에도 이것이 나타나지 않는다면, 음악치료사는 이 모든 영역에서의 지속적인 성장을 위해 매주 AMT 슈퍼비전을 받을 것을 권유받는다.

개인의 철학 및 방법을 규명하고 발전시키기

IMT 단계가 시작되기 전에 음악치료사로서 훈련생의 정체성은 아직 형성되지 않는다. 학생은 특정 작업방식에 정착하지 않고, 특정 방법에 확실한 흥미를 가지지 않으며, 그 임상 이면의 철학에 대해서도 인지하지 못할 수 있다. 여기에서 학생은 분석적 맥락 속에서 개별적인 작업 양식을 발전시킬 기회를 가질 수 있고 철학적이고 윤리적인 쟁점이 임상에 영향을 미치는 방식에 대해 인지할 수 있다. 이것은 또한 음악 이디엄과 형식에 대한 선호나 회피, 내담자와의 문화 차이, 그리고 음악 선택에 나타난 이러한 결과를 인지할 수 있게 되는 것을 포함한다. 음악치료 전문가는 어떤 내담자와 일하게 되든지 임상 즉흥연주와 작곡된 음악 사용에서 탄탄한 기반을 갖춘 훈련과 심리치료 분야의 훈련을 받아야 한다. IMT에서 이 두 분야는 통합되었다. Wigram, De Backer와 Van Camp(1999)는 이러한 믿음을 다음과 같이 지지했다. "심리치료적 정체성의 발전은 음악적 정체성의 발전과 동등하게 중요한 초석이 된다. 음악이 치료 환경에서 다루어지는 방식은 특정 치료적 배경 안에 묻어나야 한다." (p. 288)

학생이 AMT 훈련을 받는다는 사실이 그의 남은 인생 동안 AMT 음악치료사로서 임상을 한다는 것을 의미하지는 않으며, 다른 음악치료 형식을 제외함을 의미하지도 않는다. 개인적으로 나는 독일(Herdecke)에서 훈련을 받을 때 교육과정의 일부로 노도프-로빈스 방법을 배웠고, 임상 즉흥연주에서 배웠던 기술을 나의 현재 임상에서 사용해 왔다. AMT 훈련은 학생에게 견고한 음악 심리치료적 기반과 인식을 제공하며, 무엇보다도 학생은 음악적이고 치료적인 지식을 늘릴 수 있다. 이 치료환경에서 학생은 또한 음악치료 문헌에서 배웠던 이론 틀을 시험해 볼 수 있다. 훈련생은 음악치료 문헌 속의 특정 아이디어와 임상이 실제 임상에 전이될 수 있는지를 배운다.

전문 음악치료사를 대상으로 AMT 훈련의 IMT 요소가 자신의 현재 임상에 어떤 영향을 미치는지를 알아본 Inge Pedersen과 저자의 비공식적 조사에서 한 응답자는 다음과 같이 기술했다.

> 교육을 모두 마친 음악치료사로서 실제 치료의 세계로 들어갔을 때, 나는 다음의 질문에 대한 해답을 찾고자 했다. 음악치료사로서 나는 누구인가? 분명하게도 IMT 훈련은 나에게 음악치료사로서의 정체성에 가까이 가도록 하는 가장 좋은 도구를 부여하였다. IMT에서는 자신의 내담자가 갑자기 다른 곳에 거하기 때문에 이론적으로 사실이라고 믿었던 것이 임상에서는 적용될 수 없으며 지금 나는 무엇을 하고 있는지 전혀 깨닫지 못할 때 치료사로서 자신을 시험하고, 다양한 방법과 기술을 시도 할 수 있는 평온과 시간이 존재한다.

실수와 실험을 허가하기

학생이 내담자에게 해를 끼칠 것을 염려하지 않고 실수할 수 있는 장소를 제공하는 것이 중요하다. 20년이 넘는 슈퍼바이저 경험을 통해 나는 사람은 실수를 통해 가장 많이 배운다는 것을 깨달았다. 음악치료사의 치료 수단이 음악이며, 또한 전통적으로 사람들은 음악작품이 좋게 들리기 위해서는 음악에서 실수하는 것을 피해야 한다고 배워 왔기에 이러한 실수에 대한 두려움은 음악치료사에게 아주 잘 알려진 현상이다(연주불안). 슈퍼비전을 통해 학생은 실수를 했을 때 감추지 않고 자신이 정말 실수를 했음을 내담자에게 인정하도록 권유받을 것이다. 그 누구도 완전하지 않으며, 심지어 음악치료사도 그렇다. 그들 자신이 하나의 큰 실수라고 느끼는 수많은 내담자는 음악치료사 또한 실수로 힘들어한다는 것을 깨달을 때 오히려 위안을 느끼기도 한다. 치료사가 무엇을 할지 혹은 말할지 모르는 상황이 발생할 때, 이것이 훈련과정에서 온 것임을 확인하고 그것을 긍정적으로 사용할 방법을 배울 수 있기에 이는 절망적 경험이 되지 않을 것이다.

자신의 내면과정과 내담자의 과정 사이를 넘나드는 융통성

학생은 자신의 '내적 음악'과 치료사로서의 내적 실체, 그리고 내담자의 내적 실체와 외적 실체 사이를 빠르게 넘나들을 수 있도록 하는 훈련을 받는 것이 중요하다. 학생은 내담자의 요구에서 치료사로서 자신의 요구(과정, 개요, 그리고 어떤 기술을 사용할지 기억하는 것)로 초점을 재빨리 변경함으로써 이런 능력과 융통성을 자동적으로 발전시킬 것이다. 학생은 이를 엄격하게 객관적이기(내담자를 관찰하기)와 주관적이기(치료사로서 자신을 관찰하기) 사이를 오가는 능력과 비교할 수 있다.

심리치료사로서 진정성의 중요성 및 이런 능력의 학습에 대한 중요성에 관한 논문에서 Olav Storm Jensen(1998)은 "무언가가 일어나는 순간에 치료사가 내담자의 과정을 경험하고 접촉한다는 사실은 이론적 이해와 기술적 능력이 관련되어 사용될 수 있다는 사실보다 확실히 선행 요소여야 한다. 이는 내담자의 과정에 대해 공감적으로 이해하면서 집중된 임재와 관심을 가지는 것으로 설명될 수 있다"(1998, p. 275).

IMT 훈련을 이수한 한 전문 음악치료사는 자신의 IMT 학습 경험에 대해 다음과 같이 기술했다.

> 나는 IMT가 치료사가 공감적이 되고 내담자의 관점에서 치료를 이해할 수 있도록 가르친다는 측면에서 훌륭한 훈련방식이라고 생각한다. 자기 자신과 내담자에 대한 깨달음 사이를 전환할 수 있는 능력, 내담자를 향한 이런 민감성을 훈련하는 것은 이 음악치료 방법에서 매우 핵심적 부분이다.

IMT를 이수한 또 다른 전문 음악치료사는 다음과 같이 기술했다.

> IMT는 내담자의 과정에 100% 몰입하면서 동시에 외부 관점에서 이 과정을 볼 수 있도록 개요를 기억하는 능력을 훈련시켜 주었다. 동시에 그것은 나 자신을 보호하고 내담자의 과정 속으로 너무 많이 끌려들어 가지 않도록 하는 능력을 가르쳐 주었다. 또한 나는 IMT가 임상에서 빠른 변화를 감당할 수 있는 능력을 키워 주었다고 느꼈다. 아울러 내담자, 해석자, 치료사의 3인조와의 작업에서 다양한 의사소통 통로에 대한 명확한 이해, 그리고 이런 것 사이를 빠르게 전환할 수 있는 능력을 유지하도록 도와주었다.

이런 견해는 치료적 임재를 가질 수 있는 능력 개발에 대한 가치를 증명한다. Arthur Robbins(1998)는 이 주제에 관해 자신의 책에서 다음과 같이 기술하였다. "나는 내 내담자의 임재 속에서 존재한다. 그럼으로써 나는 일시적으로 나의 경계를 정지하고 내담자가 완전하게 나의 세계로 들어오도록 허용한다. 하지만 동시에 나는 나의 감정을 분리하고 그것에 모양과 형태를 부여한다." (p. 21)

학생은 내담자와의 음악적 상호작용 속에서 발전될 뿐 아니라 음악적 접촉 밖에서도 발전되는 리듬의 흐름과 양식을 규명하도록 훈련받는다. 이것은 치료사가 내담자의 갈등을 동일시하는 상호적 입장과 제시된 자료를 구조화하는 인지적으로 구별되는 입장 사이를 넘나들 때 발생한다. 학생은 내담자가 음악 안에서 그리고 밖에서 치료사를 만날 때 창조되는 불일치와 공명을 접촉할 수 있을 것이다.

전환관리

훈련에서 내담자 되기와 치료사 되기 사이에 급작스러운 변화가 있다는 사실은 미래의 임상 상황에서 학생이 세션의 내부와 외부 사이의 전환을 더욱 잘 감당하도록 도울 수 있다. 이는 초점을 빨리 바꿀 수 있는 능력과 음악적이고 언어적인 영역에서 최대한 중립을 유지할 수 있는 능력을 발전시키도록 돕는다. 이것은 휴식시간이나 전환시간 없이 많은 내담자를 연속적으로 보아야 하는 기관에서 근무하는 음악치료사에게 도움이 될 것이다.

IMT 과정 초기에 어떤 학생은 내담자 되기와 치료사 되기 사이를 빠르게 전환하는 것에 대해 어려움을 토로한다. AMT 교육가이자 전문 음악치료사로서의 경험상 나 자신의 즉각적 요구를 내려놓고 완전히 내담자의 요구에 초점을 맞출 수 있는 능력을 개발하는 것이 매우 도움이 되었다.

Mary Priestley(1994)는 훈련의 이러한 측면에 대해 다음과 같이 언급했다. "견습 치료사로서 학생은 치료 밖에서 자신의 인생의 상처에 취약하고 치료실에 들어가 자신의 일을 마칠 때까지 그 자신의 고민을 내려놓게 될 것이기에, 학생이 이런 역할 변화를 감당할 수 있음을 깨닫는 것은 나쁘지 않다. 그가 이것을 시도할 때까지는 견고히 자신의 마음에서 다른 사람의 고민으로 초점을 맞출 수 있는 능력을 깨닫지 못할 것이다."(p. 305)

언어에서 음악으로 혹은 음악에서 언어로의 상호작용 전환이 고안되고 탐구될 것이다. 특히 침묵이 어떻게 여지를 만들고 음악적 진술을 존중하는지, 그리고 음악적 상호작용에서 음악적 상호작용으로의 전환기능을 발견하는 것이 중요하다.

시간 관리

세션의 상대적 간결함(30분간의 본질적으로 심층적인 개별 작업)은 치료사가 시간을 낭비하지 않고 경제적인 시간관리를 하도록 한다. 많은 내담자는 세션 시간의 상당 부분을 말하는 것으로 보내며, 결국 음악은 조금만 연주한다. 이런 짧은 시간 틀은 내담자가 쟁점을 더욱 빨리 규명하게 하거나 혹은 연주/노래를 주도하며 세션이 끝나기 전에 음악적으로 창조하고 처리하도록 하는 방법을 발견하도록 재촉한다. 많은 기관의 세션 시간이 30분에서 1시간 사이이기 때문에 이 시간 한도는 그렇게 비현실적인 것도 아니다.

학생 치료사는 또한 세션이 끝날 때 음악 안과 밖에서 내담자가 멈추도록 도울 수 있는 방법을 배울 것이다. 많은 내담자는 세션 시간이 남지 않았음에도 계속 연주하거나 이야기한다. 학생은 음악적으로 또는 언어적으로 이런 측면에서 내담자를 준비할 방법을 배울 것이다.

AMT 핵심 현상 관리

학생은 음악 전이, 음악 역전이, 음악 저항, 방어, 퇴행, 공생, 분리, 음악 발달 단계와 같은 AMT 핵심 개념에 익숙해지고 이런 현상을 음악과 언어 안에서 다루는 방법을 배울 수 있다. 다음은 학생들이 자신만의 해답을 발전시킬 질문 유형이다. 이 음악이 전이적이라는 것을 어떻게 확신할까? 음악적 저항을 어떻게 다룰까? 그것에 동의할까, 아니면 그것을 깨뜨려야 할까? 함께 연주할까, 아니면 대화식이나 따로 연주할까? 음악적 퇴행으로부터 내담자를 어떻게 끌고 나올 것인가? 내담자 음악의 어떤 측면이 음악 역전이(상호 주관적 역전이)를 유발하는가? 상호 주관적 역전이가 존재하는가? 음악의 발달적 측면은 무엇인가? 내담자가 다음 단계로 나가도록 어떻게 촉진할 수 있는가?

음악 중재 관리

나는 음악 중재를 내담자의 내적이고 외적인 음악 안에서의 변화를 목적으로 하는 음악적 표현의 집중적 행위라고 정의한다. 학생은 내담자의 연주나 노래를 반주할 때와 반주하지 않아야 할 때를 이해할 것이다. 처음에 학생은 자동적으로 내담자를 반주하려 하지만 특정 상황에서 이러한 중재에 대한 임상적 근거는 없다. 초점이 개인 내적 혹은 대인관계적 작업인지를 훈련생이 인지하게 될 때, 연주를 혼자 해야 할지 혹은 같이 해야 할지 결정해야 한다.

언제 리듬, 선율, 화성, 혹은 블루스, 가스펠, 오음계, 아랍 음계와 같은 형식을 통해 음악적 구조를 제공하는 것이 적절한가? 학생은 시도와 실수를 통해, 그리고 학생 내담자의 음악 존재를 알게 됨으로써 배울 것이다. 학생은 확실한 음악적 시작과 종결을 창조하도록 훈련받고 내담자가 악절을 만들도록 도울 수 있다. 어떤 내담자는 음악을 갑자기 끝내고 유기적인 악절을 만드는 방법을 알지 못한다.

세션이 녹음되기 때문에 학생은 내담자가 연주나 노래를 기억하지 못하는 경우 세션에서 녹음된 음악 경청을 중재로 사용할 수 있을 것이다. 학생 치료사는 또한 그/그녀의 음악 속 반복되는 음을 경청하고 '깨끗이 청소' 하도록 요구받을 것이다. 훈련 초기에는 필요 이상의 음을 연주하는 경향성이 존재한다. 어떤 의도와 방향이 없는 음이 존재하며 그것은 단지 공간을 채우기만 한다. 그들은 효과적이기 위해 매우 복잡할 필요가 없이 간결한 음악을 만들도록 권유받는다.

학생은 내담자의 음악적 정체성에 익숙해지고, 내담자의 음악적이고 성악적인 표현을 재생할 수 있어야 한다. 이것은 이러한 음악적 정체성을 가지는 것이 어떤 느낌인지를 고찰하고, 필요할 때 음악적으로 그 사람을 반영하기 위한 목적에서 행해진다. 학생은 언제 즉흥연주, 노래 만들기, 노래하기, 작곡을 사용해야 하고 사용하지 않아야 할지를 규명하도록 도움을 받을 것이다.

학생은 말로 된 질문을 음악 속으로 변형하는 훈련을 받을 것이다. 훈련 초기에 학생들은 때로 매우 말을 많이 하게 되고 또 매우 말이 많은 학생 내담자의 '말이 많음' 에 말려든다. 그들은 학생 치료사와 학생 내담자가 음악을 통해 서로에 대해 좀 더 의사소통하도록 돕는 음악적 중재에 노출될 것이다.

매우 말이 많은 학생 내담자의 예를 생각해 보자. 그는 꿈에 대해 진행했으면 한다고 세션을 시작했다. 그는 매우 길고 구체적으로 그 꿈의 내용을 이야기했으며 몇 가지 상징에 대한 의미를 회고했다. 학생 치료사는 꿈에 대한 언어적 작업에 빠져들었고, 두 사람이 그 꿈을 음악 안에서 어떻게 다룰지를 결정했을 때에는 세션이 거의 끝날 때였다. 따라서 그들은 유기적인 음악적 처리의 흐름을 중단하고 깨뜨려야만 했다. 이어진 슈퍼비전 세션에서 학생 치료사는 처음에 그 꿈에 대해 말하지 않고 그 내용을 음악 안에서 의사소통한 후 학생 내담자에게 중요한 것이 언어적으로 처리되어야 한다면 세션 말미에 이런 시간을 가지도록 요구할 것을 배웠다.

나는 침묵이 음악의 중요한 요소이며 중재로서 사용될 수 있다고 생각한다. 따라서 학생들은 있을 수도 있는 긴 침묵을 인내하도록 훈련받는다. 침묵 안에서 '아무것도 일어나지 않는 것' 처럼 보이기도 하지만, 자신의 호흡과 '내적 음악' 을 들을 수도 있고 자기 자신에게 다시 중심을 맞출 수도 있다.

학생들은 음악적 직감을 신뢰하는 훈련을 받는데, 이것은 그들이 사고과정을 통해 거르지 않고 자연스럽게 연주하는 것을 의미한다.

학생은 세션을 음 맞추기–중반부–종결부와 같이 하나의 음악작품으로 바라보고 수행하므로 전체적으로 이해하도록 배울 것이다.

예를 들어, 학생은 세션의 각 부분에 따라 서로 다른 방식을 시도할 수 있다.

(1) 음 맞추기: 침묵을 경청하고 유지하기, 혹은 학생 내담자의 호흡의 리듬에 집중하고 그것에 자신의 호흡을 맞추기
(2) 중반부: 유기적 흐름 속에서 발생해야 할 필요가 있는 것이 발생하도록 허용하기
(3) 종결부: 빠르기를 늦추고 음량과 세기 낮춤을 통한 음악적 인도하기

학생은 미지의 음악적 중재와 설명할 수 없는 신비한 특질을 경험하는 것에 익숙해지게 될 것이며 또 그렇게 되어야만 한다. 그들은 모든 것이 설명될 수 있거나 말로 표현될 수 있는 것이 아님을 자각할 것이다.

Amir(1999)는 6명의 음악치료사의 음악적이고 언어적인 중재에 대해 면담하고 면담한 치료사 중 한 명이 실제로 언급한 내용을 그녀의 논문에 결론으로 사용했다. "나는 '알지 못하고' 실수하며 배우도록 나 자신을 허용한다. 나는 내 중재가 옳다는 것을 절대 알지 못한다. 때로 그것이 옳기도 하고 때로 그것이 틀리기도 하며 때로는 중요하지 않았음이 증명되기도 한다." (p. 173)

언어 중재 및 상호작용

나는 언어 중재를 내담자의 내적 그리고 외적 음악에 변화를 주고자 하는 의

지를 가진 언어적으로 표현된 집중적 행위로 정의하고자 한다. 학생들은 훈련을 마칠 때까지 말을 할 수 있는 그리고 할 수 없는 내담자를 치료하게 된다. 따라서 음악치료 세션에서 가능한 언어적 요소(언어 중재 및 상호작용)를 배우는 것은 필수적이다. IMT 훈련은 언어기술을 연습하는 좋은 출발 장소가 된다. 그 이유는 이 치료를 받는 내담자는 말을 할 수 있는 자로, 학생은 언어적 의사소통이 명확하지 않을 때 내담자에게서 직접적인 반응을 얻을 수 있기 때문이다. 학생은 음악 만들기의 입구 혹은 초청의 역할을 할 수 있는 즉흥연주를 하도록 내담자를 돕는 방법을 훈련받게 될 것이다. 때로 제목은 내담자가 음악에 앞서 의사소통 안에서 언어적으로 혹은 신체적으로 표현했던 것의 실체가 된다.

여기에 학생 내담자로서 나 자신의 IMT 경험에서 나온 몇 가지 제목의 예가 있다.

- 즉흥연주 (1) 나는 조종하고 있다.
- 즉흥연주 (2) 나는 조종당하고 있다.

나는 기저에 깔려 있는 정서를 탐구하기 위해 조종당함의 느낌과 조종하는 느낌을 음악 안에서 표현하도록 권유받는다. 또 다른 세션에서의 언어적 핵심은 다음과 같다.

- 즉흥연주 (3) 벽으로 둘러싸임
- 즉흥연주 (4) 벽이 없음

나는 (3)에서 악기를 배열하여 그것이 나를 둘러싸도록 했으며 그런 느낌을 탐구하였다. (4)에서는 악기의 벽 없이 연주하였고 그런 느낌을 음악적으로 탐구하였다.

Mary Priestley는 제목의 역할에 대해 다음과 같이 기술하였다. "제목은 핵심적인 방향으로 치료의 초점을 맞출 수 있게 하거나, 이런 중요한 목적에서 벗어

나 음악을 방어적이고 활기 없는 노트 필기같이 만들 수 있다." (1994, p. 301)

학생은 또한 즉흥연주 전과 후에 발생하는 세션의 언어적 부분을 다룰 수 있는 방법에 관한 지식을 습득할 것이다. 예를 들면 다음과 같다.

- 인도하지 않는 그리고 조종하지 않는 질문 던지기
- 내담자를 방어적인 입장에 놓이도록 하는 질문 피하기
- 조언하지 않기
- 때로 학생 내담자가 언급한 핵심적인 단어 반복하기

탐구되어야 할 또 다른 영역은 언어적 부분을 음악적 부분과 통합하는 방법이다. 즉흥연주 전이나 후에 반드시 말을 사용할 필요는 없다. 오직 어떤 재료를 의식 속으로 가져와야 할 필요가 있는 경우에 언어적 의사소통이 필요하며, 말은 무의식과 의식 간의 다리로서 기능할 수 있다.

학생 치료사는 내담자가 사용한 목소리의 음악과 말의 음악을 경청하도록 배울 것이다. 그/그녀는 이야기하는 동안 내담자의 신체언어를 경청하도록 배울 것이다. 예를 들어, 내담자는 몸으로는 한 가지를 이야기하면서 말로는 다른 것을 이야기하고 있지는 않은가? 내가 내담자와 작업할 때 내담자는 내 몸을 어떤 식으로 느끼게 하는가? 나는 그것을 음악 안에서 어떻게 반영할 수 있는가?

신체 인식이 훈련의 한 부분이 되는 이유는 음악치료사로서 우리는 때로 말을 할 수 없는 사람들과 일하며 음악과 더불어 신체적 의사소통을 읽는 것이 효과적인 진단 도구가 될 수 있기 때문이다. 정신분열증을 가진 성인, 정신과적 문제를 가진 청소년 및 자폐아동과 일할 때, 나는 바이오에너지 신체 심리치료사로서 공부했다. 치료 초반에 이런 환자는 때로 악기를 만지는 것을 오랜 시간 동안 두려워한다. 이러한 신체적 기술 없이 내담자에게 어떤 일이 일어나고 있는지를 이해하는 것은 어려울 수 있다. IMT는 특히 슈퍼바이저가 현장에 존재하고 두 명의 동반자의 신체적 의사소통을 관찰하기 때문에, 신체언어를 규명하는 측면에서 보면 이상적인 상황을 제공한다고 할 수 있다. 하지만 후에 학생 치료

사가 발생했던 신체적 의사소통을 AMT 개별 그리고 집단 슈퍼비전에서 정확하게 반영하는 것은 다소 어려울 수 있다.

때로는 학생 치료사가 이완하고 내담자의 언어적이고 비언어적인 임재에서 나온 심상과 상징을 의식 속으로 떠오르도록 하기 전에 얼마간의 시간이 필요하다. 이런 심상과 상징은 학생 치료사가 공유하기에 적절할 수도 있고 그렇지 않을 수도 있다.

학생은 말이 필요할 때와 그렇지 않을 때를 분별할 수 있는 방법을 배울 것이다. 음악과 의미에 관해 학생은 내담자가 개개인에게 독특한 자신만의 해석적인 세계를 발전시키도록 도울 수 있는 방법을 배울 것이다.

기악적, 성악적 및 신체적 언어

AMT에서는 악기가 상징적 표상에 관한 의미의 도구로서, 또한 사물이나 상황에 대한 상상의 도구로서 기능할 수 있다고 간주된다. 따라서 학생은 다음과 같은 사항에 대해 지각하도록 훈련을 받아야 한다. 어떤 악기가 내담자가 선정한 주제와 관련되는가? 내담자는 악기를 어떻게 배열하는가? 내담자는 악기를 어떻게 연주하는가? 내담자는 세션의 언어적 부분 동안 어떻게 앉아 있고 어떻게 악기를 가지고 있는가? 어떤 것을 선호하고 어떤 것을 회피하는가? 학생 치료사는 어떤 악기를 선택하는 경향이 있는가? 학생 치료사는 언제 학생 내담자가 선택한 악기와 같은 것을 선택해야 하며, 언제 대조되는 악기를 선택해야 하는가?

성악기술은 탐구되고 검토될 것이다. 학생 치료사가 자신의 목소리를 역동적인 악기로 사용하는 데 어려움을 가질 경우 그것이 슈퍼비전에서 다루어질 것이다. 학생은 또한 연주하거나 노래하는 동안 내담자의 신체언어를 관찰하도록 훈련받을 것이다.

계약

학생은 분석적 비밀유지의 법칙을 준수하도록 배울 것이다. 학생은 세션의 내용을 세션 밖에서 이야기하지 않아야 한다. 녹음된 세션 테이프는 내담자와 치료사의 허락 없이는 다른 환경에서 재생되지 않아야 한다. 그들은 또한 계약의 기능에 대해 이해하게 될 것이다. 예를 들어, 매주 있는 세션의 시간과 요일이 항상 동일하게 유지되고, 학생 치료사는 오직 아플 때에만 세션을 취소할 수 있다. 이것은 관계를 안정화하고 이 관계의 지속되는 내적 리듬에 대한 신뢰를 쌓아 가게 한다.

무의식이나 잠재의식을 통한 의사소통 조율하기

AMT에서 치료사는 음악이 무의식과의 접촉을 개방할 수 있다는 사실을 사용한다. 때로 자발적인 즉흥연주는 우리의 꿈이 기능하는 것같이 무의식에서 발생하는 것에 대한 직접적인 의사소통이 된다. 때로 음악은 내담자가 무의식을 접촉하는 다리 혹은 통로로 기능한다. 결과적으로 IMT에서 학생 치료사의 임무 중 한 가지는 내담자의 무의식에 연결하도록 배우는 것이다. 이것은 세션이 시작되기 전 혹은 세션의 초반부에 학생 치료사가 그 자신을 악기와 공명체로서 조율하도록 도움으로써 훈련된다. 학생 치료사는 호흡하기, 기초 잡기, 집중하기, 듣기에 초점을 맞춘다. 그/그녀는 내담자의 소리, 자신의 호흡 리듬, 신체 느낌과 동작 및 전체적인 심리적 빠르기, 혹은 내담자와 자신의 속도를 경청하기 시작한다. 때로는 치료사가 내담자를 치료할 때 특정 노래가 치료사의 마음에 떠오르기도 한다. 이러한 노래는 내담자에서 기인한 무의식적 의사소통이거나, 지금-여기에서의 내담자의 쟁점과 관련된 것을 담는 중요한 자료일 수 있다. 이런 유형의 개방은 IMT에서도 훈련된다.

음악자료 분석을 위한 모델

학생은 세션에서 발생하는 음악자료에 대한 자신만의 분석 모델을 발전시켜야 한다. 더불어 나는 음악의 핵심이나 중요성을 포착할 수 있는 유용한 출발점이 될 수 있는 기본 모델을 소개하고자 한다.

[그림 20-2]는 즉흥연주를 분석할 때 고려해야 할 몇 가지 범주를 제시하고,

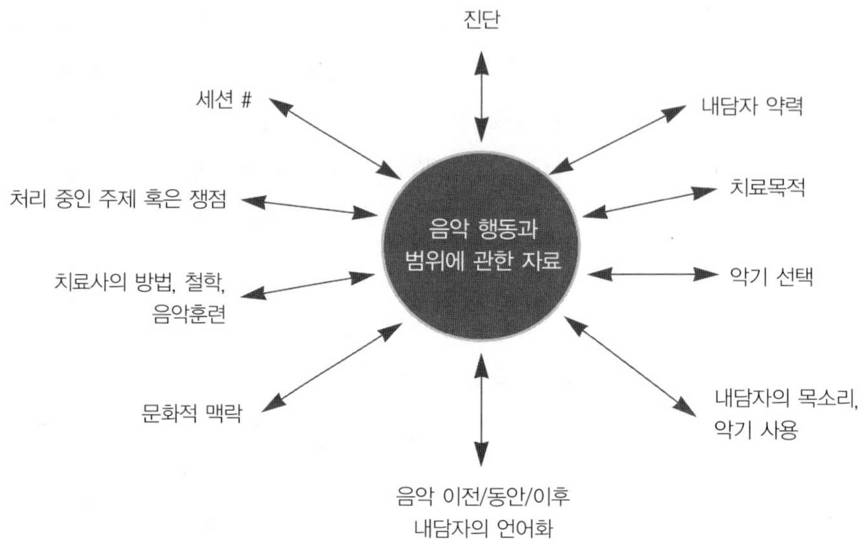

[그림 20-2] 즉흥연주 분석 범주

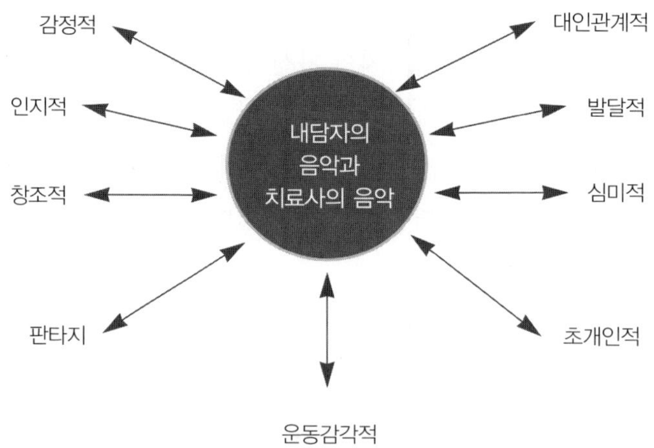

[그림 20-3] 청취 범주

〈표 20-1〉 임상 정보로 인도하는 자료의 예시

정서적 정보:
감정적 특징, 음악 전이, 음악 역전이
대인관계적 정보:
관계 맺기 유형
인지적 정보:
조직 수준, 구조적 요인
발달적 정보:
자아기능, 추동, 방어, 자기와 타인의 구분, 진정성, 통합/혼란/해리의 수준
표출된 환상 및 심상 정보:
심상, 게슈탈트, 과거 및 현재에 반사된 주요 경험
초개인적 정보:
영적 특징, 명상적 특징, 변형된 의식 상태
심미적 정보:
미적 특징
운동감각적 정보:
신체 표현/음악에 의해 표현된 감각
창조적 정보:
발전되는 사고의 부재/존재, 즐거움

[그림 20-3]은 치료사가 지각해야만 하는 다양한 청취 범주를 설명한다. 〈표 20-1〉은 다양한 듣기 범주를 사용함으로써 얻을 수 있는 여러 유형의 정보를 설명한다. 모든 세션이 녹음되기 때문에 음악을 기억하지 못할 경우 학생은 녹음된 음악 테이프를 사용해 분석할 수 있다.

나는 다음 사항을 고려하여 이 분석 모델을 개발하였다.

- Mary Priestley의 관련적 입장: 음악은 다른 무언가(예, 정서와 무의식적 내용)를 참조한다. 음악 경험 자체만으로는 항상 충분하지 않을 수도 있다.

- 다양한 대상자에게 AMT 치료를 했던 나의 경험. 음악이 그들에게 어떤 의미를 가지는지에 관해 질문을 받을 때, 그들은 이 그림의 범주 중 적어도 한 가지를 참조하게 된다.
- 수련생과 나의 슈퍼바이저가 환자를 치료하는 내 세션의 테이프를 경청하며 사용된 음악의 중요성을 해석하는 나의 사적인 슈퍼비전 경험
- 개별 및 집단 음악치료에서 내담자로서의 경험
- 학생 내담자의 음악이 Mary와 학생 치료사인 나에 의해 분석되었던 Mary Priestley와의 IMT 훈련. Mary Priestley는 이 작업에서 직접 슈퍼비전을 하였다.

담기, 타이밍, 그리고 속도 조절

학생은 순간적으로 내담자가 감당하지 못하거나 참을 수 없는 감정 상태를 음악적으로 담는 기술을 훈련받을 것이다. 학생은 내담자가 감정 소유에 대해 준비될 때까지 그것을 붙들도록 하는 기술을 배운다. 치료사는 내담자가 좀 더 감당하고 변화시킬 수 있는, 긴장을 유발하는 자료를 위한 음악 형식을 개발할 필요가 있다. 시도와 실수를 통해 학생은 음악적이고 언어적인 타이밍에 대해 배울 것이다. 예를 들어, 나는 이런 엄청난 좌절이나 분노를 음악적으로 언제 반영하는가? 내담자는 언제 이런 느낌을 반영할 준비가 되는가? 치료사는 내담자의 음악을 어떻게 '해독하여' 더 이상 내담자에게 해를 끼치지 않도록 할 수 있는가? 나는 내담자의 음악에서 들었던 특정 현상을 언제 이야기하고 언제 하지 말아야 하는가?

학생은 세션의 속도 조절의 중요성에 대해 배울 것이다. 예를 들어, 빠르기는 급하거나 혹은 참기 힘들 정도로 느리면 안 된다. 그/그녀는 내담자의 속도를 관찰하고 그것이 학생 치료사의 속도에 어떤 영향을 미치는지 배울 것이다.

두 사람을 관찰할 때 슈퍼바이저의 역할

슈퍼비전을 바라볼 때, 사람들은 내담자 중심 혹은 치료사 중심의 슈퍼비전에 초점을 맞출 수 있다. 다음에서 나는 치료사에게 초점을 맞춘 부분을 다룰 것이다.

나는 치료과정에서 문제를 발생시키는 것에 대해 학생 치료사를 돕는 조력자로서의 내 역할을 살펴본다. 모든 사람은 음악적으로, 언어적으로, 신체적으로 그 자신을 표현하는, 또한 이 세상에서의 자기 존재에 대한 독특한 방식을 가진다. 치료적 임재는 임상 작업을 방해하는가? 우리는 노력하고 변화시켜야 할 영역을 함께 규명해야 한다. 모든 학생은 음악치료사로서 자신의 개별화 과정에 대한 서로 다른 속도를 가지며, 슈퍼바이저는 이 점을 존중해 주어야 한다.

슈퍼비전 동안 슈퍼바이저는 세션을 방해하지 않고 뒷자리에 조용히 앉아서 메모를 한다. 슈퍼바이저의 존재는 학생 치료사가 학생 내담자와의 접촉에 대한 자신만의 방법을 찾도록 하기 위해, 또한 자신만의 관계적 음악을 함께 만들 수 있도록 하기 위해 가능한 한 중립적이어야 한다. Mary Priestley는 슈퍼바이저의 존재에 대해 다음과 같이 기술하였다. "슈퍼바이저는 치료 커플의 내적 음악 속으로 자기 자신이 들어가는 것을 공감적으로 느끼면서 가능한 한 오랫동안 관찰을 유지하고 침묵을 지킨다. 치료가 움직이고, 심지어 더듬거리며 침묵을 지키거나 거칠어질 때, 그는 그들에게 모든 것을 위임하고 그 이후에 의미를 얻을 수 있다." (1994, p. 299).

때로 시간 준수는 학생 치료사에게 문제가 될 수 있으며, 세션이 5분 남았을 때 슈퍼바이저가 이를 알려 주는 것이 초반에는 도움이 될 수 있다. Mary Priestley는 즉흥연주 주제를 결정하는 데 학생 치료사가 어려움을 겪는 경우 슈퍼바이저가 제안을 해 줄 수 있다고 언급했다. 나는 개인적으로 그렇게 하지 않는다. 다만 주제가 효과적이지 않았다면 그것을 슈퍼비전에서 다룰 것이다. 장기목적은 이 커플이 슈퍼바이저가 필요하지 않게 되는 것이다. 그러므로 최대한 의존을 줄이는 것이 중요하다. 사람들은 관찰하는 슈퍼바이저의 입장을 수용적이고 공감적인 용기(container)로, 또한 학생 치료사의 강점과 약점을 존재,

행위, 창조, 사고의 측면에서 기록하는 레이더로 비유한다.

나는 관찰하는 동안 특히 다음 질문에 주의를 기울인다. 학생은 내담자에게 음악 내부와 외부에 여지를 줄 수 있는가? 그/그녀는 음악 내부와 외부에 적절하게 비지시적이고 지시적일 수 있는가? 학생은 언어적 부분을 적절하게 감당하고 있는가? 학생은 자신의 언어적 부분을 명확하게 하고 있는가? 음악적 중재는 잘 진행되고 있는가? 학생은 정서적으로 중립적인 입장에서 자기 자신을 보임으로써 학생 내담자가 그/그녀를 전이로 사용할 수 있는가? 학생 치료사의 속도는 학생 내담자의 것과 비교하여 어떤가? 학생은 음악적으로 그리고 언어적으로 담을 수 있는가? 학생 치료사의 음악은 창조적이며 자연스럽게 흐르는가, 아니면 경직되고 유기적이지 못한가? 학생은 음악에 자신의 목소리를 투사하는가? 학생 치료사의 음악적 중재에는 의도성이 있는가? 학생은 침묵을 어떻게 다루는가? 언어적, 신체적, 음악적 언어는 서로 보완적인가, 혹은 상충되는가? 음악적 범위(parameter)는 적절하게 사용되는가? 학생은 빠르기나 리듬에서의 융통성 부족 같은 특정 범위의 사용에서 고정적인 경향이 있는가? 학생은 그/그녀의 존재에 신체적 · 정신적으로 기반을 잡고 있는가? 학생은 중심이 되는 장소에서 움직이는가, 아니면 겉으로 보이는 지적인 입장에서 말하고 연주하는가?

슈퍼바이저로서 나는 관찰하는 동안 다음의 두 가지 다른 방식으로 나 자신의 느낌을 사용한다. 나는 음악 내부와 외부에 있을 수 있는 전이와 역전이를 감지하기 위하여 학생 내담자와 학생 치료사를 공감하려 한다. 나는 지루해지는가? 그렇다면 이 과정이 고정되었거나 원을 맴돌고 있을 가능성이 높다. 학생은 음악 안에서 내담자와 합체되고 있는가, 아니면 구분되는 음악적 정체성을 유지하고 있는가? 학생은 음악 앞에서 그/그녀의 역할(예, 강화제, 동반자, 거울, 음악 사이코드라마에서 특정 역할, 지지자)에 대해 명확한 메시지를 주는가? 학생은 언어적 시작점이 무엇인지, 혹은 즉흥연주의 역할이 무엇인지 명확하게 하였는가? 학생은 세션의 처음 5분 동안 일어났던 일을 감지하였는가? 처음 5분은 때로 내담자가 겪고 있는 쟁점을 압축하여 보여 주기 때문에 중요하다. 명백한 음악적, 혹은 부가적 음악 역전이가 존재했는가?

어떤 종류의 임재를 내담자는 치료사에게 요구하고 있는가? 이는 슈퍼바이저가 진단적으로 내담자에 대해 무엇을 암시하는가? 삼각관계에서 제외된 삼자가 되는 것은 때로 슈퍼바이저에게 어려운 임무가 될 수 있다. Mary Priestley는 이 주제에 대해 다음과 같이 기술했다. "무엇보다도 이것은 그의 인생 초기에 어머니와 아버지가 그에게 대항하는, 혹은 어머니와 여자 형제가 그에게 대항하는 삼각관계 안에서 제삼자로 제외되었다고 느꼈던 감정을 유발할 수 있다. 이는 어떤 희생을 치르더라도 그 사이에 끼려는 충동을 그 안에 유발하거나, 혹은 그 앞에 펼쳐진 친밀한 장면에 대한 그의 관심이 신비하게 없어지도록 할 수 있다. 만약 그가 이런 가능성을 이해한다면, 그는 이 느낌을 보다 잘 견디게 되며 충동적이기보다는 이해하면서 행동할 수 있을 것이다." (1994, p. 303)

IMT 맥락에서 개별 슈퍼비전

치료 이후에 즉각적으로 이어지는 개별 슈퍼비전은 학생이 세 번째 훈련 단계에서 받는 교육의 압축된 형식으로 간주될 수 있는데, 여기서 개별 슈퍼비전 세션은 1시간 동안 지속된다. 일반적으로 염려 사항을 말하고 도움이 필요한 부분을 살피는 것은 학생의 책임이다. 하지만 나는 그것이 학생의 학습과정에 중요한 것으로 보이면 내가 알아차린 것을 언급할 것이다. 이것은 학생이 자신의 임상적 전문성에 관련하여 도움을 받아야만 하는 첫 번째 기회가 될 수 있다. 그래서 나는 학생이 도움을 받고자 하는지, 아니면 도움을 요청하는 것을 힘들어하는지를 주의 깊게 살펴본다.

보통 슈퍼비전은 한 세션 내에 다음의 다섯 단계를 따른다.

- 학생 치료사가 다룰 수 없었던 음악적/언어적 현상을 규명함
- 학생이 다루길 원하는 쟁점을 규명함
- 되도록이면 음악 안에서 쟁점을 다룸
- 언어적 통합과 해명

- 일어날 수 있는 병행과정(세션에서 토의 중 발생했던 측면이 슈퍼비전 세션에서 나타남)을 규명함

슈퍼바이저 역할

우선 제일 먼저 슈퍼바이저는 학생 치료사의 용기로서 역할을 담당할 수 있어야 한다. 이 용어에 대해 Bion은 다음과 같이 설명하였다. "그것은 혼란스럽고 고통스러울지라도 치료사는 모든 의사소통을 수용하고 보유하며 내담자의 감정에서 기인한 참을 수 없는 특질을 제거하는 목적을 가지고 정신적으로 소화하는 마음의 공간을 창조하는 것이다." (1962, p. 306)

학생 치료사는 때로 무능력, 내적 비판, 무력함, 실패, 내담자를 구조해야 한다는 느낌, 충분히 알지 못한다는 느낌, 혹은 충분히 좋은 사람이 아님, 고착된 느낌, 이전 세션에서 발생한 복합적 감정 등으로 인해 압도당할 수 있을 것이다. 슈퍼바이저는 이런 느낌을 수용하고 보존하며 회담할 수 있어야 하며, 궁극적으로 학생이 음악 안에서 그것을 표현하고 동반하며 이 표현을 구체화함으로써 그에 대해 외로움을 느끼지 않고 수용하도록 도와야 한다. 이러한 음악적 표현 후에 그/그녀는 수련생이 이 음악으로 인해 통찰을 얻을 수 있도록 도울 수 있다.

슈퍼바이저의 두 번째 역할은 학생이 개인적 음악적 정체성을 발전시키도록 돕는 것이다. 이것이 이미 형성된 경우, 슈퍼바이저의 역할은 즉흥연주에서 무조를 포함하거나 내담자가 가지고 온 쟁점과 관련된 특정 노래 또는 음악을 포함하는 등으로 학생이 새로운 형식의 음악적 표현을 배우도록 도전하고 격려하는 것일 수 있다.

슈퍼바이저의 세 번째 주요 역할은 학생이 개인적 해석 세계를 발전하게 하고, 어떤 특정 조리법이 존재하는 것이 아니며, 내담자가 음악의 의미에 대한 지식을 가지고 있음을 발견하도록 돕는 것에 있다. 학생은 내담자가 독특한 해석 세계를 발견하도록 돕는 능력을 개발할 수 있다.

다음 부분에서 나는 학생 치료사가 관심을 가질 만한 영역을 언급하고자 한다.

학생의 언어기술을 살펴보는 것은 중요하다. 때로 학생은 내담자에게 질문에 대한 해답을 주어야 한다는 책임감을 느낀다. 조언하기와 너무 많은 질문하기는 내담자에게 도움이 되지 않는다. 학생 치료사가 첫 IMT 세션에서 중립적이 되기는 어려워 보인다. 때로 나는 학생 치료사가 조언과 질문을 하려는 경향이 어디서 유발된 것인지를 탐구하는 즉흥연주를 하도록 제안하기도 한다.

즉흥연주의 주제가 무엇인지 내담자에게 명확히 하는 것은 중요하다. 특정 중재가 하나의 주제 이상의 것을 요구하는 경우, 어떤 즉흥연주 주제가 먼저 연주될지를 결정해야 한다. 또한 음악이 시작되기 전에 학생 치료사의 역할을 명확히 하는 것도 중요하다. 가능하다면 이전 세션과 현재 세션 사이에 연결 지을 것을 기억하도록 노력하는 것이 중요하다. 음악적/언어적/정서적 주제는 다시 떠오를 수 있으며, 혹은 이전 세션에서 처리되었던 것과 연결하는 꿈이 나타날 수 있다.

때로 나는 학생 치료사의 입장에서 잃어버린 공명을 발견한다. 때로 학생은 내담자의 실체에 함께 반응할 수 없거나 그 자신을 내담자의 존재에 접촉하도록 허용하지 못할 수도 있다.

때로 나는 학생 치료사에게 진정성이 없는 것을 발견한다. 초반에 학생 치료사는 예전 치료사나 슈퍼바이저의 양식을 모방하거나 자기 자신이 되려고 하지 않을 수 있다.

슈퍼바이저는 학생 치료사와 학생 내담자의 내적 음악과 외적 음악에서 무의식적 자료를 발견해야 할 책임을 가진다. 이는 학생 치료사가 전이, 역전이, 억압된 자료나 저항과 같은 현상을 자각하고 그에 주의를 기울이도록 하는 것을 포함한다.

겉으로 드러난 학생 치료사의 '행동' 양식도 초점이 될 수 있다. 때로 치료 초기에 학생은 너무 많은 것을 하며 치료에서 내담자가 책임지는 부분을 없애 버린다.

예술적 창조성이 존재하지 않을 수 있다. 때로 학생의 창조성은 죽었거나 잃은 것처럼 보인다. 이런 경우 우리는 학생 치료사가 치료실 밖에서 창조적으로 자극되는지를 확인할 것이다. 그/그녀는 다른 상황에서 연주나 노래를 하는가? 그녀는 레슨을 받거나 음악적으로 양육받는 느낌과 자신의 악기에 대한 영감을 가지고 있는가? 그렇지 않다면 이것이 음악의 고착이나 죽음에 대한 이유가 될 수 있다.

세션 과정에 대한 지각이 없을 수도 있다. 훈련 초반에 학생은 과정이 의미하는 것을 지각하지 못하기 때문에 나는 학생이 이전 세션에서 전개된 과정을 설명하도록 요구할 것이다. 이런 과정은 세션의 남은 부분과 어떻게 관계되고, 우리는 전체 치료과정 중 어디에 놓여 있는가? 초반, 중반, 아니면 후반? 학생은 어떻게 음악치료 과정을 시작하고 종결할 수 있는가?

슈퍼비전 기술 및 학생의 일반적 문제

성취해야 할 것이 무엇인지에 따라 슈퍼바이저는 학생 치료사에게 개인적이고 기술적인 통찰을 주도록 도울 수 있는 기술 목록을 발전시킬 수 있다.

- 음악적 역할연기. 학생 치료사는 음악 안에서 내담자를 연주한다. 슈퍼바이저는 학생 치료사 역할을 맡는다. 이런 기술은 치료사가 내담자를 좀 더 공명할 수 있도록 도울 것이다.
- 음악적 분출. 때로 학생 치료사는 초기 세션 동안 긴장을 쌓아 가지만 그 근원을 밝혀낼 수 없다. 학생은 음악적으로 상징적인 수준에서 이런 긴장을 경험하고 표현하도록 도움을 받는다. 이러한 분출에 대한 언어화는 어떤 갈등이 긴장을 유발하는지에 대한 통찰로 이끈다.
- 주제 동일시. 학생 치료사가 내담자와 동일시하는 것이 명백하다면, 슈퍼바이저는 학생 치료사가 자신의 내담자에게 즉흥연주를 요구했던 주제와 동일한 주제를 가지고 학생 치료사가 즉흥연주를 하도록 권유할 수 있다. 이것은 학생 치료사가 가질 수 있는 동일시의 함정을 밝힐 것이다.
- 종결 해법. 만약 학생이 자연스러운 종결에 어려움을 가진다면, 나는 이러한

어려움에 대한 보다 무의식적인 이유를 감지하기 위해 때로 '중요한 이별', '종결', '경계', '분리'와 같은 주제에 대해 즉흥 연주하기를 권유한다.

- 행동하기/존재하기 문제. 학생 치료사가 행동하기 양식에 너무 치우칠 경우, 나는 다음과 같은 주제에 대해 즉흥 연주하기를 권유한다. '가능한 한 적게 연주하기', '즉흥연주 A: 행동하기, 즉흥연주 B: 존재하기', '당신이 그냥 '존재' 하는 상황에 대해 즉흥 연주하기(바닷가의 태양 아래 누워 있거나 묵상하기, 아니면 이런 상태의 존재감을 촉진하는 다른 심상이 예가 될 수 있다), '통제하지 않기' 혹은 '통제하기'. 무의식적 이유와 상처가 표면으로 올라오면 학생이 행동해야 할 절박함을 유발할 수 있다.
- 진정성 문제. 연주하는 치료는 우리의 관계적 실재를 다루기 때문에 긴장 상황에서 진정성을 가질 수 있는 능력이나 부재에 관한 쟁점이 활성화된다. 만약 학생 치료사가 음악 내부와 외부에서 진정성을 가지는 데 어려움을 가진다면, 나는 '나의 내면아이의 요구를 수용하기' 라는 즉흥연주 주제를 제안하거나, 학생이 진정성을 가지거나 그 자신이 되도록 허용하지 못했던 인생의 초기 상황에 대해 생각하고 그에 대해 즉흥 연주하도록 권유할 수 있다.
- 통제된 음악적 퇴행. 학생 치료사가 내담자를 경청하고 공감하지 못하도록 하는 몇 가지 무의식적 이유가 있을 수 있다. 학생 치료사가 인도했던 이전 세션에서 있었던 쟁점을 고려하여, 즉흥연주의 출발점을 '나 자체를 인정받았다고 기억하는 첫 순간'으로 할 수 있다.
- 꿈 탐구. 때로 학생 치료사는 자신이 인도한 세션과 관련하여 꿈을 꿀 수 있다. 만약 이러한 꿈이 나타난다면, 그것은 여러 방식으로 음악적으로 탐구될 수 있다. 이런 꿈에서 나타난 상징은 즉흥연주의 초점이 될 수 있다. 시간 순서에 따라 꿈을 연주할 수 있고, 꿈을 꾼 자가 꿈을 꾼 동안 가졌던 느낌을 연주할 수 있으며, 꿈에서 깨어난 후에 꿈이 유발하였던 감정을 연주할 수도 있다. 또한 이러한 꿈에 대한 작업은 내담자의 꿈에 대한 학생의 임상에 도움을 줄 수 있다.
- 청취 태도. IMT 세션이 녹음되기 때문에 슈퍼바이저와 학생 치료사는 세션

의 언어적 부분을 함께 들을 수 있다. 슈퍼바이저는 학생이 공손한 청취방식을 개발하고 직감을 사용하도록 도울 수 있다. 함께 음악을 듣는 동안, 학생은 일상적 초자아 기능을 이완하고 특정한 것에 초점을 맞추지 않은 채 음악이 내면에서 공명하도록 허용할 수 있다. 모든 선입견과 개인적 해석은 내려놓고, 연주되고 노래되는 모든 것을 학생 치료사가 완전하게 흡수할 수 있도록 한다. 이것은 아이를 안고 있는 부모의 모습에 비유될 수 있다. 따라서 안전한 분위기에서 소리를 흡수할 수 있도록 한다. 이런 청취 태도는 이후 학생 치료사가 내담자를 치료할 때 전이될 수 있다.

- 음악적 자기 수용 촉진. 임상을 하는 음악치료사가 되는 초기 단계에서 학생은 때로 연주불안을 경험하거나 그 자신의 음악적 표현언어에 대해 불편함을 느낀다. 여기에는 음악적 언어에 대한 학문적이거나 공식적인 특징이 있을 수 있다. 이런 현상을 감지할 경우, 나는 세션 직후에 학생이 나와 함께 연주하도록 한다. 음악 안에서 내 역할은 안아 주며 대화하는 것으로, 마치 어머니나 아버지가 아기를 팔에 안고 노래하는 것과 같다. 이것은 학생 자신의 음악성, 음악 정체성 및 성숙을 발전시키도록 촉진할 수 있다. 음악 치료사가 자신의 음악에 대해 즐거워하지 않을 경우 내담자가 그것을 의식적으로 혹은 무의식적으로 감지할 것이기 때문에 이는 중요하다. 이런 경우 내담자가 자신의 음악적 자기를 발견하는 것은 어려울 것이다.
- 대화적인 연주/노래. IMT 훈련 초반에 나는 때로 내담자와 동시에 연주하는 것을 선호하는 학생을 만난다. 대화식의 연주를 할 때, 사람들은 좀 더 노출되고 숨을 수 없으며, 혹은 내담자의 음악에 합체되지 못한다. 훈련 초반에는 개인의 행동을 너무 많이 노출시키는 것에 대한 본질적인 두려움이 있을 수 있다. 이러한 회피를 감지하는 경우, 나는 때로 슈퍼비전에서 나 자신을 음악적 동반자로 제공한다. 이러한 대화식의 연주에서 학생은 조직하는 임무와 한 연주자에서 다른 연주자로 이동하는 시기, 그리고 멈추는 순간과 음악적 진술의 적당한 지속시간을 포함하는 음악적 타이밍에 대한 기술을 발전시키도록 훈련받을 수 있다.

- 반주 형태. 때로 학생 치료사는 언제 동음으로 반주할지, 화음을 넣을지, 반사할지, 강화할지, 혹은 반대로 반주할지 알지 못한다. 학생이 무엇을 언제 해야 할지 확실하지 않을 경우, 나는 학생 치료사와 함께 즉흥연주를 하면서 그/그녀가 내담자의 입장이 되어 다양한 반주에 따라 어떻게 느끼는지를 알아차리도록 한다. 음악적 제창은 내담자에 의해 공생이나 합체 상태로 경험될 수 있다. 치료사가 내담자의 음악에 화음을 넣으면 끌어안는 것 같은 경험을 주기도 하지만 동시에 독립이나 분리하는 자유가 되기도 한다(내담자가 거리를 원할 경우 불협화를 만들 수 있다). 반사하기는 내담자에게 격려받고, 자기를 강화하며, 인정받고, 승인받는 경험이 될 수 있다. 내담자가 자신의 감정을 감지하는 데 어려움을 가지거나 그/그녀의 표현 속에 방어가 있을 경우, 내담자의 소리를 강화함으로써 그 사람이 표현의 정서적이거나 방어적인 내용을 인지하거나 확인할 수 있도록 도울 수 있다. 대항하거나 반대하는 무언가나 누군가가 있어야 할 내담자에게는 조성 대 무조, 장조 대 단조 같은 반대되는 양식으로 반주하는 것이 도움이 될 수 있다.

평가

전체 IMT 세션 과정(내담자 부분, 이론적 부분, 녹음 발췌)이 끝나면, 학생은 자기평가를 하도록 권유받고 훈련가가 그것을 평가할 것이다. 평가는 개인적, 기술적, 예술적, 그리고 이론적 역량의 네 가지 음악치료 역량 영역을 다룬다. 만약 학생이 위의 영역 가운데 부족한 점이 있다면 어떤 영역이 완수되지 못했는지에 따라 권고가 주어진다. 만약 학생이 필요한 기술을 습득하지 못했다면, 학생의 성숙과 요구에 따라 6개월에서 1년까지 매주 개별 AMT 슈퍼비전을 받고 그 이후나 혹은 동시에 6개월에서 1년까지 매주 집단 AMT 슈퍼비전을 받도록 권고받는다.

개별 및 집단 슈퍼비전: AMT 훈련의 세 번째 단계

개별 슈퍼비전에 대한 설명 및 필요조건

학생은 적어도 매주 두 명의 개인 환자와 두 개의 집단을 담당하도록 요구받을 것이다. 학생은 직접 내담자를 섭외할 수도 있고, 슈퍼바이저가 내담자를 제공할 수도 있다. 학생의 관심과 치료받을 내담자가 존재하느냐에 따라 어떤 내담자도 대상자가 될 수 있다. AMT 모델이 심지어 언어적 능력이 없거나 중도 발달지체를 가진 내담자를 포함한 대부분의 대상자에게 적용 가능하기 때문에, 그들이 슈퍼비전을 받을 때 대상자가 되는 내담자를 선택하는 것은 학생에게 달려 있다. 학생은 개별 슈퍼비전을 1년 동안 받아야 하고, 훈련 초반에 학생 수준에 따라 연장될 수도 있다.

이 부분의 훈련에서 슈퍼비전 세션은 1시간 동안 지속되기 때문에, 학생이 가지고 오는 다양한 요구와 쟁점에 초점을 맞출 수 있는 시간은 많아질 것이다. IMT에서 배울 수 있는 기술에 관해 이미 언급했던 것도 개별과 집단 슈퍼비전에서 다루어질 수 있다. 우리는 IMT에서 다루었던 영역 안에서 정제되고 지속적으로 성장한다.

슈퍼바이저의 역할은 다양하고 IMT 슈퍼비전에서보다 덜 능동적이다. 나는 음악치료사로서 나의 기술을 사용하는 것과 교사로서 사용하는 것 사이를 오르내리는 나 자신을 경험한다.

학생은 슈퍼비전에서 지금 발생하는 것 혹은 발생하지 않는 것에 대해 더 많은 책임을 져야 한다. 나는 슈퍼비전을 정각에 마치는 것이 우리의 공동 책임임을 확실하게 한다.

통찰과 전문가적 성숙을 촉진하기 위하여 임상자료와 관련된 여러 현상 가운데 역전이가 음악 내부와 외부에서 다루어질 것이기에, 임상 음악치료와 임상 슈퍼비전 사이 회색지대에서 거취를 분명히 하지 않는 세션이 이런 슈퍼비전 형식에서 존재할 수 있다. 잠재적인 역전이 쟁점을 자각하거나 인지한 시점에서 멈추게 하는 것이 슈퍼바이저의 임무다. 슈퍼바이저는 수련생의 행동을 유발했던 과거의 관련 경험을 계속 탐구하도록 권유하지 않는다. 이러한 쟁점은 개인치료에서 더욱 탐구되어야 한다.

Dvorkin은 이 영역에 대한 자신의 경험을 다음과 같이 기술하였다. "슈퍼비전과 치료의 경계는 기법의 유사함 때문에 매우 얇으며, 치료사 자신의 미해결 쟁점의 거대한 효과가 임상에 영향을 미칠 수 있다."(1999, p. 278)

창조적 예술치료 분야의 숙련된 치료사이자 훈련가, 교육가, 그리고 슈퍼바이저인 Arthur Robbins는 전이와 역전이 의사소통에서 창조적 예술치료사 학생 훈련의 중요성을 다음과 같이 기술하였다. "전이와 역전이에 대한 학습은 학생이 전문가적 발달의 후기 단계로 들어설 때까지 간과할 수 없다. 치료기법의 근본은 때로 치료사의 강렬한 정서적 반응에 의해 타협된다. 예술작품을 통해 이런 반응을 다루는 기회가 제공될 때, 학습에 대한 장애물이 제거되고 예술가/치료사가 치료과정을 더욱 깊이 이해하도록 한다."(1994, p. xii)

음악치료사에게서 기인한 역전이 반응은 만약 그 역전이가 내담자의 치료에 방해가 된다면 슈퍼비전에서 음악적으로뿐 아니라 언어적으로 처리된다.

슈퍼비전 세션에서 우리는 일차적이고 이차적인 과정 사고 사이의 지속적인 진동으로 묘사되는 과정으로 들어간다. 일차적 과정 사고는 우뇌에 의해 조절되고 전의식의 법칙에 의해 지배된다. 이는 대부분 세션의 음악적 부분에서 나타난다. 이차적 과정 사고는 좌뇌에 의해 조절되고 보다 논리적이고 의식적인 사고에 의해 지배된다. 이는 대부분 세션의 언어적 부분에서 나타난다.

목적은 양측 두뇌의 통합을 성취하는 것이다. 이것은 또한 우리의 내담자와 세션에서 겪는 과정을 반영한다.

슈퍼비전 단계는 다음과 같은 형식을 취한다.

- 슈퍼바이저가 다루기 원하는 쟁점 확인. 이것은 말로 혹은 음악 안에서 표현될 수 있다. 만약 수련생이 준비되지 않았거나 어디서부터 시작해야 할지

모른다면, 나는 수련생 혼자 혹은 나와 함께 즉흥연주를 하고 무엇이 나타나는지를 감지하도록 제안한다. 만약 수련생이 준비되었다면, 그/그녀는 녹음 또는 녹화한 자료를 슈퍼비전 시간에 제시하게 될 것이다. 내담자의 진단명, 약력, 목적, 목표, 세션 수, 내담자 수와 같은 특정 인적 자료를 나에게 이야기할 수 있다. 여기서 초점이 내담자에게 있는지, 수련생에게 있는지, 아니면 둘 다에게 있는지를 명확히 한다. 만약 초점이 내담자라면, 우리는 어떤 접근이 내담자의 필요와 목적에 적절한지를 규명하기 위해 언어적으로 출발할 수 있다. 다음과 같은 질문이 제기될 수 있다. 자기 자신(반사하기, 자기 승인)에게, 추동(통제/통제 불능)에, 행동수정에, 영적 측면에, 혹은 실제 신체적 기술(말, 동작)에 초점을 맞출 필요가 있을까? 아니면 대상관계 접근이 더 적절할까? 지금 내담자는 어떤 발달 단계 혹은 어떤 신체적/심리적 요구를 가지고 있는가?

- 이전 단계에서 나타났던 쟁점/기법에 대한 음악적 촉진과 탐구
- 이전 단계에서 나타났던 것에 대한 언어적 통합과 설명
- 세션에서 음악 내부와 외부에 있는 잠재적 병행과정(음악치료사와 함께 하는 내담자의 행동이 때로 슈퍼바이저와 함께 하는 음악치료사의 행동에서 재현됨) 확인

음악의 역할

음악은 개별 슈퍼비전에서 다양한 역할을 할 수 있다. 무엇보다도 음악은 제시된 쟁점에 대한 설명과 통찰의 도구로 사용될 수 있다.

- 수련생이 내담자가 세션에서 노래하고 연주했던 것을 음악적으로 재생산할 수 있다면 음악 역전이, 방어, 저항, 투사적 동일시, 음악 전이를 설명하기 위해 사용될 수 있다.
- 수련생이 내담자와의 상호작용에서 자기 자신을 연결하는 방법을 반영하기 위해 사용될 수 있다.

- 수련생의 음악 목록이나 즉흥연주의 축적을 늘리기 위해 사용될 수 있다.
- 수련생이 자신의 창조성에 연결하도록 돕기 위해 사용될 수 있다.
- 수련생이 소진의 위험에 처할 때 스트레스 감소의 목적으로 사용될 수 있다.
- 만약 어떤 이유에 대한 의사소통이 방해받거나 명확하지 않다면 수련생과 슈퍼바이저 간의 연결을 확립하기 위해 사용될 수 있다.
- 세션에서 발생하는 병행과정을 규명하기 위해 사용될 수 있다.
- 이러한 요구가 있을 때 무의식적 연상을 의식적 수준으로 끌어올리기 위해 일반적으로 사용될 수 있다. (예를 들어, 연주/노래에 대한 저항같이 내담자나 음악치료사의 입장에서 저항이 있을 때 이러한 방식의 음악 사용은 매우 도움을 줄 수 있다.)

개별 슈퍼비전 과정의 단계

슈퍼비전 과정은 성장하는 아동의 압축된 개별화 과정으로 비유될 수 있다.

단계 I: 조율하기 및 서로 알아가기

슈퍼바이저와 수련생은 말과 음악을 통해 관계를 형성하고, 서로 알게 되며, 계약의 내용을 알게 되기 시작한다. 여기서 음악적, 언어적, 이론적인 학생의 강점과 약점에 대한 진단평가가 이루어지고 미래를 위한 목적과 목표가 정해진다. 수련생은 슈퍼비전을 받고 자료를 제시하는 일상으로 들어간다. 슈퍼바이저의 역할은 부모나 권위자와 같고, 때로 구조와 방향에 대한 요구가 나타난다. 가르침과 지원이 핵심어다. 수련생은 때로 어느 정도 슈퍼바이저에게 의존하고 이를 기대한다. 수련생이 AMT의 기초 개념에 대해 배우고 있을 때, 슈퍼바이저는 때로 담는 용기로서의 역할을 감당한다.

단계 II: 기술과 개인적 성숙에 대한 훈련

수련생은 음악적이고 언어적인 기술을 훈련한다. 많은 음악치료사 학생이 음악적 의사소통 및 상호작용과 관련된 언어적 기술에 대한 훈련을 받지 못했기 때문에 때로 언어기술의 향상이 많이 요구된다. 또한 음악적, 언어적, 이론적 기술을 통합하는 훈련이 이루어진다. 슈퍼바이저와 수련생 간 관계 쟁점이 나타날 수 있고 음악적 · 언어적으로 다루어질 수 있다. 이것은 전이, 역전이, 저항, 투사, 공명의 영역에서 작업과 지식의 성취가 시작되었음을 의미한다. 수련생의 자세는 단계 I에서 덜 의존적이다. 때로 수련생은 능동적 그리고 수동적 양극 사이를 움직이는 변동적인 요구를 가진다. 시작되는 음악치료적 AMT 정체성과 양식을 위한 씨앗이 놓인다. 슈퍼바이저는 실수하고 이를 통해 배우도록 '허가한다'.

단계 III: AMT 정체성과 개인적 양식을 발전시키기: 시작되는 분리

정체성과 양식은 이제 조금씩 나타날 것이고, 슈퍼바이저는 수련생을 위해 성숙과 자신감을 촉진할 것이다. 슈퍼바이저는 수련생에게 더 많은 것을 허용하고, 이 단계에서 그/그녀는 이 작업에서 자기 자신만의 권위 통합에 대한 쟁점을 다루게 된다. 슈퍼바이저와 수련생의 관계는 시험되고, 갈등이 유발되며, 서로 간의 전이와 역전이가 확인되고 다루어질 수 있다. 수련생의 임무는 AMT 임상의 근본 기반을 보여 주기 시작하는 것이다. 기술 발달과 개인적 발달의 목적은 재평가된다. 이 시기에 슈퍼바이저는 진보나 필요 영역을 지속적으로 평가한다. 슈퍼바이저는 수련생이 슈퍼비전 세션에서 다양한 음악적 · 언어적 기법에 노출되도록 한다. 슈퍼바이저는 슈퍼비전에서 보다 도전을 주는 자세를 취한다.

단계 IV: AMT 정체성과 양식을 견고히 하기: 종결

이 단계에서 수련생은 때로 슈퍼바이저의 생각과 가치를 거부할 수 있으며(부모를 어렵게 하는 10대처럼), 주도권의 갈등이 세션에서 나타날 수 있다. 슈퍼바이저는 수련생의 자율성을 지지하고 단순한 슈퍼바이저/수련생 관계에 있기보다는 동료로서 느끼는 순간이 있다. 면밀한 종결과정이 음악적으로, 언어적으로,

정서적으로 다루어진다. 개별 내담자와 집단에 대한 이론적 사례연구가 적당한 녹화 및 녹음 자료와 함께 작성된다. 이 단계 말미에 수련생은 전문가적 음악치료 정체성에 대한 중심에 이르게 되며, 기법적 기술과 개인적 성숙이라는 목적은 만족된다. 슈퍼바이저와 수련생은 전체 슈퍼비전 과정을 평가할 것이다. 이 관계의 특징은 동료에 더욱 근접하게 된다. 수련생은 그 자신의 '내적 슈퍼바이저'를 발전시킨다.

임상 슈퍼비전 예시: "때로 나는 엄마 없는 아이같이 느낀다"

수련생의 배경

수련생 S는 29세로 학교 환경에서 3~7세의 발달지체 시각장애 아동을 1년 6개월 동안 치료해 왔다. 자신의 세션을 설명하기 전, 그녀는 내담자에게 접근하는 데 있어 되풀이되는 막힌 느낌에 관한 문제를 다루고 있었다. 우리는 음악을 통해 시각장애 아동인 것처럼 역할 연주를 했고 사용할 수 있는 다양한 기술을 생각해 내었다.

또 다른 주제는 다른 사람(교사, 인턴, 도우미, 부모)이 그녀를 관찰할 때 S가 음악적 효용성 측면에서 느끼는 불안감과 관련되었고, 우리는 이를 음악적으로 다룬 바 있다. 그동안 이것이 그녀가 막힌 느낌을 가지는 것을 방지하지 못했기에, 나는 무언가 더 깊은 전문적이고 개인적인 쟁점이 되풀이되는 현상의 뿌리에 존재하고 있다고 추측하게 되었다. 동시에 나는 아동이 향상되었고, 학교 심리치료사가 수련생의 치료에 감명받았으며, 수련생에게 인턴십을 제공했던 학교가 아주 만족하였다는 수련생의 긍정적 보고에 대해 당혹함을 느꼈다. 막힌 느낌에 관한 쟁점이 후속 세션에서 나타났을 때, 나는 우리가 이 복잡한 쟁점의 기저에 있는 정서적 쟁점을 보다 직접적으로 탐구하길 권했다.

그녀는 과거에 우울 패턴에 빠진 적이 있었으며 이것이 그 아동과의 음악치료 임상에서 자신이 느끼는 좌절감과 관련되었음을 말하기 시작했다. 그녀는 교실에서 도움을 거의 받지 못하였다. 또한 그녀의 기술이 효과적이지 못하다고 느끼거나 즉흥연주와 아동을 다루는 것이 그녀의 통제를 벗어났다고 느꼈을 때 막혔다고 느꼈다. 그녀는 아무것도 효과가 없어 보이는 매우 혼란한 세션을 가졌다. 그녀는 '세션이 끔찍했다'고 언급했다. 그녀는 그 기관에서 매우 외로웠고, 그곳에서 유일한 음악치료사였으며, 대부분 교사로 이루어진 스태프의 도움을 거의 받지 못했다. 아무도 그녀를 들어주지 않았다. 이것은 그녀가 초급 수준에 있으며 능숙한 숙련자 수준의 임상가가 아니라고 느끼게 했다. 그녀는 "나는 약간 막힌 것 같아요."라고 말했다.

그녀는 또한 자신의 결혼에도 막힌 느낌을 가졌다. 나는 그녀가 '함께 막혀 있음'이라는 주제에 대해 즉흥연주를 하도록 권했다. 필요하다면 나는 음악 안에서 강화하고 지원할 것이다. 나는 할 수 있는 한 그녀가 막힌 느낌 속에서 머물며 벗어날 길을 의식적으로 찾지 않도록 격려했다. 또한 그녀의 목소리를 사용하도록 격려했다. 그녀는 "방어가 나타나며 그것이 나를 어렵게 할 것 같아요!"라고 말했다.

이 음악

S는 피아노 치기를 선택했다. 조성음악과 무조 사이에서 조성은 움직인다. 음은 서로 연결되지 못하는 것 같다. 이는 마치 그것들이 서로 듣지 않는 것과 같다. 그녀는 모든 음역을 사용했다. 리듬은 행진곡풍의 1-2-걷기-리듬의 음악을 유지하는 구조적 요소다. 그것은 마치 구체적 방향 없이 한 곳에서 움직이는 행진 로봇과 같이 들린다. 그녀는 소리를 충돌시키는 것을 즐기면서 피아노를 치는 아이와 같이 보인다. 템포는 빠른 편으로 중간 정도의 음량에 많은 변화는 없다.

나는 큰 심벌즈에서 리듬을 뒷받침했다(반사하기). 연주하면서 나는 어디로 향하는지 모르면서 군대에서 행진하는 것 같은 기분을 느끼려 한다. 나는 이런 자세에서 제한됨과 막힘을 느낀다.

잠시 후 S는 베이스 음역으로 내려가서 단조로운 리듬을 유지하면서 오랜 시간 그곳에 머무른다. 나는 S에게 "당신은 지금 어디 있나요?"라고 노래한다(확인하기). 그녀는 “나는 외로워요. 나는 말할 동료가 없다고 느껴요. 나는 너무 외로워요.” 라고 노래로 답한다. 나는 같은 조성과 선율을 사용해 “나는 너무 외로워요.” 라고 노래로 답한다(반사하기).

그녀는 큰 소리로 폭발적인 무조의 리듬 없는 극적 분출을 한다(분노?). 나는 그녀의 음량과 강도를 지지한다. 이어서 음악은 느려지면서 조용해지고, 그녀는 연주를 멈춘다. 5분 동안의 긴 휴지가 있다.

쉬는 동안 나는 화난, 어찌할 바 모르는, 그리고 꼼짝 못하는 어린 소녀가 앉아 있는 느낌을 가진다. 나는 그녀가 어린 소녀였을 때 외로웠고 꼼짝 못했는지를 묻는다(언어적 중재). S는 “인형을 가져와.” 라고 대답한다.

이어 나는 “음악 안에서 당신을 지탱하고 평안하게 할 방법이 있나요?” 라고 묻는다(음악적 중재). 짧은 침묵 후, S는 내담자의 의자에 가서 앉으며 아주 작은 소리로 허밍하기 시작하며 단조로 된 짧은 선율의 음악을 연주한다.

나는 기타를 가져와 한 번에 한 현만을 사용해 반주하며 선율의 조성에 음을 맞춘다(음악적 중재). S는 블루스풍으로 노래하며 슬픈 블루스 노래가 우리의 음악에 나타난다. S는 “나는 너무 외로워요.” 라고 노래한다. 그녀의 목소리는 몇 차례 글리산도를 하며 미끄러진다. 여기서 그녀가 반 울음으로 불렀던 가사가 나타난다. “때로 나는 엄마 없는 아이 같아요, 때로 나는 엄마 없는 아이 같아요, 외로운, 외로운, 외로운, 집 떠난 아이.” 그녀는 잘 알려진 노래인 ‘때로 나는 엄마 없는 아이 같아요’ 를 변주하며 그녀 자신만의 가사를 덧붙여 노래한다. 나는 그녀가 노래를 멈출 때까지 기타로 단조 화성을 사용해 조심스럽게 반주한다.

음악에 대한 언어적 처리과정에서 S는 그녀의 임상 상황에서의 외로움, 외로움의 전이와 아이의 분노에 대해 이야기한다. 이런 외로움은 그녀 자신의 외로움과 분노를 강화한다. 그녀는 관계 안에서 외로움과 가족에게 이해받지 못하는 느낌을 언급한다. 불안정과 능력 없음에 대한 느낌이 떠나간다. 심지어 슈퍼바이저로서 나도 때때로 그러하며(병행과정), 이에 대해 우리는 이야기를 나눈다. 나는 그녀가 이전 세션에서 나에 대한 분노를 감추었다고 느꼈기 때문에, 그녀가 결국 나에 대한 부정적 감정을 표현하게 되어 기쁘다. 즉흥연주에서 폭발적 자료를 가진 짧은 악절이 있었다. 아마 이 측면의 음악이 그녀가 분출하도록 하였을 것이다. S는 또한 즉흥연주에서 나타났던 관계가 끊어진 느낌에 대해 이야기하기 시작했다. 이런 느낌은 그녀의 가족과 관련하여 잘 알려진 것이다.

나는 아마 이런 꼼짝 못함과 우울의 감정이 그녀가 아동과 관계가 끊긴 느낌을 가질 때마다 분출되는 것 같다고 지적했다. 이어 그녀는 자신을 꼼짝 못하게 만드는 과거와 현재 삶에서 끊긴 부분을 상기할 것이다.

그녀는 음악적으로 자신을 양육하고 자극할 필요가 있음을 결국 깨달았다. 아마 그녀는 여름 수업으로 즉흥연주를 수강하고 남편과 내가 그녀를 듣고 경청하길 요구할 것이다. 그녀는 또한 다른 작업환경과 비교하여 보수가 낮음에 대한 느낌에 대해 이야기를 했다. 그녀는 떠났을 때 해방된 것처럼 보였다.

음악적 과정에 대한 반영

다음 슈퍼비전 세션에서 S는 그 노래('때로 나는 엄마 없는 아이 같아요')가 무의식적으로 그녀의 입으로 흘러나온 것이 얼마나 놀라웠는지에 대해 언급했다. 그녀는 그 세션에서 더욱 거침없는 과정에 거하는 것 같았다. 그녀는 자신의 직장에 보수 인상을 요구하였고, 그들이 거부하면 그녀에게 지불되는 보수만큼만 시간당 일할 것을 요구하는 것으로 자신의 작업환경을 개선할 것이라고 말했다.

따라서 이 음악은 꼼짝 못함의 감정 뒤 혹은 그 이면에 있는 것을 슈퍼비전에서 '벗겨 낼 수' 있도록 도움을 주었다. 우리는 '엄마 없는 아이' 라는 주제가 무의식에서 나올 때까지 꼼짝 않고 함께 앉아 있었다(내담자에 대한 개인 내적 그리고 상호주관적 역전이 반응). 덧붙여 그녀의 어머니가 그녀의 성장기에 좋은 양육 경험을 주지 못한 것 같다는 말이 수련생의 초기 세션에 언급된 바 있다.

슈퍼바이저가 선택한 악기와 반주에 관해서 말하자면, 나는 첫 즉흥연주에서 수련생을 반영하고 그녀에게 되돌아가도록 큰 심벌즈를 가지고 리듬, 음량, 에너지 수준을 뒷받침하는 반주를 했다. 이 음악은 움직이지 않는 것 같았지만 완전히 움직임이 없는 것은 아니었으며 그녀를 반영하는 중요한 역할을 했다. 그곳에는 표면으로 드러날 가능성을 가지고 있었던 억압된 분노의 특질이 기저에 깔려 있었으며, 이는 결국 얼마 지나지 않아 드러났다.

두 번째 즉흥연주에서 나는 S의 주 악기인 기타로 반주하길 선택했다. 그녀는 자신의 치료 작업에서 주로 목소리와 기타를 사용한다. 나는 이 악기가 그녀에게 침입받는 느낌 없이 들리며 포용받음의 느낌을 가지게 한다고 생각했다. 나는 개방 현에서 간단하게 반주하였기 때문에 S가 성악적으로 탐구할 충분한 여지가 만들어졌다.

우리는 이야기를 나눔으로써 통찰에 도달했을 수도 있지만, 나는 음악이 창조적인 방식으로 통찰을 얻게 하는 과정을 촉진했다. 이것은 자신을 감동시키고 때로 놀라게 하며, 마치 순수하게 지적인 방식에서 인도된 것이 아니라 예술적 과정에서부터 발생할 때 지식을 흡수하는 것이 더 쉬운 것처럼 보인다는 사실을 경험하게 한다. 수련생은 세션에서 보였던 슈퍼바이저의 음악적이고 언어적인 중재를 통해 간접적으로 음악치료 기법을 전수받았다.

집단 슈퍼비전의 형태 및 설명

집단 슈퍼비전 세션은 4~5명의 수련생으로 구성되며 1시간 동안 진행된다. 집단은 숙련된 AMT 집단 슈퍼바이저에 의해 인도된다. 학생은 적어도 1년 동안 집단 슈퍼비전을 받는다. 훈련의 말미에 학생은 집단 슈퍼바이저와 집단 구성원의 평가를 받으며 자기평가를 실시할 것이다.

그들이 누구와 작업할지, 또 어떤 식으로 제시된 자료를 음악적으로 작업할지는 개별 집단 구성원이 선택한다. 슈퍼바이저는 세션의 음악적 부분 동안 연주할지 말지를 결정할 수 있다. 주어진 시간 동안 무엇을 해야 할지에 대한 정해진 규칙은 없다. 만약 임상자료를 가지고 온 사람이 정확히 나타나지 않았다면, 집단은 누가 가장 큰 요구를 가지고 있는지를 감지해야 한다. 때로 집단이나 집단 구성원은 어떤 언어적 접촉 없이 연주로 세션을 시작하기도 한다. 즉흥연주에 이어 언어적 과정이 뒤따른다. 개별 슈퍼비전의 실제적 세션에서 나타난 다양한 단계를 설명하는 모델이 집단 슈퍼비전에서 동일하게 적용된다.

집단 슈퍼비전의 목적 중 하나는 각 집단 구성원이 대표하는 다양한 이론적 및 정서적 쟁점, 접근 및 방법을 탐구하고 교환하며 고찰하는 것이다. 각자는 어떤 문제를 다른 식으로 다루기도 하며, 다른 구성원이 알지 못하는 음악치료적 기법을 사용하기도 한다. 이 과정의 중요한 부분은 집단의 정서적이고 인지적인 피드백이다.

일반적으로 훈련은 수련생의 전문가적, 개인적, 그리고 사회적 역량에 초점을 맞춘다. 음악치료사의 음악적(예, 즉흥연주적 융통성, 음악 안에서의 의미) 및 언어적 기술에 대한 훈련은 슈퍼비전에서 많은 부분을 차지한다.

슈퍼바이저 역할

슈퍼바이저는 이 작업에서 다양한 역할을 수행한다.

- 수련생이 서로 간 그리고 슈퍼바이저를 통해 학습할 수 있는 따뜻하고 무비판적이며 수용적인 분위기 촉진하기. 이러한 슈퍼비전의 성숙 매트릭스 안에서 핵심 영역은 다양하며 다음 사항을 포함한다. 공감과 정서적 지지, 새로운 기법을 시도하는 장소, 통찰과 의미의 자각, 연결, 공명, 청취기술 및 관찰기술 훈련, 창조적 배터리의 재충전, 자신만의 음악치료적 정체성 강화, 네트워킹, 동맹에 대한 경험, 강점과 제한점에 대한 경험, 정서적 표현성, 읽고 실행하며 기록하는 것에 고무되기, 다양한 유형의 음악을 들을 수 있는 장소, 자기 촉진 지지, 웰빙 지지(소진을 피하기 위한), 전의식적이고 의식적인 제시된 자료에 대한 개방성 훈련
- 집단의 인도자와 집단과정의 안내자 되기. 집단과정에 어떤 일이 일어나고 있는지를 진단하고 그것을 실제 제시된 자료와 연결하기
- 시간관리 책임지기
- 학습에 대한 저항을 알아차리고 이를 다루기

- 제시된 자료가 음악 안에서 여러 방식으로 처리되도록 촉진하기. 이것은 즉흥연주 주제나 규칙을 형성하도록 도울 수 있다.
- 음악적이고 언어적인 과정 간의 통합 촉진하기
- 집단 구성원에게 명확하지 않은 쟁점이 있다면 그것이 무엇인지를 규명하도록 지원하기
- 수련생을 위한 처치나 치료가 아닌 슈퍼비전의 목적을 유지하도록 돕기
- 즉흥연주에서 음악적 안내자 되기
- 연주되고 검토된 음악을 분석하도록 돕기(세션에서 녹음/녹화된 즉흥연주 음악)

이런 집단의 역할은 기본적으로 자료가 음악적, 신체적 및 언어적 상호작용을 통해 창조적으로 제시되고 탐구될 수 있는 용기 혹은 수용하는 환경이다.

Arthur Robbins(1988)는 혼합 창조적 예술치료사의 슈퍼비전 집단에 대해 기술하고 있다. 그는 집단의 개념을 AMT 슈퍼비전에서 사용하던 방식과 일치하게 용기라고 이야기한다. "집단은 구성원이 전이/역전이 안에서 발생하는 수많은 감정을 투사하고 구체화하며 고찰하도록 그의 능력을 확장하려는 제시자의 시도를 지지한다는 측면에서 '용기'가 된다. 이러한 '수용'은 치료사가 내담자의 원초적 정서적 상태와 맞붙어 싸우면서 작업하는 환경에서 가질 수 있는 거대한 긴장에 따르는 불안감을 중화하도록 돕는다."(p. 17) 이런 집단에 속한 구성원은 시간이 지나면서 서로 간의 강한 유대감을 발전시키게 된다.

음악의 역할

앞서 언급했던 음악의 역할에 덧붙여 다음 사항이 첨가될 수 있다.

- 수련생의 음악 및 수련생의 내담자의 음악 청취와 관련하여 각 수련생이 다양한 유형의 음악적 표현성과 즉흥연주적 융통성을 경험하도록 도울 수 있

다. 수련생이 그/그녀의 음악적 언어와 표현성에 고착되지 않도록 도울 수 있다.

- 내담자와 다른 수련생의 음악을 분석하면서 경청하는 것은 수련생이 음악이 가지는 다수의 혹은 특정 의미에 대한 이해를 확장하도록 도울 수 있다. 음악은 정보에 근거한 음악적 분석과 관련하여 맥락화되고 해석된다.
- 제시된 음악을 경청함으로써 수련생은 내담자의 음악에 반응하기 위한 많은 기술을 축적할 수 있다.
- 수련생의 세션에서 연주된 음악에 대한 다른 수련생의 반응을 통해 그/그녀는 자신이 기악적 · 성악적으로 어떤 무의식적인 음악적 수화물을 운반하는지에 대한 피드백을 받을 수 있다.
- 미리 작곡된 음악이 제시되거나 사용되는 경우, 수련생은 그/그녀의 음악적 목록을 확장할 수 있다.
- 집단 구성원이 처리하는 도구로서 음악을 함께 연주한다는 사실은 응집력, 진정성 및 집단 구성원 간의 더 깊은 수준의 친밀함을 창조한다.
- 음악은 집단 구성원 간에 문제가 있을 경우 그 해결을 촉진하기 위하여 사용될 수 있다.

기법

앞서 언급했던 AMT 기법 훈련 외에도 수련생은 제시된 쟁점에 대한 지식과 통찰을 촉진하는 데 도움이 되는 집단 음악 즉흥연주 기법을 간접적으로 경험할 것이다.

한 사람이 어떤 쟁점이나 문제를 제시한 후, 집단은 음악을 통해 도울 수 있는 방법을 논의할 것이다. 필요에 따라 사용할 수 있는 많은 기법이 있다.

- 문제 제기자가 어려움을 겪는 내담자의 음악적 초상을 연주한다. 나머지 집단 구성원은 음악치료사의 역할을 교대로 한다.

- 문제 제기자가 그/그녀의 역전이를 음악적으로 탐구하고, 집단은 음악적으로 표현과 탐구를 지지한다.
- 문제 제기자는 내담자의 음악이 담긴 테이프를 재생한다. 이 테이프를 청취한 후, 집단은 개별적으로 혹은 같이 내담자의 음악에 대해 음악적으로 반응한다.
- 집단 구성원은 내담자와의 문제, 주제, 혹은 쟁점을 제시한다. 남은 집단 구성원은 자신의 임상 실제에서 동일한 문제, 주제, 혹은 쟁점을 규명할 수 있다. 집단은 즉흥연주를 함께 연주하기 시작하고, 모든 사람이 준비되면 각 구성원은 특정 내담자를 떠올릴 때 발생하는 자신만의 특정 문제, 주제, 혹은 쟁점에 대한 즉흥연주를 솔로로 하기도 한다.
- 집단은 사전에 이야기를 나누지 않은 채 연주를 시작하며 어떤 자료가 즉흥연주를 통해 표면으로 드러나는지를 관찰한다.

임상적 슈퍼비전 예시

집단에 대한 설명

여기서 논의할 집단은 한 명의 남성 A와 3명의 여성 B, C, D의 총 4명의 수련생으로 구성되었고, 이들은 다양한 수준의 임상 경험을 가지고 있었다. 이 집단은 6개월간 함께하였으며 매주 만나고 있었다. 모든 집단 구성원은 매우 지적이며, 이 집단은 연주를 시작하기 전에 종종 많은 시간을 언어화 작업에 소요하였다.

수련생 A는 자신이 치료하고 있는 한 내담자가 가져온 쟁점에 접근하는 방식을 알지 못함에 대한 문제를 제기하고 있었다. 이 내담자는 21세의 총기싸움의 희생자로 양다리가 마비되었다. 이 세션에서 내담자는 마비 환자로서 여성을 즐겁게 해 줄 수 없는 자신이 어떻게 성적으로 매력적인 남자가 될 수 있는가라는 쟁점을 제기하였다. 이 쟁점은 내담자의 여자친구와 관계가 끝나려는 시점에 표면화되었다. 수련생은 내담자 내면의 상처를 느꼈지만 그의 다리는 단지 다리 이상의 의미가 있음을 말하기보다, 그의 다리가 단지 그를 이동하게 해 주는 교통수단일 뿐이라고 그를 위안하는 것을 선택했다. 이것은 수련생이나 내담자 모두에게 만족스러운 해답이 아닌 듯 보였다.

일본에서 온 또 다른 수련생 B는 신체적 상처를 가진 자신의 동양인 남성 내담자에 대해 이야기하기 시작했다. 내담자는 자신이 정상으로 다시 돌아갈 수 있다고 그녀가 생각하는지와 그녀가 자신을 자신의 모국으로 데리고 갈 수 있을지를 계속 물었다. 그녀는 동양 문화권에서 이런 감정에 대해 이야기하거나 직접적으로 보이는 것이 부적절하기 때문에 그 내담자에 대응하는 방법을 알지 못했다. 몇 명의 집단 구성원은 내담자가 그녀를 사랑하고 있음을 표현하는 것 같다고 B에게 말했다. 그녀는 "아니야! 아니야! 아니야! 아니야!" 라고 말했고, 그녀가 이런 주제에 대해 이야기하는 것을 불편하게 느낀다는 것이 확실해 보였다.

세 번째 수련생 C는 이 집단에서 치료사의 역할을 자주 맡았으며 B가 내담자의 이런 질문에 대해 무엇을 느끼는지 물었다. 그녀는 대답할 수 없었고 심지어 더욱 불편해 보였다.

슈퍼바이저로서 나는 이 시점에서 세 가지를 감지했다. 첫째, 이 집단은 지적 단계에서 진행될 수 있고 오랜 시간을 접근에 대해 논의하는 것으로 소요했는데, 이는 마치 그들이 음악 속으로 들어가는 중재를 방해하는 습관이 있는 것처럼 보였다. 둘째, 몇몇 집단 구성원은 신체적으로 상처가 있는 내담자를 치료할 때 야기되는 감정을 탐구할 필요가 있다. 셋째, 이런 느낌에 대해 이야기해야만 한다는 B의 압박감을 완화하는 것이 중요하다.

따라서 나는 각 집단 구성원이 일상적인 음악에 들어간 후에 그들의 작업에서 신체적으로 상처가 있는 특정 내담자에 대해 생각할 때 어떤 감정, 심상 및 음악이 유발되는지를 기악이나 성악 솔로로 표현하고 탐구하도록 권유하였다. 이렇게 함으로써 그들은 있을 수 있는 역전이와 공감할 수 있는 방식을 탐지할 수 있다.

이 집단은 이 제안을 좋은 아이디어라고 생각하였다. 각 구성원은 그들의 즉흥연주 대상이 될 내담자를 정하였다. 나는 필요하다면 음악적 지지자로서의 역할을 하였다.

이 음악

남성 수련생 A는 북 세트와 젬베를, B는 바이올린을, C는 프레임 북과 호른을, 그리고 D는 피아노를 선택하였다. 나는 심벌즈와 아코디언을 선택하였다.

시작 악구: 각 사람은 마치 그들이 다양한 감정의 특질로 가는 길을 찾는 것같이 음악적인 표현을 시도하는 듯 보였다. A는 전체 소리를 지배하였고, 그의 강렬한 북 연주는 다른 구성원의 연주 소리를 더 크게 만들었다. 이로써 그들은 서로 더 잘 들을 수 있었다. 나는 배경음악과 같이 아주 조용하게 B가 발전시키고 있는 바이올린 선율의 에너지와 음량에 맞추어 아코디언으로 선율을 연주했다. 나는 A와 C의 리듬에 맞추어 심벌즈를 침으로써 다른 구성원과도 연결을 맺었다.

참여자는 비교적 빨리 상호 간의 종결을 발견하는 듯 보였다. 여기에 약간의 멈춤이 있었다. 이어서 B는 장조의 약간 느린 속도로 구조화된 동양 민속 노래같이 들리는 바이올린 솔로를 시작하였다. 이 곡의 정서적 특징은 희망차고 뻗어나가는 듯했다. 이 음악은 높은 수준의 심미성을 보유하였다.

B에 이어 A는 젬베와 북 세트로 돌발적으로 크게 연주했는데, 처음에는 느린 속도였으나 곧 빨라지고 커졌다. 이 솔로의 앞부분은 명확한 리듬 구조가 있었지만 종반으로 가면서 점점 질서 없이 변하였다.

이어 수련생 D는 F장조의 피아노 솔로를 한 손으로 연주했다. 이 음악은 약간 경직되고 리듬이 없는 듯 보였지만 중간 정도의 음량, 특정 화성 진행 및 음악의 명확한 방향과 의도를 통해 강력하고 완강한 정체성을 전하였다.

이어 수련생 C는 음악적 한숨과 후회처럼 들리게 호른을 불고 노래하였다. 크고 통제되지 않은 돌발적인 북 연주가 뒤따랐다. 그녀는 거의 부서진 오래된 짐마차같이 삐걱거리는 소음처럼 딸랑이를 흔들면서 연주를 마쳤다. C의 모든 음악은 음악적으로 리듬이 없었고 선율, 음량 및 음색은 강력한 표현적 특질을 가지고 있었다.

모든 솔로는 비교적 압축되고 짧았다. C의 음악이 끝난 후 짧은 쉼이 있었다. 수련생 D는 오직 한 손만을 사용할 수 있는 자신의 내담자와 같이 연주해 보면서 깨닫게 된 내용을 이야기 나누면서 언어적 과정을 시작하였다. 악보 없이 연주함, 이런 능력의 장점과 단점, 그리고 그들 모두 스스로 연주를 배운 점과 같이 자신과 내담자의 공통점에 대해 말하였다. 그녀는 내담자의 선호 조성이자 연주 양식인 F장조의 확고한 조성 방향을 가진 연주를 통해 내담자의 단호함과 독립적이고자 하는 욕구에 접촉하였다. 그녀는 이런 연주 양식 안에서 그녀가 가질 것이라고 기대했던 좌절감이 아닌 자유를 발견했다는 데 놀랐다. 이것은 긍정적인 '생존자' 방식으로 신체적 상처를 감당하는 것처럼 보이는 그녀의 내담자 성격과 일치하였다. 내가 처한 상황에서 최선의 방법은 무엇인가?

이어 수련생 B는 그녀가 일본 노래를 바이올린으로 연주할지를 물었다. 그녀가 이전 즉흥연주에서 솔로로 연주했던 것과 유사한 듯 보였지만 이 노래에는 갈구하는 정서적 특질이 있는 것 같았다. 연주 후에 그녀는 이 노래를 연주하는 것이 매우 떨렸지만 그 이유는 모르겠다고 말했다. 나는 이 노래가 그녀에게 상징하는 것이 무엇인지를 물었고, 그녀는 그것이 자신과 자신의 내담자 고향에서 온 노래였다고 말했다. 이어 그녀는 이렇게 다른 동양 문화에서 온 내담자에 대한 강한 공감과 자신과 자신의 내담자가 서양 문화에 적응하기 위해 공통으로 마주쳤던 상처에 대해 이야기했다. 그녀는 또한 그가 그랬던 것같이 잃어버린 모국과 접촉했다.

수련생 A는 자신의 내담자의 상황을 상상하면서 그가 느낄 수 있었던 깊은 좌절과 분노를 북 연주를 통해 접촉하였음을 이야기했다. 집단은 내담자의 이런 감정에 공감하고 의사소통할 수 있는 음악치료사의 치료적 가치에 대해 이야기했다. 실제로 A는 그 내담자가 분노 조절에 문제가 있어 향후 세션에서 이를 다루어야만 했다.

수련생 C는 그녀가 현재 꼼짝 못하는 것같이 느끼는 말기 다발성 경화증 내담자를 공감하였다고 언급했다. 그녀는 연주를 통해 다양한 감정, 즉 호른에서 표현된 끝이 없음 및 희망 없음, 북에서 표현된 완고함, 그녀가 딸랑이를 연주했던 방식에서 표현된 자포자기의 감정에 접촉했다. 집단은 이런 감정의 일부는 C가 내담자에게 가질 수 있는 전이이며 일부는 C에서 기인한 역전이임을 규명하였다. 이 수련생은 내담자에게서 어떤 직접적인 언어적 혹은 비언어적 반응을 받지 못하기 때문에 무력감을 느꼈다. 한 집단으로서 음악적 전이와 역전이 역동을 함께 규명하면서, C는 막힌 것 같은 감정과 내담자와 홀로 있는 것 같은 느낌을 갖지 않도록 도움을 받은 것처럼 보였다. 그녀는 미래에 이런 정서적 특징을 담고 있는 연주와 노래, 그리고 즉흥연주를 통해 있을 수 있는 전이적 감정을 내담자에게 음악적으로 다시 반영하는 방법상의 아이디어를 갖게 되었다. 그녀는 또한 자신의 역전이인 막힌 느낌이 어떻게 특정 신체 상태(신체기능에 의한 포기 및 질병에 대한 분노)에 거하면서 내담자가 겪고 있는 것에 대한 정보의 부분적인 근원이 될 수 있는지를 깨닫게 되었다. 시간은 흘렀고, 우리는 이 시점에서 세션을 마쳤다.

음악과정에서의 반영

음악은 각 집단 구성원이 신체적 외상이 있는 자신의 내담자에게 각자의 방식대로 공감할 수 있도록 도왔던 것 같았다. 한 집단 구성원을 위한 음악 전이와 역전이에 대한 측면이 규명되고 나누어졌다.

이 세션에서 슈퍼바이저의 주된 역할은 집단이 음악 과정에 빠져들도록 돕는 것이었다. 나는 각 구성원이 신체적 외상이 있는 내담자에 대해 생각해 보도록 제안하길 선택했는데, 이것은 두 명의 구성원을 위한 주제가 된 것 같았다. 이런 훈련이 모든 집단 구성원에게 해당되도록 해서 A와 B가 과하게 주목받는다는 느낌을 갖지 않게 하였다.

한 집단 구성원이 B가 이런 어렵고 사사로운 질문을 하는 내담자에 대해 느끼는 감정에 대해 물었을 때, 나는 즉흥연주를 제안할 타이밍을 선택했다. B는 이전 세션에서 불편한 감정을 집단 구성원에게 말로 표현하는 것을 꺼렸는데, 이것은 일본의 문화적인 규범에 따르면 부적절한 것이다. 나는 음악 속으로 들어가는 것이 B가 보다 편안함을 느끼고 내담자에 대한 자신의 감정 표현과 내담자와의 관계 맺음을 촉진하도록 한다고 판단했다. 나는 또한 어떤 구성원은 또 다른 구성원을 위해 치료사 역할을 하고 싶은 유혹에 빠지는 것을 방지하길 원했다. 나는 이런 현상이 배움을 향한 저항을 촉진한다고 생각한다.

언어적 부분에 관한 나의 역할은 이 세션에서 적었다. 이는 음악이 정서적이고 인지적인 수준에서 경험을 개방했기에 그렇게 된 것 같다. 집단과정은 자연스럽게 언어적이고 음악적으로 흘러갔다. 강도의 수준은 신체적이고 심리적인 외상이라는 주제로 인해 매우 높은 편이었다.

음악적 부분에 관한 나의 역할은 B의 바이올린 연주에 화성을 넣었던 지원 외에는 적은 편이었다. 나는 모든 사람이 그/그녀의 과정으로 내적 · 외적으로 완전히 빠져드는 것을 음악 안에서 들을 수 있었기에 음악적으로 나서지 않았다. 이 시점의 집단과정에서 내가 매우 적극적이고 지시적이지 않았던 또 다른 이유가 있었다. 내가 간접적으로 집단 구성원이 리더십을 가질 것을 격려함으로써 그들은 나에게 덜 의존하게 되고 보다 독립적으로 기능할 수 있는 상태로 들어갈 수 있었다.

AMT 훈련 완료하기

만약 학생이 개별 음악치료, 집단 음악치료, IMT, 개별 슈퍼비전, 그리고 집단 음악치료 슈퍼비전을 포함한 AMT 훈련의 모든 훈련 단위를 마치면, 그/그녀가 AMT 임상을 할 수 있도록 인증받은 훈련된 AMT 음악치료사가 된다.

모든 학생은 그/그녀만의 속도대로 훈련을 받으며, 몇몇 학생에게는 이 장 앞부분에 언급된 네 가지 영역인 개인적 역량, 기술적 역량, 예술적 역량, 그리고 이론적 역량서 자신의 기술 수준에 따라 부족한 영역에 대한 추가훈련이 필요할 수도 있다.

AMT 자격증을 받은 후, AMT 음악치료사는 계속하여 매주 음악치료 슈퍼비전을 받도록 요구된다. 이런 유형의 슈퍼비전의 특징은 세션의 구체적 내용과 좀 더 폭넓은 요인을 고려하는 것 사이를 오가면서 그 순간의 필요에 따른 과정에 좀 더 집중된다. 사례 녹음 혹은 녹화 자료 또한 다루어진다.

종결부: 슈퍼비전 임재에 대한 마지막 이야기

21년 동안 수련생이었던 내 경험에 비추어, 나는 수련생을 훈련시키는 AMT 음악치료 슈퍼바이저가 전문가로서 보여 주어야 할 몇 가지 핵심 특질을 다음과 같이 요약하고자 한다.

- 수련생만의 학습과정에 존경 보이기
- 스타일과 초점을 수련생의 음악적/언어적 스타일 및 발달 단계에 맞추기
- 지속적이기
- 명확한 경계 가지기
- 제시된 음악적/언어적 자료분석에서 엄격한 주관성 발휘하기
- 임상적으로 경청하고 그/그녀만의 내적이고 외적인 음악 듣기
- 전문적 슈퍼비전을 기꺼이 받고 배우기
- 학생의 과정을 신뢰하고 밀어붙이지 않기
- 음악적이고 언어적인 용기 역할 감당하기
- 음악적이고 언어적으로 공감하기
- 실수 인정하기
- 이상화 및 전능 피하기
- 그/그녀의 작업 사랑하기
- 헌신하기
- 무비판적이기
- 다양한 대상과 작업하여 폭넓은 경험 가지기

이제 나는 나의 슈퍼바이저가 지난 9년 동안 수없이 이야기해 왔던 것을 반복하면서 이 장을 마치고자 한다. "잊지 마세요. 슈퍼바이저는 신이 아니랍니다."

참고문헌

Amir, D. (1999). Musical and verbal interventions in music therapy: A qualitative study. *Journal of Music Therapy, 36*(2), 144-175.

Bion, W. R. (1962). A theory of thinking. *International Journal of Psychoanalysis, 43*, 306-310.

Dvorkin, J. (1999). Psychoanalytically oriented music therapy supervision. In T. Wigram and J. De Backer (Eds.), *Clinical Applications of Music Therapy in Developmental Disability, Paediatrics and Neurology.* London: Jessica Kingsley Publishers.

Frohne-Hagemann, I. (1999). Integrative supervision for music therapists. In T. Wigram and J. De Backer (Eds.), *Clinical Applications of Music Therapy in Developmental Disability, Paediatrics and Neurology.* London: Jessica Kingsley Publishers.

Jensen, O. S. (1998). Psykoterapeutens autencitet—terapiens afgoerende led. *Psyke & Logos, 19*(1), 271-286.

Priestley, M. (1975). *Music Therapy in Action.* London: Constable.

Priestley, M. (1994). *Essays on Analytical Music Therapy.* Gilsum, NH: Barcelona Publishers.

Robbins, A. (1988). *Between Therapists.* New York: Human Sciences Press.

Robbins, A. (1994). *A Multi-Modal Approach to Creative Art Therapy.* London: Jessica Kingsley Publishers.

Robbins, A. (1998). *Therapeutic Presence.* London: Jessica Kingsley Publishers.

Scheiby, B. B., and Pedersen, I. N. (1999). Intermusic therapy in the training music therapy students. *Nordic Journal of Music Therapy, 8*(1), 59-72.

Wigram, T., De Backer, J., and Van Camp, J. (1999). Music therapy training. In T. Wigram, and J. De Backer (Eds.), *Clinical Applications of Music Therapy in Developmental Disability, Paediatrics and Neurology.* London: Jessica Kingsley Publishers.

제21장
BMGIM 슈퍼비전

개관

Bonny GIM(Bonny Method of Guided Imagery and Music: GIM)은 1972년 Helen Bonny가 메릴랜드 정신병리 연구소에서 음악치료사 겸 연구원으로 일하는 동안 창시하고 발전시킨 음악치료의 한 모델이다(Bonny, 1980). 그 이후로 Bonny는 이 작업을 발전시키고 보급하는 데에 매우 적극적으로 임해 왔다. 『음악치료 조망(Music Therapy Perspectives)』(1994)에 기고한 논문에서 그녀는 다음과 같이 쓰고 있다. "GIM은 인간중심, 초월적 경험, 내담자 중심을 추구한다. 음악은 심상과 함께 자극을 재생하면서 치료사 또는 치유자로서의 역할을 수행한다" (p. 70).

음악과 심상 협회(Association for Music and Imagery: AMI)는 GIM 훈련을 위한 기본적인 기준을 제공하고 있으며 적극적으로 격려하고 있다(AMI, 1999). AMI에서는 석사학위 또는 동등한 자격에 준하는 상위 훈련을 마칠 것을 요구하고

Madelaine Ventre, MS, MT-BC, FAMI
Director of the Creative Therapies Institute, Forestburgh, NY

있다. 현재 AMI에는 24명의 주 훈련가와 13개의 훈련 프로그램이 있다.[1] AMI가 인정하는 훈련을 수료한 펠로우는 미국, 호주, 캐나다, 덴마크, 독일, 아일랜드, 이탈리아, 멕시코, 뉴질랜드, 스웨덴, 영국 등지에서 훈련과정을 운영하고 있다.

도입

'슈퍼비전'이라는 단어를 듣거나 읽을 때 당신에게 가장 처음 떠오르는 단어는 어떤 것인가? 힘듦? 두려움? 불안? 짜증? 그렇다면 이런 말은 어떠한가? 도전! 지지! 성장! 재미! 자신이 받고 있는 슈퍼비전의 어떤 측면을 보는지, 슈퍼바이저가 누구인지, 그리고 임상 현장이나 내담자가 얼마나 새로운지에 따라 그렇게 말할 수도 있을 것이다. 이렇게 슈퍼비전의 양면을 떠올릴 때, 나는 슈퍼바이저가 내게 제공하는 것에 대해 존중하는 마음을 가지게 되었고, 내가 슈퍼바이저가 되었을 때에는 학생들에게 매우 큰 책임감을 가졌던 것 같다. 무엇보다도 이 두 가지 측면 중 나는 슈퍼비전이 도전과 지지, 그리고 성장을 자극하고 재미있는 요소를 가지고 있다는 측면을 강조하고 싶다. 아마도 이것은 GIM이 나의 주요 임상 분야이고 내가 이 일을 매우 사랑하기 때문일 수도 있다. 또 GIM 훈련생이 이미 특정 과정을 완수한 임상가이기 때문이기도 하며, 우리가 주 치료사로서 내담자와 무엇이든 어떠한 쟁점이든 다루는 것에 대해 책임감과 보람을 가지고 있기 때문이기도 하다. 혹은 GIM 치료사는 내담자가 자신의 삶의 균형과 에너지를 생성하기 위해 자신의 내면세계를 더 깊고 멀리 여행하도록 도전시키고 격려하기 때문일 수도 있겠다. 또는 GIM 훈련생[2]과 치료사, 그리고 슈퍼바이저가 그들 자신의 내면세계를 어떻게 탐험하고 느끼는지에 대해 잘 이해

1) 역주: 이 책이 처음 출판되었을 시기인 2000년 Association for Music Imagery 협회의 통계다. 이후 훈련기관 수와 훈련자 수가 지속적으로 증가하고 있는 추세다.

2) 역주: 이 역서에서 슈퍼비전을 받는 수혜자를 '수련생'으로 통일하기로 하였으나, 이 장에서는 수련생이 GIM 전문 훈련과정에 있는 음악치료사를 의미하므로 '훈련생(trainee)'으로 사용한다.

하려고 노력하기 때문일 수도 있다. 어쩌면 위의 모든 사항 또는 그 이상을 포함하고 있을 수도 있다. 확실한 것은 GIM 훈련과 전문적인 임상 작업에서 슈퍼비전이 필수적이며 매우 중요한 부분이라는 점이다. 다음에 이어지는 GIM 슈퍼비전 과정에 관한 설명은 창조적 치료 교육기관(Creatve Therapies Institute: CTI)에서 실행되었던 것을 바탕으로 하였다. 물론 AMI에서 GIM 훈련에 관한 최소한의 지침을 제공하고 있지만, 각각의 프로그램에는 훈련가마다 자신의 치료와 훈련 철학에 따라 조금씩 다른 부분이 강조되기도 한다. CTI에서는 치료 철학과 훈련을 완성하기 위해 AMI가 제공하는 기준[3]을 초월한 훈련 조건을 제시하고 있다.

CTI에서의 GIM 훈련 개관

GIM 훈련은 뉴욕 주의 캣스킬 마운틴스 아래에 있는 30에이커 규모의 창조적 치료와 예술 센터(Center for Creative Therapies and the Arts)에서 행해진다. 음악과 오디오, 비디오 장비를 이용할 수 있는 편안하고 안락한 공간에서 수업이 이루어진다. 수업 구성은 학생과 교수진의 일정에 따라 유동적이지만, 대부분 주말 혹은 4~5일 단위로 이루어진다. 강의실과 장비는 센터에서 제공된다. 많은 학생과 교수진은 적절한 수업의 강도와 휴식이 에너지를 유지하고 집중하는 데 필수적이라고 생각한다. 호수에서 수영하거나, 테니스를 치거나, 숲을 산책하거나, 편안한 침대에서 낮잠을 자는 것이 긴 하루 일정을 위해 에너지를 충전하는 데 도움이 된다.

입문과정은 센터뿐 아니라 근처에 있는 대학교에서도 제공된다. 집단 슈퍼비전은 센터에서 이루어지고 개별 슈퍼비전은 학생의 사무실에서 이루어진다. CTI에서의 훈련은 GIM이 심층적이고, 재구성적이고, 자아 초월적인 치료 형태

3) 역주: 이에 관한 추가 정보는 AMI(P.O. Box 4281, Blaine, WA 98231-4286)를 참조하도록 한다.

라는 철학에 근거한다. 왜냐하면 그것은 전체론적인 과정(holistic process)이고, 내담자 고유의 신체적, 심리적, 인지적, 사회적, 그리고 영적 영역을 탐구하는 것을 포함하기 때문이다. 이는 개인 내적, 대인관계적, 초월적인 관계의 맥락 안에서 나타나고 탐구된다. 또한 GIM은 주로 내담자의 주 치료 방법으로 사용되고 개인치료 환경에서 행해진다. 이러한 이유 때문에 GIM 훈련은 학생의 개인적이고 전문적인 성장을 요구하며 반드시 임상적, 음악적 훈련과 경험을 쌓은 후 훈련에 참여해야 한다.

3년의 훈련과정은 정신역동주의, 초월주의 이론과 임상, 연구, 그리고 이 외 GIM과 연관된 다른 기법으로 이루어진다. 이는 전개기술(processing technique), 신체 작업(bodywork), 그리고 특수 영역(specialty areas)이라는 3개의 큰 카테고리로 나뉜다. 훈련생은 GIM 개인치료를 계속해서 받아야 하며 GIM 임상훈련과 슈퍼비전은 필수적이다. 이어서 GIM에 대한 CTI 훈련 프로그램의 자세한 내용을 다룰 것이다. 이는 전반적인 훈련 프로그램의 필수항목과 슈퍼비전의 의미를 살펴보는 것에 도움이 될 것이다. 훈련과정에 대한 설명과 더불어 수업이나 필수 항목의 목적에 대해 언급하고자 한다.

선수 조건은 다음과 같다.

- 임상 관련 분야 석사학위와 석사학위 후 2년의 임상 경력: 이는 장래의 유망한 학생이 이론 공부 후에 한 단계 발전한 임상 이론과 경험을 갖게 한다. 이 단계의 많은 학생은 재교육적인 수준의 임상훈련을 하면서 이제 재구성적이고 초월적인 수준을 다루기를 원한다. 하지만 어떤 학생은 성인을 대상으로 하는 심도 있는 정신역동적이고 초월적인 치료가 필요하지 않은 대상이나 환경(예, 신체적으로 장애가 있는 아동)에서 일해 왔다. 내가 강력하게 추천하는 학생들은 적절한 임상훈련을 수행한 경우다. 이는 보수를 받고 할 수도 있고 무료로 할 수도 있다. 하지만 몇 년 동안 적절한 대상과 임상 경험을 쌓은 학사학위를 가지고 있는 학생이나 AMI에서 회원자격을 얻기 전에 임상 석사학위를 취득한 사람에게는 예외를 두기도 한다.

- 음악경험: 음악 역사, 음악 이론, 음악치료에 대한 공식적 혹은 비공식적 훈련을 말한다. 만약 학생이 음악치료사가 아니라면 독립적인 학습과 이해가 필요하다. 음악과 음악치료 기술은 CTI 훈련에 참여하는 데 필수적이다.
- GIM 입문과정: 대학교나 승인된 AMI 훈련 프로그램에서 30시간을 이수하는 코스다. 학생은 30시간 동안 GIM에 대한 개요를 얻게 된다. 이는 입문에 불과하다. 이 코스의 주요 목표는 학생이 GIM을 정의할 수 있고, 그들의 개인적인 작업에서 GIM을 치료로 선택할 수 있는 감각과 직업적으로 GIM을 수행할 수 있는지에 대한 판단력을 얻게 하는 것이다.
- 이전 훈련가의 추천서(GIM 입문과정)
- 5회의 GIM 개인 세션: 학생이 GIM 과정을 내담자의 입장에서 체험해 보고, GIM 입문과정의 목표를 달성하는 데 도움을 줄 것이다.
- 직무 책임보험: 보험은 직업적으로 필요하다. 입문하는 학생은 자신의 기관에 의해 보장을 받는다. GIM 학생은 슈퍼비전 하에서 개별치료 임상을 수행하며, 이때 책임보험에 가입해야 한다.
- 지원서와 면담: 이 과정은 내가 학생을 알 수 있는 기회가 된다. 그들의 개인적 · 교육적 · 직업적 배경, 이전의 GIM 경험, 왜 GIM을 공부하고 이 훈련과정을 선택했는지, 그들의 특별한 능력과 강점 및 GIM 작업에 필요한 관계, 그리고 GIM 치료사로서 무엇을 원하는지를 나눈다. 이는 또한 학생에게 자신을 알릴 기회가 되기도 한다. 이것은 심사과정에서 매우 중요한 부분이다. 훈련에는 집중적으로 3년이 걸리는데, 만약 학생/훈련 프로그램/교수진이 잘 맞지 않으면 모두가 고통스러워진다. GIM 훈련을 하고자 한다고 해서 모두가 훈련에 적합한 대상은 아니며, 반대로 그들 모두에게 GIM 훈련이 다 필요한 훈련이 아닐 수 있기 때문이다.

1년 차

훈련의 첫해는 교육, 선별, 진단, 평가 목적을 위한 모든 세션 구성에 대한 분석을 포함하여 첫 세션에 필요한 역동을 익히는 데에 집중된다. 미래의 유능한 학생에게 심사과정이 중요한 것처럼, 내담자에게도 선별과정은 중요하다. 만약 치료사가 내담자의 내력, 배경, 필요, 강점, 치료 목적, 추후 치료과정에 대해 신속히(한두 세션 안에) 충분한 혹은 적절한 정보를 획득하지 못하면, 최악의 경우 내담자에게 완전히 부적절한 세션이 될 수도 있다. GIM 과정은 열려 있는 성장과정(open growth exploration)이지만, 이것이 방향의 문제나 방향의 목표를 설정하는 데에 주의를 기울이지 않아도 된다는 뜻은 아니며, 더 나아가 치료사가 목표에 도달하기 위해 무엇이 필요하고 도움이 되는지에 대한 아무런 계획을 가지고 있지 않아도 된다는 것도 아니다. 훈련은 임상 경험과 이론이 융합되는 것에 초점을 둔다. 1년 차에 학생들은 다음과 같은 과목을 이수한다. 이 과정은 CTI, 인근의 음악치료 석사 프로그램, 사설 교육기관, 또는 숙련된 전문가와 연계하여 자기 학습을 수행하는 것으로 이루어진다.

- GIM 세션의 개별적인 구성 요소에 대한 자세한 탐구: 인테이크(intake), 스크리닝(screening and diagnostic), 프렐루드(prelude), 인덕션(induction), 음악, 포스트루드(postlude)[4]
- 음악과 사례 자료에 주안점을 두면서 초기 세션의 역동에 대한 세밀한 검토와 설명
- GIM에 사용되는 음악에 대한 집중적인 연구: 작곡자의 삶과 그 곡을 작곡한 시대에 대한 역사적 · 개인적 배경 스케치, 연주자와 지휘자의 태도와 지식 및 음악에 대한 감정, 총보의 음악적 분석, 이미지/임상적 분석(내담자 세션의)과 음악에 대한 전반적인 토의, 관찰과 일반화 및 GIM에서의 사용 가능성
- 심리치료 이론과 음악치료 간의 연계성

4) 역주: 이러한 명칭은 개념 설명이기보다는 특정 절차에 고유명사를 적용하여 통용되기 때문에 직/의역 대신 기존의 이름을 사용한다.

- 개인의 음악심리치료 이론 개발
- GIM과 관련된 다른 기법에 대한 연구: 훈련을 통한 만다라 작업과 저널링과 꿈 작업 등과 같은 상호 보완적인 기법, 신체 작업(예, 기치료, 지압, 약손요법, 마사지 등), 특수한 대상/치료환경 및 적용 작업(호스피스, 입원 환자, 집중치료, 학대, 신체 질병, 연구, 교수, 슈퍼비전 등)
- 개별훈련의 실용적인 요소에 대한 학습: 윤리와 직업적인 책임, 마케팅, 입문과정 워크숍 진행방법, 개인훈련을 확장하는 방법, 그리고 전문적이고 안전한 치료실을 설계하고 개설하는 방법

위의 과정과 더불어 학생들은 다음의 공통 필수과정을 이행해야 한다.

- GIM 개인 세션 15회
- 한두 명 이내의 내담자와 25회 세션(intake or initial)
- 개별세션 온사이트(on-site) 슈퍼비전 8회
- 집단 슈퍼비전 10회
- 사례연구 1회 발표

3년의 훈련과정 동안 65회의 개인 세션이 요구된다. 이는 학생이 그의 주된 치료방식으로 GIM을 활발하게(약 1개월에 2회 정도) 진행하도록 한다. 1년 차 훈련(25회의 내담자 세션)에서는 학생들에게 시작 단계에 필요한 GIM 기술을 훈련받도록 한다. 학생들은 슈퍼바이저, 학생, 그리고 내가 그들이 준비되었다고 합의하기 전까지는 장기적인 치료관계를 시작하지 않는다. 훈련 세션에서 만난 내담자가 이후 내담자로 연결되는 경우도 많다.

내담자 세션 3회에 약 1회의 비율로 행해지는 온사이트 슈퍼비전은 학생들의 '초보자 실수(beginner errors)' 를 바로잡아 그것이 고착화되는 것을 방지한다. 또한 학생들이 자신의 기술이 여전히 불확실하다고 생각할 때 지지감을 느낄 수 있도록 돕는다. 이러한 초심자의 실수는 내담자와 치료사, 그리고 장비의 배

치로 인해 악화되는 경우가 많다. 의자나 장비를 조금 옮겨 놓아도 내담자와 눈맞춤을 용이하게 할 수 있고, 내담자를 편안하게 이끌 수 있으며, 치료사가 필요한 장비를 손쉽게 다룰 수 있다. 내담자와 편하게 마주하고 장비를 잘 다룰 수 없게 되면, 초기 단계에서 내담자에게 귀 기울이고 음악을 고르는 것이 매우 힘든 일이 될 수 있다. 이 단계에서는 학생들의 사례에 대한 구두 발표를 북돋을 뿐 아니라 동료 슈퍼비전을 격려한다. 학생들은 이론을 실제에 적용하면서 오는 혼란과 의문점, 또는 개별 세션과 일반적인 임상에 이를 '어떻게' 적용할 것인지와 같은 질문을 집단에 할 수 있는 기회를 갖게 된다. 이러한 집단 슈퍼비전은 지지적이면서도 자주 흥미를 자극한다.

초기 세션에서의 두려운 점을 나눔으로써 우리가 치료사이면서 동시에 인간임을 생각하게 된다. CD를 플레이어에 넣는 것을 잊어버리거나, 재생 버튼 대신 일시 정지 버튼을 눌러 예상한 음악 대신 침묵이 흐르거나, 점진적인 이완 과정에서 특정 신체 부위를 잊어버리는 어리석은 실수가 바로 이러한 예다. 이러한 초심자의 실수는 쉽게 정정될 수 있고 우리가 보다 진지한 작업을 하는 데에 유머 감각을 유지할 수 있도록 한다.

25회 세션에 총 18회의 슈퍼비전은 다소 많은 것처럼 보이지만, 시작하는 단계에 있는 학생들에게 이러한 슈퍼비전은 입문 단계의 쟁점을 빨리 다룰 수 있는 기회를 제공하여 안전망과 같은 역할을 한다. 그럼으로써 더욱 깊은 단계의 GIM 작업을 계속할 수 있도록 한다. 이러한 슈퍼비전 세션은 또한 학생들이 어떠한 질문과 어려움 혹은 성공 스토리를 이야기할 수 있도록 하는 단단한 지지 기반을 제공한다.

2년 차

2년 차에 들어가기 위해서 학생들은 선행 과정과 공통 필수과정을 충분히 완수했다는 것을 입증해야 하고, 이전의 훈련가, 슈퍼바이저, 치료사에게 받은 추후 훈련에 대한 추천서를 제출해야 한다. 면담에서는 이 훈련 단계에 관련된 학생의 특정한 요구나 궁금증이 다루어진다. 그리고 이론 설명에 이어서 임상과 음악적 적용에 대한 학습 모델이 사용된다. 그러나 학생들이 더 복잡한 이론과 더 심화된 수준에서 작업하고 있기 때문에 그 이론은 2년 차에서 소개되고 적용은 3년 차에서 다루게 된다.

이 시기의 이론적인 내용은 치료적 관계와 과정의 역동에 중점을 둔다. 융 심리학과 초월주의 이론이 GIM과 연결하여 다루어진다. 신화, 원형, 문화, 종교, 영성, 그리고 발달 단계와 인식(자각)의 관련성이 분석된다. 학생들은 어떻게 자신과 자신의 내담자가 동화, 신화, 신과 여신, 상징, 원형, 종교적인 휴일과 풍습, 성격 유형 등에서 연관되어 있는지 알아보게 된다. GIM 윤리와 임상훈련의 기준도 다루어진다.

대부분의 학생이 자신의 석사 혹은 박사 훈련에서 심리치료와 음악심리치료의 기본 개념을 다루었다 할지라도 이 과정을 통해 그러한 개념이 GIM에서 어떻게 나타나고 작용하는지 학습한다. 2년 차에 요구되는 과정은 다음과 같다.

- 치료과정에서의 역동과 쟁점에 대한 탐구(예, 방어기제, 전이, 역전이 등과 같이 GIM 작업과 연관된 것)
- 특수한 분야와 특정한 문제, 쟁점, 대상, 치료환경에 대한 GIM 적용에 대한 연구
- GIM에서 사용되는 음악의 임상적인 분석과 적용에 대한 연구. GIM 사례연구는 음악과의 관계 형성에 특별히 초점을 두어 수행된다.
- 1년 차 때와 같이 GIM과 연관된 다른 기법에 대한 연구

학생들은 어느 대상에서나 발견되는 기본적인 문제나 쟁점뿐만 아니라 학생들이 전문적으로 관심을 갖는 대상이나 치료환경에 관한 것까지도 배워야 한다. 그리고 그 특정 분야에 특화된 GIM 전문가를 초빙하여 이 과정을 가르치도록 할 수 있다.

임상적이고 개별적인 공통 필수과정은 다음과 같다.

- GIM 개인 세션 25회
- 내담자 세션 50회
- 개별 슈퍼비전/상담 16회
- 집단 슈퍼비전 8회
- 음악 보고서 1회
- 사례연구 1회

3년 차

GIM 훈련 3년 차에 들어가면 훈련생은 GIM의 임상훈련에 활발히 임한다. 선행 과정과 공통 필수과정에 대한 충분한 전문성을 갖추고 있음을 증명할 추천서가 필요하다. 이 단계에서 면담은 최종 요구 조건과 전문적인 치료 방향에 집중된다. 훈련 내용은 다음과 같다.

- GIM 과정에 대한 심화된 연구, 특히 다양한 대상과 치료환경에서의 GIM 과정을 적용하는 방법에 대한 것
- GIM 개별치료 시 윤리적인 고려
- 연구기법
- GIM 작업에서 사용되는 음악에 대한 심화된 분석
- GIM과 연관된 제3의 기법에 대한 공부. 대상/치료환경 중심 혹은 관련 교수법, 슈퍼비전 또는 연구 기법과 방법 등 특수 분야에 대한 것

3년 차의 공통 필수과정은 다음과 같다.

- GIM 개인 세션 25회
- 개별 슈퍼비전 16회
- 집단 슈퍼비전 8회

- 내담자 세션 75회
- 음악 보고서 1회
- 연구 보고서 1회

이와 같이 슈퍼비전은 2~3회 세션에 1회 비율로 모든 훈련 단계에 포함된다.

슈퍼비전의 역할

GIM 훈련 프로그램에서 슈퍼비전은 매우 중요하다. 치료 작업에서 슈퍼비전은 훈련생이 이론과 실제를 연결하도록 격려하고, 전문가로서 그리고 개인으로서 가진 쟁점을 명료화해 주기 때문이다. 전문가로서 갖는 쟁점은 개별 또는 집단 슈퍼비전이나 지도(consultation)를 통해 추가로 다루어진다. 이는 개인으로서 갖는 쟁점이 자신의 GIM 세션 경험에서 다루어질 수 있기 때문이다.

GIM 슈퍼비전만이 갖는 고유한 특징은 훈련에 임하는 학생들이 이미 전문적인 임상가라는 점이다. 그들 중 대부분이 음악치료사이며, 다른 분야의 임상가도 있다. 그러므로 훈련생은 모두 임상적인 기술을 가진다. 훈련생은 이러한 기술로 충분히 임상을 할 수 있으나, 그 기술이 GIM에서 만나는 모든 내담자나 개별 치료환경, GIM 치료 형태나 방법에 적용되지는 않는다.

신체적인 장애를 가진 아동과 일하는 사회복지사의 경우가 바로 이러한 예다. 훈련의 역할, 특히 슈퍼비전의 역할은 이 훈련생이 기존의 임상적 기술을 연마하는 동시에 성인 외래 환자군이나 개별치료, GIM에서 음악의 역할에 대한 이해와 활용에 대한 지식을 갖도록 해야 한다.

슈퍼바이저

GIM 슈퍼비전을 더 잘 이해하기 위해서는 슈퍼바이저의 요건에 대해 간략히 살펴볼 필요가 있다. 슈퍼바이저는 AMI와 같은 공식적인 기구에서 인정받는 사람이어야 하며, 그러한 기관은 입문 수준의 GIM 임상에 필요한 최소한의 요건을 명시하고 있다. 더불어 CTI 슈퍼바이저는 임상 슈퍼바이저로서 최소 2년의 경험 외에도 GIM 훈련을 마친 후 최소 150회의 GIM 세션을 실행해야 한다. 슈퍼바이저는 슈퍼비전 회의에 참석해야 하는데, 회의란 현재 진행되고 있는 GIM 슈퍼비전에 관한 것 또는 주 훈련가와의 정규 미팅을 지칭한다.

CTI에서 슈퍼비전을 하고 있는 GIM 펠로우(fellow)는 훈련을 마친 후 50회의 GIM 세션을 받아야 하고 슈퍼비전 회의에 반드시 참석해야 한다. 이 회의에 참석하는 것은 훈련가 그리고 슈퍼바이저로서 질적인 측면은 물론 그 열정을 유지할 수 있도록 격려하기 때문에 매우 중요하다. 슈퍼비전 회의의 내용은 슈퍼바이저의 필요(needs) 또는 현재 그들이 가진 쟁점에 따라 다양할 수 있다. 슈퍼바이저로서 가지고 있는 일반적인 쟁점이나 슈퍼비전에서의 특정한 문제를 탐색할 수 있으며, 새로운 아이디어나 슈퍼비전의 이론과 실제에 관한 도움이 되는 정보를 얻기도 하고 동료와 지지감을 나누기도 한다.

주로 슈퍼비전 회의에서 논의되는 주제는 슈퍼비전에서 발생하는 특정 문제나 수련생에 관한 것, 슈퍼비전 스타일, 슈퍼비전에 필요한 기술, 각 훈련의 단계마다 학생들에게 요구되는 기술이나 숙련도, 치료윤리, 슈퍼비전 시 발생하는 전이나 역전이 문제, 각 훈련생의 요구와 개성에 따라 요청되는 슈퍼바이저의 기술이나 스타일, GIM 세션, 시간을 정하거나 세션 비를 책정하는 기준, 슈퍼바이저가 진행하는 세션에 대한 상호 슈퍼비전 등이다.

대체로 훈련생은 슈퍼비전을 예민하게 받아들인다. 이러한 불안을 완화하는 방법은 훈련생과 슈퍼바이저를 적절하게 연결해 주는 것이다. 둘 간의 의사소통이나 치료 스타일, 치료 대상에 따라 요구되는 치료기술 또는 특정한 이론을 다루는 기술(음악분석, 진단 등), 전이나 역전이의 발생, 시간적 · 장소적 배려 등이 이에 속한다. 슈퍼비전에서 가장 힘든 문제 중 하나는 슈퍼비전에서 다루어야 할 문제를 잘 이해하고 있음에도 상호 소통이 원활하지 않거나 미팅 시간을 정할 때 겪게 되는 어려움이다. 이렇게 발생할 수 있는 슈퍼비전에서의 문제점을 창조적으로 해결하면 시간 낭비를 피할 수 있다.

슈퍼비전의 형태

훈련생은 150회의 정규 GIM 세션을 진행하는 동안 40회의 온사이트 슈퍼비전과 26회의 집단 슈퍼비전을 받아야 한다. 그러므로 매 2~3회 세션에 1회의 비율로 슈퍼비전이 이루어진다고 할 수 있다. 이렇게 학생들은 자신의 세션 동안 지지감을 유지하면서 치료적인 대안에 대해 의논할 수 있는 기회를 얻으며 제기되는 문제를 다룰 수 있게 된다. 대부분의 학생은 초기 몇 회 온사이트 슈퍼비전 동안 자신이 어떤 대상을 주 임상 분야로 할지를 정하게 된다. 이 과정 동안 특정한 요구가 제기되면 훈련생과 슈퍼바이저, 그리고 주 훈련가가 상의하여 더 정통한 다른 슈퍼바이저에게 해당 대상의 슈퍼비전을 맡기는 등의 대안을 찾기도 한다. 훈련생의 세션 진행이 어느 정도 궤도에 오르면, 온사이트 슈퍼비전보다는 정기적인 지도로 옮겨 간다. 세션 지도는 전화로도 행해지며, 주로 전반적인 치료상의 질문이나 쟁점을 다룬다.

온사이트 슈퍼비전

온사이트 슈퍼비전은 대개 슈퍼바이저의 관찰하에 진행되는 세션을 다루며, 내담자-음악-치료사 관계에 보다 집중한다. 다루어지는 기술적 영역은 훈련생의 전반적인 행동, 세션의 구조, 면담 기술, 전치된 의식 상태(alterd state of consciousness: ASC)를 촉진하는 법, 음악의 사용, 안내(guiding)기술, 정상적인 의식 상태로 내담자를 인도하는 기술, 세션의 진행이나 마침에 관한 것이다.

이 밖에 전이, 역전이, 세션 기록이나 해석, 내담자 사정, 차기 세션의 목적과 목표의 설정, 치료사의 자기평가 등도 포함된다. 훈련생의 각 단계나 숙련도에 따라 슈퍼바이저는 하나의 영역을 집중적으로 다루고 다른 영역은 선택적으로 다루기도 한다. 온사이트 슈퍼비전 이후에 슈퍼바이저는 훈련생과 주 훈련가에게 이에 관한 보고서를 정리하여 보낸다.

훈련생이 일하는 장소와 실제 내담자가 있는 장소로 가서 온사이트 슈퍼비전을 하는 것은 매우 중요하다. 슈퍼바이저는 심화된 훈련을 위해 해당 훈련생의 훈련 단계에 따른 수준과 임상환경에 맞는 슈퍼비전의 정확한 계획을 가지고 임해야 한다. 임상은 예술인 동시에 과학이므로 실제 진행되는 세션에 가서 '바로 그 순간(in the moment)'에 적용되는 기술을 전수해 주어야 한다.

온사이트 슈퍼바이저는 세션에서 제시된 이미지의 맥락과 이에 따른 느낌을 다루게 된다. 그리고 내담자와 치료사가 상호적으로 소통하는 음악적 순간마다 슈퍼바이저는 충실히 함께해야 한다. 이러한 치료적 뉘앙스를 구체적으로 가르치는 것은 어려운 일이다. 훈련생과 내담자의 '바로 그 순간'에 슈퍼바이저는 대응해야 하기 때문에 이에 필요한 적절한 교수법을 지닌 사람이어야 한다.

그러면 GIM 훈련의 각 단계마다 슈퍼비전이 어떻게 이루어지는지에 대해 살펴보자. 이에는 각 단계에서 특정하게 나타나는 문제와 쟁점, 그리고 어떻게 슈퍼바이저가 그것을 다루는지가 포함된다.

첫 번째 온사이트 슈퍼비전에서 훈련생들은 가장 높은 긴장과 불안을 느낄 수 있다. 가급적으로 훈련 전에 슈퍼바이저와 GIM 치료사 간 미팅을 통해서 서로를 충분히 알 수 있는 기회를 갖게 되지만, 그럼에도 학생들에게 슈퍼바이저는 여전히 한없이 어려운 존재다. 시간 약속이나 세션 장소에 관한 문의를 위해 몇 번씩 확인하고 슈퍼바이저가 도착하는 시간에 대해서 수차례 질문이 오가기도 한다.

많은 경우 훈련생은 자신의 치료실을 운영하고 있지 않으며, 설사 하고 있다고 할지라고 그 경력이 비교적 짧다. 그렇다 보니 치료사와 내담자 간의 관계도 어색하지만, 제3자인 슈퍼바이저가 참석한 상황은 매우 불편하고 낯설게 느껴질 수밖에 없다. 주로 훈련생의 GIM 기술은 초보자 수준이며 이제야 첫 번째 또는 두 번째 풀세션을 진행하는 것일 것이다. 훈련생이 감당하는 그 자체만으로도 높이 평가해야 하는 상황이라고 할 수 있다.

자연스럽게 슈퍼비전의 주제에는 입문적인 내용도 포함된다. 훈련생은 내담자와의 라포(rapport)를 잘 형성했는가? 내담자에게 편안한 환경을 제공하였는가? 치료실은 효과적인 세션을 위해 잘 정돈되었는가? 세션에 필요한 장비나 도구는 적절하고도 전문적으로 제공되었는가? 훈련생은 새로운 내담자에게 GIM 세션과 세션의 형식에 대해 잘 설명하였는가? 초기 면담은 성공적으로 진행되었고, 이 과정에서 내담자를 편안하게 이끌면서도 충분한 정보를 도출했는가? 훈련생은 프렐루드에서 인덕션, 인덕션에서 음악, 음악에서 포스트루드로 잘 연결하였는가? 훈련생은 내담자와 음악에 집중하면서도 동시에 장비를 다루고 세션 기록을 잘 하였는가? 인덕션이 잘 이끌어졌는가? 음악은 적절하게 선택되었는가? 음악에서 포스트루드로 도출되는 과정은 효과적이었는가? 첫 번째 세션에 적합한 진행 과정과 자료를 이끌었는가? 그리고 다음 회기에 관한 약속을 정하는 등 세션 이외의 일도 잊지 않았는가? 나는 훈련가로서 슈퍼바이저에게 이 온사이트 슈퍼비전 세션이 첫 번째의 세션임을 상기시킨다. 비록 GIM 세션의 핵심에서 벗어났다 할지라도, 이제 '시작'이라는 점에 의의를 갖도록 한다.

초기 슈퍼비전 세션은 보통 1년 차 훈련과 병행되는 경우가 많으며, 훈련생의 전반적인 행동과 세션의 구조나 초기에 습득해야 할 기술에 초점을 둔다. 치료적 환경에서 즐거움이나 창조성을 이끌어 내지 못하는 성향의 훈련생은 초기 세션에서 물리적 환경 자체나 치료실이나 장비, 도구를 준비하는 것에 대해 불안감을 갖는다. 치료사 자신이나 내담자 모두를 위한 안정감을 창출하는 것, 편안한 공간을 만드는 것은 곧 신뢰와 라포를 발전시키는 한 방법이 될 수 있다.

한 예로, 처음 세션에서 한 훈련생은 음악적 영역(내담자를 만나기 위한 음악적 장비 및 치료사의 의자 등)을 잘 조성했다. 그럼에도 몇 가지 문제가 있었는데, 누웠을 때 내담자의 머리가 치료실 방문과 너무 가까웠고, CD 플레이어와 스피커가 반대편 책꽂이에 놓여 있었다. 이러한 환경에서 내담자는 누군가 방문을 두드리거나 방으로 들어올지 모른다고 느낄 수 있으며, 음악은 마치 복도에서 들어오는 것처럼 느낄 수 있기 때문에 안정감을 갖지 못한다. 치료사도 일어서지 않고는 장비를 다루고 음악을 조정하지 못하기 때문에 치료환경을 다시 점검해야 할 필요가 있다. 다음 회기의 원활하고 안전한 세션 진행을 위해 나는 내담자의 위치와 장비의 배치를 조정할 것을 제안하였다.

초기 세션에서는 내담자에게 GIM 세션과 진행 방법에 대해 충분히 알려 주어야 한다. 내담자에게는 약 2시간의 세션 여정, 전치된 의식 상태, 음악적 심상, 그리고 GIM 세션 형식 자체가 새로운 경험일 것이다. 치료사는 이에 관한 설명을 제공할 필요가 있으며, 내담자가 가지고 있는 궁금함에 대해 답해 주어야 한다. 내담자가 쉽게 이해할 수 있도록 훈련생은 직접 그렇게 말하는 것도 연습해야 한다. 슈퍼바이저와 역할연기(role-palying)를 해 보는 것도 매우 도움이 된다. 면담 기술을 슈퍼비전 하는 것은 특히 언어적 상담이나 면담 기술을 훈련받지 않은 학생에게 있어 중요한 부분이다. 온사이트 슈퍼비전에서 면담에 필요한 기술을 점검하고 또 면담에서 얻은 정보를 어떻게 해석하는지에 대해 다루는 것은 학생에게 매우 도움이 된다. 슈퍼바이저는 특히 학생이 내담자는 물론 스스로에게도 편안한 방법으로 세션에 필요한 정보를 모으고 그 정보를 명료화하게끔 이끌어야 한다.

다음의 예는 훈련생이 가진 전반적인 시간 문제와 세션 제공에 대한 것을 다룬 슈퍼비전이다. 그 훈련생은 수년간 사회복지사로 일했고, 치료적으로 함께 있기, 눈 맞춤, 신체언어, 목소리 사용, 면담 기술을 갖추고 있었다. 그럼에도 전치된 의식 상태로 적절하게 들어갔다 다시 나오는 2시간이 그녀에게는 매우 낯선 것이었다. 그녀는 자신이 가진 강점인 언어적인 상담에 너무 많은 시간을 할애했고, 상대적으로 음악과 함께 탐색하는 시간을 충분히 제공하지 못했다. 이것을 깨달으면서 그녀는 내담자가 전치된 의식 상태로부터 돌아오기에 필요한 적절한 시간을 안배할 수 있었다. 세션 후에 이 학생의 슈퍼바이저는 음악이 소개되는 적절한 때와 그 중요성에 대해 강조하였다.

전치된 의식 상태에 들어가거나 나오는 과정에 대해서는 훈련생 스스로가 의식세계에 대한 충분한 인식과 개념을 갖고 있지 않은 이상 언급하지 않는다. 또한 음악과 인덕션을 잘 조율하는 것도 첫 슈퍼비전에서 다루기에는 아직 어렵다고 할 수 있다. 초기 슈퍼비전에서 훈련생이 세션 내에서 내담자가 언급한 자신의 문제를 잘 다루어 줄 수 있는 곡을 선택했고 사용된 음악을 충분히 알고 있다면, 그 훈련생은 매우 성공적인 세션을 하였다고 볼 수 있다.

나의 경우에는 도입을 유도하는 지시와 음악 선택에 대한 지침을 제공하지 않는다. 훈련생은 프렐루드로부터 인덕션에 맞는 음악을 고르기 위해 내담자의 반응을 충분히 관찰할 수 있도록 훈련되어야 하기 때문이다. 이는 이미 만들어져 있는 '초보자 음악 프로그램'으로 인덕션을 시연해 보는 것과는 비교도 할 수 없을 만큼 많은 시간에 걸쳐 훈련되는 일이며 매우 어려운 일이다. 나는 슈퍼바이저에게 학생들이 내담자에게 충분히 집중하고 귀 기울이면서 통찰력을 발휘하여 세션에 필요한 타당한 선택을 내릴 수 있도록 훈련하게 한다.

최적의 환경에서 진행되는 세션이라도 예외 없이 기계적인 문제가 발생한다. 내담자가 매우 안정감을 갖고 전치된 의식 상태로 들어가 인덕션을 시작한 후 재생 단추를 눌렀을 때, CD 플레이어가 작동하지 않거나 카세트테이프가 튕겨져 나온다면 어떻게 할까? "편안함을 유지해야 해요. 이 상황을 내담자에게 설명하고 문제를 해결해야죠."라고 말은 쉽게 할 수 있다. 그러나 눈이 휘둥그러져 놀라 당황한 학생 옆에 아무리 숙련되고 친절한 슈퍼바이저가 있다고 해도 이 상황은 매우 당황스럽다. 그러므로 만일의 고장이나 작동 문제에 대비하여 비상용 장비를 하나 더 갖추어 놓고 다루는 법을 한 번 더 숙지하는 것을 절대 과소평가해서는 안 된다. 내담자의 전치된 의식 상태, 즉 내면 세계로 향한 집중 상태를 외부 세계로 다시 유도하는 기술을 GIM 훈련에서는 다루긴 하지만, 이러한 상황을 통해서 훈련생은 세션 진행에서의 개별적인 요인이 무엇인지를 하나하나 확인할 수 있는 좋은 기회를 가질 수 있다.

훈련생은 언어, 예술(만다라, 클레이 등), 또는 글쓰기 등 적합한 매체를 어떻게 선택하고 진행하는지, 그리고 세션의 시작부터 종결까지를 어떻게 이끄는지에 대해 초기 슈퍼비전을 통해 알아간다.

심화된 슈퍼비전에서는 학생이 인테이크와 초기 세션, 그리고 교육적인 GIM 세션을 수행할 수 있도록 훈련한다. 기본 기술은 모두 다져졌기에, 이 단계에서는 장기치료에서 일어날 수 있는 관계적 문제와 진행 관련 쟁점을 본격적으로 다룰 수 있다. 이 단계에서는 동화와 신화, 상징, 원형, 종교적 원형과 관습, 문화적 관습, 영성, 그리고 Jung의 이론과 초월적(transpersonal) 이론을 다룬다.

그간 GIM에서 사용되는 음악심리치료 원리와 이와 관련된 역동도 소개되었다. 다른 대상군에 대한 적용도 논의되었다. 방대한 양의 음악이 분석되었고 GIM에서 사용할 수 있도록 연구되었다.

이어지는 슈퍼비전 예는 세션에서 언급하지 않으면 혼란스럽고 역효과를 가져올 수 있는 역전이 쟁점에 관한 것이다. 한 훈련생은 자신의 어머니가 암으로 죽어 가는 상황에서 이와 유사한 민감한 쟁점을 가진 대상에게 개별 GIM 세션을 진행하고 있었다. 그녀에게 의뢰된 내담자는 말기 암 환자였다. 훈련생은 자신의 치료사뿐 아니라 슈퍼바이저에게도 연락을 취했다. 슈퍼바이저와 치료사와의 상담 결과 그 내담자를 받아들여 치료를 진행하기로 하고, 이 치료 세션에 대해서 정기적이면서도 꾸준하게 지도와 온사이트 슈퍼비전을 받기로 하였다. 훈련생은 그녀가 원했던 전문적인 지지를 받을 수 있었다.

GIM 세션에서의 '중요한 골자(meat)'는 음악과 함께 이루어지는 작업에 있다. 음악의 선택, 제공되는 때와 형태는 내담자의 치료 전개를 촉진하는 데에 영향을 준다. 슈퍼바이저는 훈련생이 세션 안에서 나타나는 여러 선택 상황에서 잘 결정할 수 있도록 도와준다. 이 선택의 순간은 내담자가 중요한 기로에 서 있을 때를 말하며, 치료사가 음악과 언어적, 비언어적 중재를 어떻게 선택하느냐에 따라 치료과정이 진행되거나 중단되게 된다.

다음의 슈퍼비전 예에서 내담자는 분노와 질투, 저항과 신뢰할 수 없는 감정과 작업을 진행하고 있었다. 그녀는 이러한 고통스러운 감정을 던져 버리고 싶어 했다. 음악이 시작되는 순간부터 그녀는 이러한 강렬한 감정 앞에서 자신의 연약함을 경험하였고, 통제감을 유지하고자 노력하였다. 훈련생은 지지적이면서도 정서적인 표현을 허용해 주는 음악을 선택했다. 첫 번째 선택의 순간은 내담자가 자신의 옆으로 다가온 커다란 독수리를 만났을 때였다. 음악은 물론 훈련생도 지지적이었다. 내담자는 독수리(또는 훈련생 또는 음악)에게서 나오는 어떠한 도움에도 저항으로 응했다. 그러나 독수리는 계속 따라다녔다. 이 시점에서 훈련생은 음악이 도와줄 것이라고 제안했지만 음악은 너무 온화했고, 도전적이지도 않았으며, 지속적이지도 않았다. 바로 이 순간이 독수리의 끈질김과

강함에 어울리는 음악으로 바꾸어야 하는 시점이었다. 그러나 훈련생은 음악을 바꾸지 않았고, 내담자는 독수리에게서 나오는 힘에 저항하는 지옥에서 고통스러워하고 있었다. 물론 치명적인 해는 가해지지 않았지만 매우 필요했던 개입 시점을 놓친 순간이었다.

음악-내담자 관계에서 섬세함이 얼마나 중요한지를 보여 주는 또 하나의 예가 있다. 한 젊은 남성 내담자가 할아버지의 장례식을 치른 직후에 세션 상황에 왔다. 그는 한 가족의 가장이 되었고, 가족은 지지와 보호를 받기 위하여 그에게 의지하고 있었다. 그는 자신의 슬픔을 달랠 기회를 가질 틈도 없이 가족의 슬픔을 위로해야 하는 상황에 처해 있으면서, 한편으로는 지치면서도 다른 한편으로는 극도의 분노를 겪고 있었다. 훈련생은 내담자의 분노를 알아채고 인덕션(induction)과 음악 선택과정에서 그의 분노를 표현할 기회를 주는 데에 초점을 두었다. 그는 격렬하게 휘몰아치는 물의 이미지를 선택했고, 브람스 피아노 협주곡 2번(allegro non troppo)을 사용하여 세션을 시작했다. 인덕션은 음악과 잘 어울렸으나, 내담자와는 그렇지 않았다. 훈련생은 내담자가 17분이 넘는 시간 동안 격렬한 물의 움직임 속에서 살아남기 위해 얼마나 노력했는지 얼마나 지쳐 있는지 알지 못했다. 내담자는 훈련생에게 "물결이 너무 세게 움직여서 서 있을 수가 없어요. 물에서 빠져나오고 싶은데 잡을 게 없네요. 여기저기 소용돌이가 많아서 갇혀 버리겠어요. 쉴 수 있는 안전한 장소가 필요해요."라고 계속해서 힌트를 주었다. 음악이 끝나자, 훈련생은 하이든 첼로 협주곡 C장조(adagio)로 음악을 바꿨다. 드디어 내담자는 참고 있던 슬픔을 표현하고 마음을 진정할 수 있는 조용한 곳을 찾아 안도할 수 있었다. 실제로 다음에 이어지는 곡은 브람스 레퀴엠의 Part I이었으며, 내담자의 상태와 완벽하게 맞아떨어졌다. 코러스 부분의 가사는 "애통해하는 자는 복이 있나니, 그들이 위로를 받을 것이다."였다. 세션을 마치고 내담자가 떠난 후, 훈련생과 나는 내담자가 준 모든 언어적 · 비언어적 행동을 어떻게 해석해야 할지, 그 정보를 어떻게 활용하여 음악을 선택할지에 대해 심도 있는 토론을 했다. 그러고 난 후 이 세션에서 브람스 피아노 협주곡과 하이든 첼로 협주곡이 임상적으로 끼친 영향에 대해 이야기를 나누었다. 그 결과 우리는 하이든 첼로 협주곡과 브람스 레퀴엠 사이의 음악적, 임상적 차이점을 확인할 수 있었다.

슈퍼바이저는 훈련생으로 하여금 자신의 내담자가 어느 단계에서 음악을 받아들여야 할지 알 수 있도록 한다. GIM 치료사는 주요 시점이 어디인지를 판단하고 가장 생산적일 수 있는 상황에서 내담자에게 음악을 받아들이게 유도해야 한다. 내담자가 언어적(literal) 단계, 상징적(symbolic) 단계, 원형적(archetypal) 단계, 깊은 초월적(deeply transpersonal) 단계 중 어느 단계에 있는지 아는 것은 이러한 개입을 더 용이하게 해 준다. 내담자가 자기 일상의 관계와 배경에 따른 매우 지지적 그리고/또는 실용적인 작업이 필요하다면 개방적(open), 상징적(symbolic), 초월적(transpersonal) 단계 중 어느 단계인가에 따라 작업 내용은 유의미하게 달라질 수 있다. 이 쟁점들은 종종 서로 연관되어 있을 수 있지만 인덕션, 선곡, 중재 방법은 다르게 선택될 수 있다.

이제 제시될 예에서 내담자는 부모의 역할보다는 요구적이고 자신만 생각하는 어머니와 연관된 쟁점을 가지고 있었다. 세션은 꾸준히 진행되는 중이었고, 내담자는 자신의 어머니가 더 이상 자신이 원하는 어머니의 모습을 주지 않을 뿐 아니라 사랑을 주지 않을 것 같다는 아픈 사실을 이제 막 받아들이려고 하고 있었다. 이번 세션은 내담자의 회복을 도와주고 이 쟁점에 대한 충분한 치유를 제공할 수 있는 세션이었다. 그렇기에 훈련생이 어떤 수준에서 작업하느냐는 매우 중요했다. 지난 세션까지 프렐루드, 인덕션, 음악, 중재, 그리고 프로세싱 단계가 내담자의 '형식적인 어머니상(literal mother)'을 주제로 다루었다. 이번 세션의 프렐루드에서는 훈련생이 양육의 결핍으로 인한 힘겨움에 초점을 두어 내담자를 돕고자 했고, 이에 초점을 맞춘 인덕션이 제공되었다. 또한 여성성을 상징하는 이미지(달, 밤하늘)를 심상으로 유도하였다.

달과 별로 가득한 밤하늘이 이미지는 점점 내담자가 자신의 아픔을 토로할 수 있는 공간이 되었다. 또한 보다 열린 음악이 선택되었다. 여기에는 솔로 소프라노와 합창 음악이 포함된 음악(Brahms, Requiem, Part V; Mozart, Laudate Dominum; Vivaldi, Et in Terra Pax)이 사용되었다. 이러한 여성 음색은 내담자의 애도와 무조건적인 사랑을 수용해 줄 수 있는 여성성을 지닌 심상으로 작용하였다. 언어적 중재는 내담자가 탐색하고 있는 깊은 공간을 소중히 존중하고 있음을 온화하고 지지적으로 표현하였고 적절하게 음악적 중재를 제공하였다. 내담자는 애도하면서 자신의 슬픔을 헤쳐 나아갔고 자신의 어머니와 함께 달빛 아래 서서 빛을 공유할 수 있었다. 이 과정에서 언어적 지시의 속도, 음색, 내용도 매우 단계적이었으며 천천히 외부 세계로 나올 수 있는 공간을 제공하였다. 훈련생은 이론과 실제를 통합하는 체험을 하였고, 내담자는 이 경험의 수혜자가 된 것이다.

이 사례는 오히려 쉬웠던 슈퍼비전의 한 예라고 할 수 있다. 이렇듯 슈퍼비전은 잘 진행된 세션에 대해서는 확인과 보람을 얻을 수 있는 즐거운 작업이다. 확인과정이 될 수 있다.

세션 지도

세션 지도(컨설팅)는 슈퍼비전의 또 다른 측면이다. 훈련생과 슈퍼바이저 사이의 대화를 말하는 이것은 훈련생의 임상지에서 이루어질 수도 있고 아닐 수도 있다. 훈련생은 일련의 세션을 진행하는 가운데 발생하는 쟁점이나 의문을 논의할 수 있다. 이 과정은 자신의 내담자와 깊은 단계 또는 장기간의 작업에 참여한 학생에게 가장 많은 도움이 될 수 있다.

지도 주제의 예는 다음과 같다. 언제 그리고 어떻게 작업을 심도 있게 진행하면 될까? 저항을 어떻게 다루면 될까? 어떻게 하면 순조롭게 종결에 필요한 과정을 유도할 수 있을까? 또한 자신이 경험해 보지 못한 쟁점을 가진 내담자와의 세션을 시작할 때 그에 대한 전문성을 가진 슈퍼바이저와 세션 지도 시간을 갖는 것은 매우 중요하다.

집단 슈퍼비전

집단으로 진행되는 슈퍼비전은 또 다른 차원에서 효과적인 학습환경이 될 수 있다. 집단 슈퍼비전에서 학생들은 사례연구를 보고하는 방법에 대해 배울 수 있다. 치료 기법, 선택, 문제에 대한 의문점을 제시할 수 있다. 자신의 임상에 영향을 미칠 수 있는 개인적인 쟁점에 대해서도 논의할 수 있는 기회를 가진다. 그리고 집단 슈퍼비전을 통해서는 사례와 연관된 보다 깊은 철학적, 종교적, 치료적 질문을 탐색할 수 있다. 집단 슈퍼비전의 환경은 지지적이고 건설적이며, 서로 다른 관점과 치료방식을 제공한다. 그중에서도 집단 슈퍼비전에 같이 참여하는 동료 간의 우정이 가장 중요한 자산이 된다. 다른 사람의 치료적 강점과 약점, 문제점과 해결책을 공유하는 법을 배우는 것은 미래의 전문가로서 성장하는 일이 된다. 학생들은 주로 자신의 세션 홍보자료(카드, 전단지, 소개 편지)에 대한 피드백, 언제 세션을 시작하면 좋을지와 어떻게 시작하고 어떤 내용 및 형식을 채택할지에 대한 피드백을 얻기 위해, 또 서로의 친구와 동료, 가족이 GIM을 시도해 보거나 시작하기를 원하는 경우 서로 소개해 주기 위한 목적으로 집단 슈퍼비전에 참여해 왔다. 더불어 그들은 성공적이거나 그렇지 못했던 음악 선곡에 대한 문제, 그리고 어떻게 하면 개인적인 문제 또는 삶의 어려운 상황이 존재할 때 효과적으로 자기 작업을 지속할지, 특정 내담자나 사례에 대해 어떻게 피드백을 얻을지, 장기치료에서 나타나는 미묘한 치료적 선택이나 각 사례에서 도출된 결과를 어떻게 적용하고 접목할 수 있는지에 대한 문제를 다룰 수 있다.

결론

GIM 슈퍼비전은 이론과 실습을 연결하고, 임상 작업에서의 작은 실수와 큰 문제점을 확인하고, 불안으로 인한 스트레스와 두려움을 완화하고, 여러 가지 임상적인 결정과 치료방식을 제공하며, 탄탄한 임상적 지지기반을 세우고, 훌륭히 해낸 작업은 격려해 주는 데 그 목적이 있다. 슈퍼비전을 통해 배운 모든 것은 이후 전문가적인 작업에 필요한 본보기로 사용될 수 있다.

GIM 펠로우를 이수한 이후에도 슈퍼비전은 매우 중요하다. 가장 흔히 사용되는 GIM의 치료 형태는 개별치료이므로, 다른 GIM 치료사와 정기적으로 연락을 취하지 않으면 고립되기 때문에 지속적으로 연락을 취하는 것이 중요하다. 훈련과정 책임자와 꾸준히 소통하여 지지적이며 건설적인 슈퍼비전을 받을 수 있어야 한다. GIM 슈퍼바이저로서 그리고 수련생으로서의 나의 경험은 나에게 삶의 힘을 주고 지지감과 즐거움을 더해 준다.

참고문헌

Association for Music and Imagery. (1999). *Standards and Procedures for Endorsement of GIM Training Programs.* Blaine, WA: Author.

Association for Music and Imagery. (2000). *Fellow Registry.* Blaine, WA: Author.

Bonny, H. (1980). *GIM Therapy: Past, Present and Future Implications. GIM Monograph #3.* Baltimore: ICM Books.

Bonny, H. (1994). Twenty-one years later: A GIM update. *Music Therapy Perspectives, 12,* 70-74.

제22장 노도프-로빈스 음악치료 슈퍼비전

개관

노도프-로빈스 음악치료는 유능한 작곡자이자 즉흥연주가였던 Paul Nordoff와 음악교육을 받은 특수교사였던 Clive Robbins의 작업을 바탕으로 한다. 두 치료사 모두 창조적 음악치료로 알려진, 생명력 있고 상호적인 음악을 내담자와 함께 연주하는 모델의 시조로 인정받는다. 여전히 임상가로 활동 중인 Robbins는 전문가로서의 삶의 대부분을 그가 Nordoff와 함께 음악치료 예술이라 불렀던 음악치료의 창조적 과정을 가르치고 연구하는 데 사용하였다. 이 접근에는 음악적 과정이 변화의 최우선 도구로 간주되는 음악중심 철학이 포함된다. 이는 관계 요인과 음악이 정신에 미치는 영향을 고려하는 음악심리치료의 한 형태다. 이 접근은 초월주의적 접근으로, 내담자의 의지를 이끌어 내기 위해 음악을 사용하고 내담자가 음악적 절정 경험을 통해 자기 향상을 방해하는 행동적 또는 역동적 패턴을 초월하도록 한다. 이 접근에서 훈련은 높은 음악 수준

Alan Turry, MA, MT-BC, NRMT
Co-director of Nordoff Robbins Center for Music Therapy, New York University, NY

을 요구하며, 이 훈련의 주요 목표는 치료사가 창조성을 발현하고 임상적 음악성을 계발하는 것이다. 훈련을 위한 자원에는 이 접근에서 전문가의 확충적 탐색에 의해 보충된 Nordoff–Robbins의 초기 임상 사례에 대한 연구가 포함된다. 모든 치료 세션의 녹음/녹화와 포괄적인 기록은 이 접근의 기준이며, 이 접근은 훈련생에게 슈퍼비전과 자기평가를 위한 자원을 제공한다. 슈퍼비전은 종종 모든 세션의 녹음/녹화물을 이용한다. 석사학위 이상의 전문가를 위한 고급 수준의 훈련으로서, 본 훈련 프로그램은 이미 즉흥연주를 치료에서 사용하고 있으며 자격증을 가진 음악치료사를 그 대상으로 한다. 이 장에서는 훈련 프로그램과 훈련과정의 슈퍼비전에 대하여 설명하고자 한다.

노도프–로빈스 슈퍼비전의 바탕

[그림 22–1]은 노도프–로빈스 훈련에서 임상적 음악성을 계발하는 데 필요한 다양한 기술과 능력을 제시하고 이들 간의 상호관계를 보여 주기 위해 Clive Robbins가 만든 것이다. 이 그림은 각각의 창조적 잠재력과 이들이 임상적 적용에 어떻게 연결되는지를 나타낸다. 임상가이자 교사로서 그의 오랜 경험에 의해, 그리고 여러 영성적(spiritual) 접근의 일반적 요소를 포함하는 초월적 관점의 영향으로, Robbins는 이 모델을 분명히 하고 창조적 시도와 그 양극을 구별하기 위하여 창작하였다. 이 모델의 윗부분은 훈련에서 필요한 치료사의 예술적 자질을 포함하며 아랫부분은 기술과 임상적 도구를 언급한다. 이는 음악치료를 시행하는 데 필요한 바늘과 실 같은 기술과 방법이다. 각 부문은 그 극에 위치한 부문과 균형을 이룬다. 음악적 창조를 위해 필요한 자유는 즉흥연주를 치료로 적용하여 임상적 책임과 균형을 이루어야 한다. 윗부분은 창조적 음악과정의 내적 부문으로, 내담자와 치료사의 초월적 만남 장소로 간주할 수 있다. 아랫부분은 이러한 부문의 적용을 담고 있다. 창조적 음악치료에서의 내적 부문을 다룸으로써 훈련생은 창조적 과정에 대해 보다 잘 이해하고 받아들일 수 있게 되

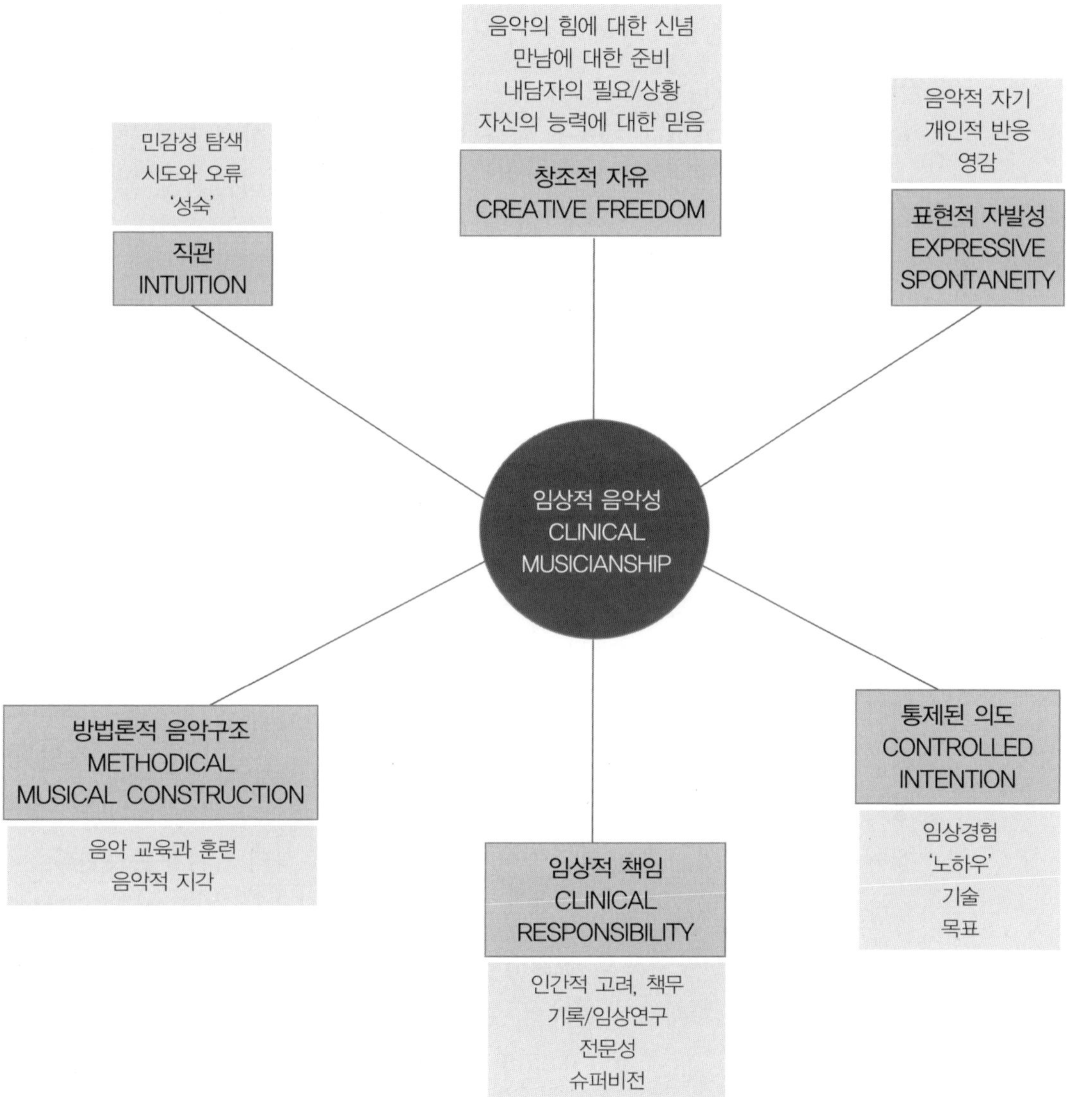

[그림 22-1] 창조적 지금에서 균형을 취함

고, 보다 통찰적으로 스스로의 창조적 능력 계발에 참여할 수 있게 된다. 이 접근은 훈련생으로 하여금 훈련에 대한 그들의 내적 경험과 외적 경험을 통합하도록 돕는다. 이 접근의 형태 자체가 노도프-로빈스 음악치료의 본질인 통합적이고 총체적인 접근을 강조한다. 그림에서 제시된 부문 간에는 역동적이고 상호적인 관계가 존재한다. 행동을 이해하는 기교, 화성과 화성 진행 구조에 대한 과학이 존재한다. 음악적이고 심리학적인 과정은 독립적이지 않고 종합적이다. 이 모델을 구성하는 모든 요소는 연결되고 조화된다.

이 그림에 나타난 각 특성은 치료과정을 함축하는 것과 같은 맥락으로 슈퍼비전 과정을 내포한다. 여러 면에서 이 두 과정은 병행적이며, 그림에 제시된 개념의 온전한 이해는 이 두 과정을 명확히 묘사한다.

창조적 지금(creative now)은 음악으로 나타나는 내담자의 표현—적극적인 연주일 수도 있고 치료실에 존재하는 것일 수도 있다—을 열린 태도로 받아들이고 응답하는 치료사의 창조적 순간에 대한 잠재성을 뜻한다. 창조적 지금은 변화를 조장하는 치료적 공간을 설명하기 위한 일반적 표현인 '지금-여기' 와 어느 정도 유사한 개념이다. 치료사는 '창조적 지금에서 균형을 취함(Poised in the Creative Now)' 이라는 표현으로 묘사되는데, 이는 치료사의 균형 있고 수용적인 각성 상태를 의미한다. 이러한 준비 상태에서는 경청도 창조적이고 음악적인 행동이다. 대본도 계획도 존재하지 않는다. 그러나 행동하고 반응하고 내담자와 함께 상호적인 음악관계 안으로 들어가고자 하는 치료사의 의지가 존재한다.

창조적 지금은 치료사와 내담자 모두를 위한 공간이다. 자유와 임상적 의도를 가지고 상호적인 방식으로 음악을 창조하는 것, '창조적 음악하기(creative musicing)'[1]는 그 자체로서 변화의 수행자(agent)이며, 내담자와 치료사 모두에게 변환적(transforming) 경험이 된다. 적극적인 음악관계로 들어감으로써 내담자와 치료사는 모두 잠자고 있던 잠재성을 실현하게 될 가능성을 가지게 된다.

1) '음악하기(musicing)' 는 Elliot(1995)이 설명한 바와 같이 음악을 문화적 유산이나 대상이 아닌 생동적인 인간 행동으로 지각하는 것이 중요함을 나타낸다.

순간의 즉시성(immediacy) 안에서 음악관계는 끊임 없는 형성의 상태 안에 존재한다. 창조적 지금은 내담자 안의 자원이 활성화되기 시작하고 표현되는 공간이며, 자기 성장적 변화를 시작하는 과정 안에 존재한다. 치료사는 공간을 창조하고, 과정을 관찰하고 지속적인 발전을 제공하는 책임과 '기회'를 가진다.

창조적 자유/임상적 책임

창조적 자유(creative freedom)를 가지기 위해서 훈련생은 음악의 힘에 대한 신념과 내담자의 요구 또는 상황과의 만남에 대한 신속함, 그리고 자신의 능력에 대한 믿음을 발전시켜야 한다. 음악이 변화에 영향을 미치는 힘을 가졌다는 믿음은 치료사가 음악을 창조하는 동기의 밑거름이 된다. 훈련생은 창조적 자유를 발전시킴으로써 다양한 방법을 사용하여 반응적인 즉흥연주를 할 수 있는 능력이 증가되며, 이를 통하여 음악은 내담자에 맞춘 듯 적합해진다. Rachel Verney(개인면담, 1999. 4.)는 슈퍼바이저가 훈련생으로 하여금 그들이 음악치료라는 분야에 처음 발을 디디게 된 동기를 잊지 않고 기억하도록 돕는 일이 중요하다고 생각한다. 그들의 음악에 대한 '개인적 열정'에 다시 불을 붙이게 되면, 훈련생은 진솔하게 음악을 신뢰하는 영향력 있는 치료사로 발전할 수 있다.

슈퍼바이저는 음악치료에서 창조적 자유를 가지는 일에는 용기가 필요하다는 것을 알아차려야 한다. 슈퍼바이저는 음악을 신뢰하는 모범을 보여야 한다. 또한 슈퍼비전에서 개인의 선택에 대한 존중, 각 훈련생의 고유성에 대한 존중을 중요시하는 것은 훈련생의 창조적 자유 발달에서 가장 중요한 요인이다. 슈퍼바이저는 훈련생에게서 자신도 배운다는 것, 다른 관점을 가치 있게 생각한다는 것, 그리고 훈련생과 함께 답을 찾아갈 것이라는 사실을 소통해야 한다. 이러한 소통은 훈련생이 음악에 대한 믿음을 키워 나가도록 돕는다. 슈퍼바이저는 훈련생이 각자의 창조적 목소리를 찾도록 돕는 동시에 훈련생에게 안전한 공간을 제공해야 하며, 훈련생의 개인적 성장시간을 존중해야 한다.

창조적 자유는 임상적 책임에 의해 균형을 유지한다. 임상적 음악성 계발에 필요한 창조적 자유의 균형을 유지하기 위하여, 훈련생은 자신의 행동이 전문가적 신뢰를 받을 수 있는 방법을 학습해야 한다. Nordoff-Robbins 접근의 본질적 과정에 대한 또 다른 문헌에서(Turry, 1998), 나는 "창조성에 대한 과도한 내적 집중은 문제적 역동이나 위협적인 감정에 대한 저항일 수 있다."(p. 64)라고 주장한 바 있다. 슈퍼바이저의 주요 과업은 훈련생으로 하여금 음악적/임상적 과정을 이해함으로써 그 과정을 한 단계 전진시킬 수 있도록 돕는 것이다. 슈퍼바이저는 훈련생이 자신의 임상에 대하여 명료히 설명할 수 있도록 돕는다. 슈퍼바이저는 내담자에 대한 진솔한 인간적 고려, 도전적 과정을 견디는 책무 이행, 그리고 임상의 기록과 연구를 장려한다. 임상의 기록과 연구를 통해 얻어지는 새로운 이해는 창조적 과정의 영양분이 된다. 훈련생은 치료과정을 모니터하고 그/그녀의 접근이 내담자에게 이익이 되도록 적용할 의무를 가진다.

표현적 자발성/방법론적 음악구조

표현적 자발성(expressive spontaneity)은 진솔하고 활기를 더하는 소통을 허락한다. 또한 내담자를 동기화하고 끌어들이는 유연하고 인상적인 개입을 허락한다. 표현적 자발성을 바탕으로 반응적이기 위하여 훈련생은 음악적 정체성, 즉 지체 없이 음악적 아이디어를 그려 내는 단단한 음악적 자기를 계발해야 한다.

표현적 자발성은 훈련생이 즉각적으로 음악적 영감에 반응하도록 한다. 이러한 특성은 매 순간의 자유와 생동감을 허락하는데, 이러한 자유와 생동감은 유연하게 움직이고 상호적으로 소통하는 능력이다. 내담자와 함께 놀이를 할 수 있는 능력은 이러한 자발성을 촉진한다. Jean Eisler(개인면담, 1999. 4.)는 유희적으로 소통하는 자발성을 촉진하기 위하여 훈련생이 영유아와 함께 놀이하는 시간을 가질 것을 권고하였다.

표현적 자발성을 촉진하는 또 하나의 방법은 지식이나 설명을 요하지 않는 공간을 제공하는 것이다. 훈련생은 단순히 음악 안에 존재하고 자신을 자유롭게 표현한다. 그들 자신을 위한 음악치료에의 지속적 참여는 훈련과정에서 중요한 부분이 될 수 있다. 이러한 과정은 훈련생이 그들 자신, 음악과 자신의 관계, 다른 사람과의 관계를 음악적 소통을 통해 탐색하도록 한다. 슈퍼바이저가 훈련생에게 음악에 대한 그들의 사랑이 강화되는 경험을 주는 것 역시 중요하다. 이는 훈련생이 그저 기술이 아닌 진정한 표현으로서 음악을 사용하도록 한다.

음악적 사고의 체계화, 즉 음악적 노하우 없이는 자발적이 될 수 없다. 표현적 자발성은 훈련생의 방법론적 음악구조 능력과 직결된다.

음악하기 기능(craft of musicing)인 방법론적 음악구조는 임상적 음악성 계발에 필수적이다. 자발성을 바탕으로 음악적으로 자기를 표현하는 능력을 가지기 위하여 훈련생은 음악적 기초, 즉 시작점이 될 수 있는 음악적 배경을 가지고 있어야 한다. 음악적 지각기술 계발을 위한 기술적인 음악훈련 역시 중요하다. 이는 치료사가 세션에서 일어나는 일을 음악적으로 경청하고 일관된 흐름과 형식을 창조하도록 한다. 훈련생은 자신의 음악적 생각을 심미적으로 다듬을 수 있는 기술적 조절력을 가져야 한다. 이는 표현적 자발성, 곧 음악적 영감을 실현하도록 한다.

훈련과정에서 훈련생에게 친숙하지 않을 수 있는 새로운 음악 자원이 소개된다. 이러한 외현적 경험은 훈련생이 새로운 음악과의 관계를 형성할 때 내재적으로 변화한다. 이는 새로운 음악적 형식이 유용성을 인정받은 뒤에야 가능하다. 이러한 발견은 종종 내담자와의 음악하기 경험 안에서 찾아온다. 따라서 훈련생은 세션에서 새로 학습한 음악 형식을 무계획적인 감에 의해서가 아니라 세션에서 일어나는 일을 이해하여 시도하도록 장려된다. 음악하기는 처방적이지 않으며, 치료가 상호과정인 것과 같이 음악하기의 의미도 내담자와 치료사가 경험을 공유할 때 비로소 존재한다.

직관/통제된 의도

직관(intuition)은 현실의 즉시적 지각이며 이성화(rationalization)를 초월하는 인지의 한 방법이고 일반적 감각과정을 능가한다. 직관의 계발은 훈련생이 의도(intention)하에 즉흥연주를 하도록 돕는다. 훈련생은 아이디어를 탐색하고 시도하려는 의지를 가져야 한다. 세션에서 아이디어를 시도함으로써 훈련생은 임상적 성숙을 돕는 음악 경험을 가지게 된다. 이러한 성숙은 직관과정을 발달시킨다. 훈련생의 학습은 음악에 대한 이론이나 처방적 전략의 발전보다는 실제 행함으로써, 내담자와 함께 소통적 음악하기 경험 안에서 살아감으로써 이루어진다. 훈련생에게 있어 직관은 종종 내담자에 대한 통찰과 함께 발생하며, 어느 순간 전혀 새로운 음악적 아이디어가 나타나기도 한다. 상황에 대한 이성적 결론을 찾아 헤매지 않고 불명확성, 미스터리, 의구심을 견디려는 의도가 필요하다. 준비되지 않고 처방적이지 않은 본질 안에 임상적 상황이 존재한다는 바로 그 사실이 훈련생으로 하여금 창조적 지금에서 살아가는 경험을 가지도록 한다. 훈련생은 지속적으로 이러한 성장적 환경의 일부가 될 때 도전 극복에 대한 자신감을 기르게 된다. 직관과 영감에 의존하는 능력의 증가는 자연스럽게 임상적 지각의 발전으로 이어진다. 이는 녹음/녹화된 세션의 세밀한 분석을 통해 강력히 지지된다.

슈퍼비전은 어떻게 훈련생의 직관 발달을 도울 수 있을까? 슈퍼바이저는 훈련생에게 민감성과 직관을 신뢰하는 용기를 장려한다. 이는 각 훈련생 안에서 고도로 개인화된 잠재력일 수 있다. 어떤 훈련생은 지체 없이 자신의 직관과 교류할 수 있다. 반면 다른 훈련생은 이를 힘들어할 수 있다. 훈련생은 직관에 대한 작업을 시작할 때 종종 장애물을 만나게 된다. 슈퍼바이저는 직관에 대한 불신이 훈련생의 낮은 자존감이나 개인 역동에 기인하는가를 분별할 필요가 있다. 또는 단순히 훈련생이 아직 충분한 기술적 능력을 가지고 있지 못하기 때문은 아닌지, 혹시 비이성적 탐색을 저지하는 부모 또는 다른 권위적 인물을 내재화하고 있는 것은 아닌지, 자신이 한 일에 대한 이유를 설명하는 능력이 부족한 것은 아닌지, 실수를 두려워하는 것은 아닌지 살펴야 한다. 슈퍼비전에서 이러한 가능성에 대해 이야기하는 것은 훈련생이 보다 온전히 임상환경의 일부분이 될 수 있도록 돕는다. 일어날 수 있는 최악의 시나리오를 탐색함으로써 실패에 대한 두려움을 탐색하는 것은 불안 완화에 도움이 된다. 이러한 탐색은 세션 내에서 훈련생이 인식과 두려움 없이 더욱 온전히 자신을 나타내는 능력을 확장하는 데 도움이 된다. 내적 염려에 사용되는 정신 에너지가 적을수록 훈련생은 직관적 과정으로 이어지는 미묘한 소통을 알아차림으로써 내담자에게 더욱 수용적이 된다.

직관적 과정에는 여러 요인이 영향을 미친다. 여러 노래를 창작하여 내담자에게 사용했던 Nordoff-Robbins의 초기 임상에서 하나의 임상적 예시를 고찰하라. Paul Nordoff는 집단 안에서 울고 있던 한 소년이 지지받고 받아들여지는 경험을 할 수 있도록 "아, 울고 싶을 땐 그냥 울어라."라는 구절을 즉흥으로 연주하였고 그 소년은 평상시 그가 참기 힘들어했던 상황에 반응하였다. Nordoff의 시각에 따르면, 교사는 그 소년의 감정에 아랑곳하지 않은 채 그 소년을 무시하고 있었다.[2)] Nordoff는 그 스스로 옳지 않다고 생각하는 상황을 바꾸기 위하여 감각이 이끄는 대로 행동하였다. 그는 즉각적으로 노래의 형식을 택한 그의 직관적 응답을 반응이 이끌도록 허락했다. 그는 임상에서 종종 임상적 상황이 장애로 인한 구속을 받는 것에 대한 안타까움을 가지고 접근하였다. 이러한 안타까움은 내담자를 전진하게 하는 그 무엇을 행하기 위한, 그리고 내담자를 인식과 능력의 새로운 수준으로 해방하기 위한 신속한 준비였다. 훈련생이 내담자에게 과민하거나 요구적이지 않으면서 이러한 종류의 개입적 자세를 가지도록 돕는 일은 쉽지 않은 훈련 과제다.

내담자의 상태와 그로 인한 제한이 내담자의 전체 기능에 어떠한 영향을 미치는가를 사정하는 것은 치료사가 치료의 직관적-창조적 방향을 설정하기 위한 바탕을 제공한다. Nordoff는 내담자의 상태에 기초하여 특히 어떤 종류의 음악적 위치를 가져야 하는가를 지각하는 일에 뛰어났다. 그는 내담자가 상태의 제한 속에 감금되어 있는가, 아니면 상태의 보호 속으로 철수하고 있는가? 어떻게 내담자가 활성화될 수 있을 것인가? 어떻게 내담자의 상동 행동을 음악에 반영하는

2) '울음노래(The Crying Song)'는 『아동들을 위한 활동노래 제2집(The Second Book of Children's Play Songs)』에 수록되어 있다.

것과 같이 내담자의 상태를 통하여 작업해야 하는가? 말이다. 아니면 눈에 보이지 않는 잠재력을 바탕으로 작업해야 하는가? 이러한 지각(perception)을 채택하는 것은 그의 직관적 과정으로 이어졌다. 즉흥연주가 아니라 지각(perceiving)의 접근은 적극적인 접근이었다. '음악아(music child)'와 '제한아(condition child)'[3)] 그림은 훈련생이 이러한 지각을 가지도록 돕기 위해 개발되었다.

직관의 발달은 슈퍼비전에서 직접적으로 가르칠 수 있는 것이 아니다. 이는 식물을 기르는 것처럼 육성되어야 한다. 훈련생에 대한 이해와 공명을 통해 슈퍼바이저는 훈련생이 더욱 직관적이 될 수 있는 환경을 조성해야 한다. 내담자와 함께 창조적 상황의 일부가 되는 것을 통해 경험을 얻고 인식을 확장하는 것이 직관 발달의 궁극적 자원이 된다. 슈퍼바이저는 훈련생이 임상적 상황에서 발생한 일을 반영하도록 도울 수 있다. 그리고 이러한 반영은 직관적 과정으로 이어지게 된다.

훈련생이 그들의 감정에 과도하게 집중하여 행동하지 못하는 경우가 있다. Brown(1997)은 훈련생이 활력을 잃었을 때에는 그들의 내담자에게 계속해서 집중하도록 일깨우는 것이 도움이 된다는 것을 발견하였다. 훈련생이 자신의 생각과 집중을 내담자에게 두도록 안내함으로써, 슈퍼바이저는 훈련생이 세션에서 모든 것을 제공할 필요는 없으며 내담자가 아무것도 하지 않을 때에도 자극은 계속되고 있다는 것을 알도록 한다. 훈련생이 내담자에게 경청하고 느끼고 이러한 경청과 느낌으로 동기화된 음악을 찾도록 부드럽게 일깨우는 것은 훈련생이 세션에서 음악을 창조하도록 돕는다.

통제된 의도(controlled intention)를 통해 직관을 적용함에 있어 훈련생은 그 절차에 대한 감각을 점진적으로 얻게 된다. 임상적 경험을 바탕으로 훈련생은 '노하우' 또는 기술을 개발하기 시작하고 순간에 따라 적용 가능한 유동적이고 유

3) 이 개념은 본래 Nordoff와 Robbins에게서 비롯되었으나, Bruscia의 『음악치료 사례집(Case Studies in Music Therapy)』(1991)에 수록된 Clive와 Carol Robbins의 논문 「음악치료에서의 자기-소통(Self-Communications in Music Therapy)」에서 처음 소개되었다.

연한 목표를 형성한다. 통제된 의도를 가지는 것은 음악하기와 내담자를 위한 방향을 제공한다. 기록된 재료를 연구하고 슈퍼비전에서 받은 피드백을 통합하는 것은 훈련생의 통제된 의도를 계발하는 능력을 향상한다.

훈련생은 내담자의 명백한 반응을 얻으려는 욕구나 자신이 호감을 얻고 있으며 영향력 있는 치료사임을 확인하려는 욕구를 가질 수 있다. 이러한 욕구에 따라 행동하는 것은 비효과적인 음악 개입으로 이어진다. 또한 음악적 상호작용을 통해 내담자와의 접촉을 이끌어 내기보다는 개인적으로 응답받기 위해 노력하는 결과를 가져올 수도 있다. 이러한 욕구는 우리 모두에게 자연스러운 욕구이며, 이에 대한 인식은 훈련생이 세션에서 통제된 의도를 유지하도록 돕는다.

훈련생이 음악적 표현과 음악가로서의 정체성에 대한 자신의 개인적 욕구를 알아차리는 것은 도움이 된다. 따라서 훈련생이 자신의 음악적 표현 안에서 통제된 의도에 대한 요구에서 해방될 수 있는 경험을 임상 밖에서 가지는 것은 중요하다. 이는 훈련생이 개인적으로 음악치료를 받도록 장려되는 이유이기도 하다.

슈퍼비전 관계

창조적 음악치료에서는 모든 사람이 음악을 연주한다는 것을 인지한다. 사람들이 함께 연주하는 음악은 개인 간, 개인 내, 그리고 개인을 초월하는 경험이다. 따라서 정신내적 과정, 음악적 관계, 그리고 이들이 치료과정에서 어떻게 나타나는지를 자세히 들여다보는 것이 중요하다. 슈퍼비전 관계는 이러한 경험이 다루어질 수 있는 축소된 사회다. 이러한 관계에 들어오는 훈련생은 다음과 같은 질문을 준비해야 한다. "내가 어떻게 변해야 하죠? 효과적인 치료를 하기 위해서 나는 무엇을 배워야 하며, 또 내가 어떻게 발전해야 할까요?"

슈퍼비전은 전통적으로 훈련생이 과거의 감정적 장애를 걷어 내고, 무의식 과정에 대한 인식을 확장하고, 자신의 개인 역동과 그것이 치료 상황에서 어떠한 영향을 미치는가에 대한 통찰을 얻도록 도와주는 공간이다. 더욱 영향력 있는 치료사가 되기 위해서는 훈련생이 스스로의 동기, 믿음, 욕구를 더욱 온전히 이해하고 인식해야 한다. 이제껏 모르고 있었던 개인 특성을 발견하는 것은 훈련생이 치료 상황에 대한 통찰력을 얻도록 돕는다. 치료관계에서 연주된 자신의 음악을 들어보는 것은 훈련생이 그들 자신과 내담자에 대한 더욱 깊은 통찰을 얻도록 돕는다.

치료사가 내담자의 존재, 감정 상태, 잠재적 강점과 약점에 민감해지는 것과 같은 방식으로, 슈퍼바이저는 훈련생에게서 동일한 정보를 수집한다. 내담자에게 공감하기 위해서 치료사는 자신을 안전하지 않은 상태로 놓아 둔다. 치료관계에서 치료사는 자신이 모든 해답을 가지고 있거나 모든 일이 순조로울 것이라는 가정을 가지고 치료 상황으로 접근하지는 않는다. 치료사는 내담자와 치료사 모두 인간이며, 인간적 약점과 취약성을 가진 만남 안에서 음악적으로 촉진된 탐험이 필수적임을 이해한다. 동양의 영성적 교훈을 심리치료에 통합적으로 적용한 심리학자인 Kornfield(1993)는 "우리가 스스로 취약해질 때, 새로운 것이 우리 안에서 탄생한다."(p. 49)라고 하였다. 이 접근과 과정은 슈퍼비전에서도 마찬가지다. 슈퍼바이저는 훈련생과의 관계 안에서 스스로 겸허해져야 한다. 치료사가 내담자를 위한 모든 해답을 가지고 있지 않은 것처럼, 슈퍼바이저도 훈련생을 위한 모든 해답을 가지고 있지 않다. 슈퍼바이저로서 우리는 창조적 상황의 일부분이 되며, 훈련생을 돕는 우리의 능력이 최대한 발휘될 것이라고 기대하거나 알지 못한다. 우리는 이 상황을 취약함, 개방성, 그리고 훈련생에게서 배우려는 자세를 가지고 접근한다. 이렇듯 중요한 면에서 훈련생과 슈퍼바이저의 관계는 내담자와 치료사의 관계와 유사하다.

노도프-로빈스 음악치료에서 훈련생이 실행해야 할 중요한 실천은 세션에서의 자발성, 미지(unknown)에 대한 신념, 기존 레퍼토리 탈피와 즉흥연주다. 슈퍼바이저는 이러한 개념의 통합을 자발적 방식의 슈퍼비전을 통하여 장려할 수 있다. 슈퍼바이저는 목표를 세우기보다 훈련생과 함께 창조적 지금 안에서 균형 있는 자세를 가질 수 있다. 이러한 방식을 통해 슈퍼바이저와 훈련생은 내담자와 치료사가 그러하듯이 함께 성장하는 협력 파트너로서 서로에게 상호적으로 응답한다. 창조적 자유, 표현적 자발성, 그리고 직관의 발달은 종종 슈퍼비전 관계에서 시간과 경험을 통한 신뢰가 생길 때 훈련생 안에서 만개한다. 훈련생이 슈퍼바이저가 평가자가 아니라 훈련생이 성공하기를 진정으로 바라는 멘토라는 진솔한 느낌을 가지게 될 때 훈련생 안의 창조성이 왕성해진다.

슈퍼바이저는 다음 순간에 집중하거나 그에 대한 계획을 짜기보다는 그 순간에 일어나는 일에 응답하도록 준비하는 것을 통해 고유한 개인으로서 훈련생에게 응답하며, 모든 훈련생에게 같은 방법을 사용하거나 같은 반응을 기대하지 않는다. 슈퍼바이저는 훈련생을 가르치기보다는 의도를 가지고 경청하며 주목한다. 이때 슈퍼바이저는 어떻게 훈련생의 발달을 진전시킬 것인가를 감지한다. 훈련생의 기술과 성격은 슈퍼비전 진행방식에 영향을 미친다. 슈퍼바이저는 훈련생의 개인화된 재능의 혼합과 성격에 개방적이어야 한다.

Barbara Hesser(개인면담, 1991. 9.)는 슈퍼비전에서 다루어야 할 훈련생의 기교적 기술, 학습에 관한 쟁점, 개인적 통찰 쟁점을 서로 구별하는 슈퍼비전 방법을 개발하였다. 이러한 구별은 슈퍼비전 세션의 방향을 안내한다. 훈련생의 임상 경험량은 슈퍼비전에서 어디에 초점을 두어야 할지를 결정할 수 있다. 통찰에 초점을 두어야 할 것인가, 아니면 세션에서 일어나는 일을 실용적으로 고려하는 것에 초점을 두어야 할 것인가? 슈퍼바이저는 슈퍼비전 관계의 기간과 훈련생의 통찰 및 자기탐색 능력을 고려해야 한다. 슈퍼비전의 초점은 훈련생이 경험을 얻어 감에 따라 변할 것이다.

훈련생에게는 이러한 새 발견의 시점이 중요한데, 이 시점에서 억제를 자극하는 통찰과 자기 의식(self-consciousness)이 탄생할 수 있다. 슈퍼비전 관계에서는 수용적 환경을 수립하는 것이 중요하다. 또한 훈련생이 이제껏 알지 못했던 그들 자신의 부분을 수용함으로써 미지에 대한 두려움에 도달하지 않도록 돕는 것이 중요하다. 훈련생은 직관의 근원이자 음악적 행동을 자극하는 그들의 무의식(unconscious)을 신뢰해야 한다. Carl Rogers(1995)는 사람들이 스스로를 수용한 다음에야 비로소 자신이 변하고 성장할 수 있음을 강조하였다.

슈퍼비전은 발달과정이다. Susan Feiner(7장 참조)는 훈련과정에서 훈련생이 거치게 되는 다양한 단계를 설명하였다. 의존적 위치에서부터 전진하여, 훈련생은 치료사로서 자신의 정체성을 형성해 가며 독립적이 되는 법을 배운다. 스스로의 사고와 임상방식을 발달시키기 위해 훈련생이 슈퍼바이저에게 이의를 제기하는 것이 중요한 단계가 있을 수 있다. 훈련생 발달의 특정한 시점에서 종종 슈퍼바이저에게 도전하고자 하는 욕구가 있을 수 있으며, 예측 불가능한 방법을 이용한 해결이 요구되는 위기 상황이 발생할 수 있다.

최종적으로, 훈련생은 혼자서 일할 수 있다는 믿음을 가지고 자신의 슈퍼바이저에게서 독립해야 한다. 훈련생은 자신이 믿는 바를 가지고 자신에게 맞지 않다고 느끼는 것을 제거해야 한다. 이는 훈련생에게 있어 중요하고 자연스러운 단계다. 독립과정의 한 부분으로서, 훈련생은 자신이 경험으로 배운 것을 통합하고 가져간다. 슈퍼비전의 마지막 과정에서 슈퍼바이저와 훈련생은 보다 동급이 되며 동료로서 관계를 맺는다.

슈퍼비전 과정

슈퍼바이저의 역할은 다양하다. 슈퍼바이저는 열정적으로 훈련생의 학습을 지지하는 지도자, 훈련생의 발달을 저해하는 감정을 분류하는 상담가, 그리고 훈련생이 행동하기 바라는 방식으로 행동하는 역할 모델이 될 수도 있다. 또는 실용적인 기술을 전수하는 교사가 될 수도 있다. 그러나 슈퍼비전은 위의 모든 것과 구별된다. 어떤 시점에서는 지도하는 일이 줄어들고 슈퍼바이저가 주입하려 노력하는 자신감이 훈련생에게 내재화되어야 한다. 슈퍼비전은 치료가 아니며, 개인 쟁점이 치료적 맥락에서 탐색되어야 한다. 관계가 변함에 따라 슈퍼바이저는 훈련생에게 역할 모델보다는 동료로서 관계 맺는 능력을 계발한다. 슈퍼비전 과정은 훈련생에게 아이디어를 말하거나 가치를 전수하기보다는 훈련생이 세션에 대하여 어떻게 생각하고 느끼는가 질문하는 것을 중요시한다는 점에서 교습(teaching)과는 다르다.

슈퍼비전은 훈련생 안의 취약감을 자극할 수 있다. 이는 슈퍼바이저가 민감하게 다루어야만 하는 경험이다. 훈련생은 이 과정에 대한 자신만의 감정과 반응을 가진다. 여기에서 슈퍼바이저가 임상에 대한 이론적 이해를 계발하도록 돕는 훈련생의 고유한 양식, 관점, 접근을 이해하려고 노력하는 것이 중요하다. 슈퍼바이저는 훈련생이 내담자와 함께 일하는 것과 같은 방식으로 훈련생의 개인적 잠재력을 성장시킬 수 있다.

훈련생에게 경청할 때에는 그 초점이 조언을 해 주는 것이 아닌 훈련생이 야심찬 치료사로서 다음 단계로 발전하는 데 필요한 것이 무엇인지 이해하는 것에 있어야 한다. 훈련생이 특정한 세션을 슈퍼비전에 가져오는 것에는 특별한 이유가 있는가? 훈련생의 스스로에 대한 믿음은 어떻게 장려되고 길러져야 하는가? 슈퍼바이저는 훈련생이 자신의 직관과 창조성을 신뢰하도록 어떻게 도울 수 있는가? 슈퍼바이저로서 우리는 훈련생이 세션에서 어떠한 선택을 하였으며 그에 대하여 어떻게 설명하는가를 통해 드러나는 중요한 주제를 이해하려고 노력한다.

신체언어, 얼굴 표정, 그리고 반응적 견해에 있어, 슈퍼바이저는 훈련생에 대한 진정한 신념과 비판을 받는 입장으로 존재하려는 그들의 의지에 대해 존중을 전달할 수 있다. 슈퍼바이저는 인내심을 가지고 훈련생이 시간이 지남에 따라 영향력 있는 음악치료사가 될 수 있다는 신념을 가져야 한다. 궁극적으로, 슈퍼바이저는 훈련생에 대한 진실한 애정을 전달해야 하며, 훈련생이 스스로의 모습 그대로를 발현시킬 때 비로소 치료사로서 성장할 것이라는 확신을 주어야 한다.

훈련생의 임상 녹음/녹화를 경청하기 시작할 때, 우리는 그의 임상에서 무엇이 잘못되었는가보다는 훈련생의 강점 또는 능력을 고양하고자 노력하며, 그가 잘한 점을 찾으려 한다. 일반적으로 슈퍼바이저의 첫 번째 조언은 특별히 효과적인 개입을 부각하고 알아차리도록 하는 것을 목적으로 한다. 이러한 태도는 안전한 슈퍼비전 세션을 위한 환경을 조성하고 만남의 분위기를 결정할 수 있다. 그러나 훈련생은 슈퍼바이저의 가식적 칭찬에 대해 느낌으로 알아챌 수 있으므로 이런 종류의 칭찬은 반드시 진솔해야 한다. 훈련생이 긍정적 자기상

(self-image)을 내재화하기 시작한 뒤에야 슈퍼바이저가 어떤 것이 더 필요한지를 질문함으로써 훈련생의 긍정적 자기상을 발달시킬 수 있다. 세션에서 부족한 것이 무엇인가를 부각하는 대신, 이미 존재하는 것에 더해질 수 있는 것이 무엇인지를 물어야 한다.

슈퍼바이저가 자신의 개인적 동기와 태도, 그리고 이런 것이 슈퍼비전 과정에 어떠한 영향을 미치는가를 인식하는 것은 중요하다. 슈퍼바이저가 이러한 태도와 편견을 의식하지 못하는 경우, 슈퍼비전 관계와 과정에 유해한 영향을 미칠 수 있다. 슈퍼바이저는 때로 자신이 현명하고 전문적이며 모든 해답을 가지고 있다고 느끼기 위하여 훈련생의 임상에서 문제점을 찾아내는 실수를 범하기도 한다. 아주 작아서 명백하게 드러나지 않는데 유능한 슈퍼바이저로 인식되기 위하여 훈련생의 임상에서 실수를 부각하려는 개인적 동기가 있을 수 있음을 알아야 한다. 이러한 동기는 슈퍼비전 관계에서 건강하지 않고 경쟁적인 분위기를 조성한다.

훈련생은 슈퍼바이저로 하여금 슈퍼비전을 더욱 힘들게 하는 개인적 특성과 역동을 소유할 수 있다. 슈퍼바이저는 훈련생에 대한 자신의 감정을 탐색해야 한다. 훈련생이 자신을 연상하게 만드는 특정한 특성을 가지고 있는가? 그렇다면 그 유사성은 자신 안에서 어떠한 반응을 유발하는가? 예를 들어, 슈퍼바이저는 일반적으로 훈련생이 내담자에게 충분한 음악적 공간을 남겨 주지 않을 때 자신이 가혹해지는 것을 발견할 수 있다. 슈퍼바이저는 개인적 자숙(personal reflection)을 바탕으로, 이러한 경향은 개인 쟁점이며 그것을 수정하기 위해서는 과거의 일에 대해 작업해야 한다는 것을 알게 된다. 따라서 같은 쟁점으로 고전하는 훈련생과 이 문제에 직면할 때, 슈퍼바이저는 조바심을 내게 되고 가혹하거나 민감한 방식으로 반응할 수 있다. 슈퍼바이저가 이러한 역동을 인식할 때, 슈퍼비전은 더욱 건강하고 효과적인 길로 전진하게 된다.

슈퍼비전 세션에서 일어나는 일이 가끔은 치료 세션에서 동시에 일어나는 숨겨진 역동을 드러낼 때가 있다. 예를 들어, 슈퍼바이저는 훈련생이 슈퍼비전 세션에서 끊임없이 이야기하고 있다는 것을 알아차리게 될 수 있고, 따라서 슈퍼바이저는 자신이 반응할 충분한 공간이 허락되지 않는다고 느낄 수 있다. 이때 훈련생의 내담자도 슈퍼바이저와 같은 느낌을 가지게 될 수 있다. 이 문제에 대하여 훈련생과 작업하기 위해서 슈퍼바이저는 자신이 어떻게 느끼는가를 훈련생에게 반영해야 한다. 훈련생의 불안은 자숙이 필요한 상황에서 쉼 없이 이야기하도록 만든다. 이러한 불안이 치료 세션과 슈퍼비전 세션에서 모두 나타날 수 있다. 이러한 훈련생의 쟁점을 다루고 불안을 완화하도록 도움으로써, 슈퍼바이저는 훈련생이 내담자를 위한 음악적 공간을 남겨 주는 것에 대한 불안을 줄이고 민감성을 배양하도록 도울 수 있다.

슈퍼바이저에게 가장 어려운 도전은 변화가 필요한 훈련생의 어떤 측면을 보았을 때 즉각적으로 반응하지 않는 것이다. 충동적인 방법으로 충고하기보다는 반영하고 슈퍼바이저가 하는 말을 훈련생이 귀담아들을 수 있는 최선의 방법을 고민하는 것이 중요하다. 훈련생에게 무엇을 해야 할지를 이야기하기보다는 “이렇게 하면 어떨까요?”라고 질문함으로써 실행 가능한 일을 제안하는 것이 좋다. “어떤 것이 내담자가 보다 충만한 삶을 사는 것을 방해하는 걸까요? 장애로 인해 내담자가 경험하는 제한점은 무엇일까요? 이런 것을 어떻게 음악으로 다룰 수 있을까요?”와 같은 안내적 질문을 통해 훈련생이 내담자에 대하여 보다 깊이 반영하도록 장려할 수도 있다. 반면 슈퍼비전에서 슈퍼바이저가 제안을 하고 개념을 가르쳐 주어야만 할 때도 있다. 따라서 훈련생이 하고 있는 일에 변화가 필요한 상황을 슈퍼바이저가 새로운 것을 가르치고 대안적 접근을 개발할 수 있는 긍정적 기회로 간주하는 것이 도움이 된다.

슈퍼바이저가 훈련생의 사고방식을 아는 것은 중요하다. 훈련생이 자신이 행하거나 연주하는 것에 대한 이유를 설명할 수 있는가? 때로 훈련생은 세션의 세부 사항에 집중함으로써 큰 그림에 대한 관점을 잊을 수 있다. 이럴 때 슈퍼바이저는 훈련생이 치료의 큰 의미를 자숙할 수 있도록 넓은 의미의 질문을 할 수 있다. 예를 들어, 슈퍼바이저가 “왜 집단 형식일까요? 집단 상황에서 작업하는 것이 이 내담자에게 어떤 이익을 가져오나요? 왜 음악일까요? 이 내담자에게 중요한 음악적 특성은 무엇일까요? 음악적 소통을 어떻게 유의미하게 만들 수 있을까요? 음악 활동을 내담자의 사고와 감정에 대한 내적 경험과 연결할 수 있을까요?" 라고 질문할 수 있다.

슈퍼바이저는 훈련생이 슈퍼비전에서 원하는 것이 무엇인가라는 질문으로 슈퍼비전을 시작할 수 있다. 훈련생이 슈퍼비전에서 슈퍼바이저가 어떤 것에 초점을 두기 바라는가를 명확히 표현하고, 그들이 특히 작업하고자 하는 세션의 특징을 확인하는 것이 중요하다. 슈퍼바이저는 훈련생의 인식을 고양하기 위해 고민한다. 또 다른 방법은 훈련생과 내담자의 관계에 대하여 질문하는 것이다. 훈련생이 특별히 가깝게 느끼거나 특별히 관계된다고 느끼는 사람이 있는가? 슈퍼바이저는 다양한 내담자와 훈련생 간의 관계를 통해 훈련생에 대해 배울 수 있다. 이는 또한 훈련생이 내담자의 특성과 내담자의 욕구를 반영하도록 돕는다.

훈련생에게 세션에 대하여 긍정적인 생각을 하는가를 질문하는 것도 도움이 된다. 슈퍼바이저의 과업 중 하나는 훈련생이 자신의 일에 대하여 더욱 수용적이고 비판단적으로 생각하도록 돕는 것이다. 이는 훈련생이 세션의 긍정적 면을 더욱 온전히 통합하도록 도울 수 있다. 훈련생의 작업과 통찰을 통하여 스스로의 강점에 대한 인식과 능력이 더욱 견고해지고, 훈련생은 습득한 지식을 더욱 온전히 내재화할 수 있다. 대상관계적 접근을 하는 슈퍼바이저는 긍정적 피드백을 제공하는 '충분히 좋은 엄마' 를 내재화하는 아이에 대해 이야기한다. 엄마가 일관적으로 긍정적 피드백을 제공할 때, 아이는 결과적으로 긍정적 자기상과 칭찬을 내재화하고 스스로에게 긍정적 피드백을 제공할 수 있게 된다. 슈퍼비전 관계도 이와 유사하다. 우리의 목표는 훈련생이 결과적으로 미지(unknown)와 임상적 즉흥연주가로서 자신의 능력을 신뢰하고, 음악치료사로서 전문적 · 긍정적인 자기상을 내재화하는 능력을 가지도록 하는 것이다.

음악 슈퍼비전

나는 다른 문헌(Turry, 1998)에서 훈련생이 상황에 대한 새로운 통찰을 얻었음에도 필요한 기술을 가지고 있지 못하기에 효과적 치료에 필요한 음악적 변화를 창출하지 못할 수도 있음을 이야기한 바 있다. 더욱 중요한 것은 훈련생이 새로운 방식의 연주를 경험할 기회를 가지지 못하였다는 데에 있다. 따라서 노도프-로빈스 음악치료 슈퍼비전 과정의 중요한 부분은 훈련생에게 음악적 경험을 제공하고, 적극적으로 연주하도록 하며, 내담자를 위한 치료과정을 진행하기 위한 음악적 아이디어를 가르치는 것이다.

임상적으로 즉흥연주를 할 때 훈련생에게 발생하는 도전에는 빠르기, 세기, 주법(articulation)의 유연성 계발하기, 침묵의 중요성 인식하기, 형식 조형을 위해 음악적 아이디어를 기억하고 반복하기 등이 포함된다. 그리고 새로운 발전을 위하여 내담자의 음악을 그저 모방하기보다는 그 가치를 높이는 능력도 포함된다. 훈련생이 즉흥연주 안에서 형식을 주형하기 위하여 고전하기 때문에, 그들의 즉흥연주가 너무도 완전해서 내담자가 그에 반응하려는 동기가 일어나지 않을 수 있다. 훈련생은 종종 분명한 목적 없이 내담자를 활성화하기 위하여 노력한다. 훈련생이 내담자의 모든 개별적인 행동을 따라감으로써 그 음악이 산발적이고 불분명할 수 있다. 이러한 고전은 세션에서 무엇을 어떻게 해야 할지 알지 못하기 때문일 수 있다. 훈련생이 경험을 얻어 감에 따라 발달은 자연스럽게 이루어진다. 음악은 더욱 개별화되고 내담자에게 더욱 고유하게 맞추어진다. 이런 면에서 훈련생의 음악에 반응하는 내담자는 훈련생의 기술을 가르치는 가장 훌륭한 선생이다. 슈퍼바이저의 음악을 세심히 경청하고 함께 연주하는 것은 훈련생이 내담자를 위해 더욱 폭넓고 유연한 음악적 반응을 발달시키는 데 도움이 된다.

노도프-로빈스 음악치료 훈련을 성공적으로 마치는 데에서 필요한 유능성은 다음과 같다

노도프-로빈스 음악치료 유능성 목표

음악적 능력

- 유연하고 반응적으로 연주하고 노래한다.
- 다양한 이디엄, 모드, 양식으로 연주하고 그 필수 특징을 획득한다.
- 다양한 감정 상태를 만들어 낸다.
- 표현적이고 상호 소통적인 음악성을 바탕으로 연주한다. 여기에는 다음이 포함된다.
  - 자유로운 빠르기
  - 다양한 주법
  - 다양하고 유동적인 세기
  - 자유롭고 다양한 건반 음역 사용
  - 손 모양의 밀집 위치, 개리 위치
  - 음색, 음정관계, 모드, 음계, 화성, 보이싱, 피아노 울림에 대한 인식
  - 다양한 리듬과 박자
  - 악구에 대한 인식
  - 화성적 다양성: 단순성과 복합성
  - 규칙적인 박자를 가지고/규칙적 박자 없이 연주하기
  - 협화와 불협화 사용
  - 다양한 반주 형태 사용
  - 긴장과 해결 조형
  - 작곡적 인식과 의도를 바탕으로 연주하기

음악의 임상적 적용

- 적극적 경청: '음악적 경청'을 위한 '준비됨'
- 음악과 '창조적 지금'에 대한 신뢰
- 내담자의 잠재력이 실현되는 안정한 공간 조형
- '음악적 사이'[4]에 대한 초점 유지
  - 연주하며 경청하기
  - 음악의 활력 수준, 특별히 빠르기와 세기에 따라 음악 맞추기
  - 내담자에게 음악적으로 응답하기
  - 상호적으로 즉흥 연주하기
  - 내담자의 과정에 모든 순간 초점을 두면서 음악적 활력과 탄성을 조형하여 내담자와 심미적인 즉흥연주 만들기
  - 임상적 의도를 가지고 침묵 사용하기
  - 임상적 초점을 가지고 즉흥연주 하기
  - 음악적-임상적 진행에 필요한 내담자의 반응을 음악으로 자극하기
  - 무엇을, 어떻게, 언제 연주하는가에 대한 감각 계발하기
  - 음악으로 지지하고 가치를 높이고 이끌기
  - 어떻게 음악적으로 지시하는지, 지시하지 않는지에 대한 감각 기르기
  - 반응을 유도하는 음악 만들기
  - 중요한 음악적 사건을 알아차리고 사용하기
  - '임상적 주제' —임상적 목표를 구체화하는 음악적 주제—를 창조하고 잠재화하기, 그리고 이러한 주제를 단계적으로 다루기
  - 내담자의 '발달적 역치(threshold)'를 확인하고 다루기

---

4) Ansdell(1995)은 이를 잠재적으로 치료적이고 공유된 청각적 구역(area), 음악을 연주하는 사람들에 의해 창조된 소통의 공간이라 생각하였다. 이는 "음악적 생각의 창조적 공유"가 발생하는 곳이며 (p. 221), 내담자와 치료사 간의 관계가 형성되는 곳이다. 내담자는 "자신이 들려진다는 것을 듣게 되며 응답받는 것에 응답한다" (p. 69).

– 내담자에게 상호 적극성을 요구하기보다는 경험을 제공해야 할 때를 알기

임상과정

- 내담자가 음악을 연주하고 음악에 반응하는 방식에서 그의 특성과 경향 인식하기
- 치료사의 음악적 특성과 경향 인식하기

다음 사항을 이해하고 그에 대해 명확히 설명할 수 있어야 한다.

- 음악치료 과정
- 시간 흐름에 따른 치료과정/전개
- 목표: 각 내담자의 발달과 성취
- 치료에서의 중요한 순간
- 치료관계 역동
- 치료과정 연구에서 자기 탐색의 역할과 영향
- Nordoff–Robbins 개념, 이론, 철학, 그리고 각 사례의 영향
- 사정척도와 그 적용
- 각 사례에 대한 공식적 발표

경청훈련

슈퍼비전에서 음악(청취든 연주든)을 포함하는 것은 훈련생과 작업하는 즉시적이고 효과적인 방법일 수 있다. 이는 치료사와 내담자의 경험에 병행되는 특정한 경험과 내담자를 행한 민감성을 계발할 수 있는 기회를 제공한다. 이러한 과정에 대하여 이야기하는 것에 더하여, 음악을 통해 관계 맺는 것과 즉흥연주에 대한 자유감을 경험하는 것도 중요하다. Pavlicevic(1997)은 자신의 음악치료

이론에서 묘사와 실제 경험을 구별하였다. 우리가 경험에 대하여 묘사하는 것은 그 경험 자체와는 본질적으로 별개의 것이다. 슈퍼비전에서 음악을 연주하는 것은 훈련생이 지속적으로 음악 그리고 즉흥연주와의 관계를 발전시키고, 공유적 음악 연주를 통하여 다른 사람과 관계를 형성하도록 장려한다. 이는 훈련생이 변화의 잠재적 수행자로서의 음악 경험을 내재화하고 통합하는 일에도 도움을 준다. '음악하기'에 대한 지적 이론을 얻기보다는 그에 대한 내재화된 인지를 가지게 된다.

음악하기는 우리가 생각하고 느끼는 바에 영향을 준다. 그리고 우리가 생각하고 느끼는 방식은 우리의 음악에 영향을 준다. 음악하기는 그저 물리적 기술이 아니다. Elliot(1995)은 음악하기를 의도를 가진 행위가 수반되는 이성적 행위라고 설명하였다. 이러한 맥락에서 음악하기는 심리적 현상이다. 우리는 음악적 사건을 살펴봄으로써 심리학적 사건에 대해 조사하는 것이다. 슈퍼바이저의 가장 주된 과업 중 하나는 훈련생이 심리학적 이해와 음악적 이해를 통합하도록 돕는 것이다. 슈퍼비전에서 세션의 음악을 세심히 듣는 것을 통하여 슈퍼바이저는 훈련생이 음악적 상호작용의 더욱 작고 미묘한 면을 분별할 수 있도록 경청기술을 연마하게끔 안내할 수 있다. 이러한 역동은 슈퍼비전에서 음악으로 연주됨으로써 충분히 탐색될 수 있다. 훈련생이 내담자에 대하여 어떻게 느끼는가, 그리고 이러한 감정이 내담자에게 음악적으로 응답하는 특정 방식에 어떠한 영향을 미치는가를 발견하는 것은 도움이 된다. 내담자에 대한 훈련생의 음악적 반응에 초점을 두는 것은 내담자에 대한 훈련생의 통찰로 이어질 수 있다. 내담자가 치료사의 음악적 반응을 자극하는 것이 내담자의 내적 구조를 드러내게 하는가? 이러한 심리학적 쟁점이 탐색될 때 우선적 초점은 이러한 역동이 음악 안에서 어떻게 나타나는가, 그리고 내담자 및 내담자와의 치료관계가 한 보 전진하는 데 있어 음악이 어떻게 사용될 수 있는가에 있어야 한다.

음악 경험의 본질적 불명확성은 초기에는 훈련생의 불안을 야기하고 그 과정을 이해하고 내적 통제와 숙련감을 성립하려는 노력 안에서 심리학적 모델을 사용하도록 자극할 수 있다. 훈련생은 심리학적 이론을 채용함으로써 '치료사

같이' 소통하려고 노력할 것이다. 외형적인 심리학적 해석은 치료과정에 대한 맥락을 제공하고 이를 규정함으로써 훈련생의 불안을 줄일 수 있다. 그러나 그것은 또한 음악적 소통의 불명확성과 추상성을 회피하는 방법이 되기도 한다. 심리학적 개념으로 음악적 사건을 규정하는 것은 음악치료 상황에서 더욱 근본적이고 위협적인 요소—음악, 훈련생, 내담자—를 살펴보는 것을 회피하는 방법이 될 수 있다. 사건을 우선적으로 심리학적 개념 안에서 이해하는 것은 훈련생의 연주 또는 내담자의 음악이 가지는 중요성을 평가 절하하는 일이 될 수 있으며, 세션 안에서 일어나는 일을 더욱 음악적으로 경청하는 일을 방해할 수 있다. 음악적 사건을 심리학적 개념으로 규정하는 일을 통해 훈련생은 음악하기에 대한 환원주의적(reductionist) 입장을 무심코 적용하게 되며, 이러한 관점은 노도프-로빈스 음악치료 접근에서 잠재성을 보는 관점과 합치되지 못한다.

슈퍼바이저는 새로운 발견이 음악으로부터 생성되도록 하고 심리학적 이해가 진정한 음악적 사건을 바탕으로 이루어지도록 함으로써 훈련생이 이러한 도전을 직면하는 데 역할 모델이 될 수 있다. 슈퍼비전의 기교는 훈련생에게 무엇이 필요한가를 사정하는 것이다. 훈련생에게 필요한 것은 더욱 완전한 이해를 자극하는 언어적 통찰일 수도 있고 새로운 음악적 치료 행로를 조형하는 음악 경험일 수도 있다. 때로는 하나의 경험이 또 다른 경험으로 이어지기도 한다. 때로는 경험이 함께 일어나기도 한다. 훈련생이 내담자에게 특정 경험이 어떠한 의미를 주는가를 정확히 아는 것은 어쩌면 불가능할 수도 있다는 것을 알도록 하는 것은 중요할 것이다. 슈퍼바이저는 훈련생이 어떤 사건을 이해함에 있어 먼저 음악적 사건을 설명하고, 음악을 탐색한 뒤에 그 의미를 가정하도록 돕는다.

세션 경청

노도프-로빈스 음악치료에서는 모든 세션이 녹음 또는 녹화된다. 따라서 이 접근의 슈퍼비전에서 독특한 면은 슈퍼바이저와 훈련생이 세션을 함께 자세히 경청하는 것이다. 훈련생이 자신의 음악에 대해 확신하지 못할 때, 슈퍼바이저와 함께 세션을 듣거나 보는 내내 그것에 대해 이야기하고자 할 수 있다. 이때 슈퍼바이저는 세션을 청취하는 것에만 초점을 두는 환경을 조성한다.

세션을 경청할 때, Sandra Brown(개인면담, 1999. 4.)은 세션에 대한 느낌을 얻기 위하여 한동안 조용히 아무 말 없이 듣는 것을 선호한다. 그녀는 슈퍼비전 세션에서 무엇을 듣는가에 대한 통제권을 누가 가지고 있는가에 주목한다. 훈련생이 이러한 통제를 가지고 있는가? 그렇다면 그들은 이를 통해 세션에 대한 통제감을 가지는가, 이것이 훈련생에게 중요한 일인가? 이것이 치료 세션의 반영—병행과정—일까? 당신이 슈퍼바이저로서 통제권을 가지지 못하는 것에 대한 두려움은 없는가?

음악 안에서 중요한 것을 듣게 될 때, 그녀는 훈련생에게 그들이 연주한 음악을 왜 연주한 것인지 질문한다. 더 나아가 그녀는 훈련생이 그 음악에 대해 설명하기를 요청한다. 훈련의 시작 단계에서 이러한 설명은 훈련생에게 도전적일 수 있다. 따라서 그녀는 반대로 그 음악이 어떠하지 않은지를 설명하도록 한다. 이러한 전략의 목적은 훈련생이 세션에서 발생한 음악에 대해 분명히 밝히고 설명할 수 있도록 돕는 것이다. 그녀는 훈련생이 내담자의 음악에 대해 설명하도록 요청하고, 훈련생이 세션 안에서 그리고 특정한 순간에 어떠한 느낌을 가지고 있었는가를 함께 탐색한다. 그녀는 "어디에서 관계가 형성되었나요? 어디에서 그것을 잃어버렸나요? 어떻게 해야 할까요?" 라고 질문할 것이다.

Brown은 슈퍼바이저가 주장 또는 제안을 하기보다 질문을 하는 것이 선호되어야 한다고 생각한다. 질문을 통해 슈퍼바이저는 훈련생이 주어진 사건에 대한 '정답' 보다는 다른 관점을 탐색하도록 장려한다. 슈퍼바이저는 훈련생에게 어떻게 하라고 말하는 대신, 훈련생이 상황에 대한 자신의 통찰을 가지거나 대안적 선택을 도출하도록 도울 수 있다. 또한 질문은 훈련생이 슈퍼바이저가 중요하다고 생각하는 영역을 고려하고 당면 상황에 대해 더 큰 인식을 가지도록 안내할 수 있다. 이런 과정은 훈련생이 자신의 지각을 신뢰하고 치료사로서의 정체성을 형성하도록 장려한다.

Rachel Verney(개인면담, 1999. 4.) 역시 정밀하고 정확한 음악 경청기술을 개발할 필요성에 대해 강조하였다. 그녀의 노도프-로빈스 슈퍼비전 접근은 훈련생이 음악적 의도를 계발하고 자신의 음악과 음악치료 모델을 형성하는 것을 도와주도록 고안되었다. Brown과 마찬가지로, Verney 역시 훈련생에게 "음악 안에 나타난 내담자는 어떤 사람인가요? 무엇을 촉진하기 위해 당신은 어떻게 연주하나요?"라고 질문한다. 그리고 훈련생의 의도를 알기 위하여 내담자에 대한 훈련생의 음악적 반응을 세밀히 탐색한다. 그녀는 모든 음이 중요하다고 확신한다. 그리고 훈련생이 내담자에 대한 자신의 음악적 반응—음악적 세기, 에너지 수준, 내담자의 작은 반응—을 살펴보도록 돕는다. 이러한 탐색을 통하여 훈련생은 내담자의 발달적 잠재성을 최적화하기 위하여 어떻게 음악이 주도하고, 반영하고, 지지하고, 도전해야 하는가에 대한 감각을 계발할 수 있다.

훈련생은 이미 인덱스(세밀하게 분석하고 기록하는 작업)를 마친 세션 테이프를 슈퍼비전에 가져온다. 슈퍼비전 세션에서 Verney는 다음의 세 과업을 훈련생에게 부여한다.

- 세션을 요약하고 특징을 기술하기: 내담자의 음악을 상세히 묘사하기
- 세션에서, 특히 음악에서 중요한 사건을 찾기
- 이러한 사건이 중요한 이유를 명확히 설명하기

훈련생의 대답과 설명을 통하여 Verney는 세션에 대한 훈련생의 지각을 더욱 온전히 이해할 수 있다. 또한 훈련생이 얼마나 세심하게 음악을 경청하는가, 무엇을 듣고 무엇을 듣지 않는가, 음악적 단상을 어떻게 인식하는가를 알게 된다. 이 과정은 슈퍼바이저가 훈련생을 위해 어떤 부분에 더 초점을 두어야 하는가에 대한 감각을 제공한다.

위의 질문에 대한 답을 들은 후 세션을 청취한다. 이러한 접근에서 슈퍼바이저는 훈련생의 설명과 세션의 음악이 서로 일치하지 않을 때 테이프를 멈춘다. 훈련생이 슈퍼비전에서 들리는 것과 자신의 설명 간의 차이를 인식하도록 돕는 것은 세션의 새로운 방향을 제시한다.

그러나 Verney는 세션을 차후에 청취할 때 그전과 다른 것이 들리는 것은 일반적이고 정상적인 현상이라고 훈련생을 안심시킨다. 같은 세션이라도 언제 어디서 청취하는가에 따라 그 지각은 달라질 수 있다. 예를 들어, 훈련생은 슈퍼바이저가 어떻게 청취하는가에 영향을 받을 수 있으며, 이에 따라 이전보다 더욱 객관적이고 명료하게 청취하기 시작한다. 반면 슈퍼비전 전이 쟁점은 훈련생이 권위자인 슈퍼바이저 앞에서 음악을 객관적으로 청취하는 능력을 방해할 수 있다. 훈련생은 자신의 음악에 대해 과도하게 비판적이 될 수도 있고, 슈퍼바이저에 대한 투사로 왜곡된 바탕에서 청취하기도 한다. 또한 훈련생은 자신의 설명이 실제로 세션에서 일어난 사실을 바탕으로 하기보다는 세션에서 느꼈던 것을 바탕으로 이루어졌다는 결론을 내리기도 한다. 이는 사실일 수도 있고 아닐 수도 있다. 슈퍼바이저는 훈련생이 이에 대한 선별을 하도록 도움을 주어야 한다.

음악적 소통을 매 순간 주의 깊게 경청하는 것은 훈련생의 명료화 작업을 도울 수 있다. 훈련생은 슈퍼바이저가 세밀함과 이해를 바탕으로 작은 단상을 주목하고 알아차리도록 도울 때 보다 세밀하게 청취하기 시작한다. 이는 시간이 걸리는 작업이며, 종종 훈련생을 지치게 하기도 한다. 훈련생은 자신의 경청 인식을 확장하려는 인내와 의지를 가져야 한다. 슈퍼바이저가 도전하고 지지하는 것이 중요하지만, 훈련생의 잠재성에 대한 일관적인 신념을 유지하는 것도 마찬가지로 중요하다. 치료실 안에 존재하는 사람은 훈련생이며, 훈련생에게는 녹음/녹화되지 않은 지각이 있음을 이해해야 한다.

슈퍼비전에서의 음악 연주

훈련생은 내담자를 이끌어야 할 때를 잘 모르기 때문에 작업을 시작함에 따라 자신의 음악에 필요한 만큼의 따뜻함, 위안, 양육이 포함되더라도 생동감, 방향, 추진력 등은 부족할 수 있다. 음악이 지지적이면서 도전적이고, 비지시적이면서 선도적일 수 있다는 것을 훈련생이 배우게 되면, 그/그녀는 음악을 더욱 광범위한 정서적, 구조적 틀을 바탕으로 창조하기 시작한다. 슈퍼비전에서 음악을 연주함으로써 이러한 경험을 얻는 것은 훈련생에게 지지적이면서 도전적이고, 동행적이면서 선도적인 음악의 속성에 대해 믿게 한다.

연주를 해야겠다는 특별한 계획이 없더라도, 슈퍼비전은 매주 피아노가 있는 방에서 하도록 한다. 훈련생은 여러 곳에서 연주해 왔더라도 슈퍼비전에서 연주하는 것에 대해서는 불편해할 수 있다. 이에 대해 훈련생이 안전하게 느끼려면 시간을 두고 슈퍼바이저와의 신뢰가 형성되어야 한다. 따라서 슈퍼바이저는 긴장을 푸는 첫 단계로 훈련생에게 어떠한 목표도 없이 함께 연주하기를 제의할 수 있다.

슈퍼비전에서 음악을 연주하는 것은 훈련생이 새로운 통찰과 표현적인 음악 능력을 성취하도록 돕는다. 이러한 경험은 훈련생이 내담자에게 더욱 공감하고 세션에서 내담자가 경험하는 것을 더욱 충분히 인식하며 내담자에게 음악적으로 응답하는 새로운 방법을 배우도록 돕는다. 훈련생의 음악적 인식을 고취하기 위해서, Brown은 종종 훈련생에게 세션에서 연주했던 방식과 반대되는 방식으로 연주해 볼 것을 요청한다. 또는 그녀가 세션에서의 음악과 반대되는 방식으로 연주한 뒤 훈련생에게 그 경험을 묘사하도록 요청한다.

음악기술에서의 고전은 많은 경우 정서적 어려움과 연관된다. 한 훈련생은 내담자의 북 연주에 더욱 역동적으로 응대하는 음악을 연주하기 위해 피아노의 모든 음역을 이용하는 것을 힘들어했다. 이에 대해 인식하고 중요하게 생각했음에도 그녀는 여전히 피아노의 넓은 음역을 사용할 수 없었다. 슈퍼비전에서 그녀는 이러한 경험을 탐색하였다. 피아노 앞에 앉아서 연주하며 그녀는 두 팔을 넓게 벌려 연주하는 것에 대한 두려움에 대해 통찰하게 되었다. 슈퍼비전이 치료는 아니므로 그녀가 이 불안의 기저에 존재하는 원인에 대해서 탐색하지는 않았지만, 슈퍼바이저는 그녀의 두려움을 있을 수 있는 일로 수용하고 인정하였다. 이 슈퍼비전 이후 그녀는 더욱 자유롭게 연주하게 되었다.

Jacqueline Birnbaum(개인면담, 1999. 9.)은 음악적 소통이 활력적일수록 내담자와의 음악적 연결에 어려움이 있었던 훈련생과의 경험을 소개하였다. 그녀는 훈련생의 다른 전문가적 발달 영역에서도 이러한 역동을 볼 수 있었고, 훈련생이 이 쟁점에 대해 자숙하도록 격려했다. 스스로의 음악적 경향과 다른 사람과의 관계에서 나타난 개인적 역동 간의 연결을 보게 된 후에야, 이 훈련생의 음악은 변하기 시작했다. 이러한 변화는 훈련생이 자기 쟁점에 대한 통찰을 얻었을 때 발생했다.

슈퍼비전에서 음악적 역할연기는 일반적 활동으로, 다양한 방식으로 구조화될 수 있다. 하나의 방법은 훈련생이 내담자의 역할을 하며 내담자가 치료에서 연주한 그대로 연주하는 것이다. 슈퍼바이저는 훈련생 역할을 하며 훈련생이 치료에서 연주한 대로 연주한다. 이러한 경험을 하는 것만으로도 훈련생은 종종 세션에서의 음악 창조에 대한 새로운 가능성을 통찰하게 된다. 이 역할연기를 지속하면서 슈퍼바이저는 점점 음악을 변화시킴으로써 훈련생에게 새로운 경험을 선사한다. 슈퍼바이저는 음악이나 역할에서 내담자의 새로운 잠재성을 이끌어 낼 수 있는 특정한 요소를 과장하기도 한다. 이러한 시범을 통하여 슈퍼바이저는 훈련생에게 새로운 가능성을 제공한다. 그리고 역할연기를 통해 훈련생은 슈퍼바이저가 가능하리라 생각하는 다양한 선택을 경험할 기회를 가진다.

또 하나의 방법은 훈련생이 주 치료사의 역할을, 그리고 슈퍼바이저는 내담자의 역할을 해 보는 것이다. 슈퍼바이저는 내담자의 음악 중 특정한 부분을 강조함으로써 훈련생이 내담자의 연주에 대한 통찰을 얻도록 도울 수 있다. 또는 슈퍼바이저는 연주를 통하여 이제껏 발현되지 못했던 훈련생에게 잠재된 특성을 자극할 수 있다. 예를 들어, 슈퍼바이저는 내담자의 역할을 하며 북을 연주할 때 점점 크게 또는 점점 빠르게 연주할 수 있다. 이러한 음악 경험을 통해 슈퍼바이저는 이 쟁점에 대해 대화하거나 더 크게 연주하라고 제의하기보다는 훈련생이 내담자와 존재할 수 있는 새로운 방식을 제시한다.

일반적으로 슈퍼바이저는 훈련생의 연주에서 고착되거나 고정된 영역을 확인하고 그 영역에서의 변동성을 발달시키고자 노력한다. 훈련생은 음악적으로 더 유연해질수록 세션 안에서 음악적으로 더욱 반응적이고 민감할 수 있다.

슈퍼비전에서 음악을 연주하는 또 다른 목표는 훈련생이 세션에서 연주하는 순간에 가지는 감정에 대하여 다룸으로써 내담자를 향한 스스로의 태도에 대한 인식을 증대하는 것이다. 나는 훈련생이 내담자와 충분한 관계를 형성하는 것을 가로막던 감정에 대하여 인식하는 슈퍼비전에서의 음악 사용에 대하여 언급한 바 있다(Turry, 1998). 슈퍼바이저가 훈련생의 음악에 나타나지 않았던 루바토(rubato), 돌림구(rounded phrase), 넓은 음역 등과 같은 음악적 표현 요소를 사용함으로써, 훈련생은 내담자를 향한 감정적 장애물을 인식하게 되었다. 이러한 통찰은 훈련생이 이후 세션에서 더욱 개방적이고 반응적으로 내담자와 작업하도록 도왔다.

이러한 탐색을 시작하기 위하여 슈퍼바이저는 훈련생에게 내담자에 대한 인상에 대해 연주하거나 내담자가 어떻게 그런 인상을 훈련생에게 주는가에 대해 연주하도록 요청할 수 있다. 이러한 모든 음악하기 상황은 훈련생을 새로운 아이디어로 이끈다. 슈퍼바이저에 의한 심리학적 고려는 훈련생의 음악적 힘을 해방하기 위함이다. 그 목표는 훈련생의 주지적 통찰이나 정서적 정화가 아니라 궁극적으로 내담자를 위한 새로운 음악적 행로를 얻기 위함이다.

훈련생이 내담자의 경험을 이해하는 하나의 방법은 내담자의 신체 자세를 채용하여 내담자와 최대한 유사하게 움직여 보고 연주해 보는 것이다. 그 순간의 청각적 경험을 부각하기 위하여 훈련생에게 눈을 감도록 요청하는 것도 도움이 된다. 이는 훈련생으로 하여금 음악이 어떻게 내담자에게 영향을 미치는가를 경험할 수 있도록 돕는다. 여기에서 '이 음악이 내게 요구하는 것은 무엇인가? 이 음악이 내게 어떠한 영향을 주는가? 나는 음악이 무엇을 하기 원하는가? 이 음악이 끝난 지금 나는 무엇을 느끼는가?'는 중요한 질문이다.

훈련과정에서 슈퍼바이저는 훈련생의 작업과 연관된 Nordoff-Robbins 사례문헌을 훈련생이 청취하고 공부하도록 할 수 있다. Michele Ritholz(개인면담, 1998. 5.)는 특정 훈련생과의 슈퍼비전에서 그가 세션에서 사용한 음악에 대해 몇 가지 제안을 했다. 그러나 이러한 접근은 성공적이지 못했다. Ritholz는 미리 작곡되어 있던 내담자에게는 중요하지만 치료사의 음악에서는 부족했던 특성을 포함하는 음악 한 곡을 자발적으로 사용하였다. 훈련생이 그 곡을 규칙적인 방법으로 연주하였고, 그 뒤 Ritholz가 같은 곡을 루바토로 연주하였다. 그다음 훈련생이 다시 그 곡을 연주했을 때는 그 곡에 대한 느낌이 완전히 달랐다. 훈련생은 내담자에게 이로운 음악적 경험의 종류에 대해 새로운 인식을 가지게 되었다. 그 음악의 속성—그 특징과 표현적 본질—이 훈련생의 어느 한 부분에 와 닿았던 것이다. 그 이후의 치료과정에서 훈련생은 결과적으로 더욱 효과적인 방법으로 연주하게 되었다.

음악자원 개발

훈련생은 종종 자신의 친숙한 음악 양식과 경향에서 벗어나는 것에 대해 어려움을 느낀다. Rachel Verney(개인면담, 1999. 4.)는 다양한 심미적 형식 안에서 즉흥 연주하는 능력을 발달시키는 연습방법을 개발하였다. 어느 곡의 첫 네 마디가 훈련생에게 주어진다. Verney는 훈련생이 그 곡의 양식에 대한 감을 갖도록 그것을 초견으로 연주하게 한 다음, 멜로디의 배열, 주법, 화성 양식 등 그것의 속성에 대하여 설명하도록 요청된다. 그 뒤 Verney는 훈련생이 그 곡의 양식을 가지고 계속해서 즉흥연주하도록 한다. 다양한 작곡가의 곡과 양식을 가지고 여러 번에 걸쳐 이 연습방법을 사용하는데, 이는 훈련생의 음악 자원을 확장하도록 돕는다. 훈련생은 더욱 폭넓은 음악 형식 안에서 즉흥연주를 하는 능력을 계발하기 시작한다.

훈련생이 교회선법을 비롯한 다양한 음계와 이디엄에서 즉흥연주를 시작하도록 한다. 나는 훈련생이 다양한 조성적 구조 안에서 더욱 능숙할 수 있도록 도와주는 연습방법을 개발하였다. 하나의 음을 조성의 으뜸음으로 하여 훈련생이 그 음 주위에 다른 음을 더하거나 대신함으로써 중국 오음계, 일본 오음계, 중동 음계 등으로 옮겨 가도록 한다. 이는 훈련생이 각 조성적 구조의 속성을 이해하고, 서로 비교하고, 하나에서 다른 하나로 전환하도록 돕는다.

훈련생이 각 특정한 음계나 모드의 특색이 무엇인지 이해하도록 도와야 한다. 특히 모드를 연주할 때, 각 모드를 특징짓는 음을 부각하지 못하는 경향이 있다. 장단조와 비교하여 각 모드의 특징음을 부각하도록 하는 것도 도움이 된다. 이러한 연습은 훈련생이 즉흥연주에서 흐름과 방향성을 발전시키는 데 도움이 된다.

초보 훈련생에게는 다양한 빠르기로 연주하는 것이 어려울 수 있다. 초보 훈련생은 종종 고착된 빠르기와 박자로 연주한다. 이는 불안, 무엇인가를 창조해야 하는 절박함, 안정감에 대한 욕구 때문일 수 있다. 훈련생은 또한 음의 세기에서 제한적 유동성을 보이며, 어떻게 연주하는가보다는 연주하고 있는 몇몇 특정한 음에 주의를 기울이기도 한다. 슈퍼바이저는 이를 훈련생과의 음악하기를 통해 멜로디악기로 다양하게 연주함으로써 다루려 노력할 수 있다. 만약 이 쟁점이 지속된다면 그것이 훈련생이 가진 정서적 장애물의 표시일 수 있으며, 쟁점에 대한 통찰이 훈련생의 변화를 도울 수 있다. 한 훈련생은 자신이 '판단으로부터 도망치기 위해' 빠른 템포로 연주한다는 것을 알게 된 후 충분히 다양한 빠르기를 사용하여 연주할 수 있었다.

훈련생은 자신의 음악에 사용될 수 있는 모든 요소를 인식하지 못할 수 있으며 자신의 연주에 대한 통제권을 가지지 못할 수도 있다. Verney는 훈련생이 하나의 단순한 악구를 즉흥으로 만들어 내고 그것을 정확히 반복하도록 하는 연습법을 고안하였다. 그런 다음 훈련생이 그 음악의 다른 면은 그대로 유지한 채 한 면만을 바꾸도록, 예를 들어 레가토(legato)에서 스타카토(staccato) 주법으로 바꾸도록 한다. 이 연습법은 훈련생이 음악 요소를 구별하고 자신의 인식에 더욱 집중하도록 장려한다. 일반적으로 훈련생은 점점 느려질 때 점점 작게, 점점 빨라질 때 점점 크게 연주하는 경향을 가진다. 이 연습법은 음악적 변동성과 구별력에 도움을 준다.

음, 음정관계, 화성 진행, 전위, 선율의 자연스러운 방향에 대한 인식과 가능한 창조적 도약에 대한 민감성을 발달시키는 것은 훈련생의 성장에서 중요한 부분이다. 멜로디 창작을 위하여 음정관계에 기초해 음의 자연스러운 방향을 공부하는 것과 음악 진행에서 화성이 어떻게 연결되는가를 공부하는 것은 훈련생이 하나의 음악적 몸짓에서 완전한 음악구를 유추해 낼 수 있도록, 즉 '음악적 덩어리'를 들을 수 있도록 돕는다. 이는 즉흥연주를 하는 동시에 방향과 형식을 형성하는 중요한 기술이다. 『치유적 유산(Healing Heritage)』(1998)에 수록된 역동으로서의 음력(power of tones)에 대한 Paul Nordoff의 강의는 이에 관한 이해에 있어 중요한 자원이다. 여기에서 중요한 것은 음이 어디로 향하는 것을 기억하는 것이 아니라 내적으로 듣는 것, 즉 음악적으로 생각하는 것이다. 음악 진행, 전위, 다양한 화성화, 음계구조에 대한 연습을 통해 손가락이 기억하기 시작한다. 생각이 움직이기 전에 손이 먼저 가야 할 곳으로 움직이기 시작하는 것이다.

내담자의 음악을 질문으로 듣거나 훈련생이 상승 멜로디 또는 미해결된 화성을 사용하여 질문하는 것은 내담자의 음악을 확장하고 부각하는 음악적 소통으로 다가가는 방법이 된다. 그 자체로 완전한 음악보다는 상호적이고 각자의 기여를 통해 완성되는 음악을 연주해야 한다.

훈련생이 자신의 즉흥연주를 기억하도록 돕기 위하여 손 안의 작은 범위에서 맴도는 멜로디로 시작하기를 제안한다. 이는 초보자에게 벅찬 선택을 단순화하고 제한한다. 작은 움직임은 연주가가 자신이 연주하는 음악을 기억하도록 돕는다.

훈련생에게는 음악적 관계 안에서 의도적인 침묵을 만드는 것이 도전적일 수 있다. 특히 훈련생이 세션에 대한 책임감을 느끼고 무언가를 해야 한다고 생각할 때는 더욱 그렇다. 슈퍼바이저는 훈련생이 침묵 안에 머물도록 하고 침묵 안에 존재하는 가치를 알도록 도울 수 있다. 침묵은 능동적 행동이며 그 유형이 다양하다. 침묵의 속성은 그 이전의 사건으로부터 영향을 받는다. 침묵을 통해 치료사는 내담자의 음악이 가장 중요하다는 것을 소통할 수 있다.

기술적 관점에서 다양한 음악적 정서를 도출하는 훈련생의 능력은 다양한 방법으로 확장될 수 있다. 하나의 모드를 탐색한 후에 훈련생에게 상반된 방법으로 연주하도록 요청하라. 삼각형과 같은 형태 또는 사막과 같은 풍경에 대해 연주하도록 제안하는 것도 훈련생이 음악적 정서를 창조할 때 영감의 근원이 될 수 있다. Suzanne Nowikas(개인면담, 1998. 9.)는 훈련생에게 정서가 적혀 있는 카드 한 장을 선택하도록 요청한다. 다른 훈련생은 그 카드에 어떤 정서가 적혀 있는지 알지 못한다. 카드를 선택한 훈련생은 적혀 있는 정서를 그려 내기 위해 노력하며 연주한다. 연주가 끝난 후, 다른 훈련생은 그 훈련생이 그려 내고자 노력한 정서가 무엇인지, 그리고 어떻게 다른 방법으로 연주할 수 있었을지에 대하여 논의한다. 이 연습법은 훈련생이 음악적 아이디어를 발전시키도록 돕는다. 또한 훈련생 각자의 경험이 어떻게 다를 수 있는지에 대해 폭넓은 이해를 하도록 돕는다.

Kana Okazaki(개인면담, 1999. 9.)는 훈련생에게 즉흥연주를 경청할 때 심상을 가져 보도록 요청한다. 훈련생이 각자의 심상에 대해 이야기 나눈 뒤 특정 이미지를 떠올리게 했던 음악 속성을 찾아보도록 한다. 이 연습법은 심상과 정서적 반응을 자극하는 음악 요소와 그 역할에 대한 훈련생의 인식이 확장되도록 돕는다. 훈련생은 각자의 생각을 공유함으로써 서로 간의 신뢰를 형성한다.

인도와 아프리카와 같이 즉흥연주를 선호하는 문화에서는 교사와 학생이 악보를 보지 않고 음악의 특징에 주목하면서 서로 번갈아 가며 연주하는 것을 통해 즉흥연주를 학습한다. 악보를 보는 것은 창조적 표현과 심미적 음악성을 향한 발달에서 잠재적 장애가 될 수 있다. 음악의 필수 속성에 대한 내재적 학습이 중요하다.

슈퍼비전, 전체 훈련과정의 한 부분

노도프-로빈스 음악치료 자격증 훈련이 고급 과정이므로 훈련생은 이미 치료사란 무엇인가에 대한 기본 개념을 이해하고 있다. 그들은 이미 치료과정에 대해 설명할 수 있는 능력을 가지고 있다. 이제 그들이 해야 할 일은 이론화를 통하여 거리감 없이 음악적 순간에서 살아가려는 의지를 가지는 것이다. 이는 훈련의 다양한 구성 요소를 통해 다루어진다. 음악에 관한 특정한 새로운 정보와 워크숍 경험을 포함하는 과목이 제공되며 강의는 훈련생에게 임상적 즉흥연주의 효과를 보여 주는 Nordoff-Robbins 사례 문헌을 세심히 분석하도록 돕는다. 즉흥연주 수업에서는 자원 개발, 임상적 인식 고양, 개인의 음악적 특성에 대한 인식 발달을 다룬다. 분석방법인 인덱싱,[5] 관계척도(relationship scale),[6]그리고 빠르기 세기 도식(tempo dynamic schema)[7]은 집단 형식 안에서 학습된다. 사례 문헌에 대한 학습, 실용적 음악기술, 자기 인식, 그리고 현대 임상 경험의 공유는 모두 훈련과정에서 제공되는 수업의 주요 구성 요소다. 수업이 임상과 동시에 진행되므로 수업시간에 논의된 사항은 세션에서 일어나는 일과 연관된다. 훈련생은 수업시간에 배운 것에 대해 슈퍼비전에서 다시 다루게 된다.

Kaoru Robbins(개인면담, 1999. 7.)는 슈퍼비전에서 사용하는 교습용 녹화물을 위한 임상 장면을 편집하였다. 훈련생에게 일반적으로 도전이 될 수 있는 주제—예를 들어, 내담자의 연주가 분산적일 때 침묵의 중요성이나 음악적 일관성을 조형하는 능력—를 선택한 후 그 학습 주제를 보여 주는 다양한 치료사의 임상을 훈련생에게 보여 준다. 이는 한 가지 목표를 위해 다양한 방법으로 작업할 수 있다는 것과 각 치료사가 자신만의 고유한 방법으로 효과적인 음악 자원을 사용한다는 것을 강조하는 데에도 도움이 된다.

노도프-로빈스 음악치료 센터에서 슈퍼바이저는 훈련생이 어떠한 내담자와 일하도록 할 것인가를 고려할 때 훈련생과 내담자 모두의 성장을 염두에 두고 훈련생에게 내담자를 배정한다. 최상의 치료 팀 구성을 위한 사정도 중요하다. 각 훈련생은 주 치료사와 협력 치료사의 역할을 모두 수행하며 동료뿐만 아니라 스태프와도 팀으로 함께 일한다. 각 경험은 훈련생이 다른 역할을 시도하도록 한다. 어떤 훈련생은 처음부터 동료와 일할 준비가 되어 있는 반면, 다른 훈련생은 스태프의 지도가 필요하기도 하다. 훈련생이 스태프와 함께 일할 때 일어날 수 있는 문제는 훈련생이 음악으로 선도하기보다는 반주만 하며 치료사로서의 권한을 이양하게 되는 것이다. 첫 단계에서 이런 일은 자연스러울 수 있으나, 이러한 슈퍼바이저에 대한 의존이 지속되고 해결되지 않을 시에는 문제가

5) 인덱싱(indexing)은 Nordoff-Robbins 접근에서 세션을 분석하는 방법이다. 이는 두 부분, 즉 실시간으로 색인된 세션의 사건에 대한 짧은 설명과 이후 세션에서 사용할 가능성을 위한 주요 음악적 사건의 기록으로 구성된다. 모든 세션은 다음 세션 전에 인덱스 된다.

6) 『창조적 음악치료(*Creative Music Therapy*)』(2007), pp 175-189를 참조하라.

7) 『창조적 음악치료(*Creative Music Therapy*)』(2007), pp 158-159를 참조하라.

된다.

훈련생은 훈련과정에서 주 치료사의 역할뿐만 아니라 협력 치료사의 역할도 배운다. 협력 치료사는 어느 정도 개입할 것인가, 주 치료사와 내담자 간의 음악적 관계를 어떻게 촉진할 것인가, 그리고 주 치료사가 내담자와 음악으로 일하고자 하는 시점을 어떻게 이해하고 이를 바탕으로 작업할 것인가에 대하여 배워야 한다. 협력 치료사는 끊임없이 "내담자와 얼마만큼 가까이 있어야 할까? 내담자가 어느 정도의 지시를 필요로 하나? 내담자가 음악 안에 더욱 깊이 들어가도록 어떻게 도울 수 있나?"라고 질문하며 판단한다. 협력 치료사 역할을 수행하는 경험은 주 치료사로서의 성장을 도모하고, 연주하며 동시에 경청하는 능력의 내재화와 활성화에도 기여한다. 이는 협력 치료사로서 훈련생이 내담자 가까이 머무르며 통찰을 얻게 되기 때문이다.

이 접근에서는 치료 팀에 대한 슈퍼비전도 중요하다. 슈퍼바이저가 팀 역동을 살피고 팀을 분리시키지 않는 피드백을 제공하는 것이 중요하다. 때로는 팀원이 함께 슈퍼비전을 받는 것도 필요하다. Nowikas(1994)는 치료 팀 역동에 대해 연구하였는데, 이 연구는 훈련과정에서 팀 역동에 대한 훈련생의 인식을 향상하고 훈련생이 더욱 지지적이고 이해적인 팀을 만들어 가는 데 도움이 된다. 더 나아가 이는 훈련생의 창조적 자유를 고양한다.

훈련생은 임상에 대한 피드백을 제공하도록 구성된 수업시간에서 그들의 임상을 공유한다. 이러한 상황에서 두 훈련생이 슈퍼바이저의 지도 아래 함께 연주할 수 있다. 그들이 치료사-내담자의 역할연기를 하는 동안, 슈퍼바이저는 그들의 음악이 '지금 시간(now time)'[8]에 맞추어 조정되도록 피아노를 연주하는 훈련생을 지휘할 수 있다.

인덱싱은 세션에서 중요한 것에 대한 지각을 발달시키고 다음 치료의 방향을

---

8) Robbins와 Forinash(1991)의 「음악치료의 다수준적 현상으로서의 시간(Time as a multilevel phenomenon in music therapy)」에서 인용한 것이다. '창조적 시간'으로도 불리는 '지금 시간'은 "직관의, 지각의, 순간적 통찰 또는 이해의 순간이다. 이는 창조적 순간에서 발생한다."(p. 53)

정의하는 방법이다. 이를 통해 훈련생은 내담자의 고유한 음악적 반응을 찾아내고 작업하는 방법을 배운다. 동시에 다음과 같은 중요한 질문을 한다. 기본박을 성립하는 것이 중요할까? 내담자가 그다음에는 어떤 음악을 연주할까? 내담자가 선율 리듬을 연주할 수 있을까? 내담자가 악구에서 자연스럽게 유도되는 마침음을 들을 수 있을까? 내담자가 빠르기와 박자를 타고 있을까? 내담자가 지금 빠르기나 세기 변화에 응답하고 있는 걸까? 내담자가 연주하는 음악의 속성은 무엇일까? 내담자가 신체적으로 자유롭게 움직이고 있나? 다른 악기, 북채, 또는 악기의 위치가 경험을 더 가치 있게 만들 수 있을까? 북채보다 스틱이 더 명료한 리듬을 만들어 낼 수 있을까? 지속적인 화성 반주 없이 옥타브를 사용해서 멜로디를 더 명료하게 만들면 어떨까? 내담자가 레가토에서 스타카토로의 변화에 반응했나? 무엇이 내담자를 적극적으로 참여하도록 할까? 음악적 정서에 대해 작업하고 내담자의 정서적 속성에 맞추는 것이 좋을까? 무엇이 내담자를 연주하게 하는 걸까? 무엇이 내담자가 노래하도록 자극했을까? 지금 연주되는 음악은 어떻게 설명될 수 있을까? 이는 모든 훈련생이 터득해야 할 영역이므로 훈련생은 다 함께 이에 대해 토론한다. 훈련생은 어느 한 세션을 공유하기로 선택하고 그 세션의 인덱스를 집단에게 나누어 줄 수 있다. 인덱스 과정의 일부로 다음 세션에서 다시 사용할 중요한 음악적 아이디어를 악보에 기록한다. 한 훈련생은 사건과 내담자의 반응 속성, 그리고 그 중요성을 기록하며 인덱스를 하고, 다른 한 훈련생은 그 세션과 치료과정 전반에서 어떠한 일이 특히 중요했는가에 대해 보다 폭넓게 요약할 수 있다. 녹화된 세션을 볼 때, 슈퍼바이저는 인덱스에 무엇이 포함될 수 있는지, 그리고 무엇이 삭제될 수 있는지에 대해 제안할 수 있다.

이러한 집단 학습 경험에서 다양한 집단역동이 활성화되는데, 때로는 슈퍼비전에서 이를 다루어야 한다. 소속감, 비교, 경쟁 쟁점이 나타날 수 있다. 슈퍼바이저가 이러한 역동에 주의를 기울이고 훈련생이 그에 대해 슈퍼비전에서 논의할 수 있도록 해야 한다. 집단의 성장, 그리고 개인의 성장 단계를 포함하는 독특한 집단과정이 존재한다. 훈련생이 각자 고유의 속도를 가지고 배워 간다는 것과 각 치료사가 같은 일을 다른 방법으로 다룬다는 것, 그리고 하나의 음악적 개입만이 정답은 아니란 것을 깨닫게 해야 한다. 훈련생은 서로를 통해서도 배운다. 훈련생 모두가 수용될 수 있고, 각자 고유하고 가치 있는 존재임을 깨닫게 되면, 그들은 서로를 신뢰하게 되고 신실한 태도로 나눔을 가지게 된다. 이러한 나눔은 더욱 깊은 수준의 신뢰를 쌓고 모두가 참여하는 학습과정을 고양한다. 불안이 높으면(보통 훈련의 시작 단계에서 그렇다) 경쟁이 심화된다. 훈련의 마지막 단계에서 각 훈련생이 자신만의 고유한 방법으로 최선을 다해 작업하였다는 것을 스스로 이해하는 일은 지지, 우정, 인정을 제공한다. 슈퍼바이저는 집단과정에 대하여 서로 소통해야 하며, 집단의 건강한 발달을 어떻게 촉진할 것인가에 대해 논의해야 한다. 훈련생이 자신의 참자기(true self)가 나타나고 치료사로서의 정체성으로 통합되었다고 느낄수록 그들의 훈련은 성공적인 것이다.

슈퍼바이저와 함께 작업하는 것은 훈련생의 판단받는 느낌, 실수에 대한 두려움, 그리고 완벽하고자 하는 욕구를 자극할 수 있다. 이는 모두 자연스러운 감정으로서 슈퍼비전에서 다루어져야 한다. 반대로 슈퍼바이저가 이러한 경험을 하는 방법은 바로 훈련생을 슈퍼바이저의 협력 치료사로 일하도록 하는 것이다. 노도프-로빈스 센터의 모든 슈퍼바이저는 활발히 일하고 있는 임상가다. 훈련생은 슈퍼바이저가 자신과 같은 도전에 직면하는 모습을 볼 수 있다. 슈퍼바이저는 권위적인 위치를 고수하기보다는 훈련생과 유사하게 위험을 감수하는 위치에 있다. 훈련생에게 첫 단계로 슈퍼바이저와 상황을 이상화하도록 하고 난 뒤, 슈퍼바이저는 적절한 기회에 자신의 고전, 어려움, 불확실성에 대해 나눌 수 있다. 이는 훈련생이 슈퍼바이저에 대하여 더욱 진솔하고 현실적인 태도를 가지도록 장려한다.

영성적 수련으로서의 노도프-로빈스 훈련

훈련생은 보통 훈련과정을 2년 안에 마치게 되지만, 지속적인 유능성의 발달은 전 생애에 걸친 과정이다. 훈련은 결단과 집중을 요하는 수련이다. 슈퍼바이저는 슈퍼비전을 주는 경험을 통해 그들 안의 유능성에 대한 작업을 지속하게 된다. 영성적 작업이라는 맥락에서 살펴본다면, 창조적 음악치료 수련의 숙련을 위한 헌신은 명상과 기도를 하는 것과 같이 의식과 사랑할 수 있는 능력을 고양하는 요가의 한 유형과 같다.

전통적으로 슈퍼비전은 발달적 또는 심리학적 개념을 그 바탕으로 해 왔다. 이는 임상적 인식, 창조성, 음악성을 배양하는 데 중요하다. 음악치료사로 존재하는 행위는 예술적 수련과 민감성의 중요성을 부각한다. 슈퍼바이저로서 우리는 훈련생이 예술을 변환하여 사용하는 예술치료사가 되도록 돕는다. 창조의 핵심에 있는 예술가는 힌두교와 불교 문헌에서 묘사된 신비한 황홀과 유사한 몰입 상태를 생산한다. Murphy(1993)는 영성적 작업은 특정한 양의 시도와 오류, 탐험에 대한 사랑, 즉흥성을 바탕으로 한다고 주장하였다. Kornfield(1993)는 "삶 그 자체에 대한 감각을 얻기" 위한 "미지의 위험 무릅쓰기"(p. 52)의 중요성을 언급하였다. 이는 노도프-로빈스 훈련에서 고양되는 특성이다. Aigen(1998)은 노도프-로빈스 훈련이 인식의 확장을 목표로 하는 어떤 종류의 개인과정(개인치료 또는 영성적 훈련과 같은)을 포함한다고 하였다. 나의 논점은 노도프-로빈스 훈련에서 본질적으로 요구하는 인식의 확장, 의지의 적용, 창조성의 중요성, 매 순간의 자유로운 삶에 대한 도전, 사랑하는 태도의 발달 등이 훈련생에게 영성적 작업의 본질적 요소를 필연적으로 제시한다는 것이다.

훈련생 내면에 내담자에 대한 진솔한 인간적 고려를 배양하려고 노력함으로써, 슈퍼바이저는 훈련생이 지각의 특정한 면모를 계발하도록 신실하게 돕는다. 훈련생의 태도를 육성하는 이 지각은 사랑의 한 종류다. 여기서의 사랑은 이성 간의 사랑이 아니고 적극적 사고와 실천을 의미한다. Robbins는 그의 가르침에서 "사랑은 그저 따뜻한 행복감이 아니다. 사랑은 지각이다."라고 종종 말하며, Herbert Geuter[9)]를 인용한다. 이는 사건이나 사람에 대한 우리의 지각이 우리의 근본 태도에 의해 변색된다는 말의 또 다른 표현이다. 지각으로서의 사랑을 실행하는 것은 내담자를 이해하고, 내담자의 요구에 대한 통찰을 얻고, 내담자의 잠재성에 대한 감각을 발달시키고자 노력하는 것을 의미한다. 훈련생이 사랑을 다정하고 보호적인 친숙한 감정으로 경험하지 않을 수도 있다. 실제로 내담자는 훈련생이 사랑을 다정하고 보호적인 방법으로 표현하려는 욕구를 포기하도록 할 수 있다. 우리는 조건적이지 않은 사랑, 쉽지 않은 사랑을 가르치려 노력한다. 훈련생은 이를 마음을 산란하게 하는 일로 경험할 수 있으나 그것은 적어도 새로운 발전을 위한 상태를 만든다. 이러한 사랑은 소유적이거나 의존적이지 않다. 전문성에 대한 열망을 가진 훈련생은 자신에 대해 긍정적으로 느끼기 위해 내담자에게 많은 것을 쏟아붓지 않으려 노력한다. 그러나 훈련생은 여기에서부터 시작해야 한다. 훈련생이 임상적 성숙을 얻어 감에 따라 사랑하는 능력은 더욱 지각적이고 지원적인 것이 된다. 훈련생은 실제적으로 영성적 학습의 경로를 따르는 것이다.

음악 그 자체의 고유한 본질 또한 고려되어야 한다. 이 접근은 음악하기의 초월주의적 힘을 인지한다. 그것은 음악적 원형의 살아 있는 역동을 존중한다. 음악적 창조의 심미적 에너지를 사용하는 것은 훈련생의 핵심 과업이다. 음악적 절정 경험은 자아의 퇴행과 같은 정신분석적 해석으로만 설명될 수 없다. 음악적 절정 경험은 행동적 보상이나 자극보다 더 큰 경험이며, 총체적이고 통합적이며 종종 성격적 문제를 초월하기도 한다.

따라서 슈퍼비전 과정에 대한 훈련생과 수련생의 참여는 영성적 훈련의 현대적 형태로 인식될 수 있다. Robbins(1991)는 창조적 음악치료를 초월주의적 훈련이라 한 바 있다. 이는 우리에게 전문성과 영성의 통합을 생득적인 창조 작업의 본질적 결과로 간주하도록 요구한다. 창조적 음악치료는 우리가 임상적 현상과 그 과정을 충실한 기록과 분석을 바탕으로 연구하도록 요구한다.

---

9) Herbert Geuter 박사는 Nordoff와 Robbins가 함께 팀을 이루어 임상을 시작했던 선필드 아동의 집(Sunfield Children's Homes)의 연구소장이었으며, 그들의 초기 발달에 길잡이와 같은 영향을 주었다. Geuter는 인지학(anthroposophy)에 정통하였으며 Rudolf Steiner의 가르침, 특히 자아심리학과 치료 실행 및 과정 분야를 최신화하고 확장하는 데 힘을 기울였다.

결론

노도프-로빈스 훈련 프로그램의 슈퍼비전은 다양한 면모를 가진다. 그 바탕은 이 접근에서 본질적으로 생성된 철학에 있다. 여기에는 음악적 창조성과 인식, 개인적 성장, 실제적 이해가 포함된다. 슈퍼비전 관계는 내담자-치료사 관계와 동일한 요소를 포함한다. 슈퍼바이저와 훈련생은 서로 배우고 함께 발전하고자 하는 의지를 가지고 창조적 지금의 일부가 되기 때문이다. 슈퍼바이저는 과정을 관찰하고 훈련생의 발달을 고양하기 위해 어떠한 단계를 걸어야 하는지 구별해야 할 책임을 가진다. 음악적 슈퍼비전은 경청기술 연마, 음악적 인식 및 민감성 증대, 음악적 관계에 대한 통찰력 심화에 있어 가장 중요하다. 슈퍼바이저는 훈련생의 음악 자원을 개발하고 훈련생이 음악적으로 더욱 반응적이 되도록 함으로써 훈련생의 음악적 숙련성이 발전하도록 돕는다. 훈련생은 내담자와 함께 즉흥연주를 하며 내담자를 지지하고 이끄는 일에 자신감을 얻는다. 이 훈련과정은 훈련생 간의 동질감과 지지를 확립한다. 이는 훈련생이 자신의 발달을 신뢰하고 소속감을 가지고, 전문가로서의 정체성을 확립하도록 돕는다. 훈련생은 자신의 개인적, 사회적, 초월적 발달을 고양하게 된다.

참고문헌

Aigen, K. (1998). *Paths of Development in Nordoff Robbins Music Therapy*. Gilsum, NH: Barcelona Publishers.

Ansdell, G. (1995). *Music for Life*. London: Jessica Kingsley Publishers.

Brown, S. (1997). Supervision in context: A balancing act. *British Journal of Music Therapy, 11*(1).

Elliot, D. (1995). *Music Matters*. New York: Oxford University Press.

Kornfield, J. (1993). *A Path with Heart*. New York: Bantam Books.

Murphy, M. (1993). The Future of the Body: Explorations into the Further Evolution of Human Nature. New York: The Putnam Publishing Group.

Nordoff, P. and Robbins, C. (1977). *Creative Music Therapy.* New York: John Day Company.

Nowikas, S. (1994). *A Qualitative Investigation of Teamwork in Nordoff Robbins Music Therapy,* Unpublished master's thesis. New York: New York University.

Pavlicevic, M. (1997). *Music Therapy in Context.* London: Jessica Kingsley Publishers.

Robbins, C., and Forinash, M. (1991). Time as a multilevel phenomenon in music therapy. *Music Therapy, 10*(1), 46-57.

Robbins, C., and Robbins, C. (1991). Self communications in Creative Music Therapy in K. Bruscia (Ed.), *Case Studies in Music Therapy.* Gilsum, NH: Barcelona Publishers.

Robbins, C., and Robbins, C. (Eds.). (1998). *Healing Heritage: Paul Nordoff Exploring the Tonal Language of Music.* Gilsum, NH: Barcelona Publishers.

Rogers. C. (1995). *On Becoming a Person.* New York: Houghton Mifflin Company.

Turry, A. (1998). Transference and countertrnasference in Nordoff Robbins Music Therapy. In K. Bruscia (Ed.), The Dynamics of Music Psychotherapy. Gilsum, NH: Barcelona Publishers.

감사의 글

나는 일상적인 열정과 셀 수 없는 영감의 순간, 그리고 끝없는 지지를 보내 주는 Clive Robbins에게 감사의 마음을 전한다. David Marcus가 자신의 명료함과 지혜를 나눠 준 것에 다시 한 번 감사한다. 종합적인 자문과 안내를 해 준 Ken Aigen과 Barbara Hesser에게 감사한다. Rachel Verney, Sandra Brown, 그리고 영국 노도프-로빈스 음악치료 센터의 모든 스태프가 의견을 나눠 준 것에 대해 감사한다. Michele Ritholz, Jacqueline Birnbaum, 그리고 뉴욕 노도프-로빈스 음악치료 센터의 모든 스태프의 피드백에 감사하며, Ann Turry의 인내심에 감사한다.

찾아보기

인 명

Abramowitz, S. I. 56
Acheson, K. A. 248, 254
Adamek, M. S. 24
Adler, A. 446
Aigen, K. 378
Alexander, C. 68
Allen, G. 43
Alley, J. M. 22-24
Alonso, A. 42, 296
Alvin, J. 66, 446
Amir, D. 15, 297, 377, 459
Andersen, J. F. 24
Anderson, H. 264
Ansdell, G. 86, 87, 251, 253, 378, 541
Arazi, S. 303
Arredondo, P. 79, 89
Atkinson, D. 76, 78, 92
Austin, D. 15, 341

Bakhtin, M. 250
Baratta, E. 15
Barongan, C. 71
Bartell, P. A. 50, 51
Baum, M. 56
Bauman, Z. 266
Beck, J. B 25
Bennett, S. 92
Benshoff, J. 346
Bergman, A. 169
Bernal, G. 71
Bernard, J. M 54, 86-89, 91, 93, 94
Bertolami, M. 15
Bion, W. R. 470
Birnbaum, J. 548
Boice, R. 56
Bonde, L. O. 252
Bonny, H. 497
Boone, P. C. 25, 179
Borders, D. 346
Boxill, E. 23
Boyle, M. E. 23
Bradt, J. 84
Braswell, C. 22, 23
Briggs, C. 25
Brody, B. 340
Brookins, L. M. 23
Brooks, D. 22, 23
Brotons, M. 63, 65, 96
Brown, M. 50
Brown, S. 26, 255, 307, 377, 378, 530, 545, 546, 548
Bruscia, K. 9, 16, 22-26, 180, 200, 246, 263, 392, 393

Callanan, P. 37, 40, 41, 53, 54, 58
Campbell, P. 85
Carlton, M. 71
Carter, R. 71-75
Casas, J. 68
Casement, P. 298
Cassity, M. 23
Catanzaro, S. J. 50, 51
Chazan. S. E. 167, 169
Cheung, F. 67
Christopher, J. 67
Clarkson, P. 346
Claxton, C. S. 48
Cochran, D. J. 56
Cohen, P. 335
Coleman, H. 68, 87, 90
Comas-Diaz, L. 71
Conroe, R. 50

Cook, D. A. 89, 91
Corbet, M. 36
Corey, G. 37, 40, 41, 53, 54, 58
Corey, M. S. 37, 40, 41, 53, 54, 58
Crutchfield, L. 346

D'Andrea, M. 70, 76, 79, 90
DaCosta, G. 94
Damasio, A. R. 359
Daniels, J. 70, 76, 79, 90
Darrow, A. 23, 68, 69, 74
De Backer, J. 450, 452
De Geyndt, W. 256
Decuir, A. 22, 23
Delworth, U. 52, 54
DeMarinis, V. 50
Deutsch, C. 56
Diallo, Y. 14, 49, 55, 232
Dosamantes-Beaudry, I. 67
Dvorkin, J. 15, 27, 255, 357, 477

Edwards, D. 276
Eisler, J. 526
Elliot, D. 524, 543
Ellsworth, E. 53
Epston, D. 252
Eschen, J. T. 409, 410, 448, 449
Estrella, K. 14
Evans, M. 335
Eyck, T. 23

Farber, B. A. 56
Farnan, L. A. 14, 22, 25, 182, 190
Febbraro, A. 71
Feiner, S. 14, 108, 533
Feingold, A. 276, 346
Feld, S. 263
Fischer, A. 76, 78
Flexner 205
Fong, M. 92
Forinash, M. 107, 263, 400, 556
Fosse, J. 250
Foucault, M. 253
Fowers, B. 71
Freud, S. 76, 111, 446
Friedman, D. 221
Frohne, I. 360
Frohne-Hagemann, I. 15, 27, 252, 255, 318, 356, 367
Fukuyama, M. 72
Furman, C. E. 23, 24, 137

Gall, M. D. 248, 254
Galloway, H. P. 22
Gaston, E. T. 25
Gault, A. W. 22
Gellerman, S. A. 200
Geuter, H. 559, 560
Ghent, E. 340
Gibbons, A. 23
Giddens, A. 261
Gilbson, G. 36
Gilligan, C. 53
Glaser, R. D. 50
Glider, A. S. 24, 180
Gomersall, J. 346
Gonzalez, D. 263
Goodyear, R. K. 54, 86-88, 93, 94
Goolishian, H. 264
Graham, M. 22, 25
Graham-Hurley, K. 65
Grant, R. E. 24, 180
Greenfield, D. 24, 179, 199

Hadsell, A. 25
Hairston, M. 63, 65
Hammarlund, I. 255
Handelman, D. 262
Hanser, S. B. 14, 22-24, 137
Hardcastle, D. 335, 346
Hart, G. 205
Hawley, T. 63, 65
Heck, R. 90
Heigl, F. 409
Heigl-Evers, A. 409, 411, 414
Helman, I. D. 56
Helms, J. 76
Henneberg-Monch, U. 409
Herman, J. L. 345
Hernandez, A. 90
Hesser, B. 23, 26, 533
Holloway, E. L. 206, 354
Horney, K. 231, 235, 236

Hubbard, A. 15

Iijima, H. C. 71
Iwanaga, M. 377

Jackson, V. R. 56
Jackson, J. 90
Jacobs, C. 23, 42-47
Jahn-Langenberg, M. 15
Jarvis, P. 56
Jensen, O. S. 23, 454
Jo, H. 90
Jones, B. T. 240
Jome, L. 76, 78
Jones, B. T. 25
Jordan, J. 231
Jorgensen, E. 96
Jung, C. G. 232, 446, 513

Kadushin, A. 157, 160
Kagan, H. 266
Kagan, N. 266
Kaiser, D. A. 24
Kalsched, D. 345
Kaplan, J. 231
Karkuschka, E. 410
Kaslow, N. J. 221
Keith-Spiegel, P. 41, 48, 56
Khare, K. 15, 380, 394
Kiel, H. 63
Kilian, N. 24
Kim, S. K. 23
Kitayama, S. 67
Kitchener, K. S. 47, 49, 55
Klausmeier, F. 360
Klein, M. 446
Koocher, G. P. 41
Kornfield, J. 532, 559
Koschnik, W. J. 352
Krause, R. 417
Krauskopf, C. J. 56
Krout, R. E. 22, 23
Kuo-Jackson, P. 77
Kurokawa, M. 67
Kurpius, D. 36, 43
Kvale, S. 246, 264
Kyung Kim, B. 79, 92

Ladany, N. 335, 340
LaDue, R. 71
LaFromboise, T. 90
Lamb, D. H. 50, 51, 56, 57
Langenberg, M. 410, 416
Leach, M. 71
Lease, S. 92
Lee, C. 15, 238, 378, 393
Lehrman-Waterman, D. 335, 340
Leong, F. 76, 87, 90, 95
Levenson, H. 50, 51
Lewis, P. 36, 64
Liu, S. 256
Lloyd, A. 72
Loeffler, D. 50
Loos, K. 359
Lowen, A. 446
Loya, G. 77

MacDonald, M. 15
MacLean, B. 25
Madsen, C. M. 22, 24
Malchiodi, C. 229
Maranto, C. D. 22-25, 35, 179, 180, 199, 200
Marks, D. 25
Markus, H. 67
Maxwell, J. 256
Mayer, J. E. 41, 46
McCarty, B. 24, 180
McClain, F. 13
McDavis, R. 79, 89
McGarity, D. 346
Mckinney, K. 23
McLeod, J. 252
Memory, B. C. 24
Merriam, A. 85
Michel, D. 63, 65
Miller, J. 67, 231
Miller, M. 56
Molinaro, K. 92, 340
Molloy, D. 68, 69, 74
Mordock, J. B. 158
Moreno, J. 25, 63, 65, 66, 69, 84
Moroki, Y. 377
Morrison, T. L. 56

Mowbray, C. 346
Munson, C. E. 250
Murphy, M. 559
Murrell, P. H. 48
Myers, P. E. 56

Nagayama Hall, F. 71
Newman, A. 36, 40
Niles, S. 25
Nordoff. P. 378, 391, 401, 560, 521, 529, 553
Norman, J. S. 175
Nowikas, S. 553, 556

Odag, C. 409
Okazaki, K. 554
Oldfield, A. 377

Parham, T. 71
Pavlicevic, M. 378, 542
Pearlman, L. 345
Pedersen, I. N. 255, 453
Pedersen, I. N. 70, 71, 449
Pennington, D. 346
Petrie, G. E. 23, 179
Petzold, H. G. 351, 352, 354, 355, 358, 366
Pfost, K. 56
Picard, D. 65
Pinderhughes, E. B. 42
Pinson, J. 25
Ponterotto, J. 68
Pope, K. S. 48, 50, 51, 56,
Pope-Davis, D. 68, 87
Porche-Burke, L. 71
Porter, N. 94, 95
Powell, D. 346
Presser, N. 56
Price, C. 346
Prickett, C. A. 22
Priest, R. 92-94
Priestley, J. B. 445
Priestley, M. 16, 66, 409, 410, 445, 446-449, 456, 460, 465-467, 469
Prieto, L. 335

Qureshi, A. 71-75

Remington, G. 94
Remley, T. 346
Rest, J. R. 54
Richard, R. 335
Richardson, F. 71, 76
Richardson, J. 346
Richardson, T. 92
Riley, S. 229
Ritholz, M. 550
Robbins, A. 455, 477, 487
Robbins, C. 378, 391, 400, 401, 521, 522, 556, 559, 560
Robbins, K. 555
Roberts, G. T. 48
Rodway, R. 335
Rogers, C. R. 251, 288, 533
Rohrbacher, M. 63
Rollack, D. 71
Root, M. 71
Rosenblatt, A. 41, 46
Roth, S. 346
Rowe, W. 92
Rubin, L. J. 50, 51
Ruqer, U. 409
Ruud, E. 252, 261-263

Saakvitne, K. 345
Sanderson, B. E. 50
Sarnat, J. E. 161, 162, 165
Sarrazin, N. 85
Schank, J. 50
Scheiby, B. 16, 449
Schmidt, T. M. 45
Schover, L. R. 50, 51
Seeger, A. 85
Shaten, C. 340
Sherry, R. 36
Shulman-Fagen, T. 15
Sinacore-Guinn, A. 95
Singo, W. 334
Small, C. 263
Smeijsters, H. 360
Smeltekop, R. 24
Smith, E. 92
Sodowsky, G. 77
Spragg, D. 15
Standke, G. 409

Standley, J. M. 23, 25
Starks Whitehouse, M. 233
Steele, A. L. 22
Steiner, R. 560
Stephens, G. 15, 24, 317, 324, 377
Stern, D. 52, 360
Steward, R. 90
Stige, B. 15, 246, 252
Stoltenberg, C. D. 52, 54
Stone, G. 75, 89, 94
Stout, C. E. 47
Strauss, A. L. 351
Streeter, E. 377
Striver, I. 231
Strobel, W. 359
Sue, D. 70, 74, 79
Summer, J. 257
Summer, L. 9, 11, 12, 14, 107, 108, 128, 257
Surrey, J. 231
Suzuki, L. 68
Szasz, T. 237
Szollos, S. 43

Tabachnick, B. G. 48, 56
Taylor, D. B. 23, 65, 179
Taylor, J. 53
Teo, T. 71
Thomas, R. E. 14, 48
Thoreson, R. W. 56
Thorpe, J. S. 50
Thurman, C. 256
Timmermann, T. 359
Tims, F. 22
Toppozada, M. 25, 67-69, 91
Tupker, R. 367, 408
Turry, A. 16, 526, 539, 550
Twohey, D. 53
Tyler, C. L. 37
Tyler, J. M. 37

Unkefer, R. 24
Upchurch, D. 36

Van Camp, J. 450, 452
Vasquez, M. J. T. 36, 37, 52, 55-57, 59
Ventre, M. 16
Verney, R. 525, 545-547, 551, 552
Volker, J. 53

Wagner, N. 76, 87, 90, 95
Ward, J. 53
Wardel, M. 445, 447
Watkins, Jr. 248-250
Werner, D. 256
Weymann, E. 255
Wheeler, B. 25
White, M. 252
Wigram, T. 258, 450, 452
Williams, B. 43
Winnicott, D. W. 231
Wittgenstein, L. 252, 253
Wolgast, B. 340
Worthington, E. L. Jr. 52
Wright, D. 90
Wright, L. 23
Wright, P. 445, 447

Zhao, X. 256
Zuckerkandl, V. 360

내 용

4개월 차 우울 단계 181
AMT 446
IMT 448

간문화 91
감정이입 345
개별 슈퍼비전 106
개별화 174, 479
개인적 성숙 479, 481
개인적 자숙 536

게슈탈트 367
결합하기 169, 170
경쟁 176, 219
경청훈련 542
경험중심 428, 433
공감 490
과도기적 공간 167
과도기적 관계 175
관련적 465
관찰 22, 200
교육가 158
구조 구축하기 169
긍정적 자기상 536
깊은 초월적 단계 516
꿈 작업 503
꿈 탐구 473

내담자 저항 124
내담자 중심 428, 432
내재화 410
내현화 307
노도프-로빈스 훈련 522
놀이 167

담기 466
대립하기 411
대상 항상성 415
대상군 136
도제 421
도제훈련 421
독립 단계 181, 195
동료평가 122

라포 510
리더십 215

만다라 작업 503
메타커뮤니케이션 262
모델링 22, 200
목가적 상황 415
목표 행동 136, 146
무의식 463, 533
문화 캡슐화 92

반사하기 475
반영 261
발린트 359
방어 478
범문화인 72
병행 설계 426
병행과정 156, 421, 436, 437, 441, 442, 470, 479, 483
분리 480
분리-개별화 169, 171
분석적 음악치료 445

삼각관계 469
상징적 단계 516
상호성 172
상호작용성 246
상호치료 446, 447
세션 경청 544
속도 조절 466
수용 487
수용기 119

슈퍼비전 205
슈퍼비전 통찰력 모델 27
시간관리 456
시설 순회 140
신체 작업 500
신체언어 461
신체적 의사소통 461

언어 중재 459
언어적 단계 516
에믹 76
에틱 76
역동 152, 176, 323, 326
역량 179, 199
역량강화 189
역전이 163, 164, 176, 318, 339, 340, 341, 468, 476, 477, 480, 484, 489, 490, 492, 493
역전이 중심 429, 434
역할극 112
영성적 훈련 560
온사이트 슈퍼비전 503
외현화 307
용기 467, 470, 487
원형적 단계 516
웰빙 172
유능한 179
음악 역전이 478
음악 전이 478
음악 중재 관리 457
음악아 11, 530

음악자원 개발 551
음악적 범위 468
음악적 분출 472
음악적 역할연기 472, 549
음악적 자기 수용 474
음악적 정체성 470
음악적 초상 488
음악치료 계획안 147
음악하기 기능 527
의사소통 463
의존 175
의존 단계 181, 182
이완유도 기법 128
인턴의 발달 180

자기 고찰 164
자기 노출 155
자기 의식 533
자기 탐구 163
자기 회고 163
자기평가 122
자율성 단계 181
작업 단계 117
재경험 410
저널링 503
저항 439, 440, 442, 478, 479, 480
전개기술 500
전이 450, 468, 477, 480, 483, 492
전이관계 412
전치된 의식 상태 512
전환 455, 456
정서 속성 416
정서적 교정 417
정체성 213
제한아 530
조건적 의존 단계 181
조력자 160
조율 479
종결 해법 472
주고받기 411
주제 동일시 472
즉흥연주 463
지금 시간 556
직관 323, 527
직관적 과정 529
진정성 473
집단 슈퍼비전 106, 503
집단 음악과 심상 128
집단역동 356

창조적 음악치료 531
창조적 음악하기 524
창조적 자유 525
창조적 지금 524
철회 414
체험적인 방법 358
초기 관계 411
초기 사정 지침 140
총체 97
최종 보고서 148
취약성 155, 156
치료사 윤리 9

코칭 22

타이밍 466
통제 174
통제된 의도 530
통찰 470, 533
퇴행 473
투사 318, 480
투사적 동일시 437, 442, 478

표현적 자발성 526
피드백 200

학습중심 428, 431
행동하기/존재하기 473
행위중심 428
행위중심 슈퍼비전 430
행정가 159
협력 리더 212, 214
형이하학적인 반영 359

편저자 소개

Michele Forinash, DA, MT-BC, LMHC
소속: Expressive Therapies at Lesley University, Cambridge, Massachusetts
연구/임상분야: 음악치료 질적 연구
기관주소: Lesley University, Division of Expressive Therapies, 29 Everett street, Cambridge, MA 02143
이메일: mforinas@mail.lesley.edu

협력저자 소개

Dorit Amir, DA, ACMT
소속: Bar Ilan University, Ramat-Gan. Israel
대표저서: Meeting the sound(1999)
기관주소: Bar Ilan University. Ramat-Gan. Israel
이메일: amir@mail.biu.ac.il

Diane Austin, MA, ACMT
소속: music therapy program, Turtle Bay Music School in Manhattan
연구/임상분야 : 음악심리치료, 분석적 음악치료 전문가
기관주소: 28 Willow Street, Brooklyn, NY 11201
전화번호: 718-722-7910
이메일: music@themystery.com

Elizabeth Baratta, MA
소속: May Behavioral Health, Cambridge, Massachusetts
연구/임상분야: 성인 정신과 환자, 표현예술치료 전문가
기관주소: The May Institute, Inc., Behavioral Health Services, 780 American Legion Highway, Boston, MA02131

Michael Bertolami, MA, MT-BC
소속: Perkins School for the Blind, Watertown, Massachusetts
연구/임상분야: 중복장애, 시각장애, 발달장애 성인
기관주소: Perkins School for the Blind, 175 No. Beacon St., Watertown. MA 02472
이메일: Mbert@gis.net

Kenneth Bruscia, PhD, MT-BC

소속: Temple University, Esther Boyer college of Music, Philadelphia
연구분야: GIM 전문 훈련가
기관주소: Temple University, Esther Boyer college of Music, Philadelphia, PA 19122
전화번호: 215-204-8542

Cheryl Dileo, PhD, MT-BC

소속: Temple University, Esther Boyer college of Music, Philadelphia
업적: World Federation of Music Therapy 회장 역임
연구/임상분야: 의학적 음악치료, 전문가 윤리, 음악치료 교육 및 훈련
기관주소: Temple University, Esther Boyer college of Music, Philadelphia, PA 19122
전화번호: 215-204-8542

Janice M. Dvorkin, PsyD, ACMT

소속: University of the Incarnate Word, San Antonio, Texas
연구/임상분야: 음악심리치료, '대상관계 음악치료' 이론모델 수립
기관주소: University of the Incarnate Word, San Antonio, TX 78209
이메일: dvorkin@universe.uiwtx.edu

Karen Estrella, MA, MT-BC, ATR-BC, LMHC

소속: Expressive Therapies, Lesley University, Cambridge, Massachusettes
연구/임상분야: 음악치료, 표현치료, 정신건강상담, 다문화주의, 슈퍼비전
기관주소: Lesley University, Division of Expressive Therapies, 29 Everett Street, Cambridge, MA 02143
이메일: kestrella@mail.lesley.edu

Laurie A. Farnan, MMT, MT-BC

소속: Central Wisconsin Center, Madison, Wisconsin
대표저서: Music is for Everyone, Everyone Can Move
연구/임상분야: 복합발달장애, 중등도 지적장애 대상 임상기법
기관주소: Central Wisconsin Center for the Developmentally Disabled, Madison, WI 53704
전화번호: 608-243-2295
이메일: farnala@DHFS.state.wi.us

Susan Feiner, MA, MT-BC, CSW

소속: New York University
연구/임상분야: 음악심리치료, 슈퍼비전, GIM 임상
기관주소: New York University, Music Therapy Program, Department of Music and Performing Arts Professions, 35 West Fourth Street, New York, NY 10012
전화번호: 212-998-5452
이메일: sf24@nyu.edu

Isabelle Frohne-Hagemann, PhD
소속: European Academy for Psychosocial Health, Fritz Perls Institute in Huckeswagen, Germany
연구/임상분야: 통합적 음악치료, 심리치료, 슈퍼비전
기관주소: Rathenower Str.29, D-12305 Berlin, Germany
이메일: ifrone@aol.com

Suzanne B. Hanser, EdD, MT-BC
소속: Berklee College of Music, Boston
Lecturer in the Department of Social Medicine at Harvard Medical School
대표저서: The New Music Therapist's Handbook
업적: National Institute of Aging의 National Service Award 수상
기관주소: Berklee College of Music, Boston, MA 02215
전화번호: 617-747-2639
이메일: shanser@berklee.edu

Andrew Hubbard, MA, CMT
연구/임상분야: 주간보호 성인 정신과
기관주소: Riverside Community Care Blackstone Valley Day Treatment and outpatient Center, 206 Milford Street, Upton, MA 01568
전화번호: 508-529-7000

Mechtild Jahn-Langenberg, PhD, Dipl.-Musiktherapeutin
소속: University of the Arts, Berlin
연구/임상분야: 아동/성인 대상 분석적 음악치료, 질적연구
기관주소: Hochschule der Künste, Berlin Fakultät Musik Seminar Musiktherapie Mierendorffstr. 30 10589 Berlin, Germany
전화번호: 030-3185-2552(2553)
이메일: langenmu@hdk-berlin.de

Kimberly Khare, MA, CMT, NRMT
소속: Community Music Center of Boston, Lesley University Cambridge, Massachusetts
연구/임상분야: Nordoff-Robbins 음악치료
기관주소: Community Music Center of Boston, 34 Warren Ave., Boston, MA 02116
이메일: therapists@cmcb.org

Colin Lee, PhD, RMTh, MTA
소속: Wilfrid Laurier University in Waterloo, Canada
대표저서: Art and Music
업적: 심미적 음악치료(2002)
연구/임상분야: 완화의학, 임상즉흥연주분석, 자폐
기관주소: Wilfrid Laurier University Music Therapy Program, Waterloo, Canada
이메일: clee@wlu.ca

Frances J. McClain, PhD, MT-BC

소속: Queens College, Charlotte, North Carolina
업적: Outstanding Achievements 수상(미국음악치료협회 남동부 분과)
기관주소: Queens College, Charlotte, NC 28274
전화번호: 704-337-2301

Mary-Carla MacDonald, MA, MT-BC

소속: Anna Maria College, Massachusetts
연구/임상분야: 병원학교, 정신병원
기관주소: Music therapy Department, Anna Maria College, Box 45 Paxton, MA 01612
전화번호: 508-849-3463
이메일: mmacdonald@annamaria.edu

Benedikte B. Scheiby, MA, MMEd, DPMtp, CMT

소속: New York University, Beth Abraham Hospital in New York
연구/임상분야: 분석적 음악치료
기관주소: 50 Hudson S., Hastings-0n-Hudson, NY 10706
전화번호: 914-478-5362

Trudy Shulman-Fagen, MA, MT-BC, LMHC

소속: Lesley University
연구내용: 음악치료 현장에 최면과 원형심상 활용 연구, 음악치료 및 예술매체와 명상 연구
기관주소: 30 Lincoln St., Newton Highlands, MA 02461
이메일: Tshulfagen@aol.com

Deborah Spragg, MA

소속: Group therapist at Wild Acre Inns, Boston
연구/임상분야: 만성정신질환자 및 사회복귀시설 환자
기관주소: Lincoln, Massachusetts
이메일: dspragg@worldnet.att.net

Gillian Stephens Langdon, MA

소속: Creative arts therapies, the Bronx Psychiatric Center
연구내용: 정신과 초기성인 대상 음악치료, 개인임상과 개별 혹은 집단 슈퍼비전
기관주소: Bronx Psychiatric Center, Department of Creative Arts Therapies, 1500 Waters Place, Bronx, NY 10461

Brynjulf Stige

소속: Sognog Fjordane College and University of Oslo
연구내용: 문화적, 사회생태학적, 지역 중심 음악치료
기관주소: songnog Fjordane College, Studiesenter, 6823 Sandane, Norway
이메일: brynjulf.stige@hisf.no

Lisa Summer, MCAT, MT-BC
소속: Anna Maria College
연구/임상분야: GIM, MI
기관주소: Anna Maria College, Box 45, Paxton, MA 01612
이메일: lsummer@annamaria.edu

Caryl-Beth Thomas, MA, ACMT, LMHC
소속: Lesley University
연구/임상분야: 다양한 연령대 임상군과의 음악치료
기관주소: 27 Weston St., Hyde Park, MA 02136
이메일: cbeththomas@aol.com

Alan Turry, MA, MT-BC, NRMT
소속: Norfoff-Robbins Center for Music Therapy, New York University
연구/임상분야: Nordoff-Robbins 음악치료, 즉흥연주
기관주소: Norfoff-Robbins Center for Music Therapy, New York University, New York, NY 10003
이메일: at8@is6nyu.edu

Madelaine Ventre, MS, MT-BC, FAMI
소속: Creative Therapies Institute
연구/임상분야: GIM 훈련가, 임상전문가
기관주소: Center for Creative Therapies and the Arts, 1107 Plank Road, Forestburgh, NY 12777
전화번호: 845-796-2554
이메일: mv7@is9.nyu.edu

역자 소개

정현주

Western Illinois University 음악치료학 학사
Temple University 음악치료학 석사
University of Kansas 음악치료학 박사
현 이화여자대학교 대학원 음악치료학과 학과장
　이화여자대학교 교육대학원 음악치료교육 전공주임
　한국음악치료교육학회(KOMTEA) 회장
　(사)전국음악치료사협회(NAKMT) 이사
　Music & Medicine 편집위원

김동민

서울대학교 음악대학 성악과 학사
Peabody Conservatory of Music, Johns Hopkins University 음악 석사
New York University 음악치료학 석사
이화여자대학교 대학원 심리학 박사
Lesley University 표현예술치료 박사
현 전주대학교 대체의학대학 예술치료학과장
　(사)전국음악치료사협회(NAKMT) 이사
　한국음악치료교육학회 (KOMTEA) 이사
　세계음악치료연맹(WFMT) 교육 훈련 위원

김수지

연세대학교 음악대학 기악과 학사
University of Kansas 음악치료학 석사
University of Kansas 음악치료학 박사
현 이화여자대학교 대학원 음악치료학과 조교수
　(사)전국음악치료사협회(NAKMT) 부회장
　한국음악치료교육학회 (KOMTEA) 편집위원장
　세계음악치료연맹(WFMT) 윤리위원회 위원

김영신

서울대학교 음악대학 기악과 학사
Temple University 음악치료학 석사
University of Kansas 음악치료학 박사
현 숙명여자대학교 음악치료대학원 부교수
　(사)한국음악치료학회 부회장
　세계음악치료연맹(WFMT) 자격위원장

음악치료 슈퍼비전

Music Therapy Supervision

2012년 5월 25일 1판 1쇄 인쇄
2012년 5월 30일 1판 1쇄 발행

엮은이 • Michele Forinash
옮긴이 • 정현주 · 김동민 · 김수지 · 김영신
펴낸이 • 김진환
펴낸곳 • (주) 학지사
121-837 서울특별시 마포구 서교동 352-29 마인드월드빌딩 5층
대표전화 • 02)330-5114 팩스 • 02)324-2345
등록번호 • 제313-2006-000265호

홈페이지 • http://www.hakjisa.co.kr
커뮤니티 • http://cafe.naver.com/hakjisa

ISBN 978-89-6330-863-0 93180

정가 22,000원